열반 닙바나
니르바나
개정판

초기불교

열반이란 무엇인가?

빠알리경과 주석 · 아비담마 · 레디 사야도 · 마하시 사야도 | 정명 편역

푸른향기

초기불교

열반이란 무엇인가?

Ārogyaparamā lābhā,
병 없음이 최상의 이득이고

nibbānaṃ paramaṃ sukhaṃ;
열반은 최고의 행복이라.

-M75, 마간디야경-

편역자의 글

열반은 부처님의 가르침 가운데 가장 마지막으로 가르침의 목표가 된다. 불교가 한국에 전래된 이래 많은 세월이 흘렀지만 수행자들과 대화를 하다 보면 열반에 대한 개념이 또렷하지 않다. 부처님의 가르침은 하나인데 왜 가장 중요한 열반이란 개념이 아직까지도 일치되고 있지 않은가? 이러한 문제의식에서 그리고 편역자의 공부와 수행점검 차원에서 이 책은 시작되었다.

열반이란 무엇인가를 이해하기 위하여 부처님 말씀인 니까야에 나오는 경과 주석서 그리고 아비담마와 청정도론에서 관련 내용을 뽑아 보았다. 아비담마는 아비담마 공부의 안내서 역할을 하는 아비담맛타상가하의 담마상가니(법집론), 위방가(분별론) 그리고 담마상가니의 주석서인 앗타살리니의 마음을 정리하였다. 또한 초기불교의 수행과 교학의 대가인 레디 사야도와 마하시 사야와의 열반론을 번역하여 같이 묶어 참고토록 하였다.

이 책은 편역자가 초기불교수행의 전체상을 정리하겠다는 의도로 시작된 시리즈의 정점에 있다. 이 시리즈의 첫 번째 책이 **『구름을 헤치고 나온 달처럼』**(불교정신문화원, 2008년)이다. 이 책은 초기불교수행의 동기유발이 목적인데 미얀마 파아옥 명상센터에서의 일상과 수행시 나타나는 심리적 변화 등을 진솔하게 기록하여 수행자들이 참고토록 하였다. 실제로 2009년도 파아옥의 한국 수행자 22명 가운데 14명이 이 책을 인연으로 파아옥에 와서 수행하고 있음을 보고 놀란 적이 있다. 초기불교 수행법의 전체상을 파악하는데 도움이 될 것이다.

두 번째 출간한 책이 **『업과 윤회의 법칙』**(푸른향기, 2009년)이다. 이 책은 파아옥 사야도의 『The workings of kammas』의 한국어 번역서로 구체적인 수행법을 제외한 석가모니 부처님의 가르침을 한권으로 정리한 책이다.

세 번째 출간한 책은 **『찌따시까-우리마음 지켜보기』**(푸른향기, 2011년)이다. 이 책은 실제로 마음을 보는 수행을 할 때에는 내 마음의 심리적 상태가 어떠한지를 알고 보아야 하는데, 이 마음의 심리적 상태를 알고 보는 안내서이다. 네덜란드 니나 판 고르콤이 지은 『찌따시까』의 한국어 번역서이다.

네 번째 서적은 **『행복에 이르는 열 가지 습관』**(비움과 소통, 2013년)이다. 이 책은 수행자가 위와 같이 물심의 현상을 알고 보는 수행(위빳사나)을 해 나감에 있어 어떤 수행자는 진척이 있고 어떤 수행자는 진척이 없다. 그 이유는 수행성취의 조건을 구족하지 못하였기 때문이다. 그래서 수행자는 나는 얼마만큼의 수행성취를 조건을 구족하였는지를 점검하고 점수가 낮은 부분을 개선하려는 노력을 병행해야만 한다. 이것이 바로 초기불교에서 말하는 십바라밀이다. 태국의 명상가 쿤 수진의 명저 『The perfections leading to enlightenment』(니나 판 고르콤 영역)를 번역하였다.

다섯 번째는 **『괴로움의 소멸에 이르는 유일한 길』**(푸른향기, 2014년)이다. 불교수행법은 선정과 지혜를 닦는 사마타와 위빳사나이다. 부처님은 이것에 대하여 어떠한 가르침을 주셨는지 이해하여만 흔들림이 없다. 초기불교수행법을 말씀하신 초기경이 바로 대념처경(Mahāsatipaṭṭhānasutta)이다. 이 경전 가운데 사마타와 위빳사나의 수행법이 모두 포함된 '들숨과 날숨의 장'을 파아옥 사야도께서 빠알리경과 주석서 그리고 복주서를 넘나들면서 근거를 제시하며 풀이하였다. 'The Only Way for the Realization of Nibbāna'(영문판)의 번역서이다.

여섯 번째는 **『사마타·루빠 명상 매뉴얼』**(비움과 소통, 2015)로 파아옥 사야도의 'The Practice Which Leads To Nibbāna'라는 책의 번역서이다. 오랜 기간 수행을 하기 위해 미얀마 등으로 수행을 떠나 겪게 되는 어려움은 지도법사와 말이 통하지 않는 것이다. 실제로 몇 달이상 미얀마 수행처에서 한국인들이 통역자가 없어서 지도법사에게 수행점검을 받지 못하였다는 이야기를 들은 것이 출간동기이다. 인연 있는 지도법사를 만나지 못했을 때 등불로 삼기 바란다. 향후 이런 매뉴얼 성격으로 추가 작업을 해야 매뉴얼이 완성되는데 시간을 갖고 할 예정이다.

일곱 번째가 **『열반이란 무엇인가?』**(푸른향기)이다. 수행자들이 이렇게 물러나지 않고 정진하다가 바라밀의 지원을 받으면 마지막으로 경험하는 것이 열반, 닙바나이다. 편역자는 실제로 수다원이 되었다는 사람도 만나보고, 더 상위의 과위를 체득하였다는 사람들을 만나 보았는데, 그들은 한마디로 스스로 도인이지 아닌지의 근거를 제시하지 못하였다. 편역자 역시도 수행을 할 때 도과를 증득하였는지, 아닌지를 지도 법사 스님과 여러 차례 인터뷰를 한 적이 있는데, 그때 열반이란 무엇인지 자료를 찾아보았지만 찾지 못하여 애를 태운 적이 있었다. 그래서 나의 수행점검과 공부를 위하여 정리해 나간 것을 한 권으로 묶은 것이다. 이 책의 초판은 2014년에 출간하였는데, 가장 중요한 열반의 정의가 나오는 우다나와 이띠웃따까의 경과 주석들에서 일부 누락된 부분과 잘못된 부분이 발견되어 편역자가 직접 번역하여 모두 수록하였다. 그리고 제 Ⅲ 부 레디 사야도의 'The Ledi' Dhammā on Nibbāna'를 전체적으로 미얀마 원본을 근거로 하여 수정하였다. 역자가 원래 번역한 책은 영문판인데 원어는 200여 년 전의 미얀마어였다. 그것을 영어로 그리고 다시 한국어로 번역하다보니 사야도의 원래 의도와는 내용과 글의 힘에 있어서 차이가 있었음이 분명하다. 다행히 아신 빤딧짜 사야도께서 그 잘못을 발견하고 교정해 주셨다. 한국의 독자님들에게는 큰 복이라 생각한다. 이 책의 초판은 평산수좌스님께서, 그리고 개정판 1쇄는 서울 문수원의 해동성 보살께서 하셨다. 두 분이 모두 먼저 제의를 하셔서 게으름에 머물던 필자가 움직이게 되었으니 두 분의 공덕이다.

출간에 즈음하여 고마운 분들이 떠오른다. 초판작업의 교정은 윤양상, 주숙희, 김후경, 유미경 수행자가 참여하였고, 그 과정에 필요한 공양물은 일묘스님이 준비하셨다. 금번 개정판은 아신 빤딧짜 사야도께서 특히 고생을 많이 하셨다. 사야도께서는 미얀마 원본을 보시며 옆에서 읽어주는 역자의 번역원고를 귀로 들으시며 잘못된 부분을 잡아내 확인하는 작업을 반복하셨으니 그 어려움은 지켜보는 이도 힘들 지경이었다. 서울의 담마야나 선원의 강인숙, 문미영 수행자가 번역본을 읽고 대조하는 작업을 하였고, 전체 원고의 교정은 김휘성, 석동근, 이정희, 박근영 수행자가 그리고 덕운스님이 일부 참여하였다. 특히 경과 주석서의 빠알리어 번역시 막힌 부분에 대한 고민을 쌍계총림의 신일스님이 함께 해주셔서 힘이 되었다.

그리고 이 책에는 역자가 직접 번역하지 않은 다수의 자료가 수록되어 있다. 바른 법의 전파라는 목적으로 조건 없이 자료의 사용을 허락해주신 초기불전연구원의 각묵스님과 대림스님, 임승택 교수님과 멀리 미얀마에서 수행 중이신 강종미님, 마하시 사야도의 'On The Nature Of Nibbāna' 번역허가를 해주신 (사)상좌불교 한국명상원의 묘원법사님 그리고 레디 사야도의 'The Ledi' Dhammā on Nibbāna'의 번역허가를 해주신 미얀마 Sarthintaik Monastic Education Center 깔라와 또야 사야도(Kalaywa Tawya)이신 Bhaddanta Jāgrābhivaṃsa사야도님께 감사드린다. 그리고 번역허가를 득하는 과정에 오랜 기간 수고해주신 미얀마인인 진미한 거사님께도 감사를 표한다.

마지막으로 절을 올려야 할 스승님들이 계시다. 출가하여 한 사람의 수행자로 바로 설 수 있도록 길을 안내해 주신 은사이신 **일**자 **운**자 스님, 그리고 수행을 지도해 주신 우 레와따 스님, 대승불교를 가르쳐 주신 활안 스님과 세상의 모든 스승님들께 감사의 절을 올립니다.

이 책을 읽는 수행자들이 정법에 따라 속히 열반을 증득하기를….
이 인연으로 나의 어머니이신 박종건님이 괴로움에서 벗어나기를….

불기 2562년(2018년) 오월 초하루 포살일
고성산 성전사 산방에서
삼가 정명 씁니다.

차 례[요약]

차 례[전체]

일러두기

ㅡ. 이 책은 총 4부로 구성되었다. **제Ⅰ부는 경과 주석서 편**이다. 이 때 쌍윳따 니까야의 경전들은 각묵스님, 앙굿따라 니까야에 나오는 경전은 대림스님, 무애해도는 임승택 교수님의 번역을 허락 하에 사용하였고, 소부의 우다나와 여시어경에 소속된 경전들은 PTS본을 저본삼아 편역자가 직접 번역하였다.

ㅡ. **제Ⅱ부는 아비담마와 청정도론 편**이다. 아비담마는 아비담맛타 상가하, 담마상가니(법집론)와 그 주석서인 앗타살리니 그리고 위방가에서 찾았다. 아비담맛타 상가하는 대림 각묵스님의 아비담마 길라잡이 가운데 빠알리 원문에 해당되는 부문만을 부분적으로 발췌·인용하였고, 강종미님의 아비담마해설서 가운데 자나까비왐사 스님의 상가하바사띠까를 참조·인용하였다. 담마상가니와 앗타살리니, 위방가는 강종미님의 번역 가운데 아비담마 용어를 현재 한국에 정착된 초기불전연구원의 언어로 바꾸어 인용·게재하였다. 청정도론은 대림스님의 번역을 사용하였다.

ㅡ. **제Ⅲ부는 레디 사야도 편**이다. 영문판 'The Ledi Dhammā on Nibbāna'을 번역하였는데 아신 빤딧짜 사야도께서 미얀마본을 참고하여 잘못된 부분을 밝혀주셨다. 혹 영문판과 차이가 있다면 그 때문임을 밝히며 공덕이 있다면 아신 빤딧짜 사야도께 회향한다. 그럼에도 잘못됨이 있다면 모두 편역자의 공부와 지혜가 부족한 탓이니 날카로운 질책을 바란다. 이 책의 번역허가는 진미한 씨를 통해 깔라와 또야(Kalaywa Tawya) 사야도(Sarthintaik Monastic Education Centre)이시며, Joint Secretary of State Saṇgha Mahā Nāyaka Committee이신 Bhaddanta Jāgrābhivaṃsa(Aggamahāpandita ; Dvipatakakovida) 사야도지로부터 받았다.

一. **제IV부는 마하시 사야도 편**이다. 영문판 'On the nature of nibbāna(Nibbāna Paṭisaṃyutta Kathā)'를 번역한 것으로 (사)상좌불교 한국명상원의 묘원 법사님으로부터 초판 출간시 번역허가를 받았음을 밝힌다.

제 I 부

열반에 대한 경전의 말씀과 그 주석

열반이란 무엇인가? 우다나(Udāna, 自說經)에서 부처님께서 설하셨다.

1. 열반이란 무엇인가?

첫 번째 열반상응경(Paṭhamanibbānapaṭisaṃyuttasuttaṃ)[1]

이와 같이 나는 들었다. 한때 세존께서는 사왓띠 제따와나 아나타삔디까 승원에 계셨다. 그때 세존께서는 비구들에게 열반에 관한[2] 법문을 통해[3] 그들을 가르치고 부추기고 고무시키고 기쁘게 하셨다.[4] 그 비구

---

1) 소부(Khuddakanikāya) 자설경(Udāna)의 빠딸리가마 품(Pāṭaligāmiyavaggo)의 첫 번째 경으로 사왓티의 제따 숲 아나타삔디까 승원에 계시면서 비구들에게 열반과 관련된 법문을 하신 후 읊으신 감흥어이다. 이후에 우다나의 모든 주석은 PTS 주석서를 직역한 것이다.-역주-

2) **열반에 관한**(nibbānapaṭsaṃṃuttāyā) : 불사(不死, amata)의 요소(dhātu)와 관련하여(sannissitāya), 형성됨이 없는 요소(asaṅkhatāya dhātuyā)와 연관하여(pavattāya), 알려주려고(pavedana vasena).-UdA 388-

3) 법문을(Dhammiyā kathāyā) 통해 : 법을 가르침(dhamma desanāya)으로.-UdA 388-

4) **가르치고(sandassetī)** : 고유한 성품(sabhāva)과 기능(sarasa)과 특징(lakkhaṇato)으로 열반을 보이셨다(dasseti)

부추기고(samādapeti) : 그 비구들이 이와 같은 의미를 파악하도록 하고(gaṇhāpeti)

고무시키고(samuttejetī) : 그 의미를 파악하도록 노력을(ussāhaṃ) 기울임으로(janento), 고취시키고(tejeti) 명확하게 만드셨다(joteti)

기쁘게 하셨다(sampahamsetī) : 아주 적절하게 열반의 공덕(guṇehi)에 의해, 모든 방법으로(sabba pakārehi) (그 비구들을) 기쁘게 하셨다.

혹은 **가르치고(sandassetī)=**(sammā dasseti) : '그것은 모든 상카라들의 소멸(samatho) 모든 재생의 토대(ūpadhi)의 포기(paṭinissaggo), 갈애의 파괴(taṇha khayo) 탐욕의 빛바램(virāigo) 소멸(noridho)'등 이라고 시작하는 방법 이후에 이 모든 방법으로 이런 저런 동의어들의 고유한 몇 가지 성질들에 따라(ānurūpaṃ) 바른 것을 보이심(sammā dasseti)이다.

부추기고(samādapeti)=sammā ādapeti : 이 '성스러운 도(道)로 증득되는 것'이란 저 (열반과) 그것을 증득하기 위한 수행과 함께 저 비구들이 그곳으로 기울어지도록(ninna), 경향(傾向)이 있도록(poṇa), 기울이도록(pabbhāre) 부추키고(samādapeti) 움켜쥐게 한다(gaṇhāpeti)

고무시키고(samuttejetī) : '이것은 하기 어렵고, 증득하기 어렵다' : '종결(목표)의

들은 가치를 파악하고는(atthikatvā)[5] 마음에 잡도리하여(manasikatvā)[6] 온 마음을 몰두하여(sabbaṃ cetaso samannāharitvā)[7] 귀를 기울여[8] 법을 들었다. 한편 세존께서는 그 뜻을 헤아려서[9] 그때에 이 우다

중도에 이르러 올바른 도닦음(sammā paṭipaṭiyaṃ)에 방일하지 말라 : 열정이 있는 자에게 이것은 어려운 것이 아니다 : 그러므로 계청정(sīla visddhi)으로 시작하는 청정한 도닦음을 향해(visddhi paṭipadāya) 일어서라(uṭṭhahatha), 북처럼(ghaṭayatha) 정진하라(vāyameyyathā)'고 열반의 증득을 위해(adhigamāya) 격려하신 것(ussāheti)이다. 그곳에서 마음을 맑히라고(tattha vā cittaṃ vodapeti) 하신 것이다.

기쁘게 하셨다(sampahamsetī) : '교만의 파쇄(mada nimmadano), 욕구의 제거(pipāsa-vinayo), 집착을 뿌리 뽑음(ālaya-samugghāto)'으로(A.i, 34;VM.293) : '탐욕의 멸진(rāga kkhayo), 성냄의 멸진(dosa-kkhayo), 어리석음의 멸진(moha-kkhayo)'으로 : '형성되지 아니한 것'(asaṅkhataṃ)이라고 : '불사(不死, amataṃ), 적정(寂靜, santaṃ)'이라고 셀 수도 없는 열반의 동의어를 통해 열반의 이익을 드러내 보이심으로 그 비구들의 마음을 즐겁게 하시고(tosento), 웃음 짓게 하시고(hasento), 기쁘게 하시고(sampahaṃseti) 황홀하게 하셨다(sammassāseti). -UdA 388-

5) **비구들은 그것을 목표로 삼고(aṭṭhikatvā)** : 의무에 관한 문제(adhikicca)이다 : '이것은 얻어야만 하는 목표가 아니다.'라는 (그 비구들의-역자) 사고를 (바꾸어 주는데-역자) 이 가르침의 훌륭함이 있다.-UdA 389-

6) **마음에 잡도리하여(manasikatvā)** : 마음을 거기에 고정시키고 : 그 가르침에 자기의 마음을 몰입토록 하여.-UdA p.389-

7) **온 마음을 몰두하여(samannāharitvā)** : 온 마음으로 전력을 기울여, 가르침에 전향해서, 처음부터 시작해서 마지막까지, 오로지 한 생각으로 했다는 의미이다. 혹은 온 마음을 몰두해서(**sabbaṃ cetaso samannāharitvā**)란 온 마음으로 가르침을 바르게 그리고 계속해서 따라 잡았다는 뜻이다. 이런 말이 있다 : (마치) 가르치는 마음으로 법문은 이루어졌다. 온 마음을 다해 옆길로 빠지지 않도록 법문을 자신들의 마음에 계속해서 챙겼다. 전도됨이 없이 바르게, 계속해서 따라잡으며, 시설(施設)된 가르침에 따라, 베풀어진 법문을 잘 반조하였다.-UdA p.389-

8) **귀를 기울여(Ohita-sotā)** : 귀를 예민하게 해서(avahita-sotā), 귀를 잘 세우고(ṭhapita-sotā). 혹은 **귀를 기울여**(Ohita-sotā)라는 것은 귀가 흩뜨러짐 없이(avikkhitta-sotā) ; 저 마음을 증득하는 것(upalabhamāno)과 마찬가지로 들음에(savane) 흩어짐이 없이(avikkhepo), 눈의 감관 등(cakkhundriyādīni)에서 마음을 챙기고 단속하는 것과 같이 귀의 감관에서도 마음을 챙기고 단속하였다(vattabataṃ arahatī=보통의 관습을 가졌다=하였다-역자)는 말이다. 여기서 **가치를 파악하고는(atthikatvā)**이란 앞서 나온 네 가지 단어들을 통해(padehi) 저 비구들이 들음에 있어(savane), 헌신적으로(tapparabhāvato), 설명에 대한 존경심을 가지고(ādaradipanena) 주의깊게(sakkacca) 들었다는 것을(savanaṃ) 보이신 것이다(dasseti)-UdA p.389-

나를[10] 설하셨다.

atthi bhikkhave tad āyatanaṃ
yattha n'eva paṭhavī na āpo na tejo na vāyo
na ākāsānañcāyatanaṃ
na viññāṇānañcāyatanaṃ
na ākiñcaññāyatanaṃ
na nevasaññānāsaññāyatanaṃ
n'āyaṃ loko na paraloko ubho candimasuriyā

있다.[11] 비구들이여,[12] 이러한 입처(立處)가

---

9) **이 뜻을 헤아리시고**(Etam atthaṃ viditvā) : 저 비구들에게 그 열반과 관련한 법문(dhamma-kathāya)을 들음에 있어(savane) 일어난 존경심(ādara-kāritaṃ) 등 모든 것(sabbākārato)을 헤아리시고.-UdA p.389-

10) **이 우다나를**(**Imaṃ udānan**) : 열반이 궁극적 실재로(paramatthato) 존재한다는 사실(vijjamāna-bhāva)을 이 법문의 방법으로(dhamma-desanā-mukhena) 설명하기 위하여(vibhāvanaṃ) 이 우다나를 읊으셨다.-UdA 389-

11) **있다**(**atthī**) : 존재한다/발견된다(vijjati), 궁극적 실재로(paramatthato) 발견된다(upalabbhatī).-UdA p.389-

12) **비구들이여**(**Bhikkhave**) : 그 비구들을 부르는 것이다. 우다나라는 것은 희열과 기쁨이 일어났거나, 법에 대한 절박감(saṃvega)이 일어난(samuṭṭhāpito) 경우이거나, 법을 수용하는 자(paṭiggāhaka)를 고려하지 아니하고(nirapekkho) 거기서 이 만큼의 감흥을(udāhāro) 경들에서 읊으신 것이 아닌가? 여기서, 이 우다나에서 세존께서는 왜 그 비구들을 부르셨는가? 그 비구들의 주의를 끌기 위해서이다. 세존께서는 그 비구들에게 열반과 관련된 법문을 하시고는 열반의 성품을 반조하실 때 희열과 기쁨이 일어나서 이 우다나를 읊으신 것이다. 이 열반을 제외한 일체의 고유한 성품을 가진 법들은 조건에 따라 움직이는 것으로 발견된다. 조건들을 무시할 수 있는 것은 아무 것도 없다. '그러나 다양한 조건들에서 이 열반의 법들이 발견되는가?'라고 (생각하는-역자) 저 비구들의 생각을 마음으로 세존께서는 헤아리시고 가르치려는 의도로 '있다. 비구들이여, 이러한 입처가'(**atthi, bhikkhave, tadāyatana**) 등으로 설하셨다. 일방적인 것이 아니다. **저 입처**(**tadāyatanaṃ**) : 저 da라는 것은 단어들을 연결하여 음조를 만든다. 열반은 도(道)-과(果)의 지혜의 대상이라는 조건이 되므로(ārammaṇa-paccaya-bhāvato) 입처(āyatana)라고 말한다. 마치 형색 등이 눈의 알음알이(眼識) 등의 대상이라는 조건이 되는 것처럼. 이런 영역에서 세존께서는 저 비구들에게 형성되지 아니한 요소(asaṅkhatāya dhātuyā)가 궁극적 실재로(paramatthato) 현존함

땅도 없고, 물도 없고, 불도 없고, 바람도 없다.13)

공무변처(空無邊處)도 없고,14)

(atthi-bhāvaṃ)을 알려주셨다. 여기에서 법답게 추론한다(dhammanvayo)-이 형성된 법들(saṅkhata-dhammānaṃ)이 존재하므로 반대가 되는 고유한 성품(sabhāva)을 가진 '형성되지 아니한 요소'들도 존재해야만 한다. 마치 괴로움(dukkhe)이 존재하면 그것의 반대가 되는 즐거움(sukham)도 존재한다. 또한 마찬가지로 뜨거움(uṇhe)이 존재하면 차가움(sītam)도 존재한다. 악한(pāpa) 법들이 존재함에서 선한(kalyāṇa) 법들도 존재하는 것과 같다. 이와 같이 설하셨다.

괴로움도 존재하는 것과 같이 행복이라는 것도 존재한다.
이와 같이 존재(bhave)가 발견된다면 부재(不在, vibhavo)도 필요하다.

마찬가지로 뜨거움도 존재하는 것과 같이 다른 차가움이 발견된다.
이와 같이 이 태어남이 존재하면 열반도 필요하다.

악함이 존재하는 것과도 같이 선함도 존재한다.
이와 같이 이 태어남이 존재하면 태어남의 여읨도 필요하다' 등이라고 설하셨다.(bu. vaṃ. 2.10-12) 또한 궁극적 실재로서 열반이 존재한다는 연구(vicāraṇaṃ)는 뒤에 나올 것이다. -UdA pp.389~390-

13) 이와 같이 세존께서는 궁극적 실재로서 형성되지 아니한 요소가 존재하고 있음을 얼굴을 맞대고 보여주시고는 스승께서는 이제 그것과 반대가 되는 법들의 제거를 매개로 하는 고유한 성품으로 "땅도 없고 물도 없다"(**yattha neva pathavī na āpo**)라는 등으로 설하셨다. 열반의 고유한 본성은 모든 형성된 것들의 부재(不在)이다. 거기서 형성된 법들은 어느 곳에도 없다. 거기에는 일체의 형성된 법들이 없다 ; 형성된 법들과 형성되지 아니한 법들은 함께 배치되어(놓여) 존재하지 않기 때문이다. 이것이 그 의미에 대한 설명이다 ; 조건지어지지 아니한 요소인 열반에는 딱딱함(kakkhaḷa)이라는 특징을 가진 땅의 요소도 없고, 새는 것(paggharaṇa)을 특징으로 하는 물의 요소도 없다. 뜨거움(uṇha)을 특징으로 하는 불의 요소도 없고 팽창(vitthambhana)을 특징으로 하는 바람의 요소도 없다. 이 사대(catumahā-bhūtā)의 부재(不在, abhāva)라는 말로서 이것에 의존하는 모든 파생물질(upādā-rūpa)들도 없다는 말이 된다. 이와 같이 그것에 의존하는(tad-āyatta) 존재인 욕계(kāma)와 색계(rūpa)의 존재는 거기에는 존재하지 않는다. 사대(四大)에 의지하지 아니하고 일어나는 오온(오온)을 지닌 존재도, 하나의 무더기를 지닌 존재도 없다. 이제 무색(無色)을 고유한 성품으로 하는 것도 열반에는 존재하지 않음을, 무색계의 존재에 속하는 법들이 거기에는 존재하지 않음을 보여주기 위하여 '공무변처도 없고…비상비비상처도 없다' 등이라고 설하셨다.-UdA pp.390~391-

14) **공무변처도 없고**(na ākāsānañcāyatanan) : 대상과 함께 하는 세 가지 종류, 즉 공무변처의 유익한(kusala)-과보의(vipāka)-단지 작용만 하는(kiriya) 마음의 일

식무변처(識無邊處)도 없고
무소유처(無所有處)도 없고
비상비비상처(非想非非想處)도 없고
이 세상도 없고, 저 세상도 없고[15]
달도, 태양도 모두 없다.[16]

tad amhaṃ bhikkhave n'eva āgatiṃ vadāmi
na gatiṃ na ṭhitiṃ
na cutiṃ na upapattiṃ

어남이 없다라는 뜻이다. 나머지도 이와 같은 방법이다. 최고인 열반에 욕계(kāma-lokā) 등은 존재하지 않는다. -UdA p.391-

15) 저 최고인 거기(열반-역자)에는 이 세상과 저 세상이 없다라고 말한다 - **na ayaṃ loko na paraloko(이 세상도 없고 저 세상도 없다)**라고. 이것이 그 의미이다 - '현재의 상태로 보여진 현상(diṭṭha-dhammo)인 이 세상'이라는 명칭을 얻은 무더기들의 세계도, '금생 이후의 다음 세상'(tato aññathā paro abhisamparāyo)이라는 명칭을 얻은 무더기들의 세계도, 모두가 거기에는 없다라는 의미이다.-UdA p.391-

16) **달도 태양도 모두 없다(Na ubho candimasūriyā)** : 형색(形色)이라는 존재(rūpa-bhāva)가 있을 때 어둠이 있다. 어둠을 흩어버리는 공덕은 달과 태양들에게 존재해야만 한다. 그러나 일체의 모든 형색의 존재가 있지 아니하다면 어디에서 거기의 어둠을 저 해와 달이 흩어 버릴 수 있을까? 그러므로 달과 태양이라는 세계도 거기 열반에는 있지 않다라는 의미이다. (세존께서는-역자) 저 열반의 본성(sabhāva)을 오직 이 견해(āloka)로 보이신 것이다.(Iminā āloka-sabhāvaṃ tass' eva nibbānassa dasseti) 완전한 깨달음이 부족한 그 비구들에게 시작이 알려지지 아니한 윤회에서, 꿈속에서도 전에는 경험해 본 적이 없는 최고로 심오하고(parama-gambhīraṃ), 극도로 보기가 어려우며(atiduddasaṃ), 미묘하고 난해한(saṇha-sukhumaṃ), 추론의 범위를 넘어선(atakkāvacaraṃ), 절대적인 고요함(accanta santaṃ)이며, 현자만이 경험할 수 있는(paṇḍita-vedanīyaṃ), 극도로 승묘(勝妙)한(atipaṇītaṃ) 불사(不死)인 열반을 저 법왕께서 설명하실 때에 '있다, 비구들이여, 저 입처가'(atthi, bhikkhave, tadāyatana)라고 그것이 현존한다는 사실(atthibhāvā)을 먼저 저들의 무지 등을 제거하기 위하여 시작하시고는 '땅도 없고 … 달도 태양도 모두 없다'(yattha neva pathavī …pe… na ubho candimasūriyā)라고 구성요소들에 대한 법문을 하신다(tadanga dhammā desana).-UdA pp.391~392-

거기에는 비구들이여, 옴도 없고[17)]
감도 없고, 머묾도 없고
죽음도 없고, 다시 태어남도 없다고 나는 말한다.[18)]

appatiṭṭhaṃ appavattaṃ anārammaṇam
eva taṃ es' ev' anto dukkhassā'ti

토대(依處)없음, 전생(轉生)없음, 대상(對象)없음[19)]

---

17) 그래서 말씀하셨다. '비구들이여, 역시 거기에는 **옴도 없다**고 나는 설한다'(tatra p' ahaṃ, bhikkhave, neva āgatiṃ vadāmī)라고. 여기서 거기에는(tatra)이란 거기에(tasmiṃ). 역시(api)라는 말은 연결사이다. 나는, 비구들이여, 상카라들의 일어남에서 어느 곳으로부터 어떠한 것이 온다고 말하지 않는다. 거기에는 조건따라 법이 일어나기 때문이다. 마찬가지로 저기 열반이라는 입처에서(āyatane)도 어느 곳으로부터 오고 감을 말하지 않는다. 와야만 하는 장소(āgantabba-ṭṭhānatāya)가 존재하지 않기 때문이다.-UdA p.392-

18) **감도 없다(Na gatin)** : 어느 곳으로(katthaci) 감을 말하지 않는다. 가야만 하는 장소가 없기 때문이다. 거기에는 지혜로 대상을 만듬(ārammaṇa-karaṇaṃ)이 없기 때문에 중생들의 '오고 감'의 일어남이 없다. 머묾도, 죽어서 다시 태어남도 말하지 않는다. 'Tadā p' aha'라고 하는 빠알리의 이미는 저것이다 - 저 입처(āyatanaṃ)에도 어떤 마을에서 다른 마을로 지나가는 것처럼 와야만 하는 것이 없기 때문에 옴이 없다(na āgantabbatāya na āgati). 감이 없기 때문에 감이 없다(gati-n' atthitāya na gati). 땅이나 산과 같은 장소가 없기 때문에 **머묾이 없다**(na ṭhiti). 조건지어지지 않은 것이기에(apaccayattā) **일어남이 없다**. 그러므로 불사(不死)가 본성이기 때문에 **죽음도 없다**. 일어남과 소멸이 없으므로 저것은 (이러한 것들-역자) 모두에 의해 경계지워진다. 지속됨이 없으므로 머묾이 없고, 죽음이 없고, 일어남이 없다고 말한다.(ṭhitiyā ca abhāvato na ṭhitiṃ na cutiṃ na upapattiṃ vadāmi) -UdA p.392-

19) 단지 조건에서 벗어난 것(apaccayattā)이기에, 저것의 고유한 본성이므로 정신(arūpa)은 어디에서도 확고하게 서지 못한다. **토대가 없다**.(na katthaci patiṭṭhitanti appatiṭṭhaṃ) 거기에 일어남이 없으므로, 유전(流轉, pavatta)과 대치(對治)가 되기에(paṭipakkhato) **전생(轉生)이 없다**.(appavattaṃ) ; 정신(arūpa)의 고유한 본성들도 느낌 등과 같이 어떤 대상을 취한다. 하지만 열반은 어떠한 대상에 의지함이 없기에(ārammaṇssa anālambanato), 지원에 무관심하므로(upatthambha-nirapekkhato) 오직 **대상의 여윔**(anārammaṇam eva)이라서 저 '입처(āyatana)가…'등이라고 설하셨다. 여기서 '오직(eva)'라는 단어는 '완전하게' 토대없음(appatiṭṭham eva), '완전한' 일어남없음(appavattam eva)이라는 두 단어

이것이야말로 괴로움의 종식이다.[20]

로 풀이해야 한다.-UdA p.392-

20) **이것이야말로 괴로움의 종식이다(Es' ev' anto dukkhassā)** : 여기서 '토대가 없다'(appatiṭṭha)라고 시작하는 설명(vaṇṇitaṃ)과 찬미(thomitaṃ)로 열반의 특징을 말씀하신 것과 같이, 저것(열반)의 증득으로 모든 괴로움이 존재하지 않기 때문에 내면에서 괴로움의 윤회(vaṭṭa-dukkhassa)가 모두(sakalassa) 끝이 난다(pariyosānaṃ). 그러므로 '이것이야말로 괴로움의 종식'(dukkhassa anto)이라고 저것(열반)의 본성을 보이신 것이다. 첫 번째 경의 주석이 끝났다. -UdA p.392-

2. 열반증득의 어려움

두 번째 열반경(dutiyanibbānasutta)[21]

이와 같이 나는 들었다. 한때 세존께서는 사왓티의 제따와나 아나타삔디까 승원에 계셨다. 그때 세존께서는 비구들에게 열반에 관한 법문을 통해 그들을 가르치고 부추기고 고무시키고 기쁘게 하셨다. 그 비구들은 관심을 가지고, 주의를 기울여, 온 마음을 모아서 귀를 기울여 법을 들었다. 사실 세존께서는 이 뜻을 헤아리시고는 그때 이 우다나를[22] 읊으셨다.

duddasaṃ anattaṃ[23] nāma
na hi saccaṃ sudassanaṃ
paṭividdhā taṇhā jānato passato natthi kiñcanan ti

'기울어짐이 없는 것'은(anattaṃ) 보기가 어렵다.[24]

---

21) Ud. 8. Pāṭaligāmiyavaggo의 두 번째 경이다.-역주-

22) **이 우다나를(imaṃ udānaṃ)** : 이 열반의 자성(自性, pakatiyā)이 심오한 존재이므로 보기가 어렵다는 것을 설명하기 위하여 우다나를 읊으셨다.- UdA p. 393-

23) 이 anattaṃ을 자설경의 주석서와 Be(Chaṭṭhasaṇgāyana edition, Rangoon,1972)와 Se(Siamese edition, Bankok, 1987)에 의하면 anataṃ으로 읽는다. Woodward는 주석서의 견해인 anataṃ으로 이해한 것으로 보이며 맛지마니까야 성스러움 구함 경(M26, Pāsarāsisuttaṃ) "myāyaṃ dhammo gambhīro duddaso duranubodho santo paṇīto atakkāvacaro nipuṇo paṇḍitavedanīyo"(내가 증득한 이 법은 심오하여 보기 어렵고 깨닫기 어렵고 고요하고 수승하고 사유의 영역을 넘어섰고 미묘하여 오로지 현자들만이 알아볼 수 있을 것이다)의 경구를 추가하여 설명하고 있다. 한편 Ireland(p.109)는 Ñāṇamoli(Life)처럼 anataṃ을 '영향을 받지 아니한, the unaffected)'으로 표현한다. 한편 그는 '어떤 이들은 amataṃ(不死)으로 읽는다'고 지적한다.-The Udāna, PTS, Peter Masefield, 1997, p.184.- -역주-

24) **보기가 어렵다(duddasaṃ)** : 고유한 성품이 심오하기 때문에(gambhīrattā), 극도로 미세하고(atisukhuma), 섬세한(saṇha) 것을 고유 성품으로 지녔기에 쌓이지 아니한 지혜의 요소들로는 볼 수가 없으므로 보기가 어렵다. 이와 같이 설하셨기 때문이다. - "마간디야여, 성스러운 눈이라야 병 없음을 알고 열반도 볼 수 있는

진리를 보는 것은 쉽지가 않기 때문이다.[25)]

갈애를 이미 꿰뚫어 알고 보는 자에게는 어떠한 것(三毒)도 없다'[26)]

데, 그대에게는 그런 성스러운 눈이 없다"(M75, 마간디야경 §21) 다시 설하셨다. – "또한 이 모든 형성된 것들의 가라앉음은 보기도 어려울 것이다."(M26) 형색 등의 대상과 욕계(欲界) 등의 존재들(sattā)로 기우는 것으로(namanato), 그쪽으로 기울어짐이(tannina) 일어나므로, 중생들 스스로가 그곳으로 기울어지기 때문이다(namanato). 기울어짐(natā)은 곧 갈애(taṇhā)이다. ; 여기서 기울어짐이라는 것이 없으므로 기울어짐없음(anataṃ)이다. 그것들은 또한 '끝이 없음'(anantaṃ, 無邊, 無量)이라고도 읽는다. 영원함을 고유한 본성으로 하기 때문에 끝이 없다. 불변(不變)의 법이고, 소멸하지 않음이고 불사(不死)라는 뜻이다. 그러나 혹자는 '끝이 없음=anantaṃ'이라는 단어는 '무량(無量, appamāṅaṃ)'의 뜻이라고 말한다. 여기서 '**보기가 어렵다**(**duddasaṃ**)'란 이 지혜의 힘이 약한 원인 때문에, 탐욕 등의 오염들에 의해 오랫동안 마음을 빼앗겼기 때문에, 중생들이 조건지어지지 아니한 것을 닦는 것은 쉽지가 않다라고 열반 증득의 어려움을 보이신 것이다. –UdA p.393–

25) '**진리를 보는 것은 쉽지가 않기 때문이다**(na hi saccaṃ sudassanaṃ)' : 이와 같이도 저 의미를 명백히 드러내셨다. 여기서의 '진리(saccaṃ)'란 열반이다. 거기에는 어떠한 방법으로도 불선함(asanta)을 고유성품으로 하는 것이 존재하지 않으므로(ābhāvato), 틀림없이 이것은 선(善)이기 때문에(santattā), 변화하지 않는다는 뜻에서 진리(saccaṃ)라고 한다. '**보는 것은 쉽지가 않기 때문이다**'(Na hi sudassanaṃ)라는 것은 공덕과 지혜를 축적하기 위하여 아주 오랜 기간을 [보내야만 했었기 때문이고–역자], 심지어 오랜 세월 동안 어려움(kasiren)도 완전하게 극복했어야만 하였기 때문에(samadhigantabbato) '쉽게 보여지지 않는다.' 그러므로 세존께서는 '나는 어렵게 증득한'(kicchena me adhigataṃ) 등이라고 하셨다.(D14, 대전기경).–UdA p.393–

26) **갈애를 이미 꿰뚫어 알고 보는 자에게는 어떠한 것((三毒)도 없다**(paṭividdhā taṇhā jānato passato natthi kiñcanan) : 소멸의 진리는 갈애의 영역으로부터(visayato), 기능으로부터(kiccato), 대상으로부터(ārammaṇato), 관통의 실현을 통해 꿰뚫어질 때 실현된다. 이와 같이 네 가지 진리(四聖諦)의 대상을 관통하는, 미혹함이 없는 꿰뚫음을 통해서 꿰뚫어진다. 괴로움의 진리(dukkhasaccaṃ, 苦諦)는 있는 그대로 통달지(pariññā, 遍知)의 관통(遍知現觀)을 통해, 도(道)의 진리(maggasaccaṃ, 道諦)는 미혹함이 없는 수행(bhāvanā)의 관통(修習現觀)을 통해 꿰뚫어진다. 이와 같이 갈애(集諦)는 미혹함이 없는 버림의 관통(捨斷現觀)을 통해 꿰뚫어 진다. 이와 같이 네 가지 진리를 있는 그대로 성스러운 도(道)의 지혜로 알고 보는 자에게 존재 등으로 기울어지는 갈애는 없다. 저 모든 것의 부재(不在, abhāve), 오염원의 회전(kilesa vaṭṭa)은 없다. 그러므로 과보의 회전(vipāka vaṭṭā) 또한 일어나지 않는다. 이와 같이 세존께서는 그 비구들에게 어떠한 것도 남김이 없는 괴로움의 회전의 종식의 원인이 되는 불사(不死)인 대열반의 위력을 드러내셨다. 나머지는 앞서 말한 방법과 똑같다.–UdA pp.393~394 –

3. 열반은 있는가?

세 번째 열반경(tatiyanibbāsutta)[27]

이와 같이 나는 들었다. 한때 세존께서는 사왓띠 제따와나 아나타삔디까 승원에 계셨다. 그때 세존께서는 비구들에게 열반에 관한 법문을 통해 그들을 가르치고 부추기고 고무시키고 기쁘게 하셨다. 그 비구들은 온 마음을 다해 신중하게 주의를 기울이고 집중하고 귀를 기울여 법을 들었다. 한편 세존께서는 그 뜻을 헤아리시고[28] 그때에 이 우다나를[29] 설하셨다.

atthi bhikkhave ajātaṃ abhūtaṃ

akataṃ asaṅkhataṃ

no cetaṃ bhikkhave abhavissa ajātaṃ abhūtaṃ

akataṃ asaṅkhataṃ

nayidha jātassa bhūtassa katassa

---

27) Ud. 8. Pāṭaligāmiyavaggo의 세 번째 경이다. 여시어(Itv.)의 '태어남없음경'(ajātasutta, Duk. II 6)에도 같은 내용이 있다. 이 경에서 나오지 않는 부분은 뒤에서 별도로 다룬다. -역주-

28) **한편 세존께서는 그 뜻을 헤아리시고(atha kho Bhagavā etaṃ attaṃ viditvā)** : 세존께서는 셀 수도 없는 방편으로 윤회의 위험함을 드러내신다. 열반과 관련된 법문을 하실 때 그 비구들에게 다음과 같은 생각이 일어났다 : "세존께서는 이 윤회는 무명 등의 원인이 함께 하는 것이라고 설하셨다 : 그러나 열반에는 그 어떠한 원인도 없다고 하신다 ; 이와 같이 '근본원인 없음'이 틀림이 없다면 어떻게 궁극적 실재의 차원에서 그것을 발견할 수 있을까?"라고. 그때 세존께서는 앞에서 언급한 그 비구들의 이와 같은 생각들의 의미를 헤아리시고는 이 우다나를 읊으셨다. -UdA 394-

29) **이 우다나를(imaṃ udānan)** : 그 비구들이 품고 있는 의혹을 해소시키기 위함만이 아니라 잘못된 수행을 고집하는 Lokāyata 학파 등(lokāyatikādayo)과 같은 은둔하는 브라만들이 "열반, 열반'이라는 것은 단지 말 뿐이며, 자기의 본성을 찾아볼 수가 없기에 열반이라는 것은 궁극적 실재로는 존재하지 않는다'고 하는 잘못된 교리를 척파하기 위하여 그리고 다양한 사견을 지닌 외도들의 견해를 척파하기 위하여 이 불사(不死)인 대열반이 궁극적 관점에서 존재함을 드러내기 위하여 이 우다나를 읊으셨다.-UdA 394-

saṅkhatassa nissaraṇaṃ paññāyetha

비구들이여, 태어난 것이 아니고, 되어진 것이 아니며,
만들어진 것이 아니고, 형성되지 아니한 것이 있다.30)
비구들이여, 태어난 것이 아니고, 되어진 것이 아니며
만들어진 것이 아니고, 형성되지 아니한 것이 없다면,31)

---

30) **태어난 것이 아니고(ajātaṃ) 되어진 것이 아니며(abhūtaṃ) 만들어진 것 아니고(akataṃ) 형성되지 아니한 것(asaṅkhataṃ)이 있다** : 이 모든 단어들은 서로 같은 뜻을 지닌 동의어이다. 원인 없이 된 것도 아니고 혹은 오로지 저절로 되어진 것도 아닌 느낌 등과 같이, 원인의 조화에 기인한, 원인의 조건과 함께하는 형성된 것들처럼 태어남도 아니고, 발생함도 아니므로 **태어나지 아니한 것(ajātam)**이고, 나타남(pātubhūtaṃ)도 아니고, 일어남(uppannanti)도 아니므로 **되어진 것이 아니다(abhūtaṃ).** 이와 같이 태어난 것이 아니기 때문에(ajātattā), 되어진 것이 아니기 때문에(abhūtattā), 그 어떠한 원인으로부터 만들어진 것이 아니므로(na kataṃ) **만들어진 것이 아닌 것(akataṃ)**이다. 형성된 법들(saṅkhatadhammānaṃ)인 정신과 물질(nāmarūpānaṃ) 등은 태어나고(jāta) 되어지고(bhūta) 만들어지는(kata) 고유한 성품(sabhāvo)이 있지만 '열반'이라는 의미를 보여주려고 '형성되지 아니한 것'(asaṅkhataṃ)이라고 말했다.

이와 반대로 해 본다면 함께 모인 조건으로부터 만들어진 것이 형성됨(saṅkhataṃ)이고, 그러한 형성됨이 없는 '형성이라는 특징이 없는 것'이 **형성되지 아니한 것(asaṅkhataṃ)**이다. 이와 같이 다양한 원인들로부터 일어난 고유한 성품들은 제외되었다하더라도 "오직 어떤 하나의 원인에 의해 만들어짐이 있는가?"라는 의혹을 해소하기 위하여 "어떤 식으로도 만들어지지 않았다"는 것을 보여주기 위하여 **'만들어진 것이 아닌 것(akataṃ)'**이라고 설했다.

이와 같이 조건을 여윔이라는 것도 역시 동일하게 "단지 스스로 이것이 되어 나타난다"고 하는 의혹을 끊어버리기 위한 의미에서 **'되어진 것이 아닌 것(abūtaṃ)'**이라고 설했다. 이 형성되지 아니한 것(asaṅkhataṃ), 만들어지지 아니한 것(akataṃ), 되어진 것이 아닌 것(abhūtaṃ)은 모두 다 일체의 존재로 다시 태어나지 않는다는 믿음(ajātidhammattā)을 보여주기 위하여 **태어난 것이 아닌 것(ajātaṃ)**이라고 설했다. 이와 같이 저 네 가지 단어들에도 쓸모가 있음을 아시고는 "비구들이여, 이러한 열반이 존재한다"라고 궁극적 실재로 열반의 의미를 드러낸 것으로 알아야한다. 여기서 세존께서 감흥어를 읊으시려고 '비구들이여'라고 부르신 이유는 처음 설하신 방법과 같이 알아야 한다.-UdA pp. 394~395-

31) 그런 마음을 가지고 "비구들이여, 태어난 것이 아니고, 되어진 것이 아니며, 만들어진 것이 아니고, 형성된 것이 아닌 것이 있다"라고 설하시고는 그 이유들을

보이시기 위하여 "**비구들이여, ~없다면**(no cetaṃ bhikkhave)" 등으로 설하신다. 그것이 간략한 의미이다. 비구들이여, 만약에 '태어나지 아니한 것' 등과 같은 고유한 성질을 가진 '형성되지 아니한 요소'가 존재하지 않고 없다면, 이 세상에 태어남을 고유한 성품으로 갖는 물질 등의 조건지어진 오온에게, 조건지어진 것으로부터의 벗어남, '남김없는 가라앉음'은 알려질 수 없고, 발견될 수 없고, 일어날 수 없을 것이다. 열반을 대상으로 취하여 일어난 마음들과 정견(正見)과 함께하는 성스러운 도(道)의 법들이 번뇌들을 남김없이 제거한다. 여기에서 일체의 괴로움의 회전의 부재(不在, appavatti), 사라짐(apagamo), 여윔(nissaraṇaṃ)은 알려진다. 바로 이와 같은 설명들을 통해 열반의 의미와 존재를 보이시고는 스승께서는 이제는 다음과 같이 "**그러나 정말로**(yasmā ca kho)"등이라고 설하셨다. 그것의 의미는 이미 설했다.

여기서 '조건을 여윈 법(apaccayā dhammā), 형성되지 않은 법(asaṅkhatā dhammā)'[dha. sa. dukamātikā 7, 8], '비구들이여, 이러한 입처(入處)가 있다. 거기에는 땅도 없고'[udā. 71], '또한 모든 형성된 것들의 가라앉음, 모든 재생의 근거를 완전히 놓아버림(sabbasaṅkhārasamatho sabbūpadhipaṭinissaggo)을 보기도 어려울 것이다'[S. I. 135; mahāva. 8; ma. ni. 1.281; 2.337], '비구들이여, 그대들에게 무위(無爲, asaṅkhata)의 법과 무위에 이르는 도닦음(asaṅkhatagāmiñca paṭipadaṃ)을 설하리라'[saṃ. ni. 4.366-367]. 여러 경구들로부터 '비구들이여, 태어나지 않음이 있다' 등이라고 이 경들에 의해 모든 세상의 집착으로부터의 벗어남인 열반의 요소가 궁극적 실재로 존재함을 정등각자께서는 설하셨다.

그러므로 만약 거기서 보여지는 것이 없기에 볼 수가 없는 현자의 의혹과 의심이 비록 없다고 할지라도 깨닫는데 도움이 필요한 사람(paraneyya-buddhino puggalā)들의 의심을 떨쳐버리기 위한 의도에서, 바로 열반의 입구(nibbāna-mukhena)로 철저하게 알아야만 하는 적합한-고찰로서, 위가 있는 감각적 욕망(욕계)과 형색(색계) 그리고 기타 등(무색계)과는 정반대의 고유한 성품을 지닌 여읨은 알려져 있다. 이와 같이 저 모든 형성된 법들의 고유한 성품과는 반대가 되고, 그런 것들의 없음을 고유한 본성으로 하는 여읨은 존재해야 한다. 그 여윔(nissaraṇaṃ)은 형성되지 아니한 요소(asaṅkhatā dhātu)이다.

더욱이 형성된 법들(saṅkhata dhammā)을 대상으로 하는 위빳사나의 지혜(vipassanāñāṇaṃ)인 수순의 지혜(anulomañāṇaṃ)는 아니라 할지라도 제거를 통해(samucchedavasena) 오염들을 포기할 수는 있다. 인습적 진리를 대상으로 하는 초선정 등의 지혜는 제거를 통한 것은 아니지만 억압을 통해 오염들을 포기한다. 형성된 법들을 대상으로 하거나, 인습적 진리(sammutti saccā)를 대상으로 하는 지혜는 오염들을 제거하여 버릴 수가 없으므로, 그 두 가지의 반대가 되는 것을 고유한 성품으로 하며, 그것들을 제거하여 버리는 성스러운 도(道)의 지혜의 대상이 되는 '형성되지 아니한 요소'(asaṅkhata dhatū)가 고유한 본성으로 존재해야 한다.

이 세상에서 태어나고, 되어지고, 만들어지고
형성되는 것으로부터의 여읨은 알려질 수 없을 것이다.

yasmā ca kho bhikkhave atthi ajātaṃ abhūtaṃ
akataṃ asaṅkhataṃ
tasmā jātassa bhūtassa katassa
saṅkhatassa nissaraṇaṃ paññāyatīti

그러나 정말로 비구들이여,
태어난 것이 아니고, 되어진 것이 아니며,
만들어진 것이 아니고, 형성되지 아니한 것이 있다.
그러므로 태어나고, 되어지고, 만들어지고
형성되는 것으로부터의 여읨이 알려진다.

그래서 '비구들이여, 태어난 것이 아니고(ajātaṃ), 되어진 것이 아니며(abhūtaṃ), 만들어진 것이 아니고(akataṃ), 형성되지 아니한 것(asaṅkhata)이 있다' 등이라고 열반이 궁극적 실재로 존재한다고 설명하시는 분의 말씀에는 잘못이 없다. 세존께서 설하셨기 때문이다. 세존께서는 전도됨이 없이 설하셨다. 즉 "모든 형성된 것들은 무상하다(sabbe saṅkhārā aniccā), 모든 형성된 것들은 괴로움이다(sabbe saṅkhārā dukkhā), 모든 법들은 무아이다(sabbe dhammā anattā)'라고. 그래서 열반이라는 말은 그 어떠한 세계에서도 '있는 그대로의 궁극적 실재의 영역에서' 고유한 본성으로 존재한다는 것이 사자후이다.

혹은 궁극적 실재로 형성됨이 없는 요소라는 의미는 ; 다음의 땅의 요소나 느낌과 같은 것들과는 다르고, 그들로부터 벗어난 고유한 본성이기 때문에 이와 같은 방법 등의 정의에 따라 형성됨이 없는 요소가 궁극적 실재로서 존재한다고 알아야 한다. 세 번째 경의 주석이 끝났다.-UdA p.395~397-

4. 열반에 이르는 심리의 변화

네 번째 열반경(catutthanibbānasutta)

이와 같이 나는 들었다. 한때 세존께서는 사왓띠 제따와나 아나타삔디까 승원에 계셨다. 그때 세존께서는 비구들에게 열반에 관한 법문을 통해 그들을 가르치고 부추기고 고무시키고 기쁘게 하셨다. 그 비구들은 온 마음을 다해 신중하게 주의를 기울이고 집중하고 귀를 귀울여 법을 들었다. 한편 세존께서는 그 뜻을 헤아려서[32] 그때에 이 우다나를[33] 설하셨다.

nissitassa ca calitaṃ
anissitassa calitaṃ natthi
calite asati passaddhi
passaddhiyā sati nati na hoti
natiyā asati āgatigati na hoti
āgatigatiyā asati cutūpapāto na hoti
cutūpapāte asati nevidha na huraṃ na ubhayamantare
esevanto dukkhassāti

---

32) **한편 세존께서는 그 뜻을 헤아려서**(atha kho Bhagavā etaṃ attaṃ viditvā) : 세존께서 여러 가지 방편을 보여주시며 열반과 관련된 법문을 하실 때에 그 비구들에게 이와 같은 생각이 일어났다 : '세존께서는 불사(不死)인 열반의 요소의 여러 가지 다양한 이익들과 일반적인 위력에 대해서는 분명하고(dīpentena) 진실하게(anañña) 설하셨지만 이것의 증득에 관해서는 설하지 않으셨다.'라고. 그때 세존께서는 저 비구들이 앞에서 언급한 이와 같이 일으킨 저 생각들이 형성됨의 의미를, 모든 행위를 헤아리시고. -UdA 397-

33) **이 우다나를**(imaṃ udānaṃ) : 위빳사나를 닦는 과정(vīthi paṭipanna vipassanassa)에서 어느 곳에서도 갈애에 의지함이 없고, 몸과 마음의 경안(輕安, passaddha-kāya-cittassa)이 있는 자가 성스러운 도(道)로써 남김없이 갈애를 제거하는 열반의 증득을 설명하기 위하여 이 우다나를 읊으셨다.-UdA 397-

비구들이여, 의존하는 자에게 떨림이 있고[34)]
의존하지 않는 자에게 떨림은 없다.[35)]
떨림이 없으면, 고요하고[36)]
고요하면, 의향(意向)이 없다.[37)]
의향(意向)이 없으면, 오고 감이 없고,[38)]

---

34) **의존하는 자에게 떨림이 있고(nissitassa ca calitaṃ)** : 형색(形色) 등과 같은 상카라들에 대한 갈애와 사견(taṇha-diṭṭhi)이 '의존하는 자의 떨림'(nisitassa calitaṃ)이다. '이것이 나이다(etaṃ mama). 이것이 나의 자아이다(eso me attā)'라는 편견(vipphanditaṃ)이 있다. 행복하게 살지 못하도록 만드는 갈애와 사견을 끊어버리지 못하여 정복당하고 불가능해진 자에게 '나의 느낌이다(mama vedanā), 내가 느낀다(ahaṃ vediyāmī)'라고 하는 근원적인 갈애와 사견에 휩싸인 떨림(calanaṃ)과 동요(kampanaṃ)가 있다. 유익한 마음이 계속해서 일어나는 상속(相續)의 힘이 없다는 뜻이다.-UdA pp.397~398-

35) **의존하지 않는 자에게 떨림은 없다(anissitassa calitaṃ natthi)** : 반면에 청정도를 닦는 자가 사마타와 위빳사나로 갈애와 사견을 가라앉히고(vikkhambhetvā) 무상 등으로 상카라들을 파악하여(sammasanto) 머문다. 이 의지하지 않는 자라는 앞서 말한 자에게 떨림(calitaṃ), 빛바램(avakkhalitaṃ), 흔들림(vipphanditaṃ=動搖=動轉)이 없다. 원인이 제거되었기 때문이다(kāraṇassa suvikkhambhitattā)-UdA p.398-

36) **떨림이 없으면(calite asati)** : 앞서 말한 떨림이 없다(calite asati). 갈애와 사견의 움겨쥠(taṇhā-diṭṭhi-gāha)이 일어나지 않는다. 거기 위빳사나를 닦는 인식과정에 그 수승한(ukkaṃsāpentassa) 고요함(passaddhī)이 있다. 위빳사나의 마음과 함께하는 몸과 마음(kāya-cittanaṃ)을 흥분시키는 오염이 가라앉으면 두 가지 모두가 고요해진다. -UdA p.398-

37) **고요하면 의향(意向)이 없다(passaddhiyā sati nati na hoti)** : 이어지는 고귀함들이 함께하는 고요함(輕安, 편안함)이 있을 때, 그때 비난받지 않는 행복의 토대가 되는 집중이 최고조에 이르면 그 집중을 원인으로 함께 일어난 통찰지의 결과, 사마타와 위빳사나가 쌍으로 통합이 되고 하나의 도(道)와 그리고 또 다른 도(道)에 의하여 그의 오염들은 파괴가 된다. 감각적 욕망 등을 즐기고 싶어 하므로(namanato) '의향(意向 혹은 기울어짐=nati)'이라는 이름을 가진 갈애는 아라한도(道)의 순간에 완전히 존재하지 않게 된다. 이 말은 '일어남-없음'의 상태로 들어가게 만들기 때문에 (그러한 갈애가) 일어나지 않는다는 의미이다.-UdA p.398-

* PTS(1885, Paul Steinthal) 본에 nati는 rati(애착)로 나오나 PTS의 주석서는 다시 nati로 나온다. 6차 결집본 및 동일한 PTS본 상윳따 니까야 제4권 59쪽(찬나경) 및 맛지마 니까야 제3권 266쪽(찬나교계 경)에 나오는 동일한 게송에서도 nati로 되어있어 nati로 보고 옮겼다.-역주 -

38) **의향이 없으면(natiyā asati)** : 아라한도에 의하여 갈애는 완전히 제거되므로 존재에 대한 갈망 등을 목표로, 무엇을 하고자 하는 번뇌(pariyuṭṭne)가 없다면.

오고 감이 없고(āgatigati na hoti) : 재생연결이 되어 이 세상으로 돌아옴도 없고,

오고 감이 없으면, 죽고 다시 태어남이 없다.39)
죽고 다시 태어남이 없으면,
이 세상도 없고 저 세상도 없고 그 둘의 중간도 없다.40)
이것이 바로 괴로움의 종식이다.41)

죽어서 여기로부터 저 세상으로 가는 사후로의 이어짐(富裕)이 없다. 일어나지 않는다.-UdA p.398-

39) **오고 감이 없으면(āgatigatiyā asati)** : 앞서 언급한 상태로의 옴과 감이 없으면(āgatiyā ca gatiyā ca)-UdA p.398-

죽고 다시 태어남이 없다(cutūpapāto na hoti) : 잇따른 죽음(cavana)과 태어남(upapajjanaṃ)도 없고, (생사의) 유전(流轉)도 없다 ; 오염원의 회전이 없을 때 업의 회전은 완전히 멈춘다. (업의 회전이) 끊어졌는데 과보의 회전이 어디에서 일어난단 말인가?-UdA p.398-

40) 그래서 설하셨다. "죽고 다시 태어남이 없으면 **이 세상도 없고 저 세상도 없다**" 등 이라고. 이러한 관점에서 서술해야하는 것이 무엇이든 그것은 이미 바히야경(Bāhiya sutta)에서 자세하게 서술하였다. 그러므로 그곳에서 서술한 것과 같이 알아야만 한다. 여기서도 역시 세존께서는 비구들에게 바른 수행(sammāpaṭipattiyā)으로 괴로움의 회전을 가라앉히는 원인이 되는 불사(不死)인 대열반의 공능에 대하여 남김없이 드러내셨다. 네 번째 경의 주석이 끝났다.-UdA 399-

'이 세상도 없고, 저 세상도 없고 그 둘의 중간도 없다' : '이 세상도 없고 저 세상도 없고 이 둘 다가 아닌 다른 것을 상정함(vikappa)도 없다.'는 뜻이다. 한편 '이 둘의 기운데(ubhayam antarena)'라는 말씀을 취해서 중유{中有, 中陰, antarā-bhava)를 인정하려고 하는 사람들의 주장(vacana)은 아무 쓸모가 없다. 중유라는 존재는 아비담마에서 거부되었기 때문이다. 여기서 '가운데(antarena)'란 단어는 다른 것을 상정하여 말하는 것(vikapp-antara-dīpana)이다.(SA.ii.372~373)-상윳따 니까야 제4권, 초불, 각묵스님 역, p.192--역주-

한편 바히야경의 주석을 소개하면 다음과 같다. : '이 둘의 가운데(ubhayam antarena)'를 취해서 중유(中有) 혹은 중음(中陰)이라고 주장하는 자들의 견해가 잘못된 것임을 척파한다. '이 세상도 없고 저 세상도 없고 이 둘의 중간 세상도 없다'에서 주석서들에는 나오지 않는 다음과 같은 주장도 있다. 즉 이 세상이란 감각적인 욕망의 욕계(欲界), 저 세상은 무색계(無色界), 그 중간세상은 색계(色界)를 말하거나 혹은 이 세상은 안의 토대, 저 세상은 밖의 토대, 그 중간 세상은 마음부수 혹은 이 세상은 조건이라는 형태인 법들, 저 세상은 조건의 결과로서 일어난 법들, 그 중간은 개념적인 법들(conceptual dhammas)이라는 주장도 있다고 바히야경의 주석서는 소개한다. 한편 바히야 경의 주석서에는 이 모든 세계에서 존재하지 않는 것이야말로 괴로움의 종식이라고 나온다.(독자의 이해를 위하여 역자가 요약하여 넣었다.)-역주-

41) '이것이 바로 괴로움의 끝이다(esevanto dukkhassa)'라는 것은 괴로움의 회전(vaṭṭadukkha)과 번뇌인 괴로움(kilesa dukkha)의 끝이고, 종결(pariccheda)이며, 한계(parivaṭuma-bhāva)라는 말이다(MA.v.83) -맛지마니까야 제4권, 초불, 대림스님 역, p.551- -역주-

5. 열반이야말로 행복이로다

태어남을 여읜 경(ajātasutta)[여시어 2-2-6]

jātaṃ bhūtaṃ samuppannaṃ
태어난 것, 되어진 것, 함께 일어난 것[42)]
kataṃ saṅkhataṃ addhuvaṃ[43)]
만들어진 것, 조건지어진 것, 지속되지 않는 것

jarāmaraṇasaṅghātaṃ[saṅghāṭaṃ][44)]
늙음과 죽음의 뗏목
roganīḷaṃ pabhaṅguṇaṃ[45)]
질병의 토대, 부서지기 쉬운 것

---

42) 게송에서(gāthāsu) **태어난 것(jātaṃ)**이란 태어남(jāyana)이라는 의미에서 태어난 것(jātaṃ)이다. 태어남을 특징으로 한다. **되어진 것(bhūtaṃ)**이란 전성(轉成, becoming, bhavana)의 의미로 '되어진 것(bhūtaṃ), 없었는데 생겨난 것(ahutvā sambhūtaṃ)이라는 뜻이다. **일어난 것(samuppannaṃ)**이란 결합된 상태로써 일어남(sahita bhāvena uppannaṃ), 함께하는 법들에 의해 일어난다(sahitehi dhammehi ca uppannan)는 뜻이다.- ItvA. p.163-

43) **만들어진 것(kataṃ)** : 원인과 근본이 되는 조건따라 생긴 것(kāraṇa bhūtehi paccayehi nibbattitaṃ)이다. **조건지워진 것(saṅkhataṃ)** : 저것들에 의해 결합되어 성취된 것이 **만들어진 것**(tehi yeva samecca sambhūyya katan)이고 **조건지워진 것**(saṅkhataṃ)이다. 이 모든 것들은 조건지어진 일어남(paccaya-nibbattassa)의 동의어이다.- ItvA. p.163-

44) 확실하게(ekanteneva) '늙음'과 '죽음'에 함께 묶여져(saṅghāṭitaṃ) 연결된 것(saṃsaṭṭhan)이 **늙음과 죽음의 뗏목**(jarāmaraṇa-saṅghāṭaṃ)이다. 늙음과 죽음에 속박된 것(jarāmaraṇa-saṅghaṭaṃ)이라고도 읽는다. 늙음과 죽음에 꼼짝을 못하게 압박받는다는 뜻이다.(Jarāya maraṇena ca upaḍḍūtaṃ pīḷitan ti attho)- ItvA. p.163-

45) 눈병 등 여러 질병의 보금자리(kiḍḍaṃ=niḍḍaṃ)이고 온상(kulāvakanti)이므로 질병의 보금자리(rogakiddaṃ=roganiddaṃ)이다. 자연적인 방법으로 무너지는 성질을 가졌다. - ItvA. pp.163~164-

āhāranettippabhavaṃ[46)]
음식의 지원으로 일어난 것은
nālaṃ tadabhinandituṃ[47)]
즐거움의 대상으로 어울리지 않는다.

tassa nissaraṇaṃ santaṃ[48)]
그의 벗어남, 적정(寂靜)
atakkāvacaraṃ dhuvaṃ
추론의 범위를 벗어난 것, 항상한 것

ajātaṃ asamuppannaṃ
태어남을 여읜 것, 함께 일어남을 여읜 것
asokaṃ virajaṃ padaṃ
근심을 여읜 것, 오염을 여읜 것, 길

---

46) 갈애의 지원을 받아 조건지어진 네 가지 음식은 기원과 원인(pabhavo samuṭṭhānaṃ)이 [된다]. 이이라는 것은(etassā ti) 음식을 원인으로 일어난 것이다. 일체 모두가 역시 음식에 조건지어진 것들이다. 하지만 이 갈애의 움켜쥠으로 움켜쥐었기 때문에 갈애라고 말한 것이라 알아야 한다. 그러므로 음식의 지원으로 일어난 '이것'이 음식의 지원으로 일어난 것(āhāranettippabhavaṃ)이다. 오로지 음식의 방법이라는 뜻에서 일어남을 지원한다는(netti)이라는 의미에서도 음식을 원인으로 일어난 것(āhāranettippabhavaṃ)이다.- ItvA. p.164-

47) **즐거움의 대상으로 어울리지 않는다(nālaṃ tadabhinandituṃ)** : 저 취착하는 무더기 다섯 가지(五取蘊)는 이와 같이 조건에 의존하는 습관을 가진 것(paccayādhinavuttikaṃ)이다. 그런 까닭으로 오직 무상하고 괴로움이며 갈애와 사견과 함께 하는 것이 즐거움의 대상이 되고(abhinandituṃ) 맛을 즐기는 것(assādetuṃ)은 적당하지 않다(na yuttaṃ). - ItvA. p.164-

48) **그의 벗어남(tassa nissaraṇaṃ)** : 태어난 것(jātaṃ), 되어진 것(bhūtaṃ)이라고 시작하는(ādinā) 앞에서 설한 것에서(vuttassa) 그의 몸(常住身, sakkayassa)의 출리의 결과(nissaraṇaṃ niggamo)를 말한다. 고요하지 않은 성품의 탐욕 등과 같은 오염의(kilesasssa) 부재(不在)로, 모든 조건지어진 것들의 부재(不在)에 의해 가라앉음(ūpasama)이 있음으로(bhāvena) **적정(santaṃ)**이고, 훌륭함(혹은 칭송, pasattha)이 있음으로(bhāvena) **적정(santaṃ)**이다.- ItvA. p.164-

nirodho dukkhadhammānaṃ
괴로움인 법들의 소멸
saṅkhārūpasamo sukho ti[49)]
조건지워진 것들이 멸한 고요함이 행복이로다.

---

49) 추론적 지혜의 영역을 벗어나 있으므로 **추론의 범위를 벗어난 것**이다.(atakkāvacaraṃ) 항상하다는 의미에서 **항상함(dhuvaṃ)**이다. 그러하기에 그것은 바로 **태어나지 아니한 것(ajātaṃ)**, **함께 일어나지 아니한 것(asamuppannaṃ)**이다. 근심의 뿌리가 존재하지 않기에 **근심을 여윈 것(asokaṃ)**이다. 탐욕 등에서 벗어났기에 **오염을 여읜 것(virajaṃ)**이다. 윤회의 저 고통스러움으로(saṃsāra-dukkhātītehi) 길로 들어서야만 하였기에(paṭipajjitabbattā) **길(padaṃ)**이다. 태어남 등의 괴로운 법들을 소멸시키는 원인이기 때문에 **소멸(nirodho)**이다. 괴로움의 법들(Dukkha-dhammānaṃ), 일체의 조건지어진 것들의 가라앉음의 원인이기 때문에(upasama-hetu-tāya) **조건지워진 것들이 멸한 고요함**(saṅkhārūpasamo)이다. 그러하기에 그것이 바로 완전한 행복이므로(accanta-sukhatāya) **행복(sukho)**이라 한다. 모든 길들로부터 오직 불사(不死)인 대열반을 찬탄한다. 이와 같이 세존께서는 첫 번째 게송에 추가하여, 두 번째 게송에서는 열반에 대한 추론의 방법으로(anvayavasena) 설하셨다. - ItvA. p.164-

6. 열반의 종류

열반의 요소경[50](Nibbānadhātusuttaṃ, 여시어2-2-7)

이와 같이 세존께서는 설하셨기 때문에 나는 아라한께서 설하신 것을 들었다.

'비구들이여, 열반의 요소에는 두 가지[51]가 있다. 무엇이 둘인가? 유여열반(有餘涅槃)의 요소(saupādisesā ca nibbāna[52]dhātu)[53]와 무

---

50) 열반을 열반의 요소(nibbāna dhātu, 涅槃界)라고 표현한 것은 장부, 상응부, 증지부에서 나타난다. 중요한 것은 이 열반의 요소라는 표현은 거의 대부분 여기서처럼 무여열반과 반열반의 문맥에서 나타나고 있다는 점이다. 그러면 왜 무여열반이나 반열반의 문맥에서는 열반의 요소라는 표현을 사용할까? 주석서들에서는 열반의 요소에 대한 설명은 나타나지 않고 당연한 것으로 받아들인다. 요소(dhātu, 界)라는 술어를 써서 열반을 표현하는 것은 열반도 구경법(paramattha)의 하나라는 것을 강조하기 위해서일 것이다. ~중략~ 무엇보다도 이렇게 무여열반이나 반열반이나 열반의 요소(界)라는 술어를 사용하여 기술하는 가장 중요한 이유는 자칫 열반 - 특히 부처님이나 아라한의 반열반(무여열반) - 을 아무 것도 없는 허무적멸의 경지로 오해할 소지를 없애기 위해서일 것이다. 그래서 이 열반의 요소라는 표현은 반열반 혹은 무여열반의 문맥에서 나타나고 있다. - 디가니까야2, 초불, 각묵스님옮김, p.221.-역주-

51) 두 가지[dvemā]라는 것은 dve imā[두 가지 이러한]이라는 의미다.-ItA p.164-

52) 와낭(vānaṃ)이란 갈애(taṇhā)를 말한다. 갈애에서, 갈애로부터 벗어남으로(nikkhantaṃ vāṇato) 여기에 욕망(vāṇaṃ)은 없다. 여기서 갈애가 존재하지 않는다고(vāṇassa abhāvo)하여 열반(nibbānaṃ)이다. 유정(有情)이 없고(nissatta), 생명이 없다(nijjīva)는 의미를 성품으로 지닌다는 의미에서 요소(dhātu)이므로 열반의 요소(nibbāna dhātu)이다. -IvA p.164-

53) 저것도 구경법(究竟法)으로(paramatthato) 차이가 없다 할지라도, 교학적으로는 분명한 저 교학적 분류와 관련하여(taṃ pariyāyabhedaṃ sandhāya) '비구들이여, 두 가지 열반의 요소가 있다'(**dvemā bhikkhave nibbānadhātuyo**)라고 설하시고는 바로 이 뜻으로 다양함을 보이시기 위하여 '유여'(有餘, saupādisesā)라고 설하셨다. 거기에는 존재의 토대(upādi)인 오온에 취착하는(upādiyatīti) 갈애 등에 의한 과보가 존재하기 때문이다. upādi(존재의 토대)가 남아있어(seso) upādiseso(생의 연료가 어느 정도 남아있음)이다. 더불어(saha) 남아있으므로(upādisesenāti) 유여(有餘, saupādisesā)이다. 그런 것이 없는 것이 무여(無餘, anupādisesa)이다. -ItA. pp.164-165-

여열반의 요소(anupādisesā ca nibbānadhātu)이다.'
비구들이여, 무엇이 유여열반의 요소인가? 비구들이여, 여기 비구가 번뇌가 다했고(khīṇāsavo)[54], 삶을 완성했고(vusitavā)[55], 할 바를 다했고(katakaraṇīyo)[56], 짐을 내려놓았고(ohitabhāro)[57], 참된 이상을 실현하였고(anuppattasadattho)[58], 존재의 족쇄를 끊고(parikkhīṇabhavasaṃyojano)[59], 바른 지혜로 해탈한[60] 아라한[61]이

---

54) **번뇌가 다했고(khīṇāsavo)** : 감각적 욕망 등 네 가지 번뇌(cattāro āsavā)가 아라한에게서 부셔지고(khīṇa), 끊어지고(samucchinnā), 버려지고(pahīnā), 지멸되고(paṭippasaddhā), 다시 일어나지 못하고(abhabbuppattikā), 지혜의 불로 타버린 것(ñāṇ'agginā daḍḍhā)을 말한다.-IvA. p.165-

55) **삶을 완성했고(vusitavā)** : [깨끗한 계 등의 도닦음과 같은-역자] 중요한 일을 실천하고(garu-saṃvāse), 성스러운 도를 닦고(ariyamagge-saṃvāse), 10가지 성스러운 삶(十聖居, dasa ariyavāsesu)을 살고, 자유자재하고(vasi), 근신하고(parivasi), 근신기간을 갖고(parivuṭṭho) ; 우안거를 지내고(vutthavāso) 사유의 공덕(cintacaraṇo)을 닦았다는 의미이다.-IvA. p.165-

56) **할 바를 다했고(katakaraṇīyo)** : 선한 범부(kalyāṇakaṃ puthujjana)를 비롯해서 일곱 유학(有學, sekkhā)들이 네 가지 도(道)에 의해(catūhi maggehi) 해야만 하는(karaṇīyaṃ) 일을 마쳤다. 번뇌가 부서진 자들의(Khīṇāsavassa) 모든 해야만 하는 일을(sabbakaraṇīyāni) 끝내고(katāni) 마무리했다(pariyositāni). 괴로움의 소멸을 위하여(dukkhakkhayādhigamāyā) 더 이상 해야 할 일이 남아있지 않다는 뜻이다. 이와 같이 설하셨다.

tassa samma-vimuttassa santa cittassa bhikkhuno
저 완전한 해탈을 이룬 자에게, 고요한(寂靜) 마음의 비구는
katassa paṭicayo n'atthi karaṇīyaṃ na vijjatī ti
더 이상 할 일이 없다. 해야만 하는 일이 있지 않다.-IvA. p.165-

57) **짐을 내려놓았고(ohitabhāro)**란 무더기의 짐(khandha-bhāro), 오염원의 짐(kilesa-bhāro) 그리고 업 형성의 짐(abhisaṅkhāra-bhāro)이라는 세 가지 짐도 내려놓고(ohitā), 벗어놓고(oropitā), 방치하고(nikkhittā), 던져버렸다(patitā)는 뜻이다.-IvA. p.165-

58) **참된 이상을 실현하였고(anuppatta-sadattho)** : 자신의 일을, 이상을 실현했다(anuppatto sadatthaṃ sakatthaṃ)라는 말이다. 어떤 것을 짓는 자에게 짓지 않음이 행해진다(Kakārassāyaṃ dakāro kato) 참된 이상을 실현한 자는 이것에 의해서 참된 이상을 실현한다(Anuppatto sadattho etenā-ti, anuppatta sadattho). 참된 이상(Sadattho)이란 '아라한(arahattaṃ)'으로 알아야 한다. 저 자아와 친밀한 관계로, 자아(attano)와 무명을 포기함에 의해(avijjahanaṭṭhena), 자아의 궁극적 진리로 그리고 자아 때문에(atthattā), 자신의 일(sakattho)이라고 말한다.-IvA. pp.165-166-

59) **존재의 족쇄를 끊고(parikkhīṇabhavasaṃyojano)** : 감각적 욕망의 족쇄

있다. 그에게는 아직 다섯 감각기관이 머물러 있어서(Tassa tiṭṭhanteva pañcindriyāni)[62], 떠나가 버리지 않았기 때문에 (avighātattā)[63] 좋아하고 싫어하는 것(manāpāmanāpaṃ)을[64] 경험

(kāmarāga saṃyojanaṃ), 적의의 족쇄(paṭigha saṃyojanaṃ), 자만(māna)-사견(diṭṭhi)-계율과 의식에 대한 집착(sīlabbataparāmāsa)-존재에 대한 욕망(bhavarāga)-질투(issa)-인색(macchariya)-무명(avijjā)의 족쇄라는 이것들은 중생들이라는 존재에게 현존하는 존재로 결합되어 있어(saṃyojenenti), 족쇄라고 불린다. 저 공양받아 마땅한 분들, 끊어버리신 분들(parikkhīṇāni), 버리신 분들(pahīṇāni), 지혜의 불로 태워버리신 분들이(ñāṇ'agginā daḍḍhānī) 존재의 족쇄를 끊으신 분들(parikkhīṇa-bhava-saṃyojano)이다.-IvA. p.166-

60) **바른 지혜로 해탈한(Sammadaññāvimuuto)** : 이 바른 지혜란 바른 개오(開悟, sammā aññāya)이다. 이렇게 말씀하셨다 ; 무더기(khandhānaṃ)는 덩어리(khandha)의 뜻으로, 감각장소(āyatanānaṃ)는 펼친다는(āyatana) 의미로, 요소(dhatūnaṃ)는 공(空)하다는 의미로, 괴로움(dukkhassa)은 고통(pīḷanaṭṭhaṃ)의 의미로, 일어남(samudayassa)은 전생(轉生, pabhav'aṭṭhaṃ)의 의미로, 소멸(nirodhassa)은 지멸(止滅, santaṭṭhaṃ)의 의미로, 도(道, maggassa)는 보여주기 위함이라는 의미(dassanaṭṭhaṃ)로 '모든 형성된 것들은 무상하다'라고 이와 같은 등의 분별을 바르게 '있는 그대로' 구경의 지혜로 알고(sammā yathā-bhūtaṃ aññāya jānitvā), 판단하고, 세밀하게 조사하고(tulayitvā), 분명하게 하고(vibhāvetvā) 해석을 해서(vibhūtaṃ katvā) [해탈한다.-역자] **해탈(Vumutto)**에는 두 가지가 있다. 마음의 해탈(cittassa ca vimutti)과 열반에 의한 해탈(nibbānāñ ca vimutti)이다. 아라한들은 모든 오염들로부터 해탈하였기 때문에 마음의 해탈로도 해탈했고(cittavimuttiyā pi vimutto), 열반에 의한 해탈로도 해탈했다(nibbāne pi vimutto). 그래서 바른 지혜로 해탈했다(sammadaññā vimutto ti)라고 설하셨다. -IvA. p.166-

61) **아라한(arahaṃ)** : 오염들을 멀리 여의고(āraka kileso) 오염들을 멀리했다(dūra kileso)라는 뜻이다. 이와 같이 설하셨기 때문이다. 세존께서는 '비구들이여, 어떻게 비구가 아라한인가?' 다시 태어남을 가져오고(ponobhavikā), 두렵고 괴로운 과보를 가져오고, 이[미래의] 태어남과 늙음과 죽음을 초래하는 나쁘고 해로운 법들(pāpakā akusalā dhammā)과 유해한(saṃkilesikā) 법들을 멀리 했다. 이와 같이 비구들이여, 비구는 아라한이다'라고. -ItA. pp.164-165-

62) **그에게는 아직 다섯 감각기관이 머물러 있어서(tassa tiṭṭhant'eva pañc'indriyānī)** : 저 아라한에게 마지막 생(carima-bhava)은 뿌려놓은 씨앗(hetu-bhūtaṃ) 업이 아직까지는 소멸되지 않아서, 바로 눈 등의 다섯 감관들이 아직은 남아있다.-IvA. p.166-

63) **떠나가 버리지 않았기에(avigatattā)** : 소멸을 통한(nirodha-vasena) 무생(無生, anuppāda)이 오지 않았기 때문에(aniruddhattā).-IvA. p.166-

64) **좋아하고 싫어하는(manāpāmanāpaṃ)** : 원하고 원하지 않는 형색 등의 감관의 대상을.-IvA. p.166-

하고(paccanubhotī)[65] 즐거움과 괴로움을(sukhadukkhaṃ) 경험한다(paṭisaṃvedeti)[66]. 그에게는[67] 탐욕의 멸진(tassa yo rāgakkhayo)[68], 성냄의 멸진(dosakkhayo), 어리석음의 멸진(mohakkhayo)이 있다. 비구들이여, 이것을 유여열반의 요소(saupādisesā nibbānadhātu)라고 말한다.

비구들이여, 무엇이 무여열반의 요소(anupādisesā nibbānadhatu)인가? 여기 비구들이여, 비구가 번뇌가 부수어지고(khīṇāsavo), 수행을 완성하고(vusitavā), 해야 할 일을 해 마치고(katakaraṇīyo), 짐을 내려놓고(ohitabhāro), 묘의(妙義)를 증득하고(anuppattasadattho), 존재의 족쇄를 끊고(parikkhīṇabhavasaṃyojano), 바른 지혜로 해탈한 아라한이 있다. 비구들이여, 그에게 여기서(tassa idheva)[69] 모든 느껴지는 것들은(sabbavedayitāni)[70] 기뻐할 것이라고는 없게 되고(anabhinanditāni)[71] 싸늘하게 식고 말 것이다(sītibhavissanti).[72]

---

65) **경험하고(Paccanubhotī)** : 즐기고(vindati), 얻는다(paṭilabhjati).-IvA. p.166-

66) **즐거움(Sukha)과 괴로움(dukkhaṃ)을 경험한다(paṭisaṃvedeti)** : 저 문들을 통해 얻는다(tehi dvārehi paṭilabhati)-IvA. p.166-

67) 이때에 남아있는 것(有餘, upādisesaṃ)을 보이시고는 이 무여열반의 요소를 보이시기 위하여, '그에게는(tassa yo~)'이라는 말씀을 시작으로 설하셨다. 여기서 '**그에게(tassa)**'라는 것은 그 존재가(sato) 남아있는(saupādisesassa) 아라한(arahato)을 말한다.-IvA. p.166-

68) **탐욕의 멸진(yo rāgakkhayo)** : 탐욕의 멸진(rāgassa khayo), 소진의 지음(khīṇākāro), 부재(不在, abhāvo), 완전한 일어남없음(accantamanuppādo)이다. 이러한 방법들은 나머지에서도 적용된다. 이 시점에서 탐욕 등이 멸진한 것을 유여열반의 요소라고(Ettāvā rāgādi-kkhayā saupādisesā nibbāna-dhātu-ti) 설명하셨다.-IvA. p.166-

69) **여기서(idheva)** : 바로 이 몸[imasmiṃ yeva attabhāve]을 말한다.-IvA. p.167-

70) **모든 느껴지는 것들(Sabbavedayitānī)** : 모든 즐거운 느낌 등과 무기(無記, avyākata)의 느낌들, 유익하고 해로운(kusalākusala) 느낌들, 또한 전에 바로 버렸다고 하는 [느낌들]이다.-IvA. p.167-

71) **기뻐할 것이라고는 없게 되고(anabhinanditāni)** : 갈애 등의 '즐거운' 대상이 아니다.(taṇhadīhi na abhinanditāni)-IvA. p.167-

72) **싸늘하게 식고 말 것이다(sītibhavissanti)** : 영원한 적멸로(accantavūpasamena) 형성됨의 불안(saṅkhāradaratha)이 지멸과 함께(paṭipassaddhiyā) 식었고 식고

비구들이여, 이것을 무여열반의 요소라고 말한다.

비구들이여, 세존께서는 두 가지 열반의 요소에 대한 이 뜻을 이와 같이 설하셨다. 그와 관련하여 이와 같이 설하셨다.

이 두 가지 열반의 요소는 눈 있는 자(具眼者, cakkhumatā)[73], 의지하지 않는 자에 의하여(anissitena)[74] 알려지게 되었다(pakāsitā). 이와 같은 (해탈자의)[75] 첫 번째 요소로 이 현생에서(idha diṭṭhadhammikā)[76] 존재에 대한 갈망이 소멸된(bhavanettisaṅkhayā)[77] 것이 유여[열반의 요소]이다. 한편 내생(samparāyikā)[78]의 모든 존재들이 소멸된 것이[79] 무여[anupādisesā, 열반의 요소]이다. 이 조건지어지지

말 것이다(sītalī bhavissanti). 소멸에 의해(nirodhena) 재생을 하지못하도록(appaṭisandhika) 소멸할 것이라는 의미이다(nirujjhissantī-ti attho). 단지 느껴지는 것들만이 아니라 모든 번뇌도 부수어지고(sabbe pi pana khīṇāsava), 상속하는 오온(五蘊)들도 소멸할 것이다(santāne pañca kkhandhā nirujjhissanti). '느껴지는 것이라는 표제로'(Vedayita sīsena) 설하신 것이다.-IvA. p.167-

73) 게송에서 **눈 있는 자(具眼者, cakkhumatā)** : 불안(佛眼, Buddhacakkhu), 법안(法眼, dhamma-cakkhu), 천안(天眼, dibba-cakkhu), 지안(智眼, paññā-cakkhu), 보안(普眼, samanta cakkhu)이라는 다섯 가지 눈들을 말한다.-IvA. p.167-

74) **의지하지 않는 자에 의하여(Anissitenā)** : 갈애(taṇhā)와 사견(diṭṭhi)에 의지하는 (그) 어떠한 법에도 의지하지 않고 탐욕의 속박 등에(rāga bandhanādīhi) 속박되지 않는 자에 의하여.-IvA. p.167-

75) **이와 같은 (해탈자의)(Tādinā)** : 여섯 가지 평온이라는 방법으로(chaḷaṅgupekkhā-vasena) 일체의 원하거나 원하지 않는 것 등에서 오직 하나의 성품만이 형성됨으로(eka-sabbhāvatā saṅkhātena), 그와 같은 특징에 의해서(tādi-lakkhaṇena) tādinā(이와 같은(해탈자))이다.-IvA. p.167-

76) **현생에서(Diṭṭhadhammika)** : 이 몸이 존재하는 이 시기(imasmiṃ attabhave bhavā vattamānā).-IvA. p.167-

77) **존재에 대한 갈망이 소멸된(bhavanettisaṅkhayā)** : 존재에 대한 갈망(bhavanettiyā)의 소멸, 갈애의(taṇhāya) 소멸(parikkhayā)을 말한다.-IvA. p.167-

78) **내생의(samparāyikā)** : 무더기의 분류에 따라 다음 세상(samparāye)의 존재, 이후의 존재(parabhāge vā bhavā)를 말한다.-IvA. p.167-

79) **것(Yamhī)** : 무여열반(anupādisesa nibbāne)을 말한다.-IvA. p.167-

아니한 길(padaṃ asaṅkhataṃ)을 알고, 존재에 대한 갈망을 부수고(bhavanettisaṅkhayā) 마음을 해탈하여 저 법의 핵심에 도달하여(te dhammasārādhigamā)[80] 소멸을 기뻐하는(khaye ratā)[81] 그러한 이는 저 일체의 존재를[82] 버린다[83].(pahaṃsu[pajahiṃsu] te sabbabhavāni tādino)

세존께서는 이와 같은 의미도 설하셨다고 나는 들었다.

---

80) **저 법의 핵심에 도달하여(te dhammasārādhigamā)** : 저(te)란 저 이와 같이 해탈한 마음을 말한다. 해탈의 핵심이기 때문에 이 법과 율에서 법의 핵심을 구성하는 아라한의 증득을 통해서라는 뜻이다.-IvA. p.167-

81) **소멸(khaye)을 기뻐하는** : 소멸이란(Khae) 탐욕 등이 소멸된 상태인 열반을(rāgādi-khaya-bhūte nibbāne) 기뻐하고(ratā) 즐거워한다(abhiratā). 또한 법들 가운데서 항상하기 때문에(niccabhavāto), 최상의 존재이므로(seṭṭha bhāvato) **핵심(sāran)이다. 핵심은** 법의 진수인 열반(dhammasāraṃ nibbanaṃ)을 말한다. 이렇게 설하셨기 때문이다 : '탐욕의 빛바램은 법들에게 최고(Virāgo seṭṭho dhammānaṃ)이고, 그것들 가운데 탐욕의 빛바램이 최상이라고 불린다(virāgo tesaṃ aggamakkhāyati)라고.' 저 법의 진수의 증득 원인은(Tassa dhammasārassa adhigama-hetu) 모든 형성된 것들의 소멸이다. 멸진(滅盡, parikkhaye)된 무여열반을 기뻐한다(anupādisesa nibbāṇe ratā)는 의미이다.-IvA. p.167-

82) **존재를(bhavāni)** : '성(性)의 변화라는 방법으로'라는 말이다. 재생으로서의 존재(Uppattibhavā) 일체가 남김이 없이 소멸하여 일어남을 여윈 것이다.-IvA. p.167- nipātaṃ

83) **버린다(Pahaṃsū)**는 놓아버린다(pajahiṃsu, 포기하다)는 뜻이다. 저(te)란 타락에 중독된 것(nipātamattaṃ)을 말한다. 나머지는 이미 설한 것과 같다.-IvA. p.167-

7. 열반을 증득하지 못하는 이유와 조건

열반경(A4:179, Nibbānasutta)

"도반 사리뿟따여, 무슨 이유와 무슨 조건 때문에 여기 어떤 중생들은 지금 여기에서 완전한 열반을 증득하지 못합니까?"

"도반 아난다여, 중생들은 '이것은 퇴보에 빠진 인식이다.[84]'라고 있는 그대로 꿰뚫어 알지 못하고, '이것은 정체에 빠진 인식이다.'라고 있는 그대로 꿰뚫어 알지 못하고, '이것은 수승함에 동참하는 인식이다.'라고 있는 그대로 꿰뚫어 알지 못하고, '이것은 꿰뚫음에 동참하는 인식이다.' 라고 있는 그대로 꿰뚫어 알지 못합니다.[85] 도반 아난다여, 이러한 이유와 이러한 조건 때문에 여기 어떤 중생들은 지금 여기에서 완전한 열반을 증득하지 못합니다." ~<중략>~ 이와 반대로 '이것은 퇴보에 빠진 인식이다' ~<중략>~ '이것은 꿰뚫음에 동참하는 인식이다'라고 있는

---

84) 퇴보에 빠진 인식(hāna-bhāgiyā saññā)' 등은 "초선을 얻은 사람에게 감각적 욕망이 함께한 인식과 (그것을) 마음에 잡도리할 때 그의 통찰지는 퇴보에 빠진다."(Vbh.330)는 아비담마에서 설하신 방법으로 그 뜻을 알아야 한다.-앙굿따라 니까야 제2권, 초불, 대림스님 옮김, p.394 각주 390)-

85) 청정도론은 이 네 가지를 위방가를 인용하여 다음과 같이 설명한다. "퇴보에 빠진 삼매가 있고, 정체에 빠진 삼매가 있고, 수승함에 동참하는 삼매가 있고, 꿰뚫음에 동참하는 삼매가 있다. 이 가운데서 각각의 禪과 반대되는 것이 일어나서 퇴보에 빠진 것과, 그것에 적절한 마음챙김을 확립하여 정체에 빠진 것과, 위의 수승한 상태에 도달하여 수승함에 동참하는 것과, 역겨움이 함께한 인식과 마음에 잡도리함이 일어나서 꿰뚫음에 동참하는 것을 알아야 한다. 이처럼 말씀하였다. "초선을 얻은 사람에게 감각적 욕망이 함께한 인식과 마음에 잡도리함이 일어날 때 그의 통찰지는 퇴보에 빠진다. 그 禪에 적절한 마음챙김이 확립될 때 그의 통찰지는 정체에 빠진다. 일으킨 생각과 함께하지 않은 인식과 마음에 잡도리함이 일어날때 그의 통찰지는 수승함에 동참한다. 역겨움이 함께하고 [열반이라 불리는] 탐욕의 빛바람으로 기우는 인식과 마음에 잡도리함이 일어날때 그의 통찰지는 꿰뚫음에 동참한다."(Vbh.330)라고."(Vis.III.22) -전게서, p.394 각주 391)-

그대로 꿰뚫어 압니다. 도반 아난다여, 이러한 이유와 이러한 조건 때문에 여기 어떤 중생들은 지금 여기에서 완전한 열반을 증득합니다."

8. 열반의 행복에 관한 사리뿟따와 아난다의 대화

열반경(A9:34, Nibbānasutta)[86]

이와 같이 나는 들었다. 한때 사리뿟따 존자는 라자가하에서 대나무 숲의 다람쥐 보호구역에 머물렀다. 거기서 사리뿟따 존자는 비구들을 불러서 말했다.

"도반들이여, 열반은 행복입니다. 도반들이여, 열반은 행복입니다."

이렇게 말하자 우다이 존자가 사리뿟따 존자에게 이렇게 말했다.

"도반 사리뿟따여, 여기서 느껴지는 것이 없는데 어떻게 행복이라 합니까?"

"도반이여, 여기서 느껴지는 것이 없는 그것이 바로 행복입니다.

도반이여, 다섯 가닥의 감각적 욕망이 있습니다. 무엇이 다섯입니까? 눈으로 인식되는 형상들이 있으니, 원하고, 좋아하고, 마음에 들고, 사랑스럽고, 달콤하고, 매혹적인 것들입니다. 귀로 인식되는 소리들이 있으니… 코로 인식되는 냄새들이 있으니… 혀로 인식되는 맛들이 있으니… 몸으로 인식되는 감촉(觸)들이 있으니, 원하고, 좋아하고, 마음에 들고, 사랑스럽고, 달콤하고, 매력적인 것들입니다. 도반이여, 이것이 다섯 가닥의 감각적 욕망입니다. 도반이여, 이러한 다섯 가닥의 욕망을 반연하여 일어난 행복과 기쁨을 감각적 욕망의 행복이라 합니다."

"도반이여, 여기 비구는 감각적 욕망들을 완전히 떨쳐버리고… 초선에 들어 머뭅니다. 도반이여, 만일 그 비구가 이와 같이 머물 때 감각적 욕망이 함께한 인식과 마음에 잡도리함[87]이 일어나면[88] 이것이 그에게

---

86) 앙굿따라니까야 제5권, 초불, 대림스님옮김, pp.456~460.

병입니다.

도반이여, 예를 들면 행복한 자에게 병날 만큼의 괴로움이 일어날 수도 있듯이, 그에게 감각적 욕망이 함께한 인식과 마음에 잡도리함이 일어나면 이것은 그에게 병입니다. 도반이여, 세존께서는 병이 바로 괴로움이라고 말씀하였습니다. 도반이여, 이러한 이유로 열반은 행복과 같다고 알아야 합니다."

다시 도반이여, 비구는 일으킨 생각과 지속적인 고찰을 가라앉혔기 때문에… 제2선에 들어 머뭅니다. 도반이여, 만일 그 비구가 이와 같이 머물 때 일으킨 생각이 함께한 인식과 마음에 잡도리함이 일어나면 이것은 그에게 병입니다.

도반이여, 예를 들면 행복한 자에게 병날 만큼의 괴로움이 일어날 수도 있듯이, 그에게 일으킨 생각이 함께한 인식과 마음에 잡도리함이 일어나면 이것은 그에게 병입니다. 도반이여, 세존께서는 병이 바로 괴로움이라고 말씀하였습니다. 도반이여, 이러한 이유로도 열반은 행복과 같다고 알아야 합니나.

다시 도반이여, 비구는 희열이 빛바랬기 때문에… 제3선에 들어 머뭅니다. 도반이여, 만일 그 비구가 이와 같이 머물 때 희열이 함께한 인식과 마음에 잡도리함이 일어나면 이것은 그에게 병입니다.

---

87) 감각적 욕망이 함께한 인식과 마음에 잡도리함의 원어는 kāmasahagatā saññāmanasikarā이다. 주석서는 이것을 '감각적 욕망을 의지한(nissita) 인식과 마음에 잡도리함'(AA.iv.194)으로 설명한다. -전게서 제5권, p.457 각주 323)-

88) 일어난다(samudācaranti)는 것은 마음의 문(mano-dvāra)에 일어난다는 말이다.(AA.iv.194)-전게서 제5권, p.457 각주 324)-

도반이여, 예를 들면 행복한 자에게 병날 만큼의 괴로움이 일어날 수도 있듯이, 그에게 희열이 함께한 인식과 마음에 잡도리함이 일어나면 이것은 그에게 병입니다. 도반이여, 세존께서는 병이 바로 괴로움이라고 말씀하였습니다. 도반이여, 이러한 이유로도 열반은 행복과 같다고 알아야 합니다.

다시 도반이여, 비구는 행복도 버리고… 제4선에 들어 머뭅니다. 도반이여, 만일 그 비구가 이와 같이 머물 때 행복이 함께한 인식과 마음에 잡도리함이 일어나면 그에게 이것은 병입니다.

도반이여, 예를 들면 행복한 자에게 병날 만큼의 괴로움이 일어날 수도 있듯이, 그에게 행복이 함께한 인식과 마음에 잡도리함이 일어나면 그에게 이것은 병입니다. 도반이여, 세존께서는 병이 바로 괴로움이라고 말씀하였습니다. 도반이여, 세존께서는 병이 바로 괴로움이라고 말씀하였습니다. 도반이여, 이러한 이유로도 열반은 행복과 같다고 알아야 합니다.

다시 도반이여, 비구는 물질에 대한 인식을 완전히 초월하고 부딪침의 인식을 소멸하고 갖가지 인식을 마음에 잡도리하지 않기 때문에 '무한한 허공'이라고 하면서 공무변처에 들어 머뭅니다. 도반이여, 만일 그 비구가 이와 같이 머물 때 물질이 함께한 인식과 마음에 잡도리함이 일어나면 이것은 그에게 병입니다.

도반이여, 예를 들면 행복한 자에게 병날 만큼의 괴로움이 일어날 수도 있듯이, 그에게 물질이 함께한 인식과 마음에 잡도리함이 일어나면 이것은 그에게 병입니다. 도반이여, 세존께서는 병이 바로 괴로움이라고 말씀하였습니다. 도반이여, 이러한 이유로도 열반은 행복과 같다고 알아야 합니다.

다시 도반이여, 비구는 공무변처를 완전히 초월하여 '무한한 알음알이(識)'라고 하면서 식무변처에 들어 머뭅니다. 도반이여, 만일 그 비구가 이와 같이 머물 때 공무변처와 함께한 인식과 마음에 잡도리함이 일어나면 이것은 그에게 병입니다.

도반이여, 예를 들면 행복한 자에게 병날 만큼의 괴로움이 일어날 수도 있듯이, 그에게 공무변처와 함께한 인식과 마음에 잡도리함이 일어나면 이것은 그에게 병입니다. 도반이여, 세존께서는 병이 바로 괴로움이라고 말씀하였습니다. 도반이여, 이러한 이유로도 열반은 행복과 같다고 알아야 합니다.

다시 도반이여, 비구는 식무변처를 완전히 초월하여 '아무 것도 없다.'라고 하면서 무소유처에 들어 머뭅니다. 도반이여, 만일 그 비구가 이와 같이 머물 때 식무변처와 함께한 인식과 마음에 잡도리함이 일어나면 이것은 그에게 병입니다.

도반이여, 예를 들면 행복한 자에게 병날 만큼의 괴로움이 일어날 수도 있듯이, 그에게 식무변처와 함께한 인식과 마음에 잡도리함이 일어나면 이것은 그에게 병입니다. 도반이여, 세존께서는 병이 바로 괴로움이라고 말씀하셨습니다. 도반이여, 이러한 이유로도 열반은 행복과 같다고 알아야 합니다.

다시 도반이여, 비구는 무소유처를 완전히 초월하여 비상비비상처에 들어 머뭅니다. 도반이여, 만일 그 비구가 이와 같이 머물 때 무소유처와 함께한 인식과 마음에 잡도리함이 일어나면 이것은 그에게 병입니다.

도반이여, 예를 들면 행복한 자에게 병날 만큼의 괴로움이 일어날 수도 있듯이, 그에게 무소유처와 함께한 인식과 마음에 잡도리함이 일어나면 이것은 그에게 병입니다. 도반이여, 세존께서는 병이 바로 괴로움이라고 말씀하였습니다. 도반이여, 이러한 이유로도 열반은 행복과 같다고 알아야 합니다.

다시 도반이여, 비구는 일체 비상비비상처를 완전히 초월하여 상수멸(想受滅, 인식과 느낌의 그침)에 들어 머뭅니다. 그리고 그는 통찰지로써(사성제를) 본 뒤[89] 번뇌를 남김이 없이 소멸합니다. 도반이여, 이러한 이유로도 열반은 행복과 같다고 알아야 합니다.

89) '통찰지로써 본 뒤 번뇌들을 남김이 없이 소멸한다(paññāya cassa disvā āsavā parikkīṇā honti)'는 것은 도의 통찰지로써 사성제를 본 뒤 네 가지 번뇌들(āsavā)을 모두 소멸한다는 말이다.(MA.ii.163)-전게서 p.457 각주 325)-

9. 열반이 행복임을 알아야 열반에 들 수 있다

열반경(A6:101) Nibbānasutta[90]

비구들이여, 비구가 열반을 괴로움이라고 관찰하면서도 [교법에] 적합한 지혜를 구족한 자가 될 것이라는 것은 있을 수 없다. [교법에] 적합한 지혜를 구족하지 못하고서도 올바름과 확실함에 들어갈 것이라는 것은 있을 수 없다. 올바름과 확실함에 들어가지 못하고서도 예류과나 일래과나 불환과나 아라한과를 실현할 것이라는 것은 있을 수 없다.

비구들이여, **비구가 열반을 행복이라고 관찰할 때** [교법에] 적합한 지혜를 구족한 자가 될 것이라는 것은 있을 수 있다. [교법에] 적합한 지혜를 구족하여 올바름과 확실함에 들어갈 것이라는 것은 있을 수 있다. 올바름과 확실함에 들어가서 예류과나 일래과나 불환과나 아라한과를 실현할 것이라는 것은 있을 수 있다.

90) 전게서 제4권, pp.308~309

10. 어떤 것이 지금·여기에서의 열반인가?

지금·여기에서의 열반 경(A9:51) Diṭṭhadhammanibbānasutta

도반이여, '지금·여기에서의 열반,[91] 지금·여기에서의 열반'이라고 합니다. 도반이여, 그러면 어떤 것이 지금·여기에서의 열반이라고 세존께서는 말씀하셨습니까?

도반이여, 여기 비구는 감각적 욕망들을 완전히 떨쳐버리고.…초선에 들어 머뭅니다.… 제2선에 들어 머뭅니다.… 제3선에 들어 머뭅니다.… 제4선에 들어 머뭅니다. 도반이여, 이것이 지금·여기에서의 열반이라고 세존께서는 **방편으로** 말씀하셨습니다.

다시 도반이여, 비구는 물질에 대한 인식을 완전히 초월하고….공무변처에 들어 머뭅니다.…식무변처에 들어 머뭅니다.…무소유처에 들어 머뭅니다.…비상비비상처에 들어 머뭅니다. 도반이여, 이것이 지금·여기에서의 열반이라고 세존께서는 **방편으로** 말씀하였습니다.

다시 도반이여, 비구는 일체 비상비비상처를 완전히 초월하여 상수멸에 들어 머뭅니다. 그리고 그는 통찰지로써(사성제를) 본 뒤 번뇌를 남김이 없이 소멸합니다. 도반이여, 이것이 지금·여기에서의 열반이라고 세존께서는 **방편 없이** 말씀하셨습니다.[92]

---

91) 지금·여기에서의 열반(Diṭṭhadhammanibbāna)이란 바로 지금 자기 자신(attabhāva)에서 (실현되는) 열반이다. -전게서 제5권, p.515 각주375)-

92) 이렇게 증지부에서는 색계 초선, 2선, 3선, 4선 그리고 공무변처, 식무변처, 무소유처, 비상비비상처, 그리고 상수멸과 통찰지로써 번뇌를 남김이 없이 소멸하는 아라한도과에 이르기까지 똑같은 정형구를 사용하여,
(1) [Sandiṭṭhika sutta, A9:46] 도반이여, 스스로 보아 알 수 있는 법,….
(2) [Sandiṭṭhikanibbāna sutta, A9:47] 도반이여, 스스로 보아 알 수 있는 열

11. 어떻게 열반은 스스로 보아 알 수 있는가?

적멸 경(A3:55) Nibbutasuttaṃ[93]

어느 때 자눗소니 바라문이 세존께 이와 같이 여쭈었다.

"고따마 존자시여, '볼 수 있는 열반, 볼 수 있는 열반(sandiṭṭhikaṃ nibbānaṃ) 등이라고 말합니다. 고따마 존자시여, 어떻게 하면(Kittāvatā nu kho) 열반은 스스로 보아 알 수 있고(sandiṭṭhikaṃ), 시간이 걸리지 않고(akālikaṃ), 와서 보라는 것이고(ehipassikaṃ), 향상으로 인도하고(opaneyyikaṃ), 지자들이 각자 알아야 하는 것입니까(paccattaṃ veditabbaṃ viññūhī)?"라고.

"바라문이여, 욕망에 물들고 욕망에 압도되어(rāgena abhibhūto) 마음을 빼앗긴 자는(pariyādinnacitto) 자기를 해치는 생각을 하고 남을 해치는 생각을 하고 둘 모두를 해치는 생각을 한다. 그는 육체적 고통(dukkhaṃ)과 정신적 고통(domanassaṃ)이라는 마음부수도 경험한다.

욕망을 버렸을 때 자기를 해치는 생각을 하지 않고 남을 해치는 생각

반,····
(3) [Nibbānasutta, A9:48]도반이여, 열반,····
(4) [Parinibbānasutta, A9:49] 도반이여, 반열반,····
(5) [Tadaṅganibbānasutta, A9:50] 도반이여, 구성요소를 통한 열반,····
5개 경을 통해 열반, 반열반, 법이 '방편으로 설한 것과 방편없이 설한 것'으로 구분하고 있다. 방편으로 설한 열반, 반열반, 구성요소를 통한 열반, 스스로 보아 알 수 있는 열반에는 색계의 네 가지 선정과 무색계의 4 가지 선정이 포함되는 것이 특이하다. 상수멸과 남김이 없이 번뇌를 제거한 아라한의 열반은 방편없이 설한 열반이라고 하였으니 주의가 필요하다. -편역자주-

93) 6차 결집본(CSCD)을 편역자가 번역한 것임. 대림스님의 번역을 참고하실 분은 A3:55에 해당함.

을 하지 않고 둘 모두를 해치는 생각을 하지 않는다. 그는 육체적 고통과 정신적 고통이라는 마음부수도 경험하지 않는다. 바라문이여, 이렇게도 열반은 스스로 보아 알 수 있는 것이다.

바라문이여, 성내고…<중략>…어리석어 어리석음에 압도되어 마음을 빼앗긴 자는 자기를 해치는 생각을 하고 남을 해치는 생각을 하고 둘 모두를 해치는 생각을 한다. 그는 육체적 고통과 정신적 고통이라는 마음부수도 경험한다.

어리석음을 버렸을 때 그는 자기를 해치는 생각을 하지 않고 타인을 해치는 생각을 하지 않고 둘 모두를 해치는 생각을 하지 않는다. 그는 육체적 고통과 정신적 고통을 경험하지 않는다. 바라문이여, 이렇게 열반은 스스로 보아 알 수 있고, 시간이 걸리지 않고 와서 보라는 것이며, 향상으로 인도하고 지자들이 각자 알아야 하는 것이다.

바라문이여, 그는 욕망이 남김없이 다한 것을 경험하고(rāgakkhayaṃ paṭisaṃvedeti) 성냄이 남김없이 다한 것을 경험하고(dosakkhayaṃ paṭisaṃvedeti) 어리석음이 남김없이 다한 것을 경험한다(mohakkhayaṃ paṭisaṃvedeti). 그러므로 열반은 스스로 보아 알 수 있고, 시간이 걸리지 않고, 와서 보라는 것이고, 향상으로 인도하고, 지자들이 각자 알아야 하는 것이다."

12. 열반에 도움이 되는 도닦음1~3[94]

무상 열반에 도움이 됨 경1(Aniccanibbānasappāyasutta, S35:147)[95]

"비구들이여, 그러면 어떤 것이 열반에 도움이 되는 도닦음인가?"

"비구들이여, 여기 비구는 **눈**은 무상하다고 본다. **형색**은 무상하다고 본다. **눈의 알음알이**는 무상하다고 본다. **눈의 감각접촉**은 무상하다고 본다. 눈의 감각접촉을 조건으로 하여 일어나는 즐겁거나 괴롭거나 괴롭지도 즐겁지도 않은 **느낌**은 무상하다고 본다.

귀는…소리는…귀의 알음알이는…귀의 감각접촉은…느낌은…
코는…냄새는…코의 알음알이는…코의 감각접촉은…느낌은…
혀는…맛은…혀의 알음알이는…혀의 감각접촉은…느낌은…
몸은…감촉은…몸의 알음알이는…몸의 감각접촉은…느낌은…
마노는 무상하다고 본다. 법은 무상하다고 본다. 마노의 알음알이는 무상하다고 본다. 마노의 감각접촉은 무상하다고 본다. 마노의 감각접촉을 조건으로 하여 일어나는 즐겁거나 괴롭거나 괴롭지도 즐겁지도 않은 느낌은 무상하다고 본다.

비구들이여, 이것이 열반에 도움이 되는 도닦음이다."

---

94) 열반에 대한 도움이 됨 경2/3(S35:148~149)이라는 이 두 개의 경은 '열반에 대한 도움이 됨 경1(s35:147)의 **'무상'대신에 각각 '괴로움'과 '무아''가** 나타나는 것만 다르다.-상윳따 니까야 제4권, 초불, 각묵스님 옮김, p.317-

95) 전게서 제4권, pp.316~317

13. 열반에 도움이 되는 도닦음4

열반에 도움이 됨 경4(S35:150, Nibbānasappāyapaṭipadāsutta)[96)]

"비구들이여, 그대들에게 열반에 도움이 되는 도닦음에 대해서 설하리라."…<S35:23 §3>…

"비구들이여, 그러면 어떤 것이 열반에 도움이 되는 도닦음인가?"
"비구들이여, 이를 어떻게 생각하는가? 눈은 항상한가, 무상한가?"
"무상합니다. 세존이시여."

"그러면 무상한 것은 괴로움인가, 즐거움인가?"
"괴로움입니다. 세존이시여."

"그러면 무상하고 괴로움이고 변하기 마련인 것을 두고 '이것은 내 것이다. 이것은 나다. 이것은 나의 자아다.'라고 관찰하는 것이 타당하겠는가?"
"그렇지 않습니다. 세존이시여."

"비구들이여, 이를 어떻게 생각하는가? 형색은…눈의 알음알이는…눈의 감각접촉은…눈의 감각접촉을 조건으로 하여 일어나는 즐겁거나 괴롭거나 괴롭지도 즐겁지도 않은 느낌은 항상한가, 무상한가?"
"무상합니다. 세존이시여."

"그러면 무상한 것은 괴로움인가, 즐거움인가?"
"괴로움입니다. 세존이시여."

---

96) 상윳따 니까야 제4권, 초불, 각묵스님 옮김, pp.317~320.

"그러면 무상하고 괴로움이고 변하기 마련인 것을 두고 '이것은 내 것이다. 이것은 나다. 이것은 나의 자아다.'라고 관찰하는 것이 타당하겠는가?"

"그렇지 않습니다. 세존이시여."

"귀는…소리는…귀의 알음알이는…귀의 감각접촉은…느낌은…

코는…냄새는…코의 알음알이는…코의 감각접촉은…느낌은…

혀는…맛은…혀의 알음알이는…혀의 감각접촉은…느낌은…

몸은…감촉은…몸의 알음알이는…몸의 감각접촉은…느낌은…

마노는…법은…마노의 알음알이는…마노의 감각접촉은…

마노의 감각접촉을 조건으로 하여 일어나는 즐겁거나 괴롭거나 괴롭지도 즐겁지도 않은 느낌은 항상한가, 무상한가?"

"무상합니다. 세존이시여."

"그러면 무상한 것은 괴로움인가, 즐거움인가?"

"괴로움입니다. 세존이시여."

"그러면 무상하고 괴로움이고 변하기 마련인 것을 두고 '이것은 내 것이다. 이것은 나다. 이것은 나의 자아다.'라고 관찰하는 것이 타당하겠는가?"

"그렇지 않습니다. 세존이시여."

"비구들이여, 이렇게 보는 잘 배운 성스러운 제자는 눈에 대하여 염오하고 형색에 대해서도 염오하고 눈의 알음알이에 대해서도 염오하고 눈의 감각접촉에 대해서도 염오하고 눈의 감각접촉을 조건으로 하여 일어나는 즐겁거나 괴롭거나 괴롭지도 즐겁지도 않은 느낌에 대해서도 염오한다.

귀에 대해서도…소리에 대해서도…귀의 알음알이에 대해서도…귀의 감각접촉에 대해서도…느낌에 대해서도…

코에 대해서도…냄새에 대해서도…코의 알음알이에 대해서도…코의 감각접촉에 대해서도…느낌에 대해서도…

혀에 대해서도…맛에 대해서도…혀의 알음알이에 대해서도…혀의 감각접촉에 대해서도…느낌에 대해서도…

몸에 대해서도…감촉에 대해서도…몸의 알음알이에 대해서도…몸의 감각접촉에 대해서도…느낌에 대해서도…

마노에 대해서도 염오하고 법에 대해서도 염오하고 마노의 알음알이에 대해서도 염오하고 마노의 감각접촉에 대해서도 염오하고 마노의 감각접촉을 조건으로 하여 일어나는 즐겁거나 괴롭거나 괴롭지도 즐겁지도 않은 느낌에 대해서도 염오한다.

염오하면서 탐욕이 빛바래고, 탐욕이 빛바래서 해탈한다. 해탈하면 해탈했다는 지혜가 있다. '태어남은 다했다. 청정범행은 성취되었다. 할 일을 다 해 마쳤다. 다시는 어떤 존재로도 돌아오지 않을 것이다.'라고 꿰뚫어 안다."

"비구들이여, 이것이 열반에 도움이 되는 도닦음이다."

14. 무엇이 열반실현을 위한 도와 도닦음인가?

열반에 관한 질문 경(S38:1, Nibbānapañhāsutta)[97]

이와 같이 나는 들었다. 한때 사리뿟따 존자는 마가다에서 날라까가마까[98]에 머물렀다.

그때 잠부카다까 유행승[99]이 사리뿟따 존자에게 다가갔다. 가서는 사리뿟따 존자와 함께 환담을 나누었다. 유쾌하고 기억할 만한 이야기로 서로 담소를 한 뒤 한 곁에 앉았다. 한 곁에 앉은 잠부카다까 유행승은 사리뿟따 존자에게 이렇게 말했다.

"도반 사리뿟따여, '열반, 열반'이라고들 합니다. 도반이여, 도대체 어떤 것이 열반입니까?"

"도반이여, 탐욕의 멸진, 성냄의 멸진, 어리석음의 멸진-이를 일러 열반이라 합니다."[100]

---

97) 상윳따 니까야 제4권, 초불, 각묵스님 옮김, pp.509-510.

98) 날라까가마까(Nālaka-gāmaka) 혹은 날라까 마을은 사리뿟따 존자가 태어난 마을 이름이다. 디가 니까야 주석서(DA.ii.549)와 상윳따 제5권 '쭌다경'(S47:13)과 주석서에 의하면 사리뿟따 존자는 이 날라까가마까에 있는 그의 고향집에 가서 어머니를 불교에 귀의하게 하고, 옛날 자기 방에서 세존보다 먼저 반열반하였다고 한다. 그리고 이곳은 사리뿟따 존자 생전에도 그와 인연이 많았던 곳인데 특히 본 '잠부디까 상윳따'(S38)의 모든 경들과, 다음의 '사만다까 상윳따(S39)'의 첫 번째 경을 제외한 모든 경들은 사리뿟따 존자가 이곳 날라까가마까에서 설한 경들이다.-전게서 p.509 각주407)-

99) 잠부카다까 유행승은 사리뿟따 존자의 조카였으며 그는 옷을 입는 유행승이었다.(SA.iii.88) 문자적으로는 잠부카다까는 잠부 열매를 먹는자라는 뜻이다. 주석서와 복주서에 의하면 유행승에도 옷을 입는 유행승과 옷을 입지 않는 유행승이 있었으며 옷을 입지 않는 유행승을 나체수행자(acela)라 부른다.(DA.ii.349 ; DAT.i.472등)-전게서 p.509 각주408)-

100) 주석서들의 논의를 종합하면 열반은 출세간도를 체험하는 순간(magga-kkkhaṇa)에 체득되는 조건지어지지 않은 상태(asaṅkhata)를 뜻한다. 이

"도반이여, 그러면 이러한 열반을 실현하기 위한 도가 있고 도닦음이 있습니까?"
"도반이여, 이러한 열반을 실현하기 위한 도가 있고 도닦음이 있습니다."

"도반이여, 그러면 **어떤 것이 이러한 열반을 실현하기 위한 도이고 어떤 것이 도닦음입니까?"**
"도반이여, 그것은 바로 여덟 가지 구성요소로 된 성스러운 도(八支聖道=팔정도)이니, 바른 견해, 바른 사유, 바른 말, 바른 행위, 바른 생계, 바른 정진, 바른 마음챙김, 바른 삼매입니다. 도반이여, 이것이 열반을 실현하기 위한 도이고 이것이 도닦음입니다."

"도반 사리뿟따여, 열반을 실현하기 위한 이러한 도는 참으로 경사로운 것이고 이러한 도닦음은 참으로 경사로운 것입니다. 참으로 그대들은 방일하지 말아야겠습니다."

러한 조건지어지지 않은 상태를 체득하는 순간에 번뇌가 멸진하기(kilesa kkhaya) 때문에 열반은 '탐욕의 멸진, 성냄의 멸진, 어리석음의 멸진'이라고 불리는 것이지, 단순히 탐·진·치가 없는 상태로 쇠약해지고 무기력해진 것이 열반은 아니다.(SA.iii.참조)-전게서 p.510 각주 409)-

15. 해탈이란 무엇인가? – 무애해도

해탈에 대한 논의[Vimokkhakathā][101]

다음은 소부에 속하는 무애해도(빠띠삼비다막가, 임승택 옮기고 지음)에 나오는 해탈의 대한 논의 가운데 열반의 성취 원리와 중요한 관계가 있다고 판단되는 부분만을 편역자가 부분적으로 발췌하였다.

첫 번째 품 빠리뿐나니다나(원만인연품)

[II.35]1. 비구들이여, 세 가지 해탈이 있다. 셋이란 무엇인가? 공한 해탈(空性解脫), 표상이 없는 해탈(無因相解脫), 원함이 없는 해탈(無願解脫)이다. 비구들이여, 이들이 세 가지 해탈이다. …중략…

2. **공한 해탈(空性解脫)이란 무엇인가?** 여기에 어떤 비구가 아란냐(精舍)에 가거나, 나무 아래에 가거나, 비어 있는 곳(空間處)에 가서 '이것은 나라든가 나의 것이라는 면에서 공(空)하다'고 돌이켜 관찰한다. '그와 같이 거기에서 편향됨(現貪)을 짓지 않는다'고 하는 공한 해탈이 있다. 이것이 공한 해탈이다.

표상이 없는 해탈(無因相解脫)이란 무엇인가? 여기에 어떤 비구가 있어 아란냐(精舍)에 가거나,… 내지… '나의 것이라는 면에서……'라고. '그와 같이 거기에서 드러난 모습(因相 혹은 표상)을 짓지 않는다'고 하는 드러난 모습을 지니지 않음에 의한 해탈이 있다. 이것이 표상 없는 해탈이다.

---

101) 이 해탈에 대한 논의는 임승택 교수의 빠띠삼비다 막가 역주(가산불교문화연구원출판부) 가운데 제5장 해탈에 관한 논의(pp.563~621) 가운데 열반과 직접적인 관계가 있다고 판단되는 부분만 저자의 허락 하에 발췌 인용하였다. 이 제5장에 대한 나머지 부분은 해당저서를 참고하기 바란다. -편역자주-

원함없음의 해탈(無願解脫)이란 무엇인가? 이 [가르침] 안에서, 비구는 아란냐(精舍)에 가거나,… 내지… '나의 것이라는 면에서…'라고. '그와 같이 거기에서 바람을 짓지 않는다.'고 하는 바람을 지니지 않는 해탈이 있다. 이것이 바람을 지니지 않는 해탈이다.

…<중략>…

4. …중략… **양쪽으로부터 벗어남에 따르는 네 가지 해탈이란 무엇인가?** 수다원도(豫流道)를 얻는 데에 무상이라고 수관하며 보는 법(無常隨觀), 괴로움이라고 수관하며 보는 법(苦隨觀), 무아라고 수관하며 보는 법(無我隨觀)이 있다. 사다함도(一來道)를…내지…아나함도(不還道)를…내지…아라한도(阿羅漢道)를 얻는 데에 무상으로 수관하는 법, 괴로움이라고 수관하는 법, 무아라고 수관하는 법이 있다. 이것이 양쪽으로부터 벗어남에 따르는 네 가지 해탈이다.

…<중략>…

18. **무상이라고 수관하는 지혜는 어떠한 세 가지 취착으로부터 해탈하는가?** 삿된 견해에 대한 취착(見取), 삿된 수행방법에 대한 취착(戒禁取), 자신에 관련한 말에 대한 취착(我語取)으로부터이다. 무상이라고 수관하는 지혜는 이와 같은 3가지 취착으로부터 해탈한다.

괴로움이라고 수관하는 지혜는 어떠한 하나의 취착으로부터 해탈하는가? [II.47] 감각적 쾌락에 대한 취착(欲取)으로부터이다. 괴로움이라고 수관하는 지혜는 이와 같은 하나의 취착으로부터 해탈한다.

무아라고 수관하는 지혜는 어떠한 3가지 취착으로부터 해탈하는가? 삿된 견해에 대한 취착, 잘못된 수행법에 대한 취착(戒禁取), 자신에 관련한 말에 대한 취착으로부터이다. 무아라고 수관하며 보는 지혜는 이와 같은 3가지 취착으로부터 해탈한다.

…<중략>…

19. 다시 3가지 해탈의 문이 있어 세간으로부터의 벗어남으로 이끈다. 일체의 형성된 것(諸行)을 한계와 주변을 지닌 것으로 관찰하여 드러난 모습을 지니지 않는 계(無因相界)로의 마음의 약진을 위한, 일체의 형성력에 의한 것에 대해 마음을 고무하여 바람 없음의 계(無願界)로의 마음의 약진을 위한, 일체의 형성력에 의한 것을 바르게 관찰하여 공성의 계(空性界)로의 마음의 약진을 위한, 이와 같은 3가지 해탈의 문이 있어 세간으로부터의 나감으로 이끈다.

20. 무상으로 마음을 기울이면(作意) 형성력에 의한 것(諸行)이 어떻게 드러나는가? 괴로움으로 마음을 기울이면 형성력에 의한 것이 어떻게 드러나는가? 무아로 마음을 기울이면, 형성력에 의한 것이 어떻게 드러나는가?

무상으로 마음을 기울일 때, 형성력에 의한 것들은 다해 없어지는 것으로 드러난다. 괴로움으로 마음을 기울일 때, 형성력에 의한 것들은 두려움으로 드러난다. 무아로 마음을 기울일 때, 형성력에 의한 것들은 공(空)으로 드러난다.

무상으로 마음을 기울일 때, 어떠한 마음이 풍부해지는가? 괴로움으로 마음을 기울일 때, 어떠한 마음이 풍부해지는가? 무아라고 마음을 기울일 때, 어떠한 마음이 풍부해지는가?

무상으로 마음을 기울이면 확신(勝解)하는 마음이 풍부해진다. [II.49] **괴로움으로 마음을 기울이면 경안(輕安)의 마음이 풍부해진다. 무아로 마음을 기울이면 지혜로운 마음이 풍부해진다.**

…<중략>…

25-(1). **무상으로 마음을 낼 때, 믿음의 근(信根)이 심대해지고, 믿음의 근이 심대함으로 인하여 수다원도를 얻는다.** 그러므로 말한다. '믿음을 따라가는 이(隨信行者)'라고. [나머지] 네 근은 그것과 동일한 부류이며, 함께 생겨나 연을 이루는 관계(俱生緣)이며, 상호간에 연이 되는 관계(相互緣)이며, 의지하는 연의 관계(依支緣)이며, 연결된 연의 관계(相應緣)이다. 믿음의 근의 힘에 의해 [나머지] 네 근의 닦음이 있다. 믿음의 근의 힘에 의해 수다원도를 얻은 그들 모두는 믿음을 따라가는 이이다.

25-(2). 무상으로 마음을 낼 때, 믿음의 근(信根)이 심대해지고 믿음의 근의 심대함으로 인하여 예류과를 겪어 안다. 그러므로 말한다. '믿음을 통해 해탈하는 이(信解脫者)'라고. [나머지] 네 근은 그것과 동일한 부류이며, 함께 생겨나 연을 이루는 관계이며, 상호간에 연이 되는 관계이며, 의지하는 연의 관계이며, 연결된 연의 관계이다. 믿음의 근의 힘에 의해 [나머지] 네 근의 닦음과 [II.54] 잘 닦음이 있다. 믿음의 근의 힘에 의해 수다원과를 겪어 안 그들 모두는 믿음을 통해 해탈하는 이이다.

무상으로 마음을 낼 때, 믿음의 근이 심대해지고 믿음의 근의 심대함으로 인하여 사다함도(一來者)의 경지를 얻는다…내지…사다함과의 경지를 겪어 안다. 아나함도(不還道)의 경지를 얻는다…내지…아나함과의 경지를 겪어 안다… 아라한도의 경지를 얻는다…내지…아라한과의 경지를 겪어 안다. 그러므로 말한다. '믿음을 통해 해탈하는 이'라고. [나머지] 네 근과 그것과 동일한 부류이며…내지…연결된 연의 관계이다. 믿음의 근의 힘에 의해 [나머지] 네 근의 닦음과 잘 닦음이 있다. 믿음의 근의 힘에 의해 아라한과의 경지를 겪어 안 그들 모두는 믿음을 통해 해탈하는 이이다.

26. **괴로움으로 마음을 낼 때, 삼매의 근(定根)이 심대해지고, 삼매의 근의 심대함으로 인하여 수다원도를 얻는다.** 그러므로 말한다. '체험을 통해 아는 이(身證者)'라고. [나머지] 네 근은 그것과 동일한 부류이며, 함께 생겨나 연을 이루는 관계이며, 상호간에 연이 되는 관계이며, 의지하는 연의 관계이며, 연결된 연의 관계이다. 삼매의 근의 힘에 의 [나머지] 네 근의 닦음이 있다. 삼매의 근의 힘에 의해 흐름에 나아가는 경지를 얻은 그들 모두는 체험을 통해 아는 이이다.

괴로움으로 마음을 낼 때, 삼매의 근이 심대해지고 삼매의 근의 심대함으로 인하여 수다원과의 경지를 겪어 안다…내지…사다함도에 나아가는 경지를 얻는다. 사다함과에 들어선 경지를 겪어 안다. …아나함도에 나아가는 경지를 얻는다. 아나함과에 들어선 경지를 겪어 안다. 아라한도를 얻는다. 아라한과를 겪어 안다. 그러므로 말한다. '체험을 통해 아는 이'라고. [나머지] 네 근은 그것과 동일한 부류이며…내지…연결된 연의 관계이다. 삼매의 근의 힘에 의해 [나머지] 네 근의 닦음과 잘 닦음이 있다. 삼매의 근의 힘에 의해 아라한의 경지를 겪어 안 그들 모두는 체험을 통해 아는 이이다.

27-(1). **무아로 마음을 낼 때, 지혜의 근(慧根)이 심대해지고 지혜의 근의 심대함으로 인하여 수다원도를 얻는다.** 그러므로 말한다. '법을 따라 가는 이(隨法行者)'라고. [나머지] 네 근은 그것과 동일한 부류이며, 함께 생겨나 연을 이루는 관계이며, 상호간에 연이 되는 관계이며, 의지하는 연의 관계이며, 연결된 연의 관계이다. [II.55]지혜의 근의 힘에 의해 [나머지] 네 근의 닦음이 있다. 지혜의 근의 힘에 의해 수다원도를 얻은 그들 모두는 법을 따라가는 이이다.

27-(2). 무아로 마음을 낼 때, 지혜의 근이 심대해지고 지혜의 근의 심대함으로 인하여 흐름에 들어선 경지를 겪어 안다. 그러므로 말한다. '견해의 얻음을 지닌 이(見至者)'라고. [나머지] 네 근은 그것과 동일한 부류이며, 함께 생겨나 연을 이루는 관계이며, 상호간에 연이 되는 관계이며, 의지하는 연의 관계이며, 연결된 연의 관계이다. 지혜의 근의 힘에 의해 [나머지] 네 근의 닦음과 잘 닦음이 있다. 혜의 근의 힘에 의해 흐름에 들어선 경지를 겪어 안 그들 모두는 견해의 얻음을 지닌 이이다.

무아로 마음을 낼 때, 지혜의 근이 심대해지고 지혜의 근의 심대함으로 인하여 사다함도를 얻는다…내지…사다함과의 경지를 겪어 안다. 아나함도를 얻는다. 아나함과의 경지를 겪어 안다. 아라한도를 얻는다. 아라한과의 경지를 겪어 안다. 그러므로 말한다. '견해의 얻음을 지닌 이'라고. [나머지] 네 근은 그것과 동일한 부류이며………내지………연결된 연의 관계이다. 지혜의 근의 힘에 의해 [나머지] 네 근의 닦음과 잘 닦음이 있다. 지혜의 근의 힘에 의해 아라한의 경지를 겪어 안 그들 모두는 견해의 얻음을 지닌 이이다.

31-(2). **몇 가지 모습으로 진리(諦)에 대한 꿰뚫음이 있고, 몇 가지의 모습으로 진리를 꿰뚫는가?**

아홉 가지 모습으로 진리에 대한 꿰뚫음이 있고, 아홉 가지 모습으로 진리를 꿰뚫는다. 괴로움의 진리(苦諦)는 완전한 앎에 의한 꿰뚫음(偏智通達)으로 꿰뚫는다. 일어남의 진리(集諦)는 끊음에 의한 꿰뚫음(斷通達)으로 꿰뚫는다. **소멸의 진리(滅諦)는 겪음을 통한 앎에 의한 꿰뚫음(現證通達)으로 꿰뚫는다.** 도의 진리(道諦)는 닦음에 의한 꿰뚫음(修習通達)으로 꿰뚫는다. 일체의 법(法)에 대해 철저한 앎에 의한 꿰뚫음(現證通達)이 있고, 일체의 형성력에 의한 것(諸行)에 대해 완전한 앎에 의한 꿰뚫음이 있다. **일체의 선하지 않은 것에 대해 끊음에 의한 꿰뚫음**

(斷通達)이 있고, 4가지 길(四道)에 대해 닦음에 의한 꿰뚫음(修習通達)이 있고, **소멸에 대해 겪음을 통한 앎에 의한 꿰뚫음(現證通達)이 있다.** 이와 같은 9가지 모습으로 진리를 꿰뚫을 때, (그는 곧) 믿음의 근의 힘에 의한 믿음을 통해 해탈하는 이(信解脫者)이거나, 삼매의 근의 힘에 의한 체험을 통해 아는 이(身證者)이거나, 지혜의 근(慧根)의 힘에 의한 견해의 얻음을 지닌 이(見至者)이다.

…<중략>…

[II.58]32 …무상으로 마음을 낼 때, 형성력에 의한 것(諸行)은 다해 없어지는 것으로 드러난다. 괴로움으로 마음을 낼 때, 형성력에 의한 것은 두려움은 드러난다. 무아로 마음을 낼 때, 형성력에 의한 것은 공으로 드러난다 …

무상으로 마음을 낼 때에는 확신(勝解)하는 마음이 풍부해진다. 괴로움으로 마음을 낼 때에는 경안(輕安)이 풍부해진다. 무아로 마음을 낼 때에는 지혜로운 마음이 풍부해진다 …

무상으로 마음을 낼 때, 풍부한 확신(勝解)은 표상없는 해탈(無因相解脫)을 얻는다. 괴로움으로 마음을 낼 때, 풍부한 경안은 원함없음의 해탈(無願解脫)을 얻는다. 무아로 마음을 낼 때, 풍부한 지혜는 공한 해탈(空性解脫)을 얻는다.

…<중략>…

38-(2) 무상으로 마음을 낼 때에는 드러난 모습(因相)을 여실하게 본다. 그러므로 말한다. '바른 견해'라고. 이와 같은 부류의 것을 통해 일체의 형성력에 의한 것(諸行)을 무상으로 잘 본다. 여기에서 의심이 소멸된다.

괴로움으로 마음을 낼 때에는 이어짐(流轉)을 여실하게 알고 본다. 그러므로 말한다. '바른 견해'라고. 이와 같은 [II.63]부류의 것을 통해 일체의 형성력에 의한 것을 괴로움으로 잘 본다. 여기에서 의심이 소멸된다.

무아로 마음을 낼 때에는 드러난 모습과 이어짐을 여실하게 알고 본다. 그러므로 말한다. '바른 견해'라고. 이와 같은 부류의 것을 통해 일체의 형성력에 의한 것을 무아로 잘 본다. 여기에서 의심이 소멸된다.

여실하게 아는 것(如實智見), 바른 견해(正見), 의심의 소멸(斷惑)이 있는 바, 이들 제법은 다른 의미를 지닌 다른 표현인가, 아니면 하나의 의미이되 표현만 다른가? 여실하게 아는 것, 바른 견해, 의심의 소멸이 있는 바, 이들 제법은 동일한 의미이되 표현만 다르다.

…<중략>…

39. …무상으로 마음을 낼 때에는 드러난 모습(因相)이 두려움으로 드러난다. 괴로움으로 마음을 낼 때에는 이어짐(流轉)이 두려움으로 드러난다. 무아로 마음을 낼 때에는 드러난 모습과 이어짐이 두려움으로 드러난다.

…<중략>…

40-(1) … 무상으로 마음을 낼 때에는 드러난 모습을 돌이켜 관찰(省察)하는 지혜가 생긴다. 괴로움으로 마음을 낼 때에는 이어짐을 돌이켜 관찰하는 [II.64]지혜가 생긴다. 무아로 마음을 낼 때에는 드러난 모습과 이어짐을 돌이켜 관찰하는 지혜가 생긴다.

…<중략>…

40-(2) … 무상으로 마음을 낼 때에는 드러난 모습(因相)으로부터 마음이 벗어나고, 드러나지 않음으로 마음이 약진한다. 괴로움으로 마음을 낼 때에는 이어짐으로부터 마음이 벗어나고, 이어지지 않음으로 마음이 약진한다. 무아로 마음을 낼 때에는 드러난 모습과 이어짐으로부터 마음

이 벗어나고, 드러나지 않음과 이어지지 않음의 소멸·열반계로 마음이 약진한다 …

40-(3)…무상으로 마음을 낼 때에는 드러난 모습을 지니지 않는 표상없는 해탈(無因相解脫)에 의해 해탈한다. 괴로움으로 마음을 낼 때에는 원함이 없는 해탈(無願解脫)에 의해 해탈한다. 무아로 마음을 낼 때에는 공한 해탈(空解脫)에 의해 해탈한다 …

41-(1)…무상으로 마음을 낼 때, 표상없는 해탈이 지닌 힘으로 마음을 굳힌다. 괴로움으로 마음을 낼 때, 원함없음의 해탈이 지닌 힘으로 마음을 굳힌다. 무아로 마음을 낼 때, 공한 해탈이 지닌 힘으로 마음을 굳힌다. 이와 같은 마음굳힘의 의미에서 3가지 해탈이 다른 순간에 존재한다 …

42-(1) …'무상으로 마음을 낼 때에 드러난 모습(因相 혹은 표상)으로부터 해탈한다.'는 [의미에서] 드러난 모습을 지니지 않는 **표상없는 해탈**이다. '해탈함으로 인해 거기에서 원하지 않는다.'는 [의미에서] **원함없는 해탈**이다. '거기에서 원하지 않음으로 인해 공(空)이다.'는 [의미에서] **공성(空性)에 의한 해탈**이다. '드러난 모습이 공한 까닭에 드러난 모습이 아니다.'는 [의미에서] 드러난 모습을 지니지 않은 **표상없는 해탈**이다 …

42-(2) '괴로움으로 마음을 낼 때에 바람으로부터 해탈한다.'는 [의미에서] 원함없는 해탈이다. '거기에서 원하지 않음으로 인해 공(空)이다.'는 [의미에서] 공성(空性)에 의한 해탈이다. '드러난 모습이 공한 까닭에 드러난 모습이 아니다.'는 [의미에서] 드러난 모습을 지니지 않은 해탈이다. '드러난 모습(因相)이 드러난 모습이 아닌 까닭에 거기에서 원

하지 않는다.'는 [의미에서] 바람을 지니지 않는 원함없는 해탈이다.

…<중략>…

43-(1) 해탈이 있고, 문이 있으며, 해탈의 문(解脫門)이 있다. 해탈에 거스르는 것(違解脫)이 있고, 해탈에 따르는 것(順解脫)이 있고, 해탈을 이루는 물러남이 있고, 해탈의 닦음이 있고, 해탈에 의한 그침이 있다.

해탈이란 무엇인가? 공성에 의한 공한 해탈(空性解脫), 드러난 모습을 지니지 않는 표상없는 해탈(無因相解脫), 바람을 지니지 않는 원함없음의 해탈(無願解脫)이다.

공한 해탈이란 무엇인가?

'무상을 따라가며 보는 지혜(無常隨觀智)는 항상한다는 편향됨(現貪)으로부터 해탈한다'는 [의미에서] 공한 해탈이다. '괴로움을 따라가며 보는 지혜(苦隨觀智)는 즐겁다는 편향됨(現貪)으로부터 해탈한다'는 [의미에서] 공한 해탈이다. '무아를 따라가며 보는 지혜(無我隨觀智)는 나라는 편향됨으로부터 해탈한다'는 [의미에서] 공한 해탈이다. '싫어하여 떠나 따라가며 보는 지혜(厭離隨觀智)는 즐거워하는 편향됨으로부터 해탈한다'는 [의미에서] 공성에 의한 해탈이다. '탐냄을 떠나 따라가며 보는 지혜(離貪隨觀智)는 탐냄이라는 편향됨으로부터 해탈한다'는 [의미에서] 공한 해탈이다. '소멸을 따라가며 보는 지혜(滅隨觀智)는 일어남(集)에 관련한 편향됨으로부터 해탈한다'는 [의미에서] 공한 해탈이다. '버리고 따라가며 보는 지혜(捨離隨觀智)는 취착에 관련한 편향됨으로부터 해탈한다'는 [의미에서] 공한 해탈이다. '드러나지 않음을 따라가며 보는(표상 없음을 수관하는) 지혜(無因相隨觀智)는 드러난 모습(因相)에 관련한 편향됨으로부터 해탈한다'는 [의미에서] 공한 해탈이다. '원함없이 따라가며 보는 지혜(無願隨觀智)는 바람에 관련한 편향됨으로부터 해탈한다'는 [의미에서] 공한 해탈이다. '공한 성품을 따라가며 보는 지혜(空性隨

觀智)는 일체의 편향됨으로부터 해탈한다'는 [의미에서] 공성에 의한 해탈이다.

43-(2) '물질(色)에 대해 무상으로 수관하는 지혜(無常隨觀智)는 항상한다는 편향됨으로부터 해탈한다'는 [의미에서] 공한 해탈이다……내지……'물질에 대해 공한 성품을 수관하는 지혜(空性隨觀智)는 일체의 편향됨으로부터 해탈한다'는 [의미에서] 공성에 의한 해탈이다. '감수작용(受)에 대해……내지……인식작용(想)에 대해, 상카라(行)에 대해, 알음알이(識)에 대해, 눈(眼)에 대해……내지……늙음과 죽음에 대해 공한 성품을 따라가며 보는 지혜는 일체의 편향됨으로부터 해탈한다'는 [의미에서] 공한 성품에 의한 해탈이다. 이것이 공한 해탈이다.

44-(1) **표상없는 해탈(無因相解脫)이란 무엇인가?**

'무상으로 수관하는 지혜는 항상함의 드러난 모습(因相)으로부터 해탈한다'는 [의미에서] 드러난 모습을 지니지 않는 해탈이다. '괴로움으로 수관하는 지혜는 즐거움의 드러난 모습으로부터 해탈한다'는 [의미에서] 드러난 모습을 지니지 않은 해탈이다. '무아로 수관하는 지혜는 나의 드러난 모습으로부터 해탈한다'는 [의미에서] 드러난 모습을 지니지 않은 해탈이다. '싫어하여 떠나 따라가며 보는 지혜는 즐거워함의 드러난 모습으로부터 해탈한다'는 [의미에서] 드러난 모습을 지니지 않은 해탈이다. '탐냄을 떠나 따라가며 보는 지혜는 탐냄의 드러난 모습으로부터 해탈한다'는 [의미에서] 드러난 모습을 지니지 않은 해탈이다. '소멸을 따라가며 보는 지혜는 일어남의 드러난 모습으로부터 해탈한다'는 [의미에서] 드러난 모습을 지니지 않은 해탈이다. '버리고 따라가며 보는 지혜는 취(取)하여 드러난 모습으로부터 해탈한다'는 [의미에서] 드러난 모습을 지니지 않은 해탈이다. '드러나지 않음을 따라가며 보는 지혜는 일체의 드러난 모습으로부터 해탈한다'는 [의미에서] 드러난 모습을 지니지 않은 해탈이다. '바람 없이 따라가며 보는 지혜는 바람의 드러난 모습으로부터 해탈한다'는 [의미에서] 드러난 모습을 지니지 않은 해탈이다. '공성을 수관하는 지혜는 편향됨에 의한 드러난 모습으로부터 해탈한다'는 [의미에서] 드러난 모습을 지니지 않은 해탈이다.

44-(2) '**물질(色)**에 대해 무상으로 수관하는 지혜는 항상됨의 드러난 모습으로부터 해탈한다'는 [의미에서] 드러난 모습을 지니지 않은 해탈이다.………내지………'물질에 대해 드러나지 않음을 수관하는 지혜는 일체의 드러난 모습으로부터 해탈한다'는 [의미에서] 드러난 모습을 지니지 않은 해탈이다. '물질에 대해 바람없이 수관하는 지혜는 바람의 드러난 모습으로부터 해탈한다'는 [의미에서] 드러난 모습을 지니지 않은 해탈이다. '물질에 대해 공한 성품을 수관하는 지혜는 편향됨에 의한 드러난 모습으로부터 해탈한다'는 [의미에서] 드러난 모습을 지니지 않은 해탈이다. '**감수작용(受)**에 대해………내지………**인식(想)**에 대해………내지………**상카라(行)**에 대해………내지………**알음알이(識)**에 대해, **눈(眼)**에 대해………내지……… **늙음 죽음**에 대해 무상으로 수관하는 지혜는 항상됨의 드러난 모습으로부터 해탈한다'는 [의미에서] 드러난 모습을 지니지 않은 해탈이다. '늙음과 죽음에 대해 바람 없이 따라가며 보는 지혜는 바람의 드러난 모습으로부터 해탈한다'는 [의미에서] 드러난 모습을 지니지 않은 해탈이다. '늙음과 죽음에 대해 공한 성품을 따라가며 보는 지혜는 편향됨에 의한 드러난 모습으로부터 해탈한다'는 [의미에서] 드러난 모습을 지니지 않은 해탈이다. 이것이 드러난 모습을 지니지 않은 해탈(표상없는 해탈)이다.

45-(1) **원함없는 해탈(無願解脫)이란 무엇인가?**

'무상으로 수관하는 지혜는 항상됨에 대한 바람으로부터 해탈한다'는 [의미에서] 바람을 지니지 않은 해탈이다. '괴로움으로 수관하는 지혜는 즐거움에 대한 바람으로부터 해탈한다'는 [의미에서] 바람을 지니지 않은 해탈이다. '무아로 수관하는 지혜는 나에 대한 바람으로부터 해탈한다'는 [의미에서] 바람을 지니지 않은 해탈이다. '싫어함을 수관하는 지혜는 즐거워함에 대한 바람으로부터 해탈한다.'는 [의미에서] 바람을 지니지 않은 해탈이다. [II.69] '탐냄을 떠나 따라가며 보는 지혜는 탐냄의 바람으로부터 해탈한다'는 [의미에서] 바람을 지니지 않은 해탈이다. '소멸을 따라가며 보는 지혜는 일어남에 대한 바람으로부터 해탈한다'는 [의미에서] 바람을 지니지 않은 해탈이다. '버리고 따라가며 보는 지혜는 취착에 대한 바람으로부터 해탈한다'는 [의미에서] 바람을 지니지 않은 해탈이다. '드러나지 않음을 따라가며 보는 지혜는 드러난 모습에 대한 바람으로부터 해탈한다'는 [의미에서] 바람을 지니지 않은 해탈이다. '바람 없이 따라가며 보는 지혜는 일체의 바람으로부터 해탈한다'는 [의미에서] 바람을 지니지 않은 해탈이다. '공성을 따라가며 보는 지혜는 편향됨에 의한 바람으로부터 해탈한다'는 [의미에서] 바람을 지니지 않은 해탈이다. '공성을 따라가며 보는 지혜는 편향됨에 의한 바람으로부터 해탈한다'는 [의미에서] 바람을 지니지 않은 해탈이다.

'**물질(色)**에 대해 무상으로 수관하는 지혜는 항상됨에 대한 바람으로부터 해탈한다.'는 [의미에서] 바람을 지니지 않은 해탈이다……내지……'물질에 대해 드러나지 않음을 따라가며 보는 지혜는 드러난 모습에 대한 바람으로부터 해탈한다'는 [의미에서] 바람을 지니지 않은 해탈이다. '물질에 대해 바람 없이 따라가며 보는 지혜는 일체의 바람으로부터 해탈한다'는 [의미에서] 바람을 지니지 않은 해탈이다. '물질에 대해 공성을 따라가며 보는 지혜는 편향됨에 의한 바람으로부터 해탈한다'는 [의미에서] 바람을 지니지 않은 해탈이다. '**감수작용(受)**에 대해……내지……**인식작용(想)**에 대해……내지……**상카라(行)**에 대해……내지……**알음알이(識)**에 대해, **눈(眼)**에 대해……내지……**늙**

음과 죽음에 대해 무상을 따라가며 보는 지혜는 항상됨에 대한 바람으로부터 해탈한다'는 [의미에서] 바람을 지니지 않은 해탈이다……내지……'늙음과 죽음에 대해 드러나지 않음을 따라가며 보는 지혜는 드러난 모습에 대한 바람으로부터 해탈한다'는 [의미에서] 바람을 지니지 않은 해탈이다. '늙음과 죽음에 대해 공성을 따라가며 보는 지혜는 편향됨에 의한 바람으로부터 해탈한다'는 [의미에서] 바람을 지니지 않은 해탈이다. 이것이 바람을 지니지 않은 해탈(無願解脫)이다.

16. 세존께서 반열반에 드시는 모습

반열반경(S6:15) parinibbānasutta

이와 같이 나는 들었다. 한때 세존께서는 꾸시나라에서 우빠왓따나의 말라들의 살라 나무숲에서 한 쌍의 살라 나무 사이에 머무셨는데 바로 반열반 하실 때였다.

그때 세존께서는 비구들을 불러 말씀하였다.[102)]

"비구들이여, 참으로 이제 그대들에게 당부하노니, 형성된 것들은 소멸되기 마련인 법이다. 방일하지 말고 [해야 할 바를] 성취하라.[103)] 이것이 여래의 마지막 유언이다.[104)]"

---

102) 이하 본경 전체는 장부 제2권 '대반열반경'(D16)과 같은 내용이다. 다른 점은 다음과 같다.
첫째, 세존께서 초선부터 시작하여 상수멸에 드시자 아난다 존자가 세존께서 완전한 열반에 드셨다고 말하지만 아누룻다 존자가 그렇지 않다고 바로 잡는 부분이 본경에는 나타나지 않는다.
둘째, 세존께서 완전한 열반에 드시자 대지가 진동하고 번개가 치는 광경이 본경에는 나타나지 않는다.-상윳따 니까야 제1권, 초불, 각묵스님 옮김, p.532 각주 643) 일부 발췌-

103) 이 말씀은 부처님의 최후의 유훈으로 모든 불자들 가슴에 남아있는 말씀이다. 세존께서는 석달 뒤에 열반에 드실 것을 예고하신 후에도 이 말씀을 하였다. 주석서에서는 다음과 같이 설명한다. "'방일하지 말고 [해야 할 바를] 성취하라.'는 것은 영민함(알아차림)을 [수반한] 마음챙김(sati-avippavāsa)으로 모든 해야 할 바(sabbakiccāni)를 성취하라는 말씀이다. 이와 같이 세존께서는 반열반하시는 침상에 누우셔서 45년 동안 주셨던 교계(ovāda) 모두를 불방일(不放逸, appamāda)이라는 단어에 담아서 주셨다."(DA.ii.593) 복주서에서는 "그런데 이것은 뜻으로는 지혜를 수반한(ñāṇūpasaṃhitā) 마음챙김이다. 여기서 마음챙김의 작용(vyāpāra)은 굉장한 것(sātisaya)이기 때문에 그래서 영민함을 [수반한] 마음챙김이라고 설명하였다. 전체 부처님의 말씀을 다 포괄하고 있기 때문에 '불방일(appamāda)이라는 단어에 담아서 주셨다."(DAT.ii.239)고 설명하고 있다. 여기서도 보듯이 불방일과 동의어인 마음챙김(sati)이야말로 부처님 45년 설법을 마무리하는 굉장한(sātisaya) 가르침이라고 주석서와 복주서는 강조하고 있다.-전게서, pp.532~533 각주 644)-

그러자 세존께서는 초선에 드셨다. 초선에서 출정하여 제2선에 드셨다. 제2선에서 출정하여 3선에 드셨다. 제3선에서 출정하여 제4선에 드셨다. 제4선에서 출정하여 공무변처에 드셨다. 공무변처에서 출정하여 식무변처에 드셨다. 식무변처에서 출정하여 무소유처에 드셨다. 무소유처에서 출정하여 비상비비상처에 드셨다. 비상비비상처의 증득에서 출정하여 상수멸에 드셨다.[105]

그러자 세존께서는 상수멸의 증득에서 출정하여 비상비비상처에 드셨다. 비상비비상처의 증득에서 출정하여 무소유처에 드셨다. 무소유처의 증득에서 출정하여 식무변처에 드셨다. 식무변처의 증득에서 출정하여 공무변처에 드셨다. 공무변처의 증득에서 출정하여 제4선에 드셨다. 제4선에서 출정하여 제3선에 드셨다. 제3선에 출정하여 제2선에 드셨다. 제2선에서 출정하여 초선에 드셨다. 초선에서 출정하여 제2선에 드셨다. 제2선에서 출정하여 제3선에 드셨다. 제3선에서 출정하여 제4선에 드셨다. 제4선에서 출정하여 바로 다음에[106] 세존께서는 반열반하였다.

---

104) 불방일(不放逸, appamāda), 즉 알아차림을 수반한 마음챙김으로 성취해야 할 것을 성취하라는 것이 세존께서 마지막으로 하신 말씀이다. 이것은 대반열반경에서 비구들에 석 달 뒤에 입멸할 것이라고 말씀하시면서도 하신 말씀이다. 한편 아비담마에서는 불방일을 구경법으로 간주하지 않는다. 불방일은 마음챙김(sati)의 동의어로 간주하기 때문이다. 아비담마에서는 마음챙김을 유익한 마음부수법으로 분류하고 있는데, 이처럼 비구들이 성취해야 할 열반을 성취하게 하는 가장 중요한 심리현상이기 때문이다. -전게서 p.645 각주 645)-

105) 본경에는 대반열반경(장부)의 말미에 나타나는 다음과 같은 구절이 나타나지 않는다.

'그러자 아난다 존자는 아누룻다 존자에게 이렇게 말했다.

"아누룻다 존자시여, 세존께서는 반열반하셨습니다."

"도반 아난다여, 세존께서는 반열반하시지 않았습니다. 상수멸에 드신 것입니다."'-전게서 pp.533~534 각주 646)-

106) '바로 다음'이라는 빠알리어는 samanantarā이다. 혹자들은 세존께서는 제4선에 열반하셨다고 대충 말한다. 그러나 경은 제4선에 출정하신 바로 다음에 즉시 반열반하셨다고 기술하고 있다. 주석서의 설명을 보자. '바로 다음(samanantarā)'이

란 '선정의 바로 다음'과 반조(paccavekkhṇā)의 바로 다음'이라는 두 가지가 있다. 첫째, 선정에서 출정한 뒤에 바왕가로 들어가서, 거기서 반열반에 드신 것을 '선정의 바로 다음'이라 한다. 둘째, 선정에서 출정한 뒤 다시 선정의 구성요소들을 반조한 뒤에 바왕가로 들어가서, 거기서 반열반에 드는 것을 '반조의 바로 다음'이라 한다. 이러한 두 가지 '바로 다음' 가운데서 세존께서는 선정을 증득하시고 선정에서 출정하신 뒤 선정의 구성요소들을 반조하신 후에, 무기(無記, abyākata)요 괴로움의 진리(苦諦)인 바왕가의 마음으로 반열반하셨다. 부처님들이나 벽지불들이나 성스러운 제자들은 누구나 할 것 없이 [아주 작은] 개미까지도(kuntha-kipilli-kaṃ upādāya), 무기요 괴로움의 진리인 바왕가의 마음으로 임종을 맞는다.(DA.ii.594~95) 부연하자면 우리가 거칠게 볼 때는 삼매에 드셔서 반열반하신 것 같거나 좀더 미세하게 관찰하면 삼매에서 출정하신 뒤 바로 반열반 하신 것 같아 보이지만 아비담마의 정밀한 눈으로 관찰해 보면 부처님을 위시한 모든 깨달은 분들은 이처럼 바왕가의 마음상태에서, 그것도 괴로움의 진리를 통해서 반열반하신다는 뜻이다. 물론 모든 유정들도 죽을 때는 반드시 바왕가(죽음의 마음)의 상태에서 죽는다.-전게서 p.534 각주 647)-

제Ⅱ부

아비담마와 청정도론의 해설

제1편 아비담맛타 상가하

1. 열반이란 무엇인가?

(1) 열반의 정의

nibbānaṃ pana lokuttarasaṅkhātaṃ catumaggañāṇena sacchikātabbaṃ maggaphalānaṃ ārammaṇabhūtaṃ vānasaṅkhātāyā taṇhāya nikkhantattā nibbānan ti pavuccati.

열반은 출세간이라 불리고, 네 가지 도로써 실현해야 하며, 도와 과의 대상이고, 얽힘이라 부르는 갈애로부터 벗어나기 때문에 열반이라 한다.

(2) 분석

tadetaṃ sabhāvato ekavidhampi saupādisesanibbānadhātu, anupādisesanibbānadhātu ceti duvidhaṃ hoti kāraṇapariyāyena. thatā suññataṃ, animittaṃ, appaṇihitañceti tividhaṃ hoti ākārabhedena.

그런 이것은 본성으로써는 하나이지만 [구분짓는] 원인(kāraṇa)의 방편에 따라 유여열반의 요소(界)와 무여열반의 요소 2가지이다. 그와 마찬가지로 형태에 따라 세 가지이니, 즉 공(空)함, 표상 없음(無相), 원함 없음(無願)이다.

(3) 결론

padam accutam accantaṃ asaṅkhatam anuttaraṃ nibbānam iti bhāsanti vānamuttā mahesaya. iti cittaṃ cetasikaṃ rūpaṃ nibbānam icc'api paramatthaṃ pakāsenti catudhā va tathāgatā

갈애에서 벗어난 대 선인들은 열반은 불사(不死)요, 다함이 없고, 형성된 것이 아니고, 위없는 경지라고 설하신다. 이와 같이 마음과 마음부수와 물질과 열반이라는 네 가지 궁극적 실재(勝義)를 여래께서는 설하셨다.

1) 아비담마 길라잡이의 해설[107]

(1) 이 열반은 본성으로써는 하나이지만 : 진제의 측면에서 보면 열반은 하나이다. 그것은 출세간이며 형성된 것(saṅkhāta)을 완전히 벗어난 형성되지 않은 것이고(asaṅkhāta), 고요함(santi)을 특징으로 하는 하나의 본성(sabhāva)을 가졌다.

(2) 유여열반(有餘, sa-upādisesa)과 무여열반(無餘, an-upādisesa) : 비록 열반은 고요함이라는 측면에서 보면 하나이지만 우빠디(upādi)가 있느냐 없느냐 하는 측면에서 보면 두 가지이다. upādi는 upa(위로)+ā(이 쪽으로)+√dā(to give)에서 파생된 남성명사로서(이것은 12연기에서 取로 번역하는 upādāna와 같은 어원을 가졌다) '위로 받아들이다'라는 문자적인 의미에서 '거머쥐고 있음, 남아 있음'을 뜻한다. 거의 대부분 saupādisesa와 anupādisesa의 문맥에서만 나타나고 있다. 주석서들

107) 아비담마 길라잡이 pp.580~582, 대림스님·각묵스님 공동번역및주해, 초기불전연구원

에서는 이 우빠디가 생명을 지속시켜주는 연료와 같은 것이어서 바로 오온(pañca-kkhandha)을 가르킨다고 설명한다. sesa는 √śis(to leave)에서 파생된 형용사로 문자적인 뜻 그대로 '남아있는' 이라는 뜻이다. 그래서 sa-upādisesa는 '받은 것이 남아 있는 열반'이라는 뜻이며 아라한들의 경우 번뇌는 완전히 멸진되었지만 그의 수명이 남아 있는 한 과거의 취착의 산물인 오온은 아직 잔류해 있기 때문에 sa-upādisesa-nibbāna라 한다. an-upādisesa는 그래서 이런 오온까지도 완전히 멸한 열반을 말한다. 그래서 이런 열반을 빠리닙바나(parinibbāna)라고 하며 중국에서는 반열반(槃涅槃)이라고 옮겼다.

위바위니 띠가에서는 유여열반과 무여열반을 각각 '오염원이 완전히 소멸된 열반(kilesa-parinibbāna)'과 '오온이 완전히 소멸된 열반(khandha-parinibbāna)'이라고 설명하고 있다.

(3) 공함과(suññatā), 표상 없음과(animitta), 원함 없음(appanihita)

열반은 공(suññatā)이라고 불린다. 탐·진·치가 없기 때문이며(rahitattā) 모든 형성된 것(有爲, saṅkhata)들이 없기 때문이다. 열반은 표상이 없다[無相, animitta]고 말한다. 탐·진·치의 표상이 없으며 형성된 것의 표상이 없기 때문이다. 열반은 원함이 없다[無願, appanihita]고 말한다. 탐·진·치에 대한 동경이 없기 때문이고 갈애로 염원(paṇidhi)한다고 해서 증득할 수 없기 때문이다.

2) 상가하 바사띠까의 해설[108)]

108) 자나까비왐사의 상가하바사띠까의 해석이다. 아비담마해설서II. 강종미편역, pp.443~448. 도다가 마을-역주-

(1) 네 가지 도(道)로써 실현해야 하고(catumaggañāṇena sacchikātabbaṃ)

수다원도(道)의 지혜 등 네 가지 도의 지혜로써 실현(現證)한다. '실현한다(sacchikātabbaṃ)'란 직접 눈으로 보듯 알고 본다는 것이다. 도의 지혜를 성취하기 전 욕계 지혜로는 직접 볼 수 없다. 단지 추정하여 알 뿐이다.

(2) 도(道)와 과(果)의 대상이고(maggaphalānaṃ ārammaṇabhūtaṃ)

이 말은 도과를 성취하지 못한 범부들은 열반을 대상으로 할 수 없음을 밝힌 것이다. 열반을 소원하고 수행을 증진시키는 등, 추측하여 열반의 고요와 적정을 개념 정도로는 대상으로 삼을 수는 있다.

(3) 꿰매는 법(vāna)

갈애를 와나(vāna)라 부른다. 와나(vāna)란 '꿰매는 법'이란 뜻이다. 바느질꾼이 원단의 조각과 조각을 연결하며 꿰매듯 갈애는 현재의 생과 미래의 생을 연결시킨다. 갈애를 소진하지 않고는 윤회의 수레바퀴를 벗어날 수 없다.

'갈애로부터 갈애에서 해탈시키기에'란 구절로 nibbāna(열반)에서 'ni+vāna'로 ni란 nikkhanta(해탈)의 의미로 'vānato(갈애에서)' nikkhantaṃ(해탈하는 법이다.) 그러므로 열반(nibbānaṃ)이라고 뜻을 풀이한다.

*** 갈애가 꿰매는 모습**

"vinati saṃsibbatīti vānaṃ – 연결시켜 꿰맨다. 그러므로 '와나'라고 부른다"라고 하듯, 갈애가 삶을 꿰매는 모습은 다음과 같다. 범부와 학인들은 모든 존재계에서 갈애의 얽매임 때문에 세상을 끊지 못한 채 머문다. 중생에게 윤회계를 확장, 증폭시키기에 빠빤짜(papañca)란 법에는 사견, 자만심, 갈애 세 종류가 있다. 유신견(有身見)은 조건에 따라 변하는 오온을 '본체, 본질로써 불변하는 아트만이 있다'라고 착각하여 집착한다. 자만심은 그 자아(아트만)를 '나'라고 생각한다. '나는 능숙하다, 나는 고귀하다'며 자만에 빠진다. 사견과 자만을 바탕으로 육체와 정신의 법에 온힘을 다해 갈애로 집착한다. '나보다 사랑할 이는 없다'는 말처럼 누구도 자신보다 더 좋아할 수 없다. 나를 사랑하기에 내게 베푸는 사람 혹은 베풀 사람이라 생각하여 떨어질 수 없고, 떨어지지 못하도록 집착하여 얽매인다.

자신과 연관된 모든 것에 집착하며 백세까지 살고서도 임종에서 조차 숱한 집착에서 놓여나지 못해 갈애의 번뇌로 생을 갈망하며 얽어매고 연결시킨다. 이 내재된 갈애(딴하누사야)로 생을 얻은 뒤, 새로 얻은 생에 애착하여 똑같은 방법으로 다시 생을 만들어 간다. 사견과 자만이 부채질하기에 갈애가 모든 것을 연결시켜 나가는 것이다. 이 세 가지는 윤회를 증폭시키는 뿌리 깊은 마군들이다. 육체와 정신의 무더기가 소진된 곳이 불멸의 빛으로 찬연히 빛나듯, 부패함의 언저리를 맴도는 파리가 타오르는 숯불덩이 위에 앉지 못하듯, '조건지어지지 않은 열반(asaṅkhata dhātu nibbāna)'에는 갈애가 달라붙을 수 없다. 그러므로 열반을 '갈애에서 해탈시키는 법'이라 말한다.

(4) 이 열반은 본성으로는 하나이지만

열반은 고요함(santi)이라 하였다. 고요한 성품은 열반 하나뿐이다. 하나뿐이라는 말은 '모든 성자의 열반은 공동 소유의 사물처럼 하나만 있다'고 이해해서는 안 된다. 마음의 성품은 대상을 아는 능력만 있고(ārammaṇavi jānana lakkhaṇā), 접촉은 접촉하는 특징 하나만 있는 것처럼(phusana lakkhaṇā) 열반은 고요함(寂靜)이라는 성품 하나만 있다(santi lakkhaṇā)는 뜻이다. 사람마다 마음이 있는 것처럼 모든 성자들 또한 자신만의 열반을 가진다. 고요함의 성품으로는 하나이지만 지금·여기에서의 열반(diṭṭhadhammanibbāna)과 다음에 얻게 될 열반(samparayikanibbāna) 두 가지로 구분된다. 지금·여기에서의 열반을 유여열반, 다음에 얻게 될 열반을 무여열반이라 부른다.

(5) 유여열반(有餘涅槃, saupādisesanibbāna)

kammakilesehi upādīyatīti upādi – 업, 번뇌에 의해 나라고 집착한다. 그러므로 우빠디(upādi)라 부른다. 중생들이 항상 지니는 내재된 성품으로 과보의 마음과 업으로 생긴 물질이 있다. 이 조건지어진 육신과 정신을 '나의 소유, 나'라고 여기며 집착한다. 육근(六根)을 통해 일어나는 번뇌를 '내가 대상으로 삼는 법'이라는 강한 신념에서 나의 대상으로 취한다. 이처럼 taṇhadiṭṭhīhi upādīyatīti upādi – 갈애와 사견에 집착한다. 그러므로 우빠디라 한다. 대상에 대한 갈애와 사견 때문에 취착하게 되는 다섯 무더기(우빠다나칸다)를 우빠디(upadi)라 부른다.

sissati avasissatīti seso, upādi ca so seso cāti upādiseso – 남겨진다. 그러므로 'sesa'라 부른다. 이 과보마음과 업에서 생긴 물질을 우빠디라 부른다. 남겨진 것이기도 하다. 그러므로 우빠디세사라 부른다. 시작을 알 수 없는 윤회계에서 과보마음과 업으로 생긴 물질들은 번뇌와 뒤섞여 있었다. 도(道)의 법으로 소멸되는 순간 번뇌에서 떨어져 남겨지는 과보마음과 업에서 생긴 물질을 우빠디세사(upādisesa)라 부른다.
saupādisesanibbānadhātu = [sa + upādi + sesa]

sesa (번뇌에서 남겨진) upādi(과보마음, 업을 원인으로 생긴 물질) sa(있다)

도(道)로 번뇌를 제거할 때 육신의 번뇌는 소진되지만 항상 일어나는 과보마음과 업을 원인으로 생긴 물질은 남는다. 번뇌에서 남겨진 과보의 마음과 업을 원인으로 생긴 물질이 남아 있는 열반을 유여열반(裕餘涅槃)이라 부른다. '과보의 마음과 업을 원인으로 생긴 물질(깜마자루빠)이 소멸되기 전에 [대열반에 들기 전에] 대상으로 하는 열반'이란 뜻이다.

(6) 무여열반(無餘涅槃, annupādisesanibbāna)

annupādisesanibbānadhātu = [na + upādi + sesa]

번뇌가 소멸된 뒤 남겨진 과보의 마음과 업을 원인으로 생긴 물질이 없는 열반의 성품을 말한다. '과보의 마음인 정신의 무더기와 업을 원인으로 해서 생긴 물질이 소멸한 뒤 [대열반에 든 뒤] 얻는 열반'이란 뜻이다.109)

(7) 공함(suññatā)

'suññatā'란 공(空), 소멸, 없음을 뜻한다. 열반이란 탐·진·치와 함께하는 물질인 육신과 정신의 무더기로부터 공하다. 고요하다. 이처럼 탐·진·치와 함께하는 모든 물질과 정신의 공한 성품, 소멸된 상태를 가리켜 공한 열반(suññatānibbāna)이라 부른다.

(8) 표상 없음(animitta)

표상(nimitta)이란 길고 짧고 둥글고 덩어리진 등과 같은 형상을 말한다. 육신이란 무수한 물질들의 입자로 모아진 갖가지 형상으로 이루어진 것이다. 그러나 정신의 무더기는 육신의 형상을 보는 것처럼 일반적 지혜로는 볼 수 없고 부처님의 지혜로만 알 수 있다. 열반은 그처럼 형상의 종류가 아니다. 이처럼 형상이 없는 상태를 가리켜 animittanibbāna

---

109) 아비담마해설서II. 강종미편역, p.444~446

(상카라 법들에서 모양, 형상이 없음의 상태라는 열반)라고 부른다.

(9) 원함없음(appanihita)

'paṇihita'란 갈망하다, 원한다는 뜻이다. paṇidhi와 동일한 뜻이다. 열반은 갈애로 갈망하는 것이 아니며, 갈망하는 갈애는 존재조차 없다. 이처럼 뜨거운 불처럼 갈망하는 갈애가 없는 상태를 가리켜 appaṇihitanibbāna(갈구하는 탐·진·치가 없는 상태인 열반)라 부른다.

2. 위빳사나를 통한 해탈열반의 증득

1) 청정의 단계(visuddhi bheda)[110]

위빳사나의 명상주제에 청정의 길라잡이는 일곱 가지이다. 즉 ① 계청정 ② 마음 청정 ③ 견 청정 ④ 의심을 제거함에 의한 청정 ⑤ 도와 도 아님에 대한 지(知)와 견(見)에 의한 청정 ⑥ 도닦음에 대한 지와 견에 의한 청정 ⑦ 지와 견에 의한 청정이다.[111]

2) 삼특상(tilakkhaṇa)[112]

3가지 특상이 있으니 무상(無常)의 특상, 고(苦)의 특상, 무아(無我)의 특상이다.

---

110) 아비담마길라잡이(하), 대림스님 각묵스님 번역 및 주해, 초불, p.775.

111) 이것의 근거는 중부 역마차경(M24)이다. 여기서 아누룻다 존자는 사리뿟따 존자에게 "도반이여, 그와 같이 계의 청정은 마음의 청정을 위해서입니다. 마음의 청정은 견해의 청정을 위해서입니다.……도닦음에 대한 지와 견에 의한 청정은 지와 견에 의한 청정을 위해서입니다. 지와 견에 의한 청정은 취착이 없는 완전한 열반을 위해서입니다. 도반이여, 이 취착이 없는 완전한 열반을 위해서 세존의 아래서 청정범행을 닦는 것입니다."라고 설명하여 그의 감탄을 자아내게 한다. 이 경에서 말하는 것과 같이 일곱 단계의 청정은 차례대로 얻어지고 각 단계는 바로 다음 단계를 떠받쳐주고 있다. 아비담마 길라잡이, 대림 각묵스님 공동번역주해, 초불, p.776.

112) 전게서, p.776.

3) 세 가지 수관(隨觀, anupassanā)[113]

세 가지 수관이 있으니 ① 무상의 수관 ② 고의 수관 ③ 무아의 수관이다.

4) 열 가지 위빳사나의 지혜[114]

열 가지 위빳사나 지혜가 있으니 ① 명상의 지혜 ② 생멸의 지혜 ③ 무너짐의 지혜 ④ 공포의 지혜 ⑤ 위험의 지혜 ⑥ 역겨움의 지혜 ⑦ 해탈하기를 원하는 지혜 ⑧ 깊이 숙고하는 지혜 ⑨ 상카라에 대한 평온의 지혜 ⑩ 수순하는 지혜이다.

5) 세 가지 해탈(vimokkha)[115]

세 가지 해탈이 있으니 ① 공(空)한 해탈 ② 표상이 없는[無相] 해탈 ③ 원함이 없는[無願] 해탈이다.

6) 세 가지 해탈의 관문(vimokkha mukkha)[116]

세 가지 해탈의 관문을 알아야 하나니 ① 공의 수관(隨觀) ② 표상 없음의 수관 ③ 원함이 없음의 수관이다.

7) 청정의 분석

(1) 계의 청정(戒淸淨)

어떻게? 네 가지 청정한 계가 계의 청정이니 계목(戒目) 단속에 관한 계, 감각기능(根)의 단속에 관한 계, 생계의 청정에 관한 계, 필수품에

113) 전게서, p.778.
114) 전게서, p.779.
115) 전게서, p.780.
116) citta-visuddhi, 전게서, p.781. 이런 3가지 해탈을 성취하기 위해서는 空, 無相, 無願을 수관해야한다. 그래서 이것을 해탈에 이르는 관문이라 한다.

관한 계이다.

(2) 마음청정(心淸淨)117)

근접삼매와 본삼매 – 이 두 가지 삼매를 마음청정이라 한다.

(3) 견청정(見淸淨)118)

특징과 역할과 나타남과 가까운 원인으로써 정신과 물질을 파악하는 것을 견청정이라 한다.

(4) 의심을 극복함에 의한 청정(度疑淸淨)119)

바로 그 정신과 물질들의 조건을 파악하는 것을 의심을 극복함에 의한 청정이라 한다.

(5) 도와 도 아님에 대한 지와 견에 의한 청정(道非道知見淸淨)120)

그 다음에 그가 그와 같이 삼계의 상카라(行)들을 조건과 함께 파악할 때 과거 등으로 분류되는 무더기(蘊) 등을 통해 그들을 무리(깔라빠, kalāpa)별로 모은다. 파괴한다는 뜻에서 무상이고, 두렵다는 뜻에서 괴로움이고, 실체가 없다는 뜻에서 무아라고 시간(addhāna)과 흐름(相續, satati)과 순간(khaṇa)을 통해 명상의 지혜로써 세 가지 특상을 명상한다. 그 다음에 조건과 순간을 통해 생멸의 지혜로써 그 [상카라들이] 일어나고 멸하는 것을 명상한다.

---

117) 전게서, p.789.

118) diṭṭhi-visuddhi, 전게서, p.790.

119) kaṅkhāvitaraṇa-visuddhi, 전게서, p.791.

120) magga-amagga-ñāṇadassana-visuddhi, 전게서, pp.792~793.

(6) 도닦음에 대한 지와 견에 의한 청정(行道智見淸淨)[121)]

이와 같이 장애로부터 벗어날 때 그는 생멸의 지혜부터 수순에 이르기까지 세 가지 특상에 대한 위빳사나의 연속으로써 도를 닦는다. 그 아홉 가지 위빳사나의 지혜를 도닦음에 대한 지와 견에 의한 청정이라 한다.

(7) 지와 견에 의한 청정(知見淸淨)[122)]

그가 이와 같이 도 닦을 때 위빳사나가 무르익어 본삼매가 일어날 그 순간에 잠재의식을 끊고 의문전향(意門轉向)이 일어난다. 그 다음에 둘 혹은 세 개의 위빳사나 마음이 무상 등의 특상 중 어떤 하나를 대상으로 일어난다. 그들은 준비, 근접, 수순이라 이름한다. 수순이 정점에 도달했을 때 그 수순과 함께 상카라(行)에 대한 평온의 지혜를 '출현으로 인도하는 위빳사나'라고 부른다. 그 다음에 열반을 대상으로 종성의 마음이 일어난다. 이것은 범부의 종성을 벗고 성자의 종성에 참여한다. 그 다음에 도의 마음이 고의 진리를 잘 알고, 일어나는 원인의 진리를 버리고, 멸의 진리를 증득하고, 도의 진리를 닦으면서 본 삼매의 출세간의 인식과정에 들어온다. 그 다음에 둘 혹은 셋의 과의 마음이 일어났다가 멸한다. 그 다음에 잠재의식으로 들어간다. 그 다음에 잠재의식을 끊고서 반조의 지혜가 일어난다. 지자(智者)는 도와 과와 열반을 반조한다. 버린 오염들과 나머지 오염들을 반조하기도 하고 혹은 반조하지 않는다. 차례대로 여섯 가지 청정에 의해 개발되어야 할 네 가지 도를 지와 견에 의한 청정이라 부른다. 여기서 이것이 청정의 분석이다.

---

121) paṭipadā－ñāṇadassana－visuddhi, 전게서, p.799.
122) ñāṇadassana－visuddhi, 전게서, p.807~808.

3. 해탈의 분석[vimokkha-bheda][123)]

1) 세 가지 해탈의 관문

자아에 대한 집착을 버리는 무아의 수관은 ①공의 수관이라 이름하는 해탈의 관문이 된다. 전도된 표상을 버리는 무상의 수관은 ②표상이 없는[無相] 수관이라 불리는 해탈의 관문이 된다. 갈애로 인한 원함을 버리는 고의 수관은 ③원함이 없는[無願] 수관이라 불리는 해탈의 관문이 된다.

2) 도와 과의 해탈

그러므로 출현으로 인도하는 위빳사나로써 무아를 관하면 그 도는 공한 해탈이라 한다. 만약 무상을 관하면 그 도는 표상이 없는 해탈이라 한다. 만약 고를 관하면 그 도는 원함이 없는 해탈이라 한다. 이 도는 위빳사나가 [도에] 이르는 방식에 따라 세 가지 이름을 가진다. 그와 마찬가지로 도의 과정에서 일어나는 과는 도의 방식에 따라 세 가지 이름을 가진다.

3) 과의 증득의 해탈

그러나 과의 증득의 과정에서 앞에 설한 방법대로 위빳사나를 하는 자들에게 각각의 경우에 일어난 과는 위빳사나의 방식에 따라 공함 등의 해탈이라 한다. 그러나 대상과 각각의 특성에 따라 세 가지 이름은 모든 도와 과에 전부 고루 적용된다. 이것이 해탈의 분석이다.

4. 개인에 따른 분석

---

123) 전게서, pp.814~818.

1) 예류자(sotāpanna)

그러나 여기서 예류도를 닦아 사견과 의심을 버림으로써 예류자가 된다. 그는 악처에 태어남을 버리고 최고로 일곱 번 태어난다.124)

2) 일래자(sakadāgāmī)

일래도를 닦아 탐욕과 성냄과 어리석음을 감소시킴으로써 일래자가 된다. 그는 단 한번만 더 이 세상에 돌아온다.125)

3) 불환자(anāgāmī)

불환도를 닦아 감각적 욕망에 대한 탐욕의 악의를 남김이 없이 버리고 불환자가 된다. 그는 이 욕계로 돌아오지 않는다.126)

---

124) 예류자의 부류는 3부류가 있다. ① 일곱 번 인간세계나 천상세계에 태어나는 자(satta-kkhattuparama) ② 아라한과를 얻기 전에 두 번이나 세 번 좋은 가문에 태어나는 자(kolankola) ③ 열반을 증득하기 전에 한 번 더 내어나는 자(ekabhījī).

125) 인시설론(뿍갈라빤냣띠)의 주석서에 의하면 5부류의 일래자가 있다고 한다. ① 인간 세상에서 일래과를 증득하여 인간 세상에 다시 태어나 마지막 열반을 증득하는 자 ② 인간 세상에서 일래과를 증득하여 천상세계에 다시 태어나 거기서 마지막 열반을 증득하는 자 ③ 천상세계에서 과를 증득하여 천상세계에 다시 태어나 거기서 마지막 열반을 증득하는 자 ④ 천상세계에서 과를 증득하여 인간 세상에 다시 태어나 마지막 열반을 증득하는 자 ⑤ 인간 세상에서 과를 증득하여 천상세계에 다시 태어나 수명을 다 채우고 다시 인간 세상에 태어나 마지막 열반을 증득하는 자. 여기서 주목해야 할 것은 앞의 각주 ③에서 언급한 (ekabhījī) 예류자는 오직 한번만 더 태어나지만 이 다섯 번째 유형의 일래자는 두 번 태어난다는 점이다. 그렇지만 그는 예류자로 불리고 있다는 점이다.

126) 불환자의 유형으로 청정도론에서는 다섯 부류가 있다고 하였다. ①더 높은 세계에 화현하여 수명의 기간의 중간에 이르러 마지막 열반을 증득하는 자(antara-parinibbāyī) ② 수명의 기간의 반이 지나서, 때로는 죽음이 임박해서 까지도 마지막 열반을 증득하는 자(upahacca-parinibbāyī) ③ 자극없이 마지막 열반을 증득하는 자(asaṅkhāra-parinibbāyī) ④ 자극으로 마지막 열반을 증득하는 자(saṅkhāra-parinibbāyī) ⑤ 더 높은 세계에서 더 높은 세계로 재생하여 정거천 가운데서 제일 높은 색구경천(Akaniṭṭha)에 이르러서 거기서 구경의 열반을 증득하는 자(uddhanisoto Akaniṭṭhagāmī)

4) 아라한(arahan)

아라한 도를 닦아 오염을 남김이 없이 버리고 아라한이 된다. 그는 번뇌를 부순 자이며 세상에서 최상의 공양을 받을 만하다. 이것이 개인에 따른 분석이다.

5. 증득의 분석(samāpatti-bheda)

1) 과의 증득(phala-samāpatti)

그러나 여기서 과의 증득은 각각 자기가 증득한 과에 따라 모든 성자들이 공통적으로 얻을 수 있다. 그러나 멸진정에 들어가는 것은 오직 불환자와 아라한만이 얻는다.

2) 멸진정의 증득(nirodha-samāpatti)

순서대로 초선에서 시작하여 고귀한 증득에 든 뒤 출정한다. 그때 그 증득의 각각에 있는 형성된 법들을 통찰하면서 무소유처까지 이른 다음 결정 등 미리 해야 할 일을 한다. 그리고 비상비비상처에 든다. 두 개의 본 삼매의 속행 다음에 마음의 흐름(相續)이 끊어진다. 그때 그를 멸진정을 증득한 자라고 한다.

3) 멸진정에서 출정(vuṭṭhāna)

멸진정으로부터 출정할 때 불환자의 경우 불환과의 마음이 한 번 일어나고, 아라한의 경우 아라한과의 마음이 한 번 일어난 뒤 잠재의식으로 들어간다. 그 다음에 반조하는 지혜가 일어난다. 이것이 증득의 분석이다. 부처님의 교단에서 도 닦는 맛을 체험하기 원하는 자는 이와 같이 설한 최상의 두 가지 수행을 닦아야 한다.[127)]

---

127) 두 가지 수행이란 사마타와 위빳사나이다.

6. 열반을 얻었는지 스스로 점검하기

도(道)에 의한 오염원들의 제거[128] **밑줄은 족쇄**

오염원		예류자	일래자	불환자	아라한
1	미혹(痴)(무명)				
2	양심없음(不慚)				
3	수치심없음(不愧)				
4	들뜸				
5	탐욕(감각적 욕망)				
	탐욕(존재에 대한 욕망)				
6	사견				
7	자만				
8	성냄(적의)				
9	질투				
10	인색				
11	후회				
12	해태				
13	혼침				
14	의심				
합계		4	0	3	8

128) 전게서, p.821. 위의 14가지의 오염들 각각에 대한 정의는 쩨따시까, 정명스님 역, 푸른향기 참조할 것.

7. 출세간의 4가지 유익한 마음129)

1) 간단한 방법

(1) 4가지 도(道)의 마음

출세간의 4가지 유익한 마음에는 예류도의 마음, 일래도의 마음, 불환도의 마음, 아라한도의 마음이 있다.

[해설]

① 예류도(수다원도)의 마음(sotāpatti-magga-citta)

(중략) 여기서 보듯이 거스를 수 없이 해탈로 흘러드는 것이 예류이며 이런 증득을 경험하는 마음이 예류도의 마음이다. 여기서 흐름(sota)은 정견, 정사유, 정어, 정업, 정정진, 정념, 정정으로 이루어진 성스러운 팔정도이다. 마치 강가 강이 끊임없이 히말라야산에서 바다로 흘러들 듯 출세간의 성스러운 팔정도도 정견이 일어남으로 열반의 증득으로 끊이지 않고 흘러든다. 물론 팔정도의 각지들은 덕이 높은 범부들의 세간적인 유익한 마음에서도 일어날 수 있다. 그러나 이 각지들은 그들의 목적지인 열반에 고착되지는 않는다. 범부는 인품이 바뀌어서 법(Dhamma)으로부터 멀러질 수 있기 때문이다. 그러나 예류를 증득한 성스러운 제자들에게 도의 각지는 그 목적지가 고착되어 도도한 강물처럼 열반으로 향하는 것이다.

예류도의 마음은 첫 번째 세 가지 족쇄들 - 즉 유신견과 의심과 계율과 의식이 [열반으로 인도한다고] 집착하는 계금취견-을 잘라 버리는 역할을 한다. 그리고 악처로 인도할 만큼 강한 탐욕과 성냄과 어리석음

129) 아비담마 길라잡이, 대림스님 각묵스님 공동번역 및 주해, 초불, pp.166~174

도 잘라버린다. 이 마음은 다른 다섯 가지 마음, 즉 사견과 함께하는 탐욕에 뿌리박은 4가지 마음, 그리고 의심과 함께하는 어리석음에 뿌리박은 마음을 영원히 제거해버린다. 예류를 증득한 자는 구경의 열반에 도달하는데 까지 최대 일곱 생이 더 남아 있으며 악처에는 결코 태어나지 않는다.

② 일래도(사다함도)의 마음(sakadāgāmi-magga-citta)

(중략) 이 마음은 일래자의 경지에 들게 하는 성스러운 팔정도와 연결된 마음이다. 위에서 언급한 세 가지 족쇄 이외의 다른 족쇄들을 더 제거하지는 않지만 거친 형태의 감각적 욕망과 악의를 희박하게 만든다. 이런 경지에 도달한 사람은 해탈하기 전에 오직 한번만 더 이 세상에 태어난다.

③ 불환도(아나함도)의 마음(anāgāmi-magga-citta)

(중략) 이 세 번째 도를 얻은 자는 욕계세상에는 다시 태어나지 않는다. 만일 이러한 성자가 그 생에서 아라한과를 얻지 못하면 색계 세상에 태어나며 거기서 반열반을 성취한다. 불환자의 마음은 감각적 욕망과 악의의 족쇄를 잘라버리며 성냄에 뿌리한 두 가지 마음을 영원히 제거해버린다.

④ 아라한도의 마음

아라한이란 모든 번뇌를 멸한 자야말로 참으로 대접과 존경을 받아야 할 자라고 정의하며 4쌍8배의 마지막 단계로서 수행으로 도달할 수 있는 최고의 경지를 아라한이라 표현하고 있다. 불교에서는 그래서 아라한을 정신적인 오염원들로 이루어진 적(ari)을 부수어 버린(hata) 자 등으로 설명한다. 아라한도의 마음은 아라한의 완전한 해탈을 직접 나타나게 하는 마음이다. 이 마음은 다섯 가지 더 미세한 족쇄들, 즉 색의 세계에 대한 집착, 무색의 세계에 대한 집착, 아만, 들뜸, 무명을 파괴해버린다. 이것은 나머지 유형의 해로운 마음들도 제거한다. 그것은 사견과 함께하지 않은 탐욕에 뿌리한 마음 4가지와 들뜸과 함께 한 어리석음에 뿌리한 마음이다.

(2) 4가지 과의 마음

출세간 과보의 마음(lokuttara-vipāka-cittāni)에는 4가지가 있다. 예류과의 마음, 일래과의 마음, 불환과의 마음, 아라한과의 마음이 그것이다.

[해설]

과의 마음(phala-citta) : 각각의 도의 마음은 자동적으로 같은 인식과정에서 각각의 결실을 생기게 한다. 이것이 과의 마음인데 도의 마음 바로 다음 찰라에서 생긴다. 그런 후에 과의 마음은 과의 증득에 들면 수 없이 많이 일어날 수 있다. 앞에서 언급했듯이 과의 마음은 과보의 마음으로 분류된다. 여기서 주목해야 할 것은 출세간에는 단지 작용만 하는(kiriya) 마음이 없다는 점이다. 아라한이 과의 증득에 들면 그 과의 증득에서 일어나는 마음들은 출세간 도의 과가 되어서 과보의 마음의 부류에 속하기 때문이다.

여기서 초기경에 나타나는 이들 네 가지 출세간의 경지에 대한 정형구를 살펴보자.

(1) 세 가지 족쇄를 완전히 없애서 흐름에 든 자(예류자)가 되어 [악처에] 떨어지지 않는 법을 가지고 [해탈이] 확실하며 정등각으로 나아가는 자들이다.

(2) 세 가지 족쇄를 완전히 없애고 탐욕과 성냄과 미혹이 엷어져서 한 번만 더 돌아올 자(일래자)가 되어서 한 번만 이 세상에 와서 괴

로움의 끝을 만들 것이다.

(3) 다섯 가지 낮은 족쇄를 완전히 없애고 화생하여 그곳에서 완전히 열반에 들어 그 세계로부터 다시 돌아오지 않는(不來) 법을 얻었다.

(4) 아라한이고 번뇌가 다하였고 삶을 완성했으며 할 바를 다했고 짐을 내려놓았으며 참된 이상을 실현했고 삶의 족쇄가 멸진되었으며 바른 구경의 지혜로 해탈했다.

이처럼 전통적으로 이 4가지 성인의 반열을 열 가지 족쇄(saṃyojana)와 연결지어 설명한다. 열 가지 족쇄는 다음과 같다.

① 유신견(有身見, sakkāya-diṭṭhi)
자아가 있다는 견해. 인간을 기만하고 오도하는 가장 근본적인 삿된 견해로, 오온의 각각을 4가지로 자아 등이 있다고 여기는 것

② 계율과 의식에 대한 집착(戒禁取, sīlabbata-parāmāsa)
형식적 계율과 의식을 지킴으로써 해탈할 수 있다고 집착하는 것

③ 의심(疑, vicikicchā)
불·법·승, 계율, 연기법 등을 회의하여 의심하는 것

④ 감각적 욕망(kāmarāga)
감각적 쾌락에 대한 욕망

⑤ 적의(paṭigha)
반감, 증오, 분개, 적대감 등의 뜻. 성내는 마음(嗔心)과 동의어이다.

⑥ 색계에 대한 집착(rūpa-rāga)
감각적 욕망을 벗어났을 때 나타나는 순수 물질의 세계와

그 느낌에 대한 집착

⑦ 무색계에 대한 집착(arūpa-rāga)

색에 대한 집착에서 벗어났을 때 나타나는 순수 정신세계나 그런 산냐(인식)에 대한 집착

⑧ 자만(慢, māna)

내가 남보다 낫다, 못하다, 동등하다 하는 마음

⑨ 들뜸(掉擧, uddhacca)

들뜨고 불안한 마음

⑩ 무명(無明, avijjā)

모든 해로움과 괴로움의 근본뿌리. 사성제를 모르는 것

2) 상세한 방법130)

① 일으킨 생각과 지속적인 고찰과 희열과 행복과 집중을 가진 초선의 예류도의 마음 ② 지속적인 고찰과 희열과 행복과 집중을 가진 제2선의 예류도의 마음 ③ 희열과 행복과 집중을 가진 제3선의 예류도의 마음 ④ 행복과 집중을 가진 제4선의 예류도의 마음 ⑤ 평온과 집중을 가진 제5선의 예류도의 마음 – 이 다섯이 모두 예류도의 마음이다. 일래도의 마음(6-10)과 불환도의 마음(11-15)과 아라한도의 마음(16-20)도 그와 같아서 20가지 도의 마음이 있다. 그와 마찬가지로 과의 마음도 20가지(21-40)가 있다. 이리하여 40가지 출세간 마음이 있다.

---

130) 아비담마 길라잡이, 대림스님 각묵스님 공동번역 및 주해, 초불, pp.177~181

<도표> 40가지 출세간 마음들

	도(magga)				과(phala)			
禪	예류	일래	불환	아라한	예류	일래	불환	아라한
초선	(82)	(87)	(92)	(97)	(102)	(107)	(112)	(117)
2선	(83)	(88)	(93)	(98)	(103)	(108)	(113)	(118)
3선	(84)	(89)	(94)	(99)	(104)	(109)	(114)	(119)
4선	(85)	(90)	(95)	(100)	(105)	(110)	(115)	(120)
5선	(86)	(91)	(96)	(101)	(106)	(111)	(116)	(121)

[해설]

수행자들은 무상·고·무아의 삼특상(ti-lakkhaṇa, 三法印)을 수관(隨觀, anupassanā)하는 통찰지(반야)를 닦아서 출세간의 도와 과에 도달한다. 그러나 그들은 자기들이 닦은 禪의 정도에 따라 그 안에서도 달라지게 된다. 청정도론에서는 선의 토대가 없이 위빳사나를 닦는 자를 '마른 위빳사나를 닦는 자(sukkha-vipassaka)'라고 부른다. 이들이 도와 과에 이르면 그들의 도와 과의 마음들은 초선에 상응하는 수준에서 일어난다.

선에 토대를 두고 위빳사나를 닦은 자들은 그들이 도에 이르기 전에 얻은 禪의 경지에 상응하는 도와 과를 증득한다. 어떤 요인이 도와 과에서의 경지를 결정하는가에 대해서 옛 대가들은 견해가 엇갈린다. 빠라맛타디빠니 띠까에서는 이를 자세하게 소개하고 있다. 어떤 문파에서는 출세간 도의 증득에 이르는 위빳사나를 닦기 전에 ① 마음을 집중하기 위해 토대로 사용된 禪(pādakajjhāna)이 바로 그것이라고 주장한다. ② 두 번째 이론은 도에서의 禪의 경지는 명상선(sammasita jjhāna)이라 불리는 위빳사나 명상의 대상으로 사용된 禪에 의해 결정된다고 한다. 또 다른 세 번째 문파에서는 수행자가 여러 禪을 터득하고 나면 도에서의 禪의 경지를 그 자신이 원하는 대로(ajjhāsaya) 제어할 수 있다고 한다.

그렇지만 어떤 설명을 따르더라도 모든 도와 과의 마음들은 마른 위빳사나를 닦은 자나 禪을 닦은 자나 할 것 없이 모두 禪의 마음의 한 유형이라고 여겨야 한다. 왜냐하면 이 마음들은 세간적인 禪과 같이 완전히 몰입하여 대상을 아주 깊이 주시하는 형태로 일어나기 때문이며 세간적인 禪과 상응하는 강도를 가진 禪의 각지들을 가지기 때문이다. 그렇지만 출세간의 도와 과의 禪은 몇 가지 중요한 측면에서 세간적인 禪들과는 다르다. 첫째, 세간적인 禪은 까시나의 표상과 같은 어떤 개념(paññatti)들을 대상으로 가지지만 출세간의 禪은 무위법인 열반을 그들의 대상으로 가진다. 둘째, 세간적인 禪은 정신적 오염원들을 단지 누르기만 하여서 그들의 잠재성향은 그대로 남아 있지만 출세간의 禪은 오염원들을 모조리 제거하여서 다시는 일어나지 않는다. 셋째, 세간적인 禪은 색계에 태어나게 인도하여 윤회에 계속 남아 있게 하지만 도와 과의 禪은 사람을 윤회에 묶어두는 족쇄들을 끊어버린다. 마지막으로 세속적인 禪에서 통찰지의 역할은 선정에 종속되어 있지만 출세간의 禪에서는 선정은 마음을 무위인 열반에 잘 고착시키고 통찰지는 사성제의 중요성을 깊이 간파하므로, 선정과 지혜는 균형이 잘 잡혀있다.

禪의 각지들의 배열에 따라서 도와 과의 마음들은 다시 각각 다섯 가지 禪으로 층이 생긴다. 그러므로 출세간의 마음들을 단지 도와 과의 8가지로서만 열거하기보다는 각각의 도와 과의 마음을 그것이 일어나는 곳의 선의 경지에 따라서 다섯 가지로 더 자세히 열거하는 것이다. 이렇게 되면 모두 8*5=40가지 마음이 된다.

3) 수다원 도과의 기능(그림)

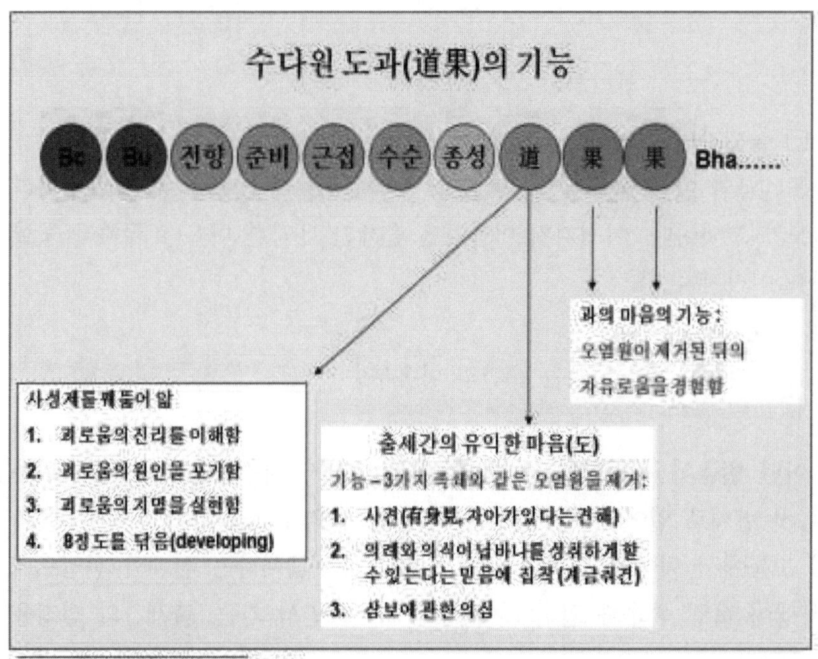
수다원 도과(道果)의 기능
Bc
Bu
진향
준비
근접
수순
종성
道
果
果
Bha......
과의 마음의 기능:
오염원이 제거된 뒤의
자유로움을 경험함
사성제를 꿰뚫어 앎
1. 괴로움의 진리를 이해함
2. 괴로움의 원인을 포기함
3. 괴로움의 지멸을 실현함
4. 8정도를 닦음(developing)
출세간의 유익한 마음(도)
기능－3가지 족쇄와 같은 오염원을 제거:
1. 사견(有身見, 자아가 있다는 견해)
2. 의례와 의식이 닙바나를 성취하게 할 수 있다는 믿음에 집착(계금취견)
3. 삼보에 관한 의심

자료 : 청명스님이 아비담마를 토대로 작성

제2편 담마상가니와 앗타살리니

□ 출세간의 유익한 선정(lokuttarākusalajhāna)[131)]

도(道)의 마음에는 4가지가 있다. 수다원도, 사다함도, 아나함도, 아라한도가 그것이다. 이 4가지 마음들을 출세간 유익한 마음(로꿋따라 꾸살라)들이라 부른다.

1. 수다원도(道)를 얻는 순간의 마음부수

어떤 법들이 유익함인가? 어떤 때에 62가지 사견들을 제거하기 위하여 첫 번째로 일어나는 수다원과(果)라는 영역에 도달하기 위하여, 윤회의 고통에서 벗어나고 탈출하는, 욕계·색계·무색계라는 삼계의 선업으로써 쌓아 올린 죽음과 입태(태어남)를 파괴하면서 가는, 출세간의 선정을 일으킨다.

(번뇌인 오욕이 머무르는 몸(물질)과 마음과 마음부수라는–편역자) 토대에 대한 욕망(vatthukāma)과 오욕(kilesakāma)에서 벗어나 //중략// 첫 번째로 일어나는 어렵고도 힘든 도닦음(dukkhapaṭipada)을 통해 느리고 둔한 특별한 지혜(dandhābhiññā)를 가진 선정에 도달하여 머문다.

그때에 ① 감각접촉(phassa) ② 느낌(vedanā) ③ 인식(saññā) ④ 의도(cetanā) ⑤ 알음알이(citta) ⑥ 일으킨 생각(vitakka) ⑦ 지속적인 고찰

131) 아비담마 해설서II, 강종미 편역, 보리수선원, PP.288~290에 있는 담마상가니의 원문 가운데 현재 한국에서 정착된 초기불전연구원의 아비담마 길라잡이에 있는 용어로 일부 수정하여 인용하였다.

(vicāra) ⑧ 행복(sukha) ⑨ 집중(cittassekaggatā)이 일어난다.

[조절하고 다스리는 작용과 기능(根, indriya)을 하는 다음과 같은 기능들이 일어난다. -편역자]

⑩ 믿음의 기능(信根, saddhindriya), ⑪ 정진의 기능(精進根, viriyindriya) ⑫ 마음챙김의 기능(念根, satindriya) ⑬ 삼매의 기능(定根, samadhindriya) ⑭ 지혜의 기능(慧根, paññindriya) ⑮ 마음의 알아차리는 기능(manindriya) ⑯ [느낌 가운데서 정신적 기쁨이 크게 작용하여 지배하게 되는-편역자] 정신적 기쁨(somanassindriya) ⑰ [함께하는 법들의 생명을 지속시키는 기능이 지배하게 됨을 의미하는 jivitindriya-편역자] 생명기능 ⑱ [일찌기 몰랐던 사성제의 법을 깨닫기 위하여 분석하는 역할을 하는 기능이 지배하게 됨을 의미하는 anaññātaññāssāmītindriya] 수다원도(道)가 일어난다.

[다음과 같은 8정도가 일어난다.-편역자]

⑲ 정견(正見, sammādiṭṭhi) ⑳ 정사유(正思惟, sammāsaṅkappa) ㉑ 정어(正語, sammāvācā) ㉒ 정업(正業, sammākammanta) ㉓ 정명(正命, sammāājiva) ㉔ 정정진(正精進, sammāvayāma) ㉕ 정념(正念, sammāsati) ㉖ 정정(正定, sammāsamadhi)가 일어난다.

[다음과 같은 힘(bala)이 일어난다-편역자]

㉗ (흔들리지 않는 saddhābala) 믿음의 힘 ㉘ (흔들리지 않는 vīriyabala)정진의 힘 ㉙ (흔들리지 않는 satibala) 마음챙김의 힘 ㉚ (흔들리지 않는 samīdhibala) 삼매의 힘 ㉛ (흔들리지않는 paññabala) 지혜의 힘 ㉜ (악행을 부끄러워하는 흔들림 없는 성품인 hiribala) 양심의 힘 ㉝ (악행을 두려워하는 흔들림없는 성품인 ottappabala) 수치심의 힘

[그 밖에 다음과 같은 것들이 일어난다—편역자]

㉞ 탐욕 없음(alobha) ㉟ 성냄 없음(adosa) ㊱ 어리석음 없음(amoha) ㊲ 다른 사람의 물품을 겨냥하여 원하고 탐하지 않는 성품인 아나빗차(anabhicchā) ㊳ [성냄(도사)에 상반되는 성품, 마음이 변하고 전도됨에 이르지 않는 성품인] 아브야빠다(abyāpāda)가 일어난다.

[그 밖에 다음과 같은 마음부수들이 일어난다—편역자]

㊴ 양심(hiri) ㊵ 수치심(ottappa) ㊶ 몸의 고요함인 경안(마음부수의 경안인 kāya passaddhi) ㊷ 마음(識)의 고요함인 경안(마음의 경안, citta passaddhi) ㊸ 몸의 가벼움(마음부수의 가벼움인 kāya lahutā) ㊹ 마음의 가벼움(마음의 가벼움인 cittalahutā) ㊺ 몸의 부드러움(kāya mudutā) ㊻ 마음의 부드러움(citta mudutā) ㊼ 몸의 적합함(마음부수의 적합함인 kāya kammaññatā) ㊽ 마음의 적합함(citta kammaññatā) ㊾ 몸의 능숙함(마음부수의 능숙함인 kāyapāguññatā) ㊿ 마음의 능숙함(cittapāguññatā) (51) 몸의 올곧음(마음부수의 올곧음인 kāyujukatā) (52) 마음의 올곧음(cittujukatā) (53) 마음챙김(sati)이 일어난다.

[그 밖에] (훌륭하게 고찰하는 지혜인) 삼빠쟌냐(sampajañña)가 일어난다. (법들의 성품을 고요하게 만드는 성품인) 사마타(samatha)가 일어난다. (무상 등을 다양하게 바라보는 성품인) 위빳사나가 일어난다. (함께하는 법들을 찬양하는 위리야인) 빡가하(paggāha)가 일어난다. (분산되지 않는 사마디인) 아윅케빠(avikkhepa)가 일어난다. 그때에 위에서 보여준 것 외에 다른 법들인 원인으로 인하여 일어나는 마음인 어떤 법들이 있다. 저 법들이 선업이다.

* 수다원도의 36가지 마음부수(그림)

닙바나를 대상으로 일어나는 예류도의 마음에는 36 마음부수가 있다.

1. 접촉 : 닙바나와 함께 관련마음부수들을 함께 일어나게 함
2. 느낌 : 닙바나의 황홀감을 경험함
3. 인식 : '이것이 닙바나'다라고 표시를 함
4. 의도 : 관련된 마음과 마음부수들이 '닙바나'를 대상으로 활동하도 함
5. 집중 : 관련된 마음과 마음부수들을 닙바나에 고정시킴
6. 명근 : 관련된 마음과 마음부수들의 활력을 유지
7. 주의 : 관련된 마음과 마음부수들을 닙바나로 향하도록 함
8. 일으킨 생각 : 관련된 마음과 마음부수들을 닙바나에 얹어 놓음
9. 위짜라 : 관련된 마음과 마음부수들을 지속적으로 닙바나에 유지시킴
10. 결정 : '이것이 닙바나'라고 결정함
11. 정진 : 관련된 마음과 마음부수들을 함께 지원하고, 닙바나를 알려는 노력
12. 희열 : 닙바나에 대하여 만족함
13. 열의 : 닙바나를 얻으려는 욕구(닙바나를 향해 마음의 손을 뻗음)
14. 믿음 : 닙바나에 대한 흔들림없는 믿음
15. 사띠 : 관련된 마음과 마음부수들이 닙바나를 잊지 않도록 닙바나에 가라앉도록 함

16,17. 양심과 수치심 : 도에 대한 지식을 습득함에 있어 잘못은 제거되어야 한다는 강한 희망이 있으므로
도를 얻는 순간에 도덕적 부끄러움의 힘과 도덕적 두려움의 힘은 이미 존재함

18. 무탐 : 닙바나를 '내것'으로 집착하지 않음

20. 중립 : 관련마음과 마음부수들이 닙바나를 향하여 평등하게 기능하도록 균형을 잡아줌

21,22. 몸과 마음의 경안(고요함) : 닙바나를 대상으로 취할 때 의식과 마음부수의 고요함

23,24. 몸과 마음의 가벼움 : 닙바나를 대상으로 취할 때, 마음과 마음부수의 가벼움과 날렵함

25,26. 몸과 마음의 부드러움 : 닙바나를 대상으로 취할 때, 마음과 마음부수의 유연함

27,28. 몸과 마음의 적합함 : 닙바나를 대상으로 취할 때, 마음과 마음부수의 적합함

29,30. 몸과 마음의 능숙함 : 마음과 마음부수가 능숙하게 닙바나를 대상으로 취함

31,32. 마음과 마음부수의 올곧음 : 닙바나를 대상으로 취할때 마음과 마음부수의 올곧음

33,35. 정어, 정업, 정명 : 잘못된 언어, 행동, 생계를 제거하는 팔정도의 세가지 도덕적 요인들이 함께 일어남

36. 지혜 : 사성제를 덮고 있는 무명을 제거하고 닙바나를 꿰뚫어 앎

자료 : Unravelling the mysteries of mind & body through abhidhamma. Sayalay Susila p.140-143, 정명스님 재편집

2. 도(道)의 종류[132)]

다시 이 첫 번째 성스러운 도(道)인 출세간의 마음을 공(空, 순냐따)으로, 원함없음(無願, 압빠니히따)으로, 다시금 저 공(空, 순냐따), 원함없음(無願, 압빠니히따)을 각각 행하기 어려운 도닦음(둑카빠띠빠다)을 통해 얻게 되는 느리고 둔한 특별한 지혜(단다빈냐)라는 앞에서 언급한 4가지 도닦음(빠띠빠다)에 대입시켜 다양하게 설하여 도(道)의 종류를 나누어 보이셨다.

어떤 법들이 유익함인가? 어떤 때에 62가지 사견들을 제거하기 위하여 첫 번째로 일어나는 수다원과(果)라는 영역에 도달하기 위하여, 윤회의 고통에서 벗어나고 탈출하는, 욕계·색계·무색계라는 삼계의 선업으로써 쌓아올린 죽음과 입태(태어남)를 파괴하면서 가는, 출세간의 선정을 일으킨다. (번뇌인 오욕이 머무르는 몸(물질)과 마음과 마음부수라는-편역자) 토대에 대한 욕망(vatthukāma)과 오욕(kilesakāma)이라는 2 가지 오역에서 벗어나서 //중략// 공한(순냐따) 첫 번째 선정에 도달하여 머문다.[133)] 그때에 접촉이 일어난다. //중략//

---

132) 아비담마 해설서II, 강종미 편역, 보리수선원, PP.303~304

133) 담마상가니의 주석서인 앗타살리니에 의하면 공(空)이란 출세간의 도(道)를 지칭한다. 저 출세간의 도는 도(道)를 일어나게 하는 원인인 위빳사나로 인하여(āgamanato), 도(道)의 공적 자체로 인하여(saguṇato), 대상으로 인하여(ārammaṇato), 이러한 3 가지 원인으로 인하여 道라는 이름을 얻는다. 어떻게 얻는가? 이 교단에서 빅쿠는 무아(無我)를 마음에 강하게 새기고 상카라를 무아라고 본다. 오직 무아라고만 본다면 道가 일어나지 못한다. 무상으로 그리고 괴로움이라고도 보게 되어야만 道가 일어나기에 적합해진다. 그러므로 위빳사나를 할 때 무상, 고, 무아라고 반복해서 고찰하며 수관한다. 저 비구가 道에 들기 직전에, 일어나고 사라지는 상카라라는 대상으로부터 일어서서, 일어나고 사라짐이 없는 닙바나를 대상으로 하는 道로 나아가는 위빳사나의 지혜(vuṭṭhāgāmivipassanā)가 삼계에서 일어나는 상카라들을 공(空, 순냐따)으로 본다. 이 위빳사나를 공(순냐따)이라 하였다. 저 웃타나가미니위빳사나는 도(道)가 일어나게 하는 원인인 저 도닦음의 자리에 머물면서 자신의 道에게 **공(空, 순냐**

따)이라는 이름을 준다. 이와 같이 출세간 도(道)는 도를 일으키는 원인이 되는 위빳사나로 인하여 공(空)이라고 지칭한다. 이러한 도(道)는 또한 탐심 등에서 벗어나고 소멸되었다. 그러므로 도(道)의 공적 자체로써 공(순냐따)이라는 이름을 얻는다. 탐심 등을 벗어나고 소멸시킨 상태이므로 닙바나 또한 공(순냐따)이라고 말한다. 도(道)는 저 닙바나를 대상으로 하여 일어나기 때문에 대상(아라마나)으로 인하여 공(순냐따)이라고 지칭된다. 이렇게 도를 일으키는 원인 3가지 가운데 경전 설법 방법으로는 도의 공적 자체로 인하여, 대상으로 인하여, '공'이라고 지칭하는 것을 볼 수 있다. 이들은 비유적인 설법 즉 방편의 설법이다.

하지만 아비담마에서는 '도의 공적 자체로 인한', '대상으로 인한' 지칭방식은 얻을 수 없다. '도를 일어나게 하는 원인인 위빳사나'로 인한 지칭 방식만을 얻을 수 있다. 그렇다. 일어나게 만드는 원인인 법만이 핵심이 된다. 저 일어나게 만드는 원인인 법으로는 ① 도를 일어나게 만드는 원인인 위빳사나(위빳사나가마나) ② 과(果)를 일어나게 하는 원인인 도(道)(막가가마나)로써 2 가지가 있다. 이 2가지 가운에 도를 일으킬 때에는, 도를 일어나게 하는 원인인 위빳사나가 핵심이 된다. 과(果)를 일으킬 때에는 과를 일어나게 하는 원인인 도가 핵심이 된다. 도를 일으키는 단계에서는 도를 일어나게 만드는 원인인 위빳사나만이 핵심이 된다.

원함없음(無願, 압빠니히따)이란 도(道)만을 지칭한다. 도는 3가지 원인으로 인하여 또한 이 이름을 얻는다. 어떻게 얻는가? 이 교단에서 비구는 시작할 때부터 '괴로움(苦)'임을 강하게 마음에 새기고, 상카라들은 괴로움(苦)이라는 사실임을 본다. 이와 같이 괴로움이라고만 본다면 상카라들의 윤회에서 벗어나는 도(막가웃타나)는 일어나지 못한다. 무상임을, 무아임을 봄으로써만 도가 일어날 수 있다. 그러므로 무상임을, 괴로움임을, 무아임을, 이러한 3특상을 반복적으로 명상하는 지혜에 두고서 숙고 사색하며 관찰한다. 닙바나를 대상으로하는 도로 나아가는 위빳사나의 지혜(vuṭṭhāgāmivipassanā)는 삼계에서 일어나는 상카라들에 관하여 원하고 갈구하는 갈애를 모두 고갈시켜 소멸하게 한다. 이 위빳사나를 원함없음(압빠니히따)라 한다. 이와 같이 도를 일어나게하는 원인인 위빳사나로 인하여 원함없음(無願, 압빠니히따)이라는 이름을 얻는다. 이와 같이 저 道에서 원하고 갈구하는 탐진치들은 없다. 그러므로 道의 공적으로 인하여 원하거나 갈구하는 탐진치가 없음(서만 압빠니히따)이란 이름을 얻는다. 닙바나에도 저 원하고 갈구하는 탐진치들이 없으므로 '원함없음(無願)'이라고 부른다. 저 닙바나를 대상으로 하여 일어나기 때문에 道는 '대상(아라마나)'으로 인하여 원함없음이라는 이름을 얻는다.

저 3가지 가운데 경장에 나타나는 설법 방법으로는 '도의 공적 자체(사구나)'로 인하여, '대상'으로 인한 것 두 가지가 있다. 이는 방편으로 설한 것이다.

그러나 비유가 아닌 직접적인 방법만을 말하는 아비담마의 방법은 도를 일어나게 어떤 법들이 선업인가? 어떤 때에 62가지 잘못된 사견들을 제거하기 위하여 //중략// ① 어렵고 힘든 도닦음(둑카빠디빠다)을 통해 느리고 둔한 특별한 지혜(단다빈냐)를 가진 공(空, 순냐따)한 첫 번째 선정에 도달하여 머문다. 그때에 접촉이 일어난다. //중략//

이와 마찬가지로 나머지의 ② 어렵고 힘든 도닦음(둑카빠띠빠다)을 통해 빠르고 특별한 지혜(낍빠빈냐)를 가진 공(空, 순냐따)한 첫 번째 선정 ③ 쉬운 도닦음(수카빠띠빠다)을 통해 느리고 둔한 특별한 지혜(단다빈냐)를 가진 공한 첫 번째 선정 ④ 쉬운 도닦음(수카빠띠빠다)을 통해 빠르고 특별한 지혜(낍빠빈냐)를 가진 공한 첫 번째 선정[134] 과 같이 4가지의 도닦음(빠띠빠다)을 모두 적용시키는 방법 하나, 위의 순수한 공한 첫 번째 선정에 도닦음(빠띠빠다)을 적용시키지 않는 방법 하나, 이렇게 2가지 분류방법이 있다.

만드는 원인인 위빳사나만을 언급한다. 도를 일으키는 원인인 법만이 핵심이다. 이 일어나게 만드는 원인이 되는 법으로는 ① 도를 일어나게 만드는 원인인 위빳사나(위빳사나가마나) ② 과(果)를 일어나게 하는 원인인 도(道)(막가가마나), 이렇게 2 가지가 핵심이 된다. 과(果)를 일으킬 때에는 과를 일어나게 하는 원인인 도가 핵심이 된다. 도를 일으키는 단계에서는 도를 일어나게 만드는 원인인 위빳사나만이 핵심이 된다.-아비담마해설서, 보리수선원, pp.304~307.

134) ② dukkhapaṭipada khippābhiñña suññata 첫 번째 선정 ③ sukhapaṭipada dandhābhiñña suññata 첫번째 선정 ④ sukhapaṭipada khippābhiñña suññata 첫 번째 선정

3. 세 가지 해탈의 도(道)[135]-앗타살리니

도(道)에는 3 가지가 있다. 무아임을 보는 위빳사나의 지혜로 얻어지는 공(空, 순냐따)한 도(道, suññatamagga), 형상이 있는 법(상카라)들에게서 모양·형상이 없는 무상(無相)임을 꿰뚫어 보는 위빳사나 지혜로써 얻어지는 무상도(無相道, animittamagga), 원하고 갈구하는 탐·진·치가 없이 괴로움(苦)임을 꿰뚫어 보는 무원의 도(無願道, appaṇihitamagga)가 그것이다. 어떻게 설하셨는가? 공한 해탈(suññatavimokkha), 무상(無相) 해탈(animittavimokkha), 무원(無願) 해탈(appaṇihitavimokkha)이라고 설하였다.

이 출세간 선업 가운데 무엇 때문에 저 3가지 가운데 2가지만 취하고 표상이 없는 무상(無相)은 취하지 않았는가? 도(道)를 일어나게 하는 원인인 위빳사나가 없기 때문이다. 표상이 없는 위빳사나는 스스로 도(道)를 일어나게 만드는 원인의 자리에서 머물면서 자신의 도(道)에게 이름을 주는 것이 가능하지 않다. 그렇다하더라도 부처님께서는 아들이신 라후라존자에게 말하셨다.

> 표상이 없음을 일으켜라.
> 자만(마나)이라는 잠재된 번뇌를 버려라.
> 고요한 적정에 머물라.

위빳사나는 '영원하다는 인식에 의하여 일어나는 실체의 모양·형상', '견실하고 단단하다는 인식에 의하여 일어나는 실체의 모양·형상', '행복감이라는 인식에 의하여 일어나는 실체의 모양·형상', '자아·영혼이라는 인식에 의하여 일어나는 실체의 모양·형상'들을 제거할 수 있다. 그러므

---

135) 전게서, pp.307~312.[담마상가니의 주석서인 앗타살리니에 있는 내용임]

로 표상 없음(animitta)을 설하였다.

비록 위빳사나가 표상을 제거할 수 있다고 할지라도 (중생들은-역자) 스스로 삼계의 상카라들은 '모양·형상 즉 이미지가 실재한다.'라고 인식하고 있다. (그러나 부처님께서는) '상카라들을 대상으로 하여 벗어난다.'고 하셨으므로 표상과 함께 하여야만 벗어난다. 그러므로 '영원함(닛짜), 표상' 등을 제거할 수 있을지라도, 자신 스스로가 표상과 함께 하기 때문에 스스로 도(道)를 일어나게 하는 원인인 도닦음의 자리에 머물기에 자신의 도(道)에게 그런 이름을 주는 것은 가능하지 않다.

빠라맛타(궁극적 실재)에 관한 것만을 설하는 아비담마에서는 다음과 같이 다르게 말한다. 표상 없음의 도(animittamagga)는 궁극적 실재로써 원인이 소멸된 상태를 말한다. 어떻게 일어나는가? 항상함이 없는 무상(無常)이라고 반복적으로 수관하는 통찰지의 능력으로 표상 없음의 해탈을 얻는다고 설하셨다. 이 해탈로 인하여 믿음의 기능(삿딘드리야)이 지배하게 된다. 그러나 믿음(삿다)은 팔정도의 요소가 아니므로 자신의 도(道)에게 궁극적 실재로써의 이름을 부여하는 것이 불가능하다.

다른 두 가지 가운데 우선 자아(自我)나 영혼이 실제로 존재하지 않음을 반복적으로 보는 통찰지의 능력으로 공한 해탈을 설하셨다. 그리고 반복적으로 괴로움이라고 수관(隨觀)하는 통찰지의 능력 때문에 무원해탈(無願解脫)을 설하셨다. 그러므로 공한 해탈에 의하여 지혜의 기능(paññindriya)이 지배하게 된다. 무원해탈(無願解脫)에 의하여 삼매의 기능이 지배하게 된다. 이러한 지혜의 근(根) 등은 성스러운 팔정도의 요소이므로, 자신의 도(道)에게 궁극적 실재로서의 이름을 부여하는 것이 가능하다.

도(道)라는 지배(막가디빠띠)의 법들을 분석하고 있는 발취론(빳타나)에서도 열의(찬다), 알음알이(識)들이 지배하게 될 때, 이 열의(찬다), 알음알이(識, 찟따)라는 법들이 팔정도의 요소가 아니므로 '도(道)의 지배(막가디빠띠)'에 해당한다고 설하지 아니하셨다. 이와 같이 알아야 한다. 이와 같은 주장은 전통적으로 전해지는 주석서(마하앗타까타)에 근거한 것이 아닌 붓다고사스님이 주석할 당시 혹은 그에 가까운 시대의 어느 논사의 주장이다. //중략//

과거 주석서 스승들은, 이 표상 없음의 도(아니밋따막가)를 다음에 언급할 경장 설법의 방법으로 취하여 보이셨다. 위빳사나(통찰지혜)를 할 때 일어나서는 사라지는 윤회의 괴로움에서 일어나는 도(막가웃타나)가 일어난다. 무상·고·무아라는 3가지 특징들은 하나의 전향(아왓자나)에 의하여 면전에 떨어짐에 도달하듯이, 3가지가 하나 모임으로 면전에 도달하는 것이 아니지만 수행 주제를 선명한 상태로 보이도록 하기 위하여 그렇게 설한 것이다.[136)]

시작에서 그 어떤 하나의 특징을 마음에 둠이 일어난다고 하자. 도에 들기 직전에 일어나고 사라지는 상카라에서 벗어나서 조건지어지지 않은 닙바나를 대상으로 하는 도(道)로 나아가는 원인이 되는 위빳사나(웃타나가미니)는 이 같은 대상에 대하여 일으킨 생각과 지속적인 고찰을 통하여 벗어난다. 저와 같은 대상의 능력으로 인하여 [저 위빠사나는] 도(道)를 일어나게 하는 원인인 도닦음의 자리에 머물러서 자신의 도(道)에게 이름을 준다.[137)]

---

136) 인식과정에서 하나의 마음은 삼법인의 3가지 특징을 한순간에 모두 드러내지는 못한다. 그렇지만 수행 주제를 선명한 상태로 보이기 위하여 '하나의 전향(아왓자나)에 의하여 면전에 떨어짐에 도달하는 것처럼'이라고 말한다. 전게서. p.311 각주 567.

137) 어떻게 이름을 주는가? 무상(無常) 등의 3 가지 가운데 그 어떤 하나의 특징

저와 같이 보인 것 가운데, 무상(無常)에 의하여 벗어나는 사람의 도(道)를 표상 없음(아니밋따)이라 부른다. 고(苦)에 의하여 벗어나는 사람의 도(道)를 원함없음(無願, 압빠니히따)라 부른다. 무아에 의하여 벗어나는 이의 도(道)를 공(空, 순냐따)이라 부른다. 이와 같이 경장의 방편적 방법에 따라 취하여 보였다.

4. 도(道)에 들기 직전에 위빳사나의 대상은 무엇인가?-앗타살리니138)

무상, 고, 무아라는 특징을 대상으로 한다. 특징이란 개념(빤냣띠)처럼 일어나는 것이다. 욕계, 색계, 무색계에 속하지 아니한 법이 일어나는 것이다. 저와 같이 일어날지라도 어떤 비구는 무상·고·무아 이와 같이 3가지 특징들을 고찰 인식한다. 저 비구에게 몸과 마음이라는 오온들은 목에 묶어둔 시체처럼 여겨진다. 조건지어져 일어나는 상카라라는 법들을 대상으로 가지면서 [그 특징들을 지혜가 고찰하여] 상카라에서 벗어난다.

예를 들어 어떤 비구가 발우를 구입하려다가 발우를 살펴보니 3군데

(대상)을 마음에 둠으로써 다른 2가지도 볼 수 있게 된다. 그렇다. 하나의 특징을 보는 것만으로는 상카라라는 윤회의 고통에서 벗어나는(막가웃타나)도(道)라 부를 수 없다. 그러므로 무상(無常)임을 마음에 두는 비구는 단지 무상(無常)만을 통해서만 [상카라로부터] 벗어나는 것이 아니라, 고(苦)임을 통해서, 또한 무아(無我)임을 통해서, 일어나는 상카라로부터 벗어난다. 고(苦)임을, 무아(無我)임을 강하게 마음에 두는 비구의 경우 또한 이와 같은 방법이다. 이와 같이 처음에서부터 어떤 하나의 특징을 마음에 둠이 일어난다고 하자. 웃타나가미니위빳사나가 이 같은 대상을 숙고 사색하여 벗어난다., 저와 같은 특징의 능력만드로, 도(道)가 일어나게 하는 원인인 수행의 자리에 머물러 자신의 도(道)에게 이름을 준다. 전게서, p.311. 각주 568.

138) 전게서, p.312.

에 구멍이 난 것을 발견하였다고 하자. 그러면 그 비구는 그 발우에 대한 집착이 없어지고 더 이상 집착하지 않게 되듯이, 그와 같이 무상 등의 3가지 특징들을 고찰, 인식하고 나면 조건지워져 일어나고 사라지는 몸과 마음이라는 상카라들에 대하여 집착하지 않게 된다. 지혜가 상카라라는 대상들을 꿰뚫어 보고 상카라에서 벗어난다. 이와 같이 알아야 한다.

이와 같이 부처님께서는 출세간의 선정을 나누고 분석하실 때 순수한 도닦음(빠띠빠다)에서 초선정에서 4선정까지를 나누어 구분한 4가지 모임의 방법, 다시 4가지 모임의 방법에서의 1선정을 일으킨 생각(위딱까), 지속적인 고찰(위짜라)로 구분하여 1선정에서 5선정까지를 나누어 구분한 5가지 모임의 방법. 이와 같이 2가지 방법들을 보이셨다. 순수한 공(空, 순냐따), 공을 닦음(순냐따빠띠빠다), 순수한 원함없음(압빠니히따), 원함없음을 닦음(압빠니히따빠띠빠다)에서도 이와 같다. 이와 같이 알아야 한다.

5. 출세간 도(道)는 안과 밖을 모두 보아야 한다.–앗타살리니

출세간의 도(道)는 자신의 몸과 마음의 연속(앗잣따)에 강하게 마음에 둠으로써 자신의 몸과 마음의 연속으로부터 벗어난다.[139]**[자신의 몸과 마음이라는 대상에서 벗어난다.] 자신의 몸과 마음의 연속에 강하게 마음을 둠으로써 다른 이의 몸과 마음의 연속으로부터 벗어난다. 외부의 사물이나 외부인의 몸과 마음의 연속들인 무더기에 마음을 강하게 둠으로써 외부의 무더기들로부터 벗어난다. 외부의 무더기들에게 강하게 마음을 둠으로써 자신의 몸과 마음으로부터 벗어난다.**[140] //중략//

이렇게 '자신의 몸과 마음의 연속되는 무더기들에게 강하게 마음을 둠으로써 자신의 몸과 마음의 연속하는 무더기에서 벗어난다.' 등의 구절에서 먼저 이 교단의 일부인들은 처음부터 자신의 몸과 마음의 연속되는 무더기들인 오온에 강하게 마음을 둔다. 마음에 둠으로써 내 몸과 마음의 연속되는 무더기들을 무상 등으로 명상한다. 그러나 이와 같이 명상하는 것만으로는 조건지어진 상카라라는 윤회의 괴로움으로부터 벗어나는 도(道)는 일어나지 않는다.

외부의 사물이나 다른 사람들의 몸과 마음의 연속되는 무더기들도 명상하여만 한다. 그러므로 다른 사람의 몸과 마음의 무더기들, 업의 결과로써 얻어지는 몸과 마음이 아닌 무생물인 외부의 일어나고 사라지는 상카라라는 법들도 역시 '항상함이 없다(無常), 괴로움이다(苦), 변치 않는 실체인 자아나 영혼은 없다(無我)'라고 명상한다. 수행자는 적당한 때에 내 몸과 마음의 연속되는 무더기들에 마음을 일으키고 지속적으로 고찰

---

139) 여기서 벗어난다는 빠알리는 vuṭṭhāti로 이 자리에서 일어선다란 뜻이다. 일어나고 사라지는 세간의 상카라라는 법들에서 일어서서, 일어나고 사라짐이 없는 조건지어지지 않은 닙바나에 들어섬을 말한다. 전게서 각주572.

140) 전게서, p.313

한다. 이와 같이 수행자가 자신의 몸과 마음의 연속되는 무더기들에 마음을 일으키고 지속적으로 고찰할 때 위빳사나가 도(道)에 이른다면, 이와 같이 이러짐을 두고 '자신의 몸과 마음의 연속되는 무더기들에 강하게 마음을 둠으로써 자신의 몸과 마음의 연속되는 무더기들로부터 벗어난다'라고 한다. 수행자가 외부의 사물과 사람들을 대상으로 마음을 일으키고 지속적으로 고찰할 때에 위빳사나가 도(道)로 이어진다면, '외부의 사물과 중생들의 몸과 마음에 강하게 마음을 둠으로써 외부의 사물과 중생들의 몸과 마음의 연속되는 무더기들에서 벗어난다'고 말한다. 외부의 사물과 중생들의 몸과 마음의 연속되는 흐름에 마음을 둠으로써 외부의 사물과 중생들의 몸과 마음의 연속되는 무더기로부터, 자신의 몸과 마음의 연속되는 무더기들로부터 벗어남도 역시 같은 방법이다.

6. 몸과 마음을 모두 보아야 한다.–앗타살리니

몸에 강하게 마음을 둠으로써 몸으로부터 벗어난다. 몸에 강하게 마음을 둠으로써 마음으로부터 벗어난다. 마음에 강하게 마음을 둠으로써 마음으로부터 벗어난다. 마음에 강하게 마음을 둠으로써 몸(色)으로부터 벗어난다. 한 순간에 오온으로부터 벗어난다.[141]

어떤 사람이 처음부터 몸(물질)에 강하게 마음을 둔다. 강하게 마음을 둠으로써 지·수·화·풍이라는 사대(四大)와 저 사대에 의지하여 일어나는 몸(물질)을 나누고 분석하여 무상 등임으로 명상한다. 이와 같이 순수하게 몸(물질)을 통찰하는 것만으로는 (그것들로부터) 벗어날 수가 없다. 마음도 역시 통찰하여야 한다. 그러므로 마음과 몸을 대상으로 하여 일어나는 느낌(受), 인식(想), 상카라(行), 알음알이(識)라는 법들로 나누고 식별하여 무상 등으로 명상한다. 수행자는 적당한 때에 몸(色)에 마

141) 전게서, p.313

음을 일으키고 지속적으로 고찰한다. 적당한 때에 마음을 숙고하고 사색한다. 이와 같이 몸을 숙고하고 사색할 때에 위빳사나(통찰지)가 도(道)에 이어진다. 이를 두고 '몸(色)에 강하게 마음을 둠으로써 몸으로부터 벗어난다고'라고 한다. 수행자가 마음을 숙고하고 사색할 때 위빳사나가 도에 이어진다면, '몸을 강하게 마음에 둠으로써 마음으로부터 벗어난다.'라고 말한다. 마음을 강하게 마음에 둠으로써 마음으로부터, 몸으로부터 벗어남도 역시 같은 방법이다.142)

7. 출세간 마음들에는 7가지, 8가지 요소의 변화가 있다

7, 8가지 요소의 변화가 있다는 말은 깨달음의 요소(칠각지), 팔정도(막강가, 도의 길), 선정의 요소(자낭가)에서 초선정과 함께하는 도(道)는 일으킨 마음(위딱까)과 함께한다. 위딱까는 8정도에서 정사유(正思惟, 삼마상깝빠)에 해당한다. 그러므로 초선정에서는 팔정도의 도(道)와 함께 한다. 이선정에서는 칠정도의 도(道)와 함께 한다. 희열(삐띠)는 7각지에서 희각지(喜覺支)이다. 깨달음의 요소는 정신적 기쁨의 요소를 가지지 못하는, 평온(우뻬카)가 함께하는 사선정이나 오선정과 함께하는 도(道)에서는 희각지(喜覺支)를 제외한 6각지만 얻어진다. 이와 같이 선정의 상태에 따라 팔정도와 칠각지의 요소는 변화된다고 알아야 한다. 상카라에 대한 평온의 지혜만이 성스러운 도(道)의 깨달음의 요소(봇장가, 칠각지), 도의 길(팔정도, 막강가), 선정의 요소(자낭가)의 특별함을 결정한다. 그리고 다음과 같은 세 가지 주장이 있다. ① 어떤 존자[첫 번째 존자]들은 칠각지, 팔정도, 선정의 요소의 특별함은 자신이 얻은 선정을 기초로 하는 도(道)의 밑받침이 되는 선정(pādakajjhāna)이 결정한다고 말한다. ② 어떤 존자[두 번째 존자]들은 칠각지, 팔정도, 선정의 요소의 특별함은 위빳사나의 대상이 되는 몸과 마음의 무더기들이 결정

142) 전게서, p.315

한다고 말한다. ③ 일부의 존자[세 번째 존자]들은 칠각지, 팔정도, 선정의 요소의 특별함은 각 개인이 가지고 있는 성향이라는 법들이 결정한다고 말한다. 이와 같은 주장들에서도 역시 상카라에 대한 평온의 지혜라고 하는 도(道)의 앞의 부분에서 일어나는, 상카라에서 벗어나 조건지어지지 않은 닙바나를 대상으로 하는 도(道)를 일어나게 하는 원인이 되는 위빳사나(웃타나가미니위빳사나)만이 결정한다. 이와 같이 알아야 한다. 이 세 가지의 구체적 내용은 다음과 같다.

① 어떤 존자[첫 번째 존자]들은 칠각지, 팔정도, 선정의 요소의 특별함은 자신이 얻은 선정을 기초로 하는 도(道)의 밑받침이 되는 선정이 결정한다고 말한다.(pādakajjhāna)

[첫 번째 존자의 설]도(道)의 앞부분에서 일어나는 결정된 웃타나가미니위빳사나로써[칠각지, 팔정도, 선정의 요소의 특별함을 결정하는 위빳사나로써] 선정을 닦지 않고 마른 위빳사나를 하는 사람에게 일어나는 도(道), 선정을 얻은 사람이 선정을 토대로 하지 않고 일어나는 도(道), 초선정을 토대로 하여 선정이 아닌 욕계의 일어나고 사라지는 뒤섞인 상카라들을 숙고 사색하여 일으키는 도(道)들은 5가지 선정의 요소들을 가진 초선정의 마음부수들과 함께 일어난다. 위의 3가지 도(道) 모두 칠각지, 팔정도, 선정의 5요소들이 일어난다. 그렇다. 저 도(道)들의 앞의 부분에서 일어나는 위빳사나는 정신적 즐거움(소마낫사)과 함께이거나 혹은 평온(우뻬카)의 느낌과 함께 일어난다. 상카라에서 벗어나 조건지어지지 않은 닙바나를 대상으로 하는 도(道)를 일어나게 하는 원인이 되는 위빳사나인 웃타나가미니 위빳사나 순간에는 상카라에 대한 평온의 상태에 도달하였기에 즐거운 느낌인 정신적 기쁨(소마낫사)하고만 함께 한다.

이선정, 삼선정, 사선정들을 토대로 하여 일어난 도(道)에서는, 이와 같이 순차적으로 선정은 4가지 요소, 3가지 요소, 2가지 요소들이 일어난다. 모든 도(道)에서 7가지 도(道)들은 일어난다. [일으킨 생각(위딱까)이기도 한 팔정도의 정사유(正思惟, 삼마상깝빠)가 들어 있지 않기 때문에 7가지 도(道)가 된다.] 4가지 선정의 요소들이 일어난다. [위딱까가 제외되기 때문이다.] 6가지 각지들이 일어난다. [희각지(喜覺支)가 제외되기 때문이다.] 이 특별함은 토대가 되는 선정으로 인하여, 도(道) 역시 웃타가미니 이전의 앞의 부분에서 일어나는 위빳사나는 기쁨(소마낫사)과 함께하거나 평온(우뻭까)과 함께 할 수 있다. 그러나 상카라를 벗어나 조건지어지지 않은 닙바나를 대상으로 하는 도를 일어나게 만드는 원인이 되는 위빳사나(웃타가미니)는 기쁨(소마낫사)하고만 함께한다. [초선정에서 사선정까지는 희열(삐띠)이나 행복(수카)과 함께 하기에 기쁨(소마낫사)하고만 함께 할 수 있다.]

오선정을 토대로 하여 일으키게 된 도(道)에는, 평온(우뻭까)과 집중(에깍가따)이라는 두 가지 선정의 요소가 있다. 깨달음의 요소들은 6가지(희각지가 제외됨), 7가지(일으킨 생각(위딱까)이라는 정사유(正思惟)가 제외됨]가 있다. 이 특별함 역시 토대가 되는 선정(빠다깟짜나), 상카라에서 벗어나 조건지어지지 않은 닙바나를 대상으로 하는 도를 일어나게 만드는 원인이 되는 위빳사나(웃타가미니 위빳사나)라는 두 가지 결정된 도의 능력으로써 일어난다. 여기서 웃타가미니위빳사나의 앞의 부분에서 일어나는 위빳사나는 기쁨(소마낫사)과도, 평온(우뻭까)와도 함께 일어날 수 있다. 도의 가까이에서 일어나는 웃타나가미니위빳사나는 평온하고만 함께 일어난다. 무색계 선정들을 토대로 하여 일어나는 도에서도 이와 같은 방법이다. 이와 같이 토대가 되는 선정에서 일어서서 조건지어져 일어나고 사라지는 법들인 상카라들을, 그것이 어떠한 것이건 모두 숙고 사색하여 일어나게 된 도의 가까이에 있는 선정은 도(道) 자신과 같은 상태를 행한다. 땅의 색상이 이구아나에게 자신과 같은 상태로 변하게 하는 것과 같다.

② **어떤 존자[두 번째 존자]들은 칠각지, 팔정도, 선정의 요소의 특별함은 위빳사나의 대상이 되는 몸과 마음의 무더기들이 결정한다고 말한다.**(삼마시따) 이 두 번째 존자들의 주장은 선정을 얻은 수행자가 선정에서 나와서 그 선정의 법들에 마음을 일으키고 지속적으로 고찰하여 도(道)가 일어나는 경우이다. 이 도(道)는 수행자가 얻은 선정과 동일하게 일어난다. 일으킨 생각과 지속적으로 고찰된 선정과 도의 순간에 함께 일어나는 칠각지(봇장가), 팔정도의 요소(막강가), 선정의 요소(자낭가)는 같다.

③ **일부의 존자[세 번째 존자]들은 칠각지, 팔정도, 선정의 요소의 특별함은 각 개인이 가지고 있는 성향이라는 법들이 결정한다고 말한다.**

이 세 번째 존자의 설은 개인의 희망이나 원함으로 도(道)가 얻어진다는 주장으로 '나는 정사유(삼마상깝빠)가 제외된 7가지 요소를 가진 이선정 도(道) 등에 도달하면 좋겠다. 8가지 요소를 가진 초선정 도에 들었으면 좋겠다.'와 같이 자신의 원함이나 희망에 따라 어떠한 선정을 토대(pādaka)로 하여 행하여서, 그 선정의 법들을 무상 등이라고 마음을 일으키고 지속적으로 고찰하여 도(道)를 일으켰다. 이 경우에는 이 선정과 같음으로 일어난다. 그러므로 토대가 되는 선정(빠다깟짜나), 선정을 얻고 그 선정의 법들에 마음을 일으키고 지속적으로 고찰하는 선정(삼마시따)을 벗어나서 자신의 원함이나 희망만으로는 희망하는 도(道)를 얻지 못한다. 이 의미가 중부의 난다꼬와다-경에 분명하게 나온다.

> 비구들이여, 예를 들면 15일의 포살일에 많은 사람들에게 달이 아직 차지 않았는지 가득 찼는지에 대해 의문과 혼란은 없다. 그것은 달이 가득 찼기 때문이다. 비구들이

> 여, 그와 같이 그 비구니들은 난다까의 법문으로 마음이 흡족하고 그들의 의도한 바도 역시 가득 채워졌다. 오백 명의 비구니들 가운데 맨 마지막 비구니도 흐름에 든 자(예류자)가 되어 [악취에] 떨어지는 법이 없고 [해탈이] 확실하며 바른 깨달음으로 나아가게 되었다.

그렇다. 저 비구니들 가운데 어떤 비구니가 수다원과를 얻기 위한 강력한 원인이 있다면, 수다원과가 일어난다. //중략// 어떤 비구니에게 아라한과를 얻기 위한 강력한 원인이 있다면 아라한 과위를 얻는다. 이와 같이 자신의 법에 적합하게 자신이 얻은 선정을 토대로 하거나 혹은 자신이 얻은 선정의 법들에 생각을 일으키고 지속적으로 고찰하여 도를 얻게된다. 이 도(道)는 그 선정과 동일하다. 토대가 되는 선정(빠다깟짜나), 일으킨 생각과 지속적으로 고찰하는 선정(삼마시땃자나)이 포함되지 않은 채 자신의 원함이나 희망만으로는 원하는 도를 완성하지 못한다. 이와 같이 알아야 한다.

저 3명의 존자들의 설과 관련하여, '밑받침이 되는 선정(빠사깟자나)만이 도의 순간에 함께하는 각지(覺支), 도의 요소(正道), 선정의 요소의 특별함을 결정한다.' 삼장법사인 순라나가 존자께서 하신 말씀이다. 상좌들이 아뢰었다. "큰스님, 무색계천에 태어나기에 앞서 어떤 생에서 빠다깟자나(토대가 되는 선정)를 닦았습니다. 저 생에서 저 토대가 되는 선정이 각지(覺支), 도의 요소(正道), 선정의 요소의 특별함을 결정한다면 무색계천에서는 무엇이 결정합니까?" "도반이여, 저 무색계천에서는 빠다깟짜나만이 결정한다." 어떤 비구는 8선정을 모두 얻고 초선정을 토대로 하여 수다원도과를 일으킨 뒤에, 줄어들지 않는 선정이 있어서 임종 이후에 무색계천에 탄생하여, 초선정과 함께하는 수다원과의 선정에서 일어나서 위빳사나를 일으켜 위의 3가지 도과(道果)들을 일으킨다.

이 도(道)와 과(果)들은 초선정과 함께 해서만 일어난다. 이선정과 함께하는 도과 등에서의 방법도 이러할 뿐이다. [이선정을 토대로 하여 수다원도과를 얻었다면 무색계천에 태어나서 위의 도과들을 얻기 위하여 정진할 때에 이선정만이 토대가 되는 선정인 빠다깟짜나가 된다. 이와 같이 알아야 한다. [무색계천은 오로지 사선정이나 오선정으로 불리는 선정만이 있는 것이 아닌가? 어떻게 이선정 등이 있는가?와 같은 질문이 있을 수 있기에 무색계 등이라는 질문을 하는 것이다.] "무색계천에서 삼선정, 사선정은 일어난다. 저 선정은 출세간의 선정이다. 세간의 선정이 아니다. 이와 같이 도반들이여, 저 무색계천에서도 역시 빠다깟짜나만이 (도를-편역자) 결정하는 것이다." 이와 같이 말씀하셨다.

위빳사나의 대상인 오온들이 도(道)를 결정한다. 맞다. 오온에 마음을 일으키고 지속적으로 고찰하여 그것으로부터 벗어난다. 도는 이와 같이 오온을 숙고하고 사색을 통해서만이 일어난다. 모라와띠 지역에 머물던 마하닷따 존자의 말이다. 상좌들이 물었다. "큰 스님, 스님의 위와 같은 말씀은 허물이 있습니다. 몸을 마음을 일으키고 지속적으로 고찰하여 상카라에서 벗어나는 비구에게 몸과 같은 무기(無記, 선업이나 불선업으로 부를 수 없는 법인 아브야까따)인 도(道)가 일어나야만 합니다. 비상비비상처 선정의 법들을 하나하나 나누어 관찰하지 않고 전체적으로 모아 숙고하고 사색하는 방법으로 상카라에서 벗어나고자 하는 비구에게 비상비비상처선정과 같은 상태의 도(道)가 일어난다고 해야 옳을 것입니다." 라고 말하자 존자는 "도반들이여, 그렇지가 않다. 출세간의 도가 본삼매에 도착하지 못함이란 없다. 그러므로 몸을 숙고하고 사색하여 상카라에서 벗어나는 비구는 팔정도와 함께하는 수다원도가 일어난다." [초선정과 함께하는 道는] 이와 같이 비상비비상처 선정의 요소에 마음을 일으키고 지속적으로 고찰하여 상카라에서 벗어나고자 하는 비구에게 비상비비상처의 선정과 같은 상태의 것은 일어날 수가 없다. 즉 초선정에는 있지만 비상비비상처정에는 없는 정사유(正思惟, 삼마상깝빠)가 제외된 7가지 요소를 가진 평온(우뻭까)과 함께하는 도는 일어난다. 그러므로 일어날 수가 없다고 말한 것이다.143)

각 개인의 희망이나 원함에 따라 결정된다라고 하는 순라바야 존자의 견해를 삼장법사인 순라나가 존자에게 말하자 존자가 답하였다. "만약 어떤 이에게 토대가 되는 선정(빠다깟자나)이 있다하자. 저 비구를 위하여 각 개인의 희망이나 원함에 따라(뿍가랏자사야) 결정된다고 하자. 어떤 이에게는 저 토대가 되는 선정인 빠다깟자나가 없다. 저 사람을 위하여 어떤 개인의 희망이나 원함이라는 법(뿍갈랏자사야)이 각지(覺支), 도의 요소(正道), 선정의 요소란 법의 특별함을 결정한다는 말인가? 이것은 재산이 없는 이가 성장과 번영을 찾아 헤매는 시간과도 같다."고 말씀하셨다.

저 말을 가져와서 삼장법사인 순라바야 존자에게 다시 물었다. 저 존자는 "벗들이여, 토대가 되는 선정(빠다깟자나)을 가진 사람을 위하여 이 각 개인의 원함과 희망(뿍갈랏자사야)이 각지(覺支), 도의 요소(正道), 선정의 요소를 결정한다고 말씀하신 것이다."라고 설하였다. 일으킨 생각과 지속적인 고찰을 하는 선정(삼마시땃자나)을 가진 사람들을 위해서도 이와 같다고 알아야 한다. 오선정에서 나온 후에 오선정을 토대로 하여 선정의 법들에 마음을 두고 지속적인 고찰을 하는 수행자에게 일어나는 도는 위에서 말한 첫 번째 존자의 주장으로 오선정의 마음과 함께 한다. 두 번째 존자의 설로써 초선정 등의 선정에서 함께 한다. 그러므

---

143) 몸에 마음을 일으키고 지속적으로 고찰하여 도를 성취한 사람은 초선정과 함께하는 道만을 얻음이 가능하다. 왜냐하면 선정과 함께 하지 않았기 때문이다. 비상비비상처 선정의 요소에 마음을 일으키고 지속적으로 고찰하여 道를 성취한 사람은 평온(우뻭까)과 집중(에깍가따)이 함께하는 오선정과 함께하는 道만 일어난다. 전게서, p.322. 각주 589

로 토대가 되는 선정(빠다깟자나), 숙고하고 사색되는 선정(삼마시땃자나)이라는 두 가지 설에서 서로 상반된다. 세 번째 존자의 설에서는 어떤 출세간의 선정을 개인이 원한다. 저 원하는 선정과 함께하여 일어난다. 이와 같은 일어남은 '토대가 되는 선정(빠다깟짜나)'과 '숙고하고 사색이 되는 선정(삼마시땃자나)'이라는 두 가지 설 모두에 상반되지 않는다. 여기에서 '각 개인의 원함과 희망(뿍갈랏자사야)'이라는 주장을 말하는 것은 이익이 된다. 이와 같이 알아야 한다. 이와 같이 세 분의 존자들은 원인과 결과를 본다. 그분들은 날카롭고 예리하다. 지혜가 충만하다. 그러므로 그분들의 주장이 주석서에 있는 것이다. 이 주석서의 정의를 다시 한 번 요약한다면 상카라에서 벗어나 조건지어지지 않은 닙바나를 대상으로 하는 도를 일어나게 만드는 원인이 되는 위빳사나(웃타나가미니위빳사나)만이 앞에서 언급한 세 가지 선정을 결정한다는 것이다.

8. 도(道)의 마음이 일어나는 진행과정

각지(覺支), 도의 요소(正道), 선정의 요소들의 요소의 변이됨을 가진[144] 道가 일어나는 순간에 종성의 마음(고뜨라부, 욕계의 혈족을 끊어내고 닙바나 혹은 선정의 대상으로 향하는 마음)은 어디에서 일어나는가? 도는 어디에서 일어나는가? 종성의 마음은 조건지어져 일어나고 사라지는 세간의 법이라는 원인이 되는 대상(상카라니밋따)에서 일어선다. 그러나 끊임없이 일어나는 윤회의 괴로움을 끊어버리는 것은 불가능하다. 그렇다. 이 종성(種性)의 마음은 한쪽에서만 일어난다. 종성의 마음의 바로 뒤에 오는 도(道)의 마음은 조건지어져 일어나고 사라지는 상카라니밋따라는 대상에서 일어선다(벗어난다). 끊임없이 일어나는 윤회의

144) 초선정과 함께하는 도(道)에서 팔정도를, 이선정에서 위딱까라는 정사유가 제외됨으로써 7정도(正道)만이 일어난다. 초선전에서 7각지를, 삼선정 사선정과 함께하는 道에서는 희각지가 제외됨으로 결과적으로 6각지만 일어난다. 전게서, p323. 각주 590

괴로움도 끊어 버린다. 그렇다. 이 도는 두 가지 모두에서 일어선다. 이제 종성의 지혜와 도의 일어나는 모습에 대하여 언급하겠다.145)

위빳사나를 할 때 일어나서는 사라지는 상카라라는 윤회의 괴로움에서 벗어나는 도(막가웃타나)가 일어난다. 이 도의 직전의 위빳사나 마음에서 수순(隨順, 아누로마)은 한 차례만 일어나지 않는다.146) 다섯 차례까지 일어나지 않는다. 한 차례의 수순으로는 반복하는 조건(아세와나빳짜야, 자신의 바로 뒤에서 일어나는 법을 자신과 같은 성품을 갖추도록 영향을 미치는 조건)을 얻을 수 없다. 다섯 번째 아누로마는 바왕가에 가까운 상태로 인하여 흔들린다.147) 다섯 번째 일어나는 때에 도라는 강한 추진력으로 일어나는 마음에 도달한다. 그러므로 수순(아누로마) 한 차례만이 일어나지 않는다. 다섯 번째는 일어나지 않는다. 실제로 큰 지혜를 가진 사람에게 두 번의 수순들이 일어난다.148) 세 번째에 종성이 일어난다. 네 번째에 도의 마음이 일어난다. 세 번의 과의 마음이 일어난다. 그 뒤에 바왕가에 떨어진다. 중간의 지혜를 가진 이에게는 3번의 수순이 일어난다.149) 네 번째에 종성이 일어난다. 다섯 번째에 도의 마음이 일어난다. 그 뒤에 바로 두 번의 과의 마음이 일어난다. 그 뒤에

---

145) ① **중간의 지혜를 가진 이의 道의 마음의 진행과정**
바왕가(bha) → 바왕가의 흔들림(bc) → 바왕가의 끊어짐(bu) → 의문전향(마노드와라왓자나, ma) → 빠리깜마(본삼매에 도착하도록 기초 작업이 되는 욕계의 명상하는 마음, pa) → 근접(우빠짜라, u) → 수순(아누로마, anu) → 종성(고뜨라부, go) → 도(道, 막가, mag) → 과(果, 팔라, pha) → 바왕가(bha).....
② **빠르고 영민한 지혜를 가진 자의 도의 마음 진행과정**
bha → bc → bu → ma → u → anu → go → mag → pha → pha → pha → bha → bha → bha

146) 주석서에는 준비(빠리깜마), 근접(우빠짜라), 수순(아누로마) 3가지 모두를 수순(아누로마)이라는 이름으로 사용한다.-전게서, p/324. 각주 593 -역주-

147) 종성에게 은혜를 줄 수 있을 만큼 견실하고 단단하지 못하기 때문에 '흔들린다'라고 말한다.

148) 두 번의 수순이란 근접(upacārā), 수순(anuloma)을 말한다.

149) 세 번의 수순이란 준비(빠리깜마)-근접(우빠짜라)-수순(아누로마)를 말한다.

바왕가에 떨어진다. 낮고 약한 지혜를 가진 이에게는 네 번의 수순이 일어난다.[150] 다섯 번째에 종성이 일어난다. 여섯 번째에 도의 마음이 일어난다. 일곱 번째에 과의 마음이 일어난다. 저 한 번의 과의 마음 뒤에 바왕가에 떨어진다. 이런 말을 할 때에는 큰 지혜를 가진 사람이나 낮은 지혜를 가진 사람들의 도의 마음의 진행과정을 말하지 말고 중간정도의 지혜를 가진 사람들의 기준을 일반화하여 말해야 한다.

위빳사나를 할 때 일어나고 사라지는 상카라라는 윤회의 고통에서 벗어나는 도가 일어난다. 위빳사나의 대상이 되는 몸과 마음의 무더기들을 대상으로 평온(우뻭까)이 함께하는 의문전향의 마음이 바왕가의 흐름을 끊고 일어난다. 바왕가의 뒤에 일어난 의문전향의 마음이 몸과 마음의 무더기들을 대상으로 취하면 첫 번째 속행(자와나)의 마음인 수순(아누로마)의 지혜가 일어난다. 이 수순의 지혜는 몸과 마음의 무더기들은 무상, 고, 무아임을 매우 선명하게 드러내고서 네 가지 진리를 뒤덮는 어둠인 어리석음(모하)을 제거하고는 사라진다. 이 첫 번째 수순의 지혜(준비, 빠리깜마) 바로 뒤에 두 번째 수순의 지혜인 근접(우빠짜라)이 일어난다. 이 두 가지 수순들 가운데 앞에 일어난 수순은 반복하는 조건(아세와나빠자야)이 없다. 먼저 일어난 첫 번째 수순은 두 번째 수순에게 반복하는 조건이라는 영향을 미친다. 그래서 두 번째 일어난 수순의 지혜는 반복의 조건 때문에 예리하고 깨끗해서 몸과 마음이라는 대상을 무상, 고, 무아의 상태임을 꿰뚫어 사성제를 뒤덮는 중간 정도의 어둠을 제거하고, 삼특상을 분명하게 드러낸 뒤에 사라진다. 이 두 번째 수순

150) 네 번의 수순이란 준비(빠리깜마)-근접(우빠짜라)-수순(아누로마)-수순(아누로마) 이와 같이 두 번의 아누로마가 일어난다. 이 방법은 옛 주석서에 들어 있었기에 언급한 방법이다. 붓다고사 존자가 원한 방법이 아니다. 그러므로 청정도론에는 네 번의 수순(아누로마)설을 거부한다. 아비담맛타상가하에서도 역시 이 네 번의 방법이 들어있지 않다. 빠리깜마-우빠짜라-아누로마라는 이름으로 나누어 3번의 수순(아누로마)만을 보여주고 있다.

뒤에 세 번째 수순이 일어난다. 이 두 번째 수순의 지혜는 세 번째 수순의 지혜에게 반복하는 조건(아세와나빳짜야)을 준다. 세 번째 수순의 지혜 역시 반복하는 조건의 영향 때문에 날카롭고 깨끗하여 몸과 마음이라는 대상이 무상하고, 괴로움이며, 무아라는 상태로 일어난 뒤에 두 번째 수순의 지혜가 제거하고 남은 어리석음이라는 사성제를 감싸는 어둠을 남김이 없이 제거하여 삼특상을 매우 선명하게 드러낸 뒤에 소멸한다. 이렇게 세 가지 수순의 지혜에 의하여 사성제를 뒤덮는 어리석음인 어둠이 제거된 뒤에 종성의 지혜(고뜨라부)가 열반을 대상으로 일어난다.

비유를 통해 저와 같이 일어남을 설명해보겠다. – 어떤 밝은 눈을 가진 남자가 '달을 보고 하늘에서 별자리의 운행을 보아야겠다.'고 생각하고 밤에 하늘을 보았다. 그러나 먹구름에 가리워진 달은 선명하지가 않았다. 그때 바람이 불어 두텁고도 두터운 먹구름을 몰아냈다. 또 다시 바람이 불어 중간의 먹구름을 걷어냈다. 다시 바람이 불어와 남아 있는 미세한 구름을 몰아냈다. 이렇게 그 남자는 먹구름에서 벗어난 하늘에서 달을 보고 별의 운행을 알았다.

이 비유에서 세 가지 먹구름들과 같이 진리를 감추는 두터운 번뇌, 중간의 번뇌, 미세한 번뇌가 있다. 세 가지 바람은 세 가지 수순의 마음들이다. 그 사람의 밝은 눈은 종성의 지혜이다. 달은 열반이다. 이와 같이 바람이 하나하나 먹구름들을 걷어내는 것처럼 진리를 뒤덮고 있는 어리석음의 어둠을 수순의 마음이 하나하나 몰아낸다. 먹구름에서 벗어난 하늘에 있는 깨끗한 달을 보는 것처럼 사성제를 뒤덮고 있는 어둠에서 벗어날 때 종성의 지혜는 특별하고도 깨끗한 열반을 대상으로 삼는다.

좀 더 설명하자면 – 세 가지 바람이 먹구름을 걷어내는 것은 가능하지만 달을 볼 수 없는 것처럼 수순의 마음들은 사성제라는 진리를 덮고 있는 어리석음이라는 어둠을 제거하지만 열반을 대상으로 삼는 것은 불가능하다. 마치 그 사람이 달을 보는 것은 가능하지만 먹구름을 제거하는 것은 불가능한 것처럼 종성의 지혜는 열반만을 대상으로 삼는다. 번뇌의 어둠을 제거할 수는 없다. 이와 같이 수순의 지혜는 상카라를 대상으로 삼는다. 하지만 종성은 열반을 대상으로 한다.

선명히 드러내 보이자면 – 수순의 대상을 종성도 이어서 가진다면 저 종성의 지혜 뒤에는 또다시 연속해서 수순이 일어나야만 한다. 그렇게 되면 일어나서는 사라지는 상카라의 윤회라는 괴로움에서 벗어나는 도(막가웃타나)는 일어나지 못한다. 실제로 수순의 대상을 취하지 않음으로, 이 수순들이 종성의 지혜 뒤에 다시 일어나지 못하게 하고서 종성 자신은 전향(아왓자나)의 마음이 아니면서도 전향(아왓자나)의 자리에 머물면서 '열반을 대상으로 일어나라.' 라고 도(道)에게 주의를 주는 것과 같은 행위를 하고는 사라진다. 이 종성의 마음이 준 주의를 잊지 않고서 뒤를 이어 일어난 도의 마음은 일찍이 꿰뚫지 못했고 잘라버리지 못하였던 탐심의 덩어리, 진심의 덩어리, 어리석음의 덩어리를 꿰뚫고 잘라낸다.

비유로써 이 일어남을 설명해보자 – 활을 쏘는 곳으로부터 일백 보 정도의 거리에 과녁인 널빤지가 일렬로 일백 개가 서 있다. 그런데 한 궁수가 일백 개의 널빤지인 과녁을 바로 눈앞까지 끌어 당겨 놓았다. 그 때 널빤지를 막대기로 두드렸다. 궁수는 막대기 소리를 놓치지 않고 활을 쏘아 널빤지 일백 개를 꿰뚫는다. 여기서 막대기를 두드리는 소리는 종성의 지혜이다. 활을 쏘는 궁수는 도의 지혜이다. 궁수가 막대기 소리를 놓치지 않고 일백 개의 널빤지를 꿰뚫는 것과 같이 도의 지혜는 주의를 놓치지 않고 닙바나를 대상으로 하여 일찍이 꿰뚫지 못하였고 잘라지지 않았던 탐심 덩어리 등을 꿰뚫어 파괴시키는 것으로 보아야 한다. 이 탐심 등을 꿰뚫어 파괴시키는 것은 윤회를 끊고 번뇌를 남김이 없이 자르는 것과 같다. 그렇다. 바로 이 꿰뚫어 파괴시키는 것만이 도의 작용이다. 잠재된 번뇌(아누사야)를 제거한다. 이와 같이 이 도(道)는 잠재된 번뇌를 제거하면서 윤회의 원인이 되는 상카라라는 표상으로부터 벗어난다. 끊임없는 윤회의 고통에서 벗어난다. 물질(色), 느낌(受), 인식(想), 상카라(行), 알음알이(識)는 끊임없이 일어나야만 하는(pavatta) 윤회하는 법(현상)들이다. 이 일어남에는 두 가지가 있다. 첫째는 업을 원인으로 하는 몸과 마음의 일어남(우빠딘나까)이다. 둘째는 마음과 온도 그리고 영양소(음식)를 원인으로 하여 일어나는 몸과 마음의 일어남(아누빠딘나까)이다.[151] 여기서 도를 얻으면 위의 두 가지 일어남으로부터 벗어난다고 말한다.

---

151) upadinnaka(우빠딘나까) : 갈애, 사견들 때문에 집착하게된 업의 결과로 얻어지는 몸과 마음의 일어남.

anupadinnaka(아누빠딘나까) : 업의 결과로 일어나는 것이 아닌 마음, 온도, 영양소 때문에 일어난 몸과 마음의 일어남.

참고) 도과의 진행과정

닙바나를 대상으로 하는 예류자의 도과(道果)는 다음과 같이 일어남.

첫번째 도과의 증득과정

자료 : Unravelling the mysteries of mind & body through abhidhamma,
Sayalay Susila, p.135

9. 도를 얻으면 제거되는 것들

1) 수다원도를 얻을 때

수다원도를 얻으면 4가지 사견과 결합하는 마음(diṭṭhigatasampayutta), 의심과 함께하는 마음(vicikicchāsahagata)이 제거된다. 이 제거된 다섯 가지 불선한 마음들은 업을 원인으로 하여 일어난 물질의 무더기(色蘊)인 몸을 일으키게 한다. 이 다섯 가지 마음들은 알음알이의 무더기(識蘊)들로 마음부수인 느낌(受), 인식(想), 상카라(行)와 함께한다. 수다원도는 위의 다섯 불선업의 마음들이 활동적으로 되는 것을 저지시키고, 원인을 남김 없이 잘라버리므로, 온도와 마음 그리고 영양소를 원인으로 일어나는 몸과 마음들의 일어남으로부터 벗어난다는 뜻이다.

만약 수다원도를 얻지 못한다면 7생은 커녕 시작을 알 수 없는 윤회 속에서 끝도 없이 다시 태어나야만 한다.(우빠딘나까) 왜 그런가? 번뇌 때문이다. 번뇌가 있으면 업의 결과로써 일어나는 몸과 마음(우빠딘나까)의 무더기들은 일어난다. 세 가지 족쇄(samyojanas)[152]인 사견과 의례와 의식에 대한 집착(계금취) 그리고 의심이 사라진다.

수다원이 되면 지옥, 아귀, 축생, 아수라라는 사악처에서 벗어난다.

수다원도를 얻으면 5가지 심리적 현상들이 제거된다. 5가지란 탐욕과 함께하는 8가지 마음 가운데 사견과 함께하는 마음 4가지와 의심과 함께하는 마음이다.

---

152) 족쇄(samyojana) : 족쇄에는 열 가지 족쇄가 있다. 그 가운데 ① 사견 ② 의심 ③ 의례와 의식에 대한 집착을 본문에서는 말한다. 이 가운데 의례와 의식에 대한 집착은 잘못된 수행에 대한 집착으로 소나 개의 행위를 흉내냄으로써 윤회계를 벗어날 수 있다는 삿된 견해를 말한다.-역주-

2) 사다함도를 얻을 때

사다함도를 얻으면 4가지 사견과 결합하지 않는 탐욕의 마음, 2가지 성냄의 마음, 이와 같이 거칠고 선명히 드러나는 오욕에 대한 탐욕(라가), 전도됨에 이르게 하는 거친 성냄(브야빠다)이라는 여섯 가지 마음들이 제거된다.

만약 사다함도를 얻지 못한다면 총7번의 생을 더 태어나야만 한다. 무엇 때문인가? 태어남의 원인이 되는 번뇌들이 있기 때문이다. 그러나 사다함도를 얻으면 거칠고 선명하게 드러나는 오욕에 대한 탐욕이라는 족쇄, 성냄이라는 족쇄, 거칠고 선명하게 드러나는 오욕에 대한 탐욕이라는 잠재된 번뇌, 성냄이라는 잠재된 번뇌 4가지는 남김이 없이 잘라버릴 수 있다.

사다함도를 얻으면 일부의 욕계선처(인간, 욕계천상)에서 벗어난다.

사다함도를 얻으면 거칠고 선명한 정신적인 불만족(domanāssa)과 함께하는 마음들이 약해지고 희미해진다.

3) 아나함도를 얻을 때

아나함도를 얻으면 오욕에 대한 미세한 탐욕(라가), 미세한 성냄(브야빠다)이라는 여섯 가지 마음들이 제거된다.

만약 아나함도를 얻지 못하면 한 번의 색계 혹은 무색계의 생을 제외하고서 두 번째 생에서 업의 결과로 일어나는 몸과 마음의 무더기(우빠딘나까)들이 일어나야만 한다. 왜 그러한가? 태어남의 원인이 되는 번뇌가 있기 때문이다. 그러나 아나함도가 일어나자마자 미세한 상태로 남아

있던 오욕에 대한 탐심이라는 족쇄, 성냄이라는 미세한 족쇄, 미세한 상태로 남아있던 오욕에 대한 탐심이라는 잠재성향, 성냄이라는 잠재성향은 남김이 없이 잘라낼 수 있다.

아나함도를 얻으면 모든 욕계로부터 벗어난다. 욕계에 다시 태어나지 않는다.

아나함도를 얻으면 정신적인 불만족(domanāssa)과 함께하는 마음들이 남김이 없이 제거된다.

4) 아라한도를 얻을 때

4가지 사견과 결합하지 않는 탐욕의 마음, 들뜸과 결합하는 마음 : 이와 같이 **5가지 불선업의 법**들이 제거된다.

만약 아라한도를 얻지 못한다면, 색계·무색계에 태어나야만 한다. 무엇 때문인가? 번뇌가 남아있기 때문이다. 색계의 생에 대한 갈애, 무색계의 생에 대한 갈애, 자만, 들뜸, 자만이라는 잠재성향, 존재에 대한 욕망이라는 잠재성향, 무명이라는 잠재성향. 이러한 8가지들은 아라한도가 일어나자마자 남김이 없이 잘라낸다.

아라한도를 얻으면 색계·무색계에서 벗어난다고도 하고, 모든 생(존재)으로부터 벗어난다고도 말한다.

10. 도를 일어나게 만드는 지배의 요소

일부 비구의 4가지 도는 열의가 지배하고(chandādipateyyā), 일부의 사람은 정진이 지배한다(viriyādipateyyā). 일부의 사람은 마음이 지배한다(cittādhipateyyā). 일부는 검증이 지배한다(지혜, vimaṃsādipateyyā). 일부의 사람에게 첫 번째 도는 열의(chandādipateyyā)가 일어나고, 두 번째 도는 정진이 지배한다(viriyādipateyyā). 세 번째 도는 마음이 지배한다(cittādhipateyyā).

제3편 위방가

1. 괴로움의 소멸이라는 성스러운 진리(滅聖諦, nirodhasacca)

저 사성제에서 괴로움의 소멸이라는 성스러운 진리란 무엇인가? 저 갈애의 남김 없음, 집착이 소멸됨으로서의 열반(닙바나). 이같이 탈출하고 벗어남으로서의 열반(닙바나), 이같이 달라붙지 않음으로서의 열반(닙바나)은 괴로움의 소멸이라는 성스러운 진리이다.

저 갈애는 어떤 곳에서 제거됨으로써 제거되는가? 어떤 자리에서 소멸됨으로써 소멸되는가? 세상에서 어떤 대상은 사랑하게 되는 성품이 있다. 좋아하게 되는 성품이 있다. 이 갈애가 제거됨으로써, 이 사랑하게 되는, 좋아하게 되는, 좋아하는 대상에서 제거된다. 소멸될 때 이 사랑하게 되는 좋아하는 대상에서 소멸된다. 이 닙바나는 괴로움의 소멸이라는 성스러운 진리라고 말한다.

어떤 법이 세상(로까, 오온)에서 사랑하게 되는 성품, 좋아하게 되는 성품인가? 세상에서 눈은 사랑하게 되는 성품, 좋아하게 되는 성품이다. 이 눈에서 이 갈애가 제거될 때에 제거된다. 이 눈에서 소멸될 때에 소멸된다. 세상에서 귀는 //중략// 세상에서 코는 //중략// 세상에서 혀는 //중략// 세상에서 몸은 //중략// 세상에서 마노는 //중략// 이 마노에서 갈애가 제거될 때에 제거된다. 이 마노에서 소멸될 때에 소멸된다. 이와 같이 알아야 한다.

2. 진리의 분별(삿짜 위방가)

저 4가지 진리들 가운데 괴로움의 소멸인 열반이라는 멸성제(滅聖諦)란 무엇인가? 갈애가 제거된 상태에 있는 것이다. 이 갈애의 제거함을 괴로움의 소멸인 닙바나를 괴로움의 소멸이라는 성스러운 진리라고 말한다. //중략//

저 4가지 진리 가운데 괴로움의 소멸이라는 성스러운 진리인 닙바나란 무엇인가? 갈애와 갈애(탐심)를 제외한 나머지 9가지 번뇌의 제거됨이다. 이 번뇌들의 제거됨이 괴로움의 소멸이라는 성스러운 진리라고 말한다.

제4편 청정도론

□ 열반에 대한 12가지 논의[153)]

67. ① 만약 '열반은 없다. 마치 토끼 뿔처럼 얻을 수 없는 것이기 때문이다'라고 한다면 – 그렇지 않다. 방법(upāya)을 통해 얻을 수 있는 것이기 때문이다. 그것에 적절한 도닦음이라 불리는 방법을 통해서 열반을 얻는다. 마치 [남의] 마음을 아는 지혜(他心通)로 남들의 출세간적인 마음을 알 수 있듯이. 그러므로 '얻을 수 없는 것이기 때문에 열반은 없다'라고 말해서는 안 된다. 어리석은 범부들이 얻지 못하는 것이라 해서 없다고 말해서는 안 되기 때문이다.

68. 더욱이 열반을 없다고 말해서는 안 된다. 왜 그런가? 도닦음이 무익하게 될 것이기 때문이다. 열반이 없다면 바른 견해(正見)를 제일로 하고 계의 무더기 등 세 가지 무더기(즉 계·정·혜)를 포함하는 바른 도닦음이 무익하게 되고 말 것이다. 그러나 도닦음은 무익한 것이 아니다. 열반을 얻기 때문이다.

② 만약 '도닦음이 무익하게 되는 것은 아니다. 왜냐하면 존재하지 않음[154)]에 도달하기 때문이다'라고 한다면 – 그렇지 않다. 과거와 미래의 (오온이) 존재하지 않는다 해서 열반을 얻은 것이 아니기 때문이다.

---

153) XVI.67~74

154) 이하 본 문단의 키워드는 이 'abhāva(존재하지않음)'이다. 반대론자는 팔정도는 좋지만 열반은 없다. 열반은 없더라도 팔정도에 의해서 '존재하지 않음'이 성취되기 때문이라고 주장한다. 여기서 '존재하지 않음'이란 오온으로 구성된 이 '나'라는 존재가 없음을 말한다. 그들은 열반이란 다른 것이 아니고 단지 '존재하지 않음'일 뿐이라고 주장한다.

③ 만약 '그럼 현재들[155](현재의 존재인 오온)이 없는 것이 열반인가'라고 한다면 – 그렇지 않다. 그들의 없음은 불가능하기 때문이다. 그들이 없을 땐 이미 현재라고 할 수 없기 때문이다. [만약 현재의 존재들이 없는 것을 열반이라 한다면] 현재 무더기들(오온)을 의지하여 도가 일어나는 순간에 유여열반(sopādisesanibbāna)[156]의 요소를 얻지 못하는 결점이 생길 것이기 때문이다.

④ 만약 '도가 일어나는 순간에 오염원들이 없기 때문에 그것은 허물이 아니다.'라고 한다면 – 그렇지 않다. 왜냐하면 성스러운 도가 아무런 의미가 없어지고 말 것이기 때문이다. 만약 그렇다면 성스러운 도가 나타나는 순간의 이전에도 오염원들은 없기 때문에 성스러운 도는 의미가 없어지고 말 것이다. 그러므로 [당신들이 내세운] 이유는 합당하지가 않다.

69. ⑤ 만약 "도반이여, 탐욕이 다한 것이 열반이다(S.iv.251)"라고 시작하는 말씀 때문에 '다한 것(khaya)이 열반이다.'라고 한다면 – 그렇지 않다. 아라한 됨이 단순히 다한 것이 되고 말 것이기 때문이다. 왜냐하면 "도반이여, 탐욕이 다한 것…(S.iv.252)"라는 방법으로 [아라한 됨을] 설하였기 때문이다.[157] 더욱이 열반이 일시적인 것이 되어버리는 결점

155) 'vaṭṭamānam(현재들의)'으로 복수형을 쓰고 있다. 현 삶에 존재하는 오온들을 뜻한다. 그러한 오온들이 없는 것이 열반인가라고 반박하고 논자는 이 오온들이 없을 땐 이미 현재라는 용어를 사용할 수 없다고 답한다.

156) 빠알리어 sopādisesanibbāna는 문자 그대로 '받은 것이(sa-upā야) 남아있는(sesa) 열반(nibbāna)'이라는 뜻이며 번뇌는 완전히 멸진되었지만 그의 수명이 남아있는 한 과거의 취착의 산물인 다섯 가지 무더기(오온)는 아직 잔류해있기 때문에 이렇게 부른다. 그러므로 현재들이 없는 것이 열반이라 한다면 유여열반을 얻지 못한다고 말하는 꼴이다.

157) 잠부카다까 상윳따의 열반경(S38:1)에서 열반이 무엇인가라는 질문에 사리뿟따 존자께서 'rāga-ādi-khaya'(탐·진·치들의 소멸)'을 열반이라 하고, 다시 탐·진·치가 소멸한 것이 아라한 됨이라고 했다. 그러므로 어떤 때에는 탐·진·치가 다한 것이 열반이라 설하셨고, 또 어떤 때는 탐·진·치가 다한 것이 아라한 됨이라고 설하셨다. 그런데 혹자가 말하기를 그냥 '탐·진·치가 다한 것이 열반이다.'라고 하면

이 생길 것이기 때문이다. 만약 그렇게 되면 열반은 일시적인 것이고 형성된 것의 특징을 가지며 바른 노력과는 상관없이 얻을 수 있게 될 것이다. 형성된 것의 특징을 가지기 때문에 형성된 것(有爲)에 포함되고 말 것이며, 형성된 것에 포함되기 때문에 탐욕 등의 불로 탈 것이고, 타는 것이기 때문에 괴로움이 되고 말 것이다.

⑥ 만약 '다한 뒤로 다시 일어남이 없는 그런 다한 것을 열반이라 하면 결점이 없을 것이다.'라고 한다면 – 그렇지 않다. 그런 다함은 없기 때문이다. 설령 있다하더라도 앞서 말한 결점을 피할 수는 없을 것이기 때문이다. 그리고 성스러운 도가 열반이 되고 말 것이기 때문이다. 왜냐하면 성스러운 도는 번뇌를 다하게 하므로 다함이라고 했다. 성스러운 도 다음에는 다시 번뇌가 생기지 않는다.

70. 간접적으로 말하자면 열반은 다시 일어남이 없는 소멸이라 불리는 다함(khaya)에게 강하게 의지하는 조건이 된다. 왜냐하면 열반은 의지할 것이기 때문이다. 그러므로 은유적으로 열반을 다함이라 했을 뿐이다.

⑦ 만약 '왜 직접적으로 설하지 않으셨는가'라고 한다면 – 아주 미묘하기 때문이다. 아주 미묘하다는 것은 세존께서 [열반을 있는 그대로 설하기를]주저하셨고(cf.M.i.186), 또 성스러운 눈으로만 볼 수 있기 때문에 이것은 증명이 되었다.

아라한이 됨도 다한 것이라고 말할 수 있게 되고 따라서 아라한 됨이 열반이 되어버릴 것이다. 그렇기 때문에 그렇게 말해서는 안 된다. 그리고 '탐진치가 다한 것이 열반'이라고 하면 단순히 탐욕 등의 다함이 되기 때문에 그것은 일시적인 것이고 형성된 것의 특징을 가진 것 등의 불상사가 생기게 된다. 그러므로 그렇게 말하면 안 된다는 뜻이다. 더욱이 성스러운 도의 순간에 탐욕 등의 오염원들이 소멸되기 때문에 만약 탐욕 등이 다함이 열반이라면 성스러운 도가 열반이 되어버리는 결점이 따르게 된다. 성스러운 도 다음에는 오염원들이 생기지 않기 때문에.

71. 이것은 도를 가진 자만이 얻을 수 있기 때문에 공통적인 것이 아니다. 시작을 가진 것이 아니기 때문에 생긴 것도 아니다.

⑧ 만약 '도가 있을 때 열반이 일어나는데도 이것이 생긴 것이 아닌가'라고 한다면 – 그렇지 않다. 도가 이것을 생기게 하는 것이 아니기 때문이다. 이것은 도(道)로써 증득하는 것(pattabba)이지 생기게 하는 것(uppādetabba)이 아니기 때문에 결코 생긴 것이 아니다. 생긴 것이 아니기 때문에 늙음도 죽음도 없다. 생김, 늙음, 죽음이 없기 때문에 항상한 것이다.

72. ⑨ 만약 '열반도 원자(aṇu) 등이 가지는 그런 항상함을 가진다.'라고 한다면 – 그렇지 않다. 그것은 원인이 없기 때문이다.[158]

⑩ 만약 '열반이 항상하기 때문에 그들도 항상하다'고 한다면 – 그렇지 않다. [당신들이 내세운] 이유가 적합하지 않기 때문이다.[159]

⑪ 만약 '열반처럼 생김 등이 없기 때문에 그들도 항상하다'고 한다면 – 그렇지 않다. 원자 등은 [항상한 것으로] 증명이 되지 않기 때문이다.

73. 앞서 말한 논법(yutti)이 실재(sabbhāva)하므로 오직 열반만이 항상하다. 이것은 물질의 고유성질을 초월했기 때문에 정신적인 것이다.

---

158) 위 문단에서 열반이 영원한 이유를 밝혔다. 즉 열반은 도로써 증득하는 것이지 생기게 하는 것이 아니기 때문에 결코 생긴 것이 아니다. 생긴 것이 아니기 때문에 늙음도 죽음도 없다. 생김, 늙음, 죽음이 없기 때문에 항상한 것이다. 그러나 다른 학파에서는 원자 등이 항상하다고 주장하지만 그렇게 내세우기 위해서는 그것에 합당한 원인이 있어야 하는데 그것이 없기 때문에 그것은 항상하다고 할 수 없다는 뜻이다.

159) 즉 열반이 항상하다해서 그것 때문에 원자 등이 항상하다고 주장하는 것은 옳지 않다. 왜냐하면 열반이 항상하다는 그것(원자등이 항상하는 것)을 증명할 원인이 아니기 때문이다. 논리적으로 내세운 이유가 타당치 않기 때문에 그렇게 말해서는 안된다는 뜻이다.

부처님 등의 구경의 목표인 [열반은] 차별없이 하나이다. [그렇지만 이런 하나인 열반도] 과거의 업으로 받은 몸(upādi)과 함께(saha) 알아진 것이기 때문에 유여(열반)라 한다. 왜냐하면 수행으로써 그것을 증득한 사람의 오염원이 가라앉았고 또한 아직 살아있는 몸을 의지해서(sa-upādi-sesa)있는 것이기 때문이다.

과거의 업으로 받은 몸(upādi)이 없기 때문에 무여(anupādi)(열반)이라 한다. 왜냐하면 아라한은 일어남의 원인을 제거함으로써 미래에 결과를 가져올 업이 다한 자이기 때문이다. 그의 마지막 마음 다음부터는 무더기(蘊)들이 일어나지 않고 또 일어난 것은 없어지기 때문에 [과거의 업으로] 받은 몸이 없다. 이것을 의지해서 있기 때문에 무여(열반)이라 한다.

74. 간단없는 노력으로 성취한 지혜로써 얻어지기 때문에 또 일체지자(一切知者, sabbaññu)의 말씀이기 때문에 궁극적인 의미에서 열반은 고유성질로 존재한다. 이와 같이 설하셨기 때문이다. "비구들이여, 태어난 것이 아니고, 생긴 것이 아니며, 만들어진 것이 아니고, 형성된 것이 아닌 것이 있다."[160]

이상으로 괴로움의 소멸에 대한 해설을 마친다.[161]

---

160) atthi bhikkhave, ajātaṃ abhūtaṃ akataṃ asaṅkhataṃ(Ud.80 : It.37)
161) 청정도론, 제2권 568. 대림스님. 초기불전연구원-역주-

제Ⅲ부

레디 사야도

The Ledi Dhammā on Nibbāna

제1편. 열반에 대한 해설(Nibbāna Dīpanī)

요청과 약속

미얀마력 1261년 9월 6일(CE.1899), 맥 커우 산씨가 배쎄인(Bassein)에서 와서는 닙바나에 대한 매뉴얼을 써달라고 요청하였습니다. 같은 달 21일에 구청직원 맥 루게일(Mg Lugale)씨, 모니와 시청의 직원인 맥 휴(Mg Htwe)씨도 찾아와서 글을 써달라고 요청하였습니다. 같은 달 하현 12번째 되는 날에도 모니와, 맥슈에서 위의 사람들이 찾아왔고, 부탈린 지사에 근무하는 맥슈, 판치택 패일 지사에 근무하는 맥페 그리고 살링지 시청에 근무하시는 분이 찾아와서 글을 요청하였습니다. 그래서 모니와 근교, 레시의 이장이 세운 담미까라마-택 담마난 수도원에서 학승들과 함께 거주하고 있을 때 그들의 요구에 부응하기 위하여 빠알리 성전과 주석서, 그리고 복주서를 참고하여 닙바나에 대한 매뉴얼을 쓰기 시작하였습니다.

이 매뉴얼은 3장으로 구성되었습니다. 제1장은 개요(saṅkhepa kaṅda)로 아비담마타상가하에 나오는 뜻을 빠알리 성전을 참고하지 않고 간단하게 설명합니다. 제2장은 자세하게 설명하는 장(vitthāra kaṅda)으로 빠알리 성전에 나오는 열반의 뜻을 살펴봅니다. 제3장은 열반에 대한 다른 견해의 장(nānāgantha nānāvāda visodhana kaṅda)으로 여러 책에 나오는 다양한 관점들과 후대의 스승들의 견해를 다룹니다.

제1장. 개요(Saṅkhepa kaṅda)

아비담맛타 상가하에는 다음과 같은 표현이 있다.

lokuttarasaṅkhātaṃ catumaggañāṇena sacchikātabbaṃ maggaphalānamārammaṇabhūtaṃ
출세간이라 불리고, 네 가지 도(道)의 지혜로써 실현해야만 하고, 도(道)와 과(果)의 대상인 것이 있다.

이것이 닙바나인데 세 가지 갈애(vāna taṇhā)162)의 영역을 벗어나 있기 때문에 닙바나라고 한다. **lokuttarasaṅkhātaṃ**(출세간이라 불리는) 닙바나는 개념(paññatti)이 아닌 궁극적 실재(paramattha)이다. 출세간(lokuttaraṁ)이란 세간(세상)을 벗어난 담마란 뜻이다. 개념이란 범부들이 사용하는 말에 의한 표현으로 세간(세상)을 벗어날 수가 없다. 그러므로 출세간이란 개념이 아니다. 궁극적 실재라고 알아야 한다. 궁극적 실재가 무엇인지는 뒷부분에 가면 명확해 질 것이다.[이것이 첫 번째 용어의 의미이다]

catumaggañāṇena sacchikātabbaṃ(네 가지 도의 지혜로 실현해야만 한다)라는 것은 닙바나는 도(道)와는 거리가 먼 어리석은 범부(bālaputhujjano)의 영역이 아니라는 의미이다. 닙바나는 오직 도의 지혜(maggañāṇa)를 이미 얻은 자의 영역이다. 어리석은 범부의 영역이 아니

---

162) 비구들이여, 그러면 무엇이 괴로움의 일어남의 성스러운 진리(集聖諦)인가? 그것은 갈애이니, 다시 태어남을 가져오고, 환희와 탐욕이 함께 하며, 여기저기서 즐기는 것이다. 즉 ① 감각적 욕망에 대한 갈애(欲愛, kāma-taṇha) ② 존재에 대한 갈애(有愛, bhava-taṇha) ③ 존재하지 않는 것에 대한 갈애(無有愛, vibhava-taṇha)가 그것이다. 디가니까야 제2권, pp.530-531. 초불, 각묵스님 역 -역주-

라는 것은 무슨 의미인가? 예를 들어 '태양이나 달 그리고 별들은 존재한다. 존재하지 않는다'와 같은 말은 장님의 영역이 아니다. 장님이 그것들을 보지 못한다고 해서 태양이나 달 그리고 별이 없는 것은 아니다. 비록 장님이 '태양의 모습은 이러하다. 달의 모습은 이러하다. 태양의 빛은 이런 색깔이다. 달빛은 이런 색이다.'라고 말한다면 우스운 일이 아니지 않은가. 또한 범부는 존재를 구성하는 무더기(khandhā), 감각기관과 그 대상들(āyatana), 요소(dhātu), 12연기(paticca-samuppāda)를 모르는 어리석은 사람이다. 닙바나는 이러한 범부의 영역이 아니다. [앞에서 장님의 예를 든 것은 닙바나가 범부의 영역이 아니라는 것을 보여주기 위함이다. 이렇게 네 가지 도의 지혜로(Catumaggañāṇena)라는 용어의 뜻을 보여주었다]

sacchikātabbaṃ(실현해야만 한다)는 귀납적 추론을 통해 수승한 범부에게 닙바나가 있음을 보여주는 것이다. 추론을 통하여 먼저 이해한 다음에야 직접 담마를 깨닫기 위하여 노력하게 된다. 노력을 하면 담마를 직접 깨닫게 된다. 그러므로 담마를 깨달은 성자(ariyā)는 성자(聖者)가 되기 이전에 이미 그것을 추론으로 알았을 것이다. 만약 추론으로 알지 못하였다면 담마를 깨닫기 위하여 노력을 기울였겠는가? 노력을 하지 않았다면 담마를 직접 보지는 못하였을 것이다. 직접 깨달았기에 그들은 이미 성자가 되기 전에 그것을 추론을 통해 알고 있었음이 분명하다. [이것이 두 번째 용어의 뜻이다]

maggaphalānamārammaṇabhūtaṃ(도과의 대상이 있다)란 문장이 내포하고 있는 뜻은 닙바나는 궁극적 실재일 뿐만아니라 비교할 수도 없는 힘을 지니고 있다는 뜻이다. 도(道)와 과(果)의 마음은 닙바나를 대상으로 취하고 닙바나에 의지하여 각자의 역할을 수행한다. 예를 들어보자.

어떤 마을에 촌장과 갱단의 두목이 살고 있었다. 강도는 부하들과 함께 힘으로 마을을 약탈하고 파괴하였다. 그러자 촌장은 두려움 속에서 살게 되었다. 그러던 어느 날 왕은 촌장을 시장에 임명하였고 그는 두목을 포함하여 강도들을 일망타진하여 모두 죽여 버렸다.

여기서 마을은 우리의 몸을 말한다. 마을의 촌장은 지혜라는 마음부수이다. 두목은 무명·어리석음(avijjā·moha)이다. 졸개들은 1,500개의 오염들이다. 왕은 조건지어지지 않은 대열반(asaṅkhata mahānibbāna)이다. 왕을 아직 만나지 못한 마을의 촌장은 범부에게 일어난 지혜라는 마음부수이다. 왕을 만나 시장이 되고 왕을 위해 봉사하는 것은 출세간 도의 지혜(lokuttara maggañāṇa)와 같다. 두목을 포함하여 강도들을 모두 죽이는 것은 도의 지혜(maggañāṇa)로 무명(avijjā)과 함께 모든 오염들(kilesa)을 제거하는 것과 같다. [이것이 세 번째 용어의 의미이다.]

1. 유여열반과 무여열반(saupādisesa, anupādisesa nibbāna)

아비담맛타 상가하에

Tadetaṃ sabhāvato ekavidhampi saupādisesanibbānadhātu[163)]
anupādisesanibbānadhātu ceti duvidhaṃ hoti kāraṇapariyāyena.

---

163) 열반을 열반의 요소(nibbāna dhātu, 涅槃界)라고 표현한 것은 장부, 상응부, 증지부에서 나타난다. 중요한 것은 이 열반의 요소라는 표현은 거의 대부분 여기서처럼 무여열반과 반열반의 문맥에서 나타나고 있다는 점이다. 그러면 왜 무여열반이나 반열반의 문맥에서는 열반의 요소라는 표현을 사용할까? 주석서들에서는 열반의 요소에 대한 설명은 나타나지 않고 당연한 것으로 받아들인다. 요소(dhātu, 界)라는 술어를 써서 열반을 표현하는 것은 열반도 구경법(paramattha)의 하나라는 것을 강조하기 위해서일 것이다. ~중략~ 무엇보다도 이렇게 무여열반이나 반열반이나 열반의 요소(界)라는 술어를 사용하여 기술하는 가장 중요한 이유는 자칫 열반 – 특히 부처님이나 아라한의 반열반(무여열반) – 을 아무 것도 없는 허무적멸의 경지로 오해할 소지를 없애기 위해서일 것이다. 그래서 이 열반의 요소라는 표현은 반열반 혹은 무여열반의 문맥에서 나타나고 있다. 디가니까야2, p.221. 각묵스님옮김. 초불 –역주–

그런 이것은 본성으로써는 하나이지만 [구분짓는] 원인(kāraṇa)의 방편에 따라 유여열반의 요소[界]와 무여열반의 요소 2가지이다.

닙바나는 고요함을 특징(santilakkhaṇā)으로 하나의 본성(sabhāva)을 가졌다. 하지만 경험되어지는 방식에 따라서는 기질이 남아있는 유여열반계(saupādisesa)와 아무런 기질도 남아있지 아니한 무여열반계(anupādisesa)로 두 가지가 있다. '닙바나는 고요함을 특징(santilakkhaṇā)으로 하나의 본성(sabhāva)을 가졌다'라는 문장에서 존재를 구성하는 무더기(khandhā)들의 지멸과 갈애의 영원한 지멸(止滅)이 고요함이라는 특징(santilakkhaṇā)의 표상이며, 고요함을 본성(santisabhāva)으로 갖는다는 의미이다. 여기서 '남아있는 기질이 없다'라는 것은 수다원도(道)에서 영원히 유신견(有身見, sakkāya diṭṭhi)[164]이 소멸한다는 의미이다. 그 순간부터 수다원에게는 자아에 대한 교리(att-vāda)에 대한 집착이 더 이상 일어나지 않는다. [또한 회의적 의심도 영원히 소멸한다. 더 이상 회의적 의심이 마음에서 일어나지 않는다]

이와 같이 어떤 법(현상)들은 영원히 소멸하고 더 이상 나타나지 않게 된다. 이것을 남아있는 기질이 없는 지멸이라 한다. 지멸(止滅)이란 사라짐(bhaṅga), 죽음(maraṇa), 무상(anicca)함을 뜻하는 지멸(止滅)이 아니고 일어남과 태어남(uppādajāti)에서 벗어난다는 의미이다. 사라짐, 죽음 그리고 무상을 의미하는 소멸과 닙바나의 지멸을 구분지어야 한다. 지멸(止滅)과 고요는 같은 것이다. 형성되지 않은 요소(asaṅkhata

164) 유신견은 자아의 교리(atta-vāda)에 대한 집착으로 오온에 대해 네 가지로 자아를 상정하는 것으로 M44/i.300, M109/iii.17 등의 경에서 ① 오온을 자아라고 수관하는 것 5가지 ② 오온을 가진 것이 자아라고 수관하는 것 5 가지 ③ 오온이 자아 안에 있다고 수관하는 것 5 가지 ④ 오온 안에 자아가 있다고 수관하는 5가지로 총 20가지를 들고 있다. 이 개념은 하나의 무더기 혹은 다른 무더기(khandha)들 안에 영원한 실재, attā가 있다고 여기는 믿음(견해)으로 사견(邪見)이다. PED와 아비담마 길라잡이(하), p.596. 초불, 대림 각묵 역-역주-

dhātu), 성스러운 고요함을 특징으로 하는 대열반에는 유여열반(saupādisesa)과 무여열반(anupādisesa)이 있다.

질문) 내재된 성품으로 고요함을 특징으로 하는 대열반(mahānibbāna)이 유여열반(saupādisesa)인가?

답변) [예시] 어떤 사람의 몸에 1,500개의 오염들이 있다고 하자. 지혜의 요소(vijjāmayadhātu)라는 약을 한 번 투약해서 그것들의 1/4이 뿌리가 뽑히고 치료가 되어 가라앉았다. 두 번째 투약으로 조금 더 오염들이 치료되었고 가라앉았다. 세 번째 투약으로 마찬가지로 어느 정도의 오염들이 치료되고 가라앉았다. 그리고 네 번째 투약으로 남아있는 모든 오염들은 흉터 하나 남기지 아니하고 치유되고 가라앉았다. 마치 어머니로부터 갓 태어난 상태가 된다.

이 예에서 각각의 오염들은 이것은 어떤 오염이고 저것은 어떤 오염이라는 개별적인 형태를 갖고 있으므로 모두 합해보면 1천500가지가 된다. 하지만 오염들이 가라앉고 치유가 되면 이것이 하나의 치료·가라앉음, 저것이 또 다른 하나의 치료·가라앉음이라고 표현할 수가 없다. 그러므로 형태를 가지고 있는 오염들만 하나, 둘, 셋부터 1,500까지 셀 수가 있다. 반면에 형태가 없는 '1,500개의 오염들의 가라앉음과 치유'는 농일하게 하나이다.

질문) 오염(종기)들의 형태가 많은데 치유·가라앉음의 형태도 많지 않을까?

답변) 그렇지 않다. 오염(종기)들은 하나, 둘, 셋 하면서 염증이 있는 곳을 많이 헤아릴 수 있다. 하지만 상처가 치유가 되어 가라앉으면 고름이 남아 있는가? 당신은 이것은 어느 형태의 종기가 치유된 것이고 저것은 등으로… 보여줄 수 있는가? 종기의 고름은 치유·가라앉음의 흠이 아니다. '오염과 치유·가라앉음이라는 용어는 표현상 함께 사용하지만 의미로는 서로 정반대이다.

이 두 가지 용어를 함께 사용하면 혼란스럽다. 오염(종기)이 있으면 치유·가라앉음은 없다. 치유가 되었다면 오염(종기)은 존재할 수가 없다. 그것들이 가지고 있는 자연적인 성품 때문에 그것들은 상극이고 서로 함께 하지 못한다. 오염은 표상이 있는(sanimitta) 담마이다. 이 말은 흠과 형태라는 표상을 가진 담마라는 뜻이다. 치유·가라앉음은 표상이 없는 (animitta) 담마이다. 형태도 없고 흠도 없는 표상이 없는 담마라는 뜻이다. 그러므로 아주 많은 오염(종기)들이 있다고 하여도 치유·가라앉음은 오로지 하나라고 알아야 한다.

몸에 난 종기(오염)의 치유·가라앉음은 물론 앞으로 이 몸에 생겨 날 종기의 치유·가라앉음도 하나이다. 같은 것이다. 계속되는 과거의 생에서 생겨났던 종기의 치유·가라앉음은 현생에서 나타나는 종기의 치유·가라앉음은 물론 미래에 나타나게 될 종기의 치유·가라앉음도 역시 같은 것으로 하나이다. 어떤 사람의 몸에 난 종기의 치유·가라앉음은 하나로 같은 것일 뿐만 아니라 백 명, 천 명, 십만 명, 백만 명, 천만 명, 무량한 존재들의 몸에 난 종기의 치유·가라앉음도 역시 같은 것으로 하나이다. 사람들의 형상이나 종기들의 형태들은 표상이 있는(sanimitta) 담마이다. 이 말은 그것들은 형상과 표상과 형체가 있는 것들로 둘, 셋, 넷 등으로 헤아릴 수 있다는 뜻이다.

반면에 지멸(止滅)은 표상없는(animitta) 담마이다. 이 말은 형상도 없고, 표상도 없어서 둘, 셋, 넷 하면서 셀 수 있는 형체가 없다는 말이다. 세상에는 정말로 오염의 치유·가라앉음이라고 하는 위대한 구원이 있다. 오염이 돼서 고통을 받고 있는 사람은 수승한 도움에 귀의하고 구원을 받기 위하여 약을 먹는다. 치유가 될 시간이 오면 위대한 구원을 얻는다. 그들은 치유되고 오염은 가라앉는다. 그러므로 치유와 가라앉음이라고 하는 위대한 구원, 위대한 피난처가 정말로 있다고 알아야 한다. 표상없는(animitta) 담마인 치유와 가라앉음을 둘, 셋 등으로 많이 있다고 받아들여서는 안 된다.

바로 종기가 난 사람들이 많고 그들의 몸에 난 종기의 형태가 많은 것처럼 치유와 가라앉음이 많다고 생각할 것이다. 하지만 종기와 치유·가라앉음의 형태는 완전한 반대로 그것들은 서로 섞일 수가 없다. 단지 언어상으로만 함께 사용된다. 마찬가지로 불의 위험과 불의 소멸간의 차이, 폭류의 위험과 폭류의 소멸의 차이를 구분해야 한다. 오염과 오염들의 소멸·가라앉음 간의 차이를 알지 못한다면 닙바나라는 용어를 이해하지 못할 것이다. [이것이 유여열반(saupādisesa)을 설명하기 위한 예(例)이다.]

(1) 수다원도(sotapatti-magga)를 증득하면 20가지의 자아에 대한 사견(有身見, sakkāya-diṭṭhi), 62가지 사견(micchā-diṭṭhi), 10가지 극단적 입장을 취하는 견해인 변집견(邊執見)(antaggāhika-diṭṭhi,) 3가지 정해진 운명으로 이끄는 결정사견(決定邪見)(niyata-micchā-diṭṭhi,) 8가지 회의적 의심과 16가지 회의적 의심(vicikicchā)이 영원히 사라신다.

(2) 사다함도(sakadāgāmi-magga)를 얻으면 거친 탐욕과 성냄(kāmarāga, byāpāda)이 영원히 사라진다.

(3) 아나함도(anāgāmi-magga)를 얻으면 미세한 탐욕과 성냄(kāmarāga, byāpāda)이 영원히 사라진다.

(4) 아라한도(arahattamagga)를 얻으면 색계선정(rūpa jhāna)과 색계에 대한 집착(rūparāga) 그리고 무색계선정(arūpa jhāna)과 무색계에 대한 집착(arūparāga), 자만(māna)및 무명(avijjā)같은 모든 오염들이 동시에 그리고 영원히 사라진다.

(1) 수다원도를 얻으면 다시는 사악도(apāyajāti)에 떨어지지 않는다. 최대로 일곱 번 더 선처에 윤회한 다음 괴로움을 끝낸다.

(2) 사다함도를 얻으면 선처에 두 번 더 태어난(kāmajāti) 다음에는 다시 태어남은 없다.

(3) 아나함도를 얻으면 모든 욕계의 선처(kāmajāti)로는 다시는 돌아오지 않는다.

(4) 아라한도를 얻으면 오직 현생의 무더기(蘊)들만 남는다. 모든 색계와 무색계의 태어남은 영원히 끝이 난다. [이것이 네 가지 도를 얻을 때 소멸되는 오염들로 지금까지 네 가지 도를 얻을 때 '태어나게 되는 존재의 무더기(jātikhandhā)'들이 지멸되는 경우를 네 가지로 나누어 설명하였다]

이제 1,500 종기들의 소멸·가라앉음을 네 개의 도(magga)를 증득할 때 얻어지는 네 개의 무더기들의 지멸과 비교해보자.

ㅡ. 첫 번째 단계에서 오염들의 지멸

ㅡ. 두 번째 단계에서 오염들의 지멸

ㅡ. 세 번째 단계에서 오염들의 지멸

ㅡ. 네 번째 단계에서 오염들의 지멸

ㅡ. 또한 '태어나야만 하는 무더기들의 지멸'이 네 번이 있다.

이러한 모든 지멸은 조건지어지지 않은 대열반(asaṅkhata mahā nibbāna)이란 측면에서 동일하다. 오염들과 존재를 구성하는 무더기(khadhā)들은 많다. 오염들과 존재를 구성하는 무더기들은 하나, 둘, 셋, 넷, 다섯 등으로 셀 수 있는 형태와 표상이 있는 담마(nimitta-dhamma)이다. 반면에 이것들의 지멸은 형태와 표상이 없는 담마(animitta-dhamma)로 둘, 셋 등으로 셀 수가 없다. 오염들과 존재를 구성하는 무더기들은 그것들의 지멸과 완전하게 반대가 된다. 비록 당신이 물과 불을 섞을 수 있다고 하여도 '오염들과 오온' 그리고 '오염들과 오온의 지멸'은 섞일 수가 없다. 만약 오염들이 남아있고 존재를 구성하는 무더기들이 있다면 거기에 지멸은 없다. 오염들과 존재를 구성하는 무더기들이 지멸한다면 그것들(오염과 무더기들)은 나타나지 않을 것이다.

마치 몸에 난 종기가 치유되고 가라앉은 상태와 식별되는 것처럼 오염들과 존재를 구성하는 무더기들은 그것들의 지멸과 차이가 있는 것과 같다. 돌고 도는 윤회 속에서 오염들과 존재를 구성하는 무더기들의 지멸은 있다. 이것은 정말로 위대한 피난처, 귀의처, 구원이다. 예류도(sotāpattimagga)를 증득하면 정말로 몇몇 오염들과 존재의 무더기들이 지멸된다. 사견(邪見, diṭṭhi)과 회의적 의심(vicikicchā)이 사라지고 더 이상 사악도(四惡道)에 떨어지지 않게 된다. 사견과 회의적 의심이 사라지고 사악처에 떨어지지 않는다는 사실은 결코 변하지 않는다. 그것들은 소멸이 되면 영원히 지속된다. 다음 단계(道)의 도에 의하여 지멸되는 것도 이와 같다.

'오염들과 존재를 구성하는 무더기들(오온)의 지멸'이라는 표현은 지멸된 오염과 무더기들은 앞으로 다시는 일어나지 않는다는 뜻이다. 결코 미래에 그러한 오염과 무더기들이 다시 나타나지 않는다. 그것들의 일어남도 없고(uppāda) 태어남(jāti)도 없다. 네 가지 도(道)에 의해서 사라지고 지멸되는 네 단계가 있다는 말은 오염들과 존재들의 무더기들이 많이 있다는 의미로 알아야 한다. 미래에 다시 나타나지 않는 오염들과 존재의 무더기들이라는 것은 실제적으로 표상과 형태를 갖춘 오염들과 존재의 무더기들(오온)이 아니라는 말로 그것을 보기는 어렵다.

위와 같은 표현은 다음과 같은 의미를 분명하게 보이기 위함이다. 네 가지 도(道)에 의해 이미 얻어진 지멸(닙바나)은 정말로 하나이고 같은 것이다. 저 닙바나와 아라한이 죽을 때 마지막 업에서 생긴 물질의 지멸 이후에 얻은 반열반인 닙바나도 역시 하나이고 같은 것이다.

유여열반(saupādisesa)

…그래서 무더기의 반열반(khandhā-parinibbāna)을 포함하여 다섯 가지 특별한 지멸(止滅)이 있다. 이 5가지 가운데에서 앞의 세 가지 지멸은 몇몇의 오염들과 존재의 무더기(khandhā)들을 남긴다. 네 번째 지멸은 어떠한 오염도 남기지 않지만 현재를 살아가는 무더기들은 남아있다. 다섯 번째 지멸은 현재의 존재를 구성하는 무더기들도 남기지 않는다. 앞의 네 가지 지멸이 유여열반(saupādisesa nibbāna)이다. 아직 그 사람의 육신은 살아있다. 오염들이 지멸되면 미래생의 새로운 존재도 지멸된다.

무여열반(anupadisesa)

…다섯 번째 지멸은 사람이라는 존재를 구성하는 어떠한 무더기들도 남아 있지 않은 지멸이다. 미래의 존재를 구성하는 요소들의 지멸, 형성된 것이 아닌 대열반(asaṅkhata mahānibbāna)을 무여열반(anupadisesa)이라 한다.

예를 들어 어떤 사람이 자신이 지은 업의 과보(vaṭṭa-vipāka)로 땅에 묻히게 되었다. 업의 과보로부터 자유롭게 되는 때가 되면 우선 그의 목과 머리가 땅 속으로부터 나와 햇빛(sky-light)에 노출된다. 두 번째로 가슴과 상체가 땅으로부터 빠져나와 햇빛에 노출된다. 세 번째로 무릎 윗부분이 빠져나와 햇빛에 노출된다. 네 번째로 발목 윗부분이 빠져나와 햇빛에 노출된다. 다섯 번째로 발을 포함하여 온몸이 구덩이에서 모두 빠져나와 햇빛에 노출된다.

위의 예에서 노출된 햇빛이라는 단어가 다섯 번 언급되었다 하여도 햇빛은 하나이고 모두가 같은 것이다. 바로 그렇게 수다원도(sotapatti magga)의 순간에 어떤 오염들이 소멸되고 미래의 존재를 구성하는 어떤 무더기들의 소멸은 정말로 그 시간부터 닙바나를 얻은 것이다. 수다원은 이미 그 시간부터 (어느 정도는) 닙바나에 들었거나 닙바나를 얻은 것이다.

수다원도의 순간에 수다원은 확실하게 오염들의 지멸을 얻고 존재를 구성하는 무더기들의 지멸을 경험한다. 오염들의 지멸과 존재를 구성하는 무더기들의 지멸이 정말로 있다고 알아야 한다.

어떤 사람들은 '잘못된 견해의 지멸과 회의적 의심의 지멸은 아직 닙바나가 아니다.'라고 생각한다. '악처에 다시 태어나지 않게 되는 것은 아직 닙바나가 아니다'라고 생각한다. '다시 태어남의 지멸과 미래의 존재를 구성하는 무더기들의 지멸도 아직 닙바나가 아니다.'라고 한다. 그리고 '닙바나란 오로지 모든 오염들과 존재를 구성하는 모든 무더기들의 지멸만이 닙바나이다.'라고 생각한다. 이것은 잘못이다.

잘못된 사견과 회의적 의심이라는 두 가지 오염의 지멸과 미래의 존재를 구성하는 무더기들의 지멸은 그가 대열반(mahāparinibbāna)에 들 때까지 영원히 지멸된 상태를 유지한다. 그 지멸(止滅)이 사라지거나, 잘못된 견해(사견)혹은 회의적 의심이 다시 일어나거나 악처에 다시 떨어져 괴로움을 다시 겪는 일은 결코 없다.

예류도의 순간에 오염들과 존재를 구성하는 무더기들은 이미 사라지고 원상태로 돌아오지 못한다. 그 지멸은 영원히 지속된다. 이 지멸과

보다 높은 단계의 도(道)의 순간의 지멸 그리고 무더기들의 반열반(khandhaparinibbāna)의 순간에 일어난 지멸은 완전하게 연결되어 있고 하나로 같은 것이다. 시작도 없는 윤회 속에서 도와 과의 순간에 소멸되는 오염들의 소멸과 존재를 구성하는 무더기들의 지멸도 역시 하나로 같은 것이다. 만약 그것들이 다른 것이라고 한다면 형태와 표상으로 차이를 식별해 보라.

연등불의 가르침으로 도과를 이미 얻은 분들의 오염이나 존재를 구성하는 무더기들은 이미 지멸되었다. 이 지멸은 성품에 따라 영원히 존속되므로 지멸의 끝은 없다고 하더라도 출발점은 있지 않겠느냐는 주장이 있다고 가정해보자. 진실로 증득은 시작이 있지만 지멸(닙바나)은 시작이 없다.

그 이유는 무엇인가? 어느 곳에 독성이 강한 나무가 있다고 해보자. 그 나무는 죽어야 다른 나무가 올라온다. 이 나무들의 수명은 백 년이다. 셀 수도 없는 세월이 흐르면서 한 나무가 죽고 다른 나무가 다시 자라는데 이것은 헤아릴 수가 없다. 미래에도 무량한 세월 속에서 그 나무가 재생할 기회는 무한하다. 그때 어떤 사람이 그 나무의 독성을 보고는 그 나무를 없애려고 뱀의 어금니를 밀어 넣었다. 당시에 그 나무의 수령은 50살이었는데 그 해에는 꽃도 피지 않았고 과일도 열리지 않았다. 이제 나무는 꽃이 피고 열매가 달리는 것은 끝이 났다. 더 이상 씨앗의 발아는 없다. 그 나무는 나머지 50년 동안 더 이상 꽃을 피우지도 않았기에 열매도 열리지 않았다. 드디어 나무는 죽었다. 독성이 강한 씨앗의 발아(發芽)도 없었다. 무량한 세월을 통해 계속 재생을 하며 자라났을 셀 수도 없는 나무들의 성장 기회는 영원히 끝이 난 것이다.

여기에서 그 해에 꽃과 열매를 맺지 않고 계속 재생을 하며 자라났을 셀 수도 없는 나무들의 지멸이란 더 이상 새로운 꽃도 피지 않고 새로운 열매도 없으며 이로 인해 다시 솟아나는 새로운 나무들도 없다는 것을 뜻한다. 왜냐하면 그것들은 결코 나타나지도 않았기 때문이다. 뱀의 독을 나무에 주입하면 나무를 성장하게 만드는 영양소가 말라버려서 더 이상 새로운 꽃이나 열매 그리고 새로 땅에서 솟아나오는 새순과 같은 것은 모두 끝나버린다. 꽃들, 열매들 그리고 나무들과 같은 말의 개념(paññatti)들과 다시 재생하는 것과 관련된 꽃, 열매 나무들과 같은 개념들도 이미 꽃, 열매 그리고 그 나무와 함께 모두 사라져버렸다. 그러므로 '소멸되었다, 사라졌다'와 같이 과거형으로 말하는 것이 좋겠다.

마찬가지로 연등불의 가르침으로 도과를 얻지 못하여 앞으로도 계속해 일어났을 모든 오염들과 태어날 존재를 구성하는 모든 무더기들도 역시 도를 얻는 그 순간에 모두 지멸이 되었다. 모두 꺼져버렸다. 사람, 존재, 오염, 존재를 구성하는 무더기들과 같은 개념(paññatti)도 마찬가지로 그러한 오염들과 존재를 구성하는 무더기들의 지멸과 함께 모두 이미 끝나 버렸다.

그러니 일어난 지멸은 과거형의 시제로만 말하는 것이 적당하다. 그러한 오염들과 존재를 구성하는 무더기들은 일종의 요소이다. 하지만 더 이상 나타나지 않는 지멸은 다른 것이다. 타오르는 불의 요소와 이 요소의 꺼짐이 정반대인 것처럼 오염들과 존재를 구성하는 무더기들의 요소와 더 이상 일어남이 없는 고요의 성품을 가진 지멸은 정반대이다. 그것들은 서로 섞일 수 없으며 오버랩 될 수 없다. 오염이라는 상태 그리고 존재를 구성하는 무더기들의 상태에는 고요함의 요소, 지멸의 요소가 없다. 마찬가지로 지멸인 고요함의 상태에는 오염이라는 요소도 없고 존재를 구성하는 무더기들도 없다. 오염들과 존재를 구성하는 무더기들과 관련된 개념(paññatti)도 역시 지멸인 고요함이라는 요소에는 가까이 할 수 없다.

시작도 없는 세월 속에서 모든 부처님들이 출현한 각각의 시대에는 24아승지 6천 10만 명의 사람들이 해탈하였다. 각각의 시대에 24아승지 6천만하고도 십만 명의 사람들이 대열반에 들었다. 그들이 해탈할 때 욕계, 색계, 무색계로부터 자신들의 이름이라는 개념도 함께 사라졌다. 시작도 없는 윤회에서 24아승지 6천만하고도 십만 명의 사람들이 아승지겁 단위(asaṅkheyya batch)로 대열반에 들었다. 시작도 없고 헤아릴 수도 없는 윤회에서 자유를 얻은 사람들은 더 이상 태어나지 않았고 조건지어진 요소들의 종식인 궁극적 실재인 대열반계(paramatha mahā-nibbāna dhātu)에 들었다.

아주 큰 무명의 어둠 때문에 다시 태어나게 만드는 '존재에 대한 갈망과 갈애(bhava-rāga, bhava-taṇhā)'를 가진 많은 중생들은 붓다께서 조건지어지지 않은(asaṅkhata) 담마를 설하실 때에 백 길(athū)이나 되는 위험한 구덩이에 떨어지는 두려움을 느꼈다. 그때 공(空, suññata)에 대한 법문을 비구와 함께 듣고 있던 실론에 사는 사견을 가진 어떤 브라흐만이 발 디딜 곳 없는 구덩이에 떨어지려는 위험을 느끼며 손을 위로 번쩍 올리며 한 길 정도 뛰어올라 두려운 마음에 뛰쳐나갔다. 집으로 돌아와 그는 두 손으로 얼굴을 감싸고 떨고 있었다. 무슨 일이냐고 아들이 물어보자 위험한 구덩이에 떨어지는 두려움 때문에 도망쳐 왔다고 말해주었다.

그 조건지어지지 않은 담마(asaṅkhata dhamma)는 정말로 무명의 어리석음(avijjā moha)이 거의 없는 사람에게, 윤회와 악처(apāya)의 위험과 고통을 이미 본 사람에게는 그리고 감각적인 욕망과 존재에 대한 갈망이 거의 없는 사람에게는 진실로 피난처가 된다. 조건지어지지 않은 담마는 어떤 사람이나 중생의 관심사항도 아니고 존재를 구성하는 무더기들과의 접촉도 아니다. 석가모니나 깨달음을 얻은 분들이나 아라한들의 존재를 구성하는 무더기들이 지멸될 때 그들은 형성되지 않은 것을 얻었다고 한다. 형성되지 아니한 표상이 없는(animitta) 담마는 앞쪽의 끝(former edge)도 없고, 이것의 시작을 알리는 일어남(uppāda)도 없고, 태어남(jāti)도 없다. 또한 마지막 끝(later edge)도 없다. 이것의 끝을 의미하는 사라짐(bhaṅga)도 없다. 시방세계에 존재하는 것인지 존재하지 않는 것인지를 알려주는 표상도 없고 흔적도 없다. 이 부처님의 시대에는 이런 것이고 저 부처님의 시대에서는 저런 것이라고 식별할 수 있는 시작도 없고 끝도 없다. 이것은 시작도 없는 윤회(anamatagga saṁsāra) 속에서 영원히 존재하는 형성되지 않은 담마(asaṅkhata dhamma)일 뿐이다. 연등불 재세시의 닙바나나 고따마 부처님 재세시의 닙바나는 둘이 아니고 같은 것이다. 어떤 이들은 닙바나에 드신 분들이 많았으므로 그 분들 각자가 들어간 닙바나도 많을 것이라고 오해한다. 머릿속의 추론에만 의지하였기에 이런 일이 생긴다.

이것으로 유여열반(saupādisesa nibbāna)과 무여열반(anupadisesa nibbāna)에 대한 설명을 마친다.

2. 공한 열반, 표상없는 열반, 원함없는 열반

특징에 따라 분류하면 열반은 세 가지이다.(akārabhedena tividhaṁ hoti).

ㅡ. 순냐따(suññata, 공한 涅槃) : 모든 장애(palibodha)들의 공(空)함을 보는 열반

ㅡ. 아니밋따(animitta, 無相涅槃) : 형상없음, 표상 없음, 이미지 없음, 출현(出現)없음을 보는 열반

ㅡ. 압빠니히따(appanihita, 無願涅槃) : 원하는 모든 갈애로부터의

벗어남을 대상으로 삼는 열반(출처 : 아비담맛따상가하)

1) 공한 열반(suññata nibbāna)

지복(至福)인 고요함에 방해가 되는 것을 일컬어 장애(palibodha)라 한다. 심지어 아라한과(果)를 포함한 모든 유위법(有爲法, saṅkhata dhamma)은 장애이다. 왜? 아라한이 속행의 마음(arahattajavana citta)을 일으키려고 한다면 적당한 순간에 적당한 시간과 적당한 마음의 상태를 유지하려는 노력이 필요하다. 아라한의 속행의 마음은 무상하고 변화하기 마련인 현상(viparināma dhamma)이므로 매 순간 사라져간다. 그래서 그 상태에 들어가려면 다시 어느 정도의 노력을 해야 한다. 만약 하루에 백 번의 자와나 마음을 얻고자 한다면 백 번을 거듭 노력해야 한다. 하지만 이러한 백 번의 노력을 통해 자와나의 마음이 나타났을지라도 결국에는 사라진다. 자와나의 마음은 원한다고 영원히 지속될 수 있는 담마가 아니기 때문이다.

그러므로 아라한의 과(果)는 일종의 장애인 괴로움(palibodha dukkha)이고 그것을 일으키기 위한 성가신 노력을 기울여야만 하는 담마이다. 반면에 괴로운 장애가 없는 형성되지 아니한 법(無爲法, asaṅkhata dhamma)이 있다. 태어남이 없는 닙바나는 그것을 일으키려는 성가신 노력도 괴로운 장애도 없다. 무상한 담마가 아닌 닙바나에는 더 이상 괴로움인 장애가 없다. 그것을 확립하려고 성가시게 반복해서 노력해야만 하는 것도 없다.

◉ 장애인 괴로움1. 열반을 증득하기 위하여 수많은 생들에서 보시와 지계 등과 같은 바라밀을 닦아야만 하는 성가심

◉ 장애인 괴로움2. 마지막 태어남이 되는 생에서 계청정, 심청정 등과 같은 칠청정을 닦아야 하는 번거로움

위에 두 가지 장애들은 닙바나의 번거로움이 아니다. 그것들은 오로지 닙바나의 증득을 원하는 자가 길을 감에 있어 방해가 되는 오염들을 제거하기 위한 번거로움이다.

안개가 낀 것처럼 눈앞이 캄캄한 맹인이 해와 달을 보기 위해서는 장애인 괴로움(palibodha dukkha), 즉 눈을 치료하는 약을 먹어야 하는 번거로움을 감수해야 한다. 여기서 장애(palibodha)는 보이지 않는 눈 때문에 야기된 번거로움일 뿐이다. 마찬가지로 닙바나와 관련된 장애(palibodha)도 이와 같이 이해하여야 한다. [이것이 공(空)한 열반이다.]

2) 무상열반(無相涅槃, animitta nibbāna)

표상이 없는 열반(animitta)을 무상열반이라 한다. 조건지어진 현상(saṅkhata dhamma)들은 표상과 이미지 그리고 나타남이 분명하다. 과거에 이미 지멸된 하나의 아라한과(果)의 마음은 오로지 그것 하나이고, 현재에 잠시 일어난 과의 마음은 다른 것이다. 그리고 아직 일어나지 않은 미래에 일어나게 될 과(果)의 마음은 역시 또 다른 것이다. 이 사람의 아라한과와 저 사람의 아라한과는 다른 것이다. 이렇게 아라한과(果)의 마음들은 둘, 셋, 넷, 백만, 아승지 등으로 무량하다. 하물며 조건지어진 현상(saṅkhata dhamma)들이야 언급할 필요도 없다.

표상이나 이미지 그리고 출현이 없는 담마인 닙바나는 분리된 두 개의 것이라고 식별할 수 없다. 즉 '이 닙바나는 오래 전의 것이고 저 닙바나는 새로운 것이다.'라고 식별할 수 없다. 닙바나는 이미 대열반(parinibbāna)을 성취한 개개인들에 따라서 그리고 존재를 구성하는 각각의 무더기(khandha)들에 따라서 둘, 셋 등으로 헤아릴 수가 없다. 닙바나는 방향에 따른 차이가 없다. 즉 방향에 따라 식별할 수가 없다. '동쪽에서 이미 닙바나를 증득한 사람들의 닙바나는 동쪽에 있고 서쪽에서 닙바나를 증득한 사람들의 닙바나는 서쪽에 있다.'라고 말할 수 없다. '닙바나들 간에는 차이가 없다.' '붓다의 닙바나는 성스럽고 여자 노예의 닙바나는 저열하다.'고 말할 수 없다. '세상에서 윤회의 끝은 있다. 윤회의 지멸은 있다. 태어남의 지멸, 존재를 구성하는 무더기들의 지멸, 바로 조건지어지지 않은 요소인 무위법(無爲法, asaṅkhata dhamma)은 있다' 는 말은 진실이다. 이 표상 없음(animitta)의 상태에 대해서는 이미 앞의 유여열반과 무여열반의 장에서 자세히 설명하였다. [이것이 표상없는 열반(animitta nibbāna)이다]

3) 무원열반(無願, appanihita nibbāna)

원함이 없는 열반(appanihita)이다. 조건지어진 현상인 유위법(有爲法, saṅkhata dhamma)은 기대하는 가운데 나타난다. 어떻게 나타나는가? 우리의 행복은 연속적인데 낮은 행복, 중간 정도의 행복, 성스러운 행복, 더욱 성스러운 행복, 가장 성스러운 행복이 그것이다. 천인(데바)들과 범천(브라흐마)들의 행복도 마찬가지이다. 만약 어떤 사람이 조금 행복하다면 그는 중간단계의 행복과 보다 성스러운 행복을 마음속으로 원한다. 만약 성스러운 행복을 경험하고 있다면 보다 성스럽고 그리고 최고의 행복을 원할 것이다. 비록 그가 최고로 성스러운 행복을 얻었다 할지라도 그것은 무상한 법(anicca dhamma)이므로 쉽게 스러지고 사라진다. 그래서 그는 다시 새롭고 새로운 행복을 갈구하게 된다.

짝까왓띠왕과 같은 인간의 행복, 짜뚜마하라지까왕, 도리천의 삭까천왕, 수야마(suyāma)왕, 상뚜시따(samtusita)왕, 수님미따(sunimmita)왕, 와사왓띠(vasavatti)왕과 같은 천인의 행복 ; 초선천의 왕인 범천의 행복이란 정말로 무상해서 흩어지고 변화해간다. 그들은 자신들이 지은 유익한 업이 남아 있는 동안 잠시 그것을 즐기지만 지은 선업이 다하면 그들은 죽어서 몸은 흩어지고 사라져버린다.

시작도 없는 윤회에서 어떤 사람은 이미 셀 수도 없이 짝까왓띠라는 인간의 왕으로 거듭 태어났었고, 셀 수도 없이 삭까 왕으로 태어났었다. 왕이라는 존재는 현실에서는 꿈에서도 나타나지 않지만 그는 여전히 짝까왓띠의 왕이 되고자 하는 욕망에 불타고 있다. 인간의 왕들과 천인 그리고 범천의 행복은 짠 바닷물과 같다. 바다의 소금물을 맛본 사람이 몇 날 며칠을 소금물을 마신다고 하자. 그런데 소금물은 마시면 마실수록 갈증이 커진다. 사대양의 물을 모두 마신다 해도 그는 여전히 목이 말라 죽어갈 것이다.

바로 그렇게 욕계, 색계, 무색계라는 삼계의 행복은 즐기면 즐길수록 갈애의 목마름은 심해지고, 갈망이 커질수록 고통은 더욱 커진다. 그렇게 즐기다 보면 행복은 사라지고 갈애에 휩싸여 죽는다. 그래서 아라한과(果)의 행복이어야 한다. 무상한 법이라면 그것을 즐기는 동안에 사라져버릴 것이므로 그는 여전히 새로운 즐김과 행복을 추구하게 된다.

갈애란 단지 타오름이고, 목마름이며, 확실한 괴로움이다. 인간의 행복, 천인의 행복 그리고 범천의 행복과 같은 세속적인 행복은 끈끈한 꿀이나 당밀과 같다. 범부인 인간, 천인, 범천은 꿀과 당밀의 달콤함 때문에 꿀에 빠져 죽는 개미와 같다.

바로 그렇게 끝도 없는 윤회에서 인간과 천인 그리고 범천들은 무상한 행복에 빠지고 갈애의 불에 휩싸여 죽는다. 이러한 모든 갈애는 대열반(mahāparinibbāna)을 얻으면 영원히 완전하게 그리고 남김이 없이 지멸한다. 아라한도를 증득하면 영원히 끝이 난다.

바로 그 순간부터 삼계의 행복을 갈망하는 갈애는 영원히 사라진다.

대열반을 맞는 죽음의 순간에 원함(chandapanidhi)은 영원히 지멸한다. 완전히 멈춘다. 그러므로 조건지어지지 않은 대열반(asaṅkhata mahānibbāna)을 원함이 없는 열반(appanihita nibbāna)이라 한다. [이것이 원함이 없는 열반(appanihita nibbāna)이다.]

모습에 따라(ākārabhedena) 공한 열반(suññata nibbāna), 표상없는 열반(animitta nibbāna), 원함없는 열반(appanihita nibbāna)이라는 세 가지 열반은 다음과 같은 3가지 특징을 아울러 가진다.

－. 모든 장애(palibodha)로부터의 자유
－. 모든 크기, 형상과 출현으로부터의 자유
－. 모든 갈애로부터의 자유

이러한 3가지 특징들 때문에 닙바나에는 세 가지 종류가 있다고 하는 것이다. 하지만 이러한 말들은 정말로 대열반(mahānibbāna) 하나로 귀결된다. 삼계에서 어떤 일을 하려는 수고로움은 단지 괴로움에 불과하다는 사실을 깨닫게 되면 그것들을 좋아하지 않게 된다. 그리고 닙바나의 특징인 모든 괴로움으로부터의 자유, 원함-없음, 성스러운 것임을 깨닫게 된다. 왜냐하면 모든 장애(palibodha)로부터 자유로운 영원한 닙바나만이 진정한 행복이기 때문이다.

다양한 종류의 위험, 적, 사고, 늙음, 죽음, 고통을 괴로움이라고 깨달은 사람은 그것들을 염오하고 표상없는 닙바나가 그들에게 성스럽다고 생각된다. 그런 위험들은 크고 작은 형태가 있고 물질을 가진 표상있는 법(nimitta dhamma)들에게만 영향을 미친다. 허공은 위험, 천둥, 불, 홍수, 태풍, 무기, 늙음, 죽음과 같은 것으로부터 영향을 받지 않는다. 바로 그렇게 형태도 없고, 표상도 없고 출현도 없는 표상이 없는 법(animitta dhamma)은 늙음과 죽음과 같은 위험으로부터 자유롭다.

욕망에 대한 갈애(kāmataṇhā)에 대한 타는 목마름을 가지고 영원히 사는 것은 괴로움이라고 깨달은 자 그리고 존재에 대한 갈애(bhavataṇhā)는 고통스러운 괴로움이라고 아는 사람들은 그것들을 아주 염오한다. 그래서 원함이 없는 특징을 가진 닙바나는 그들에게 성스러운 것으로 나타난다.

앞에서 말한 공(空)함과 표상 없음이라는 두 가지 특징은 존재에 대한 갈망이 아주 큰 사람들에게는 되어감-없음(非變成, non becoming), 존재-없음(不在, 非有, abhāva)으로 그리고 쓸모없는 것(tuccha)으로 나타난다. 그리고 감각적 욕망이 아주 큰 사람들에게 원함-없음이라는 특성은 되어감-없음(not becoming)으로, 존재-없음(abhāva)으로 그리고 쓸모없는 것(tuccha)으로 나타난다. 이러한 세 가지 특징을 바르게 이해하지 못하는 사람들에게 태어남의 지멸, 태어남의 완전한 종식은 되어감-없음(not becoming)으로, 존재-없음(abhāva)으로 그리고 쓸모없는 것(tuccha)으로 나타난다. 이것으로 공한 열반, 표상없는 열반 그리고 원함없는 열반이라는 두 번째 장을 마친다.

3. (열반에 대한 3가지) 질문과 답변

만약 닙바나가 오염(kilesa), 무더기(khandha)들의 일어남의 지멸, 완전한 지멸을 의미한다면

① 궁극적인 관점에서 닙바나가 어떻게 존재할 수 있는가?

② 닙바나는 왜 비교할 수 없는 성스러운 행복인가?

③ 닙바나는 왜 심오하고(gambhīra), 보기 어렵고(duddasa), 다루기 어렵고(sanha) 미세한가(shukhuma)?

1)궁극적인 관점에서 닙바나가 어떻게 존재할 수 있는가?

첫 번째 질문에 대한 답변 :

만약 그러한 오염들과 존재를 구성하는 무더기들의 일어남의 지멸도 없고 끝도 없다면 시작도 없는 윤회에서 영원히 존속하게 된다. 그리고 부처님과 모든 붓다들 그리고 제자들이 오염들과 무더기들을 지멸시키기 위하여 닦는 바라밀은 쓸모가 없을 것이다.

하지만 깨달음에 필요한 바라밀(pārami)을 구족한 보살은 오염들과 존재를 구성하는 무더기들의 일어남의 지멸을 확실하게 증득할 것이다. 그것들을 완전하게 끝낼 것이다. 만약 오염들과 무더기들의 일어남의 지멸 그리고 그것들의 완전한 끝냄이 진짜로 존재하지 않는다면, 단지 개념(paññatti)에 불과하다면 진짜 붓다들과 아라한들은 이 세상에 없었을 것이다. 그러나 오염들과 존재를 구성하는 무더기들의 지멸(止滅)은 정말로 존재하므로 오염이 없는 진짜 붓다들도 계시었고 아라한들도 정말로 존재했었다.

세상에는 분명히 많은 질병들이 일어난다. 반면에 질병들의 소멸-가

라앉음도 확실히 존재한다. 질병의 치유·가라앉음이 없다면 발생한 질병의 치유는 영원히 불가능하고 환자는 결코 그 질병으로부터 회복되지 못할 것이다.

하지만 그렇지 않다. 치유·가라앉음은 정말로 존재한다. 질병으로부터 이미 회복된 환자들도 역시 존재한다. 그러므로 이 세상에는 치유·가라앉음이 존재한다고 알아야 한다. 바로 이렇게 오염들과 존재를 구성하는 무더기들의 지멸도 있다고 역시 알아야 한다.

만약 어떤 사람이 '우리는 지멸이 없다고 하지 않는다. 지멸이 있음을 확신하지만 지멸이란 단지 실현할 수 없는 개념(abhāva paññatti)에 불과한 용어'일 뿐이라고 한다면 '그것은 궁극적 실재이다. 그것은 궁극적 실재가 아니다. 그것은 개념적 용어로서 존재한다.'라고 어떻게 말할 수 있겠는가? 이렇게 분명하게 말하려면 개념(paññatti)과 궁극적 실재(paramatta)와의 차이 그리고 표상이 있는 궁극적 실재(nimitta paramatta)와 표상이 없는 궁극적 실재(animitta paramatta)를 구분하는 법을 보여주어야 한다.

다음의 네 가지는 궁극적 실재(paramatta)에서만 얻어질 수 있는 것들이다.

-. 식별(pariññā kicca) = 통달해야 하는 일(discerning)
-. 수행(bhāvanā kicca) = 닦아야 하는 일
-. 버림(pahāna kicca) = 제거해야 하는 일(dispelling)
-. 조우(sacchikarana kicca) = 직접적으로 체험하는 일

① 식별 혹은 통달(pariññā kicca)

식별(pariññā kicca)에는 두 가지가 있다. 법들의 고유한 특징을 식별

하는 것과 그 법들을 무상(無常), 고(苦), 무아(無我)라는 세 가지 특상으로 식별하는 것이다. 만약 지혜가 타고난 법의 성품(sabhāvattha)을 확고하게 파악하였다면 그것은 진짜로 궁극적 실재(paramattha)이다. 만약 법이 가지고 있는 고유한 성품을 확실하게 식별하지 못하였다면 그것은 개념(paññatti)이다.

예시] 마술사가 흙덩이를 금덩이로 보이게 하였다. 그러나 그것을 흙덩이로 본다면 당신은 그것의 타고난 성품(sabhāvattha)을 식별할 것이다. 만약 금덩이로 보이면 전혀 식별하지 못할 것이다. 흙덩이는 오로지 흙으로만 만들어진 것으로 금이 아니다. 바로 이렇게 사람, 존재, 남자 혹은 여자라는 개념(paññatti)을 관통지(pariññā ñāna)로 철저하게 조사해 보면 거기에는 더 이상 사람도 없고, 존재도 없으며, 남자 혹은 여자도 없음을 알게 된다. 만약 그 사람, 존재, 남자 혹은 여자의 몸을 관통지를 가지고 명상을 하게 되면 거기에는 다만 딱딱함, 응집, 뜨거움과 차가움이라는 성품만이 있다. 딱딱함과 응집 등의 성품은 관통지에 더욱 뚜렷하게 나타나 점점 더 강해지고 강해지게 된다. 딱딱함, 응집 등의 성품이 더욱 현저해지면 해질수록 여성이나 남성 혹은 여자라는 것은 없다는 증거가 분명해 진다. [이것이 통달해야만 하는 일(pariññā kicca)로 궁극적 실재(paramattha)와 개념(paññatti)과의 차이이다]

② 수행(bhāvanā kicca)

닦아야만 하는 일(Bhāvanā kicca)이란 힘을 얻고, 날카로워지고 계속 진전되도록 법을 닦는 것이다. 만약 한 곳에 마음을 집중하는 삼매를 단계적으로 닦는다면 육신통(abhiññā)을 이루게 될 것이다. 만약 단계적으로 지혜(pañña)를 닦는다면 아라한도를 이루게 될 것이다.

관통지(pariññā ñāṇa)로 식별되지 않는 개념(paññatti)을 어떻게 계속해서 닦아나갈 수 있는가? 닦을 수가 없다. 그것은 마치 허공을 닦거나 갈아서 힘이 있게 만들려는 것과 같다. [이것이 닦아야 하는 수행을 통해 알아본 궁극적 실재와 개념의 차이이다]

③ 버림(pahāna kicca)

버림(pahāna kicca)이란 악을 버리는 것이다. 탐욕(lobha)과 성냄(dosa)과 어리석음(moha)이 많다면 지옥(apāya)에 떨어진다. 이것들을 버리면 인간과 천인의 행복을 얻는다. 선정들을 통해 장애를 버리면(vikkhambhana) 색계의 범천과 무색계 범천들의 행복을 얻게 된다. 만약 그것들을 영원히 버리고 완전히 끊어버리면(samuccheda) 출세간의 도(道)와 과(果) 그리고 닙바나를 얻게 된다.

식별의 지혜(pariñña ñāṇa)로 얻을 수 없는 어떤 개념(paññatti)을 많이 닦았기 때문에 사악처에 떨어지는 일도 없고, 어떤 개념을 없애버렸기 때문에 천인이나 범천의 세계에 나거나 열반을 증득하는 일은 없다.

사람이나 중생, 여자나 남자로 생각되어지는 개념은 사실상 존재하는 것이 아니다. 개념을 없애 버리지 않더라도 그것이 당신을 사악처로 인도할 수는 없다. 사람이라는 개념을 버리고 천인이나 범천이라는 개념을 생각한다고 해서 천인이나 범천이 되는 것은 결코 아니다.[이것이 버림이라는 과업을 통해 알아본 개념과 궁극적 실재와의 차이이다]

④ 조우(sacchikarana kicca)

조우란 몸과 지혜로 경험한다는 의미이다.(kāya ñāṇa).[165] 부처님께서"진리에 도달하려면 네 가지 upadhi[166]가 없는 불사(不死)의 요소를 몸으로 체득하면서 도와 관련된 법들을 받들어 행하고 닦고 많이 공부지

---

165) Kāyena amataṃ dhātuṃ, phusayitvā nirūpadhiṃ[itivuttaka pāḷī]-역주-

166) '존재의 기초(substratum of existence)'. 주석서에 의하면 4 가지가 있다. ① 오온(五蘊, khandha) ② 애욕(愛欲, kāma) ③ 번뇌(煩惱, kilesa) ④ 업(業, kamma) -PED-역주-

어야 한다"고 하셨다.

> pahitatto samāno kāyena ceva paramasaccaṃ sacchikaroti paññāya ca naṃ ativijjha passati. [majjhimapaṇṇāsa caṅkī sutta]
> 노력할 때 몸으로 최상의 진리를 실현하고 통찰지로써 그 것을 꿰뚫어 본다.(M59, 짱끼경)

자신의 몸과 마음, 다섯 무더기의 몸을 버리게 되는 가장 성스러운 진리인 지멸을 증득해야 한다. 그리고 도과(道果)에 대한 반조는 물론 가장 성스러운 진리인 지멸을 꿰뚫어 보아야 한다. 조우-체험(sacchi-karaṇa)이 무엇인지 빠알리 성전에 근거하여 이해하여야 한다. 불사(不死, amataṃ)인 닙바나를 어떻게 직접 체험할 수 있는가? 머리에 붙었던 불이 꺼졌다고 해보자. 불이 붙은 부분도 내 몸이고, 꺼진 부분도 내 몸이라고 쉽게 느낄 수 있을 것이다. 몸에 났던 작은 부스럼이 가라앉으면 그 작은 발진도 내 몸이라고 인식이 되고, 그 발진이 가라앉은 부분도 내 몸이라고 생각한다. 위나 가슴에 통증이 있으면 통증이 있음을 알 수 있고, 가라앉으면 가라앉은 것도 몸을 통해 알 수 있다.

어떤 사람이 범행의 대가로 10일 후에 사형이 집행된다는 선고를 법정에서 받았다고 하자. 그러면 그 사람은 '10일이 지나면 나는 교수형에 처해질 것이다'라는 근심과 걱정으로 잠을 못이루는 밤을 지새우게 된다. 그런데 5일이 되는 날, 그는 특별사면을 받았다. 사형을 면하게 되자 그의 근심은 사라졌다. 그에게 선고된 죽음이라는 형벌은 그 어떠한 것보다도 가혹하였다. 이 죽음의 공포로 일어난 근심이나 특별사면을 받아 안도하는 마음은 쉽게 느껴진다. 이것은 그 사람만의 체험이다. 다가올 모든 위험들 때문에 속을 태우던 근심의 가라앉음도 마찬가지로 알아야

한다. [이것이 세상에서 일어난 위험의 일어남과 가라앉음이라는 개인적인 체험이다.]

유신견(有身見, sakkāya diṭṭhi)은 가슴 속에 영원히 박힌 대못과 같다. 회의적 의심(vicikicchā)도 마찬가지이다. 1500개의 오염들도 가슴 속에 박힌 영원한 대못이다. 지옥에 떨어지게 만드는 씨앗들이고 지옥의 가마솥이며 지옥불이다. 1500개의 오염들로부터의 자유를 원하는 자는 많은 생을 통해 바라밀(pāramī)을 닦아야 하고 마지막 생에서도 계청정을 포함한 칠청정을 닦아야 한다.

예류도(sotāpatti magga)를 얻으면 유신견과 회의적 의심이라는 불타는 2개의 큰 쇠못이 가슴에서 제거된다. 지옥의 씨앗이며 가마솥이 되는 유신견과 회의적 의심이 소멸되는 것이다. 사악처에 떨어지게 만들 천만 개 이상의 악업(duccarita)들이 모두 함께 사라진다. 더 이상 걱정해야 할 지옥의 고통(apāya dukkha)은 존재하지 않는다. 영원히 사라진다. 이 두 개의 큰 쇠못을 가슴에서 뽑아내는 것은 직접 체험을 통해 몸으로 알 수 있다.

이것이 몸으로 하는 체험(kāya sacchikarana)이다. 존재가 소멸된 불사(不死)의 요소를 몸으로 체득하는 것이다.(kāyena amataṁ dhātuṁ phusitvā nirūpadhi). 자신의 가슴 속에 박혀있는 큰 쇠못 두 개가 이미 제거되었음을 보는 것이 '지혜로 체험한다.'는 의미이다. [몸과 지혜로 경험한다]

화살이나 대못이 몸에 박힌 사람은 고통스럽다. 박힌 화살과 대못을 제거하고 상처를 치료하여 가라앉게 되면 이것 역시도 몸에서 느끼고 체험한다. '내 몸에 박힌 화살과 대못은 이미 제거되었다. 상처는 치유되고 가라앉았다.'라고 지혜가 보고 마음으로 경험하는 것이다.

가슴 속에 항상 남아있던 지옥에 떨어지게 할 씨앗의 사라짐, 지옥 가마솥의 사라짐, 지옥불의 꺼짐, 중생을 지옥에 떨어지게 만들 악업(duccarita kamma)의 지멸, 사악처에 떨어지는 것의 종식이 유신견(有身見)과 회의적 의심(vicikicchā)과 함께 완전하게 지멸된다.

[위의 예시들을 비교해보라. 그리고 그대 스스로 이해하라]

미래에 지옥에 떨어질 수도 있는 존재의 다섯 무더기들(오온)의 지멸이 수다원도(sotāpatti-magga)에서 이루어진다. '지옥에 떨어질 수도 있는 오온(五蘊)은 이미 내게서 사라졌다. 나는 이제 지옥의 위험으로부터 자유롭다'라는 확신으로 그는 큰 희열과 기쁨을 느낀다. '지옥에 떨어질 수도 있는'라는 표현을 잘못 오해하면 지옥에 떨어질 수도 있는 오온의 지멸도 역시 미래에 이뤄진다고 잘못 생각할 수도 있다.

예류도를 얻는 순간에 사견인 유신견(sakkāya diṭṭhi)과 회의적 의심(vicikiccā) 등의 소멸이 형성되지 않은 대열반(asaṅkhata mahānibbāna)이다. 예류자에게는 아직도 몇몇 오염들과 오온이 남아있으므로 예류자의 형성되지 않은 대열반(asaṅkhata mahānibbāna)은 유여열반(saupādisesa nibbāna)이라 부른다.

유신견(sakkāya diṭṭhi)과 회의적 의심(vicikiccā) 등의 지멸이 영원히 존재된다. 무여열반(anupādisesa nibbāna)과 마찬가지이다. 개념(paññatti)들에는 큰 화살이나 대못을 뽑아내어 그 아픔이 치유되고 가라앉음을 본인의 몸으로 직접 체험할 수 있는 것과 같은 몸으로 체득할 수 있는 개념(kāya sacchi karaṇa paññatti)은 없다.

궁극적 관점에서 여성요소를 가지고 있는 여자를 '남자'라는 개념으로 불러준다고 하여 남자가 되는 것은 아니다. 마찬가지로 궁극적 실재로서 남성요소를 가진 남자를 '여자'로 호칭한다하여 여자가 되지는 않는다. 가난한 사람을 '부자, 거부, 행복, 주인'이라고 부른다 해서 '부자, 거부, 행복, 주인'이 되지는 않는다. 질병 때문에 고통받고 있는 사람을 '건강한 사람'이라고 부른다 해서 건강해 질 수 없다. 이와 같이 몸으로 계속해서 느낄 수 있는 개념이나 몸으로 체험할 수 있는 개념(kāya sacchi karaṇa paññatti)은 없다.

그러나 불사(不死)인 닙바나는 '몸으로 직접 체득'(kāyasacchikaraṇa) 가능하다. 왜 그러한가? 타는 듯한 고열로 인한 고통이 지속되어 몸부림을 멈출 수 없는 환자가 있다고 하자. 그때 강력한 지혜의 약을 복용하자 열이 즉시 내리고 치료가 되었다. 이러한 치유·가라앉음은 몸으로 직접 경험할 수 있다. 그는 크게 기뻐하며 '얼마나 행복한가! 정말로 이제는 고요해졌네!'라고 계속해서 말한다.

① 머리에 두통의 일어남 그리고 그것의 치유 · 가라앉음
② 눈에 눈병의 일어남 그리고 그것의 치유 · 가라앉음
③ 귀에 이통의 일어남 그리고 그것의 치유 · 가라앉음
④ 코에 비통의 일어남 그리고 그것의 치유 · 가라앉음
⑤ 입안의 통증, 치통, 혀의 통증, 이빨과 혀의 통증의 일어남 그리고 그것들의 치유 · 가라앉음
⑥ 폐에 질병의 생김 그리고 그것의 치유 · 가라앉음
⑦ 간에 질병의 일어남 그리고 그것의 치유 · 가라앉음

이렇게 몸에서 질병의 일어남과 치유 · 가라앉음은 정말로 몸으로 체험할 수 있다. 그래서 그는 크게 기뻐하며 '참으로 행복하다! 이제는 정말로 고요하군!'이라고 끝도 없이 찬탄한다. [바로 이것이 질병의 일어남

과 치유 · 가라앉음을 직접 몸으로 체험하는 것이다.]

사랑하는 아들과 아내를 잃고 큰 슬픔에 휩싸인 사람은 지혜의 말씀인 담마를 들으면 마음이 고요해진다. 그들은 몸과 마음으로 근심과 탄식의 소멸·걱정을 체험한다. 원하는 것들의 사라짐과 사랑하는 사람들의 죽음 때문에 속이 타는 슬픔이 즉시 가라앉는 것도 이와 같다고 알아야 한다. 지은 죄가 있어 사흘 후에 사형이 집행된다는 소식을 듣는 순간 그 죄수는 사형이 집행되면 나는 죽는다라는 생각이 곧 계속해서 일어난다. 몸과 마음이 큰 근심에 빠진다. 이런 큰 걱정으로 속이 타고 있는데 누군가의 도움으로 그 다음날, 특별사면을 받았다고 하자. 특별사면이 선포되면 셋째 날에 집행될 죽음의 위험은 사라진다. 하지만 이런 근심은 직접 그 소식을 들을 때에만 멈춤이 가능하다. 그때가 되면 마음이 고요해짐을 분명하게 알 수 있다. 이 육체와 정신을 통해 쉽게 느낄 수 있는(kāyasacchikaraṇa) 일시적 고요함 조차도 존재하는데 하물며 끝없는 윤회에서 속을 태우는 근심, 유신견과 회의적 의심의 완전한 지멸, 불사(不死)인 열반의 체험(kāyasacchikaraṇa)이 어떻게 없다고 할 것인가? 정말로 불사인 열반(amarita nibbāna)은 있다. 수다원(예류자)은 전 생애를 통해 다음과 같이 크게 기뻐한다. '언제나 함께 하던 유신견과 회의적 의심은 사라졌다. 그것들은 가라앉았고 극복되었다. 이제 해로운 행위(akusalakadhamma)들은 지멸되었다. 극복되었다. 지옥에 떨어질 위험은 이제 사라졌다. 그것을 넘어섰다.'

이러한데 궁극적 관점에서 육체적인 몸(kāyasacchikaraṇa kicca)과 지혜로 체험하는(ñāṇasacchikaraṇa kicca) 닙바나가 실존하지 않겠는가?

이것으로 만약 오염들의 일어남과 존재를 구성하는 무더기들의 지멸을, 그것의 완전한 종식을 닙바나라고 할 때 궁극적 관점에서 닙바나는 어떻게 존재하는가에 대한 첫 번째 질문에 대한 답을 마친다.

2)닙바나는 왜 비교할 수도 없는 성스러운 행복인가?

두 번째 질문에 대한 답변

세상에는 두 가지 종류의 행복이 있다. ① 고요한(가라앉음) 행복(santi sukha) ② 즐김으로 인한 행복(vedayika sukha)이 그것이다.

고요한 행복(santi sukha)의 의미

① 마음에 들지 않던 일(anittha dhamma), 불행한 일(vipatti dhamma)들의 소멸·가라앉음 혹은 극복과 사라짐(과거)

② 정말로 닥친 원하지 않는 일들, 근심의 소멸·가라앉음 혹은 극복과 사라짐(현재)

③ 원하지 않는 일들, 근심의 소멸·가라앉음 혹은 극복과 사라짐. 예를 들어(미래에) '그 일이 정말 일어날까? 끝나겠지? 그렇게 되면 쉽지 않겠는데…'와 같은 생각들이 소멸한다.

이와 같은 세 가지 행복은 어떤 대상 때문에 일어난 느낌을 즐김으로 인한 행복이 아니다. 이것은 사실 바람직하지 않은 것들로부터의 자유와 그것들의 소멸과 극복에서 오는 고요한 행복(santi sukha)이다. 우리는 이러한 가라앉음으로 인한 고요한 행복(santi sukha)을 얻을 수 있다. 때로는 위험으로부터 벗어나기 위하여 우리의 돈과 재물을 포기해야 할 때도 있다.

1아나(인도 화폐인 1루피의 1/16)를 지불해서 얻어지는 고요함

4아나를 지불하여 얻어지는 고요함

8아나 1짯(미얀마 화폐)을 지불하여 얻어지는 고요함

10짯을 지불하여 얻어지는 고요함

20, 30, 40, 50, 100, 200, 300, 400, 500, 1,000 짯을 지불하여 얻어지는 고요함

이천, 삼천, 사천, 오천, 일만, 십만, 백만을 지불하여 얻어지는 고요함

생물과 무생물을 지불하여 얻어지는 고요함

자신의 도시와 왕국을 포기하여 얻어지는 고요함

사악처에 떨어질 위험에 처한 자신의 목숨을 포기함으로써 얻어는 고요함

이렇게 어떠한 종류의 위험이냐에 따라 자신이 모아 놓은 재물을 포기하여 얻어질 수 있는 가라앉음의 행복(santi sukha)이 있을 수 있다. 자따까의 이야기 중에 사께따 시(市)에 살고 있던 대부호의 부인이 수년 동안 두통으로 고생하다가 사십만 짯을 주고 두통을 고쳤다는 이야기가 나온다. 또 라자가하의 대부업자는 두통만 사라진다면 자신의 재산을 모두 주겠다고 말했다. 어떤 왕은 다른 나라에 포로로 잡혔을 때 자신의 왕국과 재산을 모두 포기하고 고요함을 얻었다. 이렇게 움켜쥐지 아니하고 포기함으로써 마음에 들지 않고 불행한 두려움(anittha vipatti bhaya)으로부터 벗어나서 얻게 되는 행복을 고요한 행복(santi sukha)이라 한다.

즐김으로 인한 행복(vedayika sukha)

인간, 천인 그리고 범천(브라흐마)의 풍요로움(富)을 즐기는 데서 오는 행복이 즐김으로 인한 행복이다. 이렇게 행복에는 고요한 행복(santi sukha)과 즐김으로 인한 행복(vedayika sukha)이 있다. 이 두 가지 행복 가운데 고요한 행복이 더욱 수승하고 즐김으로 인한 행복은 차원이 낮다.

앞에 나온 자따까 이야기에서 그 대부업자는 수천만에 달하는 재산을

포기함으로써 두통으로부터 벗어나 고요함(행복)을 얻었다. 어떤 왕은 자신의 도시와 왕국, 왕좌와 궁전을 포함해서 자신이 가지고 있던 모든 것(풍요로움)을 포기함으로써 죽음의 위험으로부터 벗어나 고요함을 얻었다. 안팎의 불타는 위험에 직면한 사람에게는 비록 짝까왓띠(Cakkavatti)왕의 전 재산이 자기 것이라 하여도 쓸모가 없고 도움이 전혀 되지 않는다. 그러므로 고요한 행복(santi sukha)이 즐김으로 인한 행복(vedayika sukha)보다 고귀한 것으로 알아야 한다.

고요한 행복은 괴로움(dukkha dhamma)을 겪고 있는 사람들의 피난처이다. 미래에 닥칠 근심거리로 걱정하고 있는 사람들에게 고요한 행복은 피난처이다. 이런 상처로 힘들어 하고 있는 자들에게 법의 요소(法界, dhamma dhātu)는 유일한 안식처이다. 그러한 질병을 치유할 수 있고 가라앉힐 수 있는 것은 법의 요소밖에 없다. 다른 방법이 없다. 열반·적정을 얻으려면 병을 치유하는 약부터 먹어야 한다. 이렇게 모든 괴로움을 종식시킬 수 있는, 열반·적정을 성취할 수 있는 법의 요소(法界)가 있음을 알아야 한다.

모든 중생들은 유신견(有身見, sakkāya diṭṭhi)과 회의적인 의심(vicikicchā)을 가지고 있다. 그래서 8대 지옥에 떨어질 수 있다. 중생들 가운데 가장 수승하다는 신들의 왕(bhavagga)들 조차도 168개의 소지옥(ussada)에 떨어질 수 있다. 그들은 아귀(peta)나 아수라(asurakāya) 혹은 축생으로 태어나기 쉽다. 또한 그들은 모든 종류의 질병 때문에 고통을 받는다. 무기나 병장기의 위협을 받고, 불이나 홍수, 폭군, 강도, 도둑들과 적들을 만나야만 하는 위험에 빠지기 쉽다.

바로 이렇게 유신견과 회의적 의심이 있다면 가장 수승한 신들의 왕(bhavagga)이라 하여도 죽어서 사냥꾼이나 어부(漁夫)로 태어나기가 쉽다. 도둑이나 강도, 어머니나 아버지를 죽이는 살인범이나 아라한을 죽인 살인자가 되기가 쉽다. 비록 한 번 더 가장 수승한 중생의 몸을 받는다고 하여도 부처님의 몸에서 피를 흘리게 하거나 비구 승단을 분열시킬 가능성이 있다. 혹은 26가지의 잘못된 사견(micchādiṭṭhi)을 지니거나, 항상(恒常)한다고 하는 사견(niyata micchādiṭṭhi) 때문에 세계가 종말을 맞아도 벗어날 수 없는 무간지옥(無間地獄, avīciniraya)에 떨어지기가 쉽다. 그러니 인간이나 천인 혹은 낮은 세계의 중생들은 더 이상 말을 할 필요도 없다.

인간이나 천인 혹은 범천이 누리는 행복은 사라지기가 쉽고, 지옥들에 떨어질 가능성은 무한하게 크다. 오로지 수다원 도과를 성취할 때만이 이와 같은 모든 위험들로부터 벗어나 자유를 얻게 된다. 그래서 부처님은 법구경에서 말씀하셨다.

> pathabyā ekarajjena, saggassa gamanena vā,
> sabbalokādhi paccena, sotāpattiphalaṁ varaṁ
>
> 대륙을 지배하는 최고의 황제가 누리는 풍요로움보다도, 천신들의 즐거움보다도, 온 세상의 우두머리인 범천이 누리는 풍요로움보다도 수다원과가 더욱 고귀하다.

수다원의 도과(道果)는 앞에서 말한 미래에 일어날 가능성이 있는 모든 것들로부터의 완전한 해탈, 형성되지 않는 요소(asaṅkhata dhātu)인 고요한 행복(santi sukha)을 성취한다. 그러므로 수다원과(果)는 짝까왓띠 왕이나, 천신들, 혹은 범천의 왕이 누리는 풍요로움보다도 고귀하다. 약이 훌륭한 것은 많은 질병(정신적 타락)들을 치유하여 가라앉음의 행복인 고요한 행복(santi sukha)을 얻게 만들기 때문이다. 비록 나환자이지만 수다원이었던 숩빠붓다는 미래에 닥칠 위험들로부터 자유롭지 못한

짝까왓띠의 왕이나 천신들의 왕 혹은 풍요로움을 즐기는 범천의 왕보다도 몇 배나 고귀하다. 이것으로 '오염들(kilesa dhamma)과 존재를 구성하는 무더기(khandha)들의 일어남의 지멸은 인간과 천인 그리고 범천이 누리는 풍요로움보다도 더욱 크고 성스러운 축복일 수 있는가?'라는 질문에 대한 답을 마친다.

3)열반은 얼마나 심오하고 다루기 어렵고 미세한 특성들로 가득 차 있는가?

세 번째 질문에 대한 답변

만약 오염들과 무더기(五蘊)들의 일어남의 지멸(止滅), 그것들의 완전한 종식을 닙바나라 한다면 닙바나는 얼마나 심오하고(gambhīra), 보기 어렵고(duddasa), 다루기 어렵고(saṇha) 미세한(sukhuma) 특성들로 가득 차 있는가? 우리가 만약 닙바나를 얻지 못해 윤회(saṁsāra)를 계속해야 한다면 거듭되는 생들 속에서 얼마나 많은 괴로움의 시간을 보내야만 하며, 어느 정도의 괴로움을 받아야만 하는지 생각해 보아야 한다.

중생들은 끝이 보이지 않는 세월 속에서 괴로움의 윤회(dukkha vaṭṭa)를 계속해야 한다는 사실을 생각해보면 윤회의 끝, 돌고 도는 괴로움(vaṭṭa dukkha)의 종식인 닙바나는 정말로 심오한 것이다. 괴로움의 윤회가 시작하는 점은 알려져 있지 않고(anamatagga), 크기는 헤아릴 수 없으며, 괴로움은 끝이 없으므로 닙바나는 무한한 평화, 무한한 고귀함, 무한한 행복이다.

만약 무명(avijjā)의 해로움이 얼마나 되는지 상상할 수 있다면 무명의 소멸이 얼마나 수승한지 알 수 있을 것이다. 1,500가지 오염들의 각각의 소멸도 이와 같이 알아야 한다. 시작도 알 수 없는 윤회에서 자기가 언제 출현하였는지 알기 어렵고 막막한 일이다. 중생들은 자기가 어떻게 출현하였는지 알 수가 없다. 그리고 자신의 소멸의 끝을 이해하기란 요원한 일이다. 분명하게 지멸이라는 요소, 자신들의 종식이라는 요소가 있음에도 꿈도 꾸지 못한다. 부처님의 법을 들어 안다고 하여도 자신이 직접 닙바나를 본다는 것은 아주 어려운 일이다.[167] 수많은 생을 바라밀을 닦아 충족이 되어야 닙바나를 증득할 수 있다.

심지어 내 몸에 있는 지(地), 수(水), 화(火), 풍(風)이라는 궁극적 실재인 사대요소를 특징(lakkhaṇa), 역할(rasa), 나타남(paccupaṭṭhāna), 가까운 원인(padaṭṭhāna)으로 정의하여 알고, 그것들이 무상(anicca), 고(dukkha), 무아(anatta)임을 깨닫는 것은 아주 어렵고도 심오한 일이다. 내 몸에 있는 이 요소들이 실체가 없는 무아임을 확실하게 깨달은 다음에야 보기 어렵고 심오한 닙바나를 증득할 수 있다. 이것으로 세 번째 질문에 대한 답과 아비담맛타 상가하에 나오는 닙바나에 대한 설명의 장(saṅkhepakaṇḍa)을 마친다.

---

167) 궁극적 실재를 의미하며, 여기에는 물질, 마음, 마음부수 그리고 열반(닙바나)이 있다. -역주-

제2장. 자세하게 설명하는 장(Vitthārakaṇḍa)

1. 7가지 닙바나

제2장은 자세하게 설명하는 장(Vitthārakaṇḍa)이다. 빠알리 경에 다음과 같은 용어들이 나온다.

nibbutā, parinibbutā,
nibbuto, parinibbuto,
nibbuti, parinibbuti,
nibbāyī, parinibbāyī,
nibbāti, nibbāyati,
nibbānti, nibbāyanti 등,

이 말들은 모두 고요함, 열반(닙바나)을 의미한다. 지금부터 열반(nibbāna), 반열반(parinibbāna)과 같이 여러 수식어가 붙은 모든 종류의 닙바나에 대하여 자세하게 설명하겠다. 요약하면 열반(닙바나)이라고 말하는 경우는 모두 일곱 가지가 있다.

① 사견을 가진 자들이 말하는 열반(micchādiṭṭhi nibbāna)
② 세속적인 것들의 열반(sammuti nibbāna)
③ 순간적인 열반(tadaṅga nibbāna)
④ 선정을 통한 일시적인 열반(vikkhambhana nibbāna)
⑤ 제거를 통한 출세간적인 열반(samuccheda nibbāna)
⑥ 아라한과(果)의 열반(patipassaddhi nibbāna)
⑦ 여읨을 통한 열반(出離涅槃, nissaraṇa nibbāna)

1) 사견을 가진 자들이 말하는 열반(micchādiṭṭhi nibbāna)

이것은 불교 교단 밖에 있는 사견(micchādiṭṭhi)을 가지고 있는 자들이 생각하는 열반으로 5현법열반론(五現法涅槃論, pañca diṭṭha dhamma nibbāna vāda)이라고 하며, 중부의 뿌리에 대한 법문경(mūlapariyāya)에도 '열반을 열반으로 인식한다(nibbānaṁ nibbānato sañjānāti)…'[168] 등으로 나온다.[169]

Idha bhikkhave ekacco samaṇo vā brahmaṇo vā evaṁ vādi hoti evaṁ diṭṭhi, yato kho bho ayaṁ attā pañcahi

---

168) 이 경의 해당 내용은 다음과 같다. - 그는 열반을 열반으로 인식한다. 열반을 열반이라 인식하고는 [자신을] 열반이라 생각하고, [자신을]열반에서 생각하고, [자신을]열반으로부터 생각하고, 열반을 내 것이라 생각한다. 그는 열반을 기뻐한다. 그것은 무슨 까닭인가? 그는 그것을 철저히 알지 못했기 때문이라고 나는 설한다. 맛지마니까야 제1권, 대림스님옮김, 초불, pp.153~154. -역주-

169) 여기서 열반(nibbāna)이라는 것은 "존자여, 이 자아는 다섯 가닥의 얽어매는 감각적 욕망을 마음껏 충분히 즐깁니다. 존자여, 이런 까닭에 이 자아는 지금·여기에서 구경의 열반을 실현한 것입니다.'라는 방식으로 다섯 가지로 설한 지금·여기에서의 구경의 열반(parama-diṭṭhadhamma nibbāna)을 말한다고 알아야 한다.(디가 니까야 제1권 '범망경(D1)'§§3.20~3.24참조) 이 열반을 즐기면서 갈애에 기인한 허황된 생각이 일어나고, '나는 열반과 함께하고, 열반을 얻었다.'라고 자만에 기인한 허황된 생각이 일어나고, 열반이 아닌 것을 열반이라고, 영원함 등이라고 취하면서 사견에 기인한 허황된 생각이 일어난다고 알아야 한다."(MA.i.38)
한편 복주서는 "다섯 가지 방법으로 '지금·여기에서의 구경의 열반(parama-diṭṭhadhamma nibbāna)'을 말한다는 것은 외도들의 주장인데, 그것은 감각적 욕망의 행복과 네 가지 색계선의 행복을 말한다."(MAT.i.89)라고 덧붙이고 있다.
이 '다섯 가지로 설한 지금·여기에서의 구경의 열반(parama-diṭṭhadhamma nibbāna)'은 범망경(D1)§§3.20~3.24에 그대로 나타나고 있다. 범망경(D1)은 62가지 삿된 견해를 밝히고 있는 중요한 경이다. 62가지 견해는 과거에 관한 것 18가지와 미래에 관한 것 44가지 인데 이 5가지는 이 미래에 관한 44가지 가운데 맨 마지막으로 나타나고 있다. 62견에 대해서는 디가 니까야 제1권 해제 §5-(1)과 범망경(D1)을 참조하기 바란다. 한편 맛지마니까야의 범망경이라 부를 수 있는 제4권 '다섯과 셋 경(M102)§§17~24에는 네 가지 지금·여기에서의 열반이 논의되고 있다. 이 부분도 참조하기 바란다. 맛지마니까야 제1권, 대림스님옮김, p.153 각주70) -역주-

kāmaguṇehi samappito samaṅgībhūto paricāreti, ettāvatā kho bho ayaṁattā paramadiṭṭha dhamma nibbānaṁ patto hotīti.

여기 비구들이여, 어떤 사문이나 브라흐만은 이와 같이 말한다. "도반이여, 이 자아가 5가지 감각적 쾌락에 대한 욕망들을 즐깁니다. 도반이여, 이런 까닭에 정말로 이 자아는 지금·여기에서의 구경의 열반을 실현한 것입니다."170)

다음 5가지는 사견을 가지고 있는 자들이 주장하는 지금·여기에서의 열반에 대한 내용이다.

① 인간과 천인들은 자신들이 좋아하는 만큼 감각적인 욕망을 즐긴다. 이 자아(atta)가 현세에서(diṭṭhadhamma) 바로 그 성스러운 열반을 실현한다고 한다. 이것보다 성스러운 현세의 다른 열반은 없다고 한다. [첫 번째 열반, 잘못된 첫 번째 견해]

② 자아가 감각적인 쾌락과 욕정들로부터 벗어나 초선정을 얻어 초선정에 든다. 그의 자아가 지금·여기에서의 열반을 실현한 것이라고 한다. 이것보다 성스러운 다른 열반은 없다고 믿는다. [두 번째 열반, 잘못된 두 번째 견해]

③ 바로 그렇게 오로지 두 번째 선정인 이선정만을 증득하고는 이것이 수승한 현세의 열반이라 믿는다. [세 번째 열반, 잘못된 세 번째 견해]

④ 단지 세 번째 선정인 삼선정을 얻고는 이것이 수승한 현세의 열반이라 한다. [네 번째 닙바나, 잘못된 네 번째 견해]

⑤ 단지 네 번째 선정인 사선정만을 얻고는 이것이 수승한 현세의 열반이라 한다. [다섯 번째 열반, 잘못된 다섯 번째 견해]

---

170) 원본에는 빠알리어만 있는 것을 역자가 번역해 넣었음.-역주-

이것에 대해 중부의 뿌리에 대한 법문 경에 이르기를

nibbānaṁ nibbānato sañjānāti, nibbānaṁ nibbānato saññatvā nibbānaṁ maññati, nibbānto maññati, nibbānasamiṁ maññati, nibbānaṁ meti maññati, nibbānaṁ abhinandati, taṁ kissa hetu, apariññātaṁ tassāti vadāmi. [mūlapariyāya sutta pāḷi]
열반을 열반이라 인식한다, 열반을 열반이라 인식하고는 [자신을] 열반이라 생각하고, [자신을] 열반에서 생각하고, [자신을] 열반으로부터 생각하고, 열반을 내 것이라 생각한다. 그는 열반을 기뻐한다. 그것은 무슨 까닭인가? 그는 그것을 철저히 알지 못했기 때문이라고 나는 설한다.

이 경에서 사견을 가진 자가 지금·여기에서의 열반과는 다른 주장을 하고 있다.171)

2) 세속적인 것들로부터 벗어난 열반(Sammuti nibbāna)

이 세상에 있는 불과 관련된 위험의 소멸, 홍수와 같은 위험의 종식,

---

171) 붓다는 중부의 뿌리에 대한 법문경에서 사견을 가진 자들이 주장하는 잘못된 열반에 대한 관념에서 벗어나 바른 열반에 대하여 다음과 같이 설한다. ".....그는 열반을 열반이라고 최상의 지혜로 잘 알아 [자신을] 열반에서 생각하지 않아야 하고, [자신을] 열반으로부터 생각하지 않아야 하고, 열반이 자신이라고 생각하지 않아야 한다. 그는 열반을 기뻐하지 않아야 한다. **그것은 어떤 이유인가**? 그는 그것을 철저히 알았기 때문이다.……중략……탐욕으로부터 벗어났기 때문이다.……중략…… 성냄으로부터 벗어났기 때문이다.……중략……어리석음으로부터 벗어났기 때문이다." 이렇게 붓다께서는 현세에서 얻을 수 있는 것으로 철저히 앎, 탐욕으로부터의 벗어남, 성냄으로부터의 벗어남, 어리석음으로부터의 벗어남을 설했다. 맛지마니까야 제1권, 뿌리에 대한 법문 경(M1) 대림스님 옮김, 초불, pp.158~pp.169 참조 -역주-

폭군으로 인한 위험의 종식, 적들이라는 위험의 종식, 강도와 도둑들과 같은 위험에서 벗어난 평화로움, 전쟁의 위험에서 벗어난 평화, 배고픔에서 벗어남, 질병에서 벗어난 평화로움 등등과 같이 적, 형벌, 재해, 재앙, 재난과 같은 모든 위험들의 지멸을 세속적인 것들로부터 벗어난 열반이라 한다.

이 열반은 빠알리에 마음은 질병이 가라앉는 즉시 가라앉는다(mano nibbāti tāvade, rogo vūpasammati, antarāyo vūpasammati). 그때 마음이 소멸한다. 질병은 가라앉고 도중에 가라앉는다 등으로 나온다. 싯다르타가 붓다가 될 것이라는 예언을 듣고 끼사고따미는 '부인과 함께하지 못하겠구나(nibbātanūna sānāri)'로 시작하는 세 게송을 읊었다. 여기서 소멸하다(nibbutā)는 의미인 닙바나(nibbāna)는 세속적인 것들로부터 벗어난 삼무띠 닙바나를 뜻하기도 한다.

명망이 있는 가문의 외모가 출중하고 파워가 있고 잘 배운 남자의 사랑받는 아내, 그 훌륭한 아들을 둔 행복한 어머니의 생은 사는 동안 마음의 평화를 얻는다. 정신과 육체의 고통의 불이 꺼진(nibbutā) 것이 곧 평화로움이다. 사랑하는 부모, 할머니와 할아버지, 아들, 남편이 죽어 고통스러워하던 사람들이 담마를 듣고는 즉시 마음의 평온을 얻는다. 이 평화로움도 역시 삼무띠 닙바나이다. 빠알리 문헌은 말한다.

> svāhaṁ abbuḷahasallosami sītibhūtosami nibbuto
> na socāmi na rodāmi tava sutvāna māṇava
> 가족이 죽으면 맑고 청량함은 사라지네.
> 슬픔도 없고 탄식도 없는 것을 젊은이여, 배워라.

이 세속적인 것들의 열반의 특징(lakkhaṇā)은 오직 고요함(santi) 하나라고 하여도(소멸되어야 할) 괴로움은 아주 많다. 간단히 요약하면 다음과 같다.

위의 3가지의 지멸 ....삼무띠 닙바나 3
그러한 4가지 재난(upatti,더러움)의 지멸...삼무띠 닙바나 4
4가지 악처의 지멸......................................삼무띠 닙바나 4
5적으로부터의 평화....................................삼무띠 닙바나 5
8가지의 지멸 ....삼무띠 닙바나 8
10가지 형벌(danda)로부터의 평화.............삼무띠 닙바나 10
16가지 재난(upaddavo)의 지멸..................삼무띠 닙바나 16
25가지 위험의 지멸....................................삼무띠 닙바나 25
32가지 운명의 지멸....................................삼무띠 닙바나 32
96가지 질병의 치유-가라앉음.....................삼무띠 닙바나 96

자세히 말하자면 삼무띠 닙바나는 우주(cakkavāḷa nanta)처럼 넓고 무한하며, 중생들의 숫자만큼이나 많다. 이 삼무띠 닙바나는 중생들이 조건지어지지 않은 대열반(asaṅkhata mahānibbāna)을 성취하기 전까지는 피난처가 되고 귀의처가 된다. 제1장에서 고요한 행복(santi sukha)은 즐김에 의한 행복(vedayika sukha)보다도 고귀하다고 하였다. 이제 이 삼무띠 닙바나를 포함해서 생각해 볼 필요가 있다. 위에 나온 두 개의 자따까 이야기도 이 삼무띠 닙바나의 관점에서 살펴보아야 한다.

대부업을 하던 사께따의 부인은 두통을 치료하기 위하여(sammuti nibbāna) 사십만 루피를 지불하여야 하였다. 라자가하의 수천억대의 부자였던 대부업자도 두통에서 벗어날 수만 있다면(sammuti nibbāna) 가지고 있는 모든 동산과 부동산을 주겠다고 하였다. 만약 그 대부업자가 왕이었다면 왕의 전 재산을 포기하였을 것이다. 만약 그가 제왕이었다면 왕국의 모든 재산을 포기하였을 것이다. 사대륙을 통치하는 전륜성왕이었다면 사대륙을 모두 주었을 것이다. 두통이 사라짐이란 이만한 가치가 있다. 마찬가지로 수 년 동안 끊임없이 고통을 주던 치명적인 질병의 치유나 큰 위험들에서 벗어나 얻은 평화로움도 역시 가치가 있고 고귀하다.

궁극적 차원에서 존재한다. 이 '세속적인 것들의 열반'에서 '세속적'이라 하는 이유가 궁극적 차원에서 존재하는 것이 아니기 때문이 아니며, 또한 그것들이 개념(paññatti)이기 때문도 아니다. 하지만 이 '세속적인 것들의 열반'을 완전한 지멸인 조건지어지지 않은 대열반(asakhata mahā nibbāna)과 비교해 본다면 이것은 닙바나라고 할 수도 없다. 그럼에도 불구하고 지멸을 의미하는 닙부따(nibbuta), 웃빠산따(vūpasanta)라는 용어를 사용하기에 '세속적인 열반(삼무띠 닙바나)'이라고 하는 것이다. 이 삼무띠 닙바나는 '물질도 없고, 형상도 없는 궁극적 실재'와 같지는 않지만 '고요한(평화로운) 성품'은 존재한다.

만약 고요한 성품을 가진 궁극의 것이 아니라면 몸으로 체험(kāyasacchikaraṇa)할 수 없을 것이다. 몸으로 체험할 수 없다면 (자따까의) 그 대부업자들은 평화로움을 얻기 위하여 그 많은 재산을 포기하지 않았을 것이다. 이 지멸이 개념(paññatti)이라면 비록 그들이 많은 재물을 주었다하여도 두통에서 벗어나 몸의 평화로움를 경험하지 못하였을 것이다. 그런데 그들은 정말로 두통이 사라지고 가라앉음을 경험하였다. 그러므로 삼무띠 닙바나는 단지 표현상의 개념(paññatti)이 아니며 궁극적 실재의 성품과 같은 것임을 알아야 한다. [이것이 삼무띠 닙바나이다]

3) 순간적인 열반(tadaṅga nibbana)

질병에는 치료하는 약이 있는 것과 같이 우리에게는 유익한 담마와 해로운 담마가 있다. 유익한 담마는 해로운 담마를 일소시킬 수 있다. 유익한 담마는 해로운 담마를 일시적으로 쫓아버린다(tadaṅga pahāna). 이렇게 해로운 담마를 일시적으로 버리기 때문에 순간적인 소멸을 의미하는 열반(tadaṅga nibbāna)이라 한다. 이 순간적인 열반은 중부(majjhima nikāya) 근본오십품(mūlapaṇṇāsa)의 지워없앰경(sallekha)에 나오는 대로 알아야 한다.

① vihimsakassa purisapuggalassa avihimsā hoti parinibbānāya.[172)]

· 직역(역자)[173)] : 상해하는 사람에게 상해하지 않음이 있으면 (그것은) 완전히 꺼진다.[174)][175)]

· 의역(레디) : 습관적으로 다른 사람을 육체적이나 말로 괴롭히는 사람에게 다른 사람을 육체적이나 말로 해코지 하지 않기를 원하는 유익한 담마가 생기면 그 타오르는 해로움(akusala)은 가라앉게 된다.

---

172) 주석서는 이 문장을 두 가지 방법으로 설명한다. (1) 스스로 상해하지 않는 사람(attanā avihimsāka)은 자기의 상해하지 않음으로 상해하는 다른 사람의 상해함을 완전히 꺼지게 하도록 한다. (2) 스스로 상해하는 사람(attanā vihimsāka)은 자기의 상해함을 버리기 위해, 완전히 꺼지게 하기 위해 도를 닦아 상해하지 않음이 일어난다.(MA.i.194) - 맛지마니까야 제1권, 대림스님옮김, 초불, p.286. 각주284) -역주-

173) 여기부터 향후 44가지 모두는 레디 사야도의 의역이므로 역자가 빠알리어를 직역하여 두 개를 독자가 비교해 보도록 하였다. -역주-

174) 이 경의 앞부분은 다음과 같다. "쭌다여, 스스로 진흙탕에 빠진 사람이 다른 진흙탕에 빠진 사람을 끌어올린다는 것은 참으로 불가능하다. 쭌다여, 그러나 스스로 진흙탕에 빠지지 않은 사람이 다른 진흙탕에 빠진 자를 끌어올린다는 것은 가능하다. 쭌다여, 스스로 길들여지지 않았고 바르게 인도되지 않았고 [오염원들이] 완전히 꺼지게 하리라는 것은 참으로 불가능하다. 전게서, p.286. -역주-

175) 한편 대림스님은 이 구절들을 '상해하는 사람에게는 그것을 완전히 꺼지게 하기 위해 상해하지 않음이 있다.'라고 번역하였다.(전게서 p.286) 한편 냐냐몰리 스님은 이것을 '상해하는 사람이 상해함 없음을 갖게 되면 상해함이 소멸된다.(a person given to cruelty has non-cruelty by which to extinguish it.)'이렇게 번역하였다. 역자는 마하시스님의 의역과 냐냐몰리 스님의 번역에 따라 위와 같은 패턴으로 이하 44개의 구문을 직역하였으니 참조 바란다. -역주-

남을 해코지 하려는 해로운 마음(vihimsā)을 가라앉히고 남을 해코지 하기를 원치 않는 유익한 마음(avihimsā)을 갖게 되면 해코지하려는 마음은 사라진다. 남을 해코지하려는 마음이 남아 있지 않으면 남을 해하려는 마음은 소멸된다. 그래서 남을 해하려는 마음(vihimsā)의 지멸을 순간적인 열반(tadaṅga nibbāna)이라 한다. [뒤에 나오는 것도 이와 같이 알아야 한다.]

② pāṇātipātissa purisapuggalassa pāṇātipātā veramaṇi hoti parinibbānā

· 직역(역자) : 살생하는 사람에게 살생하지 않음이 있으면 (그것은) 완전히 꺼진다.

· 의역(레디) : 습관적으로 살생을 하는 사람에게 살생을 하지 않겠다는 계(戒)는 그 해로운 마음의 가라앉음이 된다.

③ adinnādāyissa purisapuggalassa adinnādānā veramaṇi parinibbānāya hoti

· 직역(역자) : 주지 않는 것을 갖는 사람에게 주지 않는 것을 갖지 않음이 있으면 (그것은) 완전히 꺼진다.

· 의역(레디) : 남의 것을 훔쳐오던 사람에게 주지 않는 것은 취하지 않겠다는 계(戒)는 도둑질을 가라앉힌다.

④ abrahmacārissa purisapuggalassa veramaṇi abrahmacārya parinibbānāya hoti

· 직역(역자) : 청정범행을 지키지 않는 사람에게 청정범행을 지킴이 있으면 (그것은) 완전하게 꺼진다.

· 의역(레디) : 음행을 해오던 사람에게 음행을 하지 않겠다는 계는 음행을 가라앉힌다.

⑤ musāvādissa purisapuggalassa veramaṇi musāvādā parinibbānāya hoti

· 직역(역자) : 거짓말을 하는 사람에게 거짓말하지 않음이 있으면 (그것은) 완전히 꺼진다.

· 의역(레디) : 거짓말을 해오던 사람에게 거짓말을 하지 않겠다는 계는 거짓말을 가라앉힌다.

⑥ pisunavācassa purisapuggalassa pisunāya vācāya veramaṇi parinibbānāya hoti

· 직역(역자) : 중상모략을 하는 사람에게 중상모략을 하지 않음이 있으면 (그것은) 완전히 꺼진다.

· 의역(레디) : 남의 험담을 해오던 사람에게 험담하지 않겠다는 마음은 험담을 가라앉힌다.

⑦ pharusavācassa purisapuggalassa pharusāya vācāya veramaṇi pharusavācā parinibbānāya hoti

· 직역(역자) : 욕설을 하는 사람에게 욕설을 하지 않음이 있으면 (그것은) 완전히 꺼진다.

· 의역(레디) : 험한 욕설을 해오던 사람에게 욕설을 하지 않겠다는 마음은 욕설을 가라앉힌다.

⑧ samphapatapassa purisapuggalassa samphapalāpā veramaṇi parinibbānāya hoti

· 직역(역자) : 잡담을 하는 사람에게 잡담하지 않음이 있으면 (그것은) 완전히 꺼진다.

· 의역(레디) : 쓸모없는 잡담을 해오던 사람에게 잡담하지 않겠다는

마음은 잡담하기를 원하는 해로운 마음을 가라앉힌다.

⑨ abhijjhālussa purisapuggalassa abhijjhālutā parinibbānāya hoti

· 직역(역자) : 탐욕스러운 사람에게 탐욕 없음이 있으면 (그것은) 완전히 꺼진다.

· 의역(레디) : 탐욕이 큰 사람에게 탐욕 없음의 마음은 탐욕을 가라앉힌다.

⑩ vyāpannacittassa purisapuggalassa avyāpādo parinibbānāya hoti

· 직역(역자) : 악의를 가진 사람에게 악의없음이 있으면 (그것은) 완전히 꺼진다.

· 의역(레디) : 악의를 가진 사람에게 악의없음은 악의를 가라앉힌다.

⑪ micchādiṭṭhissa purisapuggalassa sammādiṭṭhi parinibbānāya hoti

· 직역(역자) : 사견을 가진 사람에게 정견이 있으면 (그것은) 완전히 꺼진다.

· 의역(레디) : 잘못된 사견을 가진 사람에세 정견(正見)은 사견(邪見)을 가라앉힌다.

⑫ micchāsaṅkappassa purisapuggalassa sammāsaṅkappo parinibbānāya hoti

· 직역(역자) : 그릇된 사유를 하는 사람에게 정사유가 있으면 (그것은) 완전히 꺼진다.

· 의역(레디) : 잘못된 생각을 일으키던 사람에게 정사유(正思惟)는 잘못된 생각을 가라앉힌다.

⑬ micchāvācassa purisapuggalassa sammavāca parinibbānāya hoti

· 직역(역자) : 그릇된 말을 하는 사람에게 바른 말이 있으면 (그것은) 완전히 꺼진다.

· 의역(레디) : 잘못된 말을 하던 사람에게 바른 말(正語)은 잘못된 말을 가라앉힌다.

⑭ micchākammatassa purisapuggalassa sammākammanto parinibbānāya hoti

· 직역(역자) : 그릇된 행위를 하는 사람에게 정업(正業)이 있으면 (그것은) 완전히 꺼진다.

· 의역(레디) : 잘못된 행위를 하던 사람에게 바른 행위(正業)는 잘못된 행위를 가라앉힌다.

⑮ micchāājīvassa purisapuggalassa sammājīvo parinibbānāya hoti

· 직역(역자) : 그릇된 생계를 영위하는 사람에게 바른 생계가 있으면 (그것은) 완전히 꺼진다.

· 의역(레디) : 잘못된 생계를 영위하던 사람에게 바른 생계(正命)는 잘못된 생계를 가라앉힌다.

⑯ micchāvāyamassa purisapuggalassa sammāvāyāmo parinibbānāya hoti

· 직역(역자) : 그릇된 정진을 하는 사람에게 바른 정진이 있으면 (그것은) 완전히 꺼진다.

· 의역(레디) : 잘못된 정진을 하던 사람에게 바른 정진(正精進)은 잘못된 정진을 가라앉힌다.

⑰ micchāsatissa purisapuggalassa sammāsati parinibbānāya hoti

· 직역(역자) : 그릇된 마음챙김을 하는 사람에게 바른 마음챙김이 있으면 (그것은) 완전히 꺼진다.

· 의역(레디) : 잘못된 마음챙김을 하던 자에게 바른 마음챙김(正念)은 잘못된 마음챙김을 가라앉힌다.

⑱ micchāsamādhissa purisapuggalassa sammasamādhi parinibbānāya hoti

· 직역(역자) : 그릇된 삼매를 가진 자에게 바른 삼매가 있으면 (그것은) 완전히 꺼진다.

· 의역(레디) : 잘못된 삼매를 닦던 사람에게 바른 삼매(正定)는 잘못된 삼매를 가라앉힌다.

⑲ micchāñāṇissa purisapuggalassa sammāñāṇaṁ parinibbānāya hoti

· 직역(역자) : 그릇된 지혜를 가진 사람에게 바른 지혜가 있으면 (그것은) 완전히 꺼진다.

· 의역(레디) : 잘못된 지혜를 가지고 있던 자에게 바른 지혜는 잘못된 지혜를 가라앉힌다.

⑳ micchāvimuttisa purisapuggalassa sammāvimutti parinibbānāya hoti

· 직역(역자) : 그릇된 해탈을 한 사람에게 바른 해탈이 있으면 (그것은) 완전히 꺼진다.

· 의역(레디) : 잘못된 해탈을 즐기던 사람(잘못된 견해)에게 바른 해탈은 잘못된 해탈을 가라앉힌다.

㉑ thinamiddhapariyutthissa purisapuggalassa vigatathinamiddhatā parinibbānāya hoti

· 직역(역자) : 해태와 혼침에 빠진 사람에게 해태와 혼침없음이 있으면 (그것은) 완전히 꺼진다.

· 의역(레디) : 해태와 혼침에 빠진 자에게 해태와 혼침에서 빠져나온 상태는 해태와 혼침을 가라앉힌다.

㉒ uddhaṭassa purisapuggalassa anuddhaccaṁ parinibbānāya hoti

· 직역(역자) : 들뜬 사람에게 들뜸없음이 있으면 (그것은) 완전히 꺼진다.

· 의역(레디) : 들뜸이 있는 자에게 들뜸없음은 들뜸을 가라앉힌다.

㉓ vicikicchassa purisapuggalassa tiṇṇaṁvicikicchatā parinibbānāya hoti

· 직역(역자) : 의심하는 사람에게 의심없음이 있으면 (그것은) 완전히 꺼진다.

· 의역(레디) : 회의적 의심이 있는 자에게 의심의 극복은 회의적 의심을 가라앉힌다.

㉔ kodhanassa purisapuggalassa akodho parinibbānāya hoti

· 직역(역자) : 분노한 사람에게 분노하지 않음이 있으면 (그것은) 완전히 꺼진다.

· 의역(레디) : 성을 내던 사람에게 성냄없음은 성냄을 가라앉힌다.

㉕ upanāhissa purisapuggalassa aupanāhihitā parinibbānāya hoti

· 직역(역자) : 적의를 품은 사람에게 적의없음이 있으면 (그것은) 완전히 꺼진다.

· 의역(레디) : 적의가 있던 사람에게 적의없음은 적의를 가라앉힌다.

㉖ makkhissa purisapuggalassa amakkho parinibbānāya hoti

· 직역(역자) : 모욕하는 사람에게 모욕하지 않음이 있으면 (그것은) 완전히 꺼진다.

· 의역(레디) : 배은망덕한 자에게 배은망덕함없음은 배은망덕함을 가라앉힌다.

㉗ palāsissa purisapuggalassa apalāso parinibbānāya hoti

· 직역(역자) : 얕보는 사람에게 얕보지 않음이 있으면 (그것은) 완전히 꺼진다.

· 의역(레디) : 남을 나쁘게 말하던 사람에게 나쁘게 말함없음은 나쁘게 말함을 가라앉힌다.

㉘ issukissa purisapuggalassa anissukitā parinibbānāya hoti

· 직역(역자) : 질투하는 사람에게 질투하지 않음이 있으면 (그것은) 완전히 꺼진다.

· 의역(레디) : 남을 질투하던 사람에게 질투심이 없는 마음은 질투를 가라앉힌다.

㉙ macharassa purisapuggalassa amachariyaṁ parinibbānāya hoti

· 직역(역자) : 인색한 사람에게 인색하지 않음이 있으면 (그것은) 완전히 꺼진다.

· 의역(레디) : 인색한 사람에게 인색함없음은 인색함을 가라앉힌다.

㉚ saṭhassa purisapuggalassa asātheyaṁ parinibbānāya hoti

· 직역(역자) : 속이는 사람에게 속이지 않음이 있으면 (그것은) 완전히 꺼진다.

· 의역(레디) : 배신하던 사람에게 배신하지않음은 배신을 가라앉힌다.

㉛ māyāvissa purisapuggalassa amāyāvitā parinibbānāya hoti

· 직역(역자) : 사기치는 사람에게 사기치지 않음이 있으면 (그것은) 완전히 꺼진다.

· 의역(레디) : 다른 이를 속이던 사람에게 속임수없음은 속임을 가라앉힌다.

㉜ thaddhassa purisapuggalassa athaddhiyaṁ parinibbānāya hoti

· 직역(역자) : 완고한 사람에게 완고하지 않음이 있으면 (그것은) 완전히 꺼진다.

· 의역(레디) : 완고한 사람에게 완고함없음은 완고함을 가라앉힌다.

㉝ atimānissa purisapuggalassa anatimāno parinibbānāya hoti

· 직역(역자) : 거만한 사람에게 거만하지 않음이 있으면 (그것은) 완전히 꺼진다.

· 의역(레디) : 자만하는 자에게 자만없음은 자만을 가라앉힌다.

㉞ dubbacassa purisapuggalassa sovacassatā parinibbānāya hoti

· 직역(역자) : 훈도하기 어려운 사람에게 훈도하기 어려움이 없으면 (그것은) 완전히 꺼진다.

· 의역(레디) : 말하기 어려운 사람에게 말하기 쉬운 상태는 말하기 어려운 것을 가라앉힌다.

㉟ pāpamittassa purisapuggalassa kalayānamittatā parinibbānāya hoti

· 직역(역자) : 나쁜 도반에게 좋은 도반(善友)이 있으면 (그것은) 완전히 꺼진다.

· 의역(레디) : 나쁜 벗을 사귀는 사람에게 선우(善友)는 나쁜 벗을 사라지게 한다.

㊱ pamattassa purisapuggalassa appamādo parinibbānāya hoti

· 직역(역자) : 방일한 사람에게 불방일이 있으면 (그것은) 완전히 꺼진다.

· 의역(레디) : 부주의한 자에게 주의깊음은 부주의함을 가라앉힌다.

㊲ asaddhassa purisapuggalassa saddhā parinibbānāya hoti

· 직역(역자) : 믿음이 없는 자에게 믿음이 있으면 (그것은) 완전히 꺼진다.

· 의역(레디) : 믿음이 없는 자에게 믿음은 불신을 가라앉힌다.

㊳ ahirikassa purisapuggalassa hiri parinibbānāya hoti

· 직역(역자) : 양심없는 사람에게 양심이 있으면 (그것은) 완전히 꺼진다.

· 의역(레디) : 양심없는 자에게 양심은 양심없음을 가라앉힌다.

㊴ anuttappissa purisapuggalassa ottappaṁ parinibbānāya hoti

· 직역(역자) : 수치심없는 사람에게 수치심이 있으면 (그것은) 완전히 꺼진다.

· 의역(레디) : 수치심없는 자에게 수치심은 수치심없음을 가라앉힌다.

㊵ appasutassa purisapuggalassa bāhussaccaṁ parinibbānāya hoti

· 직역(역자) : 적게 배운 사람에게 많이 배움이 있으면 (그것은) 완전히 꺼진다.

· 의역(레디) : 아함(三藏)에 무지한 자에게 진리(삼장)에 정통함은

아함에 대한 무지를 가라앉힌다.

㊶ kusitassa purisapuggalassa vīriyārambho parinibbānāya hoti

· 직역(역자) : 게으른 사람에게 정진력이 있으면 (그것은) 완전히 꺼진다.

· 의역(레디) : 게으른 자에게 정진은 게으름을 가라앉힌다.

㊷ muttasatissa purisapuggalassa upatthitasatitā parinibbānāya hoti

· 직역(역자) : 마음챙김을 놓아버린 사람에게 마음챙김이 있으면 (그것은) 완전히 꺼진다.

· 의역(레디) : 마음챙김이 없는 자가 마음을 챙기면 부주의함이 가라앉는다.

㊸ duppaññassa purisapuggalassa paññāsampadā parinibbānāya hoti

· 직역(역자) : 통찰지가 없는 사람에게 통찰지가 있으면 (그것은) 완전히 꺼진다.

· 의역(레디) : 바보에게 지혜가 생기면 어리석음이 가라앉는다.

㊹ sandiṭṭhiparāmāsī ādānagāhī duppaṭinissaggissa purisapuggalassa asandiṭṭhiparāmāsī ādānagāhī suppatinissaggitā parinibbānāya hoti

· 직역(역자) : 자기 견해를 고수하고 굳게 거머쥐어 그것을 쉽게 놓아버리지 못하는 사람에게 견해를 고수하지 않음과 굳게 거머쥐지 않아 힘들이지 않고 놓아버림이 있으면 (그것은) 완전히 꺼진다.

· 의역(레디) : 사견을 단단히 움켜쥐고 버리기 어려운 자에게 사견을

움켜쥐지 않고 사견을 버리기 쉬운 상태가 있으면 잘못된 사견은 가라앉는다.

[이러한 44가지 순간적인 열반은 '지워없앰 경(살라카 경)'에 나온다. 이러한 것들도 부차적인 특징(upalakkhaṇa)에 해당한다]

이 세상에는 셀 수도 없이 많은 해로운 담마(심리현상)들이 있다. 반면에 이 모든 해로운 담마를 날려버리는 유익한 담마들의 숫자도 헤아릴 수 없이 많다. 해로운 담마들을 일시적으로 가라앉혀 없애버릴 수 있다. 그러므로 순간적인 열반도 수 없이 많다. 유익한 마음이 일어나면 이와 반대되는 해로운 마음이 사라지므로 순간적인 열반의 숫자도 무량하다(asaṅkheyya appameyya).

또한 유익한 마음이 일어나면 해당되는 해로운 마음이 사라지는 순간적인 열반도 몸으로 경험할 수 있는 궁극의 것이다. 이 구성요소인 열반은 앞서 말한 세속적인 것들의 열반보다도 고귀하다. 현자(賢者)들과 세간과 출세간의 계를 지키는 덕이 있는 분들 그리고 부처님은 이 순간적인 열반을 크게 칭찬한다. 이 순간적인 열반은 대열반의 친구와 같다. [이것이 순간적인 열반이다]

4) 선정을 통한 일시적 열반(vikkhambhaṅa nibbāna)

고귀한 선정(mahaggata jhāna)은 어떤 심리적 현상(dhamma)들을 날려버리고 쫓아버린다. 그러한 현상들이 오랫동안 일어나지 않고 가라앉아 있는 것을 선정을 통한 일시적 열반(vikkhambhaṅa nibbāna)이라고 한다. 이 윅캄바나 닙바나는 증지부 아홉의 모음 스스로 보아 알 수 있는 열반경(산디티까 닙바나경)에 나오는 대로 알아야 한다.[176]

---

176) 앙굿따라니까야, 대림스님옮김, 초불, p.514. 스스로 보아 알 수 있음경

¶. 첫 번째 경

Sandiṭṭhikaṁ nibbānaṁ sandiṭṭhikaṁ nibbānanti, āvuso, vuccati. Kittāvatā nu kho, āvuso, sandiṭṭhikaṁ nibbānaṁ vuttaṁ bhagavatāti?

'Idhāvuso, bhikkhu vivicceva kāmehi vivicca akusalehi dhammehi savitakkaṁ savicāraṁ vivekajaṁ pīti sukhaṁ paṭhamaṁ jhānaṁ upasampajja viharati. Ettāvatāpi kho, āvuso, sandiṭṭhikaṁ nibbānaṁ vuttaṁ bhagavatā pariyāyenati.

도반이여, 지금 여기서 스스로 보아 알 수 있는 열반, 지금 여기서 스스로 보아 알 수 있는 열반이라 합니다. 도반이여, 그러면 어떤 것이 스스로 보아 알 수 있는 열반입니까?

여기 도반이여, 비구는 감각적 욕망들을 완전히 떨쳐버리고 해로운 법들을 떨쳐버린 뒤, 일으킨 생각(尋)과 지속적인 고찰(伺)이 있고, 떨쳐버렸음에서 생겼고, 희열(喜)과 행복(樂)이 있는 초선에 들어 머뭅니다. 정말로 도반이여, 이 가라앉음이 스스로 보아 알 수 있는 열반이라고 세존께서는 방편으로[177] 말씀하셨습니다.[178]

2(A9:47) 참조 -역주-

177) 여기서 방편으로(pariyāyena)라는 것은 한 가지 이유(kāraṇa)에 의해서라는 뜻이다. 왜냐하면 단지 감각적 욕망의 구속(kāma sambādha)이 없다는 [한 가지] 이유로 초선의 기회얻음(okāsa adhigama)이라고 말하는 것일 뿐, 전적으로 그렇다는 것은 아니기 때문이다.(AA.iv.205) 같은 방법으로 제2선부터 비상비비상처

① 반열반(parinibbāna)을 성취하기 전에 몸으로 경험하는 닙바나를 스스로 보아 알 수 있는 열반(sandiṭṭhika nibbāna)이라고 한다. 다음은 선정의 의미만을 보일 것이다.

② 일으킨 생각(vitakka)과 지속적인 고찰(vicāra)이 제거된 이선정에 들어 머무는 것이 스스로 보아 알 수 있는 열반이다.

③ 희열이 지멸된 세 번째 선정인 삼선에 들어 머무는 것이 스스로 보아 알 수 있는 열반이다.

④ 행복이 지멸된 네 번째 선정인 사선에 들어 머무는 것이 스스로 보아 알 수 있는 열반이다.

⑤ 성냄과 다양한 인식이 소멸된 공무변처정(ākāsānañcā-yatana jhāna)에 들어 머무는 것이 스스로 보아 알 수 있는 열반이다.

⑥ 공무변처의 인식이 소멸된 식무변처정(viññānañcā-yatana jhāna)에 들어 머무는 것이 스스로 보아 알 수 있는 열반이다.

⑦ 식무변처의 인식이 소멸된 무소유처정(akiñcaññā-yatana jhāna)에 들어 머무는 것이 스스로 보아 알 수 있는 열반이다.

⑧ 무소유처의 인식이 소멸된 비상비비상처정(nevasaññānāsaññā-yatana jhāna)에 들어 머무는 것이 스스로 보아 알 수 있는 열반이다.

이 고귀한 여덟 가지 증득으로 얻어지는 열반은 완전한 대열반(mahānibbāna)이 아니다. 단지 오랜 시간 동안 멈출 뿐이다. 이것은(세존께서) 방편으로 설한 열반(pariyāya nibbāna)이라 한다.

까지는 방편으로 말씀하신 것이라고 본경은 밝히고 있으며, 마지막으로 상수멸이야말로 방편없이 말씀하신 것이라고 밝히고 있다. 전게서, p.506 각주 367) -역주-

178) 이 경은 아난다 존자가 우다이(Udāyi) 존자에게 설하는 경이다. 여기서 우다이는 깔루다이(Kāludāyi) 장로라고 함(AA.iv.205) -역주-

Puna caparaṁ, āvuso, bhikkhu sabbaso nevasaññānāsaññāyatanaṁ samatikkamma saññāvedayita (nirodhaṁ upasampajja viharati), paññāya cassa disvā āsavā parikkhīṇā honti. Ettāvatāpi kho, āvuso, sandiṭṭhikaṁ nibbānaṁ vuttaṁ bhagavatā nippariyāyenāti

다시 도반이여, 비구는 일체 비상비비상처를 완전히 초월하여 상수멸에 머뭅니다. 그리고 그는 통찰지로써 [사성제를] 본 뒤 번뇌를 남김이 없이 소멸합니다. 이것이 정말로 도반이여, 스스로 보아 알 수 있는 열반이라고 세존께서는 방편없이 설하셨습니다.

마지막 문장에 나온 멸진정(niridha samāpatti)도 '가장 중요한 스스로 보아 알 수 있는 열반'(mukhya sandiṭṭhika nibbāna)이다. 그리고 아라한도(道)를 증득하여 남김이 없이 번뇌를 제거하는 것도 역시 '가장 중요한 스스로 보아 알 수 있는 열반'이다. 이 두 개의 열반은 유여열반(saupādisasa mukhya nibbāna)이라는 관점에서 보면 둘 다 유여열반이므로 하나이다. 그러나 (색계초선부터 상수멸까지-역자) 모두 합하면 (스스로 보아 알 수 있는 열반은-역자) 9개가 된다.

¶. 두 번째 경(Nibbānasutta)

Nibbānaṁ nibbāna'nti, āvuso, vuccati kittāvatā nukho āvso nibbānaṁ, vuttaṁ bhagavatāti, idhāvuso bhikkhu vivicceva kāmehi vivicca akusalehi dhammehi

열반, 열반이라고 합니다. 도반이여, 그러면 어떤 것이 열반이라고 세존께서는 말씀하셨습니까? 여기 도반이여, 비구는 감각적 욕망들을 완전히 떨쳐버리고 해로운 불선법들을 떨쳐버린 뒤…

앞의 경에 나오는 'sandiṭṭhika'라는 것이 빠지고 첫 번째 경처럼 언급한 9개의 닙바나가 다시 언급된다.

¶. 세 번째 경(tadaṅganibbānasutta)

세 번째 경도 비슷하다. "순간적인 열반, 순간적인 열반이라고 합니다. 도반이여(tadaṅganibbānaṁ tadaṅganibbāna'nti, āvuso, vuccati…)". 마찬가지로 아홉 가지의 순간적인 열반(tadaṅga nibbāna)이 나온다.

¶. 네 번째 경(diṭṭhadhammanibbānasutta)

네 번째 경도 "지금·여기에서의 열반, 지금·여기에서의 열반이라고 합니다. 도반이여(Diṭṭhadhammanibbānaṁ diṭṭhadhammanibbāna'nti, āvuso, vuccati…)." 역시 아홉 가지의 '지금·여기에서의 열반(diṭṭhadhammanibbāna)'을 말한다.

¶. 다섯 번째 경(Khemasutta)

다섯 번째 경은 "안은(安隱), 안은이라고 합니다. 도반이여(Khemaṁ khema'nti, āvuso, vuccati…)." 여기서는 고요함의 측면에서 아홉 개의 닙바나(khema nibbāna)를 이야기한다.

¶. 여섯 번째 경(Khemappattasutta)

여섯 번째 경은 "안은을 얻음, 안은을 얻음이라고 합니다. 도반이여(Khemappatto khemappattoti, āvuso, vuccati…)." 여기서는 '안은을 얻음'이라는 측면에서 아홉 개의 열반을 이야기한다.

¶. 일곱 번째 경(Amatasutta)

일곱 번째 경은 "불사(不死), 불사라 합니다. 도반이여(Amataṁ amatanti, āvuso, vuccati…)." 여기서는 불사(不死)의 측면에서 아홉 가지 열반을 이야기한다.

¶. 여덟 번째 경(Amatappattasutta)

여덟 번째 경에서는 "불사를 얻음, 불사를 얻음이라고 합니다. 도반이여(Amatappatto amatappattoti, āvuso, vuccati…)." 여기서는 '불사를 얻음'이라는 측면에서 아홉 개의 열반을 이야기한다.

¶. 아홉 번째 경(Abhayasutta)

아홉 번째 경에서는 "두려움없음, 두려움없음이라고 합니다. 도반이여(Abhayaṁ abhayanti, āvuso, vuccati…)." 여기서는 두려움없음의 측면에서 아홉 개의 열반을 이야기한다.

¶. 열 번째 경(Abhayappattasutta)

열 번째 경에서는 "두려움없음을 얻음, 두려움없음을 얻음이라고 합니다. 도반이여 (Abhayappatto abhayappattoti, āvuso, vuccati…)" 여기서는 두려움없음을 얻음이라는 측면에서 아홉 가지의 열반을 이야기한다.

¶. 열한 번째 경(Passaddhisutta)

열한 번째 경에서는 "경안, 경안이라고 합니다. 도반이여(Passaddhi passaddhīti, āvuso, vuccati…)." 여기서는 경안(passaddhī)이라는 측면에서 아홉 개의 열반을 이야기한다.

¶. 열두 번째 경(Nirodhasutta)

열두 번째 경에서는 "소멸, 소멸이라고 합니다. 도반이여(Nirodho nirodhoti, āvuso, vuccati…)." 여기서는 소멸의 측면에서 아홉 개의 열반에 대하여 이야기한다.

¶. 열세 번째 경(Anupubbanirodhasutta)

열세 번째 경에서는 "차례로 소멸함(次第滅), 차례로 소멸함이라고 합니다. 도반이여 (Anupubbanirodho anupubbanirodho'ti, āvuso, vuccati…)." 여기서는 순서에 따른 단계의 측면에서 아홉 개의 열반을 이야기한다.

이렇게 13개의 경에서 117개의 닙바나(일시적 선정을 통한 열반104, 출세간적인 제거를 통한 열반 13)가 나온다. 일시적으로 욕망을 버려 얻는 104가지의 선정을 통한 열반(vikkhambhana)은 범천(색계)에 거주하는 존재들에게는 언제나 존재하며 인간이나 천인들의 경우는 선정을 얻은 분들에게만 존재한다. [이것이 선정을 통한 열반이다.]

5) 출세간적인 제거를 통한 열반(samuccheda nibbāna)

오로지 인간이나 천인 혹은 범천만이 출세간적인 제거를 통한 열반(samuccheda nibbāna)을 경험한다. 이 출세간적인 제거를 통한 열반은 유여열반(saupādisesa nibbāna)이다. 마음속 오염(kilesā)들의 제거를 끊어짐의 작용(samuccheda kicca)이라 한다. 이때 버려진 오염들이 다시는 일어나지 않는 것이 출세간의 제거를 통한 열반이다.

"도반이여, 순간적인 열반, 순간적인 열반이라 합니다.(tadaṅga nibbānaṁ tadaṅga nibbānanti āvuso vuccati…)"라고 설한 경은 오랜 기간 (오염을) 버린 상태에 머물도록 작용(vikkhambhanakicca)하는 순간적인 열반(tadaṅga nibbāna)을 의미한다. 즉 초선정의 유익함은 해로운 장애들을 포기하고, 이선정의 유익함은 일으킨 생각(vitakka)과 지속적인 고찰(vicāra)을 포기한다. 이와 같이 제거된 심리현상들은 일정시간 동안 버림의 작용(vikkhambhanakicca)이 계속된다. 선정을 통해 장시간 유지되는 이 일시적인 버림의 작용(vikkhambhanakicca)도 역시 구성요소(tadaṅga)라고 해야 한다. 하지만 이러한 선정으로 인한 순간적인 열반은 앞에서 설명한 순간적인 열반(tadaṅga nibbāna)보다 천만 배 이상 고귀하다고 알아야 한다.

그러나 무애해도(paṭisambhidāmagga)의 설명처럼 선정을 통한 일시적인 열반이 위빳사나의 18가지 지혜(mahāvipassanā ñāṇa)로 얻은 순간적인 열반(tadaṅga nibbāna)보다 고귀하다고 말하면 안된다. 마찬가지로 출세간적 제거를 통한 열반은 이 위빳사나로 인한 순간적인 열반보다 고귀하다고 알아야 한다.

일곱 가지 출세간적인 제거를 통한 열반(samuccheda nibbāna)

사뭇체다 닙바나는 아비담맛타 상가하에 나오는 대로 유여열반(saupādisesa nibbāna)이다. 그리고 오염들의 열반(kilesa nibbāna)이라고도 한다. 사뭇체다 닙바나의 수(數)는 목갈라나 존자와 브라흐민 떳사의 질문과 답변에 나오는 대로 그리고 증지부 일곱의 모음(sattanipāta)에서 붓다께서 설하시는 대로 알아야 한다. 여기서는 아주 간략히 요점만 보이겠다. 유여(有餘, saupādisesa)라는 것은 '남아있다(upādisesa)'는 뜻으로 두 가지를 의미한다.

① 오염이 남아 있는 경우(kilesaupādisesa)

② 무더기가 남아 있는 경우(khandhupādisesa)

위의 두 가지 가운데 아직 오염이 남아있는(kilesaupādisesa) 성인(聖人)인 유학(有學)이 '오염이 남아있는 자(saupādisesa puggala)'이다. 이 유학(sekkha)이 얻은 열반이 유여열반(saupādisesa nibbāna)이다. 오염이 남아있지 않은 아라한을 무학(anupādisesa puggala)이라 한다. 그리고 아라한과(果)를 증득할 때 얻는 닙바나를 '무여열반(anupādisesa nibbāna)'이라고 한다. 살아있는 여덟 부류의 성인들(四雙八輩)은 무더기들의 반열반을 얻기 전이므로 오온(五蘊)이 아직 남아 있다. 이 무더기들(오온)이 남아있으므로(khandaupādisesa) '남아있는 자(saupādisesa puggala)'라 한다.

무더기들의 반열반(khandaparinibbāna)인 죽음 이후에는 그 아라한은 '남아있지 않은 자(anupādisesa puggala)'이다. 이러한 아라한의 열반을 무여열반(anupādisesa nibbāna)이라 한다. 이렇게 saupādisesa puggala (남아 있는 자)와 anupādisesa puggala(남아 있지 않은 자)의 유여열반(saupādisesa nibbāna)과 무여열반(anupādisesa nibbāna) 두 가지가 있다. 이렇게 오염이 남아있는지(kilesaupādisesa)의 여부와 무더기들이 남아있는지의(khandaupādisesa) 여부로 열반을 구분하는 방법이 주석서에 나온다.

아라한의 해탈열반에는 두 가지 측면이 있다(ubhatobhāga vimutta arahatta puggala). 지혜에 의한 해탈열반(paññāvimutta nibbāna)과 무더기들의 존재여부에 따라 구분하는'유여열반(saupādisesa nibbāna)과 무여열반(anupādisesa nibbāna)'이 그것이다. 직접적인 체험을 통해서 궁극적 지혜에 도달한(身證者) 유학(有學)(kāyasakkhisekkha), 견해에 도달한 유학(diṭṭhipatta sekkha puggala), 신앙에 의해 해탈한(信解) 유학(saddhāvimutta sekkha puggala), 믿음을 따라가는(隨信行者) 유학(saddhānusāri sekkha puggala), 법에 따른 수행자(隨法行者)인 유학(dhammānusāri sekkha puggala nibbāna)의 열반에는 오염의 유무에 따라(kilesupādisesa) 각각 유여열반과 무여열반 두 가지가 있다. [아라한이 되기 전에는 유여열반(saupādisesa nibbāna) 그리고 아라한이 되면 무여열반(anupādisesa nibbāna)이라 한다.]

이렇게 띳사 브라흐마의 질문에 6부류의 사람에게, 6가지 유여열반, 6

가지 무여열반이 있다고 답하였다. 바로 이번 생에 도과를 증득할 위빳사나 수행자가 열반을 증득하여 아라한이 되기 전에는 남은 것이 있는 자(saupādisesa puggala), 유여열반(saupādisesa nibbāna)이라 하고 아라한이 되면 aupādisesa puggala(남은 것이 없는 자), anupādisesa nibbāna(무여열반)라고도 한다.

이렇게 붓다는 두 종류의 사람, 두 종류의 열반(nibbāna)이 있다고 한다. 여기서 유여열반은 18가지 큰 위빳사나의 지혜(mahāvipassanā ñāṇa)를 통해 증득한 18가지의 순간적인 열반(tadaṅga nibbāna)을 의미한다. 순간적인 열반을 얻었다 하여도 수행자는 보다 수승한 사뭇체다 닙바나(samuccheda nibbāna)를 얻어야 한다. 그래서 이 열반은 유여열반이다.

이 빠알리 문헌에는 7가지 유여열반(saupādisesa nibbāna)과 7가지 무여열반(anupādisesa nibbāna) 이렇게 모두 14가지의 열반이 나온다. 14개 가운데 7개의 유여열반을 7개의 출세간적인 제거를 통한 열반(samuccheda nibbāna)이라 한다. [그래서 출세간적인 제거를 통한 열반의 숫자는 모두 7개이다.]

6) 아라한과의 안온한 열반(patipassaddhi nibbāna)

이 열반은 아라한과(果)를 의미한다. 아라한과(果)는 “유여열반계(有餘涅槃界, saupādisesa nibbāna dhātu vijjā)”이며[179], 열반의 실현(nibbāna sacchikiriyāca)으로 알아야 한다.[180] [이것이 안온이라는 열반이다.]

---

179) 도론(道論, netti-pakaraṇa)
180) 축복경(maṅgala sutta)

7) 여읨을 통한 열반(nissaraṇa nibbāna)

여읨을 통한 열반(nissaraṇa nibbāna)은 궁극적 실재인 조건지어지지 않은 대열반(paramatha asaṅkhata mahānibbāna)이다. 유여열반(有餘, saupādisesa)과 무여열반(無餘, aupādisesa)이 있다. 이 해탈열반은 여시어(itivuttaka)에 "비구들이여, 열반의 요소에는 두 가지가 있다. 무엇이 두 가지인가? 유여열반계와 무여열반계가 그것이다.[181)]"라고 나오므로 이대로 알아야 한다. 또 이 여시어(如是於經)에 '유여열반(saupādisesa nibbāna)은 지금·여기(diṭṭhadhammikā)에서 경험하는 욕망의 종식(bhavanetti-saṅkhayā)이고, 무여열반(aupādisesa nibbāna)은 내세와 관련된(samparāyikā) 모든 존재들의 완전한 소멸[182)]'이라고 하셨다. 주석서에도 '지금·여기에서 이 살아있는 존재들에게 일어난다(=유여열반-역자). 내세와 관련된 내세의 무더기들이 파괴된 상태로 존재한다.(=무여열반-역자)'라고 하였다.[183)]

<u>bhavā vaṭṭamānā</u>

바와(bhavā) 왓따마나(vaṭṭamānā)라는 두 용어를 풀어보자. 'bhavā'에서 'bhū'는 'sattā'의 의미인데 'sattā'란 문자적으로 '존재하고 있는 것은 존재한다(santassa bhavo sattā)'라는 뜻이다. 그러므로 형성된 궁극적 현상(saṅkhata paramattha dhamma)은 '조건지어진 궁극적 실재'로서 존재한다. 형성되지 않은 궁극적 현상(asaṅkhata paramattha dhamma)은

---

181) dvemā bhikkhave nibbāna dhātuyo, katamā dve, saupādisesā ca nibbāna-dhātu, aupādisesā ca nibbāna-dhātu.-역주-

182) ekā hi dhātu idha diṭṭhadhammikā, saupādisesā bhavanetti-saṅkhayā, aupādisesā samparāyikā yamhi nirujjhanti bhavānti sabbaso.-역주-

183) diṭṭhadhammikāti imasamiṁ attabhāve bhavā vaṭṭamānā. samparāyikāti sam-parāye khandha bhedato parabhage bhavā vaṭṭamānā-역주-

'조건지어지지 않은 궁극적 실재'로서 존재한다. 그리고 개념(paññatti)은 개념으로써 존재한다. 이것이 바로 '존재(sattā)한다.'는 뜻이지 '새로운 나타남(出現)'을 의미하는 것이 아니다. 'hoti, bhavati'라는 두 단어는 '~위에 존재하다(phyit)=be above'라고 하는 경우에 사용된다. 하지만 '일어남(uppāda)이나 태어남(jāti)'이라는 '출현(出現)'으로 인한 '존재(phyit=be)'를 뜻하지 않는다. 'vaṭṭati, pavattati, vaṭṭamānaṁ, pavattamānaṁ'은 '영원히 지속된다.'는 뜻으로 '일어남(uppāda)이나 태어남(jāti)으로 인한 '출현(出現)'이 아니다. 'uppajjati(태어나다), nibbattati(다시 태어남), jāyati(탄생하다), uppannā(다시 태어남), nibbatto(다시 태어나는), jāto(출생)' 등으로 인하여 '존재(phyit=be)'하는 것이 아니다.

논서(論書)나 미얀마어로 'phyit=be'는 세 가지 의미로 쓰이는데 오직 여시어(如是於經)의 주석서(itivuttaka aṭṭhakathā)에 나오는 'phyit=be'만은 '영원히 지속되다'라는 의미로 알아야 하고 (일어남이나 태어남으로 인한-역자) '출현'의 의미로 받아들여서는 안 된다. 그러므로 'bhāva, vaṭṭamānā'를 '다시 태어남(upapannā), 다시 태어나는(nibbattā), 태어난(jātā)'이라고 이해하면 안 된다. 열반의 관점에서 열반은 분명하게 존재하므로 '있다(bhavā)'고 해야 한다. 시작을 알 수 없는 윤회에서 닙바나는 영원히 존재하는 것이므로 '존재한다(vaṭṭamānā)'고 말해야한다. 이것은 일어남(uppāda)이나 태어남(jāti)으로 인한 출현(出現)이 아니므로 '태어난(jātā), 다시 태어남(upapannā), 다시 태어나는(nibbattā)' 것이라 하면 안 된다.

여시어의 주석서(itivuttaka aṭṭhakathā)에 나오는 '있다(bhavā), 존재한다(vaṭṭamānā)'라는 '있다(phyit=be)'의 3가지 의미를 식별하지 못하는 자들은 오로지 열반이란 조건지어진 현상(saṅkhata dhamma)들과 같은 거친 '태어남(jāti)'이 없는 것으로만 이해한다. 그리고 아주 미세한 태어남(jāti)인 '일어남'이 있다고 그리고 유여열반(saupādisesa nibbāna)은 도(道)와 과(果)가 일어나면 일어나기 시작한다고 한다. 반면에 무여열반(aupādisesa nibbāna)은 반열반인 죽음의 마음순간에 업에서 만들어진 물질의 지멸로부터 시작한다고 믿는다. 몇몇 스승들도 역시 (이것 말고-역자) 새로운 닙바나가 나타나는 것을 원치 않는다. 위의 주석서에도 '있다(bhavā), 존재한다(vaṭṭamānā)'라고 하였으므로 여시어(itivuttaka)에서 말하는 유여열반과 무여열반은 궁극적 실재인 조건지어지지 않은 대열반(paramattha asaṅkhata mahānibbāna)이 아니라고 한다. 여시어에서 말하는 유여열반이란 조건지어지지 않음이라는 개념(asaṅkhatapaññatti), 오염없음, 단지-없음(abhāvamatta)이라고 주장한다. 대열반인 죽음 이후 그리고 업에서 만들어진 물질이 끊어진 후에 단지 존재하지 않음이라는 개념(abhāvapaññatti), 새로운 존재로 다시 태어남 없음이 무여열반이라고 그들은 주장한다. 여시어에서 4가지 궁극적 실재에 속하는 조건지어지지 아니한 대열반(asaṅkhata mahānibbāna) 두 가지를 설하신 것이 아니라 궁극적 실재가 아닌 단지 '존재하지 않음이라는 개념(abhāvapaññatti)' 뿐인 두 가지 열반을 설하신 것이라는 주장은 타당하지 않다. 우리는 유여열반(saupādisesa nibbāna)과 무여열반(aupādisesa nibbāna)을 아비담맛타 상가하(abhidhammattha saṅgaha)에 나오는 대로 궁극적 실재인 대열반으로 알아야 하며, (3가지 열반인-역자) 공(空, suññata), 표상 없음(無相, animitta), 원함없음(無願, appanihita)은 분별론(abhidhammattha sacca vibhaṅga pāḷi)에 나오는 대로 이해하여야 한다. 갈애의 완전한 지멸은 괴로움의 소멸이라는 성스러운 진리(滅聖諦)이다. 여기에도 역시 여섯 가지가 있다.

① 안의 6가지 감각토대에서 일어나는 6개의 열반

-. '눈에서 일어나는 갈애'의 지멸도 하나의 열반(nibbāna)이다.

-. '귀에서 일어나는 갈애'의 지멸도 하나의 열반(nibbāna)이다.

–. '코에서 일어나는 갈애'의 지멸도 하나의 열반(nibbāna)이다.

–. '혀에서 일어나는 갈애'의 지멸도 하나의 열반(nibbāna)이다.

–. '몸에서 일어나는 갈애'의 지멸도 하나의 열반(nibbāna)이다.

–. '마노에서 일어나는 갈애'의 지멸도 하나의 열반(nibbāna)이다.

[이와 같이 6가지 내부의 감각토대에서 6개의 열반(nibbāna)이 얻어진다.]

마찬가지로,

② 외부의 6가지 감각토대(형상, 소리, 냄새, 맛, 감촉, 법)에서 6개의 열반.

③ 6가지 알음알이(안식, 이식, 비식, 설식, 신식, 의식)에서 6개의 열반.

④ 6가지 감각접촉(눈의 감각접촉, 귀의 감각접촉…)에서 6개의 열반.

⑤ 6가지 느낌(눈의 감각접촉을 원인으로 하는 느낌…)에서 6개의 열반.

⑥ 6가지 인식(형상에 대한 인식…)에서 6개의 열반.

⑦ 6가지 의도(형상에 대한 의도…)에서 6개의 열반.

⑧ 6가지 갈애(형상에 대한 갈애…)에서 6개의 열반.

⑨ 6가지 일으킨 생각(형상에 대하여 일으킨 생각…)에서 6개의 열반.

⑩ 6가지 지속적 고찰(형상에 대한 지속적 고찰…)에서 6개의 열반.

[이와 같이 아비담마와 대념처경에 따르면 60곳에서 60가지 갈애의 지멸, 괴로움의 지멸이라는 성스러운 진리인 60가지 열반이 있다고 한다.]

무수한 유여열반[Saupādisesa asaṅkheyya]

아라한에게도 지멸이 일어나는 곳을 기준으로 한다면 60개의 열반(nibbāna)이 있다. 그러므로 수많은 아라한들에게 일어나는 열반도 역시 무수(asaṅkheyya)하다. 갈애의 지멸이 일어나는 곳만을 고려할 때 열반의 숫자도 역시 무수하다는 뜻이다.

표상 없음을 성품으로 하는 열반은 형태도 없고, 이미지(相)도 없다. 두 개, 세 개, 다섯 개와 같은 숫자는 없지만 오직 고요함이라는 특징(santilakkhanā) 하나는 가지고 있다. 이미 지멸된 현상(dhammas)들을 헤아려야 한다면, 즉 순간적인 열반을 헤아려야만 한다면 그 숫자는 엄청나게 무수하고 무한(asaṇkheyya appameyya)하다. 예를 들면 내안에 있던 탐욕의 완전한 지멸, 성냄의 완전한 지멸 등등과 같은 것들이 있다. [이것이 오염의 열반, 유여열반의 숫자이다.]

무수한 무여열반[anupādisesa asaṅkheyya]

분별론(vibhaṅga pāḷi)에 괴로움의 소멸(dukkhanirodha)에 관한 특별한 언급이 없다고 할지라도 무여열반의 수, 무더기들의 반열반(parinibbāna)의 수는 무수하고 무량하다. 즉 각각의 눈에서 일어난 완전한 지멸 하나, 귀의 완전한 지멸 하나…. 이렇게 많은 현상(dhamma)들의 지멸이 있으므로 그 열반의 숫자도 역시 엄청나다.

그러나 표상이 없는 현상(dhamma)인 열반은 오직 하나이다. 이것은 '무명이 남김없이 빛바래어 소멸하기 때문에 의도적 행위들[行]이 소멸하고'(Avijjāyatveva asesavirāganirodhā saṅkhāranirodho) 등과 같은 12연기(paticca-samuppāda)의 12각지의 소멸에는 유여열반과 무여열반을 포함하여 모두 12개의 열반이 있음을 보게 될 것이다. 이 12가지의 열반은 진실로 오직 하나로 똑같은 것이다. 이것으로 여읨을 통한 열반(nissaraṇa nibbāna)에 대한 설명을 마친다. 지금까지 모두 7가지 종류의 열반에 대하여 설명하였다.

여읨을 통한 열반의 증득(nissaraṇa nibbāna)

이 조건지어지지 않은 궁극적 실재로서의 여읨을 통한 열반(asaṅkhata

nibbāna)의 증득은 빠알리 경에 나오는 많은 예시를 통해 이해하여야 한다. 상응부 제2권 인연 품(nidānavagga) 제6장 괴로움 품(dukkhavagga)에 속한 10개의 경들에는 괴로움의 발생과 지멸에 관한 많은 예시들이 나온다. 이 경들의 요지는 다음과 같다.

첫 번째 경[철저한 검증 경, parivīmaṁsana sutta]

도기공은 가마에 많은 도자기를 굽는데 그 가운데에서 아주 뜨거운 도기를 하나 꺼내어 놓으면 뜨거운 열이 식은 [온기가 없는] 도기만이 남게 된다.184) 눈, 귀, 코 등과 같은 안의 토대들을 계속해서 '나의 눈, 나의 귀…' 등이라고 갈망하는 한 다시 태어나야만 하고 괴로움의 윤회는 계속 될 것이다. 그런데 가마에 장작을 더 이상 넣지 않고 이미 넣었던 장작도 물에 젖었다 하자. 그러면 불은 꺼지고 소멸된다. 마찬가지로 안과 밖의 토대들을 즐기는 감각적 욕망이라는 폭류는 끊어지고 감각적 욕망이라는 잠재성향도 뿌리가 뽑힌다. 이때부터 괴로움의 윤회는 영원히 끊어진다. 이 경에서 불이 꺼진다는 것은 남아있는 어떠한 불씨도 없이 완전하게 영원히 소멸되는 것을 의미한다. 오로지 재와 숯만이 남을 뿐이다. 오래지 않아 그 재와 숯조차도 하나도 남김이 없이 사라진다. 마찬가지로 아라한의 무더기들이 반열반에 들 때에는 존재를 구성하는 모든 다섯 가지 무더기들, 즉 물질·정신(rūpa·nama)들은 영원히 완전하게 지멸한다. 바나나 나무와 같이 온도에서 만들어진 물질무더기인 유골

184) 주석서에 나오는 도기의 비유를 정리하면 다음과 같다. 뜨거운 도기공의 가마는 삼계이다. 도기공은 수행자이고 도기공의 막대는 아라한도이다. 평평한 땅은 열반에 대한 비유이다. 도기공이 뜨거운 가마에서 구운 도기를 막대로 평평한 땅에 내려놓는 것은 수행자가 아라한과를 얻어서 4악도로부터 벗어나 과의 증득을 통해서 자신을 열반의 땅에 놓는 것과 같다. 뜨거운 도기가 즉시에 깨어지지 않듯이 수행자도 아라한과를 증득한 바로 그날에 반열반에 드는 것은 아니다. 그는 부처님의 교법의 대를 잇도록 50년 내지 60년을 노력하면서 머문다. 그는 최후의 마음이 일어날 즈음에 오온이 무너져서 무여열반에 들게된다. 그러면 도기의 파편들처럼 무정물인 육체적인 요소들만 남게 되는 것이다.(SA.ii.80~81) 상윳따니까야, 2권, 271각주, 초불.-역주-

만이 남게 된다. 그 유골들도 오래지 않아 역시 사라진다.

kāyassa bhedā uddhaṁ jivitaparilyādāna ideva
sabbavedayitāni abhinanditāni sīti bhavissanti
sarīrāni avasissanti[빠알리경]
이번 생에 몸이 무너져서 생을 마친 다음에는
모든 감각적 욕망으로부터 벗어난 자유를 얻게 되고 유골만이 남게 되다.

금생에 몸이 스러져 죽은 다음에는 감각적 욕망으로부터 벗어나 자유로운 상태가 되고 원하는 것이나 원치 않는 모든 타오르는 괴로움은 영원히 지멸되고 가라앉는다. 남은 것은 오로지 시체와 유골뿐이다. 이 경에서 말하는 것은 아라한의 마지막 죽음의 마음에서 만들어진 물질들이 지멸하면 오로지 온도에서 만들어진 유골(aṭṭha kalapa, 8원소깔라빠)만이 남게 된다는 뜻이다. 열반에 들기 위하여 그 어떠한 것이 아라한의 몸에서 빠져나온 흔적도 찾을 수 없다는 것으로 알아야 한다. 만약 이 아라한이 천신이나 범천이었다면 온도에서 만들어진 유골조차도 찾아볼 수 없을 것이다. 죽음의 마음이 일어나 사라진 이후에 모든 것은 소멸하고 영원히 사라진다. 죽음의 마음이 일어나면 업에서 만들어진 물질도 소멸한다.

두 번째 경[취착경, upādāna sutta]

장작 무더기에 불을 붙이면 큰 불이 일어난다. 계속해서 장작을 넣으면 불길은 계속해서 타오른다.[185] 마찬가지로 범부들이 눈, 귀, 코, 혀,

---

185) 장작 열 짐이나 장작 스무 짐이나 장작 서른 짐이나 장작 마흔 짐으로 큰 불무더기가 타오른다 하자. 거기에다 어떤 사람이 시시때때로 마른 풀들을 던져 넣고 마른 쇠똥을 던져 넣고 마른 장작들을 계속해서 던져 넣는다 하자. 비구들이여, 이렇게 하면 이러한 연료와 이러한 땔감을 가진 큰 불무더기는 오랜 시간 타

몸, 마노와 같은 안의 6가지 감각토대들에서 일어나는 감각적 욕망을 즐긴다면 자신의 몸에 있는 그 토대에 대한 취착이 일어난다. 그리고 여기에 형상, 소리, 냄새, 맛, 감촉, 법이라는 6가지 외부의 토대 모두 합하면 12가지가 되는데 이것들을 '내 몸 혹은 내 몸의 일부들 혹은 나-나의 것'이라고 확고하게 믿는다면 괴로움의 윤회, 다시 태어나야만 하는 윤회는 결코 끝나지 않게 될 것이다. 하지만 새로운 장작을 더 이상 넣지 않고 타고 있는 장작 또한 꺼내버린다면 불은 꺼지고 사라지게 된다. 남아있는 것은 오로지 재와 타다가 남은 숯뿐이다. 그러나 머지않아 그 재와 숯도 마침내 사라진다. 마찬가지로 위빳사나 통찰지로서 안과 밖의 12가지 감각토대를 무상하고, 괴로움이며, 무아라고 명상을 하면 안팎의 12가지 토대를 즐기는 감각적 욕망도 역시 사라진다. 잠재성향의 뿌리가 뽑힌다. 그렇게 되면 그때부터 모든 의도는 사라진다. 죽음의 마음이 일어나 업에서 만들어진 물질이 지멸되는 순간에 정신과 물질(nāma·rūpa)은 영원히 지멸되고 오로지 유골만이 남게 된다. 그러한 유골도 역시 오래지 않아 사라져 갈 것이다.

세 번째 경[족쇄경1, saṁyojā sutta]

이 경에는 등잔불에 관한 비유가 나온다. 계속해서 기름을 등잔에 채워주고 심지를 올려주는 한 등불은 꺼지지 않는다. 그러나 심지를 올려주지 않고 기름을 공급하지도 않으면 불꽃은 마침내 꺼져 사라진다. 무더기들의 지멸도 이 등잔불의 예시와 같이 알아야 한다.

오를 것이다. : 여기서 불무더기는 삼계를 뜻하기도 하고 삼계윤회를 뜻하기도 한다. 불을 지피는 사람은 윤회에 빠진 어리석은 범부이다. 마른 풀과 장작 등을 던져 넣는 것은 달콤함을 보는 범부가 갈애 등을 통해서 여섯 감각의 문으로부터 유익하고 해로운 업을 짓는 것과 같다. 마른 풀과 쇠똥과 장작들을 던져 넣어 불무더기가 증장하는 것은 어리석은 범부가 앞에서 말한 업을 쌓아서 계속해서 윤회의 괴로움을 겪는 것과 같다.(SA.ii.82) 상윳따 니까야 2권, p.273 -역주-

네 번째 경[족쇄경2, saṁyojā sutta]

앞의 경에서는 '취착하기 마련인 법들에서…'라고 하고, 이 네 번째 경에서는 '족쇄에 묶이게 될 법들에서…'라고 하는 것이 유일한 차이이다. 다음에 나오는 경들도 이와 같이 알아야 한다. 세 번째 경에서처럼 기름을 사용하는 등잔불의 비유가 나온다.

다섯 번째 경[큰 나무경1, mahārukkha sutta]

다섯 번째 경은 나무에 대한 비유이다. 나무의 본뿌리와 잔뿌리들이 병이 없이 건강하다면 그리고 토지의 영양소와 물이 나무 꼭대기까지 공급된다면 나무는 오랫동안 살아있을 것이다. 그러나 크고 작은 모든 뿌리들을 뽑아서 햇빛에 말리고 불에 태워버리거나 한다면 나무는 말라 죽거나 마침내는 썩어서 없어지게 된다. 이 비유에서 나무는 시작도 알 수 없는 윤회를 통해 강화되어온 12가지 감각토대이며, 이 몸을 말한다. 나무의 본 뿌리는 무명(avijjā)과 갈애(taṅha)이고, 잔뿌리는 나머지 남아있는 오염들과 같다. 달리 말하면 오염들은 본 뿌리와 같고 유익한 업이나 해로운 업들은 잔뿌리와 같다. 위빳사나 통찰지로 12가지 토대들을 무상하고 괴로움이며 무아라고 보는 것은 곡괭이나 칼로 뿌리를 자르는 것과 같고, 성스러운 도(道)와 과(果)는 불로 마른 뿌리를 태워 없애 재로 만드는 것과 같다.[186)]

---

186) 큰 나무를 죽여 없애 버리려는 자는 수행자에, 곡괭이는 지혜, 바구니는 삼매를 뜻한다. 나무의 뿌리를 자르는 것은 수행자가 명상주제에 몰두하여 통찰지가 증장하는 것과 같다. 나무를 토막토막 자르는 것은 이 몸을 네 가지 근본물질로 단순화시켜서 마음에 잡도리하는 것과 같다. 나무를 쪼개는 것은 이 몸을 42가지 측면(청정도론 XI.31~38)에서 자세하게 마음에 잡도리 하는 것과 같다. 나무를 산산조각 내는 것은 파생된 물질과 알음알이를 통해서 정신·물질을 파악하는 것과 같다. 뿌리를 자르는 것은 정신·물질의 조건을 찾는 것과 같다. 불에 태우는 것은 점점 위빳사나를 증장시켜서 아라한과라는 수승한 결실을 증득하는 것과 같다. 재로 만드는 것은 아라한이 반열반에 들어 목숨이 다하는 것과 같다. 재를 날려 보내는 것은 아라한이 무여열반을 통해서 반열반에 들어 윤회를 가라앉히는 것과 같다.(SA.ii.84) -역주-

여섯 번째 경[큰 나무경2, mahārukkha sutta]

여섯 번째 경에서도 다섯 번째 경과 같은 나무의 비유이다.

일곱 번째 경[어린 나무경, taruṇārukkha sutta]

이 경은 어린 나무의 이야기이다. 만약 어린 나무의 뿌리 주위를 흙으로 잘 북돋아 주고 주기적으로 물을 주면 나무는 잘 자라지만 뿌리를 캐내어 바람이나 햇빛에 말리면 나무는 다시 살아날 수가 없다.

여덟 번째 경[정신·물질경, namā·rūpa sutta]

이 여덟 번째 경에서의 비유는 큰 나무에 관한 비유이다. 일곱 번째의 경우와 같다.

아홉 번째 경[알음알이경, viññāṇa sutta]

이 아홉 번째 경과 열 번째 경도 역시 큰 나무를 비유로 들어 설명한다. '족쇄에 묶이게 될 법들에게서' 달콤함을 보며 머무는 자에게 알음알이(재생연결식)가 일어난다. 만약 알음알이(재생연결식)가 일어난다면 뒤를 이어 정신과 물질이 일어난다. 족쇄에 묶이게 될 법들에게서 달콤함이 아닌 위험을 보며 머무는 자에게 죽음의 마음 이후에 일어나는 알음알이(재생연결식)는 일어나지 않는다.

열 번째 경[인연경, nidāna sutta]

이 열 번째 경과 다른 경들과의 차이는 단지 '취착하게 마련인 법들에서…'라는 문구이다. 위의 경들에서 말씀하신 사례들은 모두 인간인 아라한이 죽은 후에는 오로지 온도에서 만들어진 물질만이 남는 것으로 알아야 한다. 닙바나에 따라 들어가는 그 어떠한 흔적도 없다. 천신인 아라한과 범천인 아라한들의 반열반에는 남아있는 유골조차도 없다. [이것이

상응부 인연상응에 나오는 10가지 경의 핵심이다.]

왓차경[vaccha sutta]

이제 중부 제2권(Majjhima pannāsa)에 나오는 왓차경을 소개하겠다. 왓차 뿌리바자까(Vaccha puribbājaka)는 부처님에게 아라한이 죽은 후, 업에서 만들어진 물질이 소멸하는 죽음의 마음 이후에 어떤 일이 일어나는지 질문을 하자. 부처님은 다음과 같이 답하셨다.

질문 : 아라한은 죽어서 어디에 태어납니까?
답변 : '태어난다'라는 말은 적용될 수가 없다.

질문 : 그렇다면 태어나지 않습니까?
답변 : '태어나지 않는다'라는 말도 적용될 수 없다.

질문 : 그렇다면 태어나기도 하고 태어나지 않기도 합니까?
답변 : '태어나기도 하고 태어나지 않기도 한다'라는 말도 적용될 수 없다.

질문 : 그렇다면 태어나는 것도 아니고 태어나지 않는 것도 아닙니까?
답변 : '태어나는 것도 아니고 태어나지 않는 것도 아니다'라는 말도 적용될 수 없다.

왓차는 이러한 답변에 만족하지 못하고 다시 부처님에게 질문을 하자 부처님은 큰 불에 관한 비유를 들어 질문을 한다.

질문 : 왓차여, 만일 타오르는 불이 눈앞에 있다면 그대는 '내 앞에서 불이 타오르고 있다'라고 알 수 있는가?

답변 : 그렇습니다.

질문 : 그런데 만일 '그대 앞에 타오르고 있는 그 불은 어떠한 조건 때문에 타오르는가? 라고 묻는다면 그대는 어떻게 설명하겠는가?'

답변 : 제 앞에 타오르는 불은 마른 풀과 나뭇가지라는 연료를 조건으로 타오르고 있습니다, 라고 답할 것입니다.

질문 : 만일 그대 앞에 있는 불이 꺼진다면 그대는 '내 앞에 불이 꺼졌다.'라고 알 수 있는가?

답변 : 네, 저는 내 앞의 불이 꺼졌음을 알 것입니다.

질문 : 그렇다면 그대 앞에서 꺼진 그 불은 꺼진 후에 어떤 곳으로 갔는가? 동쪽인가? 서쪽인가? 북쪽인가? 남쪽인가? 라고 묻는다면 그대는 어떻게 말하겠는가?

답변 : 그 말씀은 적당하지 않습니다. 참으로 불은 마른 풀과 나뭇가지라는 연료를 조건으로 타올랐고, 그 연료를 다 써버리고 더 이상 다른 연료를 공급받지 못하면 연료가 없어서 바로 그 자리에서 꺼졌다고 합니다.

'anāhāro anupādāno nibbutotveva saṅkhyaṁ gacchati.'

더 이상 의존해 오고 있던 장작을 넣는 사람이 없다면 '이미 소멸되고 불이 꺼졌다'고 말할 수 있다. 'khinā=ended=끝이 났다 ; niruddhā=소멸된 ; nibbuto = 불이 꺼진'과 같이 과거시제로 말해야 한다. 더 이상 현재는 없으므로 'upapajjati=다시 태어난다'와 같은 현재시제로 말해서는 안 된다. 그때 붓다는 첫 번째 답변을 한 이유를 네 가지 관점에서 설명하였다.

> 즉 왓차여, 참으로 그와 같다. 사람은 물질(色)로써 여래를 묘사하면서 묘사를 시도하지만[187] 여래는 그 물질을 제거했고, 그 뿌리를 잘랐고, 윗부분이 잘린 야자수처럼 만들었고, 멸절시켜, 미래에 다시는 일어나지 않게끔 하였다. 왓차여, 여래는 물질이라는 이름에서 해탈하여 심오하고 측량할 수 없고 깊이를 헤아릴 수 없나니 마치 망망대해와도 같다. 그에게는 '태어난다.'라는 말이 적용될 수 없고, '태어나지 않는다.'라는 말도 적용될 수 없고, '태어나기도 하고 태어나지 않기도 한다.'라는 말도 적용될 수 없고, '태어나는 것도 아니고 태어나지 않는 것도 아니다.'라는 말도 적용될 수 없다.

아라한이라는 개념(paññatti)은 존재를 구성하는 다섯 무더기(오온)들에 의지하여 만들어진다. 죽음의 마음 이후에 업에서 만들어진 물질들이 지멸한 후에는 존재를 구성하는 다섯 무더기(nāma-rūpa)들은 아무 것도 남지 않는다. '아라한이라고 하는 사람(arahatta puggala)'이라는 개념도 사라진다.

---

187) '물질로서 여래를 묘사하여'라는 것은 물질로써 길다거나 짧다거나 검다거나 희다라는 중생에게 속하는 것으로 여래를 묘사한다는 말이다. '물질을 여래께서 제거하셨고'라는 것은 앞서 말한 형태의 물질이 일어남을 버리는 것을 말한다. '물질이라는 이름에서 해탈하셨다.'라는 것은 미래에 물질이 생기지 않기 때문에 그분에게는 물질적 부분이라거나 정신적 부분이라는 그러한 것이 있을 것이라는 그런 인습적인 표현에 해당되지 않는다. 그렇기 때문에 물질이라는 개념으로부터 해탈했다는 말이다. '심오하고'라는 것은 성향이 깊고 공덕이 깊기 때문에 깊다. 그분의 공덕이 깊기 때문에 일체 지자인 여래가 태어나면 중생에게 속하는 여래라는 개념이 있게 된다. 그러나 그분에게는 더 이상 오온이 존재하지 않기 때문에 그러한 중생이라는 개념이 존재하지 않는다. 이런 것을 보는 자에게는 중생에게 속하는 '여래는 사후에도 존재한다.'라는 것 등은 해당되지 않고 적용되지 않는다는 말이다.(SA.iii.113), 맛지마니까야 제3권, 91~92. 초불, 대림스님역. -역주-

ㅡ. 연속되는 물질무더기(色蘊)들에 의지하는 개념(paññatti)은 물질무더기들(색온)의 상속이 지멸됨과 동시에 사라진다.

ㅡ. 연속되는 느낌무더기(受蘊)들에 의지하는 개념은 느낌무더기들의 상속이 지멸됨과 동시에 사라진다.

ㅡ. 연속되는 인식무더기(想蘊)들에 의지하는 개념은 인식무더기들의 상속이 지멸됨과 동시에 사라진다.

ㅡ. 연속되는 상카라들(行蘊)에 의지하는 개념은 이 상카라들의 상속이 지멸됨과 동시에 사라진다.

ㅡ. 연속되는 알음알이의 무더기(識蘊)들에 의지하는 개념은 이 알음알이들의 상속이 지멸됨과 동시에 사라진다.

이와 같이 임종을 맞아, 죽음의 마음이 일어나서는 사라지는 것과 동시에 업에서 만들어진 물질도 지멸하면, 존재를 구성하는 다섯 무더기인 오온(五蘊)은 드디어 끝이 난다. 그는 또한 존재를 구성하는 오온 때문에 만들어진 부처님이라는 개념, 아라한이라는 개념 그리고 존재라는 개념으로부터도 벗어난다. 이러한 아라한의 열반은 대양과 같이 깊다. 범부들이 말하는 '출현한다(upapajjati), 출현하지 않는다(nupapajjati)' 등과 같은 용어로 설명할 수 있는 것이 아니다.

이 겁에서 뒤돌아 세어보면 4아승지하고 십만겁 동안 나투셨던 부처님들은 땅항까라(taṇhaṅkara.作愛), 메당까라(Medhaṅkara.作慧), 사라낭까라(Saranaṅkara.作歸依), 디빵까라(Dipaṅkara.燃燈) 등과 같은 이름만이 남아있다. 이 부처님들의 앞에서 나투신 부처님들은 알 수도 없는 윤회에서 오셨는데 그 분들은 오온이라는 개념에서 생긴 이름조차도 알 수가 없다. 인간, 천인, 범천의 세상 가운데에도 나타나지 않는다. 과거의 역사 조차도 말할 수 없다.

그렇지만 시작도 없는 윤회 속에서 태어남을 반복해 온 중생들은 아직도 여전히 인간, 천신, 범천, 지옥중생, 축생계, 아귀, 아수라 등으로 태어나고 있다. 윤회하는 중생들은 갠지스 강가의 모래알보다 많고 오래 전에 해탈하여 대열반에 든 부처님들의 숫자와 비교해 보면 부처님들이 얼마나 믿을만한지 그리고 (수승하여) 비교할 대상이 없는지 그리고 얼마만큼 이해하기 어려운지 알게 된다. 일체를 알고 계신 부처님들만이 시작도 알 수 없는 윤회 속에서 아주 오래 전에 대열반에 드신 분들의 이름을 알 수 있다. 아라한이나 범천, 천신이나 인간들 가운데서 그것을 알 수 있는 분들은 오로지 부처님들뿐이다. [이것이 바로 부처님들은 얼마나 믿을만하고 비교할 대상이 없으신 분들인지 그리고 이해하기 어려운 분들인지를 보여준다.]

이 왓차경은 불의 예시를 통해 물질과 느낌 등과 같은 궁극적 실재들의 완전한 지멸 그리고 대열반에 들 때에 죽음의 마음이 사라짐과 동시에 업에서 만들어진 물질들도 소멸하는데 그 이후에는 남아 있는 토대(개념)는 그 어떠한 것도 없다는 것을 보여준다. 또한 아라한이 죽을 때 아라한의 몸에서 빠져나와 닙바나로 들어가는 그 어떠한 궁극적 실재의 흔적도 볼 수 없으며 따라 들어가는 어떤 개념도 역시 없음을 알아야 한다.

아라한이 닙바나에 들 때 왜 아라한의 몸에서 빠져나와 닙바나로 들어가는 그 어떠한 것(dhamma)의 흔적도 찾아볼 수 없는가? 닙바나란 이미 아라한과를 얻은 분의 존재를 구성하는 무더기들(오온)의 새로운 일어남의 완전한 지멸, 일어나는 궁극적 실재들의 완전한 지멸을 의미한다. 다시 태어남으로 인하여 일어나는 궁극적 실재들의 상속의 완전한 지멸, 완전한 소멸·가라앉음이 진정한 열반(닙바나)이다. 그러므로 '반열반에 든다, 열반에 도달한다, 열반으로 간다'와 같은 표현이 있더라도 닙바나로 들어가는 그 어떠한 것(dhamma)의 흔적도 찾을 수 없다고 하는 것이다. 이렇게 이해하여야 한다.

또한 중부의 제2권(majjhimapaṇṇasa)과 견해 상응(diṭṭhi saṁyutta), 꼬살라 왕의 질문과 케마 비구니의 답변 그리고 붓다의 답변도 마찬가지로 '이렇게 가신 여래는 궁극의 죽음이 된다(hoti tathāgate paraṁ maraṇā)'라고 하였다. 여기에 나오는 빠알리는 왓차경의 내용과 (다음과 같이) 모두 동일하다.

hoti = upeti = 태어난다

na hoti = na upeti = 태어나지 않는다

hoti ca, na ca hoti = upeti ca, na ca upeti = 태어나기도 하고, 태어나지 않기도 한다.

neva hoti, na na hoti = neva upeti, na na upeti = 태어나는 것도 아니고, 태어나지 않는 것도 아니다.

이제 숫따니빠따(suttanipāta)의 피안으로 가는 길의 품(pārāyana)에 학인 우빠씨와의 질문에 대한 경(upasivapaññhā)에 나오는 시(詩)들의 요점을 설명하도록 하겠다.

학인 우빠씨와의 질문에 대한 경(Upasiva paññhā)[188)]

우빠씨와는 이미 무소유처(ākiñcaññāyatana) 선정을 증득한 수행자였다. 그래서 그는 붓다에게 무소유처정을 의지하여 괴로움의 윤회에서 벗어나는 방법을 여쭈었다. 붓다께서도 역시 그 질문에 답하였다. 여기서 네 개의 질문과 네 개의 답변이 게송으로 표현되고 있다. 그것들 가운데 마지막 2가지 질문과 답변을 드러내 보이도록 하겠다.

---

188) 숫따니빠따. 학인 우빠씨와의 질문에 대한 경-역주-

[우빠씨와의 질문]

tiṭṭhe ce tattha anānuvāyī
pūgampi vassānaṁ samantacakkhu
tatth'eva so sītisiyā vimutto
cavetha viññānaṁ thathāvidhassa
널리 보시는 눈(普眼)을 지닌 님이시여,
만약 거기에 종속되지 않고 여러 해 동안 지낸다면,
그는 거기서 (죽음의 괴로움으로부터) 해탈하여 영원히
청안하겠습니까?
그리고 그러한 사람에게도 알음알이(재생연결식)는 있는
것입니까?

[세존의 답변]
accī yatha vātavegena khitto (upasīvā ti bhagavā)
atthaṁ paleti na upeti saṅkhaṁ
evaṁ munī nāmakāyā vimutto
atthaṁ paleti na upeti saṅkhaṁ

우빠씨와여,
가령 바람이 불어 꺼진 불꽃은 사라져[189] 헤아려지지
못하듯
성자는 정신적인 것들로부터[190] 해탈하고, 소멸되어,

---

189) atthaṁ paleti : pr.Ⅱ에 따르면 '(달과 해가) 진다 [(candimasuriyā)atthaṁ gacchanti]'는 것과 동일한 의미이다. -역주-

190) nāmakāya :pr, II.594에 따르면, '4가지 정신적인 무더기(受 想 行 識)'를 의미한다. 학인은 먼저 물질적인 요소(Rūpakāya)를 벗어나고 아라한이 되는 과정에는 물질적인 것들이나 정신적인 것들의 양면에서 해탈한다.(udhatobhāga

아무도 그를 헤아릴 수 없게 된다.

학인 우빠씨와는 무소유처 선정을 닦아 오로지 물질적인 것에서는 벗어났지만 정신적인 것들로부터의 자유가 필요하였다. 그래서 붓다는 그가 정신적인 것으로부터의 해탈(nāmakāyā vimutto), 갈애로부터의 자유를 얻는 방법을 보여주시고자 하였다. 만약 무색계에 대한 갈애(無色愛)를 떨쳐버릴 수가 없고 '정신'으로부터 자유롭지 못하다면 그는 범천의 세계에 머물게 되고 죽은 후에는 또 다시 윤회를 계속해야만 한다. 만약 무색계에 대한 갈애에서 벗어나 상속(相續)하는 마음의 흐름인 나마(정신)로부터 자유로울 수 있다면 그는 머물던 바로 그 자리(세계)에서 지멸을 맞게 된다. 마치 바람의 힘에 꺼진 불꽃은 즉시 사라지는 것처럼. 그는 더 이상 다시 태어나지 않으며 그 어떠한 개념으로도 불려지지 않게 된다.

위의 게송에 나오는 'attharn paleti'라는 것은 '열반을 증득하다'라는 말이다.

다음의 '인간의 세계에서 사라져 천신의 세계에 다시 태어난다.'라는 문장에는 다음의 세 가지가 명확히 드러난다.

① 갈 수 있는 천신의 세계,

② 경험하는 자

③ 인간계에서 사라져서 천신의 세계에 나타나는 것(act, 모습)

보다 명확히 이해하기 위하여 이와 같은 식으로 다음의 세 가지를 생각해 보자.

① 닙바나를 얻어 가게 되는 곳(장소)

② 경험하는 자, 궁극적으로 지멸하는 자(parinubbuta puggala)

③ 다섯 가지 무더기(오온)들로 구성된 존재의 상태가 사라지는 모습

---

vimutta).-역주-

그리고 출세간의 세계(lokuttarā bhummiṭhāna)로 나투는 모습

이와 관련된 소부의 니데사(niddesa, 義釋)의 설명을 보자.

> atthaṁ paletīti atthaṁ paleti, atthaṁ gameti, atthaṁ gacchati, nirujjhati, vupasammati, paṭipassambhati
>
> 앗탕 빨레띠(atthaṁ paletī)란 열반의 증득, 열반에 도달, 피안으로 감, 지멸(적멸), 적멸하다, 고요하게 되다

이 6가지 정의 가운데 앞의 3가지는 뜻을 풀이한 것이다. 'nirujjhati' 등의 뒤의 3가지는 앗탕 빨레띠(atthaṁ paletī)에 내포된 의미를 간략히 드러낸 것이다. 앗탕 빨레띠띠(atthaṁ paletīti)라는 두 단어는 바로 '무더기들이 지멸하다.'라는 핵심적인 의미를 보여준다. 그래서 '지멸하다(nirujjhati)'라는 단어를 이용하여 설명한 것이다. 무더기(khandhā)는 불타는 괴로움(dukkha)이다. 이러한 괴로움의 끝남이 곧 고요함(평화)임을 보이려고 지멸(nirujjhati)은 적멸(vupasammati)이고 고요함(paṭipassambhati)이라고 부연해서 설명한 것이다. 그러므로 오염 무더기(kilesakhandha)들의 지멸과 적멸은 곧 열반의 증득(atthaṁ paletīti)으로 알아야 한다.

열반의 증득(atthaṁ paleti)에서 열반이란 타오르는 현상(dhamma)들의 지멸이고 적멸이다. 그러므로 열반(atthaṁ=nibbāna)이란 '사라짐 혹은 지멸'과 같은 것이다. 마치 '죽음에 들다.(maraṇaṁ nigacchati)'라는 말과 '죽다(marati)'라는 말이 동일한 것과 같다.

bhedaṁ gacchati(파괴되다) = bhijjati(부서지다)
jaraṁ gacchati(나이가 들다) = jiyyati(늙다)
pākaṁ gacchati(잘 삶아지다) = paccati(잘 익다)

이렇게 왼쪽에 두 단어는 오른쪽의 단어와 같은 의미이다.

[우빠씨와의 질문]

atthaṁgato so uda vā so natthi
udāhu ve sassatiyā arogo.
taṁ me muni sādhu viyākarohi,
thatā hi te vidito esa dhamma
소멸해 버린 것입니까? 혹은 존재하지 않는 것입니까?
영원한 것입니까? 혹은 질병이 없는 상태입니까?
성스러운 분이시여, 그것을 제게 설해주소서.
당신은 진여(眞如)인 이 법에 대하여 잘 알고 계시니 말입니다.

이에 관한 유명한 견해로 '무더기가 있다. 이 무더기들의 주인이 곧 자아이다. 그런데 이 무더기들의 주인은 단멸한다. 이러한 허무주의적인 믿음을 단견(uccheda diṭṭhi)이라한다. 붓다 재세시에 와마까(Vamaka)라는 비구가 이러한 견해를 지녔었다. 따라서 '여래는 사후에 존재하지 않는다(na hoti tathāgato paraṁmaraṇā)'라는 견해도 단견(斷見)이다.

한편 '무더기들은 지멸하지만 자아나 실체 혹은 존재는 지멸하지 않는다.'라는 견해는 항상하다고 하는 상견(常見, atthi)이다. 따라서 '여래는 사후에도 존재한다(hoti tathāgato paraṁmaraṇā)'는 말은 상견에 해당한다.

앞의 빠알리 게송을 통해 붓다는 '열반을 증득한다(atthaṁ paleti)'라고 학인 우빠씨와에게 무더기의 지멸에 대한 설명을 하셨다. 그럼에도 우빠씨와는 무더기들이 지멸될 때 무더기들의 주인인 자아도 끊어지고 사라지는지 아니면 무더기들의 지멸과는 별개로 어떠한 방식으로든 존재하는 것인지에 대한 의문이 있었다. 그래서 계속해서 질문을 해보지만 붓다께서는 잘못된 상견과 단견에 관한 질문을 거부하셨다. 깟짜나곳따 경에서 붓다는

> atthi ti kho kaccāna eko anto
> natthīti kho kaccāna dutīyo anto.
> 있다고 하는 상견은 (무명이라는) 하나의 극단이고
> 없다고 하는 단견도 역시 또 다른 (무명의) 극단이다.

붓다는 사람이나 존재와 같은 것은 정말로 없고, 자아나 영혼(jīva)은 없다고 설하셨다. 하지만 (궁극적 실재인-역자) 정신과 물질은 정말로 있다고 가르쳤다. 만약 정신과 물질이 일어나기 위한 조건인 무명(avijjā)과 갈애(taṅha)가 남아있다면 '존재하지 않음(natthi)'이나 단멸(허무주의)의 성품을 갖지 않는다. 만약 이 원인(조건)이 사라진다면 (정신과 물질은) 지멸하므로 '있다, 존재하다(atthi)'와 같은 성품은 결코 존재하지 않게 된다. 그래서 붓다는 상견과 단견을 배경으로 하는 우빠씨와의 질문에 상견과 단견과는 상관이 없는 답변을 하신 것이다.

> atthaṁ gatassa na pamāṇaṁ atthi,
> upasiva ti bhagavā
> yena naṁ vajju taṁ tassa n'atthi
> sabbesu dhammesu samūhatesu
> samūhatā vādapathā pī sabbe[191)]
> 우빠씨와여, 소멸해 버린 자는 헤아려질 수가 없다.

---

191) vādapathā : Nidd. II.243에 따르면 '명칭의 길(adhivacanapathā), 언변의 길(niruttipathā), 시설의 길(paññattipathā)'이 있다. 숫타니파타, 한국빠알리성전협회, 전재성 역주, p.496 각주 -역주-

언명(표현)할 수 있는 것이[192] 그에게는 없다.
깨끗하게 모든 현상들이 끊어져 버리면[193]
모든 언어의 길도[194] 함께 끊어져 버린다.

이 게송의 두 번째 행은 첫 번째 행의 의미를 부연하여 설명하고 있다. 모든 현상들이 깨끗하게 끊어지면 언어의 길도 함께 끊어진다.(sabbesu dhammesu samūhatesu samūhatā vādapathā pī sabbe) [이 문장의 자세한 의미는 유행승 왓차곳따에게 설하신 법문을 참조하라.[195]]

요약해 보면 존재를 구성하는 궁극적 실재들인 다섯 무더기(오온)들이 존재할 때만이 존재라는 개념(paññatti)이 존재할 수 있다. 만약 존재를 구성하는 궁극적 실재인 다섯 무더기들이 없다면 이 존재에 대한 개념은 만들어질 수가 없다. 지멸이라고 하는 반열반에 들면 존재를 구성하는 궁극적 실재인 다섯 무더기들은 영원히 그리고 완전하게 그 어떠한 것도 남김이 없이 소멸한다. 그러한 무더기들의 현상(dhamma)들이 지멸한다면 이 아라한의 몸과 연관된 개념도 역시 사라질 것이다. 업에서 만들어진 물질이 지멸된 후에는, 즉 아라한이 죽어 조건지어지지 않은 열반(asaṅkhatanibbāna)인 반열반에 들면 궁극적 실재들은 물론 관련된 개념들도 그 어떠한 자취를 찾을 수가 없다.

이 'sabbesu dhammesu samūhatesu samūhatā vādapathā pī sabbe'에

---

192) yena naṁ vajju : Prj. II.956에 따르면 '탐욕 등이라 말할 수 있다.'는 뜻이다. 숫타니파타, 한국빠알리성전협회, 전재성 역주, p.496 각주-역주-

193) dhammesu : Prj. II.243에 따르면 '존재를 구성하는 무더기들의 현상들(khandhādidhammesu)을 말한다. -역주-

194) vādapathā : Nidd. II.243에 따르면 '명칭의 길(adhivacanapathā), 언변의 길(niruttipathā), 시설의 길(paññattipathā)'이 있다. -역주-

195) 중부 제2권 왓차곳따 불 경-역주-

대한 사리뿟따 존자의 설명은 다음과 같다.

> sabbesu dhammesu samūhatesu ti
> sabbesu khandhesu, sabbesu āyatanesu,
> sabbesu dhātūsu.
> 모든 현상들이 끊어진다.
> 모든 무더기들, 모든 감각기관의 토대들(감각장소),
> 모든 요소들이 끊어진다.

그러므로 업에서 만들어진 물질이 소멸할 때, 반열반에 드는 바로 그 죽음의 마음이 일어나 사라지는 순간에 존재를 구성하는 무더기들(khandhā, 五蘊), 안과 밖의 감각토대들(āyatana, 12처), 요소들(dhātū, 18계)은 하나도 남김이 없이 모두 함께 영원히 그리고 완전하게 소멸한다. 남김이 없이 소멸되므로 그 어떠한 자취도 없다. 이제 이 의미가 분명해졌을 것이다. 사리뿟따 존자는 계속해서 설명한다.

> samuhatā vādapathāpi sabbeti vādapaṭhā vuccanti kilesā ca khandhā ca abhisaṅkhārāca tassa vādāca, vādapathā ca adhivacanā ca, adhivacanapatā ca, nirutti ca niruttipathā ca, paññatti ca, paññattipathā ca uhatā, samūhatā uddhatā samuddhatā, uppāṭitā, samuppāṭitā, panhīnā saṁucchinnā vūpasantā, paṭipassaddhā, abhabbuppattikā, ñāṇagginā daḍḍhāti samuddhatā vādapathāpi sabbe.

언어의 길도 모두 끊어졌다. 언어의 길이란 오염의 무더기와 조건지어진 것들이라 말한다. 언어의 길과 명칭과 이름붙임의 길과 말과 말의 길과 개념과 개념의 길은 모두 끊기고 들어 올려지고 뿌리가 뽑히고, 근절되고, 깨져버리고, 지멸되고 다시 생겨날 수가 없고, 타버렸고, 뽑혀졌다고 말한다.

업에서 만들어진 물질이 지멸한 후에, 반열반에 든 자의 죽음의 마음 이후에는 그 사람과 연관된 어떠한 궁극적 실재나 개념적 현상은 자취가 없음이 분명하다. 완전한 열반에 든 분(parinibbuta puggala)이라는 말은 반열반에 들어 업에서 만들어진 물질이 소멸하기 바로 전에 과거형의 용어로 존재를 구성하는 다섯 무더기들, 정신과 물질이 분명할 때에만 사용될 수 있는 말이다. 즉 열반에 든 아라한의 몸과 관련된 개념이나 그 어떠한 궁극적 실재의 흔적이 남아있기 때문에 사용하는 것이 아니라는 말이다. 그러므로 붓다는 정의할 수 없음(saṅkhyaṁnaropeti) 혹은 의미에서 벗어남, 이름을 붙일 수 없음(atthaṁ paleti, naupeti saṅkhyaṁ) 혹은 모든 언어의 길이 끊어졌다(samuhatā vādapathāpi sabbe)(言語道斷)고 하셨다.

–. 그래서 이 우빠씨와의 질문에 대한 답변으로 불꽃의 소멸이라는 예를 들어 답한 것이다.

–. 그래서 모든 언어의 길이 끊어졌다(samuhatā vādapathāpi sabbe)고 하신 것이다.

이러한 사실에 기초해 볼 때 원적에 든 분과 관련된 모든 궁극적 실재들과 개념들은 남김이 없이 영원히 그리고 완전하게 소멸되었다고 알아야 한다. 열반에 드신 분이 만약 사람이었다면 남은 것은 유골뿐인 것이며 천신이나 범천이었다면 유골조차도 남은 것이 없을 것이다. 이 우빠씨와의 질문은 무색계인 무소유처에서 반열반을 증득한 것에 대한 질문이었으므로 불어서 꺼진 불꽃의 비유는 참으로 적절한 비유라고 생각된다. [이것이 우빠씨와의 질문이다.]

느낌상응에 나오는 의미[vedanā saṁyutta]

또한 상응부 느낌상응에도 다음과 같은 표현이 있다.

so vedanā priññāya, diṭṭhe dhamme anāsavo
kāyassa bhedā dhammmaṭṭho
saṅkhyaṁ nopeti vedagū

느낌을 수관하는 명상을 하는 사람은 (세 가지 종류의) 느낌을 식별한다. 지금 여기에서(현생에서) 번뇌에서 벗어난 아라한이 될 수 있다. 죽음의 마음 이후, 업에서 만들어진 물질의 지멸 후에 이미 열반에 든 아라한은 그 어떠한 것으로도 헤아려질 수 없다.

위의 정의할 수 없음(saṅkhyaṁ nopeti)이라는 말은 의미에서 벗어난, 이름으로 불리어질 수 없음(atthaṁ paleti na upeti saṅkhyaṁ)의 뜻으로 알아야 한다. 이것을 주석서에서는 다음과 같이 설명한다.

dhammaṭṭhoti asekkhadhammesu, nibbāne, eva vā ṭhito.
무학이 증득한 법이란 열반, 끊어짐이다.

무학의 법(asekkhadhamma)이란 아라한과(果), 즉 아라한과에 든다는 의미이다. 이것은 몸이 스러진 이후의 경험이 아니며 몸이 스러지기 이전일지라도 경험할 수 있다. 그러므로 죽음의 마음이 일어나서는 사라짐과 동시에 업에서 만들어진 물질이 지멸(kāyassa bhedā paraṁ)한 이후에는 그것도 헤아릴 수 없게 된다(saṅkhyaṁ nopeti). 법의 성품에 정통해 최상의 지혜를 획득한 자(dhammmaṭṭho vedagū=열반을 증득한 자)란 표현은 아라한이 반열반에 들기전에 그 아라한이 지니고 있는 특성을 외경하기 위해서 사용되는 용어이다.

반면에 '열반의 증득(dhammmaṭṭho)'이란 '죽음으로 업에서 만들어진 물질이 지멸한 후(kāyassa bhedā paraṁ)'의 의미이지만 '무여열반에 들다'라는 의미도 내포하고 있다. 이 열반의 증득이란 무더기들의 지멸과 같은 뜻이다. 무더기들의 지멸이란 곧 열반의 증득이다. 마치 질병이 완쾌되면 더 이상 그 병 때문에 괴롭지 않게 되는 것과 같다. 바로 그렇게 닙바나를 증득하면 괴로움(오염), 그리고 질병의 무더기들이 이미 지멸된 것이므로 그런 것들의 영향을 더 이상 받지 않고 그것들은 더 이상 일어나지 않는다. 이 지멸은 완전한 지멸로 (그 상태가) 영원히 유지된다. 이 지멸로부터 다시 돌아오는 일은 결코 없다. [이것이 느낌상응의 요지이다.] 이것으로 여읨을 통한 열반(nissaraṇanibbāna)의 증득에 대한 설명을 마친다.

2. 열반(nibbāna)은 얼마나 큰 행복인가?

이제 빠알리 문헌을 통해 닙바나가 얼마나 큰 행복인지를 살펴보자. 부처님은 상응부 느낌상응의 열아홉 번째 경(S36:19)인 빤짜깡가(pañcakaṅga sutta)경에서 말씀하셨다.

> pañcime ānanda kāmaguṇa, katame pañca, cakkhu viññeyyā rūpa….
>
> 아난다여, 다섯 가닥의 감각적 욕망들이 있다. 무엇이 다섯인가? 눈으로 인식되는 형색들이 있으니….

1) 10가지 행복

① 감각적 욕망의 행복
② 초선정의 행복
③ 이선정의 행복
④ 삼선정의 행복
⑤ 사선정의 행복
⑥ 공무변처정의 행복
⑦ 식무변처정의 행복
⑧ 무소유처정의 행복
⑨ 비상비비상처정의 행복
⑩ 멸진정(상수멸)의 행복

감각적 욕망의 행복이란 재산이 많은 대부업자, 부자, 통치자, 지주, 짝까왓띠의 왕과 같은 인간들과 천신의 왕인 삭까천왕을 포함한 욕계의 여섯 하늘의 천신들이 누리는 행복을 말한다. 이러한 감각적 욕망으로 인한 행복은 가장 질이 낮다. 나무 아래에서 초선정에 든 비구의 행복은 위와 같은 감각적 욕망으로 인한 행복보다도 훨씬 즐겁고 고귀하다. [나머지 위에서 서술된 행복들의 순서는 이와 같다고 알아야 한다.]

지금 여기서 경험하는 최고의 열반[paramaditthadhamma nibbāna]

마음과 마음부수 그리고 마음을 원인으로 생성된 것들은 모두 함께 지멸이 되고 오로지 업에서 만들어진 물질, 온도에서 만들어진 물질, 음식에서 만들어진 물질만이 살아있는 것을 멸진정(nirodhasamāpatti)의 행복이라 한다. 이 멸진정(상수멸)의 행복이 '지금 여기서 경험하는 최고의 열반(paramaditthadhammu nibbāna)이다. 멸진정의 행복에 관해 붓다는 중부 '많은 느낌경(M59)'에서

"Ṭhānaṃ kho panetaṃ, ānanda, vijjati yaṃ aññatitthiyā paribbājakā evaṃ vadeyyuṃ – 'saññāvedayitanirodhaṃ samaṇo gotamo āha; tañca sukhasmiṃ paññapeti. Tayidaṃ kiṃsu, tayidaṃ kathaṃsū'ti?
아난다여, 그런데 다른 외도 수행승들이 그렇게 말하는 경우가 있을 것이다. – '사문 고따마는 인식과 느낌의 소멸(想受滅)을 설하고는 그것을 다시 즐거움이라고 천명한다. 그런 것이 도대체 어디에 있으며, 어떻게 그것이 가능하단 말인가?'라고.

Evaṃvādino, ānanda, aññatitthiyā paribbājakā evamassu vacanīyā – 'na kho, āvuso, bhagavā sukhaṃyeva vedanaṃ sandhāya sukhasmiṃ paññapeti; api ca, āvuso, yattha yattha sukhaṃ upalabbhati yahiṃ yahiṃ taṃ taṃ tathāgato sukhasmiṃ paññapetī'"ti.
아난다여, 이와 같이 말하는 외도인 유행승들에게 이렇게 말해줘야 한다. – '도반들이여, 세존께서는 즐거운 느낌만을 즐거움이라고 말씀하신 것이 아닙니다. 오히려, 도반들이여, 여래는 언제 어디서 얻어진 어떤 종류의 즐거움이든지간에, 그것을 모두 즐거움이라고 합니다'라고.196)

---

196) 외도들은 '소멸(nirodha)'이 어떻게 즐거움인가? 라고 물음을 제기할 수 있기 때문에 세존께서 여기에 대한 궁금증을 풀어주신다. 느껴진 즐거움(vedayita-sukha)이건, 느껴지지 않는 즐거움(avedayita-sukha)이건, 이 둘 다를 즐거움이라고 천명하신다. 왜냐하면 이 둘 모두 괴로움이 없는 상태(niddukkha-bhāva)이기에 여래는 즐거움이라고 천명하시기 때문이다. (MA. iii.115)즉 인식과 느낌의 소멸(상수멸)은 느껴지지 않는 즐거움인 까닭에 이 또한 즐거움인 것이다. "느껴진 즐거움이든 느껴지지 않는 즐거움이든 간에 그것이 괴로움이 없는 상태(niddukkha-bhāva)이면 여래께서는 그것을 모두 즐거움(행복)에 포함시켜서 말씀하셨다는 뜻이다. 본경에서 세존께서는 멸진정(nirodha-samāpatti)을 으뜸(sisa)으로 삼으셔서 아라한 됨을 정점으로 하여 제도되어야 할 사람(neyya-puggata)에게 법을 설하셨다.(SA.iii.80), 맛지마니까야, 대림옮김, 초불. p.547 -역주-

외도인 유행승이 말했다. '사문 고따마는 마음(citta)과 마음부수(cetasika)의 지멸인 멸진정(nirodhasamāpatti)을 설하면서 또한 멸진정은 아주 수승한 행복이라고 한다. 어떻게 그럴 수 있는가? (마음과 마음부수가 없다면 행복을 어떻게 느낄 수 있는가? 행복을 느낄 수가 없다면 그것을 행복이라 할 수 있는가?)

부처님께서는 오직 즐거운 느낌만을 행복이라고 하신 것이 아니다. 어떠한 현상 때문에 행복을 느낀다면 부처님은 그 현상도 행복이라고 하셨다. 이와 같이 말해야 한다.

이것이 그 의미이다. 붓다는 앞의 경에서 즐김으로 인한 행복은 저열한 행복이지 고귀한 행복이 아니라고 하셨다. 정말로 고귀한 평화와 완전한 행복은 불안정하고, 미세하지 않고 동요하며 거친 심리현상들(dhamma)의 지멸이고 적멸이다.

2) 증지부 아홉의 모음에 나오는 설명[Navanipāta aṅguttara]

증지부 아홉의 모음 **열반경(A9:34)**에서 사리뿟따 존자가 비구들에게 설한다.

sukhamidaṁ āvuso nibbānaṁ
(도반이여, 열반은 행복입니다.)

그러자 우다이 존자가 사리뿟따 존자에게 이렇게 말했다.

kiṁpanettha āvuso sāriputta sukhaṁ, yadettha vedayitaṁ natthi(도반 사리뿟따여, 여기서 느껴지는 것이 없는데 어떻게

행복이라고 합니까?)

그러자 사리뿟따 존자가 말한다.

etadevatthāvuso sukhaṁ, yadettha natthi vedayiṭaṁ
(도반이여, 여기서 느껴지는 것이 없는 것이 행복입니다.)

지금까지 열반이 행복인 이유를 설명하였다. 그러나 행복에는 탐욕의 마음과 함께하는 감각적 욕망(kāma)으로 인한 행복도 있다. 이 감각적 욕망으로 인한 행복은 초선정을 닦는 수행자에게는 큰 장애가 된다. 예를 들어보자.

예시 :

나병에 걸려 가려움증이 심각해지면 무더위가 한창인 여름철이라 하더라도 이글거리며 붉게 타오르는 뜨거운 불에 상처부위를 쪼인다. 그러면 가려움은 사라진다. 상쾌한 느낌이 든다. 하지만 불에서 멀어지면 또 다시 극심한 가려움으로 참을 수 없게 된다. 이러한 나병의 괴로움을 겪어보지 않은 사람은 무더운 여름철에 장작불 앞에 서 있는 것은 큰 고통이다. 불을 쳐다보는 것조차도 원치 않는다.

위의 예에서 여름철에 붉게 이글거리는 숯불더미는 우리에게는 원치 않는 대상이지만 참을 수 없는 가려움으로 고통을 받는 사람에게는 최고의 행복이 된다. 부풀어 오른 상처 부위가 가려워 더 이상 참기 힘든 나병환자에게 숯불더미는 원하는 접촉이다. 바로 그렇게 감각적 욕망을 즐기는 인간의 행복과 욕계의 여섯 하늘(욕계육천)의 천인들이 즐기는 감각적 욕망으로 인한 행복은 결국에는 여러 종류의 근심이 된다. 나병으로 피부가 부풀어 올라 더 이상 참을 수 없는 가려움과 불결함으로 고통

받는 중생들은 감각적 욕망으로 인한 행복이 아닌 고귀하고, 참된 행복을 경험해야 한다.

나병이 없는 우리에게는 이글거리는 불더미는 정말로 원치 않는 괴로움이다. 바로 이렇게 초선정을 얻은 자들과 감각적 욕망이라는 나병을 극복한 자들에게 감각적 욕망이란 바람직하지 못하고 끔찍스럽다. 중부 제2권(majjhimapaññāsa) 마간디야(māgaṅḍiya)경에 나오는 이야기다. 이와 같이 감각적인 욕망은 인간과 천신들이 즐거워하고 갈망한다. 하지만 이러한 욕망은 부풀어 오른 나병의 불결함과도 같다. 이것들은 정말로 타오르는 고통을 만들어주는 괴로움에 불과하다. 하지만 그러한 감각적 욕망이라는 나쁜 질병으로부터 벗어난 초선정은 자유로운 상태로 지금 여기에서 경험할 수 있는 고요한 열반(sandiṭṭhika)이다. [이것이 증지부 아홉의 모음 첫 번째 장의 의미이다.]

증지부 아홉의 모음 두 번째 장의 의미

일으킨 생각(vitakkha)과 지속적인 고찰(vicāra)이 함께하는 초선정의 행복이 있다. 이 초선에 있는 일으킨 생각과 지속적 고찰은 제2선을 증득하려는 자에게는 심한 종기이고 심한 질병으로 아주 고통스럽게 괴롭힐 수 있다. 비유를 한다면 일으킨 생각과 지속적 고찰이 있는 초선에 대한 욕구와 갈애(jhāna nikanti taṇhā)는 나병과 같다. 숯불더미와 초선의 행복은 같다. 나병에서 치유된 자와 초선의 갈애에서 벗어난 수행자는 같다. 초선의 행복을 즐거워하는 선정에 대한 갈애(jhāna nikanti taṇhā)의 지멸이야말로 아주 고요하고 평화로운 '지금 여기에서 스스로 보아 알 수 있는 열반'(sandiṭṭhika nibbāna)이다. [이것이 두 번째 장의 의미이다.] 이러한 오염들이 비상비비상처정에 이르기까지 모두 적용된다. 하지만 멸진정은 수행자를 괴롭히지 않는다. 그러므로 멸진정은 진실로 지금·여기에서의 열반(diṭṭhadhamma nibbāna)이며 완전한 행복이다.

위에서 언급한 감각적 욕망이나 초선정 등으로 인한 행복 등은 오로지 감각적 쾌락의 즐김이라는 질병이 존재할 때에만 진짜 행복하다고 느껴진다. 그러나 보다 높은 법의 증득을 원한다면 위와 같이 잡다한 심리적 현상(담마)들의 일어남은 정말로 괴로움이다. 망상들의 지멸·적멸은 참으로 완전한 행복이다. 잡다한 심리현상들의 지멸과 적멸이란 괴로움과 즐거움을 넘어선다. 그러므로 희열과 정신적인 즐거움 그리고 육체적 즐거움(pīti somanassa sukha)이 아닌 고요함이기 때문에 고요함을 성품으로 하는 지멸과 적멸은 참으로 완전한 행복이다. 그래서 우다이 존자에게 말한 것이다. 어떠한 괴로움도 없고 그 어떠한 즐거움도 없는 열반이야 말로 참으로 완전한 행복으로 알아야 한다고. [이것이 증지부 아홉의 모임에 나온 경의 의미이다.]

3) 상응부 느낌상응의 설명[vedanāsaṁyutta]

상응부의 느낌상응에 어떤 수행승이 생각했다. "부처님께서는 느낌에는 즐거운 느낌, 괴로운 느낌 그리고 무덤덤한 느낌이 있다고 하신다. 그런데 즐거운 느낌이든 괴로운 느낌이든 '느껴진 것은 무엇이든지 모두 괴로움'[197]이라고 하신다. 왜 그렇게 말씀하셨을까?" 해서 여쭈어보니 부처님께서는[198]

비구여, 장하고 장하구나. 비구여, 나는 세 가지 느낌을 가

---

197) yaṁkiñcivedayitaṁ, sabbaṁ taṁ dukkhasamiṁ

198) 상응부 느낌상응, 제2장 한적한 곳에 감 품(rahogata-sutta) 한적한 곳에 감 경(S36:11), 상윳따니까야 4권, P.449-450, 초기불전연구원, 각묵스님 옮김 -역주-

르쳤다. 즐거운 느낌, 괴로운 느낌, 괴롭지도 즐겁지도 않은 느낌, 이 셋을 나는 가르쳤다. 또 한편으로는 비구여, 나는 '느껴진 것은 무엇이든지 괴로운 것이다.'라고 가르쳤다. 그런데 이 뒤의 말은 모든 형성된 것들(諸行)의 무상함(anicca)을 두고 한 말이었다. 내가 그렇게 말한 것은 모든 형성된 것들은 부서지기 마련인 법(khaya)이며 사라지기 마련인 법(vaya)이며 탐욕이 빛바래기 마련인 법(virāga)이며 소멸하기 마련인 법(nirodha)이며 변화하기 마련인 법(viparināma)이기 때문이다. '느껴진 것은 무엇이든지 괴로운 것이다.'라고 한 것은 바로 이것을 두고 한 말이니라.199)

핵심의미

느낌에는 즐거운 느낌, 괴로운 느낌 그리고 무덤덤한 느낌이 있다. 이것은 다양한 느낌들이 있음을 보여주기 위하여 여러 느낌을 정의해 본 것이다. 그런데 왜 '느껴지는 것은 무엇이든지 모두 괴로움(yaṁkiñci vedayitaṁ, sabbaṁ taṁ dukkhasaṁiṁ).'이라고 말씀하셔서 '즐거운 느낌이나 무덤덤한 느낌도 역시 괴로움'이라고 하신 것일까? 그것은 즐거운 느낌이나 무덤덤한 느낌은 모두 조건지어진 것이고 조건지어진 모든 것들은 무상하기 때문이다. 무상한 것이 즐거움이겠는가? 오로지 괴로움일 뿐이다. 그래서 붓다는 이것 역시도 괴로움임을 아시고 '느낌이나 즐

---

199) sāddhu sāddhu bhikkhu tisso imābhikkhave vedanā vuttā mayā sukhā vedanā, dukkhā vedanā, adukkhamasukhāvedanā imā tisso vedanā vuttā mayā ; vuttaṁ kho panetaṁ bhikkhu mayā yaṁkiñci vedayitaṁ, sabbaṁ taṁ dukkhasaṁiṁti. taṁ khopanetaṁ bhikkhu mayā saṅkhārānaṁyeva aniccataṁ sandhāya bhāsitaṁ yaṁkiñci vedanitaṁ, sabbaṁ taṁ dukkha saṁimti. taṁ khopanetaṁ bhikkhu mayā saṅkhārānaṁ khaya−dhammataṁ, vayadhammataṁ, virāgadhammataṁ, nirodha−dhammataṁ, viparināmadhammataṁ sandhāya bhāsitaṁ yaṁkiñci vedayitaṁ, sabbaṁ taṁ dukkhasaṁiṁti.−역주−

김에는 행복이라 할 만한 것이 결코 없다.'고 하신 것이다.

궁극적 진리를 보여주는 사성제(四聖諦)의 관점에서는 즐거움(sukha)나 평온(upekkha)과 같은 느낌이 없다. 모든 느낌은 확실한 괴로움일 뿐이다. 형성되지 않은 대열반(asaṅkhata mahānibbāna)에는 느끼는 성품(vedayita sabhava)이 전혀 없기 때문에 최고의 행복(parama sukha)이라고 하는 것이다. 행복한 느낌, 즐거운 누림이라는 느끼는 성품(vedayita sabhava)이 있다면 형성되지 아니한 대열반(asaṅkhata mahā nibbāna)은 최고의 행복이 아니고 괴로움일 뿐이다.

그래서 사리뿟따 존자와 붓다는 법문을 통해 느껴지는 모든 것은 괴로움(yaṁkiñci vedayitaṁ, sabbaṁ taṁ dukkhasaṁiṁ)이라고 하셨다. 앞의 첫 번째 장에서 설명한 느낌으로 인한 행복(vedayika sukha), 즐길 수 있는 행복은 결코 참된 행복이 아니다. 단지 괴로움일 뿐이다. 우리는 고요한 행복(santi sukha), 적멸의 행복이야말로 참된 행복, 완전한 행복이라는 믿음을 가져야 한다. [이것이 느낌상응의 핵심이다.] [이것으로 열반이 왜 완전한 행복인지에 대한 설명을 마친다.]

4) 최고의 행복(parama sukha)

40To 명상(bhāvanā)

이제는 즐거운 느낌도 없는 열반이 행복임을 분명히 드러내기 위하여 명상을 할 때 사용하는 40가지 방법(40To)을 간단하게 소개하겠다.

> 다섯 무더기들은 무상하고, 붕괴하고, 떨리고, 무너지기 쉽고,
> 지속되지 않고, 변하기 마련이고, 고갱이가 없고, 단멸하고,
> 죽기 마련인 법이고, 형성된 것이다.(10)[200]

> 다섯 무더기들은 괴로움, 병, 재앙, 종기, 화살, 질병, 재난, 두려움, 전염병, 협박, 보호가 없는 것, 피난처 아닌 것, 귀의처 아닌 것, 살인자, 재난의 뿌리, 위험한 것, 번뇌에 물들기 쉬운 것, 마라의 미끼, 태어나기 마련인 법, 늙기 마련인 법, 병들기 마련인 법, 근심하기 마련인 법, 탄식하기 마련인 법, 절망하기 마련인 법, 오염되기 마련인 법으로 명상한다(25).[201]

> 다섯 무더기들은 무아로, 타인으로, 빈 것으로, 허한 것으로, 공한 것으로 명상한다.(5)[202]

존재를 구성하는 다섯 무더기들(오온)

물질(色), 느낌(受), 인식(想), 상카라(行), 알음알이(識)는 존재를 구성하는 다섯 무더기들이다. 여기서

① 물질(色, rūpa)이란 무간지옥(avīci)으로부터 색계범천(rūpa brahmā)의 중생들의 크고 작은 몸을 구성하는 지(地), 수(水), 화(火), 풍(風)이라는 사대요소와 눈, 귀, 코, 혀, 몸 – 형상, 소리, 냄새, 맛, 감촉 등을 말한다.

② 느낌(受, vedanā)이란 느껴지는 것(vedayita)의 특징을 가진 것으로 즐거움(sukha), 괴로움(dukkkha) 등이 있다.

③ 인식(想, saññā)이란 태어나는 순간부터 '이것은 엄마, 이것

---

200) pañcakkhandhā aniccā palokā calā pabhaṅgū adhuvā viparināmadhammā asārakā vibhavā maraṇadhammā saṅkhato.(10)–역주–

201) dukkhā rogā aghā gaṇdā sallā ābādhā Upaddavā bhayā ittito upasaggā atāṇā aleṇā asaraṇā vadhakā aghamūla ādīnavā sāsavā mārāmisā jātidhammā jarādhammā bhādhidhammā sokadhammā paridevadhammā upāyāsadhammā saṁkilesikadhammṁ(25)–역주–

202) anattā pra rittā tucchā suññā(5)–역주–

은 아버지' 등으로 대상의 특징을 인식하는 행위·작용을 말한다.

④ 상카라(行, saṅkhāra)는 생각하고, 말하고 움직일 때 일어나는 모든 종류의 정신적 형성들이다.(느낌, 인식, 알음알이를 제외한 모든 마음부수들을 말함. -역자)

⑤ 알음알이(識, viññāṇa)는 대상이 있음을 아는 것(citta)이다.

[이것이 존재를 구성하는 다섯 무더기들이다.][203]

[4가지 무더기들은 대지옥부터 비상비비상처의 중생들이 가진다.]

무상한 것은 두려움

인간과 천신 그리고 범천의 다섯 무더기들(오온)은 무상(anicca)하므로 죽음과 같이 위험하다. 인간을 포함한 모든 중생이라는 존재는 오로지 한 순간일 뿐이다. 천신의 상태도 역시 한 순간이다. 범천도 한 순간이다. 비상비비상처 범천의 수명은 비록 8만4천겁이지만 이 범천을 구성하는 무더기들(물질을 제외한 4가지 무더기 -역주-)은 역시 한 순간만 존재할 뿐이다.

어떤 중생은 한번은 인간의 몸을 받고 수백, 수천 번을 지옥에 태어난다. 혹자는 한 번은 천신으로 태어나지만 지옥에는 십만 번, 백만 번 태어난다. 혹자는 한 번은 범천으로 태어나지만 지옥에는 십만 번, 백만 번 떨어진다. 중생들은 무상하기 때문에 위와 아래로 내던져진다. 인간으로 태어났을지라도 무상하기 때문에 지옥을 향하고 있다. 천신으로 태어났을지라도 무상하기 때문에 지옥을 향하고 있다. 비록 색계천상의 범천이나 무색계의 천신으로 태어났을지라도 무상하기 때문에 지옥을 향하고 있다. 그러므로 인간으로 태어났을지라도 여전히 지옥에 떨어질 위험

203) 공무변처부터 비상비비상처의 존재들은 물질을 제외한 네 가지 무더기들만 있지만 미얀마 원본을 그대로 인용하기 위하여 아신 빤딧짜 사야도의 말씀에 따라 그대로 옮긴다. -역주-

을 두려워해야 한다. 비록 지금은 천신이나 범천이라 할지라도 여전히 지옥이라는 두려운 위험이 곁에 있다. [이것이 바로 무상하기 때문에 겪어야 하는 큰 두려움이다.]

만약 무상하기 때문에 겪어야만 하는 이러한 위험을 숙고해 볼 수 있다면 인간이나 천신 혹은 범천의 몸을 받아 살아가면서 경험하는 즐김으로 인한 행복은 두렵고, 공포스럽고, 지치게 만드는 진짜 괴로움이라고 생각하게 될 것이다. 오로지 인간으로 다시 태어나고픈 욕망도 사라지고 삶을 통해 느낄 수 있는 감각적 욕망들도 가라앉을 때만이 지옥의 위험은 사라진다. 오로지 천신으로 다시 태어나고픈 욕망과 그 삶을 통해 얻을 수 있는 감각적 욕망들이 사라져야만 지옥의 위험은 사라진다. 오로지 자아가 있다는 견해인 유신견(有身見, sakkāyadiṭṭhi)이 사라지고 범천으로 다시 태어나지 않아야만 지옥의 위험은 사라질 것이다.

그러므로 인간과 천신 모든 중생들을 구성하는 다섯 무더기들, 무색계의 범천을 구성하는 네 무더기 그리고 (하나의 무더기로 만들어진 중생을 구성하는) 하나의 무더기들이 모든 감각적인 욕망들은 물론 사견과 함께 가라앉은 조건지어지지 않은 위대한 열반(asaṅkhata nibbāna)은 참으로 위대하고 성스러운 행복임을 알 수 있다. 이러한 가라앉음만이 무간지옥(avīci niraya)에 떨어지는 치명적인 두려움에 떨고 있는 중생이 그 위험으로부터 벗어날 수 있는 유일한 의지처가 된다.

지옥에 떨어짐

인간이나 천신 혹은 범천이 누리는 행복은 그들을 대지옥인 무간지옥에 쉽게 떨어지게 만들 뿐이다. 왜 그러한가?

① 만약 감각적 욕망을 즐기고 얼굴에 있는 눈을 '나의 눈 혹은 눈 자체'라고 잘못 생각한다. 그리고 '그 눈이 나다 혹은 내가 본다.'와 같은

갈애와 사견으로 세상을 보며 즐기는 삶을 산다면 기다리는 것은 무간지옥이다.

② 마찬가지로 감각적 욕망을 즐기면서 얼굴에 있는 귀를 '나의 귀 혹은 내가 듣는다.'…

③ …'나의 코 혹은 내가 맡는다.'…

④ …'나의 혀 혹은 내가 맛본다.'…

⑤ …'나의 몸, 혹은 내가 뜨거움, 차가움, 거침, 매끄러움 등과 같은 감각접촉을 느낀다.'…

이렇게 잘못된 사견으로 존재를 구성하는 물질 무더기(色蘊)들을 감각적인 욕망을 가지고 즐기게 된다면 지옥에 떨어질 위험에 처하게 된다. 왜 그러한가? 감각적인 욕망과 사견 때문이다. 이런 사람은 결코 지옥의 위험으로부터 벗어날 수 없다.

느낌의 무더기(受蘊)에 대하여 말해보자. 만약 눈앞에 나타난 어떤 현상이나 대상을 보고 '행복하다, 즐겁다'라고 좋아하고, 즐긴다면 이것은 바로 눈의 접촉 때문에 생긴 느낌을 거머쥐고 즐기는 것이다. 이러한 느낌에 대한 취착은 모두 지옥이라는 치명적 위험이 내포되어 있다. [소리… 등도 이와 같다고 알아야 한다]

인식의 무더기(想蘊)에 대하여 이야기 해보자. '그것이 무엇인지 안다. 나는 기억한다. 잊을 수가 없다.'와 같은 인식의 즐김과 취착이 곧 인식의 무더기들(想蘊)에 대한 즐김과 취착이다.

다음은 상카라의 무더기(行蘊)에 대한 즐김과 취착인데 이것은 너무나 다양하므로 다음과 같이 몇 가지 특이한 사항만을 언급하겠다.

① 나는 정신적 접촉이 있다.[감각접촉(phasssa)에 대한 즐김]

② 나는 하고 싶다, 나는 의도가 있다, 나는 의도가 없다.
[의도 (cetanā)에 대한 즐김]
③ 나는 집중한다.[집중(ekaggatā)에 대한 즐김]
④ 나는 마음에 잡도리한다.
[마음에 잡도리함(mānasikara)에 대한 즐김]
⑤ 나는 생각이 났다, 나는 많은 생각이 떠 오른다.
[일으킨 생각(vitakka)에 대한 즐김]
⑥ 나는 그러그러한 대상들에 대하여 곰곰이 생각한다, 자꾸자꾸만 생각한다.[지속적인 고찰(vicāra)에 대한 즐김]
⑦ 나는 좋아한다, 나는 대단히 만족한다.[희열(pīti)에 대한 즐김]
⑧ 나는 열심히 한다, 나는 노력을 한다.[정진(viriya)에 대한 즐김]
⑨ 나는 그러한 일을 원한다, 나는 하고 싶다, 나는 말하고 싶다, 나는 보고 싶다, 나는 듣고 싶다, 나는 가고 싶다 등[열의(chanda)의 즐김]
⑩ 나는 좋아한다, 나는 갈망한다 등[탐욕(lobha)에 대한 즐김]
⑪ 나는 화가 난다.[성냄(dosa)에 대한 즐김]
⑫ 나는 이해할 수 없다, 나는 알아차릴 수가 없다, 나는 볼 수가 없다.[어리석음(moha)에 대한 즐김]
⑬ 나는 신뢰와 믿음이 있다.[믿음(saddhā)에 대한 즐김]
⑭ 나는 잊지 않는다.[마음챙김(sati)에 대한 즐김]
⑮ 내가 행한 악행을 부끄러워한다. 나는 악이 진저리난다.[양심(hiri)에 대한 즐김]
⑯ 나는 악행을 두려워한다, 나는 깜짝 놀란다.[수치심(ottappa)에 대한 즐김]
⑰ 나는 무엇인가를 베푼다.[보시(dāna), 인색하지 않음에 대한 즐김과 취착]
⑱ 나는 계를 지닌다.[계(sīla)에 대한 취착]
⑲ 나는 안다, 나는 할 수 있다, 나는 영리하다, 나는 예견한 다.[지혜

(paññā)에 대한 취착]

이와 같은 모든 취착은 지옥에 떨어지게 만들 위험이 있다.

마지막은 알음알이(識蘊)의 무더기들에 대한 즐김으로 '나는 안다, 나의 마음'과 같이 취착하고 즐기기 때문에 우리는 지옥에 떨어질 위험에 처한다. 인간들만이 아니고 천신들이 사견을 가지고 감각적 욕망을 즐기며 자신의 몸에 취착한다면, 혹은 사견을 가진 범천들이 감각적 욕망을 즐기며 자신의 몸에 취착한다면 이들도 역시 지옥에 떨어지게 될 위험에 처하고 다시 태어나야만 한다고 알아야 한다. [지금까지 인간이나 천신 혹은 범천의 몸을 받은 존재들이 즐기는 행복이란 단지 지옥으로 이끌고 가는 티켓에 불과함을 드러내었다]

다시 태어나야만 하는 윤회의 위험을 두려워하는 자는 인간이나 천신 혹은 범천에게서 안식처를 찾을 수가 없다. 인간이나 천신이나 범천의 몸을 다시 받지 않는 지멸만이 진정한 안식처이다. [누림·즐김·행복·기쁨이라는 느낌이 없는 고요한 행복(santi sukha)만이 진정한 행복임을 무상함(anicca)이라는 의미와 함께 설명하였다]

빠알리어로 'pañcakkhāndhā dukkha'는 '다섯 무더기들은 괴로움'이라는 뜻이다. 이 존재를 구성하는 다섯 무더기들(오온)은 중생들의 몸과 마음을 괴롭힌다. 괴로움에는 세 가지가 있다.

① 고통에 기인한 괴로움(dukkha dukkha)
이것은 괴로운 느낌으로 고통에 기인한 괴로움이다.

② 변화에 기인한 괴로움(viparināma dukkha)
변화하기에 괴로움이다. (이것은 행복한 느낌이다–역자)

③ 형성됨에 기인한 괴로움(saṅkhāra dukkha)
형성됨에 기인한 괴로움(무덤덤한 느낌과 '느낌의 무더기를 제외한

정신과 물질'을 말한다.-역자)

예시]

금년에 쌀, 옥수수, 콩, 완두콩, 참깨를 수확하려면 한 해 전부터 씨앗을 준비하는 등의 많은 노력을 기울여야 한다. 그런 다음 들소나 황소가 끄는 쟁기질을 해야 하고, 비가 내리면 논을 고르고 씨를 뿌리고 풀을 뽑고, 벼가 무르익으면 벼를 베고 탈곡한 후에 창고에 저장하는 수고를 거처야 한다. 한 해 전부터 씨앗을 준비하는 것부터 시작해서 수확하여 창고에 저장하기까지의 번거로움과 수고로움은 모두가 쌀, 옥수수, 완두콩, 참깨를 얻기 위한 상카라에 불과할 뿐이다.

또한 창고에서 곡식을 꺼내 햇볕에 말리고, 타작을 하고, 탈곡을 하여 요리를 하는 수고로움과 그것을 입에 넣어 목과 위장에 도착하기까지의 번거로움도 역시 형성됨에 기인한 괴로움(상카라 둑카)이다. 한 알의 쌀을 찧어 입에 넣기까지는 나락을 보관하는 등 천 번 혹은 만 번 이상의 수고로움인 형성됨에 기인한 괴로움(상카라 둑카)을 겪어야만 한다. 그러므로 각각의 쌀 알갱이는 쌀이 없이는 살 수 없는 중생들을 '형성됨에 기인한 괴로움(상카라 둑카)'으로 천 번 만 번 고문한다. [이것이 쌀밥과 관련되어 겪게 되는 형성됨에 기인한 괴로움이다.]

씨를 뿌리기 한 해 전부터 준비해야만 하는 벼, 옥수수, 완두콩, 강낭콩 등은 조건이 맞지 않으면 모두 썩기가 쉽다. 벼가 쌀밥이 되어 입안에 들어오기까지 썩어 버리기 쉬운 상황이나 조건들의 숫자는 수천만 번 이상 될 것이다. 불, 홍수, 약탈자 등의 위험을 만나거나 혹은 원하지 않는 폭우나 바람을 만난다면 혹은 잘못된 상황을 만나게 되면 육체적 고통과 정신적 괴로움을 많이 겪게 된다. [이것이 쌀과 관련하여 겪게 되는 '변화에 기인한 괴로움(viparināma dukkha)'이다]

곡식이 썩기 쉬운 환경을 만나거나, 피해를 보기 쉬운 상황에 처하게 되면 근심이 생긴다. 창고에 곡식을 보관하는데 어려움을 겪거나 만나게 되면 걱정한다. 벼의 작황을 좋지 않게 만드는 상황을 만나도 걱정한다. [이것 역시도 변화에 기인한 괴로움이다.]

쌀은 입으로 씹는 순간부터 좋지 않은 모습으로 사라져간다. 위에서 소화가 되지 않는다면 여러 질병으로 고통을 겪는다. 소화가 된다 하여도 대소변이 어렵거나 가래가 생기는 등 여러 종류의 괴로움을 만날 수 있다. [이것이 마지막 변화에 기인한 괴로움이다]

씨앗을 준비하는 순간부터 밥이 입에 들어오기까지 형성됨에 기인한 괴로움(상카라 둑카)과 본질적인 괴로움인 고통에 기인한 괴로움(dukkha-dukkha) 그리고 쌀의 변화에 기인한 괴로움 세 가지가 있다.

쌀이 없이는 살 수 없는 중생들에게 쌀은 고통에 기인한 괴로움(둑카-둑카)으로 고통을 주고 형성됨에 기인한 괴로움(상카라 둑카)과 변화에 기인한 괴로움(위빠리나마 둑카)으로 고통을 준다.

이렇게 쌀은 쌀이 없이 살 수 없는 중생들에게 고통에 기인한 괴로움, 형성됨에 기인한 괴로움, 변화에 기인한 괴로움으로 고통을 준다. 쌀이 있어야만 살 수 있다면 계속되는 윤회 속에서 이 세 가지 괴로움은 중생들을 언제나 따라 다닌다. 쌀이 없이 살 수 있다면 중생들은 그러한 세 가지 괴로움에서 즉시 벗어날 것이다. [이것이 존재를 구성하는 물질 무더기(色蘊)에 포함된 괴로움의 예이다]

(a) 이 이야기에서 농부는 윤회 속에서 방황하는 범부와 같다.

(b) 매년 수확하는 벼, 옥수수, 완두콩, 강낭콩 그리고 쌀밥은 매 생

에서 각각 태어나는 몸과 같다.

(c) 한 해 전부터 씨앗을 준비하고 저장하는 괴로움은 전생에서 새로운 몸으로 태어나기를 원하면서 행하는 보시와 지계 그리고 수행과 같은 형성됨에 기인한 괴로움(상카라 둑카)과 같다.

(d) 다음 생을 살아가면서 겪게 되는 괴로움

① 매년 들판에 있는 벼, 옥수수, 완두콩, 강낭콩 등은 윤회의 수레바퀴 속에서의 중생인 인간, 천신, 범천 등과 같다.

② 벼, 옥수수, 완두콩, 강낭콩의 씨앗을 관리하는 일부터 씨앗을 뿌리고 가꾸는 일들은 다음 생에서 새로운 존재의 몸을 받기 위하여 보시를 하고, 계를 지키며, 선정을 닦는 것과 같은 형성됨에 기인한 괴로움(상카라 둑카)과 같다.

③ 벼, 옥수수, 완두콩, 강낭콩의 새싹이 트는 것은 다음 생에서 인간, 천신, 범천 등으로 다시 태어남과 같다.

④ 벼, 옥수수, 완두콩, 강낭콩이 뿌려진 논밭에 끊임없이 물을 대주는 수고로움은 다음 생에서 다시 태어나는 순간부터 죽는 순간까지 살아남기 위한 수고로움인 형성됨에 기인한 괴로움(상카라 둑카)과 같다.

⑤ 벼, 옥수수, 완두콩, 강낭콩의 수확은 얻어진 재물(부)과 같다.

⑥ 맛좋은 쌀과 카레의 훌륭한 맛은 살아가면서 경험하는 희열(pīti)과 정신적 즐거움(somanassa), 행복한 느낌(sukhavedanā)과 같다.

⑦ 쌀과 카레를 입에서 씹어 삼키면 쌀과 카레, 색깔과 냄새 그리고 맛은 사라진다. 이 사라져가는 색깔과 냄새와 맛은 한 생을 살면서 겪게 되는 변화에 기인한 괴로움(위빠리나마 둑카)와 같다.

⑧ 똥과 오줌을 배출하는 행위는 죽음과 같다.

다시 태어난 중생들은 사라질 조건을 만나게 되면 어느 때, 어느 순간이라도 사라질 수 있는 변화의 성품(viparināma)을 가지고 있다. 그러므로 ① 이름하여 사라지기 위한 조건을 만나면 사라지는 것은 변화에 기인한 괴로움(viparināma)이다. 질병으로 인한 괴로움도 여기에 해당한다. ② 잃음 등의 상태에서 벗어나기 위해 움직여야만 하는 수고로움은 '변화에 기인한 괴로움'으로 위의 예시와 같이 알아야 한다.

고통에 기인한 괴로움(둑카-둑카)은 형성됨에 기인한 괴로움(상카라 둑카)을 항상 동반한다. 고통에 기인한 괴로움은 언제나 변화에 기인한 괴로움(위빠리나마 둑카)을 동반한다. 이러한 고통에 기인한 괴로움들도 역시 이해하여야 한다. 쌀(밥)을 즐기는 사람은 세 가지 괴로움으로 고통을 받는 것처럼 인간의 몸, 천신의 몸 그리고 범천의 몸을 즐기는 자는 바로 그 몸, 존재를 구성하는 다섯 무더기(五蘊) 때문에 고통을 받는다. 모든 태어남에서 세 가지 괴로움을 당한다. 바로 무량한 세월동안 완두콩, 강낭콩, 참깨와 같은 곡물을 즐기는 것으로부터 자유롭지 못한 사람이 해마다 세 가지 괴로움 때문에 고통을 받는 것과 같이 바로 그렇게 범부는 헤아릴 수도 없이 다시 태어나면서 세 가지 괴로운 고통을 받는다. 오로지 자신의 몸의 즐김을 극복할 때만이 그러한 세 가지 괴로움으로부터 벗어나게 될 것이다.

그러므로 세 가지 괴로움을 두려워하는 사람이 그것들로부터 벗어나기 위한 피난처를 자신의 몸에서는 찾아볼 수가 없다. 천신의 몸에도 없고, 범천의 몸에도 없다. 이 세 가지 괴로움으로부터 자유롭기를 원하는 자에게 있어서 유익한 도피처는 인간, 천신, 범천이라는 존재의 종식 혹은 지멸인 조건지어지지 않은 열반(asaṅkhata nibbāna)뿐이다. [누림·즐김·희열(piti)·행복(sukha vedana)·기쁨(somanassa)이라는 느낌이 없는 고요한 행복(santi sukha)만이 진정한 행복임을 오온(五蘊)의 의미와 함께 설명하였다] 다음 문장의 표현들도 마찬가지로 이해하여야 한다.

오온에 대한 갈애[pañcakkhandhā rogā]

오온으로 형성된 인간이나 천신, 범천에게는 언제나 늙음과 죽음이라는 괴로움을 만나야 하기에 오온은 나쁜 질병일 뿐이다. 그러므로 오온의 지멸 혹은 종식이야 말로 진정한 행복이다. 어떤 고약한 질병으로 고통스러워 하던 금융가, 왕국의 부유함과 지주로서의 부유함, 짝까왓띠 왕의 부유함을 포기해야만 하였던 라자가하 금융가의 이야기를 생각해보라. 그리고 그 질병의 치유로 얻어졌던 그 고요한 행복(santi sukha)을 생각해보라. 그러므로 붓다는 말했다.

yaṁkiñci vedayitaṁ, sabbaṁ taṁ dukkhasaminṅ
느껴지는 모든 것들은 괴로움이다.(괴로움이든 즐거움이든)

즐거움이나 괴로움의 그 어떠한 흔적조차 찾을 수 없는 것이 진정한 행복이라는 뜻이다. [나머지 37개의 용어들도 이와 같이 이해하여야 한다. 이것들은 너무 많으므로 나머지는 자세히 설명하지 않겠다]

만약 인간이나 천인 혹은 범천으로 다시 태어남을 끝내는 정신·물질(nāma·rūpa)이라는 오온의 지멸과 종식인 열반의 한량없는 덕이 무엇인지 알고자 한다면 40가지 용어들의 의미를 명확히 식별할 수 있을 때까지 수행하여야 한다.

세상에는 두 종류의 담마가 있다. 온전한 담마(iṭṭhasampatti, 완벽함의 관점)와 해로운 담마(aniṭṭhavipatti, 불완전성, 부족함의 관점)이다. 매력적이고 완전한 담마와 불완전하고 실패하는 담마이다. 완전한 담마를 닦는 것은 행복이다. 완전한 담마가 사라지고 감소하는 것은 저급하며 괴로움이다. 불완전성, 파괴(실패)의 감소와 사라짐은 성스러운 행복이다. 바람직하지 않은 불완전함과 실패가 일어나고 이런 행을 닦는 것은 저급한 괴로움이다.

간단하게 말해서 오온으로 구성된 인간이나 천신 혹은 범천에게는 모두 40가지의 결점이 있다. 이것을 40가지로 명상하는 법(40To)이라 한다. 오온을 자세하게 본다면 결점은 무한하다. 그것들은 정말로 바람직하지 않은 불완전함이고 파괴(실패)이다. 그러므로 그것들이 현존하는 것은 단지 저급한 괴로움일 뿐이다. 그것들의 부재(不在)야말로 성스러운 행복이다. 만약 그것들이 없다면 더 이상 해야 할 일은 없다.

예를 들면 한 번 생각해 보자. 나병이나 기관지 천식으로 고통을 받는 사람을 생각해 보자. 그 사람은 셀 수도 없는 윤회 속에서 태어날 때마다 한 시간도 아니 단 한순간의 휴식도 없이 참을 수 없는 고통으로 신음하고 있다. 하지만 나병이나 천식이 완전히 치유가 되면 그 고통은 영원히 사라진다.

一. 나병과 천식으로 고통을 받고 있는 사람이 윤회를 거듭하며 오랜 세월을 고통 속에서 살아간다.

一. 나병과 천식이 치유가 되어 사라졌다, 그것은 완전히 사라졌고 영원히 끊어졌다.

질문] 위의 두 가지 가운데 그에게는 어느 것이 행복이고 어느 것이 괴로움인가? 그는 어떤 것을 선택하고 어떤 것을 포기하겠는가? 어떤 것을 성스러운 것이라고 찬탄할 것인가?

답변] 질병이 사라지고 소멸된 곳에는 그 어떠한 괴로움의 흔적도 발견할 수가 없다. 어떠한 괴로움도 없고 어떠한 즐거움도 없다. 걱정도 없고 피로함도 없다. 괴로움도 없고, 즐거움도 없다. 그러므로 그 사람에게는 나병이나 천식의 사라짐과 단절(ucchinna)이 그에게는 행복을 위한 유일한 도피처가 된다. 그는 오로지 그것의 사라짐과 끊어짐

(ucchinna)만을 원할 것이다. 그는 그 질병의 사라짐과 끊어짐만을 성스러운 것이라고 칭찬할 것이다.

무애해도[patisambhidāmagga]
pañcakkhande aniccato dukkhato…pa…saṁkilesika dhammato
오온은 괴로움… 오온은 오염되기 마련인 법이다.

위의 문장처럼 오온에는 40가지 두려운 결점들이 있다. 나병이나 천식이 있는 사람은 오로지 그 병 때문에 고통을 받아야만 한다. 반면에 윤회 속에서 방황하며 다시 태어나는 무상한 다섯 무더기(오온)의 주인은 영원히 인간이나 천신 혹은 범천으로 살 수가 없고 악처인 지옥(apāyaniraya)에 떨어져서 계속해서 고통을 받아야 한다. 그들은 단 한 호흡 동안의 휴식도 없이 지옥불 속에서 십만 년 이상 반복해서 고통을 받아야 한다. 이러한 지옥불의 고통을 한 시간 받는 것보다는 차라리 인간으로 태어나 나병의 고통을 백년간 받으며 사는 것이 더욱 좋을 것이다. 자따까에는 부처님의 전신인 떼미야 이야기가 나온다. 그는 바라나시를 20년간 다스렸고 8만년 동안 웃사다(ussada) 지옥에서 고통을 받아야 하였다. 부처님도 그런 고통을 받았는데 범부인 우리들이야 말해 무엇하겠는가? 왜 그러한가? 무상하기 때문이다.

그러므로 이 40가지 결점들 가운데 심지어 무상이라는 하나의 결점(ādīnava,위험)만으로 인한 고통이 그러한데 인간이나 천신 혹은 범천이라는 존재를 구성하는 다섯 무더기들의 나머지 결점으로 인한 고통은 훨씬 두렵다. 존재를 구성하는 다섯 무더기(오온)들의 지멸 혹은 종식인 조건지어지지 않은 대열반(mahā asaṅkhata nibbāna)을 칭찬할 만한 것이 아닌 '존재 없음(non-existence)' 혹은 단순히 '아무 것도 없음' '혹은 오로지 존재하지 않음(abhāvamatta)'이라고 평가를 절하해서는 안 된다. 그냥 빈 것이라고 저하시키면 안된다. 경전에 나오는 대로 열반의 성품은 깊고(gambhīra), 알기 어렵고(duddasa duranubodha), 고요하며(santa), 성스럽고(paṇīta), 최고의 행복(parama sukha)이라고 알아야지 이런 것이 아닌 것으로 알면 안 된다.

끝이 없는 윤회에서 다섯 무더기(오온)들의 결점은 이렇게 헤아릴 수도 없다. 이것들의 지멸·적정의 은혜로움은 이루 헤아릴 수가 없다. 이 괴로움의 영역은 얼마나 광대한가. 그러하니 이 괴로움의 지멸·적정으로 인한 행복은 얼마나 광대한가. [누림과 느끼는 것이 없는 본성이 고요한 행복(santisukha sabhava)이야 말로 진정한 최고의 행복(parama sukha)임을 규명하기 위해서 40가지 명상법의 의미와 함께 설명하였다.]

이것으로 '최고의 행복'에 관한 설명을 마치며, 세부적인 장(vithārakaṇḍa)을 설명을 마친다.

제3장. 열반에 대한 다양한 견해들

1. 여시어(如是語) 열반의 요소 경

이제 다른 문헌에 나오는 열반에 대한 다양한 견해와 후대에 형성된 여러 견해들을 소개하도록 하겠다. 몇몇 빠알리 문헌을 다른 견해로 해석하는 스승들이 있다. 그러한 문헌을 여기서 소개하고 그들의 견해도 밝히도록 하겠다. 그리고 우리의 견해도 역시 아울러 밝히겠으니 독자 여러분의 판단에 맡긴다. 다음은 붓다께서 설하신 열반의 요소경(如是語)이다.

> 이와 같이 비구들이여, 두 가지 열반의 세계, 유여열반계와 무여열반계가 있다. 비구들이여, **유여열반계란 어떠한 것인가?** 비구들이여, 세상에는 아라한인 비구가 있다. 그는 번뇌를 부수고, 청정한 삶을 이루었고, 해야 할 일을 마쳤고, 짐을 내려놓았고, 자신의 이상을 실현하였고, 존재의 결박을 끊었고, 올바른 궁극의 앎으로 해탈하였다. 그에게는 다섯 가지 감각기관이 아직 존재하고, 사라지지 않았으므로, 그는 쾌와 불쾌를 경험하고, 즐거움과 괴로움을 느낀다. 그의 탐욕은 부서진다. 성냄은 부서진다. 어리석음은 부서진다. 비구들이여, 그것을 유여열반계라 말한다.204)

---

204) 열반을 열반의 요소(nibbāna dhātu, 涅槃界)라고 표현한 것은 장부, 상응부, 증지부에서 나타난다. 중요한 것은 이 열반의 요소라는 표현은 거의 대부분 여기서처럼 무여열반과 반열반의 문맥에서 나타나고 있다는 점이다. 그러면 왜 무여열반이나 반열반의 문맥에서는 열반의 요소라는 표현을 사용할까? 주석서들에서는 열반의 요소에 대한 설명은 나타나지 않고 당연한 것으로 받아들인다. 요소(dhātu, 界)라는 술어를 써서 열반을 표현하는 것은 열반도 구경법(paramattha)의 하나라는 것을 강조하기 위해서일 것이다. ~중략~ 무엇보다도 이렇게 무여열반이나 반열반이나 열반의 요소(界)라는 술어를 사용하여 기술하는 가장 중요한 이유는 자칫 열반 – 특히 부

비구들이여, 그렇다면 무여열반계란 어떠한 것인가? 비구들이여, 세상에는 아라한인 비구가 있다. 그는 번뇌를 부수고, 청정한 삶을 이루었고, 해야 할 일을 마쳤고, 짐을 내려놓았고, 자신의 이상을 실현하였고, 존재의 결박을 끊었고, 올바른 궁극의 앎으로 해탈하였다. 비구들이여, 그에게 모든 느껴진 것은 환희의 대상이 아닌 청량한 것이 된다. 비구들이여, 이것을 무여열반계라 한다.205)

다음은 위의 경에 대한 주석서에 나오는 핵심 표현들이다.

ㅡ. 탐욕의 부서짐이란 탐욕의 소멸, 소진, 끊어짐, 완전한 일어남 없

처님이나 아라한의 반열반(무여열반) - 을 아무 것도 없는 허무적멸의 경지로 오해할 소지를 없애기 위해서일 것이다. 그래서 이 열반의 요소라는 표현은 반열반 혹은 무여열반의 문맥에서 나타나고 있다. - 디가니까야2, p.221. 각묵스님옮김. 초불 - 역주-

205) Dvemā, bhikkhave, nibbānadhātuyo. Katame dve? Saupādisesā ca nibbānadhātu, anupādisesā ca nibbānadhātu. [Katamā ca, bhikkhave, saupādisesā nibbānadhātu?] Idha, bhikkhave, bhikkhu arahaṁ hoti khīṇāsavo [vusitavā katakaraṇīyo ohitabhāro anuppattasadattho parikkhīṇabhavasaṁyojano sammadaññā vimutto.] Tassa tiṭṭhanteva pañcindriyāni yesaṁ avighātattā [avigatattā (sī. aṭṭha.)] manāpāmanāpaṁ paccanubhoti, (amanāpāmpi paccanubhoti)[sukhadukkhaṁ paṭisaṁvedeti.] Tassa yo rāgakkhayo, dosakkhayo, mohakkhayo - ayaṁ vuccati, bhikkhave, saupādisesā nibbānadhātu.

'Katamā ca, bhikkhave, anupādisesā nibbānadhātu? Idha, bhikkhave, bhikkhu arahaṁ hoti khīṇāsavo [vusitavā katakaraṇīyo ohitabhāro anuppattasadattho parikkhīṇabhavasaṁyojano sammadaññā vimutto.] Tassa idheva, bhikkhave, sabbavedayitāni [anabhinanditāni] sīti bhavissanti [sītībhavissanti (?)]. Ayaṁ vuccati, bhikkhave, anupādisesā nibbānadhātu. [Imā kho, bhikkhave, dve nibbānadhātuyo"ti. Etamatthaṁ bhagavā avoca. Tatthetaṁ iti vuccati -]

Duve imā cakkhumatā pakāsitā, nibbānadhātū anissitena tādinā; Ekā hi dhātu idha diṭṭhadhammikā, saupādisesā bhavanettisaṅkhayā; Anupādisesā [pana] samparāyikā, yamhi nirujjhanti bhavāni sabbaso.
[여시어, 둘의 모음, 7. 열반요소경(Nibbānadhātusuttaṁ)]

음이다.(Yo rāgakkhayoti rāgassa khayo khīṇākāro abhāvo accantamanuppādo)

ㅡ. 고요한 적정이란 완전한 지멸, 조건지어진 걱정과 근심의 완전한 가라앉음, 청량함, 고요하게 됨, 다시 태어날 수 없는 소멸, 소멸의 고요함이다.(Sītibhavissantīti accantavūpasamena saṅkhāradarathapaṭippassaddhiyā sītalī bhavissanti, appaṭisandhikanirodhena nirujjhissantīti attho)

ㅡ. '이 세상'이란 지금 여기에서 존재한다는 것을 말한다.

(Diṭṭhadhammikāti imasmiṁ attabhāve bhavā vaṭṭamānā)

ㅡ. '다음 세상'이란 미래에 무더기들이 파괴된 직후 '존재'한다는 것이다.(Samparāyikāti samparāye khandhabhedato parabhāge bhavā.)

1) 어떤 스승들의 견해-1

어떤 스승들은 위의 문헌들에 나오는 조건지어지지 않은 법(asaṇkhata dhamma)인 두 열반이란 단지 두 가지 개념의 부재(abhāpaññatti)일 뿐이라고 말한다. 유열열반은 더 이상 오염들의 일어남이 없는 것이고, 더 이상 존재를 구성하는 무더기들의 일어남이 없는 것을 무여열반인데 이 두 열반은 아비맘닷타상가하에 나오는 괴로움의 소멸이라는 성스러운 진리(滅聖諦)인 형성되지 않은(asaṅkhata) 열반을 말하는 것이 아니라 한다. 괴로움의 소멸이라는 성스러운 진리인 고성제는 궁극적 실제로써 조건지어지지 않은 열반을 말하는데 이것은 영원히 존재하는 유일한 법(담마)이므로 '지금 이 순간(diṭṭhadhammikā)'이라거나 혹은 '다음 세상과 연결된' 것이라고 말하면 안 된다고 주장한다. 궁극적 관점에서 분명하게 존재하는 현상이므로 '탐욕의 소멸, 소진, 끊어짐(ragāssa khayo khiṇākāro abhāvo)'이라는 표현을 하면 안 된다고 주장한다.

2) 일부 스승들의 견해-2

위와는 다르게 다음과 같이 달리 주장하는 사람들도 있는데 다음과 같다. 이 빠알리 경에 나오는 두 개의 열반 가운데 유여열반은 오염들의 종식(khiṇākāra paññatti)이고 단지 오염들의 부재(abhāvapaññatti)이다. 그러므로 주석서에 탐욕의 소멸, 소진, 끊어짐(ragāssa khayo khiṇākāro abhāvo)이라고 한 것이다. 반면에 무여열반(anupādisesa)은 궁극적 진리로써 형성되지 않은 대열반(asaṇkhata mahānibbāna)인데 이 위대한 열반은 '다음 세상과 연관된(samparāyika)' 것이다. 주석서에서 '다음 세상과 연관된(samparāyika) 것이란 몸이 죽은 직후에 얻어지는 열반(samparāyikāti samparāye khandhabhedato parabhāge bhavā)'을 말한다. 앞의 경과 주석서에서 말하는 궁극적 실재로써의 열반이란 과거의 윤회로부터 영원히 유일하게 존재하는 단 하나가 아니다. 모든 부처님들과 아라한들이 반열반에 드실 때 그 분들의 죽음의 마음 바로 다음에 극도로 미세한 상태로써 각각의 열반은 독립적으로 나타난다. 나타난 직후부터, 그들의 열반은 영원히 존재할 뿐이므로 열반이란 영원하고(nicca), 확고하며(dhuva) 영원히 지속된다(sassata). [이것이 위의 경에 대한 그들의 견해이다.]

☞ 위 주석서에 대한 레디 사야도의 견해

나의 견해는 이 빠알리경을 보면 유여열반(saupadisesa nibbāna)에도 'tassa yo rāgakhayo'라는 말이 있고, 무여열반(anupadisesa nibbāna)에도 'tassa yo rāgakhayo'라는 말이 나온다. 주석서는 앞 구절에만 'yo rāgakkhayoti rāgassa khayo, khīṇākāro abhāvo accantamanuppādo'이라고 주석하고 뒷 구절에는 없다.

① 앞과 뒷 구절에 특별한 차이가 있으면 주석을 했겠지만 하지 않았다. 이것도 원인의 하나이다.

② 'rāgassa khayo khīṇākāro abhāvo accantamanuppādo'에서 맨 끝에 있는 accantamanuppādo란 조건지어지지 아니한 궁극적 대열반(paramattha asaṇkhata mahānibbāna)의 이름이라는 것이 원인의 하나이다.

③ 그런데 이 대열반(mahānibbāna)은 아라한의 오온이 현존하고 있

을 때에도 당연히 존재한다. 또한 아라한의 몸이 죽은 이후에도 대열반은 존재한다. 그러므로 대열반을 '지금 여기에서(diṭṭhadhammikā)' 그리고 '다음 세상(samparāyika)'과 관련이 있다고 하는 것이 또 다른 원인의 하나이다.

④ 주석에서도 대열반(mahānibbāna)은 '있다(bhava), 존재한다(vaṭṭamāna)'라고 표현만 나오고 일어난다(uppajjati) 혹은 태어난다(jāta)는 표현은 없다는 것도 원인의 하나이다.

이러한 원인들을 고려해볼 때, 위의 빠알리 경에 나오는 두 개의 열반과 분별론(Vibhaṅga)의 주석서인 삼모하위노다니(Sammohavinodanī), 청정도론의 주석서, 아비담맛타 상가하(Abhidhammattha Saṅgaha)에 나오는 두 개의 열반은 모두 동일한 것으로 궁극적 실재로서 조건지어지지 않은 열반(paramattha asaṇkhata nibbāna)이다.

3) 어떤 스승들의 견해-3

아라한의 업에서 만들어진 물질(kammajarūpa)의 무더기들이 지멸한 바로 직후에 궁극적 실재인 조건지어지지 않은 대열반(paramattha asaṅkhata mahānibbāna)을 증득한다는 사실을 스승들은 인정한다. 하지만 그들은 수행자가 비록 아라한의 경지에 도달하였다고 하더라도 업에서 만들어진 물질이 지멸되기 전이라면 그들은 아직 '열반에 도달했다. 열반을 증득하였다. 열반을 얻은 사람이다.'라고 말할 수 없다. 죽음의 순간 업에서 만들어진 물질(cutikammajarūpa)가 지멸되고 난 이후에 생겨날 미래를 바라보는 정도일 뿐이라고 주장한다.

두 가지의 지멸(止滅)있다. 이름하여 오염들의 지멸이 있고 무더기(khandhā)들의 지멸이 있다. 도(道, magga)와 과(果, phala)의 순간에 오염들은 지멸된다. 그 순간에 대열반(mahānibbāna)은 아직 현전하지 않는다. 이 아라한은 다시 태어남이라는 괴로움(jātidukkha)으로부터 아직은 자유롭지 못하다. 즉 어떤 질병이나 아픔, 원치 않는 여러 가지 것들 그리고 육체적인 고통으로부터 아직은 자유롭지 못하다. 또한 늙음이라는 괴로움(jarādukkha)에서 자유롭지 못하고 죽음이라는 괴로움(maraṇadhukkha)도 아직은 끝나지 않았다. 또한 자기 몸을 유지하기 위한 괴로움으로부터 자유롭지 못하다. 불이나, 폭류, 폭군, 도둑, 강도 등으로부터 아직은 자유롭지 못하다.

그러나 조건지어지지 않은 대열반(asaṅkhata mahānibbāna)에는 '괴로움의 위험'(dukkha bhaya)이란 어떠한 형태로도 존재하지 않는다. 하지만 아라한들은 수 없이 많은 위험과 괴로움 속에서 살아간다. 그러므로 오로지 그 아라한의 죽음의 마음이 일어나서는 사라지는 순간에 업에서 만들어진 물질들도 소멸되고 아라한의 몸이 스러져야만 위와 같은 위험들은 모두 함께 소멸된다. 열반은 오직 그 순간에 일어나므로 그 순간만 '그는 열반에 도달했다. 그는 열반을 증득하였다.'라고 말할 수 있다. [이것이 어떤 스승들이 주장하는 견해이다.] 지금까지 여시어(itivuttaka)을 다른 의미로 받아들이는 분들의 주장을 소개하였다.

4) 전통적으로 전해오는 견해

(1) 가장 중요한 것은 오염들의 지멸

오염과 무더기들이라는 두 가지 지멸 가운데 진정한 핵심은 오염들의 지멸이다. 무더기들의 지멸은 언제나 오염들의 지멸 뒤를 따를 뿐이다. 만약 독성이 강한 나무의 줄기나 가지만을 자르고 뿌리를 뽑아 버리지 않는다면 나무를 제거했다고 말할 수 없다. 줄기나 가지, 혹은 잔가지를 쳐내지 않고도 뿌리를 뽑아 잘라낸 다음 불에 태운 후 재를 뿌려버린다면 나무를 진정으로 제거했다고 말할 수 있다. 나무의 뿌리를 제거하는 것이 핵심이다. 줄기나 잔가지를 영원히 제거해버리고자 한다면 오로지 뽑아 버렸을 때만이 가능한 일이다.

상응부 인연품에 나오는 열개의 경들은 나무와 큰 불 그리고 오일 램프의 비유를 통해 법을 드러내었다. 그리고 이 열반에 관한 해설(Nibbāna Dīpanī) 제2장에서는 오염들의 뿌리를 제거하는 것만이 유일한 핵심임을 분명하게 보여주었다. 또한 아비담마 진리분별(saccavibhaṅga), '소멸이라는 성스러운 진리에 대한 분별'에서도 역시 소멸에 관한 성스러운 분별(nirodha saccavibhaṅga) 60문장이 다음과 같이 나온다.

> 눈은 세상에서 즐겁고 기분 좋은 것이다. 여기서 갈애는 버리면 버려지고, 소멸시키면 소멸된다.[206]

이 문장들 대부분은 오염들의 지멸·적정을 보여준다. 마찬가지로 장부의 대념처경, 상응부의 대념처경, 염처경 그리고 중부 등의 경들에서도 대부분 오염들의 지멸·적정을 설한다. 게다가 초전법륜경에 소멸이라는 진리를 다음과 같이 해석(nirodha sacca niddesa)합니다.

> Idaṃ kho pana, bhikkhave, dukkhanirodhaṃ ariyasaccaṃ - yo tassāyeva taṇhāya asesavirāganirodho cāgo paṭinissaggo mutti anālayo.
> 비구들이여, 이것이 괴로움의 소멸이라는 성스러운 진리(苦滅聖諦)이다. 그것은 바로 그러한 갈애가 남김이 없이 빛바래어 소멸함, 버림, 놓아버림, 벗어남, 집착없음이다.[207]

---

206) Cakkhu loke piyarūpaṃ sātarūpaṃ, etthesā taṇhā pahīyamānā pahīyati, ettha nirujjhamānā nirujjhati -역주- -

또한 다른 경들에서도

Nibbānaṁ nibbāna'nti, āvuso, katamaṁ taṁ nibbāna'nti
열반, 열반이라고 합니다. 도반이여, 그 열반이란 것이 무엇인가요?
yo rāgakkhayo, dosakkhayo, mohakkhayo, idaṁ vuccati āvuso nibbānaṁ
탐욕의 소멸, 성냄의 소멸, 어리석음의 소멸, 이것을 도반이여, 열반이라 합니다.

이렇게 열반이란 주로 오염들의 지멸·적정임을 보여주는 사례들이 많다.

그러므로 '궁극적으로 조건지어지지 않은 진리인 대열반(paramattha asaṅkhata nirodhasaccā mahānibbāna)은 아라한이 죽음의 순간에 아라한의 존재를 구성하는 무더기들의 지멸·적정일 뿐만이 아니라 오염들의 지멸·적정의 순간에도 얻어져야만 한다.

대열반은 1,500여 오염들의 남김없는 지멸·적정에서도 얻어지는 것이지만 수다원도(sotāpattimagga)를 얻는 순간에도 얻어져야 한다. (수다원이 증득한) '궁극적 실재인 조건지어지지 않은 소멸이라는 진리인 대열반'(paramattha asaṅkhata nirodhasaccā mahānibbāna)을 얻으면 유신견(有身見, sakkāyadiṭṭhi) 등과 같은 몇 가지 오염들은 완전히 지멸되어 결코 나타날 수가 없다.

---

207) 'asesa-virāga-nirodho(남김이 없이 빛바래어 소멸함)'이라는 등은 모두 열반의 동의어이다. 열반을 얻으면 갈애는 남김이 없이 빛바래고 소멸하기 때문이다. 그러므로 갈애가 남김이 없이 빛바래어 소멸함이라고 설하셨다. 열반을 얻으면 갈애가 떨어지고 놓아지고 풀어지지 달라붙지 않는다. 그러므로 열반은 버림, 놓아버림, 벗어남, 해탈, 집착없음이라 불린다.(DA.iii.800~801)-역주 -

예류자(豫流者)인 수다원(sotāpanna)은 유신견 등과 같은 몇 가지 오염들이 지멸되고 더 이상 악처에 떨어지지 않게 된다. 또한 (최대) 일곱 생 안에 끝도 없는 무더기들의 일어남은 완전히 끝이 난다. 괴로움인 이 존재를 구성하는 무더기들의 끝도 없는 윤회의 완전한 지멸·적정도 역시 '궁극적 실재인 조건지어지지 않은 소멸이라는 진리인 대열반'(paramattha asaṅkhata nirodhasaccā mahānibbāna)이다.

질문] 그럼 (수다원은) 두 가지 지멸·적정을 동시에 증득하는가?
답변] 수다원은 두 개의 지멸·적정을 동시에 증득한다.

질문] 누가 이 두 개의 지멸·적정을 동시에 증득하는가?
답변] 수다원이 두 가지를 동시에 증득한다.

질문] 바로 이 진리인 두 가지 지멸·적정을 누가 얻었는가?
답변] 수다원이 얻었다.

[지금까지 오염들의 지멸·적정이 열반의 핵심임을 설명하였다.] 이제 소멸된 괴로움과 남아있는 괴로움을 비교해보자.

(2) 소멸된 괴로움과 남아있는 괴로움(vaṭṭadukkha)의 비교

우리는 경을 통해 수다원이 되었을 때 소멸된 괴로움은 무엇이고 남아있는 괴로움의 회전(vaṭṭadukkha)은 무엇인지 알아야 한다. 지금부터 설명하겠다. 상윳따 니까야 인연품 관통상응(Nidānavaggo abhisamayasaṁyuttaṁ)에는 11개의 경들이 있다.

첫 번째 경(손톱끝경, Nakhasikhāsutta)

그때 세존께서는 적은 양의 먼지덩이를 손톱 끝에 올려놓으신 뒤에 비구들을 불러 말씀하셨다. "비구들이여, 이를 어떻게 생각하는가? 내가 손톱 끝에 올려놓은 이 적은 양의 먼지덩이와 저 대지 가운데 어떤 것이 더 많은가?" "세존이시여, 저 대지가 더 많습니다. 세존께서 손톱 끝에 올리신 그 먼지덩이는 아주 적습니다. 세존께서 손톱 끝에 올리신 그 먼지덩이는 대지에 비하면 백 분의 일에도 미치지 못하고 천 분의 일에도 미치지 못하고 십만 분의 일에도 미치지 아니합니다."

손톱에 올려놓은 모래알을 지구 전체와 비교한다면 손톱 위의 모래알은 너무나 작을 것입니다. 그래서 "이 둘을 비교하는 것은 적절하지 않습니다." 라고 비구들이 답하였다.

이와 같이 비구들이여, 법의 관통은 이처럼 큰 이익이 있고[208], 법의 눈을[209] 얻음은 이처럼 큰 이익이 있다.[210][211]

---

208) 법의 관통(dhammābhisamyo)은 사성제의 법에 대한 지혜와 더불어 관통함을 뜻한다. -역주-

209) 법의 눈을 얻음이 무엇을 뜻하는 가는 문맥에 따라서 다르다. 장부 뽓타빠다경(D3/DA, I.178) 등에서는 예류도를 얻은 것이라고 설명되고 있고, 라훌라경(S35:121)에 해당하는 주석서(SA.ii.392=MA.v.99)에서는 네 가지 도와 네 가지 과 즉, 예류도부터 아라한과까지를 얻은 것에 다 적용되기도 한다. 본경에서는 문맥상 예류도에게만 해당이 된다. -역주-

210) evaṁ mahiddhiko kho bhikkhave dhammābhisamyo evaṁ mahiddhiko dhammacakkhu paṭilabho[첫번째 경의 핵심]

211) 비구들이여, 그와 같이 견해를 구족하고 관통을 갖춘 성스러운 제자에게는 괴로움이 대부분 멸진하고 해소되어 남아있는 괴로움은 아주 적다. 그에게 남아있는 괴로움은 멸진하고 해소된 이전의 괴로움의 무더기에 비하면 백분의 일에도 미치지 못하고 천 분의 일에도 미치지 못하고 십만 분의 일에도 미치지 못하나니, 이제 최대 일곱 생만이 더 남아 있다.(이 말씀은 위 말씀의 앞에 나와 있다. S13:1, 상응부 제2권, P.364) -역주-

붓다께서는 이와 같이 수다원(예류자)은 끝도 없이 받게 될 미래의 괴로움의 회전이 소멸되는 결과를 수다원이 되자마자 얻는다고 말씀하였다. 그 결과는 궁극적 실재인 조건지어지지 않은 소멸이라는 진리인 대열반(paramattha asaṅkhata nirodhasaccā mahānibbāna)이다. 이 미래에 끝도 없이 전개될 괴로움의 회전의 멈춤, 바로 수다원은 이 멈춤에 도달한다.

아주 여러 겁을 오랜 생을 거쳐서 바라밀을 닦아야만 유신견(有身見) 등과 같은 오염들의 지멸·적정을 얻고 끝도 없이 미래에 만나야만 하는 괴로움의 회전의 지멸과 적정을 얻는다. 그는 비교할 수 없는 희열과 정신적 즐거움(pīti somanassa)을 경험하면서 "나는 이미 이러이러한 오염들을 버렸다. 나에게는 이미 그러그러한 괴로움의 회전은 지멸되었다."라고 생각하며 머문다.

예시

어떤 죄인이 종신형을 선고 받은지 사오일 후에 특별사면을 받았다. 그는 이제 7일만 지나면 석방될 것이다. 특별사면을 받는 순간에 그는 감옥에서 평생 받아야만 하는 괴로움은 끝이 났다. 적정(寂靜)을 얻은 것이다. 이 적정은 7일 후에만 얻어지는 것이 아니다. 그는 다음과 같은 생각을 하며 매우 즐거워한다. "괴로움은 오직 7일 남았다. 나는 미래에 겪어야 할 괴로움으로부터 이미 벗어났다."

다른 예시

한 남자가 1원을 훔친 대가로 7일간 수감되는 처벌을 받았다. 그런데 어떤 사람이 그날 100원을 훔쳤다는 죄목으로 그를 기소하여 7개월 수감 형을 받았다. 공교롭게도 또 다른 사람이 그를 1천 원을 훔친 죄로 기소하여 추가로 7년형을 선고받는다. 그날 그는 감옥에 수감되었는데 바로 그날에 특별 사면을 받아 7년 7개월간의 형이 감면되었다. 이제 오로지 7일만 감옥에 있으면 된다. 이 예시에서도 7년 7개월간의 감옥에 있는 괴로움은 사면을 받은 즉시 사라졌다. 적정을 증득한 것이다.

또 다른 예시

어떤 사람에게 십만 원의 빚 가운데 7원만 남기고 모두 갚았다고 하자. 이제 그는 7원만 걱정하면 되고 99,993원은 걱정할 필요가 없다. 그는 (고통의 짐을) 덜었다. 그는 고통에서 벗어났고 안락을 얻은 것이다.

또 어떤 남자가 온몸에 천 개나 되는 부스럼 때문에 고통을 받는다고 하자. 적절한 치료를 통해 993개의 부스럼이 완치가 되었다면 남아있는 작은 부스럼 7개로 인한 고통만 받으면 된다.

위에서 언급한 예시처럼 수다원도 더 이상 악처에 떨어지지 않는 특별한 이익을 누린다. 앞으로 일곱 생 이후에는 또 다시 태어나야만 하는 두려움은 끝이 나고 끝도 없이 겪어야만 하는 괴로움의 윤회는 일곱 생 이후에 완전하게 끝이 난다. 그래서 수다원은 큰 만족(pīti)을 느끼고 즐거움(somanassa)을 느낀다.

두 번째 경(연못경, pokkharaṇīsutta, S13:2)

이 경에서는 길이와 너비 그리고 깊이가 각각 50요자나나[212] 되는 연못에 있는 물과 풀끝으로 찍어 올린 물의 양과 비교한다.

세 번째 경(합류하는 물경1, sambhejjaudaka, S13:3)

이 경에서는 (법을 관통하고 법안(法眼)을 통해 얻는 이익을) 5개의

212) 요자나(yojana) : 중국에서 유순(兪旬)으로 옮겼다. 소가 멍에를 지고 쉬지않고 한번에 갈 수 있는 거리로 1요자나는 대략 11km정도라 한다.(PED) -역주-

큰 강이 만나서 합류하는 지점의 물을 두 세 방울의 물에 비유한다.

네 번째 경(합류하는 물경2, S13:4)

이 경에서는 다섯 개의 큰 강들이 합류하는 지점에서 그 물이 철저하게 소진되고 없어져서 두 세 방울의 물만이 남아있는 것과 비교해 본다. [이렇게 견해를 구족하고 관통을 갖춘 성스러운 제자에게 괴로움은 대부분 멸진하고 해소되어 아주 적은 괴로움만이 남아있다고 설한다]

다섯 번째 경(땅 경1, Pathavī, S13:5)

대추씨만한 구슬 일곱 개와 대지의 크기를 비교한 후 법안을 통해 얻는 관통과 법의 눈을 얻는 이익이 크다는 것을 설명한다.

여섯 번째 경(땅 경2, S13:6)

이 경에서는 대지가 철저하게 소진되고 없어져서 대추씨만한 구슬 7개가 남아있다고 할 때 없어진 대지의 크기와 구슬 7개의 크기를 비교하여 법안을 통해 관통과 법의 눈을 얻는 이익이 크다는 것을 설명한다.

일곱 번째 경(바다 경1, S13:7)

이 경에서는 큰 바다의 물과 길어 올린 두세 방울의 물을 비교한다.

여덟 번째 경(바다 경2, S13:8)

철저하게 소진되어진 큰 바닷물과 남아있는 두세 방울의 물을 비교한다.

아홉 번째 경(산의 비유 경1, pabbatupama, S13:9)

3천 요자나나 되는 산의 왕인 히말라야와 겨자씨만한 일곱 개의 자갈과 비교해보면 히말라야가 큰 것처럼 법의 관통과 법의 눈을 얻는 이익이 이처럼 크다고 한다.

열 번째 경(산의 비유 경2, S13:10)

산의 왕 히말라야가 철저하게 소진되고 없어져서 겨자씨만한 자갈 일곱 개만 남았다고 할 때 없어진 히말라야가 겨자씨 일곱 알 크기의 자갈보다 큰 것처럼 법의 관통과 법의 눈을 얻었을 때의 이익이 이처럼 크다고 한다.

이처럼 위의 경들에서는 수다원도를 증득하게 되면 미래에 다시 태어나야만 하는 윤회와 받아야만 되는 괴로움들이 소멸되는 숫자가 헤아릴 수도 없이 크다는 것을 가르치고 있다. [이것으로 이미 종식된 괴로움과 남아있는 괴로움의 비교를 마친다.]

(3) 핵심은 무더기들의 지멸이 아니다

앞에서 소멸이라는 진리를 설명할 때에는 오염들의 지멸·적정인 유여열반을 주로 설명한 반면에 상응부 인연품에 나오는 10가지 경들은 과보인 존재를 구성하는 무더기들의 지멸·적정을 중심으로 설명하였다. 이 두 가지 지멸·적정 가운데 소멸이라는 진리를 해석(nirodhasacca niddesa)할 때에는 오직 오염들의 지멸·적정이 주가 된다. 반면에 존재를 구성하는 무더기들의 지멸·적정을 이야기할 때에는 오염들의 지멸·적정도 역시 포함이 되어 있다. 그러므로 아비담마에서는 성스러운 도(道, magga)에 의하여 포기가 되는 번뇌인 오염들을 '제거되는 법(pahātabba dhammā)'이라고 하고 성스러운 도(道)로 제거되지 않는 존재를 구성하는 과보의 무더기들을 '제거되지 않는 법(apahātabba dhammā)'이라고 한다.

그러므로 사성제에서 소멸이라는 진리(滅聖諦)는 오염들의 열반

(kilesanibbāna), 유여열반(saupādisesanibbāna)을 드러낸 것이지 '조건지어지지 않은 요소인 궁극적 실재로서의 대열반(asaṅkhata dhātu paramattha mahānibbāna)'을 의미하는 것이 아니다.

성스러운 수다원도를 얻는 순간에 이미 소멸되고 가라앉은 오염들은 결코 다시는 일어나지 않는다. 완전한 지멸과 적정인 무여열반과 마찬가지로 그것들은 완전하게 지멸되고 영원히 가라앉는다는 점에서 하나이고 같은 것이다. 헤아릴 수 없는 윤회의 시간 속에서 지멸된 상태는 영원히 유지된다. 유신견(有身見, sakāya diṭṭhi)과 회의적 의심(vicikiccā)은 다시는 나타나지 않고 일어나지 않는다. 마찬가지로 악처에 떨어져 고통받는 윤회는 수다원도를 얻는 순간에 지멸되어 사라져서는 결코 다시 되풀이 되지 않는다. 이러한 열반적정의 이익을 증득하기 위해서는 수많은 생을 통해 바라밀을 닦아야 한다. 한 생 만에 그것을 얻거나 증득할 수가 없다. 또한 두 생 만에 얻는 것도 불가능 하다. 오로지 수많은 생이 지난 후에 성스러운 수다원도를 얻어야만 열반적정을 증득할 수가 있다. 수다원이 되어야만 부분적으로나마 정말로 '조건지어지지 않은 궁극적 실재인 대열반', 유여열반을 얻는다.

온몸에 불이 붙은 사람이 차가운 물이 흐르는 큰 강이나 호수로 뛰어가 발끝에서 머리끝까지 온몸이 물에 잠기도록 하였다. 이때 그의 몸은 물이 닿는 발끝부터 시작해서 머리끝까지 잠기는 순서에 따라 열기는 사라지다가 완전히 몸이 잠기면 열기도 완전히 사라진다. [이 유여열반(saupādisesa nibbāna)도 역시 형성되지 않은 요소로써 궁극적 실재(asaṅkhata dhātu paramattha)인데 수다원 이상의 성인들이 얻는다. 이것이 우리의 견해이다. 당신이 판단해 보라.] 이것으로 무더기들의 소멸과 가라앉음이 열반의 핵심이 아니라는 설명을 끝내겠다.

완전한 열반에 든 분(parinibbuta puggala)

이제 이미 열반을 얻어 적멸에 든 사람에 대한 설명을 하겠다.

① 모든 오염들의 지멸·적정인 유여열반을 이미 얻은 자

② 존재를 구성하는 모든 무더기들의 지멸·적정인 무여열반을 얻은 자

경에서 말하는 완전한 열반에 드신 분(parinibbuta puggala)이란 오염들의 반열반인 유여열반을 증득한 아라한을 말하고 있다. 성자가 된다는 말은 열반을 얻었다는 뜻이다. 아라한이 된다는 것은 열반에 들어 머문다는 뜻이다.[이 말은 아라한도 완전한 열반에 든 분(parinibbuta)이고 성자도 역시 열반에 든 분(parinibbuta)이라는 뜻이다]

빠알리경에 나오는 일반적인 의미

천궁사(Itthivimāna, rajjumālāvimānavatthu)에 주의를 기울일만한 열반에 관한 일반적 의미가 나오므로 간략히 소개한다.

> "Anukampakassa kusalassa, ovādamhi ahaṃ ṭhitā;
> Ajjhagā amataṃ santiṃ, nibbānaṃ padamaccutaṃ.[vimānavatthu]
>
> ahaṃ = 내가
> Anukampakassa = 대자대비하신
> kusalassa = 모든 것에 능숙하신 부처님의
> ovādamhi = 가르침에
> ṭhitā = 머물수 있기에
> accutaṃ = 움직임이 없는
> amataṃ = 불사(不死)
> santiṃ = 고요한
> padama = 도달해야만 하는 곳
> nibbānaṃ = 열반에
> Ajjhagā = 도달했다.

[이 게송은 수다원도를 얻은 천녀(devi)가 자신이 열반을 얻었다고 마하목갈라나 존자에게 말한 게송이다]

그녀는 어떤 열반을 증득하였는가? 그녀는 직접적인 지혜로써 분명한 체험을 하였기에 가지고 있던 유신견(sakkāya diṭṭhi)과 회의적 의심(vicikicchā)은 소멸되어 사라졌다. 오염들의 열반(kilesanibbāna), 유여열반(saupādisesa nibbāna)을 증득한 것이다. 사악처에 떨어져야 할 무더기(apāyakhandhā)들의 지멸, 일곱 생 이후에도 태어나야만 하는 무한한 무더기들은 지멸되었다. 이것들은 오염들의 지멸과 같은 것이다. 왜냐하면 미래에 태어나야만 하는 무더기들의 지멸도 이미 얻어진 것이고 얻어질 것이기 때문이다. [이것이 수다원만 되어도 '열반을 증득했다' '열반에 도달했다'라고 할 수 있는 빠알리의 근거이다.]

사다함이나 아나함은 말할 필요도 없다. 일반적으로 아라한도(道)를 얻는 순간에 아라한이 된 자를 반열반(parinibbāna)을 얻은 자라고 한다. 아라한과(果)를 얻으면 이미 반열반(parinibbāna)에, 완전한 열반에 드신 분(parinibbuta puggala)'이라 한다.

> 신들의 왕이여, 눈으로 인식되는 형색들이 있다. (그것들 가운데) 원하고 좋아하고 마음에 들고 사랑스럽고 감각적 욕망을 짝하고 매혹적인 것들이 있다. 만일 비구가 그것을 즐기고 환영하고 묶여 있으면 그가 그것을 즐기고 환영하고 묶여 있기 때문에 그의 알음알이는 그것을 의지하고 그것을 취착한다. 신들의 왕이여, 취착이 있는 비구는 완전한 열반에 들지 못한다.(상응부 삭까의 질문경,S35:118)[213)]

---

213) Santi kho, devānaminda, cakkhuviññeyyā rūpā, iṭṭhā kantā manāpā piyarūpā kāmūpasaṁhitā rajanīyā. Tañce bhikkhu abhinandati abhivadati

눈에 보이는 사랑스러운 형상들을 감각적 욕망으로 즐기고 취착하는 사람은 반열반(parinibbāna)을 얻지 못한다. 감각적 욕망의 즐김으로부터 벗어나고 사랑스러운 대상들에 대한 취착에서 벗어난 사람은 금생에 반열반을 얻는다. 이렇게 눈에 보이는 형상, 소리, 냄새, 맛, 감촉 그리고 마노의 대상에 대하여 각각의 댓구가 한 쌍이 되도록 해서 모두 12개의 구문으로 이 경은 구성되어 있다. 신들의 왕 삭까는 붓다에게 묻는다. "세존이시여, 무슨 원인과 조건 때문에 여기 어떤 중생은 금생(바로 지금·여기)에서 완전한 열반에 들지 못합니까? 그리고 세존이시여, 무슨 원인과 무슨 조건 때문에 여기 어떤 중생은 금생(바로 지금·여기)에서 완전한 열반에 듭니까?" 한편 빤짜시카 천신도 붓다에게 같은 질문을 한다. 붓다는 상응부에서 이에 대하여 설명을 한다. [반면에 증지부에서는 아난다 존자가 설명한다.] 이 경에서는 아라한도(道)를 얻은 사람과 취착(upādāna)을 극복한 사람이 '완전한 열반에 든다'(pari-nibbāyati)라고 하였는데 빠리닙바야띠란 오염의 불꽃이 '완전하게 꺼짐(pari-nibbāyati)' 혹은 '오염들의 반열반(kilesaparinibbāna)을 증득'하였다는 뜻이다.

(4) 유여열반도 열반이라는 근거

아라한이란 열반에 머물고 있는 자라는 말, 오염원의 열반(유여열반)으로 오염의 불이 완전하게 꺼져 이미 완전한 열반에 드신 분(parinibbuta puggala)에 대한 이야기가 빠알리 문헌에 많이 나온다.

---

ajjhosāya tiṭṭhati.

Tassa taṁ abhinandato abhivadato ajjhosāya tiṭṭhato tannissitaṁ viññāṇaṁ hoti

tadupādānaṁ. Saupādāno, devānaminda, bhikkhu no parinibbāyati. (Sn, Sakkapañhasuttaṁ)

Katamo ca, bhikkhave, puggalo tiṇṇo pāraṅgato thale tiṭṭhati brāhmaṇo? Idha, bhikkhave, ekacco puggalo āsavānaṁ khayā anāsavaṁ cetovimuttiṁ paññāvimuttiṁ diṭṭheva dhamme sayaṁ abhiññā sacchikatvā upasampajja viharati. Ayaṁ vuccati, bhikkhave, puggalo tiṇṇo pāraṅgato thale tiṭṭhati brāhmaṇo[Anusotasuttaṁ 증지부, A4:5)[214]
그러면 비구들이여, 누가 (흐름을) 건너 저 언덕에 가서 맨 땅에 서 있는 바라문인가? 비구들이여, 여기 어떤 사람은 모든 번뇌가 다하여 아무 번뇌가 없는 마음의 해탈(心解脫)과 통찰지를 통한 해탈(慧解脫)을 바로 지금 여기에서 스스로 최상의 지혜로 알고 실현하고 구족하여 머문다. 비구들이여, 이를 일러 (흐름을) 건너 저 언덕에 가서 맨 땅에 서있는 바라문이라 한다.(A4:5, 흐름을 따름 경, anusota sutta)

이 증지부나 인시설론(puggalapaññatti)혹은 대의석(Mahāniddesa)에 따르면 아라한과를 이미 증득한 아라한을 저 언덕(彼岸)인 열반의 언덕에 이미 도달한 사람, 유여열반의 상태에 머무는 사람이라고 한다. 유여열반의 상태에 머무는 사람이란 표현은 빠알리경에서 일반적으로 쓰고 있는 표현이다. 이와 같이 알아야 한다.

불꽃이 소멸된 사람 : 아라한

빠알리경에는 이미 오염들이 소멸되어 유여열반(saupādisesa nibbāna)에 든 아라한을 '완전한 열반에 든 자'(parinibbuta puggala)라고 부르는

214) 원서에서는 대의석(mahāniddesa)에 나오는 구문을 레디 사야도께서 인용하였다. 그러나 인용한 빠알리 구문이 몇 군데 누락되는 등 불완전한 부분이 발견되었다. 그래서 같은 내용의 구문이라고 레디 사야도도 인정한 증지부의 온전한 빠알리를 역자가 번역하였다. 이 글을 인용한 목적은 누구를 성스러운 브라만이라고 부르는가에 대한 부처님의 말씀을 들려주기 위함이다. -역주-

경우가 많다.

> dabbo so parinibbuto thitatto
> 답보(현자)의 이름으로 (나는) 이미 오염(번뇌)의 불길이 꺼져버려 (혹은 나는 이미 반열반을 증득하여) 흔들리지 않는 굳건함을 증득하였다.[215)]

장로게경에는 아라한을 '(오염의) 불꽃이 꺼져버린 사람'이라고 부르는 경우가 다음과 같이 나온다.

-. danto so parinibbuto thitatto(Odlīya 장로게)
-. vīro so parīnibbuto thitto(Vīra 장로게)
-. sīti bhūtosmi nibbuto(Rakkhita 장로게)
-. sesakenamhi nibbuto(Dandasumana 장로게)

이처럼 아라한은 유여열반계(saupādisesa nibbāna)에 들어 이미 오염들의 반열반(parinibbāna)을 얻었고, '완전한 열반에 든 분'(parinibbuta puggala)'이라는 표현이 일반적으로 빠알리 경에 많이 분명하게 등장한다.

Khemaṁ khema'nti, āvuso, vuccati.
Kittāvatā nu kho, āvuso, khemaṁ vuttaṁ bhagavatā''ti?
'안은(安隱), 안은'이라고 도반이여, 말합니다.
그러면 어떤 것이 도반이여, 안은이라고 세존께서는 말씀하셨습니까?

Idhāvuso, bhikkhu vivicceva kāmehi akusalehi dhammehi

---

215) [답바장로의 게송 가운데]

savitakkaṁ savicāraṁ vivekajaṁ pītisukaṁ pathamaṁ jhānaṁ upasampajja viharati. Ettāvatāpi kho, āvuso, khemaṁ vuttaṁ bhagavatā pariyāyena(khemasutta)
도반이여, 여기 비구는 감각적 욕망들의 해로움을 완전히 떨쳐버리고, 여기서 일으킨 생각과 지속적인 고찰이 함께하고, 희열과 행복이 있는 첫 번째 선정에 들어 머뭅니다. 이것이 안은이라고 세존께서는 말씀하셨습니다.(A9:52, 안은경1)

이런 식으로 색계 초선정부터 상수멸(멸진정)까지 그리고 여기에 아라한을 포함하면 위험이 없는 상태인 '안은을 이미 얻은(khemappatta) 자'들은 모두 10부류가 된다고 9개의 구문(vāra)을 통해 경에서는 설명하고 있다. 10부류의 안은을 얻은 분들 가운데, 앞의 여덟은 억압의 소멸(vikkhambhana nibbāna)을 얻은 분들이다. 붓다는 이것을 방편(pariyāyena)으로 설하셨다. 나머지 둘은 아나함(anāgāmi)과 아라한이다. 이 분들이 드는 상수멸 그리고 사성제를 통찰지로 꿰뚫어 번뇌가 남김이 없이 소멸하는 유여열반(saupādisesa nibbāna)을 '안은'이라고 하였다. 이것은 방편없이(nipariyāyena) 설하신 것이다. 마찬가지로 10종류의 불사를 얻은 분들에 대하여 '도반이여, 불사(不死) 불사(不死)라고 합니다.'[216]라는 말로 시작하는 9개의 구문을 통해 설명하고 있다.

다음에는 9개의 구문을 통해 10부류의 두려움이 없는 분에 대한 설명이 '도반이여, 두려움없음, 두려움없음이라고 합니다.'라는 문구로 경들은 시작된다.[217] 그러므로 이 빠알리경에 나오는 열반을 증득한 분들은 모

---

216) amatappatto amatappattoti āvuso vuccati : amatappatto란 이미 불사(不死)인 열반(nibbāna)을 얻은 사람이란 뜻이다. 원래의미는 감로수(넥타, 천신들의 음료)를 마신 천신 혹은 신이란 의미이다. -역주-

217) abhayappatto abhayappattati āvuso vuccati : abhayappatto란 두려움이 없는 자란 의미이다. -역주-

두 30분이 된다. 이분들 가운데 24명은 이미 억압의 소멸(vikkhambhana nibbāna)을 얻은 자들이다. 6부류의 증득자들은 최고의 열반(mukhya nibbāna)인 멸진정(상수멸, nirodha samāpatti)을 증득한 분들, 최고의 열반인 유여열반계(saupādisesa nibbāna dhātu)를 증득한 분들이다.

일반적으로 억압의 소멸(vikkhambhana nibbāna)을 얻게 되면 열반을 증득하였다고 한다. 그러므로 이미 사뭇체다 열반(samuccheda nibbāna)을 증득한 수다원이나 사다함을 보고 왜 열반을 증득한 분이라고 하면 안되는가?[218] 이것이 우리의 견해이다. 빠알리 경에는 이를 뒷받침할만한 근거가 되는 예시들이 많이 나오는데 다음과 같은 것들이 있다.

① 유여열반(saupādisesa nibbāna)도 형성되지 않은 궁극적 실재(asaṅkhata paramattha)이다.

② 유여열반을 이미 얻은 성인들도 역시 열반(nibbāna)을 증득한 자들이라고 부른다.

③ 아라한도 역시 '완전한 열반에 든 분(parinibbuta puggala)'이라고 해야 한다. 이제 근거를 밝혔으니 취사선택은 독자 여러분의 몫이다.

2. 우다나(自說經)에 대한 다른 견해들

이제 자설(自說, Udana)에 나오는 '세 번째 열반경(Tatiyanibbāna sutta)'을 살펴보자.

> 비구들이여, 태어나지 않고, 생겨나지 않고, 만들어지지 않고 형성되지 않는 것이 있다.[219] 비구들이여, 태어나지 않고, 생겨나지

218) samucchedа란 근절, 끊음이라는 의미이다. -역주-

219) Atthi, bhikkhave, ajātaṁ abhūtaṁ akataṁ asaṅkhataṁ : UdA.395에 따르면, 태어나지 않는 것(不生 : ajātaṁ), 생겨나지 않는 것(不有 : abhūtaṁ), 만들어지지 않는 것(不作 : akataṁ), 형성되지 않는 것(無爲 : asaṅkhataṁ=조건지어지지

않고, 만들어지지 않고, 형성되지 않는 것이 없다면 세상에서 태어나고, 생겨나고, 만들어지고, 형성되는 것으로부터의 여읨이 알려질 수 없다.[220] 그러나 비구들이여, 태어나지 않고, 생겨나지 않고, 만들어지지 않고, 형성되지 않는 것이 있으므로, 세상에서 태어나고, 생겨나고, 만들어지고, 형성되는 것으로부터의 여읨이 알려진다.[221]

않은 것)은 모두 서로 동의어이다. 느낌 등과는 달리 원인과 조건의 결합을 의미하는 원인들의 조화에 의해서 나타나지 않기 때문에 '태어나지 않는 것'이고, 원인이 없이 나타나지 않거나 스스로 나타나지 않는다는 의미에서 '생겨나지 않는 것'이고, 원인에 의해서 만들어지지 않는다는 의미에서 '만들어지지 않는 것'이고, 태어나고 생겨나고 만들어지는 것을 본질로 하는 명색 등의 형성된 것들은 형성되지 않은 것을 본질로 하는 열반을 보여주기 위해서 '형성되지 않은 것'이라고 한 것이다. -역주-

220) No cetaṁ, bhikkhave, abhavissa ajātaṁ abhūtaṁ akataṁ asaṅkhataṁ, nayidha jātassa bhūtassa katassa saṅkhatassa nissaraṇaṁ paññāyetha. : UdA.395에 따르면, 수행승들이여, 만약에 태어나지 않는 것 등을 본질로 하는 형성되지 않는 것(조건지어지지 않은 것)이 없다면, 세상에 태어나는 것 등을 본질로 하는 물질 등의 다섯 가지 존재의 무더기(오온)의 여읨, 남김없는 지멸이 알려지지 않을 것이고, 파악되지 않을 것이고, 구현되지 않을 것이다. 열반을 대상으로 삼아 전개되는 올바른 견해 등을 지닌 고귀한 길의 원리들이 남김이 없이 오염을 제거하면 그때에 일체의 윤회의 고통의 미전개, 사라짐, 여읨이 시설된다.-역주-

221) Yasmā ca kho, bhikkhave, atthi ajātaṁ abhūtaṁ akataṁ asaṅkhataṁ, tasmā jātassa bhūtassa katassa saṅkhatassa nissaraṇaṁ paññāyatī"ti : UdA.395에 따르면, 승의(勝義)의 의미에서 열반계(nibbānadhātu)의 존재에 대하여 일체의 세상을 애민히 여겨 여러 경전에서 설하고 있다. Dhs.2에서는 '조건을 여읜 상태들(appaccayā dhammā), 조건지어지지 않은 상태들(asaṅkhatā dhamma)이 있다.'라고 설하고 Ud.80에서는 '비구들이여, 이러한 세계가 있는데, 거기에는 땅도 없고, 물도 없고, 불도 없고, 바람도 없다.'라고 설하고, SN.I.136에서는, '이와 같은 도리, 즉 모든 형성의 멈춤, 모든 집착의 버림, 갈애의 부숨, 사라짐, 소멸, 열반은 보기 어렵다.'라고 설하고, SN.IV.359에서는 이 조건지어지지 않은 것, 즉 무위에 대하여 다음과 같이 말하고 있다. '무위란 무엇인가? 비구들이여, 탐욕이 소멸하고, 성냄이 소멸하고, 어리석음이 소멸하면 그것을 비구들이여, 무위라고 한다.' 여기서 '비구들이여, 태어나지 않는 것이 있다.'라고 하는 것은 현명한 사람으로 그것과 관련하여 의심이 없더라도 다른 사람의 지도에 의존하여 이해하는 개인의 경우에는 의심을 몰아내기 위해 암시의 성립과 더불어 열리는 논리적인 탐구가 있게 되고, 그것이 완전히 이해될 수 있다는 사실 때문에 그 반대되고 대조가 되

1) 전통적인 견해

우선 이 빠알리 경에 대한 우리의 견해를 보이겠다. 12연기(paticcasamuppāda)의 순관은 '무명(無明)을 조건으로 상카라(行)가 일어난다. 상카라(行)를 조건으로 알음알이(識)가 일어난다. 알음알이(識)를 조건으로 정신·물질(名色)이 일어난다…'이다. 즉 확실하게 무명이 있다면, 무명이라는 원인이 있다면 상카라라는 결과는 틀림없이 일어난다. 상카라(行)라는 원인이 틀림없이 존재한다면 알음알이(識)라는 결과는 반드시 일어난다. 만약 분명하게 알음알이가 존재하면 정신·물질(名色)이라는 결과는 반드시 일어난다. 그러므로 모든 욕계, 색계, 무색계라는 삼계에 윤회하는 존재(tebhummaka vaṭṭadhamma)를 생기게 하는 원인

는 존재들인 감각적 쾌락의 욕망과 형상 등으로부터의 여읨이 알려진다. 그러므로 일체의 조건지어진 것들과는 반대가 되고 대조가 되는 여읨을 닦아야한다. 여읨(nissaraṇa)은 조건지어지지 않은 요소(asaṅkhatā dhātu)이다. 조건지어진 것을 대상으로 하는 통찰의 앎(vipassanāñāṇa)이라 하더라도 단계의 앎(anulomanāṇa)이라면 끊음(samuccheda)을 통해서 오염을 여읠 수 없다. 마찬가지로 첫 번째 선정 등의 가운데 있는 속제(俗諦, sammuti sacca)를 대상으로 하는 앎은 끊음을 통해서가 아니라 진압(억압, vikhambhana)을 통해서 오염을 여읜다. 조건지어진 것을 대상으로 하는 앎과 속제를 대상으로 하는 앎은 오염을 끊음을 통해서 제거하는 것이 불가능함으로, 오염을 끊음을 통해서 제거하는 본질적으로 그 양자와 반대가 되는, 고귀한 길에 대한 앎을 닦아야 한다. 그것은 조건지어지지 않은 세계에 속한다. '태어나지 않고, 생겨나지 않고, 만들어지지 않고, 형성되지 않는 것'은 열반의 상태(涅槃句 : nibbāna pada)에 대하여 승의의 의미에서(paramattha) 그 있음의 존재에 빛을 던지는, 전도되지 않은 의미를 지닌 부처님의 말씀이다. 마치 '일체의 형성된 것은 무상하다. 일체의 형성된 것은 괴롭다. 일체의 현상은 실체가 없다.'(삼법인 : tilakkhṇa : Dhp.277~279, sabbe saṅkhārā anicca, sabbe saṅkhārā dukkha, sabbe dhamma anattā)가 전도되지 않은 의미를 지닌 부처님의 말씀인 것과 같다. 마찬가지로 어떤 곳에서는 '열반'이라는 말은, 단지 은유로 사용되는 '호랑이'라는 말처럼, 사용된 말의 가능성 때문에, 있는 그대로의 것을 승의의 범주로 삼는다. 또는 승의의 의미에서 그 본성이 땅의 요소나 느낌 등과는 반대가 되고 그것들을 여읜 조건지어지지 않은 요소가 있다. 이와 같은 논리에 의해서 조건지어지지 않은 요소가 승의의 의미에서 있음의 존재로 밝혀진다. 우다나, 전재성 역주, 한국빠알리성전협회, p.522~523 각주 -역주-

이 존속하는 한 끝도 없는 윤회에서 그들은 다시 태어나야만 한다. [이것이 태어남(jāta), 생겨남(bhūta), 만들어짐(kata), 형성됨(saṅkhata)의 법칙이다.]

① 형성되지 않음(無爲, 조건지어지지 않음, asaṅkhata)**의 법칙**

12연기의 역관(paṭiloma)에 따르면 열심히 수행을 하여 통찰지(vijjānāṇa)를 얻으면 무명(avijjā)은 사라지고 남김이 없이 소멸된다. 무명이 없다면 상카라는 결코 일어나지 않는다. 상카라가 없다면 알음알이(識)는 결코 일어나지 않는다. 알음알이가 없다면 정신·물질(名色)은 결코 일어나지 않는다. 이와 같이 욕계, 색계, 무색계에 윤회하게 만드는 원인이 남김이 없이 사라지고 소멸되면 새로운 태어남이란 없다. [이것이 태어나지않음(jāta), 생겨나지않음(bhūta), 만들어지지않음(kata), 형성되지 않음(saṅkhata)의 법칙이다.]

② 태어남, 태어나지 않음의 본질

윤회의 원인이 있다면 욕계, 색계, 무색계의 중생들은 태어난다. 이것이 태어남의 법칙이다. 태어날 원인이 없다면 태어남이란 없다. 이것이 태어나지 않음의 온전한 법칙이다. 붓다께서는 삼계의 윤회 속에서 '태어남'의 원인과 '태어남 없음'의 원리를 보여주시기 위하여 다음과 같이 설하였다.

> Atthi, bhikkhave, ajātaṁ abhūtaṁ akataṁ asaṅkhataṁ
> 비구들이여, 태어나지 않음, 생겨나지 않음, 만들어지지 않음,
> 형성되지 않은 것(조건지어지지 않음)이 있다.

만약 태어남 없음(ajāta)이라는 성품이 없고 태어남(jāta)이라는 성품만 있다면, 중생들에게는 (일어난) 탐욕은 언제나 존재할 것이며, (탐욕

이 소멸된) '태어남 없음'의 순간은 만나지 못할 것이다. 성냄이 일어나면 성냄은 항상 지속될 것이며, (성냄이 소멸된)'태어남 없음'의 순간은 말하지 못할 것이다. (언제나) 어리석음의 상태가 지속될 것이며, (어리석음이 소멸된) '태어남 없음'의 순간은 맞이할 수 없을 것이다. '태어남 없음'의 성품이 없다면 오로지 '태어남'의 성품만이 존재할 것이다. 끝도 없는 윤회 속에서 중생들의 무명이 끊어짐이 없이 계속된다면 '태어남 없음'의 순간은 존재하지 않을 것이다. 만약 언제나 무명 속에 빠져있다면 선(善)하거나 선하지 아니한(不善) 의도인 업이 끊임없이 지속될 것이다. 만약 업을 짓는 상카라가 계속해서 일어나게 되면 알음알이도 계속해서 일어나게 된다. 결과적으로 삼계의 윤회에서 벗어나는 지멸·적정이란 결코 없을 것이다.

만약 삼계(三界)에 '태어남 없음(ajāta)'이라는 것이 없다면 오로지 태어남만이 있을 것이다. 한번 악한 행위를 하기 시작한 중생들은 항상 악행만을 하게 될 것이다. 이러한 중생들은 언제나 사악처에만 머물게 될 것이고 유익하지 않은 행위를 결코 그만두지 못할 것이며 악처의 괴로움으로부터 벗어나지 못할 것이다. 이러한 의미를 보여주기 위하여 부처님은 설하셨다.

> no cetaṁ bhikkhave, abhavissā ajātaṁ abhūtaṁ akataṁ asaṅkhataṁ, nayidha jātassa bhūtassa katassa saṅkhatassa nissaraṇaṁ paññāyetha[Ud.80, tatiyanibbāsutta]
> 비구들이여, 태어나지 않고, 생겨나지 않고, 만들어지지 않고, 형성되지 않는 것이 없다면, 세상에서 태어나고, 생겨나고, 만들어지고, 형성되는 것으로부터의 여읨이 알려질 수 없다.
> (Ud.80 세 번째 열반경)

삼계(三界)에는 정말로 '태어남 없음(ajāta)'이 있다. 무명에 빠져있는 중생들에게 통찰지가 생기면 무명은 사라지고 소멸된다. 즉 무명은 사라져서 태어남 없음(ajāta)의 성품이 되는 것이다. 상카라(kamma-formation)와 같은 돌고 도는 윤회(saṁsāra vaṭṭadhamma)는 태어남 없음(ajāta)의 성품을 갖는다. 그것들은 지멸되어 고요해진다. 벗어나게 된다. 붓다는 이 의미를 보여주기 위하여 설하셨다.

yasmā ca kho bhikkhave, atthi ajātaṁ abhūtaṁ
akataṁ asaṅkhataṁ,
tasmā jātassa bhūtassa katassa
saṅkhatassa nissaraṇaṁ paññāyatī ti(Ud.80, tatiyanibbāsutta)
그러나 비구들이여, 태어나지 않고, 생겨나지 않고
만들어지지 않고, 형성되지 않는 것이 있으므로,
세상에서 태어나고, 생겨나고, 만들어지고
형성되는 것으로부터의 여윔이 알려진다.(Ud.80.세 번째 열반경)

모든 용어들은 대열반을 의미한다. 이것이 경에 나오는 '비구들이여, 태어나지 않는 것이 있다(atthi bhikkhave ajātaṁ)'는 의미이다.

2) 닙바나에 미세한 일어남이 있다고 주장하는 사람들

닙바나에 아주 미세한 일어남(jāti)이 있다고 주장하는 사람들이 있다. 그들은 '태어남 없음(ajātaṁ)과 생겨남 없음(abūtaṁ)이 닙바나'라는 부처님의 말씀을 삼계(三界)의 조건지어진 현상(tebhummaka saṅkhata dhamma)인 '거친 태어남이 없는 것'으로 이해한다. 한편 주석서에는 다음과 같은 내용이 있다.

vedanādayo viya hetu paccaya samavāya saṅkhātaya

kāraṇa-sāmaggiyā na jātam na nibbattanti ajātaṁ. kāranena vinā sayameva na bhūtaṁ na pātubhūtaṁ na uppannati abhūtaṁ[222)]
느낌을 사랑하게 되는 것처럼 원인이라는 조건이 있으므로 그리고 조건지어진 이유가 있으면 (결과가) 일치하는 것처럼 '태어남도 아니고, 다시 태어남도 아니므로' '태어남 없음'이다.[223)] 생겨남을 제외한 것이고, 생겨남이 없고, 태어남이 없고, 일어남이 없으므로 '생겨남 없음'이다.

그런데 위의 사람들은 주석서의 내용을 '원인도 없이 스스로 일어나는 것은 담마가 아니다.'라고 이해한다. 그래서 간단히 말하면 '닙바나는 원인 때문에 일어난 담마(현상)'라고 주장하는 것이다.

위의 주장에 대한 레디 사야도의 견해

붓다께서는 '일어나는 것은 모두 원인이 없는 것은 없다.'고 가르쳤다. 일어남은 일어날 만한 원인이 있기 때문에 일어난다. 그러나 뿌리가 없다는 견해(ahetuka diṭṭhi), 즉 원인이 없이 우연하게 태어난다고 생각하는 자(adhiccasamupannika)와 같이 잘못된 사견(邪見)을 지닌 자들은 '나타나는 것은 모두 종류에 상관없이 원인이 없다.'고 주장한다. 일어남이란 원인 때문이 아니라는 것이다. 그러므로 이 세상에는 두 종류의 태어남이 있다.

---

222) as it is not the dhamma arising itself without any cause, it is called abhūta. = 어떠한 원인없이 스스로 일어나는 담마가 아니므로 '생겨나지 않은 것'이라 한다.-역주-

223) as it is not the dhamma caused by the favourable condition it is called ajāta. = 해당되는 조건(기회) 때문에 일어난 현상이 아니므로 '태어나지 않음'이라 불린다.-역주-

이 두 가지 가운데 닙바나는 일어나기 위한 어떤 좋은 조건에 의한 것이 아니고 또한 원인이 없이 일어나는 것도 아니다. 부처님께서는 모든 종류의 일어남을 거부하기 위하여 '태어나지 않음(ajātaṁ) 생겨나지 않음(abhūtaṁ)'이라고 하셨다. [이것이 주석서에 나오는 문장의 의미이다.] 이 주석서에 따르면 열반은 완전하게 그 어떠한 '일어남'으로부터 자유롭다고 한다. 거친 일어남도 없고 미세한 일어남도 없다. 이것이 그 주석가가 보여주고자 하였던 의미이다. [이것이 나(레디 사야도)의 견해이니 선택은 독자의 문제이다.]

3) 닙바나에 머물 거처가 있다고 주장하는 사람들

우다나에 '비구들이여, 그 곳이 있다(atthibhikkhave tadāyatanaṁ)'라고 시작하는 경이 있다. 'tadāyatananti taṁ kāraṇaṁ'은 도(道)와 과(果)의 대상을 의미하며 'tadāyatana'라고 부른다고 주석가들은 설명한다. 그들은 출세간(lokuttarā)을 반열반을 얻은 분들이 영원히 거주하는 곳으로 이해하고 그 곳(tadāyatana)이라고 하였다. 그들은 '처'(處, āyatana)를 머물기에 적합한 '머무는 곳'이라고 이해하였다.

머무는 곳(짠다나 경)224)

한 곁에 선신의 아들 짠다나는 세존의 곁에서 이 게송을 읊었다.

"여기 누가 밤낮으로 게으르지 않아서
거센 폭류를 모두 다 건넙니까?
여기 누가 발판이 없고 매달릴 곳도 없는225)
심연에 가라앉지 않겠습니까?226)

224) 원서에는 경의 일부 문구만 인용한 것을 역자가 경의 전문을 모두 실었다. -역주-

225) '아래로는 발판도 없고 위로는 매달릴 곳도 없다(heṭṭhā apatiṭṭhe upari anālambane)는 말이다.'(SA.i.110) -역주-

항상 계를 잘 갖추고
통찰지가 있으며 삼매에 깊이 들고
부지런히 정진하고 스스로를 독려하는 자
건너기 어려운 폭류를 건너도다.

감각적 욕망의 인식을 여의고
물질의 족쇄를 저 멀리 넘어서고
존재에 대한 즐김이 멸진해버린 자
심연에 가라앉지 않는 법이라.[227)][S2:15, 짠다나 경][228)]

위의 주장에 대한 레디 사야도의 견해

유신견(有身見)을 끊지 못한 자들에게 위로는 가장 높은 범천의 세계로부터 아래로는 대무간지옥(大無間地獄)에 이르기까지 그렇게 크고 깊

226) Ekamantaṁ ṭhito kho candano devaputto bhagavantaṁ gāthāya ajjhabhāsi - "Kathaṁsu [kosudha (sī.)] tarati oghaṁ, rattindivamatandito; Appatiṭṭhe anālambe, ko gambhīre na sīdatī"ti.

227) '존재(有)에 대한 즐김(nandī-bhava)'이란 세 가지 업형성(kamma-abhisaṅkhārā)을 의미한다. 이 게송에서 감각적 욕망의 인식(kāma-saññā)을 언급하여 다섯 가지 낮은 단계의 족쇄(orambhāgiy-saṁyojana)를, 물질의 족쇄(rūpa-saṁyojana)를 언급하여 다섯 가지 높은 단계의 족쇄(uddhambhāgiya-saṁyojana)를, 존재에 대한 즐김을 언급하여 세 가지 업형성을 말했다. 이와 같이 10가지 족쇄(saṁyojana)와 세 가지 업형성(kamma-abhisaṅkhārā)을 제거하였기 때문에 '그는 심연에서 가라앉지 않는다(so gambhīre mahoghe na sīdati). 혹은 감각적 욕망의 인식은 욕계(kāma-bhava)를, 물질의 족쇄는 색계(rūpa-bhava)를 말한다. 이 둘을 언급함으로써 무색계(arūpa bhava)도 포함되었다. 존재에 대한 즐김은 세 가지 업형성을 말한다. 이처럼 삼계에서 세 가지 업형성이 없기 때문에 그는 심연에서 가라앉지 않는다는 뜻이다.(SA.i.110~111) -역주--

228) Sabbadā sīlasampanno, paññavā susamāhito; Āraddhavīriyo pahitatto, oghaṁ tarati duttaraṁ. Virato kāmasaññāya, rūpasaṁyojanātigo; Nandīrāgaparikkhīṇo, so gambhīre na sīdatī"ti.[S2:15, 짠다나 경]

은 심연의 나락으로 떨어지지 않기 위하여 디딜 발판이나 붙잡고 매달릴 곳은 없다. 눈 한번 깜빡하는 순간 그들은 자재천(vasavattin)에서 무간지옥(無間地獄)에 떨어질 수 있다. 죽음의 마음(cuticitta)에서 재생연결식(paṭisandhi)까지는 눈 한번 깜빡하는 사이이다. 죽어서 대무간지옥에 떨어지지 않기 위하여 버티고 디딜 발판도 없다. 무간지옥에 다시 태어나지 않기 위하여 안전하게 매달릴 곳도 없다.

각각의 무더기(오온)가 무너지면 위로는 범천의 세계로부터 아래로는 대무간지옥에 이르기까지 그토록 넓고 깊은 심연의 나락으로 떨어지게 된다. 다시 태어나지 않기 위하여 디딜 확고한 발판도 없고 매달릴 곳도 없다. 이러한 상황을 알게 되면 크게 놀랄 것이다. 이렇게 범부들은 존재할 곳도 없고, 떨어짐으로부터 영원히 보호해줄 안전한 곳도 없고, 발을 디딜 곳도 없고, 잡고 매달릴 곳도 없다.

반면에 오염들의 지멸과 가라앉음은 법(法) 안에서만 존재한다. 오로지 특별한 이익을 얻을 수 있는 상태, 끊임없이 일어나는 오염들이 지멸되어 고요해진 특별한 상태를 증득할 때만이 그들은 나락에 떨어지지 않게 될 것이며 영원한 안전을 얻을 것이다. 오염들의 지멸과 적정 그리고 존재를 구성하는 다섯 무더기(五蘊)들의 지멸과 가라앉음이라고 하는 특별함을 제외한다면 나락으로 떨어지지 않기 위하여 디딜 발판도 없고, 피해서 쉴 만한 곳이나 안전한 곳은 결코 없다. 오직 오염들의 지멸과 적정 그리고 무더기들의 지멸과 적정이라는 법의 성품만이 나락으로 떨어지는 것으로부터 벗어나게 하고 사라지게 할 수 있다. 부처님께서는 그러한 특별한 법이 있음을 보여주고, (중생들로 하여금) 가서 쉬도록 하기 위하여 말씀하셨다.

atthi bhikkhave tadāyatanaṁ

있다! 비구들이여, 그러한 곳이.

[이것이 나의 견해이다.]

지금까지 자설경(自說經,우다나)에 관한 다른 견해들을 소개하고 이에 관한 나의 견해를 밝혔다.

3. 논사(kathāvatthu)에 나오는 열반에 대한 견해들

아비담마 논사(論事, kathāvatthu)에 나오는 견해들을 소개하겠다.

· 바른 정견을 가진 스승들의 질문과 잘못된 사견을 지닌 자들의 답변

· 잘못된 사견을 지닌 자들의 질문과 바른 정견을 지닌 스승의 답변:
이렇게 논사(論事)에는 정견과 사견을 가진 자들의 질의·응답이 기술되어 있다.

질문] parinibbuto puggalo atthattamhīti,
(오염의 불과 무더기의 불을 이미) 꺼버린 사람은 (닙바나에) 남아 있습니까?
답변] āmantā.
예, 틀림없습니다.(그 사람은 남아 있습니다.)
질문] parinibbuto puggolo sassatoti,
(오염의 불과 무더기의 불을) 이미 꺼버린 사람은 영원합니까?
답변] na-hevaṁ vaṭṭabbe.
아닙니다. 그렇게 말해서는 안 됩니다.
[정견자 질문, 사견자 답변] 229)

229) 영어로 된 원서의 번역에 오류가 있어 빠알리어를 중심으로 재배열하고 원서인 영문은 배재하고 빠알리어를 기준하여 논사(論事)에서 해당 구문을 찾아 게재하고 옮겼다. 이 구문은 CS4의 논사 216구문, Point of Controversy by Shwezan Aung & Mrs. Rhys Davids, p.56의 (228) 구문을 참조할 것 -역주-

* (원문에는 위의 내용만 나오는데 논사(論事)의 빠알리 원문을 모두 보는 것이 도움이 될듯하여 편역자가 아래의 내용을 모두 옮겼다.)

Parinibbuto puggalo atthatthamhi, natthatthamhīti? Atthatthamhīti. Parinibbuto puggalo sassatoti? Na hevaṁ vaṭṭabbe…pe… natthatthamhīti. Parinibbuto puggalo ucchinnoti? Na hevaṁ vaṭṭabbe…pe….[kathāvatthu 21. Saccikaṭṭhasabhāgānuyogo, 216]
마지막 열반을 성취한 자는 (열반에 머물러) 존재합니까? 존재하지 않습니까? 존재합니다. (그러면) 마지막 열반에 든 자는 영원합니까? 아닙니다. 그것이 사실이라고 말할 수 없습니다…… 마지막 열반을 성취한 자는 (열반에 머물지 않고) 소멸(단멸)되었습니까? 아닙니다. 그것이 사실이라고 말할 수 없습니다……

1) 닙바나에 머무는 존재의 여부에 관한 토론

어떤 자가 말하기를 반열반을 얻기 이전에도 사람은 항상 존재하는 것이며 반열반을 얻었을 때에도 정신·물질(nāma·rūpa)만 지멸되어 사라지지만 그 사람(영혼)은 결코 지멸(止滅)되거나 사라지지 않고 정신·물질(nāma·rūpa)이 지멸된 고요한 닙바나에 머문다고 주장한다. 이러한 주장은 잘못된 사견(邪見)이다. 그래서 위의 경에서처럼 잘못된 사견을 가진 자가 답한다. "āmantā(예, 틀림없습니다.= 그 사람은 남아 있습니다.)"라고.

질문] parinibbuto puggolo sassatoti,
(오염의 불과 무더기의 불을) 이미 꺼버린 사람은 영원합니까?
답변] na-hevaṁ vaṭṭabbe.

아닙니다. 그렇게 말해서는 안 됩니다.

잘못된 사견을 지닌 자가 '닙바나에 든 사람은 닙바나에 영원히 거주한다.'라고 말하고 싶었지만 그렇게 답하지 않은 것은 '영원하다고 하는 상견(常見)인 유신견(有身見)'이라고 공격이 두려워 '그렇게 말해서는 안 됩니다(hevaṁ vaṭṭabbe)'라고 답한 것이다. 앞의 답변과 뒤의 것이 일치하지 않는 것처럼 바른 견해를 지닌 스승의 많은 반론이 나오는데 전체적인 의미는 크게 다르지 않다.

질문] parinibbuto puggalo nattattamhiti,
열반에 든 자는 존재하지 않습니까?
답변] āmantā
틀림없이 그러합니다.(존재하지 않습니다.)
질문] parinibbuto puggalo ucchinnoti,
열반에 든 자는 단멸하였습니까?
답변] na-hevaṁ vaṭṭabbe.
아닙니다. 그렇게 말해서는 안 됩니다.
[잘못된 질문, 바른 답변]

반열반을 얻기 이전이라도 사람이라는 것은 존재하지 않는다. 그리고 반열반 이후에 열반에 들어 머문다고 하는 사실도 받아들일 수 없다. 그래서 바른 정견을 지닌 스승이 답한다.

답변] āmantā
틀림없이 그러합니다.(사람은 존재하지 않습니다.)
질문] parinibbuto puggalo ucchinnoti,
열반에 든 자는 단멸한 것입니까?
답변] na-hevaṁ vaṭṭabbe.

아닙니다. 그렇게 말해서는 안 됩니다.

원래부터 존재하지 않던 '사람'이 단멸된다고 말할 수 없다. 그러므로 '아닙니다. 그렇게 말해서는 안 됩니다(na hevaṁ vaṭṭabbe).'라고 답한 것이다. 만약 반열반에 드는 것이 단멸이라면 반열반을 증득하기 전에 어떤 '사람'이 이미 존재하고 있었다는 것과 같다. 앞의 질문에 대한 답변은 '그 사람은 열반에 들어 거주하지 않는다.'였다. 왜냐하면 열반을 증득하기 전에도 존재하던 '사람'이란 개념은 존재하지도 않았었고 반열반을 증득한 이후에도 존재하지 않기 때문이다. 그래서 '틀림없이 그러합니다. 사람은 존재하지 않습니다.'라고 답한 것이다. 이것은 정견을 지닌 스승의 바른 견처(見處)이다.

'반열반에 든 사람은 닙바나에 들어 머물고 있지 않습니까?'라는 질문에 '그 사람은 존재하지 않습니다.'라고 이미 답을 하였음에도 사견을 지닌 사람이 다시 묻는다. '만약 그 사람이 존재하지 않는다면 그 사람은 단멸된 것입니까?' 이때 정견을 가진 스승이 다시 답한다. '단멸되었다고 말해서는 안 됩니다.'

(논리적으로-역자) 만약 그 사람이 닙바나라는 세계에 들어가 존재하지 않는다면 그 사람은 단멸되었음이 틀림없다. 만약 단멸되지 않았다면 그 사람은 닙바나에 머물고 있어야만 한다. 바른 견해를 가진 스승이 앞의 질문에 대한 답변과 뒤에 한 답변은 일치하지 않는다. 이와 같이 논사에서는 바른 견해를 가진 스승에 대한 사견을 지닌 자의 반론이 계속된다. 그러나 의미는 다르지 않다.

2) 나의 견해[레디 사야도]

이 논사(論事)에 나오는 '반열반에 든 사람은 언제나 닙바나라는 세계에 거주하며 머물고 있다'라는 주장은 항상(恒常)하다고 하는 견해인 상견(常見, sassataditṭṭhi)이다. '반열반에 든 자는 단멸한 것입니까?' 라는 질문에 정견을 가진 스승은 '그렇게 말해서는 안 됩니다.'라고 답하였다. 반열반에 든 사람은 반열반을 증득할 때 이미 단멸한 것이라고 이해한다면 이것은 죽으면 모든 것이 끝난다는 단견(斷見, ucchedadiṭṭhi)에 해당한다.

사람이라는 것은 원래부터 존재하는데 반열반에 드는 순간 모든 것이 끝이 난다고 이해한다면 이것은 단견이다. 만약 그 사람이 단멸하지 않고 닙바나에 영원히 존재한다고 믿는다면 이것은 상견이다. 하지만 원래부터 사람이나 중생(존재)이라는 것은 없다. 오직 정신·물질(nāma·rūpa)만이 있을 뿐이다. 그런데 이제 다시 일어나는 정신·물질(nāma·rūpa)은 끝이 났다. 정신·물질(nāma·rūpa)의 상속(相續)이 끊어졌다라고 한다면 이것은 단견(斷見)이 아니다. 이것은 바른 견해(正見, sammādiṭṭhi)일 뿐이다. 이 논사와 관련하여 만약 반열반에 들 때에 모든 것은 단멸되고 아무 것도 남는 것이 없는 공(空)이며, 아무 것도 없다(tuccha/虛, abhāva/無有)라고 하는 이들이 있다면 이것은 단견이다. 독자들은 현명하게 판단하세요.

거기에 열반에 든 자는 없다

닙바나에는 오로지 닙바나만 있다. 닙바나의 지복(至福)이나 행복을 즐기는 불이 꺼진 자(열반에 든 자)가 닙바나에는 없다. 이것과 관련된 내용이 논사(論事, kathāvatthu)에서 다음과 같이 계속 반복되어 나온다.[230]

230) 레디사야도의 '닙바나 디빠니'에 나오는 내용과 빠알리 논사(論事)에 나오는 빠알리가 일부 달라 논사의 빠알리로 내용을 일부 수정하였다. -역주-

Kalyāṇapāpakānaṁ kammānaṁ vipāko upalabbhatīti, kalyāṇapāpakānaṁ kammānaṁ vipākapaṭisaṁvedī upalabbhatīti? Āmantā. Nibbānaṁ upalabbhatīti, nibbānassa paṭisaṁvedī upalabbhatīti? Na hevaṁ vaṭṭabbe[140]

선하고 악한 업의 과보가 있음은 알려져 있다. (그러므로) 선하고 악한 행위의 과보를 경험하고 있는 자가 존재함도 알려져 있는가? 그렇습니다. 닙바나의 존재는 알려져 있다. (그러므로) (그) 닙바나를 즐기고 있는 자가 존재함도 알려져 있는가? 아닙니다. 그렇게 말할 수는 없습니다.[231)]

Āpāyikaṁ dukkhaṁ upalabbhatīti, āpāyikassa dukkhassa paṭisaṁvedī upalabbhatīti? Āmantā. Tassa paṭisaṁvedī upalabbhatīti? Na hevaṁ vaṭṭabbe…pe….[158]

악처의 괴로움이 존재함은 알려져 있다. (그러므로) 악처의 괴로움을 경험하고 있는 자도 존재한다고 할 수 있는가? 그렇습니다. 그것을 경험하고 있는 자가 있는가? 아닙니다. 그렇다고 말할 수는 없습니다.[232)]

Nerayikaṁ dukkhaṁ upalabbhatīti, nerayikassa dukkhassa paṭisaṁvedī upalabbhatīti? Āmantā. Tassa paṭisaṁvedī

---

231) 선하고 악한 업의 과보가 있음은 알려져 있는가? (그렇습니다) 선하고 악한 행위의 과보를 경험하고 있는 자가 존재함은 알려져 있는가? 아닙니다. 그렇게 말할 수 없습니다. (그러면) 닙바나의 존재는 알려져 있는가? (그렇습니다) 그 닙바나를 즐기고 있는 자가 존재함은 알려져 있는가? (아닙니다. 그렇게 말할 수는 없습니다.) = 이렇게 빠알리 원문을 위와 같이 질문과 답변을 분리하여 해석한 책이 있다. Point of Controversy by Shwezan Aung & Rhys Davids, pp44~47참조 -역주-

232) 경험하고 있는 자란 개념(빤냣띠)이다. 궁극적 차원에서 사람 혹은 중생(존재)과 같은 개념은 존재하지 않는다. 개념적 차원에서는 괴로움을 경험하고 있는 것이 존재하지만 궁극적 실재의 차원에서는 존재하지 않는다고 부정한다 -역주-

upalabbhatīti? Na hevaṁ vaṭṭabbe…pe….[164]
지옥의 괴로움은 존재한다고 알려져 있다. 지옥의 괴로움을 경험하고 있는 자도 존재하는가? 그렇습니다. 그것을 경험하고 있는 자가 있는가? 아닙니다. 그렇게 말할 수 없습니다.233)

Vipāko atthīti, vipākapaṭisaṁvedī atthīti? Āmantā. Nibbānaṁ atthīti, nibbānassa paṭisaṁvedī atthīti? Na hevaṁ vaṭṭabbe…pe….[190]
과보는 있다고 알려져 있다. (그러므로) 과보를 경험하고 있는 자도 있는가? 그렇습니다.234) 닙바나는 존재한다. (그러므로) 닙바나를 즐기고 있는 자도 있는가? 아닙니다. 그렇다고 말할 수는 없습니다.235)

(위의 구문들은) 잘못된 견해를 척파하기 위하여 '오로지 닙바나만 있지 그 닙바나의 행복을 즐기는 불이 꺼진 자(열반에 든 사람)는 없다'는 것을 예를 들어 보여주고 있다.

Kalyāṇapāpakānaṁ kammānaṁ vipāko upalabbhatīti,
유익한 행위와 불선한 행위의 과보는 알려져 있다.

---

233) 지옥의 괴로움은 개념(빤냣띠)차원에서는 존재하지만 궁극적 실재(빠라맛따)차원에서는 존재하지 않으므로 처음은 긍정, 나중은 부정인 문장이 반복되고 있다 -역주-

234) 선하고 악한 업의 과보가 있음은 알려져 있는가? (그렇습니다) 선하고 악한 행위의 과보를 경험하고 있는 자가 존재함은 열려져 있는가? 아닙니다. 그렇게 말할 수 없습니다. - 이렇게 문장을 분리하여 달리 해석한 책이 있음을 참조할 것. Point of Controversy by Shwezan Aung & Rhys Davids, pp44~47참조 -역주-

235) 닙바나의 존재는 알려져 있는가? (그렇습니다) 그렇다면 닙바나의 지복을 즐기는 존재도 알려져 있는가? (아닙니다. 그렇게 말할 수 없습니다.)라고 일관되게 Point of Controversy에서 Shwezan Aung & Rhys Davids은 문장을 분리하여 번역하였다. ibid. pp44~47참조하되 편역자(정명)는 빠알리 원문대로 첨삭없이 번역하였음을 밝힌다. -역주-

kalyāṇapāpakānaṁ kammānaṁ vipākapaṭisaṁvedī upalabbhatīti?
(그러므로) 유익한 행위와 불선한 행위의 과보를 경험하는 자가 있는가?[이것은 바른 견해를 가진 자의 바른 질문이다]
Āmantā.
그렇습니다.[이것은 잘못된 견해를 가진 자의 잘못된 답변이다]

Nibbānaṁ upalabbhatīti,
닙바나는 알려져 있다.
nibbānassa paṭisaṁvedī upalabbhatīti?
(그러므로) 닙바나를 경험하고 있는 사람이 있다고 할 수 있는가?[바른 견해를 가진 자의 질문]
Na hevaṁ vaṭṭabbe [잘못된 견해를 가진 자의 바른 답변]
아닙니다. 그렇다고 할 수 없습니다.

'닙바나에 들어가 닙바나의 행복을 즐기는 자는 없다.'는 정견을 가진 스승과 마찬가지로 사견을 지닌 자도 대화 속에서 이 견해를 받아들인다. [뒤에 나오는 구문도 이와 동일하게 이해하여야 한다] 이것으로 논사(論事)에 나오는 다른 견해들에 관한 소개를 마친다.

4. 무더기 상응(khandhasaṁyutta)에 나오는 다른 견해들

논사(論事, Kathā Vatthu)에 나왔던 '단멸(ucchino)'이라는 의미를 상응부 무더기 상응의 야마까 경(yamaka sutta)을 통해 드러내 보고자 한다. 잘못된 견해를 지닌 야마까라는 비구가 다음과 같이 말했다.[236]

khināsvo bhikkhu kāyassa-bhedā ucchijjati,

236) S22:85 -역주-

vinassati, na hoti paraṁ maraṇā
번뇌가 다한 비구는 몸이 무너지면 단멸하고
파멸하여 죽은 후에는 더 이상 존재하지 않는다.

야마까 비구는 사람과 중생, 아라한이 실재한다고 믿었다. 즉 목숨을 마치기 전에는 실재하던 아라한이 무더기의 반열반을 증득하게 되면 단멸한다고 말한 것이다. 그러므로 그의 견해는 잘못된 것이다. 만약 사리뿟따가 그의 견해를 교정해 주기 위하여 설한 법을 잘 생각해본다면 야마까 비구가 그것을 받아들여 사견으로부터 벗어나는 것이 얼마나 탁월한 일인지 알게 될 것이다.

질문 : 도반, 야마까 비구여, 물질(色), 인식(想), 느낌(受), 상카라(行)와 알음알이(識)라는 다섯 무더기인 오온은 영원합니까? 아니면 무상합니까?
답변 : 무상합니다.

질문 : 그러면 무상한 것은 즐거움입니까, 괴로움입니까?
답변 : 괴로움입니다.

질문 : 그러면 무상하고 괴로움이고 변하기 마련인 것을 두고 '이것은 내 것이다. 이것은 나다. 이것은 나의 자아다.'라고 관찰하는 것이 타당하겠습니까?
답변 : 그렇지 않습니다. 도반이여.

질문 : 자아라고 취착할 수 없는 괴로움인 무더기를 사람, 중생이라고 할 수 있습니까?
답변 : 아닙니다. 사람 혹은 중생이라 해서는 안됩니다.

질문 : 무더기는 사람도 아니고 중생(존재)도 아닙니다. 무더기를 제외하면 사람도 없고 중생도 없습니다. 만약 진정으로 사람도 없고 중생도 없다면 아라한이 죽으면 단멸된다고 하였던 당신의 견해는 타당합니까?
답변 : 나는 무명에 빠져있었습니다. 하지만 지금 당신이 설하신 법을 듣고는 사견으로부터 벗어났습니다. 나는 성스러운 네 가지 진리를 알게 되었습니다.

질문 : 만약 당신에게 누군가 '아라한이 죽으면 어떻게 됩니까?' 라고 묻는다면 무엇이라고 답하겠습니까?
답변 : 물질은 무상합니다. 무상한 것은 괴로움이요 괴로움인 것은 소멸되었고 사라졌습니다…느낌은…인식은…상카라는…알음알이는 무상합니다. 무상한 것은 괴로움이요 괴로움인 것은 소멸되었고 사라졌습니다. 모든 무상한 것들은 진정으로 괴로움입니다. 아라한이라고 하 는 사람(실체)이 없으므로 아라한이라는 사람이 죽는 일과 같은 것은 없습니다. 죽은 후에 아라한은 단멸한다거나 혹은 단멸하지 않는다고 말할 수 없습니다. 오로지 진정한 괴로움인 무더기들은 소멸되었고 사라졌다 – 이렇게 답하겠습니다.

이때 사리뿟따는 '장하고 장합니다.'라고 그를 칭찬하였다.

핵심 의미

위의 질문과 답변을 한번 살펴보면 – 무더기(五蘊)들의 무상함을 보지 않는다면 존재, 자아가 있다는 견해(atta-diṭṭhi)를 갖게 된다. 자아가 있다고 믿으므로 아라한이란 존재가 죽으면 단멸한다고 하는 단견(斷

見)을 갖게 된다.

만약 무상(無常)을 식별하게 되면 괴로움(苦)임을 식별하게 된다. 괴로움을 식별하게 되면 무아라는 것을 식별하게 된다. 무아라는 것을 식별하게 되면 실체(존재)가 있다고 하는 견해가 사라진다. 만약 실체가 있다는 견해가 사라지면 실질적으로 아라한이라고 하는 사람은 없다는 것을 알게 된다. 사실적으로 아라한이라고 하는 사람이 없다는 것을 보게 된다면 죽은 후에 단멸한다고 하는 사견이 사라진다. 오로지 아라한이라고 하는 사람이 실재한다고 하여야 아라한이 단멸한다거나 단멸하지 않는다고 말할 수 있다. 사실적으로 현존하지 않는 데에도 아라한은 죽은 다음에 단멸한다고 한다면 이것은 단견이 된다. 만약 단멸하지 않는다고 한다면 이것은 항상하다고 하는 견해인 상견이 된다. 상견이란 하나의 실체(영혼)가 한 생을 살다가 계속해서 다음 생으로 이어져 간다고 하는 견해이다.

반면에 존재를 구성하는 다섯 무더기인 오온은 눈 한번 깜빡이는 사이에 백 번 이상 새로이 재생되어 변화해 간다. 그러므로 오온이란 사람들이 흔히 생각하는 사람 혹은 중생과 같이 변치 않는 것이 아니다. 그것들은 오로지 눈 한번 깜짝하는 사이에 백번 이상 사라져 가는 무상한 현상에 불과하다. 이러한 무더기들을 제외하고 다른 것들이 존재하지 않는다. 이러한 사라져가는 무더기들은 태어난 중생들에게 무수한 고통을 준다. 그렇게 많은 고통을 주는 것들을 '자아'라고 여겨서는 안 된다.

자아(atta)의 의미

오로지 취착하는 잘못된 마음이 있을 때 자아(atta, self)가 있다. 그릇된 취착의 마음이 없다면 자아도 없고, 사람도 없고, 그것을 생각하는 존재도 없다. 만약 사람도 없고 존재도 없다면 사람이 죽는다거나 사람이 산다거나 중생이 죽는다거나 중생이 산다와 같은 것은 있을 수 없다. 만약 죽음도 없고 삶도 없다면 죽은 후에 단멸도 없고 단멸 아님도 없다. 존재하지 않음에도 불구하고 현존한다고 생각한다면 상견이나 단견이 일어나게 된다. 이것은 도(道)와 과(果)의 대척점에 서 있다. 그런 견해를 유지한다면 도과는 말할 것도 없고 위빳사나 통찰지도 깨달을 수 없으며, 삼보(佛·法·僧)를 만났던 자라고도 할 수 없다.[이것이 야마까 경에 대한 나의 견해이다]

스승들의 견해

이 야마까 경에서처럼 인간인 아라한이 죽으면 단멸한다고 생각하는 사람들이 있다면 이것은 단견(斷見)이다. 단멸하지 않는다고 받아들일 때만이 단견(斷見)으로부터 벗어난다. 독자 여러분의 판단에 맡긴다.

나는 이미 빠알리 경과 아비담마에 나오는 구문과 함께 여러 사람들의 견해를 소개하였으니 여러분은 이제 나머지 빠알리 문헌들도 이해할 수 있을 것이다. 따라서 아라한의 무더기(오온)의 지멸(止滅)·가라앉음과 관련된 다른 경전이나 아비담마의 내용은 논하지 않겠다.

부처님의 빠알리 말씀을 선대의 주석가들과 복주서의 저자들은 대단히 광대하고 훌륭한 지식을 가지고 부처님의 말씀을 아름답게 주석하였다. 그러나 요즘 시대에 그 핵심 의미를 이해하려는 사람들은 깊이 있는 지식이 필요하다. 어떤 사람들은 그러한 주석서와 고대의 복주서에 대하여 다른 견해를 보인다. 후대에 편찬된 복주서와 후대의 복주서들을 볼 때에는 어느 것이 바른 것이고 어느 것이 잘못된 것인지 매우 깊이 있는 성찰이 필요하다. 부처님의 말씀인 빠알리 원음을 이미 폭넓게 공부한 사람만이 그리고 부처님이 하시고자 한 말씀이 무엇인지를 이해한 사람만이 고대의 주석서와 복주서의 핵심 의미를 이해할 수 있을 것이며 후대에 편찬된 복주서와 문헌들 가운데 어느 것이 맞는 것이고 어떤 것이 잘못된 것인지 판단할 수 있을 것이다.

그래서 이 열반의 해설(nibbānakathā)에서 다른 많은 주석서와 다른 버전의 복주서의 많은 내용들을 설명하지 않고 오로지 부처님의 말씀인 빠알리 원음과 아라한들의 말씀만을 취하여 열반의 성품을 명확하게 드러내고자 하였다. [이것으로 무더기 상응과 관련한 다른 견해들에 대한 설명을 마친다.]

5. 다른 버전의 견해들

이제 몇몇의 빠알리 주석서와 복주서 그리고 다른 버전에 대해서 설명하겠다. 아비담맛타 상가하의 복주서인 빠라맛타디빠니 띠까에

Yathāpaccayaṃ hi pavattimattameva
yadidaṃ sabhāvadhammo nāma.[Tikākyaw]
고유한 본성을 가진 법이란 오직 조건따라 일어나는 것일뿐.

sabbepi hi dhammā taṁ taṁ
kiriyāmattava honti, na tesu
dabbaṁ vā santhānaṁ vā
viggaho vā upalabbhati[paramattha dīpani tikā]
진실로 모든 그러한 법(궁극적 실재)들은 그러한 그러한
것들의 작용일 뿐이다.
그러한 것들에서 물질이나 형상이나
혹은 몸과 같은 것은 발견되지 않는다.

의미

거울에 비친 사람의 모습이나 얼굴을 우리는 진짜 사람 혹은 진짜 얼굴이라고 생각한다. 비록 모습이 거울에 나타났다고 하더라도 그것을 구성하는 아원자 입자 하나라도 얻을 수가 없다. 물에 비친 사람, 태양, 달, 구름, 나무를 보고 그것이 진짜라고 생각하지만 그것을 구성하는 물질을 아무리 얻으려 해보아도 심지어는 아원자 입자 하나도 얻을 수가 없다.

조건지어진 궁극적 실재(saṅkhata paramattha)

마찬가지로 궁극적 실재인 마음(citta)이란 단지 '아는 것'이다. 무한한 중생들의 마음을 아무리 모아본다 하여도 원자 입자 크기의 알갱이 하나라도 얻을 수가 없다. [52가지의 마음부수들도 이와 같다]

궁극적 본성을 가진 28가지의 물질들 가운데 땅의 요소도 역시 단지 딱딱함, 부드러움이라는 현상, 딱딱하고 부드러운 상태에 불과하다. 이러한 상태로부터 원자 입자 하나라도 얻을 수가 없다. 하지만 여러 물질들이 천만 개 이상 모인다면 소립자 등과 같은 것이 될 수도 있다. 나머지 물의 요소, 불과 바람의 요소 등도 이와 같이 이해하여야 한다. 비록 나머지 24개의 파생물질들이[237] 어떠한 식으로든 모인다고 하더라도 원자 만큼에 해당하는 소량의 물질도 얻을 수가 없다.

이와 같이 마음과 마음부수라는 정신들이 천만 개 이상 모인다고 하더라도 물질인 원자 하나도 얻을 수가 없다. 고유의 본성을 가지고 있는 지·수·화·풍이라는 물질의 사대 각각의 요소도 물질인 원자입자 하나

---

237) 24가지 파생물질: 색깔. 소리. 냄새. 맛. 영양소. 생명기능. 심장물질. 남성물질. 여성물질. 눈 반투명. 귀 반투명. 코 반투명. 혀 반투명. 몸 반투명. 허공. 몸의 암시. 말의암시. 가벼움. 부드러움. 적합함. 생성. 상속. 늙음. 무상이다. -역주-

라도 얻을 수가 없다. (여기서 원자란 벽에 뚫린 구멍 사이로 햇빛이 들어올 때 아주 작은 먼지 입자가 비산하는데 그 먼지 입자하나를 말한다.) 파생물질도 마찬가지이다.

열반(닙바나) : 지멸·적정, 지멸 그리고 고요함(적정)이란 다시 일어나는 부류의 것이 아니다. 이것은 단지 '되어가는 것, 일어남'의 지멸이고 가라앉음으로 단지 언제나 일어나던 마음과 마음부수 그리고 물질들의 '종식'이다. 열반은 언제나 일어나고 있는 마음이나 마음부수 그리고 물질보다는 백천만 배 이상 미세하다. 조건지어진 현상인 마음과 마음부수 그리고 물질이라는 궁극적 실재들은 '끊임없이 일어나고 있는 상태'라는 관점에서 두드러진다.

형성되지 않은 궁극적 실재(asaṅkhata paramattha)

닙바나는 형성되지 않은 궁극적 실재(asaṅkhata paramattha)로 조건지어진 궁극적 실재들(saṅkhata paramattha)의 일어남의 종식, 지멸·적정이다. 이 열반의 고유한 성품은 고요함이다. 만약 지멸·적정, 종식이 없다면 삼계(三界)에서 오염들의 지멸·적정은 없을 것이다. 그리고 오염들의 지멸·적정, 종식이 없다면 부처님도, 벽지불도, 아라한도, 성자(聖者)들도 없을 것이다.

형성된 궁극적 현상(saṅkhata paramattha krīya)

위에 언급한 모든 궁극적 실재들인 물질은 한 개의 원자도 갖고 있지 않다. 궁극적 실재들은 단순히 어떠한 상태 혹은 현상(krīya)이다. 그것들이 단순한 현상이라 할지라도 그러한 종류의 조건지어진 궁극적 실재의 현상이란 그러한 법들의 일어남이다.

형성되지 않은 궁극적 실재의 현상(asaṅkhata paramattha

krīya)

그러한 조건지어진 현상들의 지멸, 사라짐이 조건지어지지 않은 궁극적 실재(asaṅkhata paramattha)의 작용(kirīya)이다. 그러므로 만약 궁극적 실재들 가운데 조건지어지지 않은 궁극적 실재의 성품이 출중한 것인지 아닌지를 알고자 한다면 상시처럼 조건지어진 현상 가운데에서 찾아서는 아니되고 정말로 오염들의 지멸과 가라앉음이 있는지를 찾아내거나 정말로 존재를 구성하는 다섯 무더기들(오온)의 지멸과 가라앉음을 경험하여야 한다.

만약 이 삼계(三界)에 깨달은 분인 부처님이나 벽지불 혹은 성자(聖者)가 존재함을 믿고 있다면, 믿음을 가지고 오염들의 지멸, 오염들의 종식도 존재함을 이해하여야 한다. 그러나 이러한 이해는 체험으로 아는 것(paccakkha diṭṭha)이 아니고 추론에 의한 이해일 뿐이다. 가지고 있던 오염들의 소멸과 가라앉음을 이미 경험한 사람들은 체험을 통해 알 수 있다.(paccakkha diṭṭha)

어떤 사람들은 다음과 같이 주장한다. "지멸·적정이란 단지 오염들의 부재(不在, abhāva)일 뿐이다. 무더기(오온)의 지멸·적정이란 단지 무더기(오온)의 부재(不在, abhāva)일 뿐이다."라고 말한다. 존재하지 않음(不在, abhāva)이란 '없다'는 것이고 '완전한 공허, nothingness'일 뿐이다. 이것은 심오한 것이 아니다. 알기 어려운 것도 아니고, 보기 어려운 것도, 훌륭한 것도 아니다. 어떻게 '존재하지 않고(abhāva), 비어서 허한 것이고(tuccha), 어떠한 것도 존재하지 않은 것, 빈 것'이란 것이 있을 수가 있으며, 존재할 수 있단 말인가? 어떻게 그러한 것에 의지할 수 있으며, 피난처나 휴식처가 될 수 있단 말인가?" [이러한 비난에 관해서는 이미 앞에서 명확하게 설명한 바 있다.]

또한 몇몇 복주서의 저자들은 오염들의 지멸·적정, 무더기(蘊)의 지멸·적정은 열반(닙바나)이 아니라고 말한다. 그들의 "지멸·적정을 가져오는 특별한 종류의 자연적 요소가 있다. 오직 이 위대한 자연적 요소만이 진짜이고, 보기 어려운 것이고,… 등등의 무한 특성으로 가득 찬 진정한 대열반(mahānibbāna)이다. 지멸·적정이란 이 열반의 단순한 결과물일 뿐이다."

이러한 견해는 제2장에서 설명한 빠알리 문헌들의 내용과 일치하지 않는다. 오염들과 무더기들은 바로 괴로움의 덩어리이고 위험한 덩어리들일 뿐이다. 오염과 무더기(오온)가 괴로움이라면 그러한 오염과 무더기의 지멸·적정은 최고의 행복이지 않겠는가? 만약 마음속의 나쁜 탐욕 때문에 받게 될 고통이 얼마나 클지를 상상할 수 있다면 당신은 그 괴로움(탐욕)의 지멸·적정을 얻기 위하여 얼마나 큰 몸부림을 쳐야 하는지 상상할 수 있을 것이다. 성냄 때문에 겪게 될 괴로움의 결과를 상상해보라. 무명이라는 괴로움의 결과를 상상해보길 바란다. 사견이라는 괴로움의 결과를 상상해보라. 이렇게 1,500여 개의 오염들 때문에 겪게 되는 고통스러운 결과들을 하나하나 생각해 보라.

타오르는 불을 계속 유지시키는 불쏘시개처럼, 삼계의 모든 정신·물질(nāma·rūpa)들은 1,500여 가지의 오염들을 일으키는 연료에 불과하다. 예를 들어 치명적인 독성이 있는 주스는 오염들과 같다. 그 독을 만들어내는 큰 나무는 삼계(三界)의 중생들의 무더기(蘊)와 같다. 그 큰 나무가 독이 든 주스를 만들어내는 장소인 것처럼 삼계 중생들의 무더기들(五蘊)은 모든 종류의 위험에 처하게 만드는 오염들을 자라나게 하는 장소와 같다. 만약 세간의 81가지 마음(알음알이)들로 인한 괴로움이 얼마나 클지를 알 수 있다면 이러한 각각의 알음알이들로부터 벗어남, 모든 알음알이의 지멸·적정이 얼마나 큰 행복인지를 알게 될 것이다. [나

머지 정신·물질(nāma·rūpa)에 대해서도 이와 같이 알아야 한다.]

존재(存在, bhāva), **부재**(不在, abhāva)

조건지어진 현상(saṅkhata)의 나타남이 존재(bhāva, 有)이다. 반면에 나타남-없음이나 존재하지 않음(不在)이 부재(不在, abhāva)이다. 1,500여 가지 오염들의 나타남은 '존재의 입장(bhāvaka)에서'는 괴로운 상태이다. (이런 상태의) '존재-없음', '나타남 없음', '부재(不在)'는 기쁨이고 축복이며 지복(至福)이다. 그러한 고통과 위험이라는 적들 그리고 재앙으로부터 벗어난 '존재 없음'(不在, abhāva)은 최고의 행복(至福)이다.

단순한 존재

오염들과 무더기들의 부재(不在)라는 관점에서 존재하지않음(abhāva)을, 조건지어지지 아니한 궁극적 법(asaṅkhatta paramatta dhammā)들은 분명히 있다(bhāva)는 관점에서 존재(bhāva)를 말한다. 삼계(三界)에 만약 그 '존재(bhāva)'가 없었더라면 부처님과 벽지불 그리고 성자(聖者)들도 없었을 것이다. 인간의 행복, 천신의 행복 그리고 범천들의 행복에는 오염과 늙음, 죽음과 악처에 떨어지는 등의 위험이 뒤따른다. 인간의 행복은 곧바로 사라져서 머물지 않기 마련이며 결국은 악처인 지옥에 떨어지는 고통을 감수해야만 한다.

마찬가지로 천신이나 범천의 행복도 곧바로 사라져 존재하지 않게 되고 악처인 지옥에 떨어지는 고통을 맛보아야 한다. 이러한 조건지어진 삼계(三界)의 행복을 일컬어 '존재의 행복(bhāvasukha)'이라 부른다. 이러한 행복은 마치 무상한 마술쇼와도 같아서 곧 사라져서는 존재하지 않게 된다.

6. 완전한 행복 진정한 존재(real bhāva)

오직 고요함(santibhāva)만이 영원하며, 진정한 존재(bhāva)이다. 고요함이 변해서 지멸·적정이 사라져 존재하지 않게 되는 일은 없다. 오염의 괴로움이 다시 일어나거나 무더기(五蘊)의 괴로움이 다시 일어나는 일은 없다. 제2장에서 많은 경전들이 말하는 것처럼 오염들과 무더기들의 지멸이 곧 열반이다. 열반·적정보다 좋은 것은 없다. 열반보다 좋은 것을 부지런히 찾아본다 하여도 결국은 괴로움의 지멸·적정(anamatagga vaṭṭadukkha)인 고요한 행복(santi sukha)을 능가하는 것을 찾을 수는 없을 것이다.

괴로움(dukkha)의 지멸·적정보다도 좋은 다른 고요한 행복(santi sukha, sītala sukha)이란 없다. 작은 수두가 온몸에 퍼져 고통을 겪고 있는 환자는 그 질병이 사라지면 그 병으로부터 자유로워진다. 그러한 환자에게 위안이란 그 병의 지멸과 가라앉음뿐이다. 이것 말고 다른 위안은 없다. 괴로움으로부터 고통을 받고 있는 사람들을 구해주는 진정한 담마는 오직 그 질병들의 지멸과 가라앉음뿐이다. 이것 말고는 그들을 구원하는 다른 담마(법)는 없다. 그러므로 그들에게 진정한 위안이란 오로지 그 질병의 지멸과 가라앉음뿐이다. 다른 위안은 없다.

괴로움의 위험으로부터 벗어날 수 있는 담마는 오직 그 질병의 지멸과 가라앉음뿐이다. 그러므로 그들에게 피난처가 되고, 의지처가 되며 가서 쉴 수 있고 의지할 수 있는 것은 오로지 그 질병의 지멸과 가라앉음뿐이다. 질병으로 고통받고 있는 환자에게 그러한 질병의 지멸과 가라앉음, 존재하지 않음(abhāva)은 위안이 되고(nātho), 믿고 맡길 수 있고(patittho), 피난처(tānaṁ)가 되고, 머물 수 있는 곳(gati), 의지할 수 있는(parāyaṁ) 큰 섬(dīpaṁ)과 같다.

1) 부재(不在, abhāva)만이 유일한 위안

부처님은 물질(rūpa)과 정신(nāma)의 무더기인 "오온(五蘊)은 무상한 것(aniccato)이고, 괴로움이고(dukkhato), 병이고(ragato), 종기이고(gaṇḍato), 화살이고(sallato), 재앙(ābādhato)이라고 하셨다." 질병과 질환 그리고 무더기(五蘊)들의 뜨거운 위험으로부터 고통 받고 있는 사람들은 그러한 오염・무더기들의 지멸과 가라앉음, 비존재(abhāva)는 정말로 서 있을 곳, 머물 만한 곳, 의지처, 피난처, 의존할 만한 법(담마)이다. 이것이 고요함을 성품으로 하는 열반이며, 오염과 위험한 무더기들로 인한 괴로움의 지멸·적정, 그것들의 존재하지 않음(abhāva)인 궁극적 실재, 열반이다. 이 열반은 유일(ekayabhāva)한 것이며, 항상하는 것(niccabhāva)이고, 흔들리지 않는 것(duvabhāva)이며, 영원하고(thāvarabhāva), 참된(saccabhāva) 것이다. 이것이 나의 견해이다.

마니디빠(manidipa)의 저자는 무더기의 반열반을 얻기 전에는 무더기라는 괴로움이 아라한에게 분명하게 나타나므로, 아직 열반을 증득했다고 말할 수 없다고 주장한다. 그리고 무더기가 남김이 없이 지멸된 후에도 열반을 증득하였다고 말할 수 없다는 것이다. '열반의 증득'이라는 말은 머릿속 지식에 불과하다는 것이다. 그는 머릿속에서 맴도는 생각에 불과하지 다른 실제적 증득은 없다고 주장한다. 이러한 주장은 적절하지 않다. 무더기의 반열반을 증득하기 전에도 아라한은 언제나 일어나던 오염들의 지멸·가라앉음을 분명하게 체험한다.(kāyasacchikiriya kicca) 그리고 무더기의 반열반에 들 때에는 무더기들은 틀림없이 반열반한다. 이렇게 알아야 한다. 이미 앞에서 여러 번 설명하였다. 밀린다빵하(밀린다 왕문 경)에는 열반에 관한 일곱 가지 토론이 나온다. 마지막 토론을 살펴보자.

질문 : "열반이 존재하기 위한 장소가 있습니까?"라고 밀린다

왕이 묻자

답변 : "열반이 존재하기 위한 장소는 없습니다."라고 나가세나 존자가 답한다.

질문 : "존재하기 위한 장소가 없다면 열반은 없습니다. '열반에 들어간다.'라는 말도 잘못된 것입니다."라고 밀린다 왕이 말하자

답변 : "존재하는 장소가 없다고 하여도 열반은 있습니다. '열반에 든다.'라는 말도 맞습니다."라고 나가세나는 답한다.

예를 들어 보자. 두 개의 마른장작을 문지르면 불이 붙는다. 그 불이 피어나기 전에 그 불이 존재하던 장소는 없었다. 전륜성왕이 되기 위하여 노력 중인 사람에게 전륜성왕의 보배 바퀴인 윤보(輪寶)가 나타난다.[238] 그 윤보(輪寶)가 나타나기 전까지 그 윤보가 대기하며 존재하던 장소는 없었다. 이와 같이 존재하는 장소는 없지만 닙바나(열반)는 존재한다. 위빳사나를 통해 통찰지를 닦아 나가면 정말로 열반에 들 수 있다. 그래서 나가세나 존자는 그렇게 답한 것이다.

위에서 언급한 전륜성왕 앞에 나타난 윤보와 같이, 불을 피우기 위하여 나무를 비비는 예시와 같이 닙바나도 아라한이 반열반에 들기 전까지는 결코 존재하지 않는다. 아라한은 숨이 넘어간 바로 다음 순간에 반열반에 든다. 반면에 오직 불의 비유와 전륜성왕의 윤보 이야기가 나오는 밀린다왕문 경은 불과 윤보의 나타남만을 언급하였지 열반의 나타남에 대한 언급은 없었다. 다만 열반의 증득과 관련된 내용에는 다음과 같은 것이 있다. 'sammā paṭipañño nibbānaṁ sacchikaroti(바르게 지혜를 닦

238) 전륜성왕이 바르게 통치를 시작하여 다른 나라를 정복코자 할 때에는 허공에 보배 바퀴가 나타나 회전을 한다. 회전을 하면 하나의 대륙에서 다른 대륙을 정복해나가는 마법의 힘을 가졌다. -역주-

으면 열반을 증득한다)' 그러므로 밀린다 왕문 경에서 말하고자 하는 것은 열반(닙바나)이 있는 곳도, 존재하는 장소도 없지만 열반은 확실히 존재한다는 것이다. 만약 법을 잘 닦을 수 있다면 틀림없이 열반을 증득할 것이다. 이렇게 이해하여야 한다.

이 열반을 이야기할 때에는 깨달음을 통해 열반을 이미 증득하신 성스러운 분들의 말씀만이 기준(pamāna)이 되어야 한다. 아직 열반을 보지 못한 사람은, 비록 어떤 책의 저자가 하는 말이라도 안심할 수는 없다. 하지만 열반에 대하여 잘못 이야기하는 것에 대하여 너무 두려워 말라. 오히려 37조도품(bodhipakkhiya)에 대한 오해가 더 두려운 일이다. 깨달음으로 이르는 37조도품을 닦지는 않고 열반을 머리로만 바르게 이해한다 하여도 이러한 사람들은 아직은 열반으로부터 멀리 떨어져 있다는 사실을 알아야 한다.

예시

큰 뗏목에 손과 발이 묶인 채로 한 순간의 멈춤도 없이 강물에 떠내려간다면 그들은 마침내 바다에 도달할 것이다. 비록 뗏목 위에서 고원지대에 대하여 바른 말과 이해를 하고 있다고 하여도 그들은 그 고원지대와는 점점 더 멀리 멀어지고 있을 뿐이다. 마찬가지로 37조도품을 닦지 않고 음식이나 옷, 앉고 눕는 거주처, 집, 왕궁, 수영장, 호수, 시원한 곳과 같은 즐기고 싶은 감각적 욕망의 대상들에 묶여서 매일 매일 무명 속에서 때로는 선행을 하고 때로는 악을 행하므로 매일 매일 삼계의 바다 사악처로 향하는 흐름에 밀려 떠밀려 가고 있다. 비록 때로는 열반에 대한 이야기를 한다 하여도 그 열반과는 점점 더 멀어지고 있는 것이다.

만약 37조도품을 바르게 이해하고 몸에 익은 무명을 떼어내기 위하여 바르게 직접 수행을 하고, 괴로움의 세계인 사악처의 씨앗, 돌고 도는

(vaṭṭa) 씨앗, 괴로움의 씨앗, 다시 태어나는 씨앗, 윤회의 씨앗을 뿌리지 않고, 매일 매일 새로운 것이거나 오래된 것이거나, 유익하거나 불선한 업을 물리치기 위하여 윤회하지 않는 법(vivaṭṭa dhamma), 고지(高地)인 열반, 칠청정을 향하여 흐름을 거슬러 노를 저어가듯 체계적으로 수행해가는 사람들은 지금은 비록 열반을 잘못 이해하며 말한다고 하여도 마침내는 열반을 정말로 증득하게 될 것이다. 거대한 윤회의 폭류를 벗어나 저 언덕에 도달하는 방법도 있고 폭류에 휩쓸려 가는 방법도 있다. 하지만 거대한 폭류에 휩쓸리게 되면 의지할 언덕이 없다.

2) 여섯 가지 폭류(ogha)[239)]

내 몸의 눈은 끝도 없는 윤회에 휩쓸려 가게 만드는 폭류의 하나이다. 귀, 코, 혀, 몸 그리고 마노도 역시 끝이 없는 윤회를 계속하게 만드는 폭류이다. 이렇게 내 안에 있는 6개의 감각토대(ajjhattikāyatana)가 끝없는 육도윤회(六度輪回)로 휩쓸리게 만드는 폭류를 일으킨다. 이 6가지 폭류 가운데 이 눈은 윤회 속에서 그 시작이 언제인지 그 기원을 알 수가 없다. 그 깊이는 대무간지옥 만큼이나 깊다. 넓이는 우주의 동·서·남·북으로 무한하게 확장할 수 있다. 이 눈을 '나의 눈, 내가 본다, 내 몸'이라고 생각하고 취착하는 것이 눈을 원인으로 하는 윤회로의 대폭류(saṁsaramahāogha)이다. 대폭류란 눈으로 보이는 대상을 즐기고 취착하는 것이며 기댈 언덕도 없는 거대한 폭류에 휩쓸려 가는 것이다. 이러한 무수한 중생들은 눈 때문에 끝도 없이 다시 태어나야만 하는 윤회의

---

239) 아비담마에서 오염들을 보다 명확히 전달하기 위하여 오염들을 여러 가지 범주로 다시 분류한다. 그 가운데 폭류의 범주는 감각적 욕망의 폭류, 다시 태어나고픈 욕망의 폭류, 사견이라는 폭류, 무명의 폭류가 있다. 이러한 오염들을 일으키는 곳은 바로 다름 아닌 본문의 내용과 같이 안의 6가지 감각토대를 지키지 아니하면 거대한 폭류에 나의 의지와는 무관하게 휩쓸려 가게 된다. 그래서 폭류이다. 그런데 여기서는 폭류의 내용인 4가지에 초점을 맞춘 것이 아니고 폭류를 일으키는 원인에 대하여 이야기하고 있다.-세부 내용은 쩨따시까, 정명 역, 푸른향기. pp.323~325참조.-역주-

폭류에 빠져서 지금까지 거대한 폭류에 휩쓸려 내려가고 있는 것이다.

지금 이 순간도 '내 눈, 내가 본다, 내 몸'이라고 생각하며 눈에 취착하고 있다. 이러한 취착의 사라짐과 지멸이 눈이라는 거대한 폭류 저 편에 있는 언덕(彼岸)이다. 눈이라는 바다에 빠져 떠내려가던 사람이 자신의 눈에 대한 취착에서 벗어난다면 눈이라는 거대한 폭류를 넘어 저 건너 언덕(피안의 세계)에 도달하게 될 것이다. 당신은 감각적 욕망을 포기하고 눈으로 보이는 대상에 대한 취착에서 벗어나기 위하여 그리고 눈에 대한 취착을 끊어버리기 위하여 당신의 눈을 가리고 있는 캄캄한 무명의 장막을 걷어 내야 한다. 눈으로 인한 윤회의 폭류 저편에 있는 열반을 향하여 폭류를 거스르는 노를 저어야만 한다. [이것으로 존재(bhāva), 비존재(abhāva)에 대한 설명을 마친다.]

수행[Payogasampatti]

눈과 관련된 무명을 척파하기 위해서는 무상한 것으로, 괴로움으로, 질병으로, 종기로… 등으로 명상한다. 40가지 방법(40To)을 통해 위험을 물리쳐야 한다.240) 이 방법을 통해 눈으로 인식되는 것들에 대한 무상의 지혜(aniccavijjāñāṇa), 괴로움의 지혜(dukkhavijjāñāṇa), 실체가 없

240) 오온은 무상하고 괴로움이며 무아로 명상을 굳건히 하기 위하여 세존께서는 40가지 방법(40To)으로 올바름과 확실함에 들도록 하셨다. 즉 오온을 무상으로 10가지 = 무상으로, 붕괴하는 것으로, 떨리는 것으로, 무너지기 쉬운 것으로, 지속되지 않는 것으로, 변화하기 마련인 것으로, 고갱이도 없는 것으로, 단멸하기 쉬운 것으로, 죽기마련인 것으로, 형성된 것으로 명상한다. 괴로움으로 25가지 = 괴로움으로, 병으로, 재앙으로, 종기로, 화살로, 질병으로, 재난으로, 두려움으로, 전염병으로, 협박으로, 보호가 없는 것으로, 피난처가 없는 것으로, 귀의처가 없는 것으로, 살인자로, 재난의 뿌리로, 위험한 것으로, 번뇌에 물들기 쉬운 것으로, 마라의 미끼로, 태어나기 마련인 법으로, 늙기 마련인 법으로, 병들기 마련인 법으로, 근심하기 마련인 법으로, 탄식하기 마련인 법으로, 절망하기 마련인 법으로, 오염되기 마련인 법으로. 무아를 명상하는 5가지 방법 = 무아로, 타인으로, 빈 것으로, 허한 것으로, 공한 것으로 명상한다. -역주-

다는 무아(無我)의 지혜(anattavijjāñāṇa)를 얻게 된다.[241)]

예를 들면, 눈에 난 종기 때문에 작은 구더기들이 꾸물거리고 있다. 그러나 눈이 좋지 않은 사람은 그것을 자신의 살이라고 오해를 한다. 그는 그것이 부풀어 오르자 근육이 생긴 것이라고 기뻐한다. 구더기들이 살을 갉아 먹어 가려운 것을 근육이 생기는 과정으로 오해를 한다. 그런데 현미경을 가져다 대자 드디어 작은 구더기들이 보인다. 바로 그 순간 심장이 두근거리고 속이 메스꺼워졌다. 잠을 잘 수도 없고 먹지도 못하게 된다. 구더기들을 없애지 않으면 피부는 물론 안의 조직까지도 갉아 먹어 결국에는 자신의 간과 심장 그리고 내장까지도 갉아먹을 것이라는 두려움이 생겼다. 이 예시에서 뜻하는 것은 다음과 같다.

- 종기는 이 몸이다.
- 아주 작은 구더기들은 눈의 토대이다.
- 병든 눈은 바로 범부들의 마음의 눈이다.
- 시력이 나쁜 것은 무명(無明)이다.
- 현미경의 발명자는 40가지 명상법(관찰법)을 설하신 사리뿟따 대장로이다.
- 현미경은 무상이라고 아는 지혜(aniccavijjāñāṇa), 괴로움임을 아는 지혜(dukkhavijjāñāṇa), 무아임을 아는 지혜(anattavijjāñāṇa)와 같다.
- 구더기를 자신의 살과 피라고 생각하는 것은 눈(眼)을 자기 몸의 일부인 '나의 눈'이라고 생각하고 취착하는 것이다. 눈으로 보이는 형상들을 보고는 '내가 본다.'라고 생각하며 취착하는 것이다. 심지어는 눈을 살아있는 자아(attajiva) 혹은 생명(life)이라고 생각하는 것과 같다.
- 현미경을 통해 그것은 자신의 피부가 아니고 그것은 목숨까지도 위

241) 세부내용은 청정도론 제3권, 40가지 관찰, pp.226~231. 초기불전연구원, 대림 스님 옮김, 참조할 것-역주-

협할 수 있는 구더기들임을 보는 것은 눈의 요소들이란 일어나자마자 사라지는 것을 보는 것과 같다. 즉 깨달음에 이르게 하는 37조도품을 닦아서 눈의 요소란 단지 무상하다고 아는 지혜(aniccavijjāñāṇa), 괴로움이라고 아는 지혜(dukkhavijjāñāṇa) 그리고 무아임을 아는 지혜(anattavijjāñāṇa)로 보는 것이다.

– 그것들이 구더기들임을 보는 순간, 크고 작은 여러 가지 근심과 걱정으로 두려워하는 것은 눈에 대한 40가지 명상을 통해 얻게 되는 통찰지이다.

구더기들의 움직임을 눈으로 분명하게 보아야지 그것들이 자기 피부가 아니고 구더기들이라는 사실을 알게 된다. 바로 그렇게 두 눈이란 오로지 생멸의 지혜(udayabaya ñāṇa)로써 알고 볼 때만이 그것은 단지 눈의 요소이며, 사람도 아니고 존재도 아니며, 나도 아니고 오로지 괴로움의 무더기에 불과하다는 것이 드러난다.

이 이야기는 '현미경을 통해 무상이라는 지혜, 괴로움이라는 지혜, 무아라는 지혜를 보지 못한, 즉 범부들은, 다시 말하면 눈으로 인한 윤회의 폭류를 거슬러 올라 피안의 세계로 가기 위한 노를 젓는 수행을 하지 않은 범부들은 지금도 거대한 폭류에 휩쓸려 떠내려가고 있다.'는 것이 핵심이다. 귀로 인한 윤회의 대폭류, 코로 인한 윤회의 대폭류, 혀로 인한 윤회의 대폭류, 몸으로 인한 윤회의 대폭류, 마노(마음)로 인한 윤회의 대폭류들도 역시 끝을 알 수 없고, 깊이가 얼마나 되는지도 알 수가 없다. 이것들도 모두 앞에서 설명한 눈의 폭류처럼 알아야 한다. 특히

– 귀를 '나의 귀'라고 집착한다. 어떤 소리가 들리면 '내가 그 소리를 듣는다. 듣는 이것이 자아이다. 듣는 이것이 주인(살아있는 영혼)이다.'라고 생각하는 것이 귀로 인한 윤회의 폭류(saṁsārā mahāogha)에 떠내려가는 것이다. 이러한 집착의 끊음, 지멸・가라앉음이 귀로 인한 윤회

의 큰 바다(saṁsārā mahāmuddrā) 저편에 있는 피안(彼岸)이다.

– 코를 '나의 코'라고 집착한다. 어떤 냄새를 맡으면 '내가 그 냄새를 맡는다. 맡고 있는 것이 나의 자아이다. 이 냄새를 맡는 것이 주인(살아있는 영혼)이다.'라고 생각하는 것이 코로 인한 윤회의 폭류(saṁsārā mahāogha)에 떠내려가는 것이다. 이러한 집착하는 것의 끊음, 지멸·가라앉음이 코로 인한 윤회라는 큰 바다(saṁsārā mahāmuddrā) 건너에 있는 저 언덕(彼岸)이다.

– 혀를 '나의 혀'라고 집착한다. 어떤 맛을 보면 '내가 맛을 본다. 맛보는 것이 나의 자아이다. (살아있는 영혼)주인이 맛을 본다.'라고 생각하는 것이 혀로 인한 윤회의 폭류(saṁsārā mahāogha)에 떠내려가는 것이다. 이러한 집착하는 것의 끊음, 지멸·가라앉음이 혀로 인한 윤회라는 큰 바다(saṁsārā mahāmuddrā) 건너편에 있는 저 언덕(彼岸)이다.

– 몸을 '나의 몸'라고 집착한다. 어떤 감촉을 느끼면 '내가 느낀다. 느끼는 것이 나의 자아이다. (살아있는 영혼)주인이 느낀다.'라고 생각하는 것이 몸으로 인한 윤회의 폭류(saṁsārā mahāogha)에 떠내려가는 것이다. 이러한 집착하는 것의 끊음, 지멸·가라앉음이 몸으로 인한 윤회라는 큰 바다(saṁsārā mahāmuddrā) 건너에 있는 저 언덕(彼岸)이다.

– 어떤 것을 생각하고 알 때마다 '나의 마음'이라고 집착한다. '내가 생각한다. 내가 안다, 알고 생각하는 이 마음이 나의 자아이다. (살아있는 영혼)주인이 알고 생각한다.'라고 생각하는 것이 마음으로 인한 윤회의 폭류(saṁsārā mahāogha)에 빠져 떠내려가는 것이다. 이러한 집착하는 것의 끊음, 지멸·가라앉음이 마음(마노)으로 인한 윤회의 큰 바다(saṁsārā mahāmuddrā) 저편에 있는 저 언덕(彼岸)이다.

우리는 윤회의 소용돌이에 휩쓸리면 안 된다. 윤회의 소용돌이 너머에 있는 열반을 증득해야 한다. 그러기 위해서는 소용돌이에 어떻게 빠지고, 어떻게 소용돌이치는 바다 건너편에 있는 언덕인 피안의 세계에 다다를

수 있는지 알아야 한다. [나머지 사항들은 눈에 대한 설명에서 이미 하였으니 참조하기 바란다]

다음은 상응부 육처상응 바다경(S35:229)에 나오는 부처님 말씀이다.

> 비구들이여, 배우지 못한 범부는 '바다, 바다'라고 말한다. 비구들이여, 그러나 성자의 율(律)에서 이 바다라는 것은 그렇지 않다. 그것은 단지 많은 물의 적집이요 많은 물의 폭류일 뿐이다.[242]

> 비구들이여, 인간에게 눈은 바다요[243] 그것의 흐름은 형색으로 이루어져 있다.[244] 비구들이여, 이러한 형색으로 이루어진 흐름을 견디는 것을 두고 파도와 소용돌이와 상어와 도깨비가 있는 눈의 바다를 건넜다고 말한다.[245] [참된] 바라문은 이것을 건

---

242) Samuddo, samuddo'ti, bhikkhave, assutavā puthujjano bhāsati. Neso, bhikkhave, ariyassa vinaye samuddo. Mahā eso, bhikkhave, udakarāsi mahāudakaṇṇavo.

243) '인간에게 눈은 바다이다'라는 것은 채우기 힘들다는 뜻과 잠긴다는 뜻에서 눈이 바다라는 말이다. ① 땅으로부터 색구경천의 범천의 세상에 이르는 푸른 색 등의 대상이 눈에 흘러들어가도 그것을 가득 찬 상태로 만들 수가 없다. 그래서 채우기 힘들다는 뜻에서 바다이다. ② 눈은 단속되지 않으면 [대상으로] 흘러 내려가나니, 오염을 일으키는 원인이 되게끔 결점을 가지고 [대상에 흘러들어] 가서는 푸른 색 등의 이런 저런 대상들에 잠긴다. 그래서 잠긴다는 뜻에서 바다이다.(SA.iii.2) -역주-

244) '그것의 흐름은 형색으로 이루어져 있다.'는 것은 마치 바다가 잴 수 없는 많은 물결로 된 흐름을 가지고 있듯이, 눈이라는 바다도 그것에 흘러드는 푸른 색 등으로 분류되는 대상을 통해서 헤아릴 수 없이 많은 형색으로 된 흐름을 가지고 있다고 알아야 한다.(SA.iii.2) -역주-

245) 소부의 여시어(It.114)에 의하면 '파도'는 분노(kodha)와 절망(upāyāsa)을, '소용돌이'는 다섯 가닥의 감각적 욕망을, '상어와 악령(도깨비)'은 여인들을 뜻한다고 나타난다. 비슷한 설명이 중부 짜뚜마 경(M67/i.460~462)에도 나타난다.-역주-

너 저 언덕에 도달하여 땅 위에 서 있다.246)

비구들이여, 인간에게 귀는 바다요 그것의 흐름은 소리로 이루어져 있다. 비구들이여, 이러한 소리로 이루어진 흐름을 견디는 것을 두고 파도와 소용돌이와 상어와 도깨비가 있는 귀의 바다를 건넜다고 말한다. [참된] 바라문은 이것을 건너 저 언덕에 도달하여 땅 위에 서 있다.247)

비구들이여, 인간에게 코는 바다요 그것의 흐름은 냄새로 이루어져 있다. 비구들이여, 이러한 냄새로 이루어진 흐름을 견디는 것을248) 두고 파도와 소용돌이와 상어와 도깨비가 있는 코의 바다를 건넜다고 말한다. [참된] 바라문은 이것을 건너 저 언덕에 도달하여 땅 위에 서 있다.249)

비구들이여, 인간에게 혀는 바다요 그것의 흐름은 맛으로 이루어져 있다. 비구들이여, 이러한 맛으로 이루어진 흐름을 견디는

---

246) Cakkhu, bhikkhave, purisassa samuddo; tassa rūpamayo vego. Yo taṁ rūpamayaṁ vegaṁ sahati, ayaṁ vuccati, bhikkhave, atari cakkhusamuddaṁ saūmiṁ sāvaṭṭaṁ sagāhaṁ sarakkhasaṁ; tiṇṇo pāraṅgato thale tiṭṭhati brāhmaṇo

247) sotaṁ, bhikkhave, purisassa samuddo; tassa saddamayo vego. Yo taṁ saddamayaṁ vegaṁ sahati, ayaṁ vuccati, bhikkhave, atari sotasamuddaṁ saūmiṁ sāvaṭṭaṁ sagāhaṁ sarakkhasaṁ; tiṇṇo pāraṅgato thale tiṭṭhati brāhmaṇo

248) '냄새로 이루어진 흐름을 견딘다.'는 것은 코의 바다에 흘러들어온 냄새의 흐름 가운데서, 마음에 드는 냄새에 대해서는 탐욕, 마음에 들지 않는 것에 대해서는 성냄, 관심이 없는 것에 대해서는 어리석음이라는 이러한 탐욕 등의 오염원들을 일어나게 하지 않고 평온한 상태로 견딘다는 말이다.(SA.iii.2~3) -역주-

249) ghānaṁ, bhikkhave, purisassa samuddo; tassa gandhamayo vego. Yo taṁ gandhamayaṁ vegaṁ sahati, ayaṁ vuccati, bhikkhave, atari ghānasamuddaṁ saūmiṁ sāvaṭṭaṁ sagāhaṁ sarakkhasaṁ; tiṇṇo pāraṅgato thale tiṭṭhati brāhmaṇo

것을 두고 파도와 소용돌이와 상어와 도깨비가 있는 혀의 바다를 건넜다고 말한다. [참된] 바라문은 이것을 건너 저 언덕에 도달하여 땅 위에 서 있다.250)

비구들이여, 인간에게 몸은 바다요 그것의 흐름은 감촉으로 이루어져 있다. 비구들이여, 이러한 감촉으로 이루어진 흐름을 견디는 것을 두고 파도와 소용돌이와 상어와 도깨비가 있는 몸의 바다를 건넜다고 말한다. [참된] 바라문은 이것을 건너 저 언덕에 도달하여 땅 위에 서 있다.251)

비구들이여, 인간에게 마음은 바다요 그것의 흐름은 법으로 이루어져 있다. 비구들이여, 이러한 법으로 이루어진 흐름을 견디는 것을 두고 파도와 소용돌이와 상어와 도깨비가 있는 마음의 바다를 건넜다고 말한다. [참된] 바라문은 이것을 건너 저 언덕에 도달하여 땅 위에 서 있다.252)

의미

세상의 거대한 물을 대양(samuddra)이라고 한다. 이 대양은 폭이 8만

---

250) juvhā, bhikkhave, purisassa samuddo; tassa rasamayo vego. Yo taṁ rasamayaṁ vegaṁ sahati, ayaṁ vuccati, bhikkhave, atari jivhāsamuddaṁ saūmiṁ sāvaṭṭaṁ sagāhaṁ sarakkhasaṁ; tiṇṇo pāraṅgato thale tiṭṭhati brāhmaṇo

251) kāyo, bhikkhave, purisassa samuddo; tassa photthabbamayo vego. Yo taṁ photthabba mayaṁ vegaṁ sahati, ayaṁ vuccati, bhikkhave, atari kāyasamuddaṁ saūmiṁ sāvaṭṭaṁ sagāhaṁ sarakkhasaṁ; tiṇṇo pāraṅgato thale tiṭṭhati brāhmaṇo

252) mano, bhikkhave, purisassa samuddo; tassa dhammamayo vego. Yo ta dhamma mayaṁ vegaṁ sahati, ayaṁ vuccati, bhikkhave, atari manosamuddaṁ saūmiṁ sāvaṭṭaṁ sagāhaṁ sarakkhasaṁ; tiṇṇo pāraṅgato thale tiṭṭhati brāhmaṇo

4천 요자나이고 깊이도 역시 8만4천 요자나이다. 길이는 우주(cakkavāḷa, 鐵圍山)의 둘레와도 같다. 반면에 눈(眼)의 깊이는 아래로는 대무간지옥으로부터 위로는 범천의 세계인 색구경천(色究竟天, akaniṭṭhā)에 이른다. 좌우의 폭은 무한한 우주(cakkavāḷa)에 이르며 길이는 시작과 끝을 알 수 없는 윤회의 길이와 같다.

분노와 적의(kodha, upanāha)이라는 거친 파도. 물질(형색)에 대한 거대한 감각적 욕망의 소용돌이 ; 네 가지 취착이라는 상어(gāha) ; 늙음과 죽음의 괴로움 – 이와 같은 위험들이 눈이라고 하는 대양(大洋)에 존재한다. 눈을 '나의 눈'이라고 취착하는 한 눈의 바다에 빠져 다시 태어나는 윤회에서 벗어나지 못한다. 눈에 대한 취착이 끊어지면 우리는 눈의 바다를 건너 피안의 세계인 열반의 땅에 다다른다. [귀의 바다 등도 이와 같이 알아야 한다]

cakkhu loke piyarūpaṁ sātarūpaṁ, etthesā pahiyamānā pahiyati, nirujjhamānā nirujjhati…[253]로 시작되는 위방가(분별론)의 빠알리대로 자신의 눈에 대한 감각적 욕망과 취착을 끊어버리는 것이 눈에서 얻는 열반이다.

'내부의 감각기관인 귀, 코, 혀, 몸에 대한 감각적 욕망의 취착을 끊음이 곧 귀, 코, 혀, 몸에서 얻어지는 열반이다.' '마음에 대한 감각적 욕망의 취착을 끊음이 곧 마음에서 얻어지는 열반이다.' 부처님은 위 문장의 뜻을 증지부 로히땃사경(A4:45)에서 다음과 같이 설하셨다.

imasmiṁyeva byāmamatte kaḷevare sasaññimhi samanake

253) 눈은 세상에서 즐겁고 기분 좋은 것이다. 여기서 갈애는 버리면 버려지고, 소멸시키면 소멸된다.–역주–

lokañca paññāpemi lokasamudayañca lokanirodhañca lokanirodhagāminiñca paṭipada''nti
나는 인식과 마음을 더불은 이 한 길 몸뚱이 안에서 세상(苦)과[254] 세상의 일어남(集)과 세상의 소멸(滅)과 세상의 소멸로 인도하는 도닦음(道)을 천명하노라.[255]

의미

이 경의 의미는 다음과 같다. '괴로움이라는 진리(苦諦)를 나는 바로 이 몸에서 천명한다. 괴로움의 일어남이라는 진리(集諦)를 나는 이 몸에서 천명한다. 괴로움의 소멸이라는 진리(滅諦)를 나는 이 몸에서 천명한

---

254) 세상(loka)이란 형성된 세상(saṅkhāra-loka), 즉 오취온(五取蘊)을 말씀하신 것이다.(AA.iii.87)
이러한 형성된 세상의 끝이란 그 다음의 진리인 집성제, 멸성제, 도성제를 밝히기 위해서이다. 형성된 세상의 끝이 참으로 열반이기 때문이다.(AAT.ii.275) 한편 주석서들은 "눈에 보이는 세상(okāsa-loka), 중생세상(satta-loka), 형성된 세상의 세 가지 세상이 있다."(DA.i.173)고 설명한다. 보이는 세상은 보통 우리가 말하는 세상으로 눈에 보이는 이 물질적인 세상 즉 중국에서 기세간(器世間)으로 이해한 것을 말한다. 상응부에서 '비구들이여, 나는 세상과 다투지 않는다. 세상이 나와 다툴 뿐이다.'(S22/iii.138)라고 하신 세상은 바로 중생으로서의 세상을 뜻한다. 중국에서는 중생세간(重生世間)으로 정착이 되었다. 모든 형성된 것을 형성된 세상이라 한다. 물론 형성된 세상은 모든 유위법(有爲法)을 뜻하며 오취온으로 정리된다. 그리고 오취온은 고성제의 내용이기도 하다. 이 로히땃사경에 로히땃사는 기세간으로서의 세상의 끝에 도달한 것을 말하고, 세존께서는 복주서의 설명처럼 형성된 세상으로 승화시켜서(고성제) 이를 바탕으로 집성제와 멸성제와 도성제를 드러내시고, 그래서 형성된 세상의 끝인 열반을 드러내고 계신다. 앙굿따라니까야 제2권, 대림스님 역, 초불, pp.150-151. -역주-

255) 여기서 세상이란 괴로움의 진리(苦諦)이다. 세상의 일어남이란 일어남의 진리(集諦)이다. 세상의 소멸이란 소멸의 진리(滅諦)이다. 세상의 소멸도 인도하는 도닦음이란 도의 진리(道諦)이다. 세존께서는 '도반이여, 나는 이러한 네 가지 진리(사성제)를 풀이나 나무등걸 등에서 천명하지 않는다. 네 가지 근본물질(四大)로 이루어진 바로 이 몸에서 천명한다.'라고 말씀하시는 것이다.(AA.iii.88~89) 이 로히땃사경은 남방불교에서 잘알려진 경이다. 특히 마지막 구절은 남방의 스님들이 즐겨 인용하는 가르침이다. 부처님은 나의 오온에서 세상(苦)과 그것의 일어남·소멸·소멸에 이르는 길을 설하셨다. 나고 죽는 인생의 근본문제를 내 안에서 그것도 바로 지금 여기에서 해결하게 하려는 것이 불교이기 때문이다. 앙굿따라니까야 2권, 대림스님옮김, 초불. pp.152~153 각주 -역주-

다. 괴로움의 소멸로 이끄는 길이라는 진리(道諦)를 나는 이 몸에서 천명한다.'는 뜻이다. 괴로움의 진리(苦諦)란 이미 기술한 것처럼 눈, 귀, 코, 혀, 몸 등과 같은 감각기관을 의미한다. 일어남의 진리(集諦)란 이 몸에서 일어나는 갈애를 의미한다. 소멸로 이끄는 도닦음이라는 진리(道諦)란 정견(正見), 정사유(正思惟) 등과 같이 닦아야만 하는 8정도이다. 그러므로 위의 세 가지 성스러운 진리는 특히 이 몸에서 얻어지는 것이라고 천명하고 계신다. 반면에 괴로움의 소멸이라는 진리(滅諦)는 이 몸에서 얻어지지 않는다. 그것은 이 몸에 관하여 깨달을 수 있을 뿐이다.

이 경의 말씀에 대하여 어떤 스승은 해석하기를 완전하게 불을 끈 사람(parini bbuta puggata)의 각각의 무더기에서 각각의 열반이 이뤄진다고 이해한다. 이것은 눈에 취착하여 즐기는 것이 윤회의 바다에 빠지는 것이라는 의미이다. 취착을 끊어버리는 것은 다시 태어나야만 하는 윤회의 바다를 건너 저편 언덕인 피안의 세계에 도달한다는 뜻이다. 눈 등에 대한 욕망에 빠진 자는 피안으로부터 멀리 있다. 피안의 세계에 가까이 있는 사람이란 오로지 눈 등에 대한 즐김을 끊기 위하여 정진하는 자뿐이다.

열반에 가까이 있는 자

바르게 열반을 이야기하던지 그렇지 않던지 간에 가르침에 따라 애를 써서 하루하루 정진하는 사람은 열반에 점점 가까이 간다. 부처님의 가르침이 살아 있을 때 태어난 인간은 바로 그 생이 열반에 가까이 와 있는 생(生)이다. 현재 살아 있는 자라면 열반에 가까이 있는 자이다. 죽어서 부처님의 가르침이 살아 있지 아니한 때에 인간으로 다시 태어나거나 사악처에 떨어지게 되면 지금은 가까이에 있는 열반으로부터 점점 멀어진다.

열반에 멀리 있는 자

그러므로 진짜 열반이 무엇인지 이야기를 하고 있다 하여도 자신의 몸, 눈 같은 감각기관의 대상들을 즐기고 취착하다가 죽게 되는 사람들은 하루하루 열반으로부터 멀어지고 있는 사람이라는 의미를 설명하였다. 이것으로 수행에 대한 설명을 마친다. 지금까지 경전에 나오는 열반에 관한 내용과 다른 여러 버전의 문헌들 그리고 다양한 견해들에 대하여 설명하였다.

제2편. 쉐잔아웅과의 필담(Nibbāna Visajjanā)

○ 우 쉐잔아웅의 편지

레디 큰스님께,
보잘것없는 저의 서언을 자애의 마음으로 받아주소서. 청정도론의 복주서에 '고요함을 계속해서 생각함(upasamānussati)'에 대한 해설 가운데 'tenāha ekañhi saccaṁ na dutiyamathīti.'라는 구절이 있습니다.

외부로부터 얻어진 것을 가지고 숙고하는 자의 통찰지에는 찰라적인 현상(法)으로 드러나는 아라한의 궁극적 실재인 무더기(五蘊)들의 흐름 가운데 어느 한 무더기의 상속(相續, continuity)은 강물의 흐름과 같이 끊임없는 흐름으로 나타납니다.

강물은 한 곳에서 다른 곳으로 흘러갈 때 첫 번째 장소에서 나타나 두 번째 장소로 이동하여 사라집니다. 그리고 두 번째 장소로 이동한 물은 사라지고 다른 물이 다가옵니다. 무더기(五蘊)들의 이어짐도 그렇습니다. 궁극적 실재인 법들이 움직이고 변화할 때에 궁극적 실재가 소멸한 다음 순간에 새로운 현상(법)이 일어납니다. 여기서 우리가 만약 '더욱 틈없이 뒤따르는 조건(samanantara-paccaya)'이 무엇인지 바르게 이해한다면 '일어남(upāda)-머뭄(ṭhiti)-사라짐(baṅga)'이라는 짧은 순간은 긴 시간(mahākāla)을 쪼개어 만들어 낼 수 있는 시간 개념임을 알게 될 것입니다.

무더기들의 상속(相續)에서 일어남(upāda)이란 개념적으로 '태어남(jāti)이라는 현상'입니다. 머물고(늙고, ṭhiti) 사라지는 것

(baṅga)은 '변화하는 현상(viparinama dhamma)입니다. 그러므로 원인 때문에 일어나는 무더기들(五蘊)의 연속을 '조건지어진 현상(saṅkhata dhamma)'이라고 합니다. 일어나게 되면 그것은 조건 관계에서 '원인이 되는 법(sapaccaya dhamma)'이 될 것입니다. **그 현재의 법(saṁvijjamāna dhamma)으로서의 궁극적 실재인 무더기는 잘 '나타나는 법(paccuppanna dhamma)'으로 나타나게 될 것입니다.**

하지만 안을 식별하거나 무더기들의 상속(相續)을 깨달은 자의 관통지(paṭivedhañāṇa)에 '태어남없음(ajāta), 변화함없음(aviparināma), 조건지어지지않음(asaṅkhata), 조건없음(apaccaya), 시간으로부터의 벗어남(kālavimutta)'이 나타날 것입니다. 왜 그럴까요? 왜냐하면 아라한이 열반을 얻어 아라한과(果)를 증득하는 순간에는 시간(kāla)이나 공간과 같은 개념(akāla paññatti) 등을 초월하기 때문일 것입니다. 그러므로 그의 무더기(五蘊)들이 번뇌로부터 벗어난 것을 깨닫는 순간에는 어떠한 표상이나 형성된 어떠한 형태의 형성된 것들을 볼 수 없습니다. **이와 같이** 안과 밖이라는 두 가지 깨달음이 있으므로 하나의 궁극적 실재도 조건지어진 것(saṅkhata)과 조건지어지지 않은(asaṅkhata) 것이라는 두 가지 이름을 얻습니다.

마찬가지로 열반도 두 가지 종류의 깨달음이 있으므로 열반은 동일한 법으로 하나이지만 유여열반(有餘涅槃, saupādisesa nibbāna)과 무여열반(無餘涅槃, anupādisesa nibbāna)이라는 두 개의 이름을 얻습니다. 그러므로 **경설(經說, pariyāya)에 따른 열반을 이야기하지 않고 단순히 궁극적 실재만을 이야기한다면 아라한의 무더기(蘊)는 열반이 되고, 열반은 곧 무더기가 될 것입니다.** 위에서 말씀드린 내용을 취할 때만이 다음에 나오는 내용과 부합될 것입니다.

nibbānampi khandhappaṭibaddhameva[Visuddhimagga-mahāṭīkā]

Nibbānampi hi khandhe paṭicca paññāpanato sarīrasmiṃyeva paññāpeti[Sāratthadīpanī-ṭīkā]

Aññe khandhā, aññaṃ nibbānaṃ, añño puggaloti? Na hevaṃ vattabbe[Kathāvatthu]

imasmiṃyeva byāmamatte kaḷevare sasaññimhi samanake lokañca paññapemi lokasamudayañca lokanirodhañca lokanirodhagāminiñca paṭipadanti[Sagāthāvaggo, S2:26, 로히땃싸경]

위 구문들에 유여열반에 대한 언급은 없습니다. 오로지 열반에 대해서만 언급이 있습니다. 그러므로 경에서 설하신 열반(pariyāya nibbāna)의 일부만을 취해서는 안됩니다.

만약 우리가 위와 같은 입장을 취한다면 열반에는 무더기가 있다라는 말과 같게 될 것입니다. 그렇다면 '무더기의 반열반(khandhaparinibbāna)'이라는 말과 대치가 되지 않나요?" **그렇지 않습니다. 저는 대치가 된다고 생각하지 않습니다. 왜냐하면 무더기의 반열반은 외부로부터 (얻어진-역자) 것을 가지고 숙고하여 보는 자들에게 사용되는 용어로 알아야만 하기 때문입니다. 비록 취착하게 되는(upadhi) 거친 무더기들의 생멸(生滅)을 이미 외부의 (정보 등을-역자) 통해 알았다고 하여도 고요함이 없는 무더기들의 상속(相續)은 여전히 남아있는 내부를 통해서만이 깨달을 수 있음을 알아야 합니다.** 이것은 분명합니다. 그러나 분명하다고 할지라도 부처님께서 꼬살라왕에게 설하신 '물질이라는 헤아림으로부터의 해탈'(rūpasaṅkhāyavimutto)은 외부로부터 얻어진 정보를 통해 아는 사람들을 의미합니다.

'rūpāsaṅkhāvimutta'라고 하여도 복주서(tikā)의 주석서인 복복주석서(anutikā)는 'nibbānaṁ sukhumarūpāgatikanti viññayati.'라고 하였습니다. 그러므로 비록 그것은 'saññāvimutta...viññāṇa saṅkhavimutta)'라고 하였지만 쌍론(雙論)의 주석가는 'nāmadhammāti cattāro arūpino khandhā nibbānañca)'라고 하였습니다. 그래서 열반은 정신(nāma)으로 여겨집니다. 그러므로 닙바나는 외부의 정보 등을 통해 아는 범부들에게 여러 면에서 열반이란 거친 정신·물질은 아니라고 할지라도 조건지어진 궁극적 실재인 정신·물질을 면하지는 못한다고 해석되어 왔습니다.

스승들은 'santivanta khandha(고요해진 무더기)'의 지속은 항상함(sassata)도 아니고 단멸(uccheda)하는 것도 아니라고 말함에도 불구하고 왜 'sassata dhuva'(항상하고 영원하다)라고 할까요? 그것은 내적인 깨달음을 얻은 자들의 지혜에 [일어남(upāda)-머묾(ṭhiti)-사라짐(baṅga)]이라고 하는 개념은 비록 보이지는 않을지라도 그것들은 언제나 일어나고 있는 것이기 때문일 것입니다. [Aggavaṁsa의 문법서인-역주] **삿다미띠(Saddāmiti, 聲正理論) 문법학자들의 'duvanti nibbānasseva adhivacanaṁ bhavituṁ arahati'라는 주장에 의거하여 '영원한(dhuva)' 것이라고 해야 합니다.** 하나이면서 동일한 궁극적 실재가 외부로부터 얻는 지혜와 내적인 통찰을 통해 얻는 지혜에 따라 형성된 것(saṅkhata)과 형성되지 아니한 것(asaṅkhata)이라는 두 가지로 적용될 수 있는 것인지 궁금합니다.

Shwe Zan Aung
1917년 10월 5일

○ 질문에 대한 답장(Nibbāna Visajjanā)[256]

세존이시며, 공양을 받아 마땅하신 분, 정등각자이신 그분께 귀의합니다.

[FBSPS의 수장이신 Ledi Sayadaw의 답신입니다.]

쉐잔아웅님의 편지글 가운데 청정도론의 주석서 292쪽 23번째 줄에 '고요함에 계속해서 마음챙김(upasamānussati)'의 해설에서 'tenāha ekañhi saccaṁ na dutiyamathīti.'라는 문장을 말씀하신바 이는 오로지 갈애의 완전한 지멸과 가라앉음만이 진정한 괴로움의 지멸·가라앉음이라는 뜻입니다. 이런 의미의 또 다른 지멸·가라앉음은 사견을 가진 자들의 주장말고는 없습니다. 말씀하신 안과 밖의 깨달음 가운데 **외부적인 깨달음**이란 범부들이 위빳사나를 할 때 얻는 통찰지인 **수각지**(隨覺智, anubodha ñāṇa)를 말합니다. 수각지(anubodha ñāṇa)란 도(道)의 지혜(maggañāṇa)의 작용인 관통지(貫通智, paṭivedha)를 얻기 이전에 위빳사나의 대상을 세 가지 특상(무상, 고, 무아)으로 꿰뚫는 지혜입니다.

안의 깨달음이란 도(道)의 마음순간에 성스러운 도(道)의 지혜로 사성제(四聖諦)를 꿰뚫는 관통지(貫通智, paṭivedha)를 말합니다. 사성제 가운데 괴로움의 진리(苦諦)를 깨닫는다는 말은 괴로움의 진리(dukkhasaccā)를 덮고 있는 어리석음(moha)을 일소한다는 뜻입니다. 괴로움의 일어남의 진리(集諦, samudyasaccā)를 깨닫는다는 말은 갈애를 일소한다는 뜻입니다.[257] 소멸의 진리(滅諦, nirodhasaccā)를 실현한다는 말은 갈애의 지멸·가라앉음인 열반을 증득한다는 의미입니다. 도의

---

256) The 4th waxing day of Tazaungnone one 129 Bur.era

257) 괴로움의 일어남의 진리를 깨닫는다는 것은 12연기를 꿰뚫는다는 의미를 포함한다. -역주-

진리(道諦, maggasaccā)를 깨닫는다는 말은 성스러운 팔정도(八正道)를 모두 함께 실현한다(나타나도록 한다)는 의미입니다. 도(道)의 마음순간에 위의 네 가지 과업이 한 번에 이루어지면 사성제를 덮고 있던 무명의 어둠은 그 순간에 사라지고, 네 가지 성스러운 진리인 사성제가 분명해지며 수행자의 가슴 속에 영원히 남게 됩니다. 그 사람은 네 가지 진리 가운데 어떠한 것이라도 쉽게 깨달을 수 있습니다. [이렇게 되는 단계를 사성제의 실현(깨달음)이라 합니다.]

예시

두 눈이 침침해진 어떤 사람이 앞을 전혀 볼 수 없게 되었습니다. 그런데 지혜라는 명약이 손에 들어오자 그는 누워서 바로 안약을 눈에 떨어뜨립니다. 그는 눈의 통증 때문에 지난 며칠 동안 잠을 전혀 잘 수 없었습니다. 그런데 약을 넣자마자 눈의 통증은 사라지고 잠을 잘 자게 되었습니다. 약의 효과 때문에 뿌옇던 눈앞도 치료가 되어 처음 태어났을 때처럼 눈이 밝아졌습니다. 그 사람은 잠자리에 들어 아침에 일어납니다. 그의 눈은 자정이 되기도 전에 빛을 찾았습니다. 이제 다른 사람들처럼 볼 수 있게 된 것입니다. 그런데 약을 넣은 후 잠에 떨어져 아직은 아무것도 보지 않았습니다. [이 예시를 잘 기억해두세요]

두 종류의 깨달음 가운데 외부적인 깨달음인 **수각지**(隨覺智, anubodha ñāṇa)는 수행자들이 일어남-머묾-사라짐(upāda-ṭhiti-baṅga)을 꿰뚫어 보는 **관통지**(貫通智, paṭivedha ñāṇa)를 얻는데 필요합니다. 수행자는 아직도 있는 그대로를 분명한 빛으로 깨닫지 못하였습니다. 내적인 통찰인 관통지(貫通智, paṭivedha ñāṇa)가 있으면 있는 그대로 일어남-머묾-사라짐을 밝은 빛으로 꿰뚫을 수 있습니다.

그러므로 외부로부터 얻어진 범부의 지혜(隨覺智)에 끊임없이 흐르는 강물처럼 아라한의 궁극적 실재들인 무더기들(五蘊)의 상속은 단지 찰라의 현상(momentary dhamma)으로 일어나는 것이라고 바른 이해를 하게 됩니다. 내적인 명상을 하는 성자(聖者)들의 지혜(貫通智)에 무더기들은 모두가 찰라적인 현상으로 나타나고, 분명한 빛으로 그것을 깨닫습니다. 강을 따라 흘러가는 강물 위의 거품방울처럼 무더기들은 끊임없이 변화하고 움직입니다. 궁극적 실재인 무더기들(五蘊)이 일어나 사라지고 나면 바로 다음 순간 새로운 것이 일어나는 것을 범부인 위빳사나 수행자는 거칠게라도 식별할 수 있습니다.

오로지 성자(聖者)들은 하나의 궁극적 실재가 사라진 후 새로운 것들이 곧바로 일어나는 현상들을 통찰지를 통해 볼 수 있습니다. 또한 '일어남-머묾-사라짐이라는 짧은 순간은 큰 시간(mahākāla)을 쪼개어 만들어낼 수 있는 시간 개념임을 알게 될 것입니다.'라고 하셨는데, 그 짧은 순간(일어남, 머묾, 사라짐)이란 특정한 궁극적 실재를 지칭하는 시간개념(kāla paññatti)입니다. 여기서 특정한 궁극적 실재란 태어남(jāti)이라고 하는 '일어남의 시작'을 말합니다. 일어남의 시작은 궁극적 실재에 해당합니다.[258] 태어남(jāti)이란 특정한 이름을 가진 개념(nāmapaññatti)입니다. 일어난 직후부터 사라지기 전까지를 '머묾(ṭhiti)'이라 합니다. 이 머묾은 궁극적 실재인데 '머묾(ṭhiti)'이라고 할 때에는 머묾이란 이름의 개념입니다. 그 머무는 동안에 늙음이 있습니다. 이 늙음(jaratā)은 궁극적 실재입니다. 이 현상의 마지막인 지멸과 사라짐을 사라짐(baṅga)이라 하는데 이 지멸과 사라짐은 궁극적 실재이지만 '사라짐(baṅga)'이라고 할 때에는 그러한 의미를 지닌 '사라짐'이라는 이름을 가진 개념입니다.

---

258) 아비담마에 따르면 궁극적 실재에는 추상적 물질이 있는데 이 추상적 물질로 정의한다면 이 일어남의 시작(upāda)은 상속(santati), 머묾(ṭhiti)은 늙음(jaratā), 사라짐(baṅga)은 무상(aniccatā)이라고 정의하기도 함. -역주-

그러므로 '일어남-머묾-사라짐'이라는 개념과 '찰라'라는 시간 개념은 궁극적 실재에서는 '태어남(jāti)-늙음(jarā)-죽음(maraṇa)'이 됩니다. 여기에서도 범부들은 거친 '태어남-늙음-죽음'을 볼 수 있습니다. 하지만 성자(聖者)들만이 눈 한번 깜빡하는 순간, 번갯불이 번쩍하는 그 짧은 순간에 수많은 '태어남-늙음-죽음'을 볼 수 있습니다. 귀하는 편지에 다음과 같이 썼습니다.

> 무더기(五蘊)들이 연속해서 일어나는 것을 개념(paññatti)의 언어로 '태어남(jāti dhamma)'이라고 합니다. 늙음(jarā)과 죽음(maraṇa)은 '변화하기 마련인 법(viparināma dhamma)'이라 합니다. 그러므로 원인 때문에 일어났으므로 그 무더기의 상속(연속)을 '조건지어진 현상(saṅkhata dhamma)'이라고 합니다. 일어난 것은 조건이 될 것이므로 궁극적 실재라는 본성에서 '조건이 되는 법(sapaccaya dhamma)'이라고 합니다.

무더기들은 상속(相續)합니다. 이 새로운 일어남은 정말로 현존합니다. '일어남(upāda)이나 태어남(jāti)'이라는 개념이 그의 지혜에 드러난다는 표현이 바른 표현일 것입니다. 마찬가지로 무더기들의 상속에는 궁극적인 성품인 늙음과 사라짐도 있습니다. '변화하기 마련인 법(viparināma dhamma)'이라는 개념이 정말로 수행자의 지혜에 드러납니다. 이러한 무더기의 상속은 원인 때문에 일어나므로 '조건지어진(saṅkhata)' 혹은 '원인이 있는(sapaccaya)' 현상이라고 합니다. 또 편지에는 다음과 같은 내용이 있습니다.

> 그 궁극적 실재인 무더기는 현재 지금 '나타난 법(paccuppanna dhamma)'으로 존재합니다(saṁvijjamāna)

여기서 존재하며(saṁvijjamāna) 나타난 법(paccuppanna dhamma)이라는 의미에는 과거, 현재, 미래라는 시간 개념 가운데 '현재'라는 의미입니다. 다음은

안을 식별하거나 무더기들의 상속(相續)을 깨달은 자의 관통지(paṭivedhañāṇa)에 '태어남없음(ajāta), 변화함없음(aviparināma), 조건지어지지않음(asaṅkhata), 조건없음(apaccaya), 시간으로부터의 벗어남(kālavimutta)'이 나타날 것입니다.

범부의 마음속에 '태어남 없음(ajāta), 변화함 없음(aviparināma), 조건지어지지않음(asaṅkhata), 조건 없음(apaccaya), 시간에서 벗어난 것(kālavimutta)'으로 나타나는 것은 오로지 상속(相續, santati)이라는 개념에 가리어져 있기 때문입니다. 반면에 성자(聖者)들의 관통지에는 상속(相續)의 개념과 무더기들(五蘊)의 연속을 꿰뚫어 언제나 '일어나는 현상(jātadhamma), 변화하는 현상(viparināmadhamma), 형성된 현상(saṅkhatadhamma), 조건지어진 현상(sapaccaya)'으로 있는 그대로 드러납니다. 또 편지에 다음과 같은 내용이 있습니다.

왜 그럴까요? 아라한이 열반을 얻어 아라한과(果, arahattaphala)를 증득하는 순간에는 시간(kāla)이나 공간과 같은 개념(akāla paññatti) 등을 초월하기 때문일 것입니다.

아라한과(果)를 얻을 때 아라한은 오로지 닙바나만을 봅니다. 아라한과(果)를 보는 것이 아닙니다. 닙바나는 조건지어지지 않은 법

(asaṅkhata dhamma)인 반면에 아라한과(果)는 조건지어진 법(saṅkhata dhamma)으로 조건지어진 마음과 마음부수에 해당합니다. 아라한은 그 순간에 시간(kālapaññatti)과 공간개념(akāsapaññatti)을 초월하여 관통지(paṭivedhañāṇa)로 열반을 깨닫게 됩니다. 아라한과를 얻을 때 아라한은 자신의 무더기(五蘊)와는 상관이 없는 닙바나만을 대상으로 보고 자신의 무더기(五蘊)들과 관련된 그 어떠한 것도 보지 않습니다. 다음과 같이 편지에 쓰셨습니다.

이와 같이 안과 밖이라는 두 가지 깨달음이 있으므로 하나의 궁극적 실재도 형성된 것(saṅkhata)과 형성되지 않은 것(asaṅkhata)이라는 두 가지 이름을 얻습니다.

안팎의 깨달음이 무엇인지는 이미 앞에서 설명하였습니다. 이 두 가지 깨달음의 차이는 오직 (들음 등을 통해 아는-역자) 수각지(隨覺智, anubodha)와 관통지(貫通智, paṭivedha)의 차이입니다.[259] 그러므로 깨달음의 종류가 두 가지라는 이유로 하나의 궁극적 실재가 '형성된 법(saṅkhata dhamma)과 형성되지 않은 법(asaṅkhata dhamma)'이라는 두 가지로 나눠진다는 방편(pariyāya)은 없습니다. 형성된 법은 형성되지 않은 법을 결코 얻을 수가 없습니다. 형성되지 않은 법도 역시 형성된 법을 결코 얻지 못합니다. 왜 그럴까요? 왜냐하면 법집론(담마상가니) 두까마띠까(dukamātikā)에 이르기를 '법에는 조건이 되는 법(sapaccaya dhamma), 조건이 없는 법(apaccaya dhamma) 혹은 형성된 법(saṅkhata dhamma)과 형성되지 않은 법(asaṅkhata dhamma)' 이외에 '형성되지 않은 것이기도 하면서 형성된 것'과 같은 제3의 것은 없다고 하였기 때문

259) 여기서 수각지(隨覺智)는 세간적인 것으로 남에게 들음 등을 통해서 소멸과 도에 대해 일어난다. 관통지는 출세간적인 것으로 소멸을 대상으로 삼고서 역할에 따라 사성제를 통찰한다. 청정도론 제16장, p.571. 대림스님 옮김, 초기불전연구원 -역주-

입니다.

아비담맛타 상가하에 'Abhidhamme abhāvopi, nisedhoyeva sabbathā' 라는 말이 있는데 '아비담마에 없으면 없는 것이다.'라는 뜻입니다. 따라서 '조건지어지지 않았으면서도 조건지어진 것'과 같은 두 개의 이름을 동시에 갖고 있는 고유한 법은 없습니다. 그렇게 말해서는 안됩니다. 경(經)에도 두 가지만 나옵니다. '비구들이여, 두 가지 요소가 있다. 조건지어진 요소(界)와 조건지어지지 않은 요소(界)가 있다. 이것이 비구들이여 두 가지 요소이다.[260]' 그러므로 '조건지어지지 않으면서 조건지어진' 것과 같이 두 개의 이름을 갖는 제3의 것과 같은 것은 나오지 않습니다. [이 예가 논사(論事, kathāvatthu)의 사람에 대한 토론(puggala kathā)에 나옵니다] 다음입니다.

경설(經說, pariyāya)에 따른 열반을 이야기하지 않고 단순히 궁극적 실재만을 이야기한다면 아라한의 무더기(蘊)는 열반이 되고, 열반은 곧 무더기가 될 것입니다

경설(pariyāya)의 용어가 의미하는 것은 태어남(jāti), 변화함(viparināma), 형성된(saṅkhata), 조건지어진(sapaccaya) 현상들의(일어남-머묾-사라짐)의 상속(相續)입니다. 이것은 이미 앞에서 외부로부터의 (정보 등을 통한-역자) 깨달음(隨覺智)을 언급할 때 설명하였습니다. 그리고 열반이라는 궁극적 실재는 태어남 없음(ajāta), 변화 없음(aviparināma), 형성되지 않음(asaṅkhata), 조건지어지지 않음(apaccaya), 시간에서 벗어남(kālavimutti)을 의미한다고 내적인 깨달음(貫通智)을 이야기할 때에 설명하였습니다. 이것에 대한 답변은 이미 앞

260) dvemā bhikkhave dhātuyo saṅkhatāca dhātu asaṅkhatāca dhātu, imākho bhikkhave dve dhātuyo

에서 명확하게 하였으므로 아라한의 무더기는 열반이 아니고, 열반은 아라한의 무더기가 아님이 분명합니다. 또 편지에는 다음과 같은 내용이 있습니다.

nibbānampi khandhappaṭibaddhameva

(청정도론 주석서인 마하띠까)

Nibbānampi hi khandhe paṭicca paññāpanato sarīrasmiṁyeva paññāpeti

(율장의 복주서 Sāratthadīpanī-ṭīkā)

Aññe khandhā, aññaṁ nibbānaṁ, añño puggaloti? Na hevaṁ vaṭṭabbe[Kathāvatthu][261](Kathāvathu)

imasmiṁyeva byāmamatte kaḷevare sasaññimhi samanake lokañca paññapemi lokasamudayañca lokanirodhañca lokanirodhagāmininca paṭipadanti[262]

(Sagāthāvaggo saṃyutta pāḷi)

만약 열반을 무더기라 한다면 청정도론 주석서의 '닙바나와 관련되어 있다(nibbānapaṭibaddhameva)'는 당신의 언급은 부합되지 않습니다. 어떻게 같은 내용이 되겠습니까? 예를 들어 '몸과 관련된(kāyapaṭibaddha)'

---

261) 그러면 무더기들, 열반 그리고 사람, 이 셋은 완전하게 다른 것인가? 아닙니다. 그렇게 말할 수 없습니다.

논사(論事)에 나오는 전체 문장은 다음과 같다. "무더기들은 조건지어진 것이고, 열반은 조건지어지지 않는 것이고,(개념인)사람은 조건지어진것도 아니고 조건지어지지 않은것도 아닙니까?" "그렇습니다."그러면 무더기들, 열반, 사람, 이 셋은 완전하게 다른 것입니까?" "아닙니다. 그렇다고 말할 수 없습니다." pont of Controversy by Shwezan Aung & Rhys Darids. P.55, PTS. -역주-

262) 나는 인식과 마음을 더불은 이 한 길 몸뚱이 안에서 세상과 세상의 일어남과 세상의 소멸과 세상의 소멸로 인도하는 도닦음을 천명하노라.(S2:26, 로히땃싸경)

에서 kāya란 손이나 발과 같은 신체부위를 말합니다. 'kāyabaddha'란 몸에 두르는 옷, 가사 등을 말합니다. 그러나 가사는 신체의 일부는 아니지만 몸과 관련되어 있습니다. 마찬가지로 위에 나온 'khandhappaṭibaddhameva'라는 표현은 무더기(khandha)라는 법이 아니고 무더기와 관련이 있는 열반이라고 이해하여야 합니다. 무더기와 연관된 법(dhamma)이란 '무명의 지멸·가라앉음, 갈애(taṅha)의 지멸·가라앉음, 오염의 지멸·가라앉음, 정신(nāma)과 물질(rūpa)의 지멸·가라앉음'이라는 문장에서 그 의미는 알 수 있으니 '무더기와 연관지어' 말할 수 있는 지멸·가라앉음이 열반을 의미합니다. 그래서 'nibbānampi khandhappaṭibaddhameva(열반은 무더기와 관련이 있다.)'라고 한 것입니다. 결과적으로 이 말은 '무더기는 열반이 아니고, 열반은 무더기가 아니다'라는 주장의 근거가 됩니다.

두 번째 문장 열반은 정말로 무더기들을 조건으로 한다는 사실이 드러났음을 천명한다.'(Nibbānampi hi khandhe paṭicca paññāpanato sarīrasmiṁyeva paññāpeti)'도 역시 첫 번째 문장인 열반은 무더기와 관련이 있다.'(nibbānampi khandhappaṭibaddhameva)'와 마찬가지입니다.

세 번째 문장 그러면 무더기들, 열반, 사람, 이 세 가지는 완전하게 다른 것입니까? 아닙니다. 그렇다고 말할 수 없습니다. '(Aññe khandhā, aññaṁ nibbānaṁ, añño puggaloti? Na hevaṁ vaṭṭabbe)'에서 무더기와 열반은 '실재'이지만 사람은 실재가 아닙니다. 그러므로 당신이 이해한 것처럼 아라한의 무더기는 열반이 아니고 열반은 아라한의 무더기가 아닙니다. 이렇게 이해하여야 논사(論事, Kathāvathu)의 내용과 어긋나지 않습니다.

네 번째 문장인 나는 인식과 마음을 더불은 이 한 길 몸뚱이 안에서 세상과 세상의 일어남과 세상의 소멸과 세상의 소멸로 인도하는 도닦음을 천명하노라(imasmiṁyeva byāmamatte kaḷevare sasaññimhi samanake lokañca paññapemi lokasamudayañca lokanirodhañca lokanirodhagāminiñca paṭipadanti)에서 이 몸(imasmiṁyeva kaḷevare)은 세상(lokañca), 세상의 일어남(lokasamudayañca), 세상의 소멸로 인도하는 도닦음(lokanirodhagāminiñca paṭipadanti)의 토대입니다. 반면에 세상의 소멸(lokanirodhañca)이란 무더기와 연관된(khandhapaṭibaddhameva) 무명과 갈애의 소멸입니다. 부처님은 '이 몸 안에서 세상의 소멸을 천명한다.'고 하셨습니다.[263] 그러므로 '무더기는 열반이 아니고, 열반은 무더기가 아니다.'라는 말은 경전의 내용과 위배되지 않습니다. 또한 당신은 편지에 쓰기를

> 이러한 경구들에 유여열반에 대한 언급은 없습니다. 오로지 열반만이 언급되어 있습니다. 그러므로 경설에 나오는 열반(pariyāyanibbāna)의 일부만을 취해서는 안 됩니다.

경설에 의한 열반(pariyāyanibbāna)이란 유여열반(saupādisesa nibbāna)을 의미하지 방편을 말하는 것이 아닙니다. 이것은 정말로 궁극적 실재인 열반입니다. 남김이 없는 다시 일어남의 궁극적 지멸입니다. 그 열반의 일부로 알면 안됩니다. 무여열반을 포함하여 모든 것을 열반으로 알아야 합니다. 그 말이 맞습니다. 아라한의 무더기들의 반열반(khandha parinibbāna) 이후에 셀 수도 없는 생에서 시작하여 앞으로 끝을 모르는 윤회에서 미래의 무더기(khandha)들의 지멸도 그 아라한의 내면의 무명의 지멸과 하나이기 때문에 그 무여열반을 말할 때에도 무명, 갈애, 오염, 정신·물질이라는 무더기(khandha)들과 엮어서 말 할 수 밖에 없습니다. 미래를 바라보고 말할 때에도 셀 수 없는 과거생에서 시

---

263) imasmiṁyeva kaḷevare lokanirodhañca paññapemi

작하여 앞으로 생의 연속들이 그 아라한의 내면에 남김없이 지멸된다라고 생의 연속이라는 무더기와 관련해서 말해야만 합니다.264) 무더기들의 반열반(khandha parinibbāna) 후에 오염·번뇌가 다 없어진 그 아라한의 아주 미세한 무더기의 상속이 앞으로 끝이 없는 윤회만큼 무여열반과 함께 영원히 함께 한다(nicca dhuva)는 의미로 말한 것이 아닙니다.

이만큼 했던 말로 "**이렇게 받아들이면 무여열반의 무더기가 있다는 뜻이라서 무더기들의 반열반이라는 말과 어긋나지 않겠는가?라고 묻는다면 어긋난다고 생각하지 않습니다. 왜냐하면 무더기들의 반열반이라는 말은 외부에서 알고 보는 자들을 위하여 하는 말이라고 이해해야 합니다. 외부에서 알아진 upacara라고 할 수 있는 거친 무더기들이 지멸되었다고 하더라도 아주 미세하고 아주 깊은 안에서만이 알 수 있는 미세한 무더기(sativanta khandha)의 상속은 분명히 있다고 보아야 한다.**"라는 주장에 대한 답변을 마칩니다.

상윳따 니까야 무기(無記) 상응[케마경(S44:1)]에

''Rūpasaṅkhāyavimutto kho, mahārāja, tathāgato gambhīro appameyyo duppariyogāho - seyyathāpi mahāsamuddo. vedanāya saṅkhāyavimutto…pe… saññāsaṅkhāyavimutto … Saṅkhārasaṅkhāyavimutto …… Viññāṇasaṅkhāyavimutto…pe… seyyathāpi mahāsamuddo.

물질이라는 헤아림으로부터265), 대왕이시여, 여래께서는 해탈하

---

264) 이런 말은 언제나 무더기와 관련이 있으므로 '무더기와 연결된(khandhapaṭi-baddameva)' 혹은 '열반은 정말로 무더기를 조건으로 하는 것이라고 천명한다(nibbānampi hi khādha paṭicca paññapanato).'라는 말들을 하게 되는 것이다.-아신 빤딧짜 사야도께서 미얀마본을 참고하여 수정함.

265) 물질이라는 헤아림으로부터 해탈하셨다(Rūpasaṅkhāyavimutto)'라는 것은 미래에 물질이 생기지 않기(anuppatti) 때문에 그 분에게는 물질적 부분이라거나 정신적 부분이라는 그러한 것이 있을 것이라는 그런 인습적인 표현(vohāra)이 해당되지

> 셨습니다. 여래는 마치 큰 바다처럼 너무 깊고 측량할 수 없고 깊이를 잴 수 없는 분이십니다. …느낌으로부터…인식으로부터…상카라로부터…알음알이로부터, 대왕이시여, 여래께서는 해탈하셨습니다. …마치 큰 바다처럼 너무 깊고 측량할 수 없고, 깊이를 잴 수 없는 분이십니다.

이것의 의미는 다음과 같습니다. 궁극적 관점에서 사람인 아라한이라는 개념(paññatti)이 없습니다. 단지 본성에 따라 나타나는 궁극적 실재들을 이해하기 위한 개념만이 있을 뿐입니다. 이 개념도 조건지어진 정신·물질(nāma·rūpa)을 통해 깨달을 수 있습니다. 무더기의 반열반 이후에는 궁극적 실재인 아주 섬세한(아주 미세하고, 아주 확실한) 법(dhamma)이며 조건지어지지 않은 법인 열반을 실현할 수가 없습니다. 마치 큰 바다에 빠진 사람처럼 발을 디딜 그 어떠한 곳도 만날 수 없습니다. 열반을 얻은 사람에게 사람이나 존재(중생)라고 하는 개념은 발을 붙일 곳이 없습니다. 열반은 마치 큰 바다(mahāsamuddo)와 같이 깊고 그 개념도 그렇게 깊습니다. 그러므로 'appameyyo gambhīro seyyathāpi(헤아릴 수도 없을 정도로 깊고 깊다)'고 하신 부처님 말씀은 외부의 정보 등을 통한 지식(수각지)을 얻은 자들에게 해당하는 말이 아님을 알아야 합니다.[266)]

또 편지에 띠까(tikā)의 주석서(anutikā)에 '열반이란 미세물질로 가버린 상태로 알아야 한다(nibbānaṁ sukhumarūpāgatikanti viññayati).'고 쓰셨는데 이것은 16가지 미세한 물질에는 법의 감각장소(dhammāyatana)가 포함되는 것과 같이[267)] '열반도 미세한 상태

않는다. 그렇기 때문에 물질이라는 개념으로부터 해탈했다는 말이다.(SA.iii.113)-상윳다니까야 제5권, p.131, 초불- -역주-

266) 내적인 체험을 통해 통찰지(貫通智)를 얻은 자들에게 해당하는 말이지, 머리로만 헤아려서 아는(隨覺智) 자들에게 해당되는 말이 아니라는 의미임 -역주-

(nibbānaṁ sukhumagatikaṁ)'에 해당한다는 것입니다. 그러나 이 말을 열반도 아주 미세한 물질(rūpa)과 같은 상태로 이해해서는 안 됩니다.

열반을 정신(nāma)이라고 하는 것은 열반이 마음(citta)이나 마음부수(cetasika)이기 때문이 아닙니다. 열반은 물질처럼 느낄 수가 없습니다. 다만 마음으로 '열반이란 용어에 내포된 속성'을 사유를 통해 이해할 수 있기 때문에 굳이 '정신(nāma)'이라고 한 것입니다.

편지에 "그러므로 외부의 정보 등을 통해 아는 범부들에게 여러 면에서 열반은 거친 정신·물질은 아니라 할지라도 조건지어진 궁극적 실재인 정신·물질을 면하지 못한다고 해석되어 왔습니다."라는 대목이 있는데, 열반은 거친 정신·물질도 아니고 정신·물질을 면하지 못하는 것도 아닙니다. 열반의 성품은 거친 정신·물질의 성품과는 거리가 아주 멉니다. 열반은 무더기(蘊)라고 해서도 안 되고 정신·물질에 속하는 것이라 해서도 안 됩니다. 열반의 성품은 무더기와는 거리가 아주 멉니다. 열반에는 정신·물질에 속한 그리고 무더기(五蘊)를 면치 못하는 조건지어진 궁극적 실재와 같은 현상이 없습니다. 여러 가지 방편으로 설해진 이 열반은 외부의 정보를 통해 아는 범부들을 위한 것이 아닙니다. 담마의 특성을 하나하나 경험하여 지혜를 얻은 '(paccattaṁ veditabbaṁ viññūhi)' 훌륭한 범부(kalyāna puthujjana)와 이미 통찰지를 얻어 성자(聖者)가 되신 분들을 위해 설해진 것입니다. 또한 편지에 쓰시기를

> **스승들은 'santivanta khandha(고요해진 무더기)'의 지속은 항상함(sassata)도 아니고 단멸(uccheda)하는 것도 아**

267) 여기서 법의 감각장소란 심장토대 물질을 말한다. 16가지 미세 물질이란 ①물의 요소 ②영양소 ③생명기능 ④심장물질 ⑤남성물질 ⑥여성물질 ⑦허공요소 ⑧몸의암시 ⑨말의암시 ⑩물질의 가벼움 ⑪물질의 부드러움 ⑫물질의 적합함 ⑬물질의 생성 ⑭물질의 상속 ⑮물질의 쇠퇴 ⑯물질의 무상이다. -역주-

> **니라고 말함에도 불구하고 왜 'sassata dhuva'(항상하고 영원하다)라고 할까요? 그것은 내적인 깨달음을 얻은 자들의 지혜에 [일어남(upāda)-머묾(ṭhiti)-사라짐(baṅga)]이라고 하는 개념은 비록 보이지는 않을지라도 그것들은 언제나 일어나고 있는 것이기 때문일 것입니다.** [Aggavaṁsa의 문법서인-역주] **삿다미띠(Saddāmiti, 聲正理論) 문법학자들의 'duvanti nibbānasseva adhivacanaṁ bhavituṁ arahati'라는 주장에 의거하여 '영원한(dhuva)' 것이라고 해야 합니다.**

여기서 **santivanta khandha(고요해진 무더기)**의 지속이란 무더기의 지속입니다. 무여열반(anupādisesa nibbāna) 그 자체로써 언제나 존재하는 아주 미세하고 특별한 물질과 정신 무더기의 지속(상태-역자)입니다. 괴로움의 회전의 소멸, 고요함의 속성, 고요한 상태(santiguna)라는 무더기의 이어짐이 santivanta khandha입니다. 이 무더기 자체가 열반입니다. 이 무더기 자체가 완전한 열반에 든 분(parinibbuta puggala)입니다. 바로 이 의미입니다.

괴로움의 회전(vaṭṭadukkha)의 가라앉음인 고요한 성품이야말로 이 세상에서 진정한 '조건지어지지 않은 열반(asaṅkhatanibbāna)'입니다. 열반에 그 어떠한 의지가 작용하는 무더기(五蘊)란 없습니다. 반열반에 든 분에게 개념(paññatti)은 존재하지 않습니다. 만약 열반에 무더기가 있다거나 완전한 열반에 든 분(parinibbutapuggala)이 실재로 존재한다고 말한다면 그것은 항상하다고 하는 견해인 상견(常見, sassataditthi)입니다. 상견(常見)이란 그 무더기(五蘊)를 자아라고 여기고는 그 무더기들의 반열반(parinibbāna)시에 그 사람은 (이 세상에서는) 지멸되지만, 피안의 세계인 무여열반에 들어 존재한다고 생각하는 잘못된 견해입니다.

편지에서 말씀하신 '내면에서 들어 아는 사람의 지혜에 보이는 자들의 추정'은 모두 상견(常見)이라 할 수 있습니다. 한편 단견(ucchedadiṭṭhi)은 무더기(五蘊)를 자아로 여기고 무더기가 반열반할 때에 그 사람도 함께 소멸된다고 하는 견해입니다. 이제 상견과 단견이라는 두 극단과 바른 견해인 중도(中道)와의 차이에 대하여 설명하겠습니다. 특별한 차이란 이와 같습니다.

무더기들의 반열반에 들기 전에 무더기들을 사람·중생(puggalasatta)이라고 보아 '사람(puggala)은 정말로 있다. 중생(satta)은 분명히 있다. 자아(atta)는 확실히 있다'라는 굳은 믿음을 지닌 자의 견해는 무더기들의 반열반과 관련해서 상견이나 단견이 될 수 밖에 없다. 그 저열한(hīna) 두 가지 잘못된 길은 어떤 방법으로도 피할 수가 없습니다. 그러한 아견(我見, atta diṭṭhi)이 확고하기 때문에 죽을 때에도 상견이나 단견, 이 두 가지 가운데 하나를 취하게 됩니다. 논사(論事, Kathāvatthu)는 두 가지 극단적인 견해의 피할 수 없음을 다음과 같이 설명합니다.

parinibbuto puggalo atthattamhīti, āmantā.
반열반에 든 자는 소멸되었습니까? 그렇습니다.

parinibbuto puggalo sassatoti, nahevaṁvaṭṭabbe
반열반에 든 자는 영원합니까? 그렇게 말할 수 없습니다.

natthamhīti, āmantā.
존재하지 않습니까? 그렇습니다.

parinibbuto puggalo ucchinnoti, nahevaṁvaṭṭabbe

반열반에 든 자는 단멸한 것입니까? 그렇다고 말할 수 없습니다.268)

'무더기들의 반열반이 있기 전이라도 그 무더기는 사람도 아니고, 존재도 아니며, 어떤 의미의 자아도 아니고 어떤 중생의 자아도 아닙니다. 그것은 단지 본성이 있는 현상(sabhā dhamma)일 뿐입니다. 그 무더기 외에는 사람(puggala)도 없고, 중생(satta)도 없고, 자아(atta)라고 할만한 것이 고유한 본성(sabhāva)으로는 없다라고 아는 지혜가 바른 견해인 정견(正見, samma diṭṭhi)입니다. 정견을 가진 자는 근본적으로 자아에 대한 견해(attadiṭṭhi)가 없기 때문에 무더기들의 반열반(khandha parinibbāna)과 관련해서 상견이나 단견을 갖지 않게 되고 중도(中道)에 머물게 됩니다.(majjimapaṭipadā) 중도라는 것은

'무명을 조건으로 상카라들이…'와 같은 회전의 법(vaṭṭadhamma)들이 생을 통해서 지속됩니다. 끝이라는 것이 없습니다. 만약 아라한도(道)를 얻어 무명(avijjā)이 사라지게 되면 상카라들의 윤회하는 법(vaṭṭadhamma)은 더 이상 그 생 이후에 나타나지 않습니다. 이것이 바로 중도의 길입니다. 중도에는 근본적으로 자아에 대한 견해가 없으므로 죽음의 시간에도 그리고 무더기의 반열반과 관련하여 상견과 단견과 같은 사견을 지니지 않게 됩니다. [이런 관점에서 더 이상의 설명은 필요가 없을 것입니다.]

편지의 마지막 부분에 '안팎의 지혜(隨覺智와 貫通智)를 통해 하나의 동일한 궁극적 실재를 ① 조건지어진 것(saṅkhata)과 ② 조건지어지지 않은 것(asaṅkhata)이라는 두 가지 종류로 이해하는 것이 타당한가?'라

268) parinibbuto puggalo atthattamhīti, āmantā. parinibbuto puggalo sassatoti, nahevaṁvattabbe natthamhīti, āmantā. parinibbuto puggalo ucchinnoti, nahevaṁvattabbe

는 마지막 질문에 하나인 궁극적 실재(paramatta dhamma)를 외부의 지혜로는 형성된 것(saṅkhata, 有爲)이고, 안의 지혜로는 형성되지 않은 것(asaṅkhata, 無爲)이라고 했습니다.

사실은 그럴 수가 없습니다. 영원하다는 인식(nicca-sañña)에 전도(vipallāsa)된 범부가 외부의 정보 등을 토대로 하여 파악한다는 점에서 보면 범부는 어떤 현상의 일어남-머묾-사라짐과 같은 찰라를 볼 수 없기 때문에 오온(五蘊)은 조건지어지지 않은 모습으로 나타납니다.

'중생들에게는 다시 태어나는 생일이 있고, 마지막 죽는 날이 있다.'는 격언이 있습니다. 여기서 다시 태어나는 날인 생일이란 몸을 받아 태어난 바로 그날을 의미하고 마지막 죽는 날이란 한 생의 마지막 바로 그날을 말합니다. 생일과 죽는 날 사이의 세월이 아승지겁이라고 합시다. 생사에 무지한 범부는 이 긴 세월동안에 새로운 태어남은 없고 죽음 또한 없다고 생각합니다. 이것이 바로 영원하다고 하는 인식(nicca sañña), 영원한 마음(nicca-citta), 영원하다고 하는 견해(nicca-diṭṭhi)입니다. 사람, 중생, 자아, 수명 등은 개념이므로 조건지어지지 않은 것입니다.[~않은 것이라고 생각합니다-역자] 무더기(五蘊)들을 사람이라고 믿고 취착하기 때문에 조건지어진 것을 '조건지어지지 않은 사람'으로 여기는 것입니다.

마찬가지로 무더기를 존재, 자아, 영혼이라고 취착하고는 조건지어진 무더기(五蘊)를 조건지어지지 않은 존재, 자아, 영혼이라고 취착합니다. 반면에 무더기(五蘊)들을 꿰뚫어 본 훌륭한 범부와 성자(聖者)들은 그것들의 일어남-머묾-사라짐을 분명하게 봅니다. 그래서 그들은 영원하다고 하는 등의 전도된 견해는 아니라고 하고, 제압하고, 파괴하여 날려버립니다. 조건지어진 현상임을 분명하게 봅니다. 그래서 언제나 무더기들은 일어남-머묾-사라짐이라는 찰라적 현상에 불과한 것을 눈이 어두운 일반인들에게는 조건지어지지 않은 이미지로 나타납니다. 반면에 이미 수각지(隨覺智)와 관통지(貫通智)로 꿰뚫는 사람은 지혜가 있어 그 무더기(五蘊)들은 사람이나 어떤 존재와 같은 조건지어지지 않은 현상으로 나타나지 않습니다. 그들에게 일어남은 태어남(jāti)으로, 머묾은 늙음(jāra)으로, 사라짐은 죽음(maraṇa)이라는 불길한 것으로 분명히 드러납니다.

그러므로 안과 밖의 깨달음(隨覺智와 貫通智)에 따라서 하나로 동일한 궁극적 실재가 두 가지, 조건지어진 것(saṅkhata)과 조건지어지지 않은 것(asaṅkhata)으로 되지 않습니다. 무더기(五蘊)들은 결코 조건지어지지 않은 것(asaṅkhata)이 될 수 없습니다. 본성으로써 무더기들과는 거리가 아주 먼 괴로움의 회전(vaṭṭadukkha)이 소멸하는 열반은 조건지어지지 않은 상태(asaṅkhata)로, 영원히 굳건하게 존재합니다. 열반은 결코 조건지어진 것(saṅkhata)이 될 수 없습니다.

괴로움의 회전(vaṭṭadukkha)이 소멸한 열반이라는 측면에서 보면 열반에는 정신(nāma)·물질(rūpa)이라는 무더기(蘊)들이 없음을 다음의 빠알리 경이 보여줍니다. 장부(長部) 계온품(戒蘊品)의 께왓따 경에 나옵니다.

> Evañca kho eso, bhikkhu, pañho pucchitabbo -
> 'Kattha āpo ca pathavī, tejo vāyo na gādhati;
> Kattha dīghañca rassañca, aṇuṁ thūlaṁ subhasubhaṁ;
> Kattha nāmañca rūpañca, asesaṁ uparujjhatī'ti.
> 'Tatra veyyākaraṇaṁ bhavati -
> 'Viññāṇaṁ anidassanaṁ, anantaṁ sabbatopabhaṁ;

Ettha āpo ca pathavī, tejo vāyo na gādhati.
Ettha dīghañca rassañca, aṇuṁ thūlaṁ subhasubhaṁ;
Ettha nāmañca rūpañca, asesaṁ uparujjhati;
Viññāṇassa nirodhena, etthetaṁ uparujjhatī'ti.
[DN Sīlakkhandhavaggapāḷi, Kevaṭṭasutta]

Atthi, bhikkhave, tadāyatanaṁ, yattha neva pathavī, na āpo, na tejo, na vāyo, na ākāsānañcāyatanaṁ, na viññāṇañcāyatanaṁ, na ākiñcaññāyatanaṁ, na nevasaññānāsaññāyatanaṁ, nāyaṁ loko, na paraloko, na ubho candimasūriyā. Tatrāpāhaṁ, bhikkhave, neva āgatiṁ vadāmi, na gatiṁ, na ṭhitiṁ, na cutiṁ, na upapattiṁ; appatiṭṭhaṁ, appavattaṁ, anārammaṇamevetaṁ. Esevanto dukkhassā"ti
[Ud Pāṭaligāmiyavaggo Paṭhamanibbānapaṭisaṃyuttasutta]

이 빠알리 경들에 따르면 열반에는 아주 미세한 종류의 무더기와 같은 어떠한 현상들이 없습니다. 이와 같이 알아야만 합니다.

께왓따 경(Kevaṭṭasutta pāḷi)의 의미

Evañca kho eso, bhikkhu, pañho pucchitabbo -
비구여, 그대는 이렇게 질문하여야 한다.[269]

269) 부처님은 비구가 단지 근본물질로 질문한 한계를 넘어서 정신(nāma)의 영역을 포함한 모든 조건지어진 현상인 유위법(有爲法)까지 포함해서 설명하시기 위

'Kattha āpo ca pathavī, tejo vāyo na gādhati;
Kattha dīghañca rassañca, aṇuṁ thūlaṁ subhasubhaṁ;
Kattha nāmañca rūpañca, asesaṁ uparujjhatī'ti.
어디서 물과 땅과 불과 바람은 굳건히 서지 못하며
어디서 길고 짧고 미세하고 크고[270)]
아름답고 더러운 것과[271)]
정신과 물질은 남김이 없이 소멸합니까?라고.

'Tatra veyyākaraṇaṁ bhavati -
이것이 그에 대한 대답이다.

'Viññāṇaṁ anidassanaṁ, anantaṁ sabbatopabhaṁ;
[성자들의]마음으로만 알 수 있고[272)] 보여질 수도 없는[273)](참

해서 '이렇게 질문해야 한다.'고 말씀하신다. 계속되는 말씀을 보면 모든 근본물질인 사대요소와 파생물질로 구성된 물질과 정신이 모두 포함되어 있다. 부처님은 이런 정신과 물질이라는 모든 조건지어진 것들은 열반에 이르러 소멸한다고 하신다. -역주-

270) 이것은 파생물질이다.(DA.i.393) 파생물질은 아비담마에 의하면 색깔, 소리, 냄새, 맛, 영양소, 생명기능. 남성요소, 여성요소, 눈의 감성, 귀의 감성, 코의 감성, 혀의 감성, 몸의 감성, 심장토대로 모두 14가지임. -역주-

271) 아름답고 더러운 것도 파생물질이다. 파생물질에는 깨끗하고 더러운 것은 없지만 이것은 원하거나 원하지 않는 대상을 의미한다고 주석서는 설명한다.(DA.i.393) 디가 니까야1, 각묵스님 옮김, 초불. p. 558 각주 참조 -역주-

272) 원문의 Viññāṇaṁ은 '알아져야 하는 것이라고 해서 위냐냐라고 한다. 이것은 열반의 다른 이름이다.(DA.ii.393)'라고 설명한다. 여기에 대해 복주서는 '알아져야 하는 것이란 특별하게 알아져야 하는 것이다. 최상의 지혜인 성스러운 도의 지혜로 바로 눈 앞에서 알아져야 한다는 뜻이다. 그래서 이것은 열반의 다른 이름이라고 한 것이다.(DAT.i.512) Ibid. p. 558 각주 참조. 한편 위의 번역은 아신 빤딧짜 사야도가 미얀마본의 레디 사야도의 해석이라 하여 그대로 옮겼다. 만약 직역한다면 '알음알이로는 볼 수가 없고, 헤아릴 수도 없으며, 모든 곳으로부터 빛이 난다.'가 된다. -역주 -

273) sabbatopabhaṁ에서 pabhā는 일반적으로 '빛, 광명'의 뜻을 가졌다. 그래서 '모

고할 예조차도 없고)
생김과 사라짐이 없어서 끝없는, 모든 곳으로부터 빛이 난다.

Ettha āpo ca pathavī, tejo vāyo na gādhati.
여기에는[274] 물과 땅과 불과 바람이 발 붙일 토대가 없다.

Ettha dīghañca rassañca, aṇuṁ thūlaṁ subhasubhaṁ;
여기서 길고 짧고 미세하고 크고 아름답고 더러운 것과

Ettha nāmañca rūpañca, asesaṁ uparujjhati;
정신과 물질은 남김이 없이 소멸한다.

Viññāṇassa nirodhena, etthetaṁ uparujjhatī'ti.[275]
알음알이가 소멸하면[276] 여기에서 소멸한다.

든 곳에서 빛이 난다.'라고 옮길 수도 있다. 그러나 석연치 않다. 주석서에서는 pabhā를 papā(물)이라고 설명한다. 그래서 물을 가진 것이라고 해서 '성소(聖所)의 계단(tittha)'이라고 간주한다. 그리고 sabbatopabhaṁ을 '모든 곳에서 이러한 성소의 계단을 가진 것'으로 풀이해서 열반을 수식하는 형용사로 간주한다. 그래서 다음과 같이 덧붙이고 있다. '열반이라는 큰 바다에 들어가고자 하는 자들을 위해서 성소의 계단이 있다. 성소의 계단이 없다는 것은 옳지 않다. 그와 마찬가지로 38가지 명상주제들 가운데 어떤 특정한 입구를 통해서 열반에 들어가고자 하나니 그것이 바로 성소의 계단이다. 열반에 이르는 성소의 계단이 없다는 것은 옳지 않다.(DA.ii.393)' - Ibid. pp. 558~559 각주 -역주-

274) 여기서란 '이 열반에서'라는 말이다.(DAT.i.513) - Ibid. p. 559. -역주-

275) [열반이라는] 특별한 경지는 볼 수 없고 무한하며, 모든 곳으로부터 [도달하게 되는] 성소의 계단을 가졌다. 여기서 물과 땅과 불과 바람은 굳건히 서지 못하며, 여기서 길고 짧고 미세하고 크고 아름답고 더러운 것과 정신과 물질은 남김이 없이 소멸한다. 알음알이가 소멸하면 남김이 없이 소멸한다. (각묵스님의 번역을 참고용으로 기재한다. -역주-

276) 주석서에서는 '여기서 알음알이란 [아라한의] 마지막 알음알이와 업을 짓는 알음알이이다.(DA.ii.393~394)'라고 설명한다. 복주서에서는 '[아라한의] 마지막 마음이란 아라한의 죽음의 마음(cuticitta)과 동의어이고, 업을 짓는 알음알이란 것도 유여열반이라는 표현을 사용하여 [궁극적으로는] 무여열반을 말하는데 여기에

이 빠알리 경에 따르면 열반에는 물의 요소, 땅의 요소, 불의 요소, 바람의 요소가 발 붙일 곳이 없다고 한다. 이처럼 열반에는 어떠한 물질도 없다고 알아야 한다. 열반에는 길고, 짧고, 크고, 작고, 즐겁고 불쾌한 것과 같은 것들이 발붙일 수가 없다고 합니다. 또한 사람, 중생, 자아, 영혼 등과 같은 개념들도 열반에는 없다고 알아야 합니다. 열반에는 정신의 무더기(nāma khandhā), 물질의 무더기(rūpa khandhā)들이 하나도 남김이 없이 소멸된다고 하셨으므로 거친 물질은 물론 물질이라고 할 만한 어떠한 극도의 미세한 물질(rūpa)이나 미세한 정신(nāma)들도 열반에는 남아 있을 수가 없으며, 무더기(蘊)라 하는 것들 뿐만이 아니라 무더기와 같아 보일 수 있는 어떠한 미세한 현상들도 역시 열반에는 남김이 없습니다. 그래서 이렇게 말해야 합니다.

소멸(nirodha)에는 두 가지가 있는데 첫째는 사라짐의 소멸(baṅga nirodha)입니다. 이것은 일어날만한 조건 때문에 이미 일어난 현상(법)의 사라짐입니다. 둘째는 일어날 원인이 소멸됨에 따라 (다시-역자) 일어남이 없는 소멸(anuppadām nirodha)입니다. 앞의 경에 '알음알이가 소멸하면(Viññāṇassa nirodhena)'이라는 말씀에는 사라짐의 소멸(baṅga nirodha)은 필요치 않고 오로지 무생(無生)으로 인한 소멸(anuppadām nirodha)만이 요구됩니다.

[이 빠알리경에 나오는 두 가지 알음알이 가운데 앞의 알음알이

이르러 [알음알이가 소멸하면] 정신과 물질이 남김이 없이 소멸하기 때문이다.'(DAT.i.513)라고 덧붙이고 있다. 달리 말하자면 여기서는 무여열반과 유여열반 둘 다를 뜻한다는 말이다. 첫째, 무여열반의 측면에서, 아라한의 마지막 마음인 죽음의 마음이 멸하면 당연히 정신과 물질은 완전히 소멸한다. 둘째 유여열반의 측면에서, 업을 짓는 마음이 소멸하면 아라한의 단지 작용만 하는 마음만 일어나는데 이렇게 되면 시작점을 알 수 없는 윤회가 금생으로서 끝이 나기 때문에 정신과 물질이 여기서 완전히 소멸한다는 뜻이다. Ibid. p.559 -역주-

(viññāṇa)의 의미를 '대상을 아는 것이 알음알이다'라는 뜻을 여기에 적용하면 안된다. 이 빠알리 경에 나오는 알음알이(viññāṇa)는 성자(聖者, ariya)가 지혜를 가지고 실현해야만 하는 것으로 이해하여야 한다]

자설경(Udāna pāḷi)의 의미277)

Atthi, bhikkhave, tadāyatanaṁ, yattha
비구들이여, 이러한 세계가 있는데
neva pathavī, na āpo, na tejo, na vāyo,
땅도 없고, 물도 없고, 불도 없고, 바람도 없다.

na ākāsānañcāyatanaṁ, na viññāṇañcāyatanaṁ,
공무변처도 없고, 식무변처도 없고
na ākiñcaññāyatanaṁ, na nevasaññānāsaññāyatanaṁ,
무소유처도 없고, 비상비비상처도 없다.

nāyaṁ loko, na paraloko, na ubho candimasūriyā.
이 세상도 없고, 저 세상도 없고 달도 태양도 모두 없다.

Tatrāpāhaṁ, bhikkhave, neva āgatiṁ vadāmi,
na gatiṁ, na ṭhitiṁ, na cutiṁ, na upapattiṁ;
거기에는 비구들이여, 오는 것도 없고
가는 것도 없고, 머무는 것도 없고, 죽음도 없고, 일어남도 없다고 나는 말한다.

---

277) Ud. Pāṭaligāmiyavaggo Paṭhamanibbānapaṭisaṁyuttasuttaṁ

appatiṭṭhaṁ, appavattaṁ, anārammaṇamevetaṁ.
그것은 의처(依處)를 여의고 전생(轉生)을 여의고, 대상(對象)이 없다.(마음·마음부수들처럼 대상을 인식하는 행위가 없다)

Esevanto dukkhassā''ti
이것이야말로 괴로움의 종식이다.[278)]

당신의 편지에 "열반은 거친 정신·물질(nāma·rūpa)은 아니라 할지라도 정신·물질(nāma·rūpa)일 수도 있는 조건지어진 궁극적 실재인 법(saṅkhata paramattha dhamma)이 열반"이라는 말씀은 아비담마에 어긋납니다. 아비담마에는 오로지 물질현상(rūpino dhamma)과 비물질현상(arūpino dhamma) 두 가지밖에는 없습니다. 그러므로 물질도 아니고 비물질도 아닌 제3의 그 어떤 것이란 없습니다. 거친 물질은 아니지만 거친 물질일 수 있다는 것처럼 말이지요. 오직 두 개의 그룹만 있습니다. '마음의 법(cittta dhamma)과 마음의 법이 아닌 것 ; 마음부수인 법(cetasikādhamma)와 마음부수가 아닌 법 ; 마음의 무더기(cittakhadhā)와 마음의 무더기들이 아닌 것 ; 마음부수의 무더기들(cetasikakhandhā)과 마음부수의 무더기들이 아닌 것. 마음도 아니고 마음 아닌 것도 아닌, 마음부수도 아니고 마음부수가 아닌 것도 아닌(nevacitta nācitta, nevacetasika nācetasika) 제3의 그 어떤 것은 없다고 알아야 합니다. [이것으로 Shwe Zan Aung님의 편지에 대한 답글을 마칩니다.] 만약 아직도 명쾌하지가 않다면 다시 저에게 편지를 주시기 바랍니다.

참고]

이렇게 아주 깊고 심오한 법들을 판단할 때에는 지엽적인 주석 혹은

---

278) Udāna, 제8품 빠딸리가마 품 Pāṭaligāmiyavaggo, Paṭhamanibbānapaṭisaṁyuttasuttaṁ –역주–

복주서의 한 두줄에 너무 의지하지 말고 부처님의 근본 빠알리에 의지해야 합니다. 마지막으로 장부의 대반열반경의 한 구절을 소개합니다.[279)]

Aniccā vata saṅkhārā,
uppādavayadhammino;
Uppajjitvā nirujjhanti,
tesaṁ vūpasamo sukho"ti.
[DN Mahāvaggapāḷi Mahāparinibbānasutta]

형성된 것들은 참으로 무상하여
일어났다가는 사라지는 법
일어났다가는 소멸하나니
이들의 가라앉음이 행복이로다.[디가니까야 대반열반경]

saṅkhārā(형성된 것) = 형성된 것들은 오로지 업(유익한 업, 해로운 업), 마음, 온도 그리고 음식을 원인으로 하여 일어날 수 있다.

Aniccā vata(참으로 무상하여) = [형성된 모든 것들은] 모두 머물 수가 없고 일어나서는 사라지고 소멸하기 때문에 쓸모가 없어지므로 무상합니다.

uppādavayadhammino(일어났다가는 사라지는 법) = 일어났다가는 빠르게 사라지는 것이 마치 해변의 파도가 예외없이 철썩이는 것과 같습니다.

Uppajjitvā(일어났다가는) = 만약 4가지 원인에 조건지어졌다면 아무도 그것들을 막을 수 없습니다. 힘(업력-역자)에 의하여 갑자기 일어나

---

279) 이 게송은 세존께서 반열반하시자 반열반과 함께 신들의 왕인 삭까(인드라)가 읊은 게송이다. -역주-

게 될 것입니다.

nirujjhanti(소멸하나니) = 아무도 죽음의 순간을 통제할 수 없습니다. 모든 것들은 죽고 사라지게 될 것입니다.

tesaṁ vūpasamo(이것들의 가라앉음이) = 유일하게 위험이 없는 수승한 상태는 죽음이 없는 열반(nibbāna)입니다. 중생들의 의지와는 무관하게 일어나서는 사라지는 삼계의 조건지어진 법(tebhummaka saṅkhāra dhamma)의 지멸이 그것입니다.

sukho(행복이로다) = 남김없는 괴로움의 소멸, 괴로움의 완전하고도 영원한 종식은 진정한 행복입니다. 이러한 행복은 불길을 일으키는 도화선이고 고통과 변화 그리고 죽음을 가져오는 6가지 감각적 대상들의 부딪침인 6가지 감각접촉 때문에 일어날 수 있는 감각적 즐거움(vedanā suka)보다도 더욱 큰 행복입니다.

제3편. 레디 사야도의 열반론(Ledi Nibbāna)

1. 첫 번째 대열반(mahā nibbāna) : 악처로부터의 벗어남(유여열반)

tattha yadā attadiṭṭhi sahagatā taṅha samucchinnā hoti,
tadā sabbe duccaritadhammāca apāyabhavāca samucchinnā hoti,
taṅkhaṇato paṭṭhāya tassa puggalassa bhavābhavesu duccaritabhayehi ca apāyadukkhehica vimokkho hoti,
idaṁ buddhasāsane saupādisesa nāma asaṅkhataṁ pathama mahā nibbāna hoti.

tattha(거기) – 네 가지 진리(사성제)를 실현하는

yadā(때) – 순간에

attadiṭṭhi sahagatā(유신견과 함께 하는) – 자아가 있다는 잘못된 사견(有身見)과 함께하는

taṅha(갈애) – 괴로움의 원인이 되는 존재의 무더기들에 대한 갈애, 즉 괴로움의 일어남의 진리(samudaya sacca)인 갈애가

samucchinnā hoti(끊어진다) – 완전하게 제거된다.

tadā(그때) – 그 순간에

sabbe duccaritadhammāca(모든 해로운 법들과 함께) – 모든 불선(不善)한 경향을 가지고 있는 법들과 함께

apāyabhavāca(악처도) – 악처에 떨어짐도

samucchinnā hoti(끊어진다) – 완전하게 모두 소멸된다.

taṅkhaṇato paṭṭhāya(그 순간으로부터 시작된다) – 갈애와 함께 일어난 잘못된 개념인 자아에 대한 집착이 소멸된 순간으로부터 시작된다.

tassa puggalassa bhavā(그 사람의 존재는) – 존재의 어떠한 무더기 안에 자아가 있다고 하는 어리석음이 소멸된 그 사람은

bhavesu duccaritabhayehica apāyadukkhehica vimokkho hoti (해로운 업들의 지음과 악처에 떨어질 존재들로부터 벗어난다) – 어떠한 악처의 다양한 형태의 존재로써 겪게 되는 악처의 괴로움뿐만이 아니라 해로운 업을 짓는 위험으로부터 벗어난다.

idaṁ(이것을) – 해로운 업을 행하는 위험과 악처에 떨어질 위험에서 벗어나고 완전하게 제거된 상태를

buddhasāsane saupādisesa nāma(교법에서는 '남아있는'것이라 한다) – 부처님의 가르침 안에서 이렇게 오염인 애착과 존재의 무더기들이 여전이 분명하게 남아있는 형태의 열반을 유여열반이라고 부른다.

asaṅkhataṁ(형성되지 아니한 것을) – 조건에서 벗어나고 조건지어짐의 완전히 제거를

pathama mahā nibbāna hoti(첫번째 대열반이라고 한다.) – 첫 번째 대열반의 실현이라고 한다.

이렇게 첫 번째 대열반에 대한 설명을 마친다.

2. 두 번째 대열반 : 욕계 선처로부터 벗어남(유여열반)

yadā diṭṭhi vippayuttā kāma taṅhā samucchinnā hoti, tadāsabbe kāmapuññābhisaṅkhārāca kāma sugatibhavāca samucchinnā honti. Taṅkhaṇato paṭṭhāya tassapuggalassa anāgate bhavābhavesu kāmapuññābhisaṅkhārehica kāmakilesa vicita raṅga saṅkhobhitehi duccaritadurācāra durājiva bahulehi accāsanna apāyaduggati vinipatanadhammehi kāmasugati bhavehica vimokkho hoti, idaṁ buddhasāsane saupādisesa nāma asaṅkhataṁ dutiya mahā nibbāna hoti.

yadā(순간) – 어느 때

diṭṭhi vippayuttā(사견과 함께하지 않는) – 자아에 대한 잘못된 견해를 동반하지 않는

kāma taṅhā(감각적 쾌락에 대한 갈애) – 감각적 즐거움에 대한 갈애가

samucchinnā hoti(끊어진다) – 완전하게 끊어진다.

tadāsabbe(거기에서 모든) – 이러한 욕정이 완전하게 끊어지고 제거되는 순간에

kāmapuññābhisaṅkhārāca(욕계의 공덕행들과) – 욕계의 지계(持戒)등과 같이 유익한 공덕행들과

kāma sugatibhavāca(욕계 선처의 존재들도) – 욕계의 행복한 삶도

samucchinnā honti(끊어진다) – 완전하게 제거되고 끊어진다.

Taṅkhaṇato paṭṭhāya(그 순간으로부터 시작한다) – 사견과 함께하지 아니한 욕계의 감각적 즐거움에 대한 갈애가 소멸되는 그 순간으로부터 시작된다.

tassa puggalassa bhavā(그 사람의 존재는) - 욕망을 제거한 그는

anāgate(미래에) - 미래에

bhavābhavesu(존재하게되는 존재들에서) - 모든 형태의 존재들에서

kāmapuññābhisaṅkhārehica(욕계의 공덕행들과 함께) - 지계(持戒)와 같은 공덕행들과

kāmakilesa vici taraṅga saṅkhobhitehi(감각적 쾌락을 즐기는 번뇌의 파도가 소용돌이침에 의해) - 욕정의 즐거움을 쫓아 일어난 오염된 욕망의 파도가 소용돌이치므로

duccaritaduräcāra durājiva bahulehi(행실이 바르지 못한 악행, 바르지 못한 생계를 자주행함으로) - 잘못된 학습, 잘못된 행위 그리고 잘못된 생계에 헌신함으로

accāsanna apāyaduggati vinipāta nadhammehi(고통스러운 악처 비참한 곳에 매우 가까이 떨어짐은 없고 조건들도 없다)-사악처에 떨어질 위험에 아주 가까이 감, 이러한 위험한 행위를 함 혹은 이러한 악처의 세계에 떨어져 고통을 받을 일은 없다.

kāmasugati bhavehica(감각적 즐거움을 누리는 선처의 존재들로부터도) - 감각적 쾌락을 즐기는 행복한 세계의 생(生)에 처하게 되는

vimokkho hoti(벗어난다)-이러한 조건들로부터도 벗어난다.

idaṁ(이것을) - 감각적 즐거움을 누리는 선처(욕계의 선처)의 존재가 되는 상태로부터의 벗어남의 상태를

buddhasāsane saupādisesa nāma(부처님의 교법에서는 남은 것이 있음이라 한다) - '남아있음(有餘)이라고 하는데 그 이유는 아직은 갈애의 흔적과 무더기(蘊)들이 여전히 남아있기 때문이다.

asaṅkhataṁ dutiya mahā nibbāna hoti.(이것이 형성되지 않은 두 번째 대열반이다.)- 조건지어지지 아니한 두 번째 대열반이란 그것이다.

이것으로 두 번째 대열반(mahā nibbāna)에 대한 설명을 마친다.

3. 세 번째 대열반 : 색계나 무색계로부터 벗어남(무여열반)

yadā rūparāga arūparāga saṅkhāta bhava taṅhā samucchinnā hoti, Tadā sabbe mahagaggatapuññābhi saṅkhārehica rūparūpabrahmabhavāca samucchinnā hoti,
Takhaṇato paṭṭhāya tassapuggalassa rūpārūpapuññābhi saṅkhārehica sassatuccheda gāhamānātimāna bahulehi aniccaadhūvavipariṇāma-dhammehi rūparūpabhavehice vimokkho hoti. idaṁ buddhasasane anupādisesaṁnāma asaṅkhataṁ tatiya mahā nibbāna hoti.

yadā(그때) - 그 순간에

rūparāga arūparāga saṅkhatā(색계의 탐욕과 무색계의 탐욕 그리고 존재하고픈 갈애가) - 색계의 탐욕(rūparāga)과 무색계의 탐욕(arūparāga)이라고 알려진 생(生)에 대한 갈망이

samucchinnā hoti(끊어진다) - 완전하게 끊어진다.

Tadā(그 때에) - 그 순간에

sabbe(모든) - 모든

mahagaggatapuññābhi saṅkhārehica(고귀한 공덕행들과 함께) - 공덕행(puññābhisaṅkhāra)이라고 다르게 표현되는 초세간과 연관된 공덕(행)들 뿐만 아니라

rūparūpabrahmabhavāca(색계와 무색계의 범천의 존재들도) - 색계범천이나 무색계범천으로서의 존재도

samucchinnā hoti(끊어진다)-완전하게 끊어진다.

Takhaṇato paṭṭhāya(그 순간으로부터 시작된다) - 색계와 무색계의 존재에 대한 욕망이 소멸된 순간으로부터 이것이 시작된다.

tassapuggalassa(그 사람에게) – 생(生)에 대한 욕망이 소멸된 사람에게

rūpārūpapuññābhi saṅkhārehica(색계와 무색계의 공덕행들도) – 공덕행(puññābhi saṅkhāra)이라고 알려진 색계의 공덕들이나 무색계와 관련된 공덕들 모두와

sassatuccheda gāhamānātimāna bahulehi(상견이나 단견에 집착하고 교만한 마음으로 오만함으로 가득참에 의해)–죽어서 돌고 도는 영원히 변치않는 영혼이 있다고 믿는 상견(常見), 죽은 다음에는 다시 태어남과 같은 것은 없다고 믿는 단견(斷見), 자만하고, 자만심에 가득차거나 혹은 이러한 잘못된 개념이나 잘못된 태도들에 대하여 흔들림이 없이 단단하게 자리잡은 상태에서

aniccaadhūvavipariṇāma dhammehi(무상하고 지속되지 아니하며 변하기마련인 법들에게서)–무상하고, 지속되지 아니하고, 변화하기 마련인 법들에서

rūpārūpabhavehice(색계와 무색계의 존재에서)–색계의 존재뿐만 아니라 무색계의 존재에서

vimokkho hoti(벗어난다) – 이러한 것들로부터 벗어나 고요한 행복이 일어난다.

idaṁ buddhasasane(이것을 부처님의 교법에서)– 이 색계의 존재와 무색계의 존재로부터의 해탈을 부처님의 교법에서

anupādisesaṁnāma asaṅkhataṁ(남김이 없다고 하는 조건지어지지아니함을)–존재의 무더기들과 오염된 갈애가 하나도 남김이 없는(無餘) 상태를

tatiya mahā nibbāna hoti(세 번째 대열반이라 한다)– 세 번째 대열반이라고 한다.

이것으로 세 번째 대열반을 마친다.

부처님 재세시에 다른 열반보다도 단연코 많은 첫 번째 대열반의 성취에 관한 설명

Ettha ca asaṅkhatanti tassa nibbānassa jarāmaraṇābhāvena niccadhuvāvipariṇāma dhammattā tadatthāya punamagga bhāvanākiccābhāvato saṅkhāra dukkharahitaṁ hoti. Tattha Buddhakālepi devamanusā pathama mahānibbāna pattāeva bahutarā honti; Dutiya mahānibbāna pattā appakāva honti; Tatiya mahānibbāna pattā pana appakatarāeva, kasmā indriyadhammānaṁ mudutarabahulaṭṭāti.

Ettha ca(이것과) – 열반을 설명하는 이 말과
asaṅkhatanti('형성되지 않은'이란) – 조건지어지지 아니함이라는
tassa nibbānassa(그 열반에) – 그러한 열반에게
jarāmaraṇābhāvena(늙음과 죽음은 없으므로) – 늙기마련인 것이나 죽기마련인 것들은 완전하게 없다.
niccadhuvāvipariṇāma dhammattā(항상하고 지속되고 변하지않는 법이기 때문에) – (그리고 열반은) 항상하고 지속되며 변화하지 않는 것이 본성이므로
tadatthāya(그 목적을 위하여) – 이 열반의 이익을 취하기 위하여
puna magga bhāvanākiccābhāvato(다시 道를 닦는 수행을 해야 하는) – 다시 열반에 이르기 위한 네 가지 바른 도를 닦을 필요가 없음으로
saṅkhāra dukkha rahitaṁ hoti(형성됨에 기인한 괴로움은 없다) – (열반에는) 우리를 괴롭히는 조건지워진 힘으로 인한 괴로움에 시달릴 일은 없다.
Tattha(거기서) – 열반이 가진 이 세 가지 측면에서
Buddhakālepi(부처님 재세시에도) – 부처님께서 계시던 동안에도

devamanusā(천인과 인간들로) - 천인과 인간들로
pathama mahānibbāna pattāeva(첫 번째 대열반을 증득한 이들이 진짜)
bahutarā honti(많았다)
Dutiya mahānibbāna devamanusā pattā appakāva honti(두 번째 대열반을 얻은 인간이나 천인들은 아주 적었다)
Tatiya mahānibbāna pattā pana appakataraāeva(그러나 세 번째 대열반을 얻을 이들은 참으로 더욱 적었다)
kasmā(왜 그런가?)
indriyadhammānaṁ(통제기능의 법들이)-통제기능이라는 관점에서
mudutarabahulaṭṭāti(약한 자들이 많았기 때문이다.)-이 기능이 거의 계발되어있지 아니한 자들이 아주 많았기 때문이다.
itiayaṁ parihāro(이와 같이 이것을 보살폈다) - 이것이 이 질문에 대한 답변이다.

세 가지 열반 가운데 첫 번째 대열반을 유여열반이라고 하는데 이는 오염된 갈애의 흔적과 존재의 무더기들이 아직은 남아있기 때문이다. 이 열반에 드는 순간부터 다양한 종류의 존재들로 태어나게 만드는 모든 종류의 잘못된 사견과 모든 형태의 잘못된 행위 그리고 모든 측면의 어리석음에서 완전하게 벗어난다. 그들은 비록 천상이나 인간으로 태어날 수는 있지만 낮은 신분으로는 태어나지 않고 고귀한 신분으로만 태어나게 된다.

Tattha saupādisesaṁ pathama mahānibbānaṁ pattassatato paṭṭhāya bhavābhavesu saṁsarantassa sabbā micchādiṭṭhiyoca sabbāni duccaritānica sabbāni apāyadukkānica natthi, devamanussesu saṁsarantassapi hinabhavānāma natthi, paṇitabhavā eva atthi.

Tattha(거기) – 세 가지 종류의 열반가운데

saupādisesaṁ(유여열반인) – 아직도 오염된 갈애의 흔적과 존재의 무더기들이 여전히 남아있으므로 남겨진 것이 있는 유여열반인

pathama mahānibbānaṁ(첫 대열반을)

pattassatato(증득한 사람은 그로부터) – 증득한 사람은 그 생의 다음 생부터는

bhavābhavesu(존재하게되는 존재들로) – 고귀하거나 미천한 생들을 통하여

saṁsarantassa(윤회함에서)–계속해 다시 태어나야만 하는 윤회에서

sabbā micchādiṭṭhiyoca(모든 사견들과) – 모든 종류의 잘못된 사견뿐만이 아니라

sabbāni duccaritānica(모든 잘못된 행들과)–모든 형태의 잘못된 행위들과

sabbāni apāyadukkānica(모든 악처의 괴로움들은)–모든 형태의 악처의 괴로움은

natthi(존재하지 않는다)–없어지고 존재하지 않게 된다.

devamanussesu saṁsarantassapi(천인이나 인간으로 윤회한다고 하여도)

hinabhavānāma natthi(미천한 존재의 이름을 갖지 않는다)–미천한 생을 영위해야만 하는 생은 존재하지 않는다.

paṇitabhavāeva atthi(고귀한 태어남만이 존재한다)–그 사람에게 오로지 고귀한 형태의 생(生)만 존재한다.

두 번째 세 번째 대열반을 증득한 분들의 미래에 대한 설명

Saupādisesaṁ Dutiya Mahā nibbāna pattasa tato paṭṭhāya kāmabhavesu paṭisandhieva natthi, upaṁrimaggaṁ labhitvā tasmiṁ bhavevā parinibbāyati. Jhānaṁ bhāvetvā upari brahmalokaṁvā gacchati anupādisesaṁ Tatiya Mahā nibbānaṁ pattassa pana punabbhavonāma natthi, tasmiṁ bhave eva parinibbāyati.

Saupādisesaṁ(유여열반인) – 유여열반(Saupādisesa)이라는 이름을 가진

Dutiya Mahā nibbāna(두 번째 대열반을)

pattasa(증득한 자는) – 증득한 사람은

tato paṭṭhāya(그로부터 시작한다)-그 도착 순간부터 시작한다.

kāmabhavesu paṭisandhieva natthi(욕계의 존재들로서 다시 태어남은 없다)-욕계의 존재로 더 이상 태에 듦은 없다.

upaṁrimaggaṁ labhitvā(수승한 도를 얻고서)-수승한 도(道)의 개념을 성취하고서

tasmiṁ bhavevā(그 존재에서)-그 존재계에서

parinibbāyati(완전한 열반에 든다)

Jhānaṁ bhāvetvā(선정을 닦고는)

upari brahmalokaṁvā gacchati(보다 높은 범천의 세계로 가서)-보다 수승한 존재인 범천의 세계로 간다.

anupādisesaṁ Tatiya Mahā nibbānaṁ pattassa(무여열반인 세 번째 대열반을 증득한 사람은)

pana(그러나)-이제 이야기는 세 번째 열반을 성취한 분에 대하여 이야기하겠다.

punabbhavonāma natthi(다시 존재라는 이름은 없다)-(그분들에게-역자) 새로 다시 태어남은 더 이상 존재하지 않는다.

tasmiṁ bhave eva parinibbāyati(그 존재계에서 반드시 완전한 열반에 든다)-바로 그 존재로 그 분은 반열반(parinibbāna)을 성취한다.

4. 윤회(saṁsāra)의 세 가지 흐름에 대한 설명

① 윤회(saṁsāra) : 다시 태어나는 사이클의 멈춤이 없는 현상
② 윤회의 회전(saṁsāra vaṭṭa) : 다시 태어나는 사이클 현상
③ 윤회의 회전(saṁsāra vaṭṭa)인 괴로움은 실재이다.
④ 윤회의 회전인 괴로움에서 벗어날 수 있다는 말은 사실이다.

여기에서 윤회하는 존재(중생) - 살아있는 유정들이 헤아릴 수 없는 시간(劫) 속에서 그침도 없이 계속해서 이어지는 중생들은 느낌에 대한 인식과 요소들, 무더기(蘊)들의 조합으로 나타난다. 여기에는 상(上), 중(中), 하(下)라는 세 가지 윤회의 흐름이 있다.

하(下)의 윤회(lower saṁsāra)란 사악처(지옥, 아귀, 축생, 아수라)에 떨어지는 것을 말한다.

중(中)의 윤회(middle saṁsāra)란 인간과 욕계의 여섯 천상에 천인(天人, devā)으로 나는 것을 말한다.

상(上)의 윤회(upper saṁsāra)란 범천의 20세계에 태어나는 것을 말한다.

윤회의 회전(saṁsāra vaṭṭa)을 일으키는 3가지 기본요소

재생(再生)의 악순환은 다음과 같다.

① 오염원의 회전(kilesa vaṭṭa)

② 업의 회전(kamma vaṭṭa)

③ 과보의 회전(vipāka vaṭṭa)

윤회를 일으키는 이러한 요소들은 윤회의 수준에 따라 각기 다른 독특한 모습을 갖추고 있는데 다음과 같다.

1) 악처인 하(下)의 윤회(lower saṁsāra)**에서 3가지 회전**

① 오염원의 회전(kilesa vaṭṭa) : 존재를 구성하는 다섯 무더기(五蘊)에 영혼이 있다고 믿는 아견(我見, atta diṭṭhī)때문에.

② 업의 회전(kamma vaṭṭa) : 과거와 현재에 헤아릴 수도 없는 불선업들을 짓는다.

③ 과보의 회전(vipāka vaṭṭa) : (그 과보로-역자) 지옥, 아귀, 축생 그리고 아수라의 몸과 마음의 무더기를 과보로 받는다.

왜 아견(我見, atta diṭṭhī)을 악처에 윤회하게 만드는 오염원의 회전이라고 하는가? 왜냐하면 이 아견을 갖는 중생이 지금은 비록 인간의 몸을 하고 있지만 결국은 악처에 계속 떨어지게 될 것이기 때문이다. 마찬가지로 지금은 비록 천상이나 범천계에 살고 있는 천신이라 하더라도 그러한 믿음이 있는 한 계속해서 악처에 떨어지기 마련이다. 그래서 그러한 아견(我見)을 악처에 떨어지게 만드는 오염원의 회전이라고 부른다.

그리고 과거와 현재에 헤아릴 수도 없이 지은 비도덕적 행위들을 왜 악처에 떨어지게 만드는 '업의 회전'이라고 하는가? 왜냐하면 우리는 계속되는 윤회에서 현생뿐만이 아니라 헤아릴 수도 없는 과거의 생들을 통해 자아에 대한 견해(유신견,attadiṭṭhi)를 갖게 만드는 잘못을 수도 없이 저질러 왔기 때문이다. 그리고 현생에 이르기까지 그러한 견해를 움켜쥔 결과, 중생들을 악처에 떨어지게 만드는 공덕이 되지 않는 비도덕적 행위들을 하게 만든다. 미래에도 자아에 대한 어리석은 믿음이 계속되는 한 악처에 떨어지게 만드는 비도덕적 행위들을 셀 수도 없이 하게 될 것이므로 업의 회전이라고 하였다.

2) 중간(中)의 윤회(middle saṁsāra)에서 **3가지 회전**

① 오염원의 회전(kilesa vaṭṭa) : 감각적인 즐거움에 대한 갈애(kāma taṅha)때문에

② 업의 회전(kamma vaṭṭa) : 상류층의 인간이나 천신으로 다시 태어나 행복한 삶을 살기 위하여 보시(dāna)와 지계(sīla) 그리고 수행(bhāvana)을 한다.

③ 과보의 회전(vipāka vaṭṭa) : 결과로 인간이나 천신이라는 존재의 무더기들을 과보로 받게된다.

감각적 즐거움에 대한 갈애를 왜 오염원의 회전이라고 하는가? 지금은 비록 범천과 같이 위의 천상에 있다 하더라도 욕정에 휩싸인 자는 인간이나 천신의 세계에 반복해서 태어나게 될 것이기 때문이다. 이것이 내재된 욕망을 중간의 세계에 윤회하게 만드는 오염원의 회전이라 한 이유이다.

감각적 즐거움에 대한 갈애(kāma taṅha)란

- 눈을 즐겁게 하는 것에 대한 갈애
- 귀를 즐겁게 하는 것에 대한 갈애
- 코를 즐겁게 하는 것에 대한 갈애
- 혀를 즐겁게 하는 것에 대한 갈애
- 몸을 즐겁게 하는 것에 대한 갈애를 의미한다.

이러한 다섯 가지 감각적인 즐거움들에 대한 갈애가 욕망에 대한 갈애(kamma taṅha)이다. 다른 말로 위와 같은 다섯 가지 감각적 즐거움들에 대한 즐김 혹은 끌림을 말한다.

3) 상(上)의 윤회(upper saṁsāra)의 **3가지 회전**

① 오염원의 회전(kilesa vaṭṭa) : 존재에 대한 갈애 때문에

② 업의 회전(kamma vaṭṭa) : 선정과 관련된 9가지 고귀한 마음(mahaggata citta)을 닦는다.

③ 과보의 회전(vipāka vaṭṭa) : 결과적으로 색계나 무색계의 범천의 무더기라는 과보를 받는다.

존재에 대한 갈애(bhava taṅha)란 선정(jhāna)의 심리적 상태를 즐김, 신통(abhiññā)과 본삼매(samāpatti)의 행복을 스스로 즐기는 것을 의미한다. 신통력(abhiññā)의 즐김이란 다른 이들을 위한 본삼매의 증득과정을 통해 나온다. 이러한 두 가지 측면 모두에 대한 갈애가 곧 상(上)으로의 윤회를 일으키는 오염원의 회전이다.

업의 회전(kamma vaṭṭa)이란 9개의 고귀한 마음(mahaggata kusala)으로 색계의 5가지 선정, 즉 초선, 이선, 삼선, 사선, 오선정이라는 5가지 공덕행과 4가지 무색계 선정의 마음과 관련된 것이다.

4) 윤회는 곧 괴로움(saṁsara vaṭṭa dukkhato)

끝도 없이 다시 태어나야만 하는 윤회의 괴로움

① 태어남은 괴로움(jāti dukkha)

② 늙음도 괴로움(jarā dukkha)

③ 죽음도 괴로움(maraṇa dukkha)

④ 근심도 괴로움(soka dukkha)

⑤ 탄식도 괴로움(parideva dukkha)
⑥ 육체적 고통도 괴로움(dukkha dukkha)
⑦ 정신적 괴로움도 괴로움(domanassa dukkha)
⑧ 절망도 괴로움(upāyāsa dukkha)
⑨ 싫어하는 것을 만나야만 하는 괴로움(apiyasammpayoga dukkha)
⑩ 좋아하는 것과 헤어져야만 하는 괴로움(piyavippayoga dukkha)
⑪ 원하는 것을 얻지 못하는 괴로움(icchāvighāta dukkha)

괴로움에 대한 보다 자세한 설명은 괴로움의 진리 해설을 참조하라.[280](맛지마니까야의 진리분석경 dukkhasaccā mūlaniddesa 참조)

윤회의 괴로움에는 세 가지 측면이 있다.
1) 낮은 세계(下)로 윤회하며 받는 괴로움
2) 중간 세계(中)로 윤회하며 받는 괴로움
3) 위의 세계(上)로 윤회하며 받는 괴로움

불교도들의 열반(Buddhabhāsā nibbāna)

괴로움인 윤회의 회전(saṁsara vaṭṭa dukkha)에서 벗어나 열반을 이루는 것

280) 중부의 진리 분석경에 자세하게 나오니 참조할 것 -역주-

5. 3가지 종류의 열반

열반에는 세 가지 종류가 있다.

① 첫 번째 열반
② 두 번째 열반
③ 세 번째 열반

이 세 가지 가운데 첫 번째 열반의 특징은 지옥, 아귀, 축생, 아수라라고 하는 사악도에 떨어져서 받는 고통이 완전하게 끝이 나고 그곳에 결코 태어나는 일이 없다.

두 번째 열반의 특징은 중간 세계인 인간이나 욕계 천인으로 다시 태어나 받게 되는 괴로움이 완전하게 끝이 나고 결코 다시는 그곳에 태어나는 일은 없다.

세 번째 열반의 특징은 색계나 무색계의 범천으로 태어나 받게 될 고통은 완전히 끝이 나고 다시는 그곳에 태어나는 일이 결코 없다.

1) 첫 번째 대열반(수다원과 사다함)

① 갈애(taṅha)와 함께하는 자아에 대한 견해(有身見, attadiṭṭhi)가 사라지고 ② 악처에 떨어지게 할 비도덕적인 행위들(ducarita)을 더 이상 하지 않게 된다 ③ 악처(apāya)에 떨어질 가능성이 영원히 제거된다. 열반을 증득한 순간부터 사견(邪見)이 함께하는 갈애(diṭṭhi sampayutta taṅha), 즉 자아에 대한 견해(常見)는 사라지고, 악행(ducarita)의 위험과 악처에 떨어지는 위험에서 벗어난다. 이러한 두 가지 위험으로부터의 벗어남이 첫 번째 대열반으로 조건지어지지 않은 유여열반(asaṅkhata saupādisesa)이라 한다. 유여열반인 이유는 아직 오염된 번뇌들과 존재

를 구성하는 무더기(五蘊)들이 남아있기 때문이다. 이 첫 번째 열반을 얻은 성인들은 두 계층이 있는데, 첫 번째 과위를 얻어 청정한 성인이 된 수다원(sotapanna puggala)과 두 번째 과위를 얻은 사다함(sakadākgāmi puggala)이다.

사람에게는 영혼과 같은 것이 없다는 무아의 지혜(anatta ñāṇa)를 깨달은 자와 자아에 대한 견해(attadiṭṭhi)인 어리석음을 완전히 제거한 사람은 비도덕적인 악업을 행할 위험에서 벗어났다. 이 사람은 과거에 저지른 비도덕적인 악행은 물론 금생에 저지른 악행으로 인해 악처에 떨어질 위험으로부터 벗어난다. 자아에 대한 어리석음이 제거되는 순간부터 끊임없이 돌고 돌던 악처로 윤회하는 삶은 사라졌다. 이러한 사람들은 낮은 세계, 저열한 삶, 악처에 태어나지 않는다. 보다 높은 세계로부터 더 높은 세계로 새로운 길을 따라간다. 비록 인간세계에 태어나더라도 저속한 비도덕적 행위와 생각에서 벗어나고, 경제적 빈곤과 불행에서도 벗어나고 신체적 장애도 없이 태어난다. 그들은 도덕적으로 생활을 하고, 부유하며, 행복하게 쾌적한 생활을 즐기며 신체적인 결점도 없는 건강한 삶을 누린다. 천상에 태어난 존재들도 이와 같다.

첫 번째 대열반을 증득한 자는 범부의 삶에서 벗어나 청정한 성인의 반열에 든다. 첫 번째 대열반을 얻으면 범부에서 벗어나 출세간의 존재가 되는 것이다. 인간이나 천신 혹은 범천으로 여러 번 다시 태어난다고 하더라도 윤회의 소용돌이에 빠져서 허우적거리며 이곳저곳으로 폭류에 떠밀려가지는 않는다. 자아에 대한 어리석음 때문에 앞을 보지 못하는 사람에게 소용돌이치는 윤회의 과정은 마치 마른 통나무가 소용돌이에 휩쓸려 가라앉았다가 다시 물살에 떠밀려가는 것과 같다. 그렇지만 자아에 대한 무지가 제거된 사람들은 강을 따라 편안한 여행을 하고 바닥에 가라앉는다거나 폭류에 휩쓸려가지 않는다. 그들은 선처(sugati)인 자신이 원하는 범부의 세계나 출세간의 항구를 향해 흘러가는 배와 같다. 인간으로 태어난다면 생을 즐김은 물론 열반을 즐긴다. 인간의 생을 즐긴다는 의미는 고생을 할 필요가 없다는 의미이다. 하물며 열반의 즐김이야 말해 무엇을 하랴.

열반의 즐거움을 즐기기

어떤 사람이 비도덕적인 행위를 하는 것을 보면 이 사람은 내생에 악처에 떨어지겠구나 하고 깨닫는다. 그리고 자신은 미래에 태어나게 될 모든 생들에서 그러한 비참한 운명을 겪지 않아도 된다는 사실을 돌아보면 편안해진다. 개나 돼지, 올빼미 혹은 새(조류)들이 얼마나 큰 고통을 느끼는지 알게 된다면 이러한 악처에 떨어져 고통을 받아서는 안 된다는 사실을 절감하게 된다. 이런 까닭으로 기뻐하는 것이다. 이것이 열반이 주는 즐거움이다. 세속적인 재화와 서비스를 즐기는 것이 큰 즐거움이라는 것은 쉽게 알 수 있고 증명하기가 쉬운 반면에 열반의 즐거움은 출렁임이 없으므로 증명하기가 쉽지 않다. 진실로 열반은 세속적인 부나 호화로운 즐김보다 위대하고 수승하다. 예를 들면, 지옥의 고통에서 영원히 벗어남은 전륜성왕이 누리는 즐거움보다도 백천만 배 이상 크다. 마찬가지로 천상의 즐거움과 삭까천왕 혹은 범천이 누리는 세속적 즐거움보다 몇천억 배 이상 크다. 부처님의 가르침을 만난 것이 다행인 것은 이러한 단순한 세속적 이익 때문이 아니라 동요가 없는 열반을 얻을 가능성 때문이다. 이것이 바로 첫 번째 열반이 주는 즐거움이다.

2) 두 번째 대열반(아나함)

어떤 순간에 감각적 욕망이 완전히 제거되면 무명이라는 미혹한 개념은 일어나지 않는다. 그래서 이 순간은 미래에 감각적인 욕망을 즐기는 세계에 다시 태어나는 것으로부터의 완전한 벗어남 그리고 종식의 순간이다. 또한 바로 이 순간에 모든 감각적 욕망은 종식되고 그것으로부터 벗어난다. 이 수행자는 바로 그 순간에 비도덕적 행위가 몰아치는 격랑의 바다에서 벗어나고 잘못된 생계를 추구하지 않게 되며 악처에 떨어지게 될 가능성에서 벗어난다. 이러한 위대한 벗어남을 유여열반이라 하는데 부처님의 교법 가운데 아직은 번뇌와 존재의 무더기들이 남아 있기에 그렇게 부른다. 이것들이 두 번째 대열반의 이익이다. 이러한 위대한 열반을 즐기는 분은 아나함(不還者)이다. 아나함은 세 번째 과위인 열반을 성취하고는 이 열반의 즐거움을 누린다. 감각적인 욕망을 완전하게 가라앉히기 위하여 자기의 다섯 무더기(五蘊)들을 있는 그대로 분명하게 식별하다가 통찰지가 무르익어 아나함도(道)를 얻게 되면 감각적인 욕망은 완전하게 사라지고, 인간이나 천신으로 태어나게 만드는 원인이 되는 모든 도덕적 행(공덕행)들은 완전하게 소멸되며 다음 생부터는 인간이나 천신으로 결코 다시 태어나지 않는다. 한편 인간이나 천신의 삶이 곧 괴로움이라는 것을 다음과 같이 비유를 통해 알 수 있다.

똥으로 가득 찬 몸의 비유

이 몸이란 똥으로 가득 차 있는 것인데 붉고 노란색 등으로 화장을 한다. 이런 상자를 비단이나 공단 같은 값비싼 옷으로 꾸며 놓았다고 해보자. 그런데 이 혐오스러운 몸뚱아리 안에는 도깨비나 유령 혹은 보기 흉한 귀신과 같은 존재들이 머물고 있다. 독사와 전갈 그리고 지네와 같은 다른 벌레가 구더기들과 함께 그 속에서 꿈틀대고 있다.

이 비유에서 이 상자란 욕계의 존재들을 의미한다. 갈애(taṅha)와 자만(māna) 그리고 사견(diṭṭhi)은 도깨비, 유령, 보기 흉한 귀신들이다. 나머지 오염들은 상자 속에서 꿈틀대는 뱀, 전갈, 지네와 같다. 그리고 태어남(jāti), 늙음(jarā), 죽음(maraṇa), 근심(soka), 탄식(parideva)은 몸속에서 꿈틀대는 벌레나 구더기들이다. 이 비유는 인간과 천신으로 태어났을 때의 괴로움을 비유로써 표현한 것이다. 이것으로 두 번째 대열반에 대한 설명을 마친다.

3) 세 번째 대열반(아라한)

세 번째 대열반을 증득하면 색계와 무색계의 존재에 대한 갈애(色愛, 無色愛)는 완전히 제거된다. 무색계뿐만 아니라 색계도 제거가 되는 효과가 있다. 그리고 색계와 무색계의 존재들을 구속하고 있는 다음과 같은 위험들로부터 벗어난다.[281)]

상견(常見, sassataditthi)-영원히 돌고 도는 영혼이 있다는 어리석은 믿음에 대한 위험

단견(斷見, ucchedaditthi)-죽은 이후의 또 다른 생(生)은 없다라는 믿음에 대한 위험

자만(自慢, māna) - 자만의 위험

무상(anicca) - 무상의 위험

또한 이 세 번째 열반이 의미하는 것은 모든 종류의 오염된 취착과 어떤 모습을 가진 존재로 다시 태어나야만 하는 구속으로부터 벗어남을 의미한다. 이 위대한 해탈을 부처님의 교단에서는 조건지어지지 않은 대열반이라고 부른다. 이것이 바로 궁극적 실재이며 네 번째 과위인 열반을 증득하여 청정해진 성자들이 즐기는 열반의 즐거움이다. 범천이 자신의 무더기들을 있는 그대로 분명하게 식별해서 아라한도(道)를 얻는다. 이때 존재에 대한 갈애는 완전히 뿌리가 뽑힌다. 존재에 대한 갈애가 완

281) 원전에는 아래의 자만과 무상의 위험과 함께 변치 않는 영혼이나 자아가 있다는 상견(常見) 그리고 죽으면 모든 것이 끝이라는 단견(斷見)도 포함되어 있는 것을 역자가 삭제하였다. 아라한 과위인 이 세 번째 대열반은 아비담마 등의 자료에서 상견과 단견의 자료가 보이지 않고 오히려 수다원도를 얻을 때 상견이 제거되는 것으로 많은 문헌에서 나와서 그러한 것이니 독자 제현은 주의 바람-역주-

전히 뽑혀 나가는 순간 범천의 세계에 다시 태어나게 만드는 모든 공덕행은 소멸한다. 그리고 미래에 범천으로 계속해서 다시 태어나야할 무더기들은 완전하게 사라지고 소멸된다. 다음은 범천이라는 존재도 괴로움임을 보여주기 위한 비유이다.

왕겨로 가득 찬 상자에 대한 비유

왕겨로 채워진 큰 상자에 울긋불긋하게 치장하고 비단과 공단 등의 옷감으로 치장을 하였다고 상상해보라. 그 상자 안의 왕겨 속에는 도깨비와 유령과 흉측한 귀신이 살고 있다. 그리고 모든 종류의 독을 가진 뱀, 전갈과 지네도 살고 있고 껍질을 갉아먹는 곤충들도 살고 있다고 하자.

이 비유에서 왕겨로 가득 차있는 상자란 범천이라는 중생의 몸이다. 갈애와 자만심과 사견은 도깨비, 유령 그리고 흉측한 귀신이다. 오염된 애착과 관련된 모든 현상들은 독사, 전갈 그리고 지네와 같다. 태어남(jāti)-늙음(jarā)-죽음(maraṇa)과 같은 일련의 겪어야만 하는 괴로움의 연속과정은 상자 속에서 왕겨를 파먹고 사는 여러 종류의 벌레들로 비유된다.

왕겨로 가득 찬 상자를 닮은 범천의 몸(蘊)을 통찰지로 꿰뚫어 보면 왕겨로 구성된 쓸모가 전혀 없는 단지 기생충과 벌레들이 머무는 공간일 뿐이다.

살아있는 모든 중생들은 피할 수도 없고, 시작도 없고 끝도 없는 윤회의 압박을 끝도 없이 견뎌야만 한다. 모든 살아있는 중생들의 공통점은 괴로움이다. 악처 그 이상도 그 이하도 아니다. 그러므로 비록 수승한 범천의 신이 된다고 할지라도 그것은 껍질들로 가득 차 있는 상자에 불과하다.

바로 이렇게 수승한 범천도 해로움이고 괴로움이라고 반조한다.

[이것으로 세 번째 대열반에 관한 설명을 마친다.]

이 세 가지 열반 가운데 첫 번째 열반을 성취하는 것이 가장 중요하다. 부처님의 가르침이 아직 남아 있는 지금 인간이나 천신의 세상에서 열반을 증득할 수 있다. 부처님의 가르침이 남아 있는 지금 인간의 몸을 받아 태어났다는 것은 아주 만나기 어려운 기회를 잡은 것이다. 그런데 첫 번째 열반도 증득하지 못한다면 이 황금과도 같은 기회는 날아가 버리고 누릴 수 있는 바람직한 이익 또한 얻지 못하게 될 것이다. 많은 사람들은 석가모니 부처님 시대에는 열반을 얻지 못하고 미래의 부처님인 미륵불 시대가 와야지만 가능하다 생각한다. 이것은 미륵불의 시대에 성불을 한다는 수기를 받은 사람에게만 적용되는 이야기이다. 만약 수기를 받지 않았다면 열반의 증득은 아주 어려울 것이다.

열반의 증득은 왜 그렇게 어려운가?

역사적인 인물인 석가모니 부처님의 가르침이 사라지고 미래불인 미륵불이 성불하여 세상에 오시려면 아직도 무량한 세월을 기다려야만 한다. 우리가 인간이나 천신으로 십만 번 이상 다시 태어난다 하여도 미륵불은 아직 오시지 않았을 것이다. 게다가 미륵불이 오시기 전에 석가모니 부처님의 가르침은 사라진다. 우리는 이 길고 긴 어둠의 시대를 지나야만 한다. 이러한 어둠의 시대에 태어날 사람들은 그 후로 얼마나 많은 생을 악처에 다시 떨어져야만 하는지 아무도 모른다. 어떤 사람은 십만 번 이상을 악처에 떨어져야만 할 것이다. 더욱 큰 문제는 이러한 가혹한 운명에 처한 자가 미륵불의 가르침을 받을 기회는 거의 없다고 보는 것이 맞다. 지혜가 있는 현자들은 이것을 엄연한 사실로 받아들인다.

6. 명상수행법

1) 사대(四大)-간단하게 서술하다

cattāro-4가지
Mahābhūtā-근본요소들은
Pathavī-딱딱함 혹은 땅의 요소
āpo-응집 혹은 물의 요소
tejo-뜨거움 혹은 불의 요소
vāyo-움직임 혹은 바람의 요소
ime-이것들이다.

tattha-이 네 가지 가운데
kakkhaḷbhāvo(단단한 것)-손의 단단함과 같은 특징이나
mudbhāvo(부드러운 것)-다른 부위의 부드러운 특징은
Pathavī-땅(Pathavī)의 본질이다.

ābandhanaṁ-응집(밧줄로 꽁꽁 동여맨 느낌-역주)이나
paggharanaṁ-흘러나옴이나 새어나옴의 특징은
āpo-물(āpo)의 본질이다.

uṇhabhāvo-뜨거움이라는 특징과
sītabhāvo-차가움이라는 특징은
tejo-불(tejo)의 본질이다.

vitthabhanaṁ(지지)-압력으로인한 팽팽함이나
samudīranaṁ-움직임이라는 특징은
vāyo-바람(vāyo)의 본질이다.

사대요소에 대한 보다 구체적인 설명은 다음과 같다.

① 땅의 요소의 특징

땅의 요소의 핵심은 딱딱함이나 부드러운 상태이다. 우리가 만약 하나의 원자를 수십만 번 이상 잘게 쪼갠다 하여도 단 하나의 딱딱함이란 물질은 드러나지 않을 것이다. 그럼에도 강이나 냇가, 샘이나 습지의 맑은 **물**이나 태양, 달, 별, 불, 루비 등의 **빛**이나 멀리서 혹은 가까이서 들려오는 종소리나 트라이앵글의 웅웅거리는 **소리**나 멀리서 혹은 가까이서 풍겨오는 향기나 악취 속에 이 땅의 요소는 분명하게 존재한다. 이 땅의 요소란 딱딱함이나 부드러움이라는 특징이지 물체가 아니므로 느낄 수가 없다. 이 땅의 요소를 극단적으로 표현할 때 얼마나 딱딱한지는 중요하지 않고 얼마나 미세하고 부드러운지에 의하여 조건지어진다. 이와 같은 딱딱함의 범주는 가장 딱딱한 다이아몬드로부터 가장 부드러운 별빛이나 달빛에 이른다. 이것은 궁극적 관점에서 보는 딱딱함이고 일반인들이 생각하는 딱딱함은 아니다. 개념으로만 생각해 본다면 땅의 요소는 궁극적으로 끈적끈적한 아교질의 상태이므로 수억 개가 모인다면 하나의 원자라는 물질이 형성되고 또 이러한 원자 수억 개가 모인다면 한 마리의 빈대가 될 수도 있겠다고 생각할 것이다.

이런 식으로 생각을 진전시켜보면 살아 있는 중생들, 키가 4,800요자나나 되는 아수라 신이 되고, 폭이 8만4천 요자나인 시네루산이 되고, 24만 요자나의 깊이를 가진 땅덩어리(지구)가 만들어진다. 하나의 원자에서 시작해서 아주 작은 벼룩을 포함한 모든 생물과 무생물을 구성하는 물질에는 이 딱딱함과 부드러움이라고 하는 땅의 요소를 가지고 있다. 이 땅의 요소가 없다면 구체적인 물질을 구성하는 다른 요소들도 있을 수가 없다. 물의 요소, 불의 요소, 바람의 요소가 존재하려면 이 땅의 요소가 있어야만 한다.

수미산(시네루)과 지구

궁극적 관점에서 땅의 요소는 수미산 전체 혹은 지구 어느 곳에서도 발견할 수가 없다. 심지어는 원자라는 하나의 소립자 속에서도 발견할 수 없다. 거울 속에 비춰지는 이미지나 물의 표면에 비춰지는 이미지와 같이 무형적 차원에서의 윤곽은 그려볼 수 있지만 구체적 형태를 갖춘 물질, 심지어 원자나 분자와 같은 차원에서는 이해할 수가 없다. 만약 원자와 같은 차원에서 물질을(시각적으로-역자) 식별하였다면 수행자가 본 그것은 궁극적 관점의 땅의 요소가 아니라 단지 형상을 보고 오해하였을 뿐이다. 형상을 물질이라고 오해하게 되면 상카라들의 일어남과 사라짐을 식별하기 어려워질 수도 있다. 하지만 수미산과 지구에서 물질인 원자를 보지도 않고 그 단단함과 딱딱함이라는 궁극적 성품인 땅의 요소를 알 수 있다면 작은 생물과 무생물에서 땅의 요소를 식별하는 명상은 아주 수월할 것이다. 거울이나 물 위에 비친 나무나 산의 모습은 스케일 측면에서 수미산보다 크게 보일 수 있다. 비추어진 그 모습 속에는 물질인 하나의 원자도 없다. 비추어진 모습은 눈 깜빡할 사이 혹은 번갯불이 한번 번쩍하는 사이에 사라진다. 마찬가지로 비추어진 수미산을 궁극적 관점에서 보면 단 하나의 물질인 원자도 가지고 있다고 장담할 수 없다. 또한 나타난 땅의 요소가 수미산보다 크다 할 지라도 이 땅의 요소는 눈 한번 깜빡하고 번개가 한번 번쩍하는 사이에 수백 번 이상 사라져가는 것이 수행자의 마음속에 분명하게 다가온다. 우리의 몸에서 이 땅의 요소를 식별할 때에는 식별할 수 있는 크기로 나누어 부분부분, 단계단계 식별하는 것이 좋다.

머리의 해부

자 이제 머리를 나누어 봄에 있어 안팎의 차이를 보지 말고 전체를 보아야 한다. 머리의 겉 모습은 땅의 요소로 구성되어 있지 아니하다고 보이므로 꿰뚫어 보는 이 수술을 할 때 장애가 된다. (시술자의 머릿속에 이미-역자) 들어와 있는 이러한 고정관념은 방해가 된다.

통찰지를 얻으려면 당신의 관점이 중요하다. 할 수 있는 데까지 통찰지를 가지고 곧바로 머리에서 발끝까지 이동하라. 머리끝에서 발끝까지 직선으로 머리꼭대기에서 발끝까지 꿰뚫어보라. 이렇게 자기 몸을 통찰할 때, 셀 수도 없이 날카로운 우주의 행성들과 무수한 우주공간들 그리고 그 안에 있는 수없이 많은 움직이는 것들을 보게 될 것이다.

궁극적 관점에서 땅의 요소를 보았다면 남아있는 물의 요소, 불의 요소, 바람의 요소 그리고 내부의 감관인 눈, 귀, 코 등과 외부의 대상인 형상, 소리, 냄새 등과 같은 것들을 쉽게 볼 수 있을 것이다. 이것으로 땅의 요소를 보는 방법에 대한 설명을 마친다.

② 물의 요소의 특징

궁극적 실재인 물의 요소는 들러붙고, 점착하고, 접착하여 겹으로 쌓는 경향이 있다. 이러한 경향들이 발전이 되면 젖고 새어나옴이라는 특징이 흐름과 응집이라는 물의 요소를 일어나게 만든다. 물의 요소가 가지고 있는 이러한 본래의 특징들을 백 개, 천 개로 쪼갠다고 하더라도 아주 소량의 단단한 물질도 발견되지 않을 것이다. 들러붙고 응집하는 것은 단지 물의 요소가 가지고 있는 현상일 뿐이다. 이러한 들러붙고 응집하는 물의 특징은 남아있는 다른 땅의 요소, 불의 요소, 바람의 요소에 영향을 주어 동일한 성질의 어떤 것을 형성한다. 이 응집이라는 특징이 없다면 다른 세 가지 사대요소들은 서로 모여 있지 못하고 아주 짧은 순간에 흩어지게 된다. 이 세상에서 아원자 입자로부터 아수라까지 그리고 우주를 에워싸고 있는 수미산부터 지구까지 크고 작은 물질들의 모습은 모두 물의 요소 덕분이다. 이 물의 요소가 없다면 혹은 응집이라는 성질이 없다면 단단한 성질을 갖게 만들 수 있는 요소는 없을 것이다. 바다 속으로 깊이가 8만4천 요자나, 크기는 이것의 두 배나 되는 수미산도 이 응집이라는 힘을 토대로 형성되었음이 틀림없다. 이 응집의 힘이 사라진다면 눈 깜빡하는 사이에 모든 조직은 분리되고 말 것이다. 이 지구도 응집이라는 힘이 사라지면 허공 속으로 흩어져버릴 것이다. 우주를 감싸고 있는 수미산을 단단히 잡고 있는 것은 바로 이 응집 말고는 없다. 지구에 있는 바위를 단단히 잡고 함께하는 궁극적 실재인 땅의 요소, 불의 요소, 바람의 요소를 서로 단단히 잡고 있는 성질은 바로 이 응집이다. 조건지어지지 않은 열반의 특징을 제외하고 모든 궁극적 실재들은 눈 한번 깜빡하는 사이에 혹은 번개가 번쩍하는 시간 보다 오래 존재할 수 없다.

수미산이나 지구에서 궁극적 관점의 물의 요소를 보려면, 딱딱함이나 부드러움 같은 땅의 요소의 특징과 응집이라는 물의 요소의 특징을 구별하여 식별해야 한다. 물의 요소는 땅의 요소를 식별한 다음에 한다. 그런데 눈의 대상인 형상이라는 물질은 이러한 명상을 방해하는 경향이 있다. (대상의 물질적인 형상은 분석(수행)을 방해하고 수행이 진전된 이후에 경험하게 될 어떠한 현상의 일어남과 사라짐을 보는 것에 장애가 될 수 있다.) 궁극적 실재를 분명하게 보게 되면 무상하고, 괴로움이며, 실체가 없는 무아라는 것을 또렷하게 이해하게 된다. 땅의 요소를 설명했을 때와 마찬가지로 수행자에게 물의 요소의 특징이 분명하게 드러나게 되면 수미산이나 지구는 태양과 달과 햇빛, 하늘과 구름 같은 것들이 모인 것이 아니고 단지 요소들을 응집시켜 구조화(형성케) 하는 물의 요소의 특징이 드러난 것에 불과하다는 것을 깨닫게 된다.

이것을 깨닫게 되면 사람이나 천신 그리고 범천의 수승한 신들에서도 이 물의 요소의 나타남을 쉽게 볼 수 있게 된다. 이 수행의 가장 중요한 목표는 다양한 형태를 지닌 중생들에게서 이 물의 요소의 특징을 보는 것이다.

서두에서 수행자는 수미산과 지구를 포함하여 살아있는 중생들에게서 물의 요소의 특징을 명확히 보아야 한다고 강조했다. 이를 위하여 자신의 머리끝부터 발끝까지 예리한 눈으로 물의 요소의 특징을 명확히 식별하였다면 다른 사대요소들도 마찬가지로 식별하여야 한다. 이상 물의 요소를 식별하는 방법을 간략히 설명하였다.

③ 불의 요소의 특징

뜨겁고 차가운 성질은 불의 요소가 가지고 있는 특징이다. 뜨거움이나 차가움의 상태는 함께하는 지대, 수대, 풍대의 요소들을 무르익게 만드는 작용을 한다. 뜨거움과 차가움은 함께하는 나머지 근본물질(사대요소)들을 성숙하게 만들고 자신들이 갖고 있는 성품을 최대한 발휘하게 만든다.

암탉은 낳은 계란을 부화시켜 병아리가 되기까지 가슴에 품어 끊임없이 따스한 온기를 제공하는 등 여러 단계를 거쳐 부화를 시킨다. 만약 암탉이 계란을 품지 않는다면 병아리로 부화되지 못한다. 암탉의 뱃속에서 전해지던 따스한 기운이 알을 낳은 이후에도 유지되지 않는다면 계란은 곯아버리게 된다.

만약 비유를 해본다면 불의 요소는 암탉의 체온과 같고 나머지 함께하는 근본물질인 땅의 요소, 물의 요소, 바람의 요소는 계란의 노른자와 같다. 불의 요소가 함께 할 때만이 땅의 요소는 딱딱함이라는 성질을 최대한 계발하고, 물의 요소는 응집의 성질을 최대한 무르익게 하고, 바람의 요소는 움직임의 성품을 최대한 계발하게 된다. 이 불의 요소가 없다면 함께하는 다른 근본물질들이 보유한 고유한 성품은 최대한 무르익지 못한다.

바닷물과 강물은 뜨거움의 반대인 차가움의 산물이며, 이 차가움에 의하여 지배되고 이 차가움의 기능을 통해 계속해서 생산된다. 우주를 둘러싸고 있는 수미산과 지구의 대륙들과 바위들도 뜨거움의 연장선에 있는 차가움의 산물이다. 불의 요소를 명상할 때에는 다른 요소들이 끼어들지 않게 조심해야하고 오로지 불의 요소에만 집중해야 한다. 어떤 것의 뜨거움을 명상할 때에는 뜨거움만을 명상하고 차가움을 명상할 때에는 차가움만을 명상해야 한다. 명상하는 중에 그 대상의 외모, 형태, 재질 혹은 명칭 등이 끼어들지 않게 해야 한다. 이 뜨거움과 차가움이라고 하는 불의 요소는 절대적 관점에서 보면 심지어 원자 하나 분량에 해당하는 극소량의 물질이 드러나는 것이 아니다. 이것은 마치 태양과 달, 구름과 하늘이라는 개념이 우리의 마음속에 나타나는 것처럼 보아야한다. 이 불의 요소를 자신의 몸 안에서 분명하게 보고 명상 할 수 있으면 수 없이 많은 외부의 중생들에게서도 불의 요소를 분명하게 볼 수 있을 것이다. 이것으로 불의 요소를 절대적 관점(궁극적 관점)에서 명확하게 보는 방법에 대한 설명을 마친다.

④ 바람의 요소의 특징

타오르는 불길에서 연기를 피어오르게 하고, 불이 가진 잠재력으로 일어난 바람의 요소는 불을 더욱 타오르게 하고 유지시킨다. 이러한 바람의 요소 때문에 불길은 번져가고, 더욱 강렬히 타오르며 불빛을 더욱 밝게 만들고, 넘실거리는 불길을 더욱 치솟게 하며, 연기를 피어오르게 하고 이곳에서 저곳으로 번지게 한다. 이러한 사항들은 바람의 요소가 불에 어떤 영향을 미쳐서 불을 더욱 타오르게 하며 번지게 하는지 보여주는 명확한 증거들이 된다. 바람의 요소는 상대적으로 불의 요소들의 온도를 낮게 혹은 높게 만드는데 영향을 준다. 가연성 재료에 불이 붙게 되면 물질은 타들어 간다. 하지만 어떤 경우에는 부채로 부치고 바람을 불어 넣어도 불길이 일어나지 못하고 번지지 못하는 경우가 있다. 뜨거움이 있으면 언제나 열기가 있다. 차가움이 있으면 언제나 저온현상이 있다. 뜨거움과 차가움이 있다고 하여도 이것들의 강도(강렬한 정도)는 별개의 문제이다. 뜨거움과 차가움은 궁극적 실재의 관점에서 보면 불의 요소이다. 한편 이것들의 강렬함은 바람의 요소가 영향을 미친다.

바람의 요소는 함께하는 땅의 요소, 물의 요소 그리고 불의 요소를 보다 강력하게 만드는 원인이 된다. 그래서 바람의 요소가 강력하면 나머지 사대요소들도 강력한 사대요소들이 된다. 이 바람의 요소의 힘이 충분히 강하면 강한 폭발력을 동반하는 태풍을 만들 수도 있다. 바람의 빵빵한 힘은 공기매트리스나 공기베게 등에 이용된다. 바람의 요소는 지탱하는 것이 특징이라고 경전에 나온다. 우주를 싸고 있는 수미산과 지구의 지각에 있는 차가운 요소(불의 요소)가 힘을 가진 강한 바람의 요소에 의하여 지지되면 오래도록 유지가 될 수 있으며 매 순간 중생(존재)들의 세포가 겹이 끝나도록 계속해서 재생할 수 있다. (이러한 과정을 마음에 잘 그려보도록 하라.)

바람(vāyo)의 영향

욕계와 색계에서 심장토대물질에 의지하여 일어나는 이 마음은 온몸에서 일어나는 물질적 현상들을 알 수 있다. 온몸에서 일어나는 이 현상들, 계절을 바뀌게 하고 확산시키는 매개인자, 위에 섭취된 음식에 있는 영양소의 확산, 어머니의 양수 속에 있는 태아의 성장, 식물, 나무, 키 작은 관목 혹은 씨앗에서 발아한 풀들…. 이 모든 것들의 원인은 바람의 요소이다. 우주를 둘러싸고 있는 수미산으로부터 시작하여, 지구와 같은 모든 무생물들이 싹이 트고 성장하는 과정 그리고 내 몸과 같은 모든 생물체들의 성장과정을 보도록 노력하라. 머리끝부터 발끝까지 곧바로 아래로 이동하며 분명하게 볼 수 있을 때까지 꿰뚫으려고 노력하라. 궁극적 관점에서는 심지어 아주 극미량에 해당하는 물질로 얻을 수 없는 바람의 요소는 마치 거울에 비쳐진 이미지처럼 혹은 물에 비친 이미지처럼 나타날 수 있다. 수행자의 마음에 이렇게 나타나는 물질이라는 대상은 일반적으로 수행을 하는데 방해가 되기도 한다. 실재에 토대한 것이 아닌 단지 관습이 만들어낸 이 방해물을 수행자의 통찰의 힘으로 극복해야 한다. 이것으로 바람의 요소(vāyo)를 예리하게 꿰뚫어 보는 법에 대한 설명을 마친다.

사대요소들은 어떻게 각각 상호의존적이며 하나의 요소가 파괴되면 어떻게 나머지 다른 모든 요소들도 뒤를 따르게 만드는가?

사대의 핵심인 딱딱함, 응집, 뜨거움, 움직임 각각은 서로가 구별되는 뚜렷한 특징을 가지고 있다. 이것들은 딱딱함이라는 땅의 요소에 의지하여 머물고 지속되다가 동시에 사라진다. 딱딱함(견고함)이라는 땅의 요소가 사라지면 나머지 세 가지 요소들도 사라진다. 마찬가지로 다른 것들을 결집시키고 강화해주는 물의 요소가 사라지면 (함께하는-역자) 모든 것들의 붕괴를 일으키며 조직(=함께하는 물질-역자)은 붕괴된다. 온기와 에너지를 공급하는 불의 요소가 파괴되면 나머지 세 가지 요소들은 성숙되지 못하고 모두 사라지게 된다. 다른 요소들을 견고히 지탱시키는 바람의 요소가 파괴되면 나머지 세 가지 요소들도 힘이 약해져 더 이상 존재할 수 없게 된다. 마찬가지로 조직에 확고함(단단함)을 주는 땅의 요소가 사라지면 꽉 차게 만들고 팽팽하게 만들어 주는 바람의 요소는 더 이상 자신의 역할을 수행할 수 없게 된다. 마찬가지로 바람의 요소가 더 이상 힘이 없어지면 도움이 되는 장력과 꽉 쪼이는 응집이라는 물의 요소의 성품은 다른 모든 것들과 함께 흩어져버린다. 사대요소들은 이렇게 서로에게 의존하므로 하나가 무너지면 나머지도 함께 무너진다. 사대요소의 진정한 성품을 잘 볼 수 있다면 첫 번째 열반으로 향하는 길에 들어섰다고 할 수 있다. 사대요소 가운데 불의 요소는 함께하는 것들 가운데 핵심적인 역할을 수행한다. 땅과 물의 덩어리로 구성된 지구를 포함한 모든 우주와 모든 생물과 무생물들은 불의 요소의 산물이다. 불의 요소가 가진 잠재력이 어디까지이고 완전하게 발휘된 결과는 오로지 부처님만이 알 수 있다. 이것으로 사대요소에 대한 통찰지를 얻는 방법에 대한 설명을 마친다.

2) 물질명상

몸에 있는 6가지 맑고 투명한 매개체들(감성물질 등)

맑음과 투명함이라는 빠알리어로 다음과 같은 것들이 있다.

pasādo = 투명한

maṇḍo = 투명한

accho = 투명한, 수정

여기서 만도(maṇḍo)는 만(man)에서 파생된 단어인데 미얀마어로 '유리'라는 의미이다. 나중에 'mhan'으로 변화된다. 여기에는 두 가지가 있다.

- 온도에서 만들어진 투명(utuja dhātu mhan)
- 업에서 만들어진 투명(kammaja dhātu mhan)

만달레이와 양곤에는 수정거리(mhan dan)라는 명소가 있다. 그 거리의 가게에서는 온도에서 만들어진 물질인 투명유리(utuja dhātu mhan)로 색안경이나 망원경 혹은 유리관 등을 이용하여 제품을 만든다. 업에서 만들어진 물질은 눈의 알음알이를 일어나게 만드는 기관과 같이 업에서 만들어진 투명물질(kammaja dhātu mhan)이다.

업에서 만들어진 투명물질(kammaja dhātu mhan)

업에서 만들어진 투명물질(kammaja dhātu mhan)은 다음의 6가지가 있다.

一. 눈(cakkhu) 투명요소

一. 귀(sota) 투명요소

一. 코(ghāna) 투명요소

一. 혀(jivhā) 투명요소

一. 몸(kāya) 투명요소

一. 마노(mano) 투명요소

눈투명물질(cakkhu dhātu)은 눈 안에 있다. 귀투명물질은 귀 안에 있다. 코투명물질은 코 안에 있다. 혀투명물질은 혀 안에 있다. 몸투명물질은 온몸에 걸쳐 있다. 마노투명요소는 심장에 있다. 이 맑은 물질 여섯 가지를 관찰해서 보이는 수행자에게는 유리 기둥이나 수정 기둥처럼 보인다.(아비담맛타 상가하에서는 이 6가지 투명요소를 문(dvāra)이라 한다.)

문(dvāra)에는 두 가지 종류가 있다.

一. 공간의 문(ākāsa dvāra)

一. 투명한 문(maṇḍa dvāra)

공덕을 지어 복이 있는 자가 사는 집에는 두 가지 문이 있다. 첫째는 사람들이 드나드는 문이다. 둘째는 공기가 드나드는 문(창)이다. 벽에 난 투명한 유리창문은 빛이 드나드는 문이다. 이 유리 창문이나 빛이 들어오는 문을 내는 목적은 유리창을 통해 가까이 있거나 멀리 있는 태양, 달, 행성들, 별, 구름, 비구름, 하늘, 풍경, 호수, 숲, 산, 나무, 집, 수도원, 탑 등을 보기 위함이다. 집안에서 밖의 풍경들을 볼 수 있다. 반면에 밖에서 집안을 들여다 볼 수도 있다. 그리고 햇빛, 달빛, 불빛이 창을 통해 들어온다. 사람의 몸, 천신의 몸, 소, 물소, 코끼리, 말 등의 신체에도 이러한 문들이 있음으로 보아야 한다.

두 종류의 문이 있는 집과 같이 사람의 몸과 천신, 소, 물소, 코끼리, 말, 닭, 새들의 몸에는 공간의 문(ākāsa dvāra)과 투명한 문(maṇḍa dvāra) 모두를 가지고 있다.

공간의 문(ākāsa dvāra)

사람의 몸에는 입, 목구멍, 콧구멍, 눈 등 9개의 구멍이 있다. 그리고 몸에 있는 9만9천개의 숨구멍은 공간의 문(ākāsa dvāra)이다. 앞에서 말한 눈(cakkhu), 귀(sota), 코(ghāna), 혀(jivhā), 몸(kāya), 마노(mano)라는 6가지 투명물질(요소)은 공간의 문(ākāsa dvāra)은 아니지만 유리창문과 같은 기능을 수행한다.

3) 정신명상

수정궁전의 예시

바닥도 유리이고 벽과 지붕도 온통 유리로 뒤덮인 궁전이 있다고 하자. 그 궁전은 중앙에 둥그런 수정주가 있다. 그 수정주에는 하늘에 있는 구름, 태양, 달, 행성들과 날아가는 새들의 모습도 비춰지고 이 모습들은 궁전의 유리지붕에도 비춰진다. 마찬가지로 궁의 동쪽에 있는 모든 대상들도 수정주에 나타남은 물론 궁의 동쪽 유리벽에도 동시에 비춰진다. 마찬가지로 궁의 북, 서, 남쪽과 아래쪽의 모든 대상들도 궁의 가운데 설치된 수정주와 해당 방위의 벽에 동시에 나타난다.

몸과 수정궁전의 유사성

수정궁전 가운데에 수정주가 있는 것처럼 우리의 심장에는 투명하고 빛이 나는 요소가 있다. '마노(mano)'라고 하는 이 투명하고 빛이 나는 요소는 희미하게 반짝인다.

bhikkhave = 오 비구들이여,

idaṁcittaṁ = 이 마음은

pabhassaraṃ(빛이 난다) = 번쩍이는 빛이 난다.

뿌리가 없는(ahetuka) (재생연결식을 소유한-역자) 사람일지라도 평생 경험한 일들 가운데 어떤 일들이 그 사람의 마음속에 떠오른다. 이러한 심상(心像)은 (재생연결식의-역자) 원인이 2개(dvihetuka)인 사람은 1개인 사람보다 명확하고 또렷하다. 한편 (재생연결식의-역자) 원인이 세 개(tihetuka)인 사람은 그들 가운데 떠오르는 것이 가장 명확하다.

존재계에 따라

마음에 떠오르는 지각능력(sense reception 혹은 수용감)은 상위의 존재계에 있는 중생들이 낮은 세계의 존재들 보다 기억이 명확하다. 즉 재생연결식의 원인이 세 개인 인간보다 땅에 사는 신(神)들의 능력이 보다 명확하다. 땅에 사는 신들보다는 도리천의 신들이, 도리천보다는 야마천의 신들의 지각능력이 명확하다. 야마천보다는 도솔천의 신들이, 도솔천보다는 화락천의 신들이, 화락천의 신들보다는 타화자재천의 신들의 지각능력이 보다 명확하다. 존재계의 위로 갈수록 지각능력(수용감)은 보다 명확하다.

사람에 따라

평범한 제자(pakati savaka)[282]로서 깨달을 분의 마음보다는 대제자(maha savaka)[283]의 마음이, 대제자로 깨달을 분의 마음보다는 제일

282) 제일제자와 80명의 대제자를 제외한 나머지 아라한들-역주-
283) asiti mahasavaka, 80분의 아라한들-역주-

제자(egga savaka)[284]의 마음이, 벽지불로 깨달을 분의 마음보다는 일체지자(一切知者, sabbaññū)로 깨달을 분의 마음이 더욱 맑습니다. 마음의 맑음의 정도는 수승한 깨달음을 얻어 붓다가 되었을 때의 마음의 맑음-정도가 최상이 된다. 그 이상은 없다. 일체지자인 정변지인 부처님의 그 마음의 맑음에 열반과 무한한 우주, 무한한 행성들, 무한한 생명체들, 무한한 의도적 행위들, 무한한 명칭들, 이 모든 것들이 비추어지지 않는 것이 없다. 모든 것이 다 비춰진다. 이러한 감성의 명확성은 마치 수정궁전 가운데 있는 수정기둥과 같다. 눈, 귀, 코, 혀, 몸이라는 다섯 감성은 마치 궁전의 여섯 방위에 있는 유리벽과 같다. 형상들(境)은 모두 눈의 감성(眼根)과 마음 맑음[285]에 부딪친다. 모든 소리는 귀의 감성(耳根)과 마음의 맑음에 부딪친다. 모든 냄새들은 코의 감성(鼻根)과 마음 맑음에 부딪친다. 모든 맛은 혀의 감성(舌根)과 마음맑음에 부딪친다. 모든 감촉은 몸의 감성(身根)과 마음맑음에 부딪친다. 그리고 마노의 문인 마노의 요소(意界)와 마노의 알음알이의 요소(意識界)에 마노의 대상(法處)이 부딪친다.[286]

어떻게 동시에 두 곳에서 감관의 대상들을 지각할 수 있는가?

하늘의 달을 쳐다볼 때에 달의 이미지는 눈의 문(눈의 감성)에 부딪치고 동시에 마음의 문(바왕가-역자)에도 부딪친다. 더도 아니고 덜도 아닌 바로 이 달의 형상이 안문(眼門, 눈의 감성물질)과 마음의 문

284) 천안제일, 지계제일, 신통제일 등과 같이 최고의 제자로 부처님께서 인정하신 제자들-역주-

285) 미얀마본에 미얀마어로 이 마음의 맑음은 '마노에지'로 나온다. 마노에지는 마음의 맑음이라고 해석되지만 아비담마용어로는 마노의 문인 바왕가 마음의 맑음을 의미한다. 이러한 해석은 아신 빤딧짜 사야도의 도움을 받았다.-역주-

286) 여기서 마노의 대상인 법처(法處)는 미세물질 16가지, 마음부수 52가지 그리고 닙바나이다. 감각장소(處)라는 것은 구경법, 즉 본성을 가진 것들에게만 적용되고, 개념의 구조를 통해서만 존재하는 것들에 대해서는 적용되지 않기 때문이다. -역주-

(mano, 정신인 바왕가-역자)에 동시에 떨어진다.[287][288]

새의 비유와 인간에 사례

새가 나뭇가지에 내려앉았다. 이때 새와 새의 그림자가 가지에 떨어진다. 이 그림자는 늦지도 않고 빠르지도 않게 동시에 생긴다. 마찬가지로 어떤 사람이 거울 앞에서 미소를 짓거나 찡그린다면 그 모습은 동시에 거울에 비춰진다. 이것이 위에서 말한 '동시에'라는 단어의 의미이다.

동쪽에 뜬 태양

287) 대상은 다섯 가지 감각의 문에 부딪칠 때마다 동시에 여섯 번째 감각의 문(마음의 문, 바왕가)에도 부딪친다. 예를 들어 형상이 안문에 부딪칠 때, 그것은 동시에 눈 십원소 깔라빠 속의 투명한 열 번째 요소에 부딪친다. 그와 동시에 마음의 문(바왕가)에도 부딪친다. 그 마음의 문은 불투명하고 열 번째 요소인 심장 십원소 깔라빠에 의존하고 있다. 형상은 먼저 마음이 알아차리고 두 번째로 안식이 알아차린다. 소리가 귀의 문에 부딪칠 때 그것은 귀 십원소 깔라빠 속에 투명한 열 번째 요소에 부딪친다. 다섯 감각의 문에 부딪치는 대상과 달리 마음의 문에만 부딪치는 대상이 있다. 이것이 여섯 가지 법이다. 여섯 번째인 마음의 대상을 법이라 한다. 이 법에는 ①감성물질 ②미세한 물질 ③식 ④마음부수 ⑤닙바나 ⑥개념이라는 6가지가 있다. -역주-

288) 바라문이여, 다섯 가지 감각기능은 각각 다른 대상과 각각 다른 영역을 가져서 서로 다른 대상과 영역을 경험하지 않는다. 무엇이 다섯인가? 눈의 감각기능, 귀의 감각기능, 코의 감각기능, 혀의 감각기능, 몸의 감각기능이다. 바라문이여, 이처럼 다섯 감각기능은 각각 다른 대상과 각각 다른 영역을 가져서 서로 다른 대상과 영역을 경험하지 않는다. 이들 다섯 가지 감각기능은 마노(意)를 의지한다. 마노가 그들의 대상과 영역을 경험한다.(S48:42, 운나바 바라문경) 여기에서 '마노(意)를 의지한다. 마노(意)가 그들의 대상과 영역을 경험한다.'의 원어는 manopaṭisaraṇam, mano ca nesaṁ gocaravisayam paccanubhoti이다. 주석서는 여기서 마노(意, mano)를 속행의 마음이라고 설명한 뒤에 이렇게 덧붙이고 있다. "의문전향에 있는 속행의 마음이 이들 대상과 영역을 탐내는 등으로 경험한다. 눈의 알음알이는 단지 형색을 볼 뿐이지 여기에 탐냄이나 성냄이나 어리석음이 있지 않다. 하나의 문에서 속행이 탐내거나 성내거나 어리석은 것이다. 귀의 알음알이 등에도 이 방법이 적용된다.(SA.iii.245) 아비담마의 인식과정에 의하면 눈의 알음알이 등의 전오식은 과보로 나타난 마음이라서 대상을 알 뿐이지 대상을 탐진치 등을 통해서 경험하지는 못한다. 그래서 속행의 마음이 대상과 영역을 경험하는 것이라고 설명한다." - 상윳따니까야5, pp.586~587. 각묵스님 옮김, 초기불전연구원 -역주-

동쪽에서 해가 뜰 때 그 빛나는 모습은 수정 궁전의 중앙에 설치된 수정 기둥에 투영된다. 그래서 이 수정주를 보면 동쪽을 보지 않고도 태양이 밝게 빛나는 것을 알 수 있다. 마찬가지로 밤에 달을 쳐다보면 그 달의 이미지가 눈에 부딪히는 것은 물론 마음에도 나타난다. 이 두 사건은 거의 동시에 이뤄진다.

하지만 눈에서는 그 달의 이미자가 사라져도 마음에는 여전히 남아있다. 이 현상을 잘 알 수 있다면 나머지도 잘 식별할 수 있을 것이다. 눈에 달의 이미지가 부딪치는 것과 동시에 마음에도 달의 이미지가 부딪치는 것은 번개가 치는 것처럼 파워풀하다. 마찬가지로 태양을 쳐다볼 때 태양의 이미지는 눈과 마음에 동시에 부딪힌다. 한 남자를 쳐다볼 때 그의 이미지는 눈에 나타나고 마음속에도 형성된다. 이러한 현상은 번개가 치는 충격이 있다. 눈으로 지각되는 것이 무엇이든 간에 이러한 식으로 이해하라.

6문인식과정

① 눈의 알음알이의 마음(cakkhuviññāṇacitta)

천둥을 동반한 구름들이 서로 부딪혀 번개가 번쩍이는 것과 같이 혹은 우주의 돌풍으로 유성과 운석이 서로 부딪치는 것과 같이 혹은 단단한 물건들이 서로 부딪혀 소리가 나는 것과 같이 혹은 쇳조각끼리 부딪혀 불똥이 튀는 것과 같이, 달 등의 이미지(형상)가 천둥과 같은 힘으로 눈의 감성에 부딪치면 눈의 알음알이가 반복적으로 일어난다. 바로 이렇게 형상이라는 대상이 부딪혀 일어나는 눈의 알음알이를 안식(眼識)이라 한다. 이러한 형상이라는 대상의 부딪침이 더 이상 일어나지 않으면 이 알음알이도 불똥이 사라지는 것처럼 사라진다. 그러나 달의 이미지라는 형상과 눈의 감성 그리고 눈의 알음알이가 부딪치면 '밝은 달'이라고 마음의 점을 찍는 인식과정이 시작된다.

이 과정은 종이나 트라이앵글을 막대기로 칠 때 울려나오는 윙윙거리는 소리를 만들어 내는 것과 유사하다. 이 충격의 효과가 사라지면 소리의 파동이 사라지는 것처럼 달의 모습이라고 알아보는 인식과정은 그 충격의 힘이 없어질 때 사라진다. (눈으로 보이는 대상들은 모두 이 인식과정에 따라 일어남을 알라.) 이것으로 눈의 감성(眼門)과 형상이라는 대상 그리고 알음알이가 부딪혀 일어나는 인식과정에 대한 설명을 마친다.

② 귀의 알음알이의 마음(sotaviññāṇacitta)

하늘에서 우르릉거리는 소리, 바람과 물이 쏟아져 내리는 소리, 드럼소리, 종소리, 사람들이 내는 시끄러운 소리, 개가 짖는 소리, 수탉이 우는 소리, 새소리는 귀의 감성과 동시에 가슴속의 마음맑음이라는 거울에 부딪친다.

번갯불처럼 파워풀한 충격은 인식과정을 일으킨다. 귀의 감성에서 시작되는 이 전개과정(인식과정)을 이문인식과정(sotaviññāṇacitta)이라 한다. 이 소리의 파동이 사라지면 이 소리의 인식과정도 역시 정지된다. 마음맑음에 소리가 부딪치는 충격은 사라진 소리가 마음에서는 계속 울리는 이문인식과정을 지속시킨다. 마음맑음에 부딪친 소리의 충격은 이문인식과정을 계속해서 일으킨다. 소리가 소멸되면 이 인식과정도 역시 사라진다. 마음맑음에 소리가 부딪치기 때문에 이 소리에 대한 인식과정이 반복해서 일어난다. 앞에서 설명한 종소리처럼 마음맑음에 부딪치는 소리가 소멸되면 인식과정도 역시 소멸된다. (귀에 들이는 모든 소리로 인한 인식과정은 이와 동일하다고 알아야 한다.) 지금까지 귀의 감성과 소리 그리고 귀의 알음알이의 상호관계(감각접촉)가 어떻게 이문인식과정을 일으키는지 설명하였다.

③ 코의 알음알이의 마음(ghānaviññāṇacitta)

죽은 개, 시체, 죽은 뱀에서 풍기는 역겨운 냄새 혹은 재스민, 장미꽃의 향기와 같은 냄새는 모두 코의 감성에 부딪침과 동시에 심장표면의 감각기관(즉 알음알이의 토대)과 마음맑음에도 부딪친다.[289] 이 부딪침은 번갯불처럼 폭발적인 힘이 있어 비문인식과정을 반복적으로 일으킨다. 이 인식과정이 코를 원인으로 일어나므로 비문인식과정 혹은 코의 알음알이로 인한 마음(ghānaviññāṇacitta)이라 한다. 코의 알음알이에 냄새가 부딪치면 부딪치는 냄새가 사라질 때까지 비문인식과정이 반복해서 일어난다. 이 냄새가 사라지면 이 비문인식과정도 역시 사라진다. (코에 부딪치는 모든 냄새들은 동일한 이 인식과정을 거친다.) 이것으로 코의 감성물질, 다양한 향기와 냄새, 코의 알음알이 그리고 비문인식과정의 관계에 대한 설명을 마친다.

④ 혀의 알음알이의 마음(jivhāviññāṇacitta)

달콤하고, 시고, 짜고, 뜨겁거나 떫은맛이 혀에 부딪친다. 맛의 감성이 동시에 마음맑음에도 부딪친다. 이 부딪침은 번개가 번쩍이는 것과 같은 폭력발이 있어서 혀의 감성에 특별한 맛이 부딪치면 맛에 대한 인식과정

289) 대상이 코의 감성인 코 반투명 깔라빠에 부딪침과 동시에 마음의 문(manodvāra)인 바왕가에도 부딪친다. 이 바왕가는 물질이 아닌 정신이다. 이 정신은 오온으로 구성된 욕계와 색계의 중생들의 경우 심장토대물질인 심장불투명요소(심장불투명십원소깔라빠)에 의지하여 일어난다. 이것이 아비담마에 의한 설명이다. 즉 위 본문에서 심장토대의 감성이란 정확히 표현하면 심장토대물질에 의지하여 일어나는 정신인 바왕가(마음의 문)라고 표현하면 정확할 것이다. 그리고 다른 눈, 귀, 코, 혀, 몸의 감성물질은 투명(사실은 반투명한데 빠알리문헌을 존중해 레디사야도는 투명으로 옮겨서 역자 역시 투명으로 옮기나 수행을 통해 보면 반투명하다.) 이와는 다르게 심장불투명 물질은 불투명하다. 상대적으로 어둡다.-역주-

(舌門認識過程)이 시작된다. 이 인식과정은 혀의 감성에서 (부딪혀) 일어나므로 설문인식과정이라 한다. 느껴지는 맛이 사라지면 인식과정도 역시 사라진다. 마음맑음에 부딪치면 역시 이 맛에 대한 인식과정이 반복적으로 촉발된다. 그리고 이 맛이 더 이상 부딪히지 아니하면 인식과정도 소멸한다. (어떠한 맛이라도 동일한 인식과정의 법칙을 통해 일어난다고 알아야 한다.) 이것으로 혀의 감성, 다양한 맛 그리고 혀의 알음알이의 부딪침이 맛에 대한 인식과정을 일으키는 것에 대한 설명을 마친다.

⑤ 몸의 알음알이의 마음(kayaviññāṇacitta)

온몸에는 머리끝부터 발끝까지 몸에 나타난 현상을 알아채는 몸의 감성물질이 분포되어 있다. 뾰족한 바늘로 온몸 어디라도 찔러보면 통증을 느낄 수 있다. 바로 이곳은 몸의 감성이 있는 곳이다. 이런 식으로 확인해 볼 수 있다. 부드러움, 거침, 미세함, 뜨거움에서 차가움까지, 응집, 거친 움직임에서 부드러운 움직임까지 모든 요소들은 몸의 감성을 통해 부딪친다. 불 앞에서 발끝의 따스함이 느껴질 때마다 혹은 물에 발을 담글 때의 차가움을 느낄 때마다 이 차가움이나 따스한 느낌이 발에 있는 감성물질과 마음맑음에 부딪힌다.

이 부딪침은 천둥이 치는 것과 같이 강력하다. 이 부딪침 때문에 발 전체에서 몸의 알음알이(身識)가 일어난다. 심장토대에서 뜨거움이나 차가움을 지각하는 인식과정이 반복해서 일어난다. 이 뜨거움이나 차가움이 사라지면 이 인식과정 그리고 이와 관련된 모든 것들은 사라져버린다. 몸의 내부는 물론 표면에도 주변의 온도나 통증, 물림, 근육의 단단함, 마비증상 등에 민감하게 반응하는 부위가 있다. 이러한 것들을 느끼는 과정은 위에서 설명한 것과 같다. 이것으로 감촉, 몸의 감성, 몸의 알음알이가 어떻게 감각접촉과 관련된 신문인식과정을 일으키는지 설명을 마친다.

⑥ 마노의 알음알이의 마음(manoviññāṇacitta)

샘물처럼 계속해서 흘러나오는 마음의 수동적 상태인 바왕가(bhavāṅga) 마음을 마음맑음이라고 한다. 그 바왕가 마음이라는 마음맑음이 전생과 관련된 대상만 인식하더라도 밝게 할 수 있는 것은 아니다. 흐릿하게 아는 정도이며, 무엇을 인식한다고 그 사람에게는 나타나지 않는다. 밤새도록 잠을 자면서 꿈꾸는 순간을 제외하고 바왕가 마음의 대상을 인식해서 내가 어떤 대상을 보았다고 알 수가 없다. 그 바왕가라는 마음맑음이 강물의 흐름처럼 되어있을 때 그 사람은 작은 죽음처럼 죽어있는 것이다. 어떤 때 태양과 달 등등…대상 니밋따가 눈의 맑음 등등…다섯가지 맑음들에서 들어와서 그 바왕가라는 마음맑음에 나타난다. 부딪친다. 그때 그 바왕가 맑음이 회초리나 창을 맞은 뱀처럼 구렁이처럼 몸부림치면서 끊어지고 그 자리에 별과 운석들이 나타나는 것처럼 부딪치는 대상을 아는 인식과정의 마음(vithi-citta)들이 생겨난다. 그 부딪침이 사라지면 별과 운석들이 사라지는 것처럼 죽고, 사라지고, 망가지고 끊어진다.

형상과 소리, 냄새와 맛, 감촉은 모두 알음알이에 부딪친다. 이 경우에도 역시 바왕가의 떨림과 진동이 있고 뒤를 이어 전향하는 마음(āvajjana)인 의계(意界, mano dhātu)[290]와 개념화 작업을 하는 속행(javana)의 마음이 일어난다.[291] 이러한 대상의 부딪침과 생각이 소멸되면 유성과 별똥별이 사라지는 것과 같이 이것들도 사라진다.

---

290) 마노의 요소(意界)는 오문전향의 마음과 2가지 받아들이는 마음이 있으므로 3가지이다. 이 마노의 요소 특히 오문전향의 마음은 바왕가를 뚫고 일어난다. -역주-

291) 원본에는 의계를 바왕가라고 하였으나 아비담마에 의하면 바왕가와 의계는 다른 것이므로 역자가 이해를 돕기 위하여 위와 같이 수정하였음을 밝힌다. -역주-

이것으로 마노의 대상(dhammāramaṇa), 의계(manodhātu)와 의식계(manoviññāṇadhātu), 이 셋에 대한 명상법에 관한 설명을 마친다.

4) 무상(anicca, 고(dukkha, 무아(anatta)에 대한 설명

이러한 삼특상에 대한 통찰지를 얻으려면 내 몸의 물질적 현상과 마음의 정신적 현상들을 꿰뚫어 보아 이것들이 빠르고도 무질서하게 흔들리는 현상들을 보아야 한다.

(1) 삼특상을 보는 다섯 가지 방법

자신에게서 이러한 것을 보는 방법에는 아래와 같이 여러 방법이 있다.

- 두 부분으로 나누어 본다.
- 세 부분으로 나누어 본다.
- 네 부분으로 나누어 본다.
- 다섯 부분으로 나누어 본다.
- 여섯 부분으로 나누어 본다 등.

① 두 부분으로 나눠서 보는 법

물질적 현상과 정신적 현상으로 나눠서 본다.

② 세 부분으로 나눠서 보는 법

느낌을 봄에 있어 즐거운 느낌, 괴로운 느낌, 즐겁지도 괴롭지도 않은 느낌으로 나눈다.

③ 네 부분으로 나눠서 보는 법

감각접촉이라는 음식, 의도라는 음식, 알음알이라는 음식 그리고 실제로 먹는 음식이라는 네 가지로 나눠서 본다.

④ 다섯 가지로 나눠서 보는 법

다섯 가지 무더기인 오온(물질, 느낌, 인식, 상카라, 알음알이)으로 나눠서 본다.

⑤ 여섯 가지로 나눠서 보는 법

땅의 요소, 물의 요소, 불의 요소, 바람의 요소라는 사대요소 4가지에 알음알이(viññāṇa), 허공(ākāsa)을 더한 6가지이다.

[안과 밖의 감각장소(處, āyatana)를 기준하면 12가지, 요소(dhātu)로 하면 18가지, 몸의 부분(koṭṭhāsa)으로 하면 32가지 그리고 아비담마의 법으로 하면 훨씬 다양한 방법들이 있다.]

자기의 몸을 삼특상(무상, 고, 무아)으로 통찰(內觀)하고자 하는 수행자는 보다 복잡한 아비담마의 방법이 필요가 없다. 아비담마 방법들은 지혜바라밀(paññā pāramī)이나 분석지(paṭisambhidā ñāṇa)[292]를 좀 더 닦고 싶어 하는 수행자에게 필요하다. 너무 많은 요인들을 식별해야 한다면 수행의 짐이 되어 수행의 진전을 보기 어려울 수 있다. 고려해야 할 요인이 너무 많다면 그것들 간의 차이를 식별하기 어려워지므로 하나하나 분명하게 보기 어렵게 된다. 보아야 하는 대상을 또렷하게 식별하지 못한다면 무상, 고, 무아라는 삼특상으로 명상해도 참된 수행이 아니며, 또렷하게 대상을 식별해야만 한다.

부처님께서도 아비담마 방법을 도리천에서 한번, 짠다나(백단향) 숲에

---

292) 네 가지 분석지는 1) atthapaṭisambhidā(意無礙解) : ① 무엇이든 조건 따라 일어난 것 ② 열반 ③ [부처님이] 설하신 [경의] 뜻 ④ 과보로 나타난 [마음] ⑤ 단지 작용만 하는 [마음] 이라는 이 다섯 가지 법들에 대한 **'뜻**에 대한 지혜'.
2) dhammapaṭisambhidā(法無礙解) : ① 결과를 생기게 하는 원인 ② 성스러운 도 ③ 설하신 [경] ④ 유익한 [마음] ⑤해로운 [마음] — 이 다섯 가지 **법**들에 대한 지혜.
3) niruttipaṭisambhidā(言無礙解) : 뜻과 법에 대해서 [정확한] 언어를 구사함에 대한 지혜가 **언어**에 대한 무애해이다.
4) paṭibhānapaṭisambhidā(영감에 대한 無礙解) : 그가 모든 곳에서 지혜들을 대상으로 반조할 때, 지혜를 대상으로 한 그의 지혜가 영감에 대한 무애해이다. 혹은 앞서 말한 **세 가지 지혜에 대해 각각의 대상, 역할 등으로 상세하게 아는 것**이 영감에 대한 무애해이다.-청정도론--역주-

서 사리뿟따 존자에게 한 번 설하셨다. 이외에 어떤 중생들에게도 아비담마 방법으로 설해서 깨우치게 한 경우가 없다. 도리천에서 천신들과 범천들에게 설하실 때에도 경전에 의한(suttanta)방법을 중강 중간 끼우고 끼워서 깨우치도록 하셨다.

본삼매에 들고자 하는 수행자는 부처님의 덕을 수념하는 불수념(Buddhānussati kammaṭṭhāna)이라는 명상을 통해서는 본삼매에 들지 못함을 기억하라. 명상주제(대상)가 너무 광범위하고(extensive, 여러 가지이고-역자) 숭고하기(sublime) 때문이다. 사대요소명상(catudhātuvvatthāna kammaṭṭhāna)도 너무 숭고하고 너무 심오해서 이 수행을 통해 본삼매를 얻지는 못한다.[293] 사리뿟따 존자는 너무 미세하고 광범위한 영역을 식별해야만 하였기에 아라한과를 얻는데 15일이나 걸렸다. 하지만 마하목갈라나 존자는 적당한 요인들만 가지고 명상하였기 때문에 아라한과를 얻는데 7일이 걸렸다.

한편 뿌꾸싸띠왕은 해탈를 위해 6대상(六大)을 명상하였다. 그는 우선 사대요소를 식별한 후에 이것을 무상, 고, 무아라고 명상하였다. 이렇게 사대명상을 하면 파생물질(upādā-rūpa)들도 끝난 것이다. 그 다음은 알음알이를 무상, 고, 무아로 명상하였다. 이렇게 하면 마음부수들도 끝난 것이다. 그 다음은 허공요소(ākāsa dhātu)는 분명해서 도움이 될 정도만으로 넣어놓은 것이다. 이것이 분명한 증거이다. 여러 층의 지붕을 갖춘 호화로운 장원을 건축한다고 상상해보라. 여기에는 세로 기둥, 가로 기둥, 서까래, 중도리, 들보, 바닥, 버팀목이 있고 노동이 있는데 이것들은 사대요소를 상징한다. 한편 건축을 하고 아름답게 꾸미는 행위들은 여섯 감성과 같다.

(2) 상속(santati)의 개념에서 벗어나기

293) 근접삼매만을 얻을 수 있다. -역주-

무상이라는 특징은 지속된다고 하는 상속(相續)의 과정에 묻혀 숨겨져 있다. 오로지 숨겨져 있는 상속과정의 덮개를 벗겨낼 때만이 무상의 특징이 드러난다고 경전에서는 설한다. 이 지속된다고 하는 개념을 극복하는 법에는 여러 가지가 있다. 음식(āhāra)의 방법, 가고, 서고, 앉고, 눕는 4가지 자세인 사위의(四威儀)에서 마음을 챙기는 방법, 질병이나 부상 등에 마음을 챙기는 방법 등이 그것이다.

음식으로 극복하기[sabbe sattā āhāraṭṭhikā]
빠알리 경전에 다음과 같은 말이 있다.

> sabbe sattā āhāraṭṭhikṭ
> 모든 유정들은 음식으로 살아간다.

식사하는 동안에 소화된 음식은 반은 연료로 남아있고 반은 연소가 된다. 위에 소화될 음식이 남아있지 않으면 배고픔을 느끼고 위벽에 있는 음식을 소화시키는 소화열을 태운다. 결과적으로 몸에서는 힘이 빠지고 무기력해진다.

파도에 떠있는 물거품의 비유

사람 정도 크기의 거품 덩어리가 철썩이는 파도에 떠밀려 해안으로 오고 있다고 하자. 뭍에서는 바닷물의 응집력이 없어 안과 밖의 거품은 터지고 무너진다. 안에 있는 거품방울이 터졌다면 아직 터지지 아니한 밖의 거품도 곧 터지게 된다. (보일 때까지 보아라)

뜨거운 공기 풍선의 비유

기구에 원유를 태워서 바람을 불어 넣으면 가스가 차올라 팽창한다. 기구 안은 뜨거운 공기로 가득 채워진다. 마찬가지로 섭취한 음식은 기구 안의 뜨거운 공기와 같다. 음식에 있는 칼로리는 기구를 부풀어 오르게 하고 팽팽하게 만드는 연료와 같이 사대요소가 포함된 새로운 세포들로 온몸을 채운다.

이 예를 통해 섭취된 음식이 위에 들어가면 어떻게 새로운 사대요소들을 만들어 내고, 영양소가 온몸 구석구석으로 이동하여 새로운 물질적 현상들을 만들어 내며 새로운 세포들을 재생시켜 나가는지 이해할 수 있을 것이다. (보일 때까지 보아라.)

수정으로 만든 동상

유리로 사람의 크기만한 동상을 만들어 그 동상 안에 횃불을 밝혀 놓았다고 상상해보자. 동상 안에 밝혀진 횃불이 타고 있는 한 그 동상은 온통 빛으로 뒤덮일 것이다. 하지만 불이 점점 희미해지면 새빨갛게 빛을 내던 유리도 점점 어두워지고 불이 꺼지면 유리는 더 이상 빛나지 않게 된다. 이 예시를 통해 위에 음식이 가득 차 있으면 새로운 물질 현상과 세포들이 활기차게 재생되지만 위에 음식이 사그러들면 그러한 결과들도 역시 감소하고 음식이 하나도 남지 않게 되면 더 이상 재생을 하지 않게 됨을 이해 할 수 있다. (보일 때까지 보아라.)

지속되는 것(santati)이라는 관념에서 벗어나는 법

저녁식사를 한 다음에 그 이후는 식사를 하지 않는다고 가정하였을 때 몸에는 어떤 반응이 일어날까? 이성적으로 생각을 해보고 결과를 예측해 보라. 소화가 되기 전의 음식은 그 음식이 가지고 있는 열량이 있으므로 소화가 되면서 단단한 토대역할을 하는 사대요소 등의 물질이 널리 퍼지게 되지만 결국은 몸 안에 있는 모든 연료는 연소된다.

이 예와 같이 사대요소의 재생은 결과적으로 여섯 감관의 재생으로 이어진다. 눈의 감성, 귀의 감성, 코의 감성, 혀의 감성, 몸의 감성 그리고 심장토대물질이 활발하게 재생되고 번져나간다. 이것은 마치 말라비틀어진 불모의 땅에 큰 비가 홍수처럼 내려서 멋지고 푸른 초원으로 변화하는 것과 같다. (열기구가 부풀어 올라 팽창해 하늘로 떠오르는 것도 역시 상상해보도록 하라.) 눈은 숲에 있는 두 그루의 작은 관목과 같다. 이 두 나무의 가지가 가뭄으로 메말랐는데 내린 비 덕분으로 이제는 가지에 새로운 잎들이 솟아나와 멋지고 푸른 망토를 두른 듯 활기에 넘치는 빛을 뿜어낸다. (마음의 눈으로 이 관목들을 그려보아라.)

몸에 필요한 음식이 공급되지 않으면 눈은 초점을 잃고 퀭하게 된다. 하지만 위에 충분한 영양소가 포함된 음식이 들어가면 위에서 예로 든 것처럼 비가 온 뒤에 생기가 도는 관목들과 같이 영양소라는 연료를 공급받아 활력이 넘치게 된다. 가능하면 마음속에 이 그림을 분명하게 그려보라. 이러한 그림을 얼마나 잘 그리냐는 재생연결식의 뿌리가 두 개인 사람과 세 개인 사람 간에 차이에 달렸다.[294] 그래서 부처님께서는 뿌리가 세 개인 사람을 다음과 같이 묘사하였다.

udayatthagāminiyā paññāya sammannāgato

udayatthagāminiyā(생멸하는 것이)–정신과 물질현상의 생성과 전개 그리고 마침내 그것들의 사라짐과 소멸을 실질적으로 볼 수 있는 사람에게
paññāya(통찰지에)–이러한 지혜가
sammannāgato(구족된다)–충분해진다.

---

294) 뿌리가 두 개인 사람이란 재생연결의 뿌리가 탐욕 없음과 성냄 없음의 뿌리를 갖는다. 반면에 뿌리가 세 개인 사람은 재생연결시 탐욕 없음, 성냄 없음 그리고 어리석음 없음이라는 세 개의 뿌리를 가지고 태어난다. –역주–

먹은 음식들이 새로운 물질적 현상들과 새로운 세포(기본단위 그룹)들을 만들어 내는 것을 보면 그것들은 숲의 건축용 자재(나무–역자), 산의 한 부분(울창한 나무들이 빼곡하게 서있는 산악의 모습–역자), 어떤 지역의 땅, 물과 비슷하다. 새로운 물질과 정신적 현상들의 상속(相續)은 덧없는 것이라고 알아야 한다. 변하지 않는 실체가 있는 그 무엇이라고 알아서는 안 된다. 곪은 상처에 쇠파리가 앉아 알을 까면 나중에 그곳에 구더기들이 생기는 것과 비슷하다. 이렇게 자신의 몸에 생긴 구더기들을 자기 몸이라고 사랑스럽게 감싸 안으면 안 된다.

우리의 눈(안구)은 기본적으로 피와 살이라는 구조로 되어 있다. 사람이 죽어 썩어버리면 그곳은 마치 텅 빈 동굴과 같은 것만 남고 눈을 구성하던 물질들은 소멸되어 사라져버린다. 이러한 과정을 접촉이 가능한 물질의 변형이라고 마음에 잡도리하기 보다는 사대요소 가운데 땅의 요소 혹은 땅의 요소 가운데 딱딱함이라는 성질이 가차 없이 부드러움으로 변해가는 과정으로 잡도리해야 한다. 이것을 올바로 볼 수 있는 자는 재생연결의 원인이 3개인 사람이고 그렇지 못한 자는 2개인 사람이다. 사람들은 자기의 눈을 자신의 것이라는 생각하는 경향이 있다. 새로운 물질적 현상을 잘못 보게 되면 그것을 자아라고 잘못 인식하게 된다. 오로지 이 새로운 물질들이란 일시적 현상일 뿐이며, 곪은 상처에서 나오는 구더기와 다르지 않다고 보게 될 때 우리는 사견에서 벗어나 바른 길로 들어서게 된다.

발육이 부진한 관목의 예

저녁에 먹은 음식은 자정까지 소화가 진행된다. 자정이 지나 점점 연소가 진행되면 대소변으로 변한다. 그 순간이 오면 밀림에 비가 내리지 않아서 무성하던 잎이 다 지고 발육이 부진해서 앙상한 가지만 남은 나무들과도 같게 된다. 몸도 이와 같이 자정이 지나면 사대요소와 함께 몸에 공급되는, 몸을 채우는, 눈을 채워주는 그리고 감각기관들에 공급되는 연료가 점차로 감소해서 마침내 바닥을 드러내게 된다. 시력은 점점 '감퇴되어' 눈앞이 캄캄하게 된다. 이 과정은 가뭄 때문에 무성하던 입이 모두 떨어져 말라가는 관목의 과정과 같다. 이것을 명확하게 마음에 그려보도록 하라. [만약 명확히 마음속에 그림이 그려진다면 당신은 재생연결의 원인이 3개인 사람이다. 그렇지 않다면 2개일 것이다]

강물과 시냇물의 예

시냇물, 하천, 호수 그리고 연못의 물은 강물이 범람할 때까지 강물로 흘러든다. 하지만 강물의 수위가 낮아지면 지류들의 수위도 따라 떨어진다. 이 과정의 반대는 강물의 범람으로부터 반대로 물이 빠져나가는 과정인데 앞의 언급과 비슷하다. 눈의 '8원소물질이라고 하는'(ajjhattarūpanāma) 그룹은 섭취한 음식이 없어 연료가 바닥이 나면 영양소의 연소로 인한 에너지를 잃게 되어 결과적으로 힘이 빠지게 된다. 이러한 일련의 과정은 사람이 통제할 수 있는 사안이 아니다. 이 과정은 고름 속에 생겨난 구더기들이 곪은 상처가 말라붙을 때 함께 죽는 것과 유사하다. [만약 이것을 또렷하게 이해한다면 당신은 재생연결의 원인이 3개이고 그렇지 않다면 2개일 것이다]

음식의 수명은 7일

액체 상태로 위 안에 있는 음식에서 나온 영양소는 온몸으로 분산되지만 한 번에 흩어지는 것이 아니다. 소화된 음식은 뜨거운 불의 요소의 도움을 받아 한번 섭취한 음식의 수명이 7일이 될 수도 있다.

그래서 새로 섭취한 음식은 마치 액체 상태의 연료처럼 지속가능하기 때문에 온몸에 분산된 영양소는 매 순간 하나하나씩 소멸되지 한꺼번에 소멸되지 않는다. 이러한 재생과정은 7일 동안 계속된다. 7일이 지나면 아무 것도 남지 않는다. 죽는다.

연꽃 무더기의 예

연못에 물이 가득 차 있을 때 연꽃은 만개한다. 이 연꽃의 군락은 물이 없더라도 진흙 속에 습기가 있어 한 번에 죽지 않는다. 그러나 진흙 속에 습기가 더 이상 없으면 그때부터 시들어 죽기 시작한다.

7. 죽음의 과정(The process of dying)

진흙에 습기가 남아 있는 동안에는 뿌리로부터 이 습기를 빨아 올려 잎의 끝까지 보낸다. 이 습기가 태양의 열기로 기화되면 잎 앞의 끝 쪽으로부터 아래쪽으로 말라들어 간다. 습기가 식물의 일부분에서 없어지기 시작하면 그 식물은 마침내 뿌리도 마르게 되어 전체가 말라 죽는다. 새로 섭취한 음식은 연못의 물과 같다. 위장에 있는 음식이 소화가 되면 그 영양소는 온몸으로 번져나간다. 마치 뿌리에서 빨아들인 물과 같다. 시간이 흘러 위에 더 이상 음식이 없을지라도 그 음식으로 인한 영양소는 7일간 몸을 지탱시킨다. 마치 뿌리에서 흡수한 물이 한동안 유지되는 것과 같다.

연못에 물이 마르더라도 연꽃은 곧바로 죽지는 않지만 번성하는 힘은 점차 줄어든다. 연못에 물이 없으면 진흙 속의 물도 갈수록 줄어든다. 마찬가지로 위장에 음식이 더 이상 남아 있지 않게 되면 온몸에 번져가는 영양소도 갈수록 감소한다. 이 영양소는 손끝과 발끝, 귀, 눈 등과 같은 몸의 끝으로부터 고갈되기 시작해서 간과 심장과 같은 핵심기관으로 옮아간다. 이 핵심기관에 더 이상 영양소가 없게 되면, 미세물질인 영양소가 간이나 심장에서 소멸이 되고 죽음은 시작되었다고 말한다.

(이 과정을 지혜의 빛으로 보아야 한다.)

어떻게 칼로리 연료, 부속물의 연소, 거친 물질 그리고 안구의 감성물질이 사그러져서 마침내 소멸하는가?

위장에 음식이 고갈된 순간부터 눈의 감성물질은 힘을 잃기 시작한다. 냄비에 쌀을 넣어 밥을 지을 때 화력이 강하면 부글거리는 거품이 왕성하게 일어나지만 타오르던 불길이 사그러들고 꺼지게 되면 냄비에서 흘러나오던 거품은 사그러들고 소멸되는 것처럼 위장에 음식이 고갈될 때부터 눈안에 있는 기름, 연료, 불, 큰요소, 맑음의 요소는 차차 힘을 잃고 점차 사그러진다. 여기서 눈을 특별히 언급한 이유는 지혜로 알기 쉽기 때문이다. 두 눈의 그 과정을 정확히 알고 나서 온 몸에 지혜를 펼쳐야 한다.

8. 물질의 생명(jīvita rūpa)은 어떻게 파괴되는가?

생명기능(jīvita)이 소멸되면 살아있는 유정도 점차 사라져간다. 이 미세한 물질이 쇠퇴하면 가지고 있던 에너지도 사라지고 생명력은 산산이 흩어진다. 에너지란 다른 말로 힘의 요소이다. 그리고 생(生)이란 생명기능을 가진 물질들의 조합이다. 생명력이 파괴되기 시작하면서 조금씩 죽어간다. 그렇지만 생명기능을 가진 물질들이 아직도 많이 남아있다면 아직은 죽었다고 말할 수 없다. 미세한 물질, 미세한 에너지 그리고 몸안의 생명력이 시간시간 점차로 소멸되면 그리고 생명력이 하루 이틀 사흘, 나흘, 닷새 혹은 엿새… 날이 지나면서 계속해 소멸되는 과정은 마치 연잎의 끝으로부터 말라 들어가 죽음에 이르게 되는 연꽃과 같이 살아있는 중생의 생명력은 머리, 손, 발, 눈, 귀 등과 같은 신체의 끝으로부터 시작하여 점차로 조금씩 천천히 죽어간다.

유정(有情)은 어떻게 죽는가?

결국 열량을 만들어 내는 미세한 연료, 연소물질, 심장과 간에 있는 거친 물질과 감성 물질들이 완전히 고갈되면 이것의 생명력도 완전히 사라진다. 이것을 죽음이라 한다.

쇠퇴(jiraṇa)의 해로운 힘

위장에 음식이 고갈되는 순간부터 쇠퇴요소(jiraṇa)가 온몸에 퍼져나간다. 그렇게 되면 눈에 있는 영양소, 연소물질, 거친 물질과 감성물질이 타버려 사라진다. 영양소, 연소물질, 거친 물질 그리고 감성물질들과 같은 것들이 짧은 순간에 일어나는 생명력과 함께 사라져버린다. 마찬가지로 대뇌를 채우던 미세한 영양소, 연소물질, 거친 물질과 감성물질들이 이것들을 지탱하는 생명력과 더불어 대뇌 속에서 쇠퇴 요소인 뜨거움에 의해서 점차로 고갈된다. 이와 마찬가지로 간, 허파 혹은 심장과 같은 몸의 다른 부분들도 이와 같은 과정이 일어난다. 마치 이는 하나하나의 거품방울들이 터지는 것과 같고 부글거리던 거품 덩어리들이 소멸되는 것과 같다. 혹은 연꽃의 수지가 쭈그러드는 것처럼 생명이라는 한편의 드라마는 막을 내리게 된다. 그러므로 하나의 장기에 마음을 집중하여 이 그림을 보려고 노력하고는 온 몸에서 걸쳐 이것을 보도록 노력하라. 세존께서는 "Pheṇapiṇḍū pamaṃ rūpaṃ"이라 하셨는데 의미는 다음과 같다.[295]

rūpaṃ=물질적 현상들은

---

295) Nīti Gantha Saṅgaho Caturārakkhadīpanī Appamādāvaha pakiṇṇakaniddesa 125, CSCD.

물질적 현상들은 앞에서 이야기한 끓어오르는 거품 덩어리들과 같다. 땅의 요소 혹은 부드러움이 온몸에 번진다. 물의 요소 혹은 응집, 불의 요소 혹은 뜨거움과 차가움, 바람의 요소 혹은 움직임과 지탱이 온몸에 번진다. 이 함께하는 사대요소들은 무질서하게 사라져가고 소멸하는데 이것을 보게 될 것이다.-역주-

Pheṇapiṇḍū pamaṃ= 앞에서 언급한 부유하는 거품덩어리들과 똑같다.

딱딱함이라는 땅의 요소, 응집이라는 물의 요소, 뜨거움이나 차거움이라는 불의 요소, 팽창과 지탱이라는 바람의 요소가 온 몸에서 나타나 무상하게 순서없이 혼란스럽게 부서져버리고 소멸하는 모습을 보게 될 것이다.

한편 마음부수와 함께하는 감각기관(마노의 알음알이-역자)은 적란운에 비춰진 무지개와 같고 지수화풍(地水火風)이라는 사대요소는 비구름과 같다. 수분이 가득 찬 뭉게구름이 점점 커지면 마치 천상의 신들이 옷을 내걸어 말리는 것과 같은 무지개가 선명하다. 비를 머금은 구름이 엷어지면서 무지개가 희미하게 나타난다. 비구름이 여기 저기 조그맣게 흩어져 있으면 무지개도 여기 저기 조그만 아취처럼 나타난다. 비구름이 사라지면 무지개도 사라진다. (보일 때까지 보아라)

재생연결의 뿌리가 2개인 자는 볼 수가 없고, 3개인 자는 분명하게 볼 수 있을 것이다. 중생들에게 일어나는 이 무상한 과정인 (오온의-역자) 사라짐을 실제로 볼 수 있는 사람은 다음과 같이 칭찬받아 마땅하다.

Yoca vassasataṃ jīve, apassaṃ udayabbayaṃ;
Ekāhaṃ jīvitaṃ seyyo, passato udayabbayaṃ
누구라도 생멸을 보지 못하고 백년을 살아가는 것보다
단 하루를 살아도 생멸을 보는 것이 훨씬 좋다

Yoca(누구라도)
vassasataṃ(백년을),
jīve(살아갈지라도)
apassaṃ(보지 못하고)-꿈속에서라도 보지 못하고

udayabbayaṃ(생멸을)－정신과 물질현상들의 일어남(udaya)과 사라짐(bbaya)을
Ekāhaṃ jīvitaṃ(단 하루를 살아갈지라도)
seyyo(훨씬 낳다),
passato(보는 사람으로)
udayabbayaṃ(생멸을)－정신과 물질적 현상들이 일어나는 모습, 늙는 모습, 사라지는 모습을

차창 밖으로 빠르게 스쳐지나가는 풍경들처럼 사라짐을 정확히 보면 무상의 특징(anicca lakkhana)도 정확히 보일 것이다. 무상하기 때문에 그 법들의 시들고, 사라지고, 무너지고 망가지는 것이 고통스러워 괴로움의 특징(dukkha lakkhana)도 또렷하게 보일 것이다. 실체가 없다고 알게 되는 무아의 특징(anatta lakkhana), 그 누구의 뜻도 따르지 않음이라고 알게 되는 무아의 특징, 그 법의 일어남－머묾－상속－쇠퇴－소멸들의 통제할 수 없음을 알게된 무아의 특징, 이것들도[296] 정확하게 분명해질 것이다.

상속개념(santati paññatti) 실제로 보기

하루에 먹는 두 끼의 식사는 사대요소를 만들어내는 연료를 계속해서 공급하는 것과 같다. 몸 안에서 만들어져 연소되는 물질, 에너지원, 거친 물질과 감성물질은 기존의 것은 사라지고 계속해서 새로운 물질이 재생된다. 이러한 오래된 것과 새로운 것이 혼합된 흐름의 연속이 상속(相續)이라는 개념이다. 이 상속의 개념이 드러나 있지 않은 것은 마치 어린잎으로 덮여 있던 나무의 잎이 이미 모두 떨어진 것을 모르고 있는 것과 같다. 마찬가지로 온몸에 번져 나가는 에너지원, 연소하는 물질, 거친 물질과 감성물질은 과거에 먹은 음식의 영양소로부터 만들어진 것이다.

296) 실체없음, 뜻을 따르지 않음, 통제할 수 없음-아신 빤딧짜 사야도-역주-

이러한 물질적 현상은 15나리(nāri)[297] 동안만 머물다가는 잎이 지는 것처럼 사라진다. 7일이 경과하면 모든 것이 흔적도 없이 사라진다.

15개의 심찰라 후에 사라진 첫 번째 음식(영양소)을 보충하기 위해서는 두 번째 음식(영양소)이 제공되어야 하고, 또 다른 16심찰라 후에 두 번째 음식이 사라지므로 이를 보충하기 위한 세 번째 음식(영양소)이 필요하다. 일련의 이러한 보충과정 때문에 과거에 섭취한 음식은 16심찰라 후부터 감소하기 시작하여 이 섭취한 음식이 하나도 남지 않게 되는 순간까지 계속된다. 하지만 이러한 과정은 보이지 않고 알 수가 없다. 한 번 섭취한 음식에서 만들어진 물질(영양소)은 최대 7일이 경과한 후에는 효과가 없다. 마찬가지로 뇌, 간, 심장, 혀 그리고 900개의 근육들과 같은 딱딱한 물질들, 가래, 담즙, 혈청과 혈구들과 같은 액체로 된 물질들은 7일이 경과한 후에는 모두 사라진다. 음식을 섭취한 후 16심찰라 이후부터 줄어드는 과정은 시작되고 마침내 모든 것이 소멸되는 순간이 오면 온몸에서 에너지와 생명력도 사라져버린다. 오늘부터 음식과 물을 아예 끊는다고 가정해 봄으로써 santati-paññatti가 사라져서 흘러가는 강물을 보고 있는 사람은 그것은 이미 흘러간 것으로 그리고 새로운 것으로 대체되고 있음을 정확히 보게 된다.

마찬가지로 태어나서 현재에 이르기까지 몸의 근육, 대뇌의 물질, 허파, 심장, 간 그리고 눈이라는 물질, 에너지와 생명력은 매 순간 사라져 가고 있음을 보게 된다. 내 몸은 음식을 계속 보충해 주어야 하며 앞으로 섭취해야 하는 음식은 오로지 이미 고갈된 음식을 대체하기 위한 사실임을 깨닫게 된다. 그렇게 되면 하루 두 끼 섭취하는 식사는 새로운 영양소를 공급함으로써 생명력의 끊어짐을 방지하기 위함이라는 결론을

297) 과거 미얀마의 시간산정법에 의하면 현대의 24시간은 60나리(nāri)이다. 그러므로 15나리는 현대의 6시간에 해당한다.

얻게 된다.

한 움큼의 쌀에 깃든 생명력

지금이 보름이고 다음 달까지 살아 있으려면 밥을 먹어 에너지를 얻어야 한다. 밥을 먹어야 무더기(오온)들의 생명, 물질과 알음알이의 생명이 연장될 수 있기 때문에 생명력은 쌀에 있다고 말할 수 있다. 먹을 쌀이 없이는 생명을 유지 할 수가 없다. 이 점을 알게 되면 수명을 연장하거나 생을 살아가기 위해서 해야만 하는 세속적인 일들이 줄어 들 수 있다. 모든 사람들이 장사를 하고 농사를 짓고 과수원을 가꾸고 예술이나 수공예업에 종사하여 돈을 버는 것은, 공간적으로는 온 우주의 끝까지 그리고 시간적으로는 다시 태어나야만 하는 무량한 윤회의 세월 속에서 하는 짓이란 결국은 이것 때문이다. 모든 살아있는 전 우주에 있는 생명들이 동시에 먹는 것을 멈춘다면 8일, 9일 혹은 10일 안에 전 우주는 거대한 공동묘지로 변할 것이다. 그로부터 2, 3, 8 혹은 9개월이 지나면 끝없는 우주는 뼈 무더기의 숲을 이룰 것이다.(보일 때까지 보아라.) 이렇게 음식(영양소)을 통해 가려져 있던 개념인 상속(相續)은 무상하다고 하는 특징을 지닌 것임을 드러내었다.

9. 사위의(四威儀, iriyāpatha)에서 상속 개념 해체하기

간단하게 설명하겠다. 이 방법은 행주좌와(行駐坐臥)라는 네 가지 자세 가운데 하나에서 다른 자세로 변화할 때의 시간을 세부적으로 나누는 방법 말고 하나의 자세를 취한 후 움직이지 아니하고 그 자세에서 일어나는 현상을 명상한다. 시체처럼 누워서 심지어는 눈 한번 깜박이지 말고, 미동도 하지 않는 상태를 상상해 보라. 그렇게 누워있으면 위에 있는 사대요소들이 아래를 짓누르게 된다. 이 상태가 지속되면 요소들 간에 마찰로 인한 열이 발생한다. 움직임이 전혀 없기 때문에 기가 빠져나갈 수가 없어서(cittaja vayo) 여러 기관들을 돌아다니던 불의 요소와 바람의 요소가 자신들의 기운을 발산하지 못하기 때문에 관절이나 구석에 모여서 요동을 친다. 이러한 현상을 보면서 움직임이 없이 5~6시간이 지나면 바닥과 밀착된 부분이 아주 뜨거워지기 시작할 것이다.

바닥 쪽에 붙어있는 몸의 낮은 부분으로부터 시작하여 불의 요소는 온몸으로 번져가고 마침내는 온몸이 마비가 되고 통증이 심해지게 된다. 움직임도 없고 그리고 기운이 날라 가지 않은 상태가 지속되면 몸의 내부에 있던 미세한 물질은 하루하루 타들어가 버리게 된다. 그리고 미세한 에너지원, 미세한 연소물질, 거친 물질과 미세한 감성물질들은 물질에 생명력을 주는 에너지와 함께 쇠퇴하게 되다가 곧 죽음을 맞게 된다. 내부의 미세한 물질이 파괴가 되면 에너지와 생명력도 흩어져버리고 결국은 죽음에 이르게 됨을 보도록 하라. 이 과정을 실제로 보게 되면 물질무더기(色蘊)은 원래 괴로움이라는 사실을 깨닫게 된다. 상류에서 내려오는 물을 막으면 물은 고여서 호수가 된다. 하지만 둑이나 제방 혹은 물을 가두기 위한 벽이 없다면 낮은 곳을 향하는 물의 성품 때문에 눈을 한번 깜빡하는 순간이라도 머물게 할 수 없다.

이와 같이 사람도 몸을 잘 보호하고 돌보면 보기가 좋은 건강한 몸을 유지하게 된다. 하지만 몸을 유지하려는 노력이 없다면 몸은 쇠약해지고 괴로워진다. 이렇게 변하는데 한순간도 기다려주지 않는다. 물질의 본성은 흩어지고 무자비하게 변화하는 것이므로 괴로움이다. 그러므로 불행이 닥치기 전에 우리는 우리의 몸을 항상 잘 보호해서 필요한 변화가 있도록 신중하게 돌보아야 한다. 오랫동안 누워 있었다면 일어나 한참동안 앉아 있어야 한다. 만약 오래도록 일어나지 않는다면 회복이 불가능하고 희망이 없는 상태에 빠지는 것은 시간문제다. 이것은 가고, 서고, 앉고, 눕는 행주좌와 4가지 자세에 모두 해당한다. 그렇지만 우리는 습관적으로 움직여왔기 때문에 이러한 불행에 빠지기 전에 하나의 자세에서 다른 자세로 움직인다는 사실을 깊게 모른다. 당연하게 여긴다. 그렇게 움직여줘야만 살만한 것처럼 이렇게 상속개념(satati paññati)이 진실을 가려버린다. 일상에서 무리없이 생활을 해가면서 오로지 주의깊게 자세를 바꾸며 (마음을 챙겨야 한다-역자).

이것으로 행주좌와 사위의(四威儀)를 해체하여 괴로움의 진리를 보는 방법을 간략하게 설명하였다.

앞에서 설명한 사대요소 명상과 여섯 감각장소를 꿰뚫은 수행자(yogī)는 첫 번째 열반의 성취가 어느 정도 확실하다. 그들은 보다 상위의 존재계로 나아갈 것이므로 부처님의 가르침이 남아있는 동안에 가장 높은 세 번째 열반인 무여열반을 증득할 것이다.

무엇이 무여열반(anupādisea nibbāna)의 의미인지 지금부터 설명하겠다. 과거 부처님들 재세시에 해탈하신 모든 성인들(ariyāpuggala) 가운데에는 수다원(豫流者, sotāpanna)이 가장 많았다. 그러한 수다원들 가운데 싹까천왕, 쭐라라타(Cūḷaratha)천왕, 마하라타(Mahāratha), 아네까완나(Anekavaṇṇa), 위사카(Visākhā) 부인, 장자 아나타삔디까(Anāthapiṇḍika) 등이 유명하다. 요즘 여섯 욕계(欲界)의 하나 하나의 하늘에도 이런 수다원 성자들이 셀 수없이 많다. 지금 욕계 육천의 성자들로 가득차 있다. 부처님 가르침에서 깨달은 분들 가운데 가장 낮은 단계이며, 가장 숫자가 많은 vaṭṭajjhāsaya[298])vaṭṭajjhāsaya[299]) 수다원들의 가는 길을 설명하면서 질문 두 가지에 대한 답을 해야 한다. 첫 번째 유여열반이라는 것이 무엇인가요?라는 질문에

---

298) 윤회에서 바라는 것-아신 빤딧짜 사야도께서 미얀마본을 참고해 설해 줌-역주-

299) 윤회에서 즐기는 것-앞 주석과 동일-역주-

– 수다원도(sotāpatti magga)의 순간에 들어가는 열반
– 사다함도(sakadāgāmi magga)의 순간에 들어가는 열반
– 아나함도(anāgāmi magga)의 순간에 들어가는 열반
– 아라한도(arahatta magga)의 순간에 들어가는 열반

이렇게 증득하는 자들의 '순간으로는' 네 가지가 있다. 그 네 가지들이 모두 유여(有餘, saupādisesa)라서 경전에서는 saupādisea nibāna 한 가지라고 한다. 그 네 가지 가운데 수다원들이 도달하고 증득하고 누릴 수 있는 열반이 유여열반 가운데 첫 번째 대열반(saupādisesa pathama mahā nibbāna)이다.

증지부(Aṅguttara nikāya)에는 위빳사나를 통해 모든 정신과 물질현상들은 무상하고, 괴로움이며, 실체가 없는 무아임을 보고 모든 조건지어진 현상들의 성품인 무너짐의 지혜(bhaṅga ñāṇa)까지 닦은 공덕이 있는 범부(kalyāna puthujjana)도 남아있는 자(saupādisesa puggala)에 포함시킨다는 대목이 있다. 한편 경과 아비담마는 다음과 같이 말한다.

> Tiṇṇaṁ saṁyojanānaṁ parikkhaya sotāpanno hoti,
> avinipātadhammo niyato sambodhiparāyano

Tiṇṇaṁ saṁyojanānaṁ(세 가지 족쇄가)–유신견(有身見, sakkāyadiṭṭhi), 회의적 의심(vicikicchā), 계금취견(戒禁取見, sīlabbataparāmāsa)과 같은 세 가지 족쇄가

parikkhaya hoti(끊어진다)–끊어짐, 소멸 그리고 포기된다.

sotāpanno(수다원은)–지계(sīla), 선정(samadhi), 지혜(pañña)라는 법의 흐름(dhammasota)에 든 그는 흔들리지않고 고귀함을 향해 흘러간다(bhavasota, 존재의 흐름). 계속해서 고귀한 세계의 태에 들도록 인도한다.

avinipātadhammo niyato(악처에 떨어지는 법은 없고)-지옥에 떨어질 일이 전혀 없고 계속되는 이후의 생들에서 지계와 선정과 지혜를 닦게 되므로

sambodhiparāyano(올바른 깨달음을 향해 나아간다)-보다 높은 도와 과를 당연히 성취하게 된다.

끝없는 윤회에서 우리를 기다리는 위험 가운데 최악이고, 저열하며, 거친 위험은

- 오염원의 회전(kilesavaṭṭa) : 유신견(有身見, sakkāyadiṭṭhi), 회의적 의심(vicikicchā), 계금취견(戒禁取見, sīlabbataparāmāsa)이 포함된 오염된 갈애의 마음 때문에
- 업의 회전(kammavaṭṭa) : 십악업을 짓고
- 과보의 회전(vipākavaṭṭa) : 사악처에 태어난다.

이 세 가지는 앞에서도 말한 것처럼 가장 천하고 거칠다. 다른 오염원의 회전, 업의 회전, 과보의 회전은 이것과 비교해 본다면 다소 견딜만하다. 남아있는 회전들은 다음과 같다.

- **3가지 욕계의 회전** : 감각적 쾌락을 주는 욕계의 7선처(kamma sugati bhūmi)[300]에 태어나게 만드는 원인이 되는 것들로 ① 감각적 쾌락에 대한 갈애(欲愛, kāma taṅha), ② 욕계선업(kāma kusala) ③ 감각적 욕망에 의해 지배받는 존재로 태어나고픈 욕망(欲有, kāma sugati bhava)이 있다.
- **3가지 색계의 회전**(rūpavatta) : 16곳의 색계하늘[301]에 태어나게 만드는 미세한 물질계에 대한 갈애(色愛, rūpataṅha), 색계선업

300) 7선처는 인간, 사대왕천, 삼십삼천, 야마천, 도솔천, 화락천, 타화자재천 -역주-

301) 16가지 색계하늘이란 초선3(범중천, 범보천, 대범천)+2선관련 3곳(소광천, 무량광천, 광음천)+3선관련 3곳(소정천, 무량정천, 변정천)+4선관련 7곳(광과천, 무상유정천, 무번천, 무열천, 선현천, 선견천, 색구경천) -역주-

(rūpakusala), 미세한 물질계의 존재(色有, rūpabhava)에 대한 갈애가 있다.

– **3가지 무색계의 회전**(arūpavatta) ; 4가지 무색계 범천의 세계에 다시 태어나는 만드는 원인으로는 무색애(無色愛, arūpataṅha), 무색계의 선업(arūpakusala), 무색계의 존재(無色有, arūpabhava)에 대한 갈애가 있다.

수다원도(sotāpattimagga)를 얻는 순간에 더 이상 나쁜 세 가지 회전에 떨어지지 않는다. 그 이후의 생에서 욕계에 7번 다시 태어날 때에는 재생연결의 원인이 없는 사람(ahetuka)이나 2개인 사람(dvihetuka)으로 태어나지 않는다. 인간이나 천신으로 태어나더라도 낮은 계층의 신분으로는 태어나지 않는다. 첫 번째 대열반을 증득하면 이러한 행복하고 평화로운 세상만 만나게 되고 고통스럽고 천하며 거친 세계는 더 이상 만나지 않게 된다. 수다원도의 순간에 이 모든 것들의 소멸됨이 유여대열반(saupādisesa mahā nibbāna)이다.

왜 유여열반이라고 하는가?

남아있는 갈애(taṅha)의 양(量)에 따라 인간이나 천신 혹은 범천으로 다시 태어나야만 하는 미래의 생이 아직은 남아 있기 때문에 유여(saupādisesa)라 하고, 악처로의 윤회(vaṭṭa)에서 해탈하였기에 열반(nibbāna)이라고 한다. [아직은 윤회를 계속 해야만 하는 존재로 남아 있으므로 유여(有餘, saupādisesa)라고 한다]

그렇다면 수다원은 어떻게 행복한 곳인 선처에 계속해서 태어나다가 열반을 얻게 되는지 알아보자. 윤회가 없는 곳이란 열반의 또 다른 이름이다. 특별한 기회, 특별한 정주지(定住地), 특별한 상태이다. 반면에 세속적인 세계란 삼악도에 윤회하는 세계이다. 범부의 세계(puthujjana bhūmi) 혹은 세간(lokiya bhūmi)이라고 부르기도 한다. 성자(聖者)의 생은 나쁜 세 가지 회전을 하지 않는 것이 특징이다. 그것은 특별한 상태의 존재로 성자의 세계(ariya bhūmi), 출세간(lokuttara bhūmi)이라 부른다.

수다원도를 얻는 순간부터 나쁜 세 가지 회전은 끝이 나고 미래의 생에서 결국은 특별한 이익을 얻는 특별한 상태 그리고 특별한 존재들의 세계인 열반을 증득하게 된다. 수다원도를 얻기까지는 무한한 과거의 생들에서 수도 없이 나쁜 세 가지 회전을 해야만 하였다. 그러나 수다원도를 얻는 순간에 이러한 조건으로부터 벗어나므로 아주 특별한 상황인 첫 번째 대열반인 유여열반을 얻었다고 말한다.

그러나 나쁜 세 가지 회전은 영원하지 않으므로 무여열반(anupādisesa)과 같은 속성이 있다고도 말한다. 즉 두 가지 열반 모두 삼악도로의 윤회가 끝나는 데에는 차이가 없다. 계속해서 행복한 선처에 태어나게 되는 수다원은 수다원도를 얻는 순간에 범부의 생을 끝내고 성자들의 세계, 출세간의 일원이 된다. 첫 번째 열반을 증득한 다음에 다시 태어나게 되면 행복한 인간이나 지복을 누리는 천신, 행복한 범천의 천신으로 태어난다. 부처님은 다음과 같이 말씀하셨다.

> **Tiṇṇaṁ saṁyojanānaṁ parikkhayā sotāpanno hoti**
> 수다원은 3가지 족쇄가 모두 끊어진다.

한편 '악처로 떨어지는 법이 없다(avinipātadhammo)'란 말의 의미는 죽은 후에 업에 따라 지옥이나 다른 악처에 떨어지는 운명 혹은 그러한 위험이 종식되었음을 의미한다.

야자 다발의 예

야자수의 열매가 여러 개 뭉쳐있는 나무를 베어낸다면 그 뭉치가 어디로 떨어질지는 아무도 모른다. 어느 곳으로 떨어질지는 야자 다발이 결정하는 것이 아니다. 그들은 싫든 좋든 다만 떨어질 뿐이다. 사람이건 천인이건 혹은 범천이건 간에 죽으면 어느 곳으론가 흘러간다. 이것이 바로 악처에 떨어지는(vinipāta) 위험이다. 현명한 사람은 주의가 깊지만 깨치지 못한 범부는 이러한 피할 수 없는 경우를 수 없이 만나야만 한다. 수다원도를 얻어야만 삼악도에 떨어지는 것으로부터 벗어날 수 있으며 자신의 선택에 따라(업에 따라-역자) 다시 태어나게 된다. 만약 어떤 특별한 선택이 없다면 지금보다는 좋은 곳에 태어난다. 위에서 자신이 선택한다는 말은 색계선정을 많이 닦아 색계에 태어나거나 무색계 선정을 많이 닦아 무색계에 태어나는 것을 의미함으로 알아야 한다. '악처에 떨어지는 법이 없다(avinipātadhammo)'의 의미는 이와 같다.

niyato = '한 생에서 다음 생으로'라는 대목에서는 다음과 같은 것을 생각해 보아야 한다. 중생들은 수 없이 많은 생을 윤회하는 동안, 어떤 때는 계를 지키며 선정을 닦고 지혜를 구족하기도 한다. 하지만 이 구족이란 것이 달리고 있는 말위에 얹어 놓은 코코넛과도 같다. 이 종마가 자세를 바꾸거나 혹은 조금이라도 몸이 흔들리면 얹혀 놓은 코코넛은 땅으로 떨어져 깨져버린다. 그러나 수다원이 계를 지키고 선정을 닦고 지혜를 계발하는 것은 이 경우와는 다르다. 수다원의 경우는 마치 말의 등위에 쇠로 만든 튼튼한 안장과 고삐와 같은 마구를 갖추어서 그 위에 단단히 묶어 놓는 것과 같다.

다시 태어나는 많은 생들에서 수다원의 이러한 머묾은 마치 말에 잘 채워진 안장과 마구와 같이 안정적이다. 수다원은 삼학을 잘 닦는다. 그리고 언제나 귀의할 수 있는 부처님이 계시고, 함께하는 법이 머물며,

청정한 승가가 있다. 부처님의 가르침이 언제나 수다원과 함께 한다. 비록 수다원이 수 없이 많은 세월을 윤회를 하더라도 하나의 생에서 다음 생으로 옮길 때마다 전지한 부처님의 공덕과 은혜도 분명해 진다. 그들은 부처님의 가르침이 없는 세상에 태어나지 않는다.

범부들은 윤회에 어떤 앞의 생도 모르고 뒤의 생도 모른다. 무명 덩어리라 의지처없이 마음대로 잔인하게 악하게 어리석게 살아가는 생들이 수없이 많다. 어떤 어떤 의지처가 아닌 사악한 자들을 부처로 모시고 한 생에 한 의지처로 하여 의지처들을 천번 만번 바꾼 생들이 수없이 많다. 이 윤회에서 지혜로운 자들은 부처님도 아니고 아무것고 아닌 사악한 자들을 부처님이라고 한 생에 하나를 맹신한다하여도 뼈아픈 일이라고 생각한다. 왜냐하면 그 의지처가 잘못하면 그 생에서 가질 것이 남지 않고 다 박살이 난다. 계금취(go-sīla, go-vata등등과 같이 진리·법이 아니고 아무것도 아닌 사악한 것들을 아주 수승하고 고귀한 법이라고 여겨한 생에 한가지 의지처들이 천번 만번 넘어서 돌고 돌아야 하는 생들이 셀 수 없이 많다.

한편 청정하고 고귀한 출세간의 성자들은 부처님과 가르침과 승가 말고는 그들이 귀의할 대상으로 다른 신을 섬기기 위하여 흔들리지 않는다. 그래서 'niyato'라고 한 것이다. '바른 깨달음을 향해 나아간다(sambodhiparāyano)'라는 말은 그들이 원하고 그들의 의지에 따라 열반에 이르는 보다 높은 도(道)를 얻을 수 있다는 말이다. 이 말은 어떠한 이유로든 다음 부처님이 출현하실 때까지 기다릴 필요가 없다는 것을 의미한다. 왜냐하면 그들은 다시 태어나는 생을 반복할수록 37조도품을 보다 높은 수준으로 닦아 나가게 될 것이기 때문이다. 그들은 마지막 무여열반에 들 때까지 깨어있는 마음으로 삼학을 쉬지 않고 닦아 나간다.

그러므로 역사적 실존 인물인 석가모니 부처님의 가르침이 사라지고 다음 부처님이 오시기 전까지 수없이 많은 세월 동안 캄캄한 어둠의 시대가 계속된다고 하더라도 그들은 어떠한 것도 두려워할 필요가 없다. 왜냐하면 '바른 깨달음을 얻게 된다(sambodhiparāyano)'고 선언하셨기 때문이다.

(우리 부처님의 시대에 깨달음을 얻으신 많은 분들 가운데 수다원의 수가 가장 많다. 범부에서 출세간의 성자인 수다원이 되기만 하면, 즉 유여열반인 첫 번째 대열반을 성취하는 즉시 범부는 청정한 성인의 반열에 오른다. 그리고 아나함들의 색구경천(akaniṭṭha bhumi)에 이르기까지 그들은 나쁜 세 가지 회전에 떨어지지 않고 행복한 삶을 즐기는 인간이나 천신 혹은 수승한 범천으로 태어난다. 이것으로 간단한 설명을 마친다.)

'akaniṭṭha bhumi까지'라는 말로 위의 도(道)와 과(果)에 도달할 때 두 번째, 세 번째, 네 번째 유여열반(saupādisea nibbāna) 3가지를 다 포함해서 말했다. 이 말도 요즘 nibbāna에 대한 책들이 바르지 않은 것들이 많아서 지혜로 모두 파악할 수 있는 정도로 말해주었다.

레디 사야도의 축원(āsīsa patthanā)

Puññne tena nibbānaṁ,
laddhāsandiṭṭhikaṁ idha,
paramatthaṁ ārādhentu,
janā sabbepi subbatā.

이 공덕들로 열반을
얻어진 지금 여기에 있는 이 세상에서
궁극적으로 성취하기를!
모든 사람들의 믿음이 증장되기를!

Etenapuññnena nibbānaṁ－명확하고 적절한 열반(nibbāna)을 드러내도록 제안하고 조직한 이 공덕들로

idha－존경하는 우리 석가모니 부처님의 이 세상에서

sandiṭṭhikaṁ(지금 여기에 있는)－사실적으로 존재하고 자신의 눈으로 식별할 수 있는

nibbānaṁ(열반을)－모든 종류의 위험과 괴로움이 없는 열반(nibbānaṁ)을

laddhā－실제적으로 얻기를!

subbatā－청정하고 고귀하고 칭찬받을만한 행동을 하기를!

sabbepi－모든

janā－인간이나 천인이나 범천의 세계에 있는 유정(有情)들도

idha－존경하는 우리 석가모니 부처님의 회상에서

paramatthaṁ－가장 높고 궁극적인

nibbāna－열반을

ārādhentu－그들의 희망에 따라 이루어지고, 그들의 지혜는 언제나 효과적으로 통찰하여 열반의 과보를 즐길 수 있게 되기를!

제Ⅳ부

마하시 사야도

Nibbāna Paṭisaṃyutta kathā

머리말

이 책은 기본적인 위빳사나 명상법과 위빳사나를 통해 얻게 되는 닙바나의 평화로움이란 어떤 것인지를 다룬다. 이해하기 어려운 빠알리경과 주석서를 저자인 마하시 사야도가 자세하고 명확하게 설명하였다. 이 책은 잘못된 견해 때문에 잘못된 길을 갈 수 있는 수행자들에게 명확한 길을 제시한다.

예를 들면 사야도는 수행의 초기에는 육문에서 일어나는 현상들을 모두 알아차리는 것은 가능하지 않다고 하였다. 그래서 육체적으로 보다 분명한 것 가운데 하나를 우선 알아차리라고 한다. 걸을 때에는 걷고 있음을 팔다리의 움직임을 통해 우선 관찰하고 알아차려야 한다. 다른 신체적 행위들도 마찬가지이다.

가장 분명한 물질적 현상은 배의 일어남과 사라짐이므로 이것을 알아차리라고 강조한다. 찰라 삼매를 얻는다면 오로지 그때가 되어야 육문에서 일어나는 모든 현상들을 알아차릴 수 있게 된다.

이 책에서는 유여열반(saupādisesa nibbāna)의 획득으로부터 시작하여 마지막 도착지인 반열반(parinibbāna)이라 하는 무여열반(anupādisesa nibbāna)이 무엇인지 완전하게 설명하였다. 즉 마음속의 오염(kilesa)들을 소멸시킨 아라한도 아직은 물질무더기(rūpakkhandhā)가 남아 있다. 이러한 상태를 붓다는 유여열반(saupādisesa)이라고 가르쳤다. 하지만 아라한의 죽음 혹은 반열반(parinibbāna) 후에는 남아있던 물질들과 오염들의 무더기는 모두 완전하게 지멸된다. 모든 물질과 마음 그리고 정신적 상카라들인 마음부수들은 소멸된다. 이 완전한 소멸과 가라앉음을 무여열반(anupādisesa)이라 한다.

이 책에서 마하시 사야도는 이 담마에 대하여 경전에 근거한 이론적인 측면, 즉 교학적인 측면(pariyañña)과 통찰명상이라는 실참 수행(patipaññ)의 관점을 모두 설명하였다. 취착하게 되는 오온이 곧 괴로움이며 해로운 담마(abisaṇkhāra)는 괴로움임을 설명하였고, 다시 태어남을 일으키는 갈애라는 오염에서 비롯된 모든 괴로움으로부터 벗어나기 위해서는 어떻게 하여야 하는지 그 괴로움에서 벗어나는 방법도 다루었다. 사야도는 새로운 존재는 유익한 담마와 불선한 담마, 즉 공덕이 되는 행과 공덕이 되지 않는 행의 결과임을 납득이 가도록 분명하고도 명백하게 밝히고 있다.

불교에서는 과거에 지은 행위나 활동들을 업(kamma)이라 하고 이 결과를 과보(vipāka)라 한다. 일어난 새로운 존재는 미래의 오염을 일으키게 만드는 정신·물질무더기(nāma·rūpakkhandā)의 형성을 일으키고, 어떠한 종류의 갈애이든 업을 만든다. 그래서 과거의 업은 현재의 조건이 된다. 반면에 현재의 업은 미래 존재의 조건이 된다. 이러한 업력이 남아 있는 한 윤회는 계속된다.

오염된 업과 이 업의 과보를 제거하기 위해서는 보시와 지계 그리고 수행, 특히 위빳사나를 닦아야 한다. 그렇게 하면 마침내 도과를 얻어 열반을 성취하게 된다. 아라한 도과를 얻으면 모든 업들과 과보들은 소멸된다. 붓다는 우리에게 열반이란 갈애가 소멸된 것으로 필연적이며 자연스러운 결과라고 가르치셨다. 그리고 이번 생이나 다음 생에서 독립된 형태의 존재로서 존재하고픈 갈망은 제거되어야 한다고 가르치셨다.

닙바나에 관해 다양한 학파들의 다양한 견해들이 존재한다. 어떤 이는 닙바나란 천상의 궁전이나 호화로운 맨션이라고 생각한다. 큰 규모의 거처, 도시 혹은 번쩍이는 빛의 화려한 광휘라고 주장한다. 어떤 이는 개인의 영혼이 우주의 영혼 등과 완전히 하나가 되는 것이라고 주장한다. 이러한 주장은 무지로 인해 마음속에서 일어난 하나의 희망에 불과하다.

나가세나 존자는 닙바나를 다음과 같이 연꽃에 비교하여 정의한다. '닙바나가 무엇이냐고 묻는다면 나는 괴로움과 위험으로부터의 자유라고 말한다. 믿을만한 것으로, 평화로움으로, 고요함으로, 행복으로, 만족으로, 최상의 맛인 참된 맛으로, 청정함으로, 생생함이라고 말한다.'(Milindapañhā)

> 폐하, 마음의 대상인 닙바나는 청정하고, 고결하고, 순수하고, 장애가 없고, 현세의 욕망이 없습니다. 닙바나는 있는 것이지만 색이나 모양으로 보여주는 것은 불가능합니다.

닙바나란 결국 갈애를 모두 소멸시켜 우리의 삶을 고요하게 만드는 것이다. 바로 이 닙바나란 '마음의 고요한 상태'입니다. 닙바나는 세계에서 가장 완벽한 것이다. 우리는 세 가지 갈애 때문에 생긴 이기적인 욕망과 에고이즘으로부터 벗어나지 않는다면 참된 평화와 참된 행복이란 불가능하다. 이것은 모든 인류가 원하는 최고의 목표이다. 불교는 갈애에서 벗어나 영원한 평화인 닙바나를 얻으라고 한다. 닙바나에 대한 나가세나 존자의 처음과 마지막 말은 다음과 같다.

> 닙바나란 한정된 마음으로 사량하지 않는다면 그 무한성을 알게 된다. 이것은 생각으로는 알 수 없고 오로지 경험되어질 뿐이다.

여러분이 이 책을 주의 깊게 끝까지 읽는다면 닙바나가 무엇인지 명확하게 이해하게 될 것이다. 마하시 사야도는 분명하게 말씀하셨다.

> **닙바나는 영원한 평화로움(적정)이다. 바르게 위빳사나를 닦다가 아라한도를 성취할 때 증득한다. 닙바나를 증득하면 모든 오염들의 흔적, 업과 과보, 악업의 과보는 완전하게 소멸되고 제거된다. 모든 갈애(taṅhā)가 소멸된 상태에 도달하고 반열반에 든다.**

그래서 닙바나는 모든 괴로움의 종식이다.

여러분 모두가 행복하고 깨달음을 얻게 되기를!

MIN SWE
Secretary
Buddha Sāsana Nuggha Organization.

제1편. 닙바나는 세 가지 회전의 소멸[302)]

1. 도입

지난 주에 '교리문답의 짧은 경'(M44)에 대한 강의의 마지막에 나는 위사카(Visākhā)와 여자 수도원장인 담마딘나(Dhammadinnā) 장로니와의 문답에 대하여 이야기하였습니다. "즐거운 느낌은 무엇과 같습니까?" 라고 위사카가 질문하자 담마딘나는 "괴로운 느낌과 같습니다."라고 답합니다. 즐거움과 괴로움은 정반대이지만 장로니가 그 거부인 위사카에게 하고자 했던 말은 그것들은 하나이고 같은 현상이라는 것입니다.

다음과 같은 질문과 답변이 이어집니다.

Q. 즐거움과 괴로움 그리고 무덤덤한 느낌은 무엇과 같습니까?

A. 어리석음과 같습니다. 몸이나 마음에서 일어난 즐거움과 괴로움은 쉽게 알 수 있습니다. 하지만 무덤덤한 것은 쉽게 알아차릴 수 없습니다. 예를 들어 탐욕과 성냄은 일어나자마자 즉시 알 수 있지만 무지인 어리석음은 명확히 드러나지 않습니다. 그러므로 무덤덤함은 이 어리석음과 같습니다.

Q. 어리석음은 무엇과 같습니까?

A. 지혜와 같습니다. 여기서 지혜는 성스러운 분이 가지고 있는 도의 지혜(ariya-magga-ñāṇa)를 말합니다. 반면에 어리석음이란 그 지혜가 가려져 있는 것입니다. 지혜는 사성제를 알고 드러내게 하는 반면에 어리석음은 모르는 것으로 그것들을 덮어 버립니다. 여기서 지혜는 테제

302) 1964년 9월에 설법한 내용이다. -역주-

(正)이고 어리석음은 안티테제(反), 정반대입니다.

Q. 무엇이 지혜입니까?

A. 해탈입니다. 해탈은 도(道)의 결과(果)입니다. 사실 도(magga)와 이것의 과보인 과(phala)는 아주 동일합니다. 왜냐하면 동일한 성취의 다른 측면일 뿐입니다. 과(果)는 성자들이 성취한 도(道)의 유익한 결과입니다. 이것은 반복됩니다. 그러므로 지혜와 해탈은 같은 뜻입니다.

Q. 그러면 해탈은 무엇과 같습니까?

A. 닙바나와 같습니다. 수행자가 도과에 들게 되면 이것은 닙바나의 완벽한 고요함에 드는 것입니다. 그러므로 닙바나는 도의 과와 같다고 생각합니다.

Q. 그러면 닙바나는 무엇과 같습니까?

이 순간 담마딘나는 위사카를 질책합니다. "너무 앞서갑니다. 멈춰야 하는 곳에서 멈추질 못했습니다. 닙바나는 붓다의 가르침에서 가장 마지막입니다. 계, 정, 혜의 끝은 닙바나입니다. 그 다음은 없습니다. 그래서 닙바나가 무엇인지 묻지 말아야 하였습니다. 만약 이 답변에 만족하지 못한다면 붓다를 직접 찾아뵙고 여쭙는 것이 좋겠습니다." 그러자 위사카는 즉시 붓다를 찾아뵙고는 들은 이야기를 말씀드렸다. 그러자 붓다께서는 "만약 나에게 물었어도 담마딘나가 답한 것과 같았을 것이다."라고 하시며 그녀를 칭찬하였습니다. 여기까지가 지난 시간에 한 법문 내용이었습니다. 그때 닙바나에 대한 설명을 했어야 하는데 시간이 부족하여 오늘 하고자 합니다.

2. 닙바나란 무엇인가?

닙바나는 불꺼짐 혹은 소멸을 뜻합니다. 불꺼짐이나 소멸이란 무엇인가? 오염의 회전(kilesa vaṭṭa), 업의 회전(kamma vaṭṭa) 그리고 과보의 회전(vipāka vaṭṭa)으로 인한 괴로움의 윤회가 꺼진다는 의미 혹은 소멸된다는 의미입니다. 오염에는 무명(avijjā)과 갈애(taṅhā) 그리고 취착(upādāna)이 포함됩니다. 업에는 끝이 없는 윤회를 계속하게 만드는 공덕이 되는 행위와 공덕이 되지 않는 행위가 있습니다. 과보는 선행이나 악행의 결과로 일반적으로 업보(kamma-result)라고 합니다. 모든 행위는 마음과 물질, 여섯 감각토대와 느낌 등의 결과를 만듭니다. 보고, 듣고, 냄새 맡고, 맛보고, 접촉하고 생각하는 것은 모두 어떤 행위의 결과 혹은 과보입니다. 우리는 어떤 것을 보거나 들을 때 존재(대상)의 진정한 성품을 꿰뚫는 통찰지가 없는데 이것은 어리석음입니다. 우리가 무엇인가를 보거나 듣는다고 할 때 실질적으로 자아가 보거나 듣는다는 잘못된 개념을 가지고 있습니다.

이 잘못된 개념 때문에 존재(대상)는 영원하고 행복이며 혹은 만족할 만한 것이라 여기는 미혹에 빠집니다. 그래서 갈애하게 되고 갈애가 반복되어 취착하게 됩니다. 이렇게 오염은 스스로 커져서 자신의 제국을 건설하게 됩니다. 감각적인 대상에 취착을 하자마자 정진이라는 마음부수는 즉시 그러한 감각적인 욕망들을 만족시켜주기 위하여 노력을 합니다. 동시에 의도적 행위인 상카라(업)가 움직이기 시작합니다. 이런 맥락에서 그것들을 '업의 형성'이라고 하는데 그 이유는 형성하는 행위 혹은 모양을 만들어 가는 행위를 하기 때문입니다. 그러한 상카라들 때문에 죽음의 마음 바로 다음에 재생연결식이 일어나므로 다시 태어남은 피할 수가 없습니다. 죽음 뒤에는 존재가 일어납니다. 다른 말로 새로운 생이 시작되는 것입니다. 전생의 상카라(업의 형성) 때문에 정신과 물질, 여섯 감각토대, 감각접촉, 느낌 등이라는 과보(vipāka)가 계속해서 일어납니다. 이러한 과보의 회전 때문에 또다시 오염원의 회전이 일어납니다. 이 오염원의 회전 때문에 또 다시 업의 회전이 일어납니다. 윤회에서 이러한 세 가지 회전은 끝이 없습니다. 오로지 무더기들의 일어남과 사라짐이라는 현상들을 알아차리는 수행을 해서 통찰지가 무르익을 때만이 도(道)의 마음이 닦아져서 닙바나에 가까이 가게 됩니다. 이 도의 단계에서 어리석음은 소멸됩니다. 오염이 없으면 새로운 행위도 없고 혹은 형성할 수 있는 업도 존재할 수 없습니다. 오염이 소멸된 후에 남아있는 업은 무엇이건 간에 작용하지 않거나 혹은 효과가 없는 것이 됩니다. 공양을 받아 마땅한 아라한의 죽음의 마음 이후에 새로운 생은 없습니다. 이제 닙바나의 관점에서 보면 소멸을 의미하는 존재의 끈은 완전하게 끊어졌습니다. 닙바나의 정의는 다음과 같습니다.

Nibbāti vaṭṭadukkha eṭṭhati nibbāna;
nibbāti vaṭṭadukkha etasmim adhigateti va nibbāna.

닙바나는 괴로움의 윤회를 평화로움으로 종식시킵니다. 그러므로 괴로움의 끝이 닙바나입니다. 다른 말로 아라한도를 얻으면 괴로움의 윤회는 끝이 납니다. 그러므로 닙바나는 괴로움의 소멸로 인한 평화로움입니다. 이것만은 알아두십시오. 닙바나는 적정(寂靜)한 상태로 완전한 평화입니다. 오염의 회전, 업의 회전과 과보의 회전을 완전하게 소멸시켜 버립니다. 그래서 닙바나의 특징은 고요함(santi)이라고 주석서는 말합니다. 고요한 평화가 일어나면 그 순간 괴로움은 소멸됩니다. 새로운 정신과 물질을 일으키는 오염의 회전과 업의 회전 그리고 과보의 회전은 완전히 소멸된다는 사실을 명심해야 합니다. 라따나 경에 열반이란 불꽃이 꺼지는 것과 같다고 비유합니다. 'Nibbanti dhīrā yathayaṃ padīpo.' 아라한의 반열반은 마치 불이 꺼지는 것과 같이 모든 무더기들이 소멸됩니다. 오래 전에 그들이 지은 업은 이미 소멸되었고 새로운 존재를 일으킬 수 있는 새로운 업은 더 이상 짓지 않습니다. 존재의 불꽃은 그렇게 꺼집니다.

3. 라따나경(ratana sutta paritta)

라따나 경의 해당 구문을 알아봅시다.

Khīnaṃ purānaṃ nava naṭṭhi sabhavaṃ.
Virattacittā yatike bhavasmiṃ;
Te Khīnabijā avirullhichandā;
Nibbanti dhīrā yathayaṃ padīpo.

아라한은 육문에서 정신(nāma)과 물질(rūpa)이 일어나서는 사라지는 것을 알아차리는 통찰명상을 통해 얻게 된 통찰지의 힘으로 도(道)를 얻고 이 도를 통해 모든 오염들의 뿌리를 뽑아 흔적도 없이 제거합니다. 오염의 속박에서 자유를 얻은 수행자는 일반적으로 공덕이 되는 행위는 계속하지만 불선행은 더 이상 하지 않게 됩니다. 그는 여러 방법으로 선행을 합니다. 예를 들면 담마를 가르치고 담마를 잘 듣습니다. 정기적으로 붓다와 법납이 높은 수행승들에게 귀의합니다. 남은 음식이나 가사 등을 필요한 사람들에게 나눠줍니다. 계를 지키고 선정과 지혜를 닦는데 헌신합니다. 하지만 그는 다른 사람들과 같은 오염이 없으므로 그가 지어나가는 공덕행은 새로운 상카라를 일으키지 않습니다. 그가 행하는 모든 행위는 과보를 일으키지 않습니다. 새로운 업을 짓지 않으므로 도를 통한 그는 새로운 존재로 일어나지 않습니다. 어떤 무지한 범부인 스승과 그 추종자들은 아라한들은 업을 짓지 아니하므로 공덕행을 하면 안된다고 가르칩니다. 그러나 이것은 경전의 가르침을 잘못 이해한 것입니다. 만약 이러한 가르침을 믿고 따른다면 어떠한 공덕도 짓지 못하고 대신 악처로 떨어지게 만드는 일들을 하게 될 것입니다.

의식적으로 (성냄을 일으키지 않고-역자) 선행을 회피한다면 바로 그 순간에 그 회피로 인한 불선한 과보는 없으므로 당신이 해로움을 겪게 되지는 않지만 마음에 틈이 생겨 악행에 길을 열어주는 순간 탐욕과 성냄과 어리석음과 자만과 사견의 마음이 올라와서는 양심의 가책이나 후회함이 없이 악을 행하게 됩니다. 당신은 이에 상응하는 과보를 피하지 못합니다. 이렇게 살다가 죽은 후에는 악처에 떨어지게 됩니다.

4. 업지음의 멈춤

오래된 것은 사라지고 새로운 업의 일어남이 진정으로 멈추게 되기를 원한다면 도과를 성취하겠다는 결심으로 통찰지를 닦아야 합니다. 어떻게 닦는지 설명하겠습니다. 우선 계를 완벽하게 지키셔야 합니다. 완벽한 명상을 위해서는 집중을 해서 지혜를 얻어야 합니다. 본삼매에 드는 선정을 닦는다면 아주 좋고 훌륭합니다. 선정을 초석 삼아 지멸에 이르는 명상에 매진할 수 있습니다. 그러나 선정에 들지는 못하더라도 대념처경의 말씀에 따라 육문에서 정신과 물질이 일어나서는 사라지는 것을 지켜보는 수행을 할 수 있습니다. 결국 이렇게 마음을 챙기는 것이 위빳사나, 통찰명상입니다. 육문에서 일어나는 것을 무엇이든 알아차릴 수 있게 되기 전에는 우선 알아차리기 쉬운 몸의 움직임부터 알아차려야 합니다. 예를 들면 걷는 동안에 걷는 현상을 알아차리는 것으로 위빳사나를 시작하십시오. 앉아 있을 때에는 앉아있다고 알아차리십시오. 제가 말한 대로 쉽게 따라 할 수 있는 몸의 움직임을 아는 것으로부터 시작하십시오. 숨을 들이쉬고 내쉴 때에 배가 일어나서는 꺼지는 것을 알아차리라고 가르칩니다. 배의 움직임을 알아차리려고 시도해보면 당신의 마음은 방황할 것입니다. 이것저것을 생각하고 어떤 것을 상상합니다. 그러나 이러한 생각이나 상상을 알아차리세요. 피곤할지도 모르겠습니다.

그러나 이 피곤함을 알아차리세요. 정진할 때 뜨거움이나 고통을 느낄 수도 있습니다. 이러한 감각들이 일어나서는 사라지는 것을 알아차리십시오. 보이면 그 보임을 들리면 그 들림이라는 현상을 알아차리십시오. 즐거운 느낌을 경험하면 그 느낌도 알아차리십시오.

마음의 청정(心淸淨)

위빳사나의 초기에 당신의 집중력은 약할 것입니다. 마음대로 되지 않을 것입니다. 마음이 방황할 때에는 그 방황하는 것을 알아차리십시오. 그 현상을 반복해서 알아차림에 따라 집중력은 점점 강해져서 당신의 마음은 알아차림의 대상으로부터 벗어날 수 없게 됩니다. 마침내 그것과 하나가 됩니다. 어떤 것을 상상하고 있다면 즉시 그것을 알아차리십시오. 그러면 당신은 "생각의 과정"에 대하여 친숙하게 될 것입니다. 가능하면 이 인식과정을 빨리 알아차리고 그것에 대한 생각을 멈추고 배의 일어남과 사라짐에 마음을 두도록 하십시오. 이제 당신은 현순간의 마음으로 방금 전의 마음이 대상을 지각한다는 것을 알게 될 것입니다. 마찬가지로 바로 지금 일어난 당신의 마음을 바로 뒤이어 일어난 다음 마음에 의하여 마찬가지로 알게 됩니다. 언제나 대상을 알아차리는 행위를 놓치지 않는다면 마음은 청정해질 것입니다. 마음청정, 이것을 심청정(citta visuddhi)이라 합니다.

견해의 청정(見淸淨)

마음이 그렇게 청정해지면 또렷하게 감각적 대상들을 지각할 수 있게 됩니다. 이 명확성 때문에 감관의 대상들을 또렷하게 알아차리는 자신을 발견하게 됩니다. 반복적인 수행을 통해 수행자는 마침내 이 알아차림의 전 과정에는 오직 아는 마음과 마음이 아는 대상만이 존재한다는 결론에 도달합니다. 이 단계에서 정신과 물질의 무더기들의 분석을 통해 현상의 실재에 관한 지혜인 정신과 물질의 분석에 관한 지혜

(nāmarūpapariccheda ñāṇa)가 계발됩니다. 이 지혜가 완전하게 무르익으면 견해가 청정(견청정, diṭṭhi visuddhi)해집니다.

조건 파악의 지혜와 명상의 지혜

수행자의 견해가 청정해짐에 따라 그리고 정신(nāma)과 물질(rūpa)의 일어남과 사라지는 현상을 알아차리는 통찰명상을 계속해 나가면 정신과 물질의 원인과 조건을 식별할 수 있습니다. 이 식별을 원인과 조건을 식별하는 지혜(paccayapariggaha ñāṇa)라 합니다. 이 지혜는 모든 의심을 극복합니다. 그래서 이 단계의 지혜를 의심을 극복함에 의한 청정(kaṅkhāvitaraṇa visuddhi)이라 합니다. 만약 명상을 지속해나가면 알아차림의 대상들은 일어나자마자 사라지는 것을 반복해서 알아차리게 될 것입니다. 이 모든 것을 알아차림으로 수행자는 일어남-머묾-사라짐이라는 세 단계를 구분할 수 있게 됩니다. 이것이 지금 일어나는 현상은 과거에 의하여 조건지어진 것이고 미래에도 마찬가지로 조건지어질 것이라는 사견을 알게 됩니다. 이 단계의 지혜는 무더기들을 형성된 것으로 보게 됩니다. 이러한 조사의 결과, 형성된 것은 틀림없이 일어나서는 사라지므로 무상(anicca)하고, 괴로움(dukkha)이며, 무아(anatta)라는 것을 알게 됩니다. 이러한 조사의 지혜를 명상의 지혜(sammasana ñāṇa)라 합니다.

무더기들의 일어남과 사라짐의 지혜(생멸의 지혜)

여섯 감각기관의 문에서 일어나서 사라지는 다섯 무더기들(오온)에 계속해서 마음을 챙기고 명상을 하면 마음챙김의 힘이 커져서 그것들이 일어나는 대로 계속해서 일어나서는 사라지는 것을 알게 됩니다. 그렇게 하다보면 희열(pīti)과 경안(passaddhi)이 일어납니다. 이 지혜를 정신과 물질의 일어남과 사라짐의 지혜(udayabbaya ñāṇa)라 합니다. 좀 더 명상을 하면(형상과 본체가 사라지는) 조건지어진 것들의 공허한 성품을 보게 됩니다. 아는 마음과 그 대상 이 두 가지는 일어나자마자 빠르게 사라집니다. 이 지혜를 무너짐 지혜(bhaṅga ñāṇa)라 합니다.

수다원 등의 성인이 됨

사라짐의 지혜(bhaṅga ñāṇa)가 무르익으면 모든 사라지는 것들을 두려움이나 공포스러움으로 보게 되는 두려움의 지혜가 일어납니다. 결국은 상카라에 대한 평온의 지혜에 이르게 됩니다. 모든 조건지어진 것들, 모든 상카라들은 공포스러움도 아니고 즐거운 것도 아니라고 하는 평온의 지혜가 계발 됩니다. 통찰명상을 계속하여 지혜가 무르익으면, 마음은 모든 정신과 물질 그리고 상카라(업-형성들)들의 소멸을 보게 됩니다. 이것이 성스러운 도과의 실현입니다. 이 단 한번의 그 순간을 통해 수행자는 드디어 예류자(sotāpanna)가 됩니다. 악처에 떨어지게 할 그가 지은 과거의 모든 업은 끝이 났고, 악처에 떨어지게 할 새로운 악업은 더 이상 짓지 않습니다. 예류자가 수행을 계속해서 일어남과 사라짐의 지혜(udayabbaya ñāṇa)로부터 시작하여 통찰지를 닦아 나가면 일래자(sakadāgāmi)의 도과를 성취하게 됩니다.

계속해서 위빳사나를 하는 일래자는 다음 단계인 불환자(anāgāmi)가 됩니다. 그러면 욕계로 다시 돌아오게 만드는 모든 과거에 지은 업들은 소멸됩니다. 그리고 낮은 세계로 떨어지게 하는 새로운 업은 더 이상 짓지 않습니다.

여기서 욕계와 관련된 유익한 업은 더 이상 일어나지 않는지 궁금할 것입니다. 의심할 여지없이 선업은 일어납니다. 하지만 감각적 욕망에 대한 갈애를 동반하지는 않습니다. 그래서 욕계의 존재(kāmabhava)로는 다시 태어날 수 없습니다. 그렇다면 욕계의 선업은 과보를 만들 수 없다는 것이냐 하는 의문이 들 것입니다. 업은 과보를 만든다는 진리의 힘

때문에 그것들은 의심할 여지없이 계속해서 그렇게 됩니다. 하지만 이 경우의 과보는 도과(道果)가 됩니다. 욱가(Ugga)의 이야기를 알아봅시다.

공양을 올리고 아라한이 되다

부자인 욱가가 어느 때 붓다와 그의 제자들에게 음식공양을 올리고는 이 공양은 그에게 가장 소중한 과보가 될 것이라고 생각하면서 보시(dāna)를 하였다고 합니다. 그는 보시를 할 때에 이미 아나함이었습니다. 그리고 그가 생각하였던 가장 소중한 과보는 당연히 아나함의 다음 단계인 아라한의 도과를 얻는 것입니다. 그는 죽어서 정거천(Suddāvāsa)의 브라흐마로 다시 태어났습니다. 그는 붓다를 기억하고는 스승에게 귀의하기 위하여 지구로 내려왔습니다. 그때 붓다는 "지금 그대는 원하던 것을 깨달았는가?" 브라흐마가 답합니다. "예, 그렇습니다." 오래지 않아 그는 도과를 얻어 공양을 받아 마땅한 아라한이 됩니다. 이것은 아나함이 욕계에서 지은 유익한 업(kusala kamma)의 과보로 도(道)를 증득할 수 있음을 보여줍니다.

위빳사나를 통해 아라한이 되다

보시의 공덕으로 아라한이 될 수 있다하여도 명심할 것은 위빳사나를 닦지 않고 저절로 혹은 자동으로 아라한이 될 수는 없다는 사실입니다. 아나함은 아라한 도과를 성취하려는 마음으로 명상해야 합니다. 그렇게 하면 닙바나를 볼 것입니다. 아라한이 되어 모든 어리석음과 갈애와 같은 마음의 오염들을 소멸시키게 되면 그가 과거에 지은 모든 업들은 끝이 납니다. 이 단계에서 그는 늘 하던 대로 보시와 지계 그리고 통찰명상 등을 닦습니다. 하지만 오염이 제거된 상태에서 행하는 이러한 모든 선행들은 새로운 과보를 만들어 내지 않습니다.

자기가 지은 모든 업은 과보를 가져옵니다. 범부들은 자기가 사는 세상에 대한 애착이 큽니다. 그들은 곤란을 겪지 않고 병들지 않고 오래 살다 죽기를 원합니다. 하지만 죽음을 피할 수는 없습니다. 그래서 그들은 죽습니다. 그들은 죽어가면서 이곳보다도 수승한 곳에 태어나기를 원하면서 죽습니다. 수다원이나 사다함들도 이러한 취착을 모두 제거할 수는 없습니다. 예를 들어 아나함도 색계나 무색계에 다시 태어나고자 할 수 있습니다. 이러한 취착이 그러한 세계에 다시 태어나게 만드는 원인입니다. 아라한에게는 더 이상 이러한 존재하고픈 갈애나 갈망이 없습니다.

5. 죽음도 삶도 동경하지 않음

다음 게송은 아라한들이 도과를 성취한 후에 읊은 게송입니다.

Nābinandāmi maraṇaṃ,
Nābinandāmi jivitaṃ,
Kālañca patikankāmi,
Nibbisaṃ bhatako yathā.

나는 죽음도 동경하지 않고 삶도 동경하지 않는다.
그러나 나는 반열반을 기다리고 있다.
마치 봉급쟁이가 월급을 기다리는 것처럼.

믿음이 없는 자들은 닙바나의 행복에 대하여 비방을 합니다. 그 사람들은 닙바나의 실재에 대하여 의심하고 있습니다. '선행을 하면 죽어서 인간이나 천신 아니면 닙바나를 실현한다.'고 주장합니다. 그렇다면 계를 지키는 사람들은 자살을 해서 하루빨리 천상의 행복을 성취하는 것이 낫지 않을까요?

하지만 사실 아무도 미래의 행복을 위해서 자신의 목숨을 포기하는 사람은 없습니다. 이러한 사실은 자신이 말한 것을 진짜로 믿는 사람이 없다는 것을 보여줍니다. 하지만 여기서는 그러한 고약한 비평들을 잘못된 것이라고 전제하고 있습니다. 아라한은 반열반 후에 바로 다음 생에서 누리게 될 행복과 같은 것을 갈망하지 않습니다. 사실 아라한은 죽음도 갈망하지 않고 삶도 갈망하지 않습니다. 이러한 관점이 바로 위 게송에서 언급한 월급쟁이의 개념입니다. 월급쟁이는 그가 하는 일을 사랑하기 때문에 일하는 것이 아닙니다. 단지 일을 잃는 것이 두렵기 때문입니다. 직업을 잃으면 어디에서 음식을 구하고 옷을 구할 수 있겠습니까? 그래서 월급날을 기다리면서 해고되지 않으려 주의합니다. 마찬가지로 아라한은 죽음에 대한 애착이나 삶에 대한 애착이 없습니다. 단지 다섯 가지 무더기들(오온)이 소멸되는 반열반의 시간만을 기다립니다. 짐을 벗어 던질 수 있는 것은 바로 닙바나를 성취하는 순간뿐이기 때문입니다. 아라한은 물질, 인식, 느낌, 상카라와 알음알이라는 다섯 가지 무더기들을 무거운 짐으로 생각합니다. 이 몸은 보살펴 주어야만 하고 영양을 공급해 주어야만 하며 옷을 입혀야 하고 먹여야만 합니다. 음식만 먹여야 되는 것이 아니라 감관에 나타나는 대상들도 역시 돌봐 주어야만 합니다. 걷거나 앉아 있거나 서 있거나 누워 있는 행주좌와 사위의(四威儀)내에 끊임없이 강화시켜주어야 합니다. 살기 위해서는 숨을 쉬어야 합니다. 안녕을 위해서는 끊임없이 주의를 기울여 주어야만 하는 것이 사실입니다. 아라한에게는 이러한 모든 일들이 무거운 짐입니다.

아라한의 마지막 생에 대해서 말해보면 어머니의 태에 들어 재생연결식이 일어난 순간부터 무거운 짐인 무더기들을 얻습니다. 그때부터 정신과 물질에서 비롯되는 의도적 행위들이 끊임없이 일어납니다. 다시 태어난 업과 과거로부터 물려받은 오염들 때문입니다. 현생으로만 본다면 그는 단지 과거에 지은 업과 오염들의 과보인 과거에 지은 무더기들의 산물일 뿐입니다. 이런 식으로 그의 과거를 좀 더 들여다보면 무더기들의 끊임없는 일어남이라는 똑같은 현상을 계속 발견하게 됩니다. 그래서 이러한 존재의 시작은 언제부터인지 알 수가 없습니다. 닭이 먼저인지 계란이 먼저인지 그리고 망고의 씨앗이 먼저인지 망고 나무가 먼저인지 생각해보십시오.

알에서 부화된 병아리가 자라나 암탉이 되면 알을 낳습니다. 이 과정은 무한히 계속됩니다. 아무도 원조를 모릅니다. 마찬가지로 망고와 망고의 씨앗의 경우도 같습니다. 아마도 혹자는 암탉과 나무가 세상의 태동기인 태초에 있었을 것이라는 견해를 가질 수도 있을 것입니다. 하지만 정신과 물질의 무더기들을 고려해 보면 이것들의 시초는 결코 알 수가 없습니다. 기억할 수도 없는 시기로부터 무더기들이라는 무거운 짐을 지고 있는 아라한은 오직 하나의 염원이 있습니다. 즉 반열반에 들어서 어깨 위에 얹힌 무거운 짐인 무더기들을 벗어 던져버리는 것입니다.

오염에 휩싸인 범부들은 반복적으로 이어지는 윤회 속에서 죽음의 마음순간으로부터 시작하여 재생연결식으로 이어지는 무거운 짐을 지고 가야만 합니다. 생이 거듭될수록 그 짐은 점점 무거워집니다. 아라한들은 미래에 존재하고픈 갈애도 없고 갈애의 씨앗도 없습니다. 그래서 새로운 존재의 태어남도 없습니다. 이렇게 짐으로부터 벗어납니다. 이것이 그들의 간절한 소망입니다.

6. 갈애가 있으니 태어난다

갈애에 발목이 잡힌 모든 중생들은 현재의 삶에 강한 애착을 가지고 있습니다. 만약 죽음을 면제해 준다면 중생들은 영원히 살고 싶어 할 것입니다. 만약 그것이 불가능하다면 글자 그대로 새로운 생을 시작하기를 좋아할 것입니다. 그렇기 때문에 다시 태어남이 없다는 개념을 받아들이기 힘듭니다. 그러므로 그들의 죽음의 마음 이후에 일어난 재생연결의 알음알이와 함께하는 새로운 업-지음으로 인해 무더기들의 진행은 시작됩니다. 새로운 존재에 대한 갈애가 없는 아라한은 자기의 무더기들이 멈추는 것을 염원합니다. 새로운 생을 원하는 것은 갈애(taṅhā)입니다. 아라한은 알음알이가 작용하지 않는 것으로 단지 작용만 하는 것(kiriyachanda)을 원합니다. 붓다나 아라한들의 선행을 단지 작용만 한다고 하는데 그 이유는 그들은 이미 선과 악을 초월하였으므로 업이 누적되지 않기 때문입니다. 여러분은 갈애(taṅhā)와 열의(chanda)의 차이를 알아야합니다. 갈애는 액티브(활동적)합니다. 열의는 패시브(수동적)합니다. 갈애는 존재하고 싶어 하는 것입니다. 열의는 존재의 윤회를 끝내기 위한 것입니다.

7. 갈애가 없으면 다시 태어남도 없다

갈애가 없는 아라한들에게 재축을 하는 알음알이인 업식(kamma viññāṇa)의 씨앗은 사라지고 소멸되었습니다. 여기서 도덕적이고 비도덕적인 업은 토양입니다. 업을 만드는 알음알이는 물과 거름입니다. 죽는 순간에 그 생에서 그가 지은 선업이나 악업이 떠오릅니다. 혹은 그가 지은 행위와 연관이 있는 형상이나 소리를 들을 수도 있습니다. 이것이 업의 표상이라 합니다. 다른 경우는 태어날 곳의 표상이나 상징을 보게 됩니다. 이것을 태어날 곳의 표상(gati-nimitta)이라 합니다. 여기서 업식의 의미를 좀 더 자세히 설명하겠습니다. 이 업식은 선업이나 악업의 보완으로 마지막 죽음의 순간에 일어나는 자와 나(죽음 인식자와 나, maraṇasaññā javana)라고 하는 조건지어진 알음알이(abhisaṅkhāra viññāṇa)와 같은 말입니다. 이것은 힘이 없는 단지 작용만 하는 마음이 아닙니다. 액티브합니다. 그래서 죽음의 순간에 지각된 감각적 대상들을 취하는데 재생연결식(paṭisandhiviññāṇa)을 일으키는 원인이 됩니다.

이것은 '상카라(업-형성들)를 조건으로 알음알이가 일어난다. 혹은 조건지어진 업을 조건으로 알음알이가 일어난다.'라는 빠알리 경의 경구를 근거한 것입니다. 아라한의 업식은 단지 작용만 합니다. 따라서 어떠한 과보도 만들어 낼 수 없으므로, 임종을 맞이한 아라한에게 과보를 일으키는 마음이 붙을 자리가 없습니다. 반열반의 마음이 일어날 때 새로운 재생연결식은 일어날 수 없고, 정신(nāma)은 물론 물질(rūpa)도 일어날 수가 없습니다. 그러므로 업식이라는 씨앗도 없고 힘이 없기 때문에 존재는 일어날 수가 없는 것입니다. 이것은 빠알리 경전에 근거합니다. 아라한은 반열반을 성취하는 순간에 업이나 업의 표상이나 혹은 태어날 곳의 표상에 의해 방해받지 않습니다. 알음알이도 작용하지 못합니다. 그러므로 그 후 어떠한 과보로도 존재할 수가 없는 것입니다. 오로지 통찰명상과 관련된, 과보를 만들지 못하는, 단지 작용만하는 마음들만 일어납니다. 다음에는 업의 씨앗들을 무력하게 만드는 반열반에 속하는 죽음의 마음이 일어난 다음에 모든 것이 끊깁니다. 존재가 완전하게 소멸되는 것입니다.

8. 마치 불꽃이 꺼지는 것처럼

어느 때 부처님의 지시로 아난다는 외살리 근처에 거주할 때 라따나경을 외운 적이 있었는데 경을 외우는 도중에 기름이 떨어진 등불의 심지가 완전하게 타버려서 불꽃이 꺼졌습니다. 아난다는 "마치 이 불꽃이 꺼진 것처럼 아라한에게 모든 조건지어진 것들은 소멸된다."고 관찰하였습니다. 불꽃은 심지와 기름에 의존하므로 심지를 새로이 갈고 기름을 보충하면 불꽃은 계속해서 빛을 내고 타오를 것입니다. 불꽃을 가까이서 관찰해보면 끊임없이 기름이 심지를 타고 올라와 연소되는 것을 보게 됩니다. 무심한 사람은 그것을 지속되는 하나의 과정, 덩어리진 온전한 현상으로 이해합니다.

마찬가지로 업, 마음, 온도, 그리고 음식에서 만들어진 무더기들은 지금 이 순간에도 일어나서는 사라지기를 끊임없이 반복하고 있습니다. 재생되고 있는 것입니다. 이러한 본성을 보려면 보는 대로, 듣는 대로, 느끼는 대로 혹은 감각적 대상이 떠오르는 대로 육문에서 나타나는 것이 무엇이든지 계속해서 알아차려야만 합니다. 하나의 현상은 일어나는 그 순간에 즉시 사라져버린다는 것을 보게 될 것입니다. 마음챙김이 강해지면 보거나 듣는 모든 현상들은 즉시 사라진다는 사실을 깨닫게 됩니다.

모든 사람들에게 이러한 현상은 예외 없이 계속되고 있습니다. 이 무더기들이란 불꽃과 같습니다. 이 무더기들의 소멸은 불꽃이 꺼지는 것과 같습니다. 자아가 있다고 믿는 사람들은 아라한이 죽으면 일반적으로 아라한이라는 실체가 사라진다고 생각하고는 그렇게 말합니다. 그러나 사람은 실재가 아닙니다. 관습적인 언어로 '사람'이란 결국 물질과 정신의 조합에 불과합니다. 아라한이라는 이러한 조합물도 결국은 소멸합니다. 이러한 소멸은 '사람'이 사라지는 것이 아닙니다. 만약 사람이 죽는다라는 생각의 뿌리가 깊으면 죽으면 모든 것이 끝난다는 단견(uccheda diṭṭhi)에 떨어지게 됩니다.

지금 이야기한 것처럼 자아라는 것은 없습니다. 단지 물질과 정신의 이어짐만이 있을 뿐이지요. 바로 지금 일어나서는 지금 사라지고 있는 이 무더기들 말고는 '사람'과 같은 것은 없습니다. 그러므로 아라한의 소멸(cessation)이란 무더기들(khandhās)이 계속해서 일어나서는 사라지는 것의 소멸(extinction)입니다. 위의 아난다의 꺼진 불꽃에 대한 비유는 바로 이 무더기들의 소멸을 의미한다고 알아야 합니다.

9. 닙바나의 의미

라따나 경에 소멸(extinction)이라는 의미를 가진 닙반띠(nibbanti)라는 용어가 나옵니다. 이 단어는 부정적 접두어인 ni 그리고 갈애의 의미인 va에서 파생된 것입니다. 이것은 괴로움의 뿌리인 탐욕과, 성냄 그리고 어리석음이라는 불꽃의 꺼짐(annihilation)을 의미합니다. 경에 다음과 같은 표현이 나옵니다.

> nibbāti vaṭṭadukkhaṃ ettati nibbānaṃ
> 괴로움의 윤회가 끝난 것이 열반이다

닙바나의 관점에서 보면 통찰명상의 결과로 도과(道果)를 실현하면 갈애와 무명과 같은 오염들이 소멸하므로 알음알이, 정신, 물질, 여섯 감각 토대, 느낌 등과 같은 업의 과보나 업이 일어날 기회는 없습니다. 이것이 오염원의 회전(kilesa vaṭṭa)의 소멸, 업의 회전(kamma vaṭṭa)의 소멸 그리고 과보의 회전(vipāka vaṭṭa)의 소멸입니다. 위의 정의는 닙바나가 가진 고유의 성품으로 닙바나가 (일어나는–역자) 장소가 있는 것처럼 표현되었지만 사실 닙바나는 소재(장소, 위치)를 가지고 있지 않습니다. 경전들은 다음과 같이 말합니다.

> nibbāti vaṭṭadukkhaṃ etasmim adhigateti vā nibbānaṃ
> 닙바나를 얻을 때 괴로움의 윤회는 끝이 난다.

괴로움의 회전의 소멸, 이것의 성취가 닙바나의 증득입니다. 도과의 증득은 괴로움의 소멸을 가져오는 수단입니다. 그러므로 닙바나도 괴로움의 소멸을 성취시키는 수단이라고 말할 수도 있지만 이것은 비유해서 말하는 것입니다. 중요한 것은 모든 오염들의 소멸이 곧 닙바나라는 것입니다. 오염들의 윤회가 끝이 나는 것, 새로운 존재가 더 이상 일어나지 않는 것 그리고 모든 것의 멈춤(靜止, quiescence)이 닙바나입니다. 기억하기 쉽도록 한 가지 더 말하겠습니다.

> 닙바나는 괴로움의 윤회가 그친 곳이다. 닙바나는 괴로움의 윤회를 종식시키는 수단이다. 닙바나의 고유한 성품은 괴로움의 회전이 멈춘 고요함(靜止)이다.

오염들은 오로지 통찰명상을 닦는 순간에만 활동을 멈춥니다. 그러므로 그것들의 뿌리를 완전히 뽑을 수는 없습니다. 오직 성스러운 도의 실현, 소멸의 흐름으로 기울게 만드는 도의 마음만이 오염을 완전하게 제거할 수 있습니다. 모든 괴로움이 소멸된 상태가 닙바나라고 앞에서 상징적으로 보여주었습니다. 닙바나의 성품은 괴로움이 소멸된 결과인 아주 고요한 적정한 세계(靜止 혹은 寂靜)입니다. 실제로 닙바나는 (탐·진·치 라는-역자)세 가지 괴로움의 소멸을 그 본성으로 합니다. 주석서에 나오는 닙바나의 특징은 평화로움과 고요함인 적정(santi, 寂靜)입니다.

10. 적정(santi, 寂靜)의 의미

적정(santi)은 모든 괴로움의 윤회가 끝이 나는 것입니다. 적정(寂靜, 평화로움)의 특징은 고요함(serenity)으로 모든 괴로움들이 소멸되면 최고로 완벽한 평화로움이 닙바나에 깃듭니다. 이 설명으로 분명해졌을 것이지만 조금 더 자세히 돌고 돔(vaṭṭas)의 본질에 대하여 설명하겠습니다.

오염의 회전(kilesa vaṭṭa)

12연기에 따르면 오염의 회전은 무명(avijjā)과 갈애(taṅhā) 그리고 취착(upādāna)이 굴러가는 것이라 하였습니다. 조건지어진 현상들인 정신과 물질들이 끊임없이 육문(六門)에서 일어나는 것은 만족스럽지 못합니다. 단지 괴로움만을 가져올 뿐입니다. 존재의 본성은 갈애 때문에 볼 수가 없으므로 명확하지가 않습니다. 진실은 가려져있어 정확히 이해할 수가 없습니다. 무명(avijjā)이란 진리로부터의 벗어남입니다. 즐거움을 주는 형상과 소리 그리고 즐길만한 알음알이들의 단편들로 인한 감각적인 즐거움은 모두가 괴로움입니다. 하지만 무명이 앞을 가리므로 그것들을 행복이라고 생각하게 됩니다. 이 어리석음에 눈이 먼 사람은 "나는 존재한다. 그는 존재한다. 이 존재란 영원한 것이다."라고 생각합니다.

그 사람에게는 매력적인 감관의 대상들이 훌륭하고 유익한 것으로 드러납니다. 그래서 갈망하게 됩니다. 이러한 갈애는 목마른 욕망을 충족시키기 위하여 우리를 괴롭힙니다. 결과적으로 그것에 취착하게 되는 것입니다. 욕망의 대상을 충족시키기 위한 의도적인 노력은 의도적인 행위(업)를 하게 만듭니다. 그리고 도덕적이거나 비도덕적인 업의 결과로서의 존재(業有, kammabhava)를 가져옵니다.

업의 회전(kamma vaṭṭa)

무명과 갈애 그리고 취착과 같은 기본적인 3가지 오염들을 생각할 때에는 성냄(dosa)이나 자만(māna) 혹은 사견(diṭṭhi)과 같은 것들도 고려해 보아야 합니다. 갈애에 자극을 받아 탐욕(lobha)이 일어납니다. 탐욕에 휩싸이면 모든 수단을 동원해서 원하는 것을 얻으려고 최대한의 노력을 기울입니다. 그리고 결과에 만족하지 못한다면 화가 나게 됩니다. 스스로를 단속하지 않은 사람은 원하는 것을 얻으려고 몸부림을 치고 자신의 삶을 황폐화시킵니다. 재산을 탕진합니다. 공덕이 되지 않는 이러한 해로운 심리상태는 언제나 어리석음(mohā)을 동반합니다. 그래서 성냄이나 탐욕의 마음이 일어나면 언제나 거기에는 상황을 악화시키는 어리석음이 있습니다.

'자만'을 한번 생각해 봅시다. 자만이란 자신을 높게 평가하는 것으로 남과 동등해지는 것을 참지 못하고 상대보다 우월해지려고 애를 쓰는 것입니다. 사견에 사로잡힌 자만심이 높은 사람은 언제나 자신이 옳다고 생각합니다. 이러한 태도를 가지고 남을 설득하거나 공격하고, 주장을 하고, 자신의 잘못된 신념을 유지하기 위하여 노력합니다.

이러한 모든 행위들은 업의 회전(kamma vaṭṭa)을 일으키는 오염의 회전 때문입니다. 살인과 도둑질 그리고 거짓말은 모두 비도덕적인 행위입니다. 반면에 보시와 지계는 공덕이 되는 행위이지요. 비록 성자(아라한은 제외)라 할지라도 오염된 마음이 일어나기 쉽습니다. 그래서 범부들은 때로는 공덕이 되는 행위를 하고 때로는 공덕이 되지 않는 행위를 반복합니다. 이런 행위를 할 때의 의도들은 탐욕과 성냄 그리고 어리석음이 함께하는 해로운 업들로 나쁜 과보나 공덕이 되지 않는 결과를 초래합니다. 만약에 이 세 가지 오염들이 없다면 유익한 업을 짓거나 공덕행을 하게 됩니다.

악행의 끝은 악처이지만 선행은 인간이나 천신 혹은 범천의 세계로 향하게 합니다. 일반적으로 선행을 하면 오래 살게 되고 몸은 건강해지며 물질적인 풍요를 누리게 됩니다. 그리고 선행을 하면서 도과의 성취를 기원할 수도 있고 닙바나를 얻게 되기를 발원할 수도 있습니다.

만약 악행의 과보로 떨어져야만 하는 악처를 원하지 않는다면 살생이나 도둑질 등과 같은 악업을 짓지 말아야 합니다. 인간이나 천신 혹은 범천으로 태어나기를 원하고 궁극적으로는 도를 닦아 닙바나를 원한다면 보시와 지계 그리고 수행을 해야 합니다. 궁극적으로 도과를 성취하고 닙바나를 원한다면 위빳사나를 닦아야 합니다.

무명에서 벗어나

요즘 담마를 잘못 이해하고 있는 어떤 사람들은 다시 태어남이 없는 모든 괴로움을 종식시키고자 한다면 보시나 지계 혹은 수행을 하면 안 된다고 가르칩니다. 그들은 이와 같은 선행들을 하면 무명과 갈애와 취착이라는 오염원의 회전 때문에 업의 회전을 일으키는 것에 해당하여 이 업의 결과로 재생연결식, 정신·물질, 여섯 감각 토대, 감각접촉, 느낌 등의 과보를 받게 되므로 위와 같은 유익한 행위(kusala)는 전혀 도움이 안 된다고 주장합니다. 이러한 사람들 때문에 우리의 머릿속은 저질의 정보로 왜곡됩니다. 이런 것에 영향을 받은 사람들은 보시도 하지 않고, 계도 지키지 않으며, 자애의 마음도 닦지 않습니다. 심지어 탑이나 사원에 예배도 하지 않지요. 심지어 어떤 사람은 과거에 행한 보시와 같은 선행이 생각나면 후회하는 마음이 일어나 괴롭다고 합니다. 정말로 이런 마음이 들었다면 그 사람은 과거에 지은 그 선한 행위들의 공덕은 바람결에 날아가 버리게 될 것입니다.

하지만 공덕이 되지 않는 행위가 누적이 되면 피할 수 없는 과보가 누적되어 결국은 지옥에 떨어지게 될 것입니다. 범부들은 탐욕의 마음에 저항할 힘이 없습니다. 그래서 원하는 것을 충족시키려고 애를 쓸 때마다 악한 것을 생각하고, 말을 하며, 행하는데 머뭇거리지 않게 됩니다. 또한 그 욕망이 충족되지 않으면 화를 참지 못합니다.

선행으로 기울어지는 유익한 마음(kusala citta)과 악행으로 기울어지는 해로운 마음(akusala citta)은 동시에 일어나지 않습니다. 마음은 하나의 마음이 일어난 다음에는 다른 마음이 뒤를 이어 일어납니다. 걸을 때에는 왼쪽다리를 올리면 오른다리는 바닥에 닿습니다. 오른다리를 들면 왼쪽다리는 땅을 디디고 있습니다. 두 다리를 동시에 들어 올릴 수는 없습니다. 마찬가지로 마음도 이와 같습니다. 유익한 행위를 하는 동안에는 악한 행위는 숨어 있습니다. 그래서 이러한 선행은 반드시 자발적인 노력이 필요합니다.

하지만 악행은 특별하게 의도하지 않아도 저절로 일어납니다. 그것들은 언제나 탐욕과 성냄 등의 마음이 시키는 대로 복종하게 됩니다. 심지어 수행을 통해 그것들을 억누르고 있는 동안에도 그것들은 뒤에서 잠복하다가 기회만을 노리고 있습니다. 그러므로 유익한 행위를 포기한다면 반드시 우리의 마음에는 해로운 행위가 뒤를 따라 일어나게 되어있습니다. 악을 행할 때 악처로 떨어지는 길이 입을 크게 벌리고 우리를 기다립니다.

멘토 역할을 하는 스승이 사견을 가진 자라면 그 스승의 삿된 가르침을 따르는 제자의 모든 것들은 타락하게 됩니다. 이것에 대하여 붓다는 망갈라 숫따에서 '무지한 바보가 안내하는 길'이라는 비유로서 경계하셨습니다.

과보의 회전(vipāka vaṭṭa)

선업이나 악업은 행복하거나 불행한 과보를 만듭니다. 업의 회전이 과보의 회전(vipāka vaṭṭa)을 일으키는 것이지요. 이러한 윤회에서 벗어나려면 보시와 지계 그리고 수행, 특히 궁극적으로 성자(聖者)들의 도(善)로 인도하는 통찰명상을 통해 마음을 닦아야 합니다. 그러면 새로운 존재로 다시 태어나는 일이 끝이 나고 새로운 물질(rūpa)과 정신(nāma)이 다시 일어나는 기회는 사라집니다. 그러므로 과보의 회전이란 선업이나 악업의 결과로서 무더기들(오온)이나 조건지어진 현상들이 다시 일어남을 의미합니다.

11. 돌고 돔

회전이란 단순히 말해서 돌고 도는 것입니다. 오염의 회전이란 업의 회전으로 과보의 회전이라는 결과를 만듭니다. 이런 식으로 윤회는 시작도 알 수 없고 끝도 알 수 없이 계속됩니다. 아무도 이러한 윤회의 바퀴를 멈추게 할 수는 없습니다. 업의 성품이나 그것들의 과보를 돌아본다면 선행을 안 하기는 쉽고 악은 쉽게 행합니다. 악행에 저항하는 힘이 약해서 그렇습니다. 만약 선업을 닦지 않는다면 당신은 틀림없이 비도덕적인 행위인 악업을 보다 쉽게 하게 됩니다. 선업의 과보나 공덕행의 결과는 틀림없이 당신을 인간이나 천신으로 태어나게 만들지만 공덕이 되지 않는 악행들이 누적되면 당신은 틀림없이 지옥에 떨어지게 됩니다. 당신이 만약 선업이 있다면 슬기롭게 계를 지키는 사람과 만나게 될 것이지만 악업을 많이 지었다면 악운을 만나 당신은 악행을 일삼는 무리들과 동행하게 될 것이고 계속해서 악업을 짓게 됩니다.

한 생을 살아가며 우리는 수백 수천만 건의 일을 하지만 이 세상을 떠나는 순간이 되면 오로지 하나의 업이 무르익어 과보를 만들고 나머지 업들은 그 순간에 효력을 발휘하지 못하게 됩니다. 하지만 이 효력이 없는 나머지 업들도 언젠가는 영향력을 미치게 됩니다. 그래서 악처에 떨어지면 수많은 세월동안 그곳에서 고통을 받게 됩니다. 만약 아귀로 태어난다면 끝없는 세월동안 배가 고프며 목이 마르고 산 채로 불에 몸이 타게 되거나 칼과 같은 흉기에 찔리는 고통을 겪게 되기가 쉽습니다. 이러한 괴로움 때문에 몸부림치며 울부짖습니다. 만약 축생의 태에 들어 태어나거나 곤충이나 버팔로와 같은 수소 혹은 말이나 코끼리 등이 살아가는 약육강식의 세계인 축생계에 태어나면 고통스럽게 살다가 마지막은

남의 먹이가 되니 그 고통은 참으로 말로 다할 수가 없습니다.

공덕이 되지 않는 악업을 지으면 어떤 결과를 얻게 되는지 알려드리려고 이러한 이야기를 하였습니다. 비록 선업 때문에 사람의 몸을 받았다고 할지라도 근심과 탄식, 늙음과 병듦, 그리고 죽음이라는 괴로움에서 벗어날 수가 없습니다. 불운한 사람은 다시 태어나도 평생 가난하게 살아갑니다. 혹은 강자들의 힘에 눌려서 억압받는 삶을 살아갑니다. 혹은 범죄를 쉽게 저지르게 됩니다. 이의 결과로 다시 악처에 떨어집니다. 운이 좋아서 천상에 태어난다 하여도 천상의 즐거움이 다하면 원하는 것이 완전하게 충족되지 못하므로 슬픔을 겪게 됩니다. 혹은 천신으로 태어나도 죽음에 대한 생각으로 근심합니다. 이러한 천신으로 태어나면 감각적 즐거움을 추구하다 보니 담마에 마음을 둘 겨를이 없습니다. 그래서 수명이 다하면 다시 악처로 떨어집니다.

붓다께서는 초전법륜경(Dhamma-cakkapavattana sutta)에서 팔정도를 닦지 않으면 이러한 괴로움의 윤회에서 벗어날 길이 없다고 하였습니다. 팔정도란 바로 앞에서 말한 것처럼 지계와 선정 그리고 지혜를 닦는 수행을 말합니다. 여러분이 이 가르침을 따르고 있다면 여러분은 현생의 과보의 회전인 감각토대, 감각접촉, 느낌 등은 물론 정신과 물질들의 일어남과 사라짐에 마음을 챙기는 사념처와 위빳사나에 친숙할 것입니다.

12. 어떻게 세 가지 회전에서 벗어나는가?

통찰명상 수행에 대하여 설명하겠습니다. 보고, 듣고, 냄새 맡고, 맛을 보고, 접촉하고 생각하는 것은 여섯 가지 알음알이, 즉 안식(眼識),이식(耳識),비식(鼻識),설식(舌識),신식(身識),그리고 의식(意識)의 작용입니다. 알음알이는 반드시 정신인 마음부수와 함께 합니다. 감각기관의 토대는 물론 물질이지요. 눈의 알음알이와 대상 그리고 토대(āyatana)가 만날 때 감각접촉이 일어나고 느낌(vedanā)이 일어납니다. 과보의 회전은 정신(nāma)과 물질, 감각기관(āyatana)과 감각접촉 그리고 느낌이라는 다섯 과보들인데 이것들은 바로 지금 현재의 순간에 경험하는 것들입니다. 왜냐하면 그것들은 매일 이 순간에도 일어나고 있기 때문입니다. 만약 통찰지로 그것들을 명상하지 않는다면 일어난 느낌이 즐거운 것이든 그렇지 아니한 것이든 간에 갈애가 늘어납니다.

갈애는 자라서 취착이 됩니다. 다섯 가지 과보들의 실제를 있는 그대로 알지 못하면 무명과 갈애와 취착이라는 오염의 회전이 일어나 과보의 회전을 만들어 냅니다. 그래서 오염의 회전이 일어나지 못하도록 하려면 과보의 회전이 일어나는 것을 있는 그대로 지켜보아야 합니다. 조건지어진 현상들인 궁극적 실재들은 무상하고 괴로움이며 무아라고 지켜볼 때 모든 오염들은 소멸하게 됩니다. 무명이 사라지면 갈애는 일어날 수 없습니다. 갈애가 없다면 취착은 사라집니다. 업의 회전이 멈추면 과보를 일으킬 수 없습니다. 이렇게 세 가지 회전은 모두 멈춥니다. 여기서 인연상응(Nidānavagga Saṃyutta)에 나오는 구문을 인용해 보겠습니다.

> 비구들이여, 세계의 기원 혹은 내역은 무엇인가? 눈과 감각적 대상, 눈의 알음알이에 의지하여 일어난다. 눈과 대상과 알음알이 이 세 가지의 만남이 감각접촉을 일으킨다. 감각접촉 때문에 느낌이 일어난다. 느낌 때문에 갈애가, 갈애 때문에 취착이, 취착 때문에 존재가, 존재 때문에 태어남이 일어난다. 그리고 태어남 때문에 늙음과 죽음, 근심과 탄식, 육체적 고통과 정신적 괴로움 그리고 절망감이 일어난다. 비구들이여, 이것이 바로 괴로움의 덩어리라고 하는

> 세계, 존재의 일어남이다.303)

이렇게 눈으로 보는 행위는 생의 기원 혹은 생의 원인입니다. 그리고 이 괴로움의 회전이 끝없는 태어남과 다시 태어남을 돌고 돌게 합니다. 눈이 대상을 움켜쥡니다. 그리고 눈에 보이는 형상은 느낌을 일으킵니다. 이러한 현상을 통찰지로 그것들의 본성에 적합하게 파악하여 식별하지 않는다면 욕망을 충족시키기 위한 모든 노력을 경주함으로써 갈애는 당신의 삶을 엉망으로 만들 것입니다. 그때 지은 업은 늙음과 죽음이라는 괴로움을 일으키는 다시 태어남으로 인도합니다. 이런 방식이 다른 감성 토대들에도 똑같이 적용됩니다. 이렇게 존재의 수레바퀴인 윤회는 돌고 돕니다.

13. 존재의 소멸

어떻게 하면 이 윤회(saṃsāra)의 고리를 끊어 버릴 수 있을까? 지금부터 이 윤회의 소멸에 관한 이야기를 위의 나온 인연상응(Nidānavagga Saṃyutta)을 토대로 이야기하고자 합니다.

> 비구들이여, 세계 혹은 존재의 소멸이란 무엇인가? 눈과 감각기관의 대상에 의존하여 눈의 알음알이가 일어난다. 이 눈, 대상과 알음알이라는 세 가지의 만남으로 감각접촉이 일어난다. 감각접촉 때문에 느낌이 일어난다. 느낌 때문

---

303) Katamo ca bhikkhave lokassa samudayo. Cakkhuñca paticca rūpa ca uppajjati cakkhuviññāṇaṃṃ: tiṇṇaṃ sangati phasso; phassa paccayā vedanā; vedanā paccayā taṅhā paccayā upādānaṃ: upādāna paccayā bhavo; bhava paccayā jāti; jāti paccayā jarāmaraṇaṃ, soka, parideva, dukkhadomanassupāyāsā sambhavanti. Ayaṃ kho bhikkhave lokassa samudayo.-역주-

> 에 갈애한다. 이 갈애가 (성자의 도(道)에 의하여) 완전하게 소멸되면 남아있는 것은 아무 것도 없게 된다. 갈애가 소멸되면 취착도 역시 소멸된다. 취착이 소멸되면 존재 역시 소멸된다. 존재가 소멸되면 태어남이 소멸된다. 태어남이 소멸되면 늙음과 죽음은 일어날 수 없다. 그리고 근심과 탄식, 육체적 고통, 정신적 괴로움과 절망감이 소멸된다. 그리고 이렇게 모든 괴로움의 회전은 끝이 난다. 비구들이여, 이것이 괴로움의 덩어리라 불리는 세계의 소멸이다.304)

보는 행위로부터 느낌은 일어납니다. 이 느낌을 바르게 지켜보면 그리고 통찰명상을 통해 마음을 챙기면 모든 괴로움의 세 가지 회전은 소멸됩니다. 이 주제를 좀 더 이해하기 위하여 같은 상응부의 삼마사(Sammasa)경을 인용하겠습니다.

14. 삼마사 경(sammasa sutta)

> 비구들이여, 지금 나타난 마음에 드는 것 혹은 반가운 것들을 몇몇 수행자 혹은 브라흐민들은 그것들은 결국 모두 무상한 것이고, 괴로움이고 무아이며 질병, 즉 혐오스러운 것으로 여긴다. 그들은 갈애를 포기하고, 존재의 토대(upadhi)를 포기함으로써 마침내 모든 괴로움을 제거한다.

---

304) Katamo ca bhikkhave lokassa attaṅgamo; Cakkhuñca paticca rūpa ca upajjati cakkhuviññāṇam; tiṇṇaṃ sangati phasso; phassapaccayā vedanā; vedanāpaccayā taṅhā; tassāyeva taṅhāya asesavirāganirodho; bhāvanirodhā jātinirodho; jātinirodha jātinirodhā jārāmaraṇaṃ, soka, parideva, dukkha, domanassupāyāsā nirujjhanti. Evame tassa kevalassa dukkhakhandhassa nirodho hoti. Ayaṃ kho bhikkhave lokassa attaṅgamo. －역주－

> 그들은 그때 다시 태어남으로부터 벗어나 태어남으로 인한 근심, 탄식, 정신적 고통, 육체적 괴로움 절망으로부터 벗어난다. 이렇게 그들은 모든 괴로움으로부터 벗어났다고 나는 말한다.305)

이 경에 따르면 대상을 볼 때 그 현상들은 무상하고 괴로움이며 무아라고 숙고한다면 그 순간의 통찰에 의해서 갈애는 제거됩니다. 괴로움의 세 가지 모든 회전들은 끝이 납니다. 그 깨침의 특별한 순간이 진실의 순간입니다. 이것은 오염, 업 그리고 업의 과보에 의해 일어난 세 가지 괴로움의 회전의 일시적 소멸인 구성요소의 열반(tadaṇga nibbāna)을 증득하는 순간이 됩니다.

15. 야자나무의 그루터기와 같이

통찰지가 계발되어 도과를 실현하면 모든 오염들은 뿌리가 뽑힙니다. 그때 업력은 더 이상 힘을 발휘하지 못하고 끝이 나고 새로운 업을 더 이상 짓지 않게 됩니다. 그래서 반열반에서의 죽음의 마음이 일어난 후에 무더기들의 회전은 끝이 납니다. 이것을 무여열반(anupādisesa nibbāna)이라 합니다. 즉 존재(upadi)의 토대가 남아 있지 않은 열반입니다. 이 말은 무더기들과 갈애가 완전하게 제거되었다는 것을 의미합니다. 도를 실현하는 순간에 모든 것의 지멸은 이미 성취됩니다. 하지만 반열반의 죽음의 마음이 일어났을 때처럼 그렇게 명확하지는 않습니다.

---

305) Ye hi keci bhikkhave etarahi samaṇā vā brahmaṇā vā yaṃ loke piyarūpaṃ sātarūpam; taṃ aniccato passanti; dukkhato rogato phayato passanti; te taṅhaṃ pajahanti -- upadhiṃ pajahanti -- dukkhaṃ pajahanti; ye dukkhaṃ pajahanti; te parimuccanti jātiyā jarāya maraṇena sokehi parivedehi dukkhehi domanassahi upāyāsehi; parimuccanti dukkhasmāti vadāmi.

야자나무가 두 동강이가 나면 아래 덩치는 땅에 서있고 위에 덩치는 땅으로 쓰러집니다. 이 등걸 때문에 우리는 나무가 살아있다고 착각합니다. 이 그루터기가 썩어 없어져 땅에 쓰러지면 나무는 완전히 사라집니다. 아라한은 이 등걸과 같습니다. 사라진 나무와 같습니다. 이 등걸과 같습니다. 도를 실현하는 그 순간에 갈애와 무더기들을 포기하지만 무더기들은 여전히 남아있고 그 지멸을 알기란 쉽지 않습니다. 하지만 반열반을 성취하게 되면 마치 나무 등걸이 사라지는 것처럼 완전하게 사라집니다. 앞에서 나는 마치 불꽃이 꺼지는 것처럼 무더기들이 소멸한다고 하는 아난다의 이야기를 하였습니다.

이러한 비유들은 무더기들이 어떻게 끝이 나는지를 보여줍니다. 이렇게 모든 오염들을 떨쳐버리면 슬픔도 없고 괴로움도 일어나지 않습니다. 하지만 아직 몸이 남아있는 아라한은 육체적인 고통을 경험할 수 있습니다. 업의 형성(상카라)들은 계속해서 자신들의 역할을 계속해 갑니다. 그러므로 몸에서 일어나는 고통을 여전히 경험합니다. 그렇지만 (완전한 열반) 닙바나가 성취되는 순간에 고요한 평화는 그와 함께 하게 될 것입니다.

16. 닙바나의 행복

사리뿟따존자가 "도반들이여! 참으로 닙바나는 행복입니다! 참으로 닙바나는 행복입니다!" 깔루다이(Kāludāyi)는 이 말에 만족할 수 없어 질문합니다. "이 세상 어디에 이 행복이 있겠습니까? 닙바나에는 느낌도 없고 갈망도 없습니까?" "예, 정말로 닙바나에는 느낌이 없습니다." "그러면 어떻게 행복이 있을 수 있단 말입니까?"

수행승인 깔루다이는 천사들이 두려워하는 선까지 덤벼듭니다. 어리석은 깔루다이(Kāludāyi)의 별명은 라루(lālu)였는데 광대라는 뜻입니다. 사리뿟따가 답합니다. "정말로 닙바나에는 느낌도 없고 갈애도 없습니다. 그리고 느낌과 갈애가 없는 이 자체가 행복입니다."

행복에는 감각으로 인한 행복과 감각으로 인한 것이 아닌 행복, 이렇게 두 가지가 있습니다. 여섯 감관의 대상들이 만족스럽고 즐겁습니다. 이것을 느낌 때문에 생긴 행복(vedaniya sukkha)이라 합니다. 욕계(慾界)에는 보고, 듣고, 맛보고, 냄새 맡고 감촉하는 5가지 감각적 즐거움을 최고로 여깁니다. 그러한 즐거움을 누리지 못하면 좋아하지 않습니다. 구장 잎을 씹거나 담배를 좋아하는 사람은 그것들이 없는 세상에서 사는 것을 좋아하지 않습니다. 미식가들은 먹지 않는 범천의 세계에 태어나는 것을 좋아하지 않습니다.

그 세계에는 성(性)의 구별이 없습니다. 남녀의 구별이 없으므로 5가지 감각적 즐거움이 필요 없지만 감각을 즐기는 사람들은 그것이 없는 것을 좋아하지 않습니다. 무명과 갈애에 빠져있는 사람은 감각적 즐거움이 없는 닙바나를 원하지 않습니다. 깔루다이가 바로 닙바나를 좋아하지 않는 그런 부류입니다. 사리뿟따는 느낌(vedanā)이 없는 자체가 닙바나라고 가르칩니다. 감각적인 즐거움이 없는 평화로움과 행복을 느낌이 없는 행복(avedaniya sukha)이라 합니다.

17. 참된 행복

참된 행복은 평화로움과 고요한 행복(santi sukha)입니다. 당신은 감각적 즐거움이 행복을 가져다준다고 생각할 수 있지만 그것은 진정한 행복이 아닙니다. 그러한 즐거움은 단지 담배를 피울 때 느끼는 만족감 같은 것에 불과합니다. 그것들은 마치 가려운 곳을 긁을 때 느끼는 감각적인 즐거움과 같습니다. 한 번 가정해봅시다. 당신이 잘생긴 남자와 아름다운 여자 혹은 아름다운 그림을 휴식도 없이 일 초 혹은 일 분 혹은 한 달 혹은 일 년 동안 잠시의 여유도 없이 그 아름다운 모습의 즐거움을 느껴야만 한다고 가정해봅시다. 이것을 할 수 있겠습니까? 듣기 좋은 음악을 하루 종일 혹은 한 달 내내 혹은 일 년 내내 들으라고 한다면 할 수 있겠습니까? 당신이 정말로 맛좋은 것을 찾아다닌다면 그 맛좋은 진미를 매일 매일 즐길 수 있겠습니까? 모든 기분 좋은 접촉을 무한정 즐길 수 있겠습니까?

만약 모든 즐거움들을 쉼 없이 혹은 잠도 자지 않고 즐겨야만 한다면 결국에는 질리게 됩니다. 진정한 행복을 가져오는 것은 감관의 대상들의 방해를 받지 않는 휴식 혹은 잠이 아니겠습니까? 오로지 감각적인 즐거움에 젖어든 사람은 그것들을 높게 생각합니다. 향락은 그에게 최고의 선입니다. 붓다 재세시에 이교도들 사이에는 살아있는 동안에 괴로움은 종식될 수 있다는 사상이 통용되고 있었습니다. 그러한 사상의 추종자들을 현세주의자(ditthadhammavādis)라고 합니다. 그들의 가르침은 다음과 같습니다. '가능하면 어디에서든지 모든 감각적 즐거움을 즐겨라. 이것이 궁극적인 선이다.'

범망경(Brahmajāla sutta)에 나오는 이야기입니다. 선정의 행복 혹은 브라만교의 행복만을 아는 자들은 다른 종류의 행복은 인정하지 않고 그것만을 칭찬합니다. 사실 범천 바까는 붓다에게 브라만의 행복이 최고의 즐거움이라고 말합니다. 혹자는 도시나 시내에서 맛볼 수 있는 음식이 시골음식보다 맛이 좋다고 합니다. 마찬가지로 사람들은 선정의 행복이 감각적인 즐거움보다 더 좋다고 생각합니다. 사실 닙바나의 행복은 도과의 행복보다 좋고, 도과의 행복은 선정의 행복보다 좋습니다.

18. 초선정의 행복이 감각적 즐거움의 행복보다 좋다

선정의 행복에 대하여 사리뿟따는 다음과 같이 말합니다. 그는 우선 감각적 즐거움의 본성에 관해 설합니다.

> 형상 때문에 눈의 알음알이가 일어난다. 소리 때문에 귀의 알음알이가 일어난다. 냄새 때문에 코의 알음알이가 일어난다. 맛 때문에 혀의 알음알이가 일어난다. 감촉 때문에 몸의 알음알이가 일어난다. 모든 이러한 감관의 대상이 마음에 나타나서 사랑하는 느낌 혹은 애착하는 마음이 일어나고, 욕정이 일어나 갈망하게 된다. 그것들 모두는 오욕락(kāmaguṇa)을 만든다. 욕계의 세계에서 이러한 오욕락을 즐기게 되면 행복하다고 느낀다. 초선정을 닦으면 감각적 즐거움은 포기된다.

> 선정을 얻은 자는 일으킨 생각(vitakka), 지속적인 고찰(vicāra), 희열(piti), 행복(sukha), 집중(ekaggatā)이라는 선정의 다섯 요소를 경험한다. 초선정의 희열과 행복은 끊임없이 계속해서 흐르기 때문에 일반적인 느낌에서 생긴 조악한 기쁨과는 다르다. 욕계에서 한 순간은 행복하다가 다른 순간 근심이 생긴다. 하지만 선정의 행복은 오랜 시간 동안 방해받음 없이 지속된다. 만약 이러한 선정의 행복에 집중하는 동안 수행자가 본삼매를 얻기 전에 즐겼던 감각적 즐거움이 떠오르면 오래된 상처에 한방 맞는 고통과 같은 정신적인 고통 때문에 괴로움을 겪고 양심의 가책을 받게 된다. 이 말은 선정에 든 수행자에게 감각적 즐거움에 대한 기억은 혐오감과 두려움을 일으키기 충분하다는

의미이다. 그러므로 그는 느낌(vedanā)이 일어나지 않는 닙바나의 성취를 기대하게 된다.

19. 다른 단계의 선정의 행복

초선정 다음 단계인 이선정에 든 수행자는 희열과 행복의 힘이 생겨 한 번에 한 시간이나 두 시간씩 장애 없이 집중합니다. 만약 초선의 일으킨 생각과 지속적인 고찰이 일어나면 이선정에 머물고자 하는 수행자에게 이것은 오래된 상처를 한방 맞는 것과 같습니다. 괴로움이지요. 이 말은 삼선정과 사선정에 든 수행자가 보다 낮은 단계의 삼매에 해당하는 선정의 요소가 일어날 때에도 해당됩니다. 초선의 행복은 감각적 즐거움의 행복보다도 좋고 이선의 행복은 초선의 행복보다, 삼선은 이선보다, 사선은 삼선보다도 좋습니다. 그리고 무색계의 즐거움은 위에서 언급한 색계의 네 가지 선정에서 즐긴 즐거움보다도 수승합니다. 네 가지 무색계의 선정은 공무변처정(ākāsanaṇcāyatana), 식무변처정(viññānaṇcāyatana), 무소유처정(akincannāyatana), 비상비비상처정(nevāsaññā nāsaññāyatana)이다.

이 단계가 올라갈수록 낮은 단계의 선정보다 좋습니다. 하지만 무색계에서 가장 높은 선정인 비상비비상처 선정일지라도 아주 미세한 느낌이 일어날 수 있습니다. 그래서 무색계의 최고선정보다 모든 느낌이 소멸된 닙바나의 행복이 훨씬 수승하다고 한 것입니다. 닙바나의 행복은 선정의 행복보다도 수승하고 고귀합니다. 수행자는 상카라의 평온의 지혜(saṇkhārūpakkhā ñāṇa) 단계에서 경험한 희열과 행복은 일어남과 사라짐의 지혜 단계(udayabbaya ñāṇa)에서의 것을 초월합니다.

도과를 성취하였을 때, 그 성취로 인한 희열과 행복은 지고(至高)한 것입니다. 그러므로 느낌이 없는(avedayita) 혹은 적정(santi)의 행복이 느낌으로 인한 행복보다도 훨씬 수승합니다. 통찰명상이나 선정을 닦을 수 없는 사람들도 지금까지 언급한 서로 다른 단계의 행복을 받아들일 수는 있을 것이고 적정의 행복이 최고라는 결론을 내릴 수 있습니다. 그들도 역시 불교에는 우리가 쉽게 헤아릴 수 없는 최고의 목적이 무엇인지 깨닫게 되는데 이것은 담마(法)에 대한 믿음이 생기면 그것을 성취하기 위한 힘으로 작용하게 됩니다.

모든 부처님들의 가르침은 닙바나가 최고라는 것입니다. 이것은 모든 느낌의 소멸입니다. 느낌이 없는 평화로움과 고요함이 최고입니다. 늙음과 병듦, 죽음 그리고 사라짐에 관련된 모든 괴로움들은 소멸됩니다. 이것은 불사(不死)이므로 이것의 행복도 불멸입니다. 그래서 최고의 행복이라고 하는 것입니다. 지금까지 말한 것을 요약하고 마무리하겠습니다.

닙바나의 순간에 괴로움의 윤회는 끝이 난다.

닙바나는 이러한 소멸을 가져오는 수단이기도 하다.

닙바나란 괴로움의 윤회가 소멸된 상태이다.

무명과 갈애와 취착이 돌고 도는 것을 오염의 회전이라고 하며, 이 오염의 회전 때문에 선업이나 불선업인 업의 회전이 일어난다.

선업(공덕행)이나 불선업(공덕이 되지 않는 행)인 업의 회전 때문에 과보의 회전이 일어나 다시 태어나게 되고, 무더기들이 일어난다.

여섯 감관에 대상들이 접촉하기 때문에 일어난 행복을 느낌에 기인한 행복(vedaniya sukha)이라 한다. 여섯 감관의 대상 때문에 일어난 느낌이 존재하지 않음으로 인한 평화로움과 고요함을 느낌 없음에 기인한 행복(avedaniya sukha)이라고 한다.

이러한 닙바나에 대한 법문은 언제나 들을 수 있는 것이 아닙니다. 법사도 이러한 법문을 할 수 있는 기회가 많지 않습니다. 붓다께서는 종종이 열반을 설하셨습니다.(Nibbāna Patisaṃyutta Kathā) 빠알리 경인 우다나(Udāna)가 근거가 됩니다. 다음에 기회가 되면 이것에 대하여 말씀드리겠습니다.

이 법문을 들은 여러분들은 느낌에 기인한 행복보다도 훨씬 수승한 닙바나를 하루속히 성취하여 닙바나의 행복을 즐기게 되시기를 바랍니다. 사두! 사두! 사두!

제2편. 무애해도의 닙바나와 상카라[306)]

지난주에는 닙바나란 괴로움의 세 가지 회전이 소멸된 것이라고 설명하였습니다. 오늘은 빠알리 경인 무애해도(Patisambhidā Magga)를 참고하여 닙바나와 상카라(saṇkhāra)가 무엇인지 설명하겠습니다.[307)]

20. 상카라(sankhāra)와 닙바나(nibbāna)

(1) 일어남과 일어남 여윔(uppāda and anuppāda)

uppādo saṇkhāra ; anuppādo nibbānaṃ.
일어남은 상카라, 일어남 여윔은 닙바나.

경에 나오는 말입니다. 통찰명상을 하면 모든 조건지어진 현상은 언제나 새롭게 일어나서는 사라지는 것을 보게 됩니다. 오온에 대한 상카라의 평온의 지혜가 무르익으면 일어나서는 사라지는 현상 그 너머의 상태를 알아차리게 됩니다. 이 말은 상카라를 넘어 닙바나에 가까이 갔다는 것을 의미합니다. 상카라는 닙바나의 정반대입니다. 그리고 이 둘은 양립할 수 없습니다. 하나가 존재하면 다른 것은 사라집니다. '일어남이 없는 곳에 닙바나가 있다. 달리 말하면 일어남이

306) 1964년 9월 21일에 설한 법문입니다.-역주-
307) 상카라는 다양한 의미가 있는데 일반적으로는 모든 정신적 상태를 의미한다. 상카라는 의도 혹은 조건지어진 행위들 혹은 정신적 형성들 혹은 업-형성들이라고 다양하게 번역되었다. 여기서는 변하기 마련인 모든 조건지어진 현상들을 의미한다.-역주-

있는 곳에 닙바나는 없다.'는 뜻입니다. 어둠에는 빛이 없고 빛이 있으면 어둠은 없습니다. 유정들은 잉태하는 순간부터 정신(nāma)과 물질(rūpa)들이 일어납니다. 재생연결식이 일어난 바로 다음에 바왕가가 일어납니다. 이로부터 그 마음 때문에 이 물질적 현상이 계속해서 일어납니다. 그리고 알음알이들이 이어지며 정신과 물질은 계속해서 일어납니다. 예를 들어 어떤 대상이 떠오르면 알음알이가 일어납니다. 그리고 감촉이 몸에 부딪치면 몸의 알음알이인 신식(身識)이 일어납니다. 그러한 알음알이들을 통해 조건지어진 실재인 정신과 물질이 일어납니다. 이 '존재'는 태어난 순간부터 생의 전반에 걸쳐 계속됩니다. 이번 생이 끝이 나면 다음 존재(생)로 이어집니다. 무한하게 계속됩니다. 물질은 선업이나 악업(kamma)이라는 업에 의해서, 마음(citta)과 온도(utu) 그리고 음식(āhāra) 때문에 일어나는데 이것도 역시 상카라입니다. 통찰지를 통해 알 수가 있습니다.

반복적으로 명상을 하다 보면 애를 쓰지 않아도 강물같이 흘러가는 실체가 없는 자기의 마음을 보게 됩니다. 이것이 지멸되는 바로 그 순간, 도과의 지혜가 행복인 닙바나를 꿰뚫습니다.

(2) 전생(轉生)과 전생의 여읨(pavatta and apavatta)

pavattaṃ saṇkhāra; āpavattaṃ nibbānaṃ
전생(轉生)은 상카라 ; 전생(轉生)을 여읨은 닙바나.

경에 나오는 말입니다. 빠왓띠(Pavatti)는 재생연결식과 죽음의 마음의 이어지는 과정을 의미합니다. 정신과 물질은 일어나 사라지는 과정이 지속됨을 통해 형성됩니다. 그것은 마치 강물의 흐름과 같습니다. 마음의 대상이나 느낌의 대상이 이 흐름에 들어오면 다른 종류의 알음알이, 즉 앞에서 설명한 대로 대상을 아는 알음알이인 의식(意識)이나 신식(身識)이 일어납니다. 조건지어진 현상들은 이렇게 형성됩니다. 그리고 바왕가는 강물처럼 흘러갑니다. 그래서 범부인 중생은 정신과 물질의 덩어리가 그렇게 지속적으로 존재한다고 믿습니다. 변화하는 괴로움이 없는 것처럼 말이지요. 그들은 자신의 몸이 지금 이 순간에도 젊었던 과거의 몸과 같은 존재라고 생각합니다. 이러한 개념 때문에 자아에 대한 취착이 일어나고 자아란 영원한 것이라는 믿음에 취착하게 됩니다.

이 취착 때문에 실재들을 이해하지 못합니다. 그래서 즐거운 느낌이 일어나면 행복하다고 오해를 합니다. 정신과 물질이라는 궁극적 진리를 이해하지 못하므로 그들은 그것들을 영원하고, 행복이며 자아가 있는 것이라고 믿습니다. 명상수행을 하면 조건지어진 현상들이 형성되는 과정과 사라짐을 꿰뚫어 봅니다. 그래서 무상하다고 하는 인식이 확고해집니다. 또한 무상한 것은 만족할 만한 것이 아니며 만족할만한 것이 아닌 것은 괴로움이라고 알게 됩니다. 수행자는 어떠한 현상들에서도 "나"라고 할 만한 것이 없음을 봅니다. 정신과 물질이 일어나서는 사라지는 것을 알아차릴 때 일어남과 사라짐의 윤회는 끝이 없음을 보게 됩니다. 바로 이 통찰명상의 도움으로 그렇게 보이는 그것이 전생(pavatta, 굴러가며 일어남)입니다.

쉬지 않고 마음을 집중하면 상카라에 대한 평온의 지혜라는 단계에 도달합니다. 그리될 때 마음은 정신·물질의 흐름이 소멸된 상태인 평화로움으로 스스로 기울어집니다. 이 정신·물질의 흐름이 멈춘 단계를 보게 됩니다. 이것이 '전생의 여읨'(apavatta)입니다. 도의 마음과 과의 마음으로 이것을 알아차리는 그 순간에 수행자는 닙바나와 하나가 됩니다.

(3) 표상과 표상의 여읨(nimitta and animitta)

nimittaṃ saṇkhāra; animittaṃ nibbānaṃ
표상이 있으면 상카라 ; 표상의 여읨이 닙바나.

다른 말로 닙바나에 표상이 없습니다. 통찰명상을 하지 않는 사람들은 그들이 보고 있는 대상이 분명한 모양이나 형태 혹은 차원을 가지고 있다고 생각합니다. 명상을 하는 수행자라 하더라도 초기에는 그렇게 생각합니다. 사념처에 마음을 챙겨 봅니다. 걸으면서 걷고 있음을 알아차립니다. 하지만 걸을 때 다리가 올라가고 몸이 움직이는 것을 떨쳐버릴 수 없습니다. 몸이 움직이면 움직일 때의 느낌을 압니다. 마찬가지로 배의 일어남과 사라짐을 알아차리려고 하면 배의 모양이나 형상을 알아차리게 됩니다.

이 말은 수행자가 변하기 마련인 조건지어진 현상들의 실제 표상을 보고 있다는 말입니다. 이 표상들은 상카라이지만 보다 깊은 단계의 통찰지가 무르익으면 그러한 표상이 아닌 오로지 바람(vāyo)의 요소가 일어나서는 사라지는 것을 보게 됩니다. 이 단계에서 수행자는 모든 것이 무상하다고 확신합니다. 이런 과정을 통해 조건지어진 현상들의 무너짐의 지혜(bhaṅga ñāṇa)라는 단계에 도달합니다.

21. 무너짐의 지혜를 통해 표상의 여읨 단계로

청정도론에 다음과 같은 내용이 있습니다.

Nāne tikkhe vahante saṇkhāresu lahuṃ upaṭṭhahantesu

> uppādaṃ vā thitiṃ pavattaṃ vā nimittaṃ vā na sammapunāti, khaya vaya bheda nirodhe yeva sati santiṭṭhati.
>
> 수행자의 지혜가 날카로워지면 상카라들은 아주 빠르고 명확해진다. 그때 수행자는 더 이상 그의 마음챙김을 그것들이 일어남이나 존재 혹은 표상에 두지 않고 오로지 절멸, 쓰러짐 그리고 부수어짐과 같이 그것 들의 지멸에만 마음을 기울인다.[308)]

수행자의 지혜가 명상수행을 통해 날카로워지면 마음챙김의 대상에 대한 지각과 알아차림이 아주 빨라집니다. 그래서 상카라들을 알아차리면 오로지 그 현상의 사라짐에만 마음을 기울일 수 있습니다. 각각의 마음순간은 일어남(uppādi)-머묾(thiti)-사라짐(bhaṅga)이라는 세 가지 심찰라로 구성됩니다. 통찰명상수행을 하기 전에 수행자는 이 세 가지 심찰라를 인식할 수 없었습니다. 그러므로 일어나는 모든 현상들과 형상들, 관습적 개념들과 표상들은 끊임없이 흘러가는 일련의 이벤트들로 보입니다. 이 이벤트들은 틈이 없이 흐르는 강물과 같다고 생각합니다.

명상의 제1단계를 닦아 나가기 시작하면 즉 정신과 물질을 식별하는 지혜를 닦을 때, 정신과 물질을 궁극적 실재로 나누어 식별하게 되면 지속된다는 개념이 어느 정도 엷어집니다. **명상의 지혜가 개발되면 과거, 현재, 미래의 사건들의 일어남과 사라짐은 일어남-머묾-사라짐임을 아는 지혜가 무르익습니다.**

하지만 이 단계를 닦는다 할지라도 그것들은 연속적이므로 지속하는 것이라고 생각합니다. 무더기들의 일어남과 사라짐의 지혜(udayabbaya

---

308) 이 번역은 비구 냐냐 몰리의 'The Path of Purification', R. Semage, Colombo, 1956 참조 -역주-

ñāṇa)를 깨닫게 되면 심찰라의 일어남(uppāda)과 사라짐(bhaṅga)을 봅니다. 실질적으로 일어나(pavatta) 머무는 단계인 중간 단계의 순간이 명확하지 않습니다. 사라짐의 지혜를 깨닫게 되면 일어남과 머묾과 연관된 상카라의 표상은 가라앉고 오로지 사라짐이나 무너짐만 알아차리게 됩니다. 하지만 이것이 닙바나를 보고 있다는 말은 아닙니다. 단지 상카라들을 무상하고 괴로움이며 무아라고만 지각할 수 있게 된 것입니다. 수행자가 모든 조건지어진 현상들인 상카라들에 대한 평온의 지혜를 얻었을 때만이 상카라들의 일어남-머묾-사라짐이라고 하는 모든 표상에 대한 평온(무덤덤함)을 계발할 수 있습니다.

마침내 수행자는 스스로 반조하는 지혜(paccavekkhaṇā ñāṇa)로써 도(道)를 반조하고, 과(果)를 반조하고, 버린 오염들을 반조하고, 남아있는 오염들을 반조하고, 닙바나를 반조하는 순간을 경험하게 됩니다. 이때가 상카라들의 모든 표상이 사라진 궁극적인 단계에 도달한 것입니다.

22. 닙바나의 특징, 역할, 그리고 나타남

주석서들에는 닙바나의 특징과 역할 그리고 나타남에 대한 설명이 있습니다. 닙바나의 특징은 평화로움입니다. 역할은 불사(不死)이며 표상 없음으로 나타납니다. 표상 없음에 대한 통찰은 오로지 반조의 지혜(paccavekkhaṇā ñāṇa)에 의하여 도움을 받은 도과의 지혜를 통해서만 얻을 수 있습니다.[309] 이제 성자가 도과를 반조해 보면 그것은 '형태 없음, 관습적인 개념 없음 그리고 표상 없음'이 명백해 집니다.

23. 닙바나는 형태가 없다

309) 도과를 얻은 후에 그것에 대한 반조를 통해 표상 없음의 의미를 안다는 뜻.-역주-

밀린다 왕문 경에서 나가세나 존자는 밀린다 왕에게 말합니다.

> 닙바나와 같은 것은 (세상에 또) 있을 수가 없습니다. 닙바나는 모양도 없고 형태도 없으며, 크기도 없고 차원(dimension)도 없습니다. 생각으로 사량(인식)할 수 있는 것도 아니며 토론을 통해 알 수 있는 것도 아니며 비유를 통한 설명으로 알 수 있는 것이 아닙니다. 검은 것도 아니고 밝은 것도 아니며 어두운 것도 아닙니다. 큰 것도 아니고 작은 것도 아닙니다.

닙바나는 오염과 업 그리고 과보라는 세 가지 회전의 지멸(止滅, cessation)입니다. 1943년에 나는 닙바나를 설명하기 위하여 '통찰명상'이라는 책을 썼습니다. 닙바나는 맨션도 아니고 궁전도 아닙니다. 도시도 아니고 빛도 아닙니다. 닙바나에 광휘(luminescence)는 없습니다. 광명(lucidity)의 요소도 없고 차가움(coolness)의 요소도 없습니다. 맨션, 궁전, 도시, 빛, 광휘, 광명 그리고 차가움은 조건지어지지 않은 것(asaṇkhata) 궁극적 실재(paramaññha)가 아닙니다. 그 책은 어떤 사람의 주장을 반박하기 위하여 쓴 책이 아닙니다. 하지만 그 책을 집필한 후에 나는 '닙바나란 광활하게 펼쳐진 광명'이라고 주장하는 책을 보았습니다. 독자들은 그 주장을 반박하려고 책을 썼다고 생각할 수도 있겠지만 그렇지 않습니다. 나는 그러한 의도 없이 썼습니다. '닙바나는 형상이 없다(paramaññha)'라는 내용은 밀린다빵하에 나와 있는 내용입니다.

상카라에 대한 평온의 지혜, 수순의 지혜, 종성의 지혜와 함께 명상의 대상에 집중하는 수행자는 의식의 흐름에 몰입(absorb)이 되고 결국은 모든 상카라들의 지멸을 보게 됩니다. 이 단계에서 수행자는 알아차림하는 마음과 알아차림의 대상 두 가지 모두가 사라지는 것을 보게 됩니다.

(4) 축적과 축적없음(āyuhanā and anāyuhanā)

āyuhanā saṇkhāra ; anāyuhanā nibbānaṃ
(업의) 축적이 상카라 ; 축적없음이 닙바나

축적(āyuhanā)이란 집짓는 사람이 자재들을 모아 집을 짓는 것처럼 '건설하는 혹은 조립하는'이라는 뜻이 있습니다. 이렇게 업을 짓는 노력들을 상카라라고 합니다. 이러한 노력이 소멸된 곳에서 당신은 닙바나를 볼 수 있습니다. 상카라의 역할은 축적하는 것입니다. 수동적이거나 능동적이거나 형성하는 것이 특징입니다. 형성이 업력, 마음, 온도 그리고 음식(영양소)이라는 네 가지 구성 요인들에 의하여 조건지어졌다면 이것은 수동적(passive)입니다. 정신과 물질은 이 네 가지 요인들의 지배를 받습니다. 이 정신과 물질이라는 상카라는 무상하고 고통이며 무아라고 우리는 말합니다. 쩨따시까(마음부수)는 마음과 함께합니다.

이것도 역시 정신적 형성인 상카라의 무더기(saṇkhārakkhandhā)입니다. 쩨따시까가 마음으로 짓는 행위(意), 말로 짓는 행위(口) 혹은 몸으로 짓는 행위(身)를 일으키면 능동적(active)이라고 합니다. 의도(cetanā)는 마음부수의 하나로 말과 마음과 몸을 통해 공덕이거나 혹은 공덕이 되지 않는 행을 지어서 선하거나 악한 과보를 만듭니다. 이런 식으로 유익한 행위나 유익하지 않은 행위를 합니다. 바로 이 업이 새로운 존재를 일으키는 상카라입니다. 의도(cetanā)가 일어나지 않으면 새로운 정신(nāma)과 물질(rūpa)은 일어나지 않습니다. 앞에서 살펴 본 것처럼 오염이 없으면 업은 단지 작용만 하고 효과가 없습니다. 통찰명상을 통해 도과(道果)를 얻으면 오염은 제거됩니다. 오염들(kilesas)의 영향으로부터 벗어나면 과거의 업들은 무력하게 되고 궁극적으로 새로운 존재를 형성할 수 없습니다. 아라한들에게 모든 오염들은 모든 무더기들과 함께 소멸됩니다. 이러한 상태의 열반을 무여열반(anupādisesa)라 합니다.

24. 수행 없이 업은 끝나지 않는다310)

업·형성(상카라)을 일으키는, 업을 짓는 노력의 반대가 아나유하나(anāyuhanā)라 하였습니다. 이 말의 의미를 오해하면 업을 지으면 안 되는 것으로 알 수 있습니다. 이 말은 오염이 없다면 업은 누적되지 않는다는 의미입니다. 그러므로 아라한에게 공덕행은 여분의 것입니다. 아무 것도 하지 않으면 업력도 없고 업의 과보도 없다고 생각해서는 안 됩니다. 실제로 이것은 불가능합니다. 경을 잘못 이해한 사람들이 '모든 노력은 괴로움의 씨앗이다. 아무 노력도 하지 않음이 지멸이고 닙바나이다.' '보시와 지계 그리고 정신 수양을 위한 명상은 필요 없다. 그러니 마음을 일으키지 말라. 이것이 열반에 이르는 길이다.'라고 주장합니다.

이 말은 1952년에 제가 양곤에 가다가 라디오에서 들은 것입니다. 이러한 주장은 담마(法)에 따라 수행할 마음이 없는 사람에게는 환영받을 것입니다. 그러나 이 말은 부처님의 가르침에 위배됩니다. 니까야에서 부처님은 모든 해로운 행위(악의)는 피하고 보시와 지계 그리고 수행은 해야 한다고 하셨습니다. 그 어디에도 유익한 행위를 하면 안 된다는 말씀이 없습니다. 유익한 행위를 하지 않는다면 악업은 결코 제거될 수는 없을 것입니다.

25. 사람이란 악을 행하기 쉽다311)

310) KAMMA-ACTIONS DO NOT CEASE WITHOUT EXERTION -역주-
311) THE FLESH IS PRONE TO EVIL -역주-

선행을 하려면 믿음과 의지와 노력이 필요한데 행하기는 어렵습니다. 이러한 선행은 조류를 거슬러 올라가는 것과 같습니다. 하지만 악은 행하기 쉽습니다. 특별한 노력이나 힘을 필요로 하지 않습니다. 자연적입니다. 그러므로 악을 행하는 자는 물살을 타고 내려오는 것과 같다고 표현합니다. 법을 반조해 보고 행동을 삼가야 한다는 생각이 들게 되면 스스로의 악행이 어느 정도인지 점검하게 됩니다. 일반적인 범부들에게는 선행을 할 것이냐 아니면 악을 행할 것이냐 하는 두 가지 선택이 있습니다. 오랜 기간 동안 선을 행하지 아니하면 악이 지배하게 됩니다. 만약 100분 가운데 90분을 해로운 행위인 화를 내고 있었다면 유익한 마음, 이타적인 마음을 가질 시간은 10분밖에 없습니다. 하지만 이 10분도 선행을 하지 않고 포기한다면 악은 당신을 100분간 완전하게 장악하게 될 것입니다.

수행을 하지 않으면 악을 단속하는 방법을 알 수가 없습니다. 감각적인 즐거움을 일으키는 여러 대상들에 직면하게 되면 어떻게 일반인이 그러한 감각적인 즐거움에 취착하지 않도록 마음을 통제할 수 있단 말입니까? 원하는 것을 보거나 듣게 되면 영원히 기분 좋아 할 것입니다. 가정을 가지고 있는 사람은 가족의 희망과 원하는 것들을 충족시켜주어야 하므로 (감각기관을-역자) 단속하는 수행을 하기가 어렵습니다. 이런 선행은 어느 정도 시간이 흐른 후에야 깨닫게 됩니다. 또한 결혼을 하지 않은 독신자도 감각적인 즐거운 대상들에 대한 유혹에 저항할 수 없습니다. 즐길 수 있는 것들에 대한 모든 특권을 가지고 있기 때문에 탐욕과 성냄 그리고 어리석음에 대한 오염들을 통제하려 하지 않습니다. 만약 원치 않는 대상을 만나게 되면 그는 화를 낼 것임이 분명합니다. 여기 어떤 아저씨와 조카의 마음통제와 관련된 이야기가 있습니다.

나이가 어린 사람이 습관처럼 말합니다. "마음을 내버려두세요. 흘러가는 대로 감정을 놓아두면 오염(kilesā)은 스스로 제거됩니다." 아저씨가 이 말을 듣고는 현명한 척하는 어린 조카의 뺨을 정이 떨어져서 때립니다. 왜 때리느냐고 묻자 아저씨는 네 말이 맞는지 시험하였다고 답합니다. 조카는 말할 필요도 없이 크게 화를 냅니다. 이러한 성냄은 통찰명상을 통해 아나함이 되어서야 제거됩니다. 붓다께서 살아계실 때 사리뿟따는 침착한 것으로 유명했습니다. 그는 결코 화를 내지 않았습니다. 한 브라흐민이 존자가 오염을 정복하였다는 사실을 믿지 않고 뒤에서 갑자기 사리뿟따를 때렸습니다. 하지만 사리뿟따는 한 치도 흐트러짐이 없었습니다. 그러자 브라흐민은 자기가 실수를 하였음을 깨닫고는 용서를 구합니다.

아라한은 위빳사나를 통해 도(道)의 마음을 얻어 성냄 등과 같은 모든 오염들을 소멸시켰으므로 항상 마음이 평온(捨)합니다. 당신은 싫어하는 일을 경험하게 되면 싫어하는 마음 혹은 근심과 걱정 혹은 낙담하지 않도록 당신의 마음을 통제할 수 있습니까? 통찰명상을 닦지 않는다면 당신은 마음을 어떻게 통제하는지 결코 알 수 없을 것입니다.

26. 선행을 멈추면 악행이 자리한다

유익한 행위를 하지 않으면 해로운 행위가 대신 자리를 잡습니다. 만약 보시와 지계 그리고 수행을 하면 비록 도과를 성취하겠다는 의지가 없다고 하더라도 다음 생은 사람이나 천신의 세계에 편안하게 다시 태어납니다. 나중에 도(道)를 실현할 수 없는 어려움에 처하더라도 태어나는 곳마다 수행을 한다면 마침내 도(道)의 길을 갈 수 있습니다.

하지만 선행을 하지 않아 유익함을 누적시킬 수 없다면 그 사람은 악업의 과보를 받게 되어 괴로움을 겪을 것입니다. 심지어는 악처에 떨어질 수 있습니다. 그러므로 선을 행하지 말라는 가르침은 경계하여야 합니다. 바로 이것이 언제나 공덕이 되는 행위는 비록 작은 것이라도 행해야 한다고 주장하는 이유입니다. 다시 말하면 anāyuhanā는 선행을 하지 말라는 이야기가 아닙니다. 그것은 단지 재생연결식을 일으키는 선업이나 악업을 포기하라는 의미입니다. 선업은 무너짐으로 관찰하는 지혜(bhaṅga ñāṇa)를 계발하는데, 현상들의 무너짐을 관찰하는 지혜(bhaṅga ñāṇa)가 공포스러움으로, 공포로 나타나는 지혜(bhayatupaṭṭhāna ñāṇa)가 위험함으로, 위험함을 관찰하는 지혜(ādinava ñāṇa)가 역겨움(nibbidā ñāṇa)으로 무르익는데 도움을 줍니다.

27. 아라한은 결코 선업을 포기하지 않는다

탐욕과 성냄 그리고 어리석음과 같은 모든 오염들로부터 벗어난 아라한들은 결코 악을 행하지 않습니다. 이것은 아주 분명합니다. 하지만 아라한들이 보시와 지계, 선정과 지혜를 닦는 명상, 자애관이나 붓다에 대한 귀의와 같은 선행을 하면 이 공덕들은 업의 관점에서 누적되지 않는지 의문이 들 것입니다. 하지만 아라한에게는 오염이 없으므로 그들이 행한 선행은 과보를 만들지 않습니다. 붓다는 오도송(Namakāra)에서 오염과 업의 회전을 제거하였으므로 선업과 악업 모두를 포기하였다고 노래합니다. 이것을 기억하는지 모르겠습니다. 아라한들도 붓다처럼 이렇게 제거할 수는 있지만 마음에 남아있는 과거의 선업이나 악업에 대한 인상(vāsanā)을 붓다처럼 지울 수는 없습니다. 그러므로 오도송에 나온 '업의 형성을 멈추었네'라는 말은 도의 마음을 통해 오염들이 제거되었기에 그 업들은 힘이 없다는 것을 뜻합니다. 과거와 현재에 지은 도덕적이거나 비도덕적인 세속적인 업들은 재생연결의 형태로 과보를 만듭니다. 이런 식으로 유정들은 끝도 없는 윤회를 계속합니다. 무더기들이 계속해서 일어나는한 괴로움의 끝은 없습니다.

(5) 재생연결과 재생연결 없음

무애해도(Patisaṃbhidā Magga)에 이 재생연결에 대한 설명이 있습니다.

> paṭisandhi saṇkhārā ; appasandhi nibbānaṃ
> 재생연결은 상카라, 재생연결 없음은 닙바나.

재생연결은 한 생의 마지막과 다음 생의 시작을 연결시키기 때문에 붙여진 이름입니다. 과거의 존재는 업의 법칙이 작용하고 있는 한 현생은 물론 무한한 미래 생으로 연결됩니다. 이 연결로 지옥, 아귀, 축생과 같은 악처에 태어나게 되거나 혹은 다른 세계에 태어나게 됩니다. 다시 태어나고 또 태어나는 것은 정말로 괴로움입니다. 아라한이 되지 않으면 우리는 윤회 속에서 길을 잃게 됩니다. 비록 수다원이 되었다 하더라도 최대 일곱 번의 생을 더 욕계에 태어나야 합니다. 사다함(sakadāgāmi)은 두 번 더 태어나야만 합니다. 아나함(anāgām)은 정거천(suddhavāsa)에 태어나서 거기서 아라한이 됩니다. 나머지 범부들은 끝도 없는 윤회가 계속되는 오염된 세계에 태어나게 됩니다. 하지만 아라한들은 업의 회전 오염의 회전 그리고 과보의 회전이라는 세 가지 회전을 종식시켰습니다.

이것이 바로 닙바나의 특징인 재생연결없음(appaṭisandhi)입니다. 그러므로 태어나지않음(unborn)이 닙바나입니다. 공포(bhaya), 위험함(ādinava) 그리고 역겨움(nibbidā)의 지혜가 무르익은 사람들은 일반적으로 괴로움의 회전 때문에 지루해하고 싫증이 나므로 도의 마음을 통해 진리를 깨닫게 됩니다. 닙바나를 원하는 자는 오염들을 제거하기 위하여 통찰명상을 닦아 도를 통합니다. 이것이 닙바나의 실현이지만 존재의 토대는 아직 버려지지 아니하였으므로 모든 오염들이 소멸된 후에 남아 있는 것은 아무 것도 없는 무여열반(anupadisesa nibbāna)과 대비하여 유여열반(saupadisesa nibbāna)이라고 부릅니다.

28. 세 가지 짐

우리 모두는 업·형성(abhisaṅkhāra)의 짐, 무더기(khandhā)의 짐, 오염(kilesā)이라는 무거운 짐을 지고 있습니다.

1) **오염의 짐**(kilesā-load)

오염(Kilesā)은 탐욕과 성냄 그리고 어리석음 혹은 무명과 같은 모든 오염들을 말합니다. 그것은 우리에게는 무거운 짐이 됩니다. 왜냐하면 마음이 오염(passion)되면 살생과 도둑질 등을 저지르기 쉽기 때문입니다. 죄(sin)라는 짐에 눌리고 있는 것이니 악행은 괴로움의 원인이 됩니다.

2) **업-지음의 짐**(abhisaṇkhāra-load)

개인이 행하는 도덕적이거나 비도덕적인 업-지음이 아비상카라(abhisaṇkhāra)입니다. 다른 말로 업-형성들이라 합니다. 이것도 역시 무거운 짐입니다. 악업을 지으면 지옥과 같은 고통스러운 세계에 떨어집니다. 우리는 도덕적 행위의 결과로 천상과 같은 선처에 다시 태어나더라도 여전히 늙음과 질병 그리고 죽음에 시달립니다. 그가 받은 업보가 만족스러운 것이든 만족스럽지 아니한 것이든 그는 이러한 세 가지 원치 않는 조건들에서 벗어날 수가 없습니다. 그래서 그는 업이라는 짐을 지고는 좋든 싫든 간에 괴로움의 윤회를 피할 수가 없습니다.

비록 인간으로 태어나더라도 지독히 가난하게 태어나거나 질병에 감염되었거나 건강이 아주 좋지 않게 태어날 수 있습니다. 비록 과거에 행한 선업의 결과가 기다리고 있을 지라도 악업이 발목을 잡아 그 과보를 즐길 기회를 얻지 못할 수도 있습니다. 이렇게 고통을 받게 되어 있습니다. 살아가면서 우리는 저지른 죄를 처벌받지 않고 피해갈 수도 있습니다. 훌륭한 변호사가 변호를 해서 무죄판결을 받을 수도 있습니다. 사건을 해결하기 위하여 석방에 필요한 뇌물을 주고 사면을 받을 수도 있습니다. 하지만 인과응보의 법칙에서는 벗어날 수 없습니다. 윤회가 계속되는 수많은 세월 속에서 동면하고 있다가 기회를 만나면 어김없이 나타나 자신의 존재를 확인시켜 줍니다. 그러므로 업과 업의 과보는 무거운 짐이라 한 것입니다.

업지음의 짐을 벗어던지는 유일한 길은 통찰명상을 닦는 것입니다. 수다원이 되면 이익이 되지 않는 모든 행위는 끝이 나므로 악처에 절대로 떨어지지 않습니다. 아라한이 되면 어깨를 누르던 모든 짐을 벗어던지므로 새로운 존재는 더 이상 일어나지 않습니다. 하지만 성자가 반열반에 들기 전에 그들은 자신이 과거에 뿌려놓은 악업의 과보를 만날 수 있습니다. 비록 부처님이라 하더라도 자신이 지은 악업의 과보나 혹은 기다리고 있는 업의 과보(vipāka)로부터 벗어날 수 없다고 하였습니다.

3) 무더기라는 짐(khandhā-load)

업-지음의 짐 때문에 무더기라는 짐도 생에서 생으로 지고 날라야 합니다. 과거의 오래된 무더기들 때문에 결과적으로 새로운 무더기들이 일어납니다. 그것들은 아주 능동적으로 끊임없이 걷고, 앉고, 서고 드러눕습니다. 먹여야 하고, 씻겨야 하고 입혀야만 합니다. 무더기들은 즐거움을 좋아하고 감각적으로 즐거운 느낌을 주는 대상들로 갈증을 풀어주어야만 합니다. 욕구를 충족시켜 주기 위해서는 때로 죄가 될지라도 행해야만 합니다. 범죄를 한 번 저지르면 오직 범죄와 관련된 환경에만 영향을 끼칩니다. 그것으로 끝입니다.

하지만 이러한 비도덕적인 행위는 끝없는 윤회 속에서 자신을 괴롭힙니다. 그것으로부터 벗어나려면 선한 인식, 선한 의도, 선한 마음을 가지고 선행을 해야만 합니다. 나이가 들어 늙게 되면 그 짐은 더욱 무거워집니다. 이 짐은 어느 시점의 짧은 순간만이 아니라 전 생애에 걸쳐 아니 윤회가 계속되는 동안에는 유예 없이, 무게에 제한도 없이, 혹은 쉴 수 있는 틈도 없이 과보를 받아야만 한다는 사실을 일깨워 줍니다. 저는 여러분에게 오염과 업 그리고 과보의 회전에 대하여 이야기하고 있습니다. 이 세 가지 회전의 핵심은 세 가지 짐입니다. 요약하면 탐욕과 성냄 그리고 어리석음과 같은 마음의 모든 오염(kilesā)은 짐입니다. 도덕적이거나 비도덕적인 모든 업(행위)들은 업지음(abhisaṇkhārā)의 짐입니다. 그리고 다섯 가지 모든 무더기(khandhās)들은 무더기들이라는 짐입니다.

모든 짐 내려놓기

아라한들은 도의 마음을 통해 모든 오염들을 제거하였습니다. 그들은 오염의 짐을 내려놓는데 성공하였습니다. 그래서 과거에 지은 업들은 반열반 이후에는 효과가 없습니다. 반열반 후에는 과거의 업들이 더 이상 새로운 '존재'를 만들 수 없다는 말입니다. 하지만 그 목숨이 붙어있으면 그것들은 계속해서 과보를 만들어 낼 것입니다. 주석서들에 붓다는 과거에 지은 선업이 있으므로 살아가는데 거침이 없다고 하였습니다. 그러나 순다리(Sundari)가 붓다를 비도덕적이라고 비난한 적이 있는데 이것은 붓다가 과거생에 지은 악업의 과보(vipāka)를 그때 받은 것이라고 합니다. 시왈리(Sivali) 장로는 공양을 받는데 으뜸이라고 하는데 이것은 과거의 생에 그가 보시를 많이 하였기 때문입니다. 로까사띳사

(Lokasatissa)는 언제나 먹을 것이 없이 궁핍하였는데 이것도 과거 생에 그가 지은 인색함의 과보였습니다.

29. 존재의 끈

어깨 위의 짐이 없는 성스러운 분을 아라한이라고 합니다. 도과를 실현한 분들입니다. 그분들에게 존재의 끈은 더 이상 의미가 없습니다. 요즈음의 말로 사슬을 끊었다고 합니다. 그러나 인간에 대한 속박의 굴레를 끊었다는 표현보다도 더한 의미가 아라한에게 있습니다. 아라한은 끝없는 윤회의 원인이 되는 갈애의 속박(saṃyojana)으로부터 완전하게 벗어났습니다. 이러한 존재의 사슬로부터 벗어났으므로 아라한은 더 이상 태어나지 않습니다. 담마에 무관심한 사람은 사악처로 떨어지는 악업을 계속 지어가므로 존재의 사슬을 끊지 못합니다. 그러므로 법구경에 '담마에 무지한 범부는 사악처를 영원한 거주지로 삼는다.'라고 하였습니다.

사람은 자신만의 집이 있습니다. 만약 다른 집을 방문하면 손님으로 그곳에 잠시 머문 후 집으로 돌아올 것입니다. 이와 같이 그들의 영원한 주소는 지옥입니다. 그들은 잠시 높은 존재계에 방문하는 경우가 있더라도 또 다시 자신들의 거주처로 돌아오게 됩니다. 때로 남자나 여자로 태어난 사람들은 선업 때문에 브라흐마의 세계로 올라갑니다. 하지만 존재에 대한 욕망의 끈이 다시 인간의 세계로 잡아 내립니다. 그래서 범천으로 죽은 이들은 또다시 이 세상에 남자나 여자로 태어납니다. 소를 잡아맨 밧줄의 길이를 벗어나서 소는 돌아다닐 수가 없습니다. 마찬가지로 제한된 존재의 끈을 가진 사람은 그러한 한계를 벗어날 수 없습니다. 존재의 끈이 단지 색계나 무색계라면 그는 결코 그 곳을 벗어나지 못하며 닙바나에 이르지 못할 것입니다. 그러므로 그는 계속해서 늙고, 병들고 죽는 괴로움을 겪으면서 살아가야 합니다. 하지만 아라한들은 한 번에 그 존재의 모든 끈을 끊어버린 것입니다.

30. 다섯 가지 감각기능

아라한들은 번뇌(āsava)와 오염들(kilesā)을 소멸시킨 분이라고 칭송받습니다. (범부들에게 번뇌란 기회가 생기면 표면 위로 올라오는 혼탁한 즐거움입니다.) 모든 유정들과 같이 아라한들도 신체에 감각토대가 있기 때문에 보고, 듣고, 냄새를 맡고, 맛을 보고 감촉을 느낍니다. 이러한 토대가 손상되지 않았다면 아라한들은 감각적인 대상들을 보고, 듣고, 냄새를 맡고, 맛을 보고, 감촉을 느낄 수 있습니다. 그리고 어느 것이 좋고 나쁜지를 식별할 수 있습니다.

이와 같은 5가지 감각 기능들은 보통사람과 같습니다. 왜냐하면 아직은 느낌(vedanā)으로부터 벗어날 수 없기 때문입니다. 그들은 무엇이 괴로움이고 무엇이 행복인지를 알지만 성냄 등과 같은 오염들을 버렸기 때문에 육체적인 불편함을 경험한다고 하여도 불쾌하다고 생각하지 않습니다. 계절이 변화하면 그들도 더위나 추위를 탈 수도 있습니다. 건강에 따라 컨디션이 좋을 수도 나쁠 수도 있습니다. 유쾌하지 않은 감각적 대상들이 나타날 때 그들도 신체적인 거북함을 느낄 수 있지만 마음에 두지 않습니다. 실질적으로 즐거움이나 고통에 그들은 관심이 없습니다. 즐거운 느낌이 어떤 대상들 때문에 일어나더라도 그들의 마음은 탐욕 없음, 성냄 없음 그리고 어리석음 없음의 심리상태를 유지합니다.

31. 갈망의 소멸

아라한은 탐욕(rāga)과 성냄과 어리석음을 종식시켰습니다. 그는 눈의 알음알이가 일어나는 것을 봅니다. 하지만 탐욕과 성냄과 어리석음의 느낌이 그에게는 없습니다. 모든 오염들은 사라졌습니다. 이 오염의 종식이 유여열반(saupādisesa nibbāna)입니다. 존재의 토대는 남아있지만 탐욕과 성냄과 어리석음의 불꽃은 꺼진 것을 말합니다. 도를 깨친 아라한은 반열반에 들기 전까지 유여열반(saupādisesa nibbāna)을 즐깁니다. 그들은 오염의 회전으로 인한 모든 괴로움을 버렸기 때문에 그 상태에서 완전한 행복을 누립니다.

하지만 무더기들의 몸이 여전히 남아 있고 범천의 세계에 있는 동안 도를 깨친 분들은 이곳에 여러 번 태어날 수 있습니다. 이런 것은 좋습니다. 왜냐하면 그 세계에는 육체적인 고통과 불쾌한 대상들이 존재하지 않기 때문입니다. 하지만 인간의 세계에서 도를 깨친 분들은 경우에 따라 상속받은 몸의 병을 치료해야만 하고, 음식을 얻기 위한 수고를 해야 하고 세수를 하거나 매일 목욕을 해야 합니다. 이렇게 비록 아라한이라 하더라도 무더기에 대한 취착은 없다하더라도 무더기들의 짐을 날라야만 합니다. 바꿀라 장로는 붓다의 제자들 가운데 건강제일로 160살까지 살았습니다. 그는 80세에 아라한이 되어 80년 후에 반열반에 듭니다. 이 말은 160년 동안 그는 무더기들의 짐을 져야만 하였음을 의미합니다. 오로지 반열반에 든 이후라야 무더기들의 족쇄에서 벗어날 수 있습니다. 하지만 그는 오래 살기를 원치도 않았고 죽음을 원치도 않았습니다. 지난주에 아라한은 반열반을 기다릴지언정 삶이나 죽음을 갈망하지 않는다고 이야기하였습니다.

32. **무여열반**(anupādisesa nibbāna)

무여열반은 무더기들과 함께 오염들이 소멸되는 것입니다. 여시어(如是語, Itivuttaka)에 그렇게 나옵니다. 닦아야만 하는 모든 것을 닦고, 해야 할 일을 마친, 무더기들의 짐을 벗어버린, 존재의 끈을 끊어버린, 완전한 지혜를 얻어 해탈한, 느낌(vedanā)은 즐거움이 아니라고 거부한 그리고 마침내는 살아생전에 평화로움과 고요함을 얻은, 존경과 귀의를 받을 만한 성스러운 비구가 번뇌와 오염을 포기함으로써 얻는 것이라고 하였습니다.

여기서 중요한 포인트는 아라한의 반열반과 함께 느낌은 끝이 난다는 것입니다. 범부들은 그리고 비록 수행자라 할지라도 느낌에서 자유로울 수 없습니다. 그들은 느낌을 즐거움이라 여기므로 느낌에 대한 취착이 일어납니다. 느낌에 취착하므로 그들은 느낌을 죽음의 마음 순간까지도 움켜쥡니다. 그러므로 그것은 재생연결의 마음을 일어나게 합니다. 결과적으로 새로운 존재가 일어납니다. 하지만 아라한은 느낌의 지멸(cessation)을 살아생전에 경험합니다. 그러한 지멸을 불꽃의 꺼짐으로 비유함을 기억할 것입니다. 이러한 꺼짐은 아라한이 살아 있을 때 경험합니다. 느낌이 사라졌음으로 반열반 후에 새로운 존재가 머리를 치켜들 기회가 없습니다. 느낌(vedanā)은 인식(saññā), 상카라(saṇkhāra), 의식(viññāna)과 함께 하므로 느낌이 지멸됨에 따라 모두가 지멸(cease)됩니다. 그것들은 물질과 함께 업의 결과인 과보에 따라 무더기들을 형성하여 존재로 나타난 것입니다. 무더기와 과보가 없음으로 아라한은 남아 있는 토대가 아무 것도 없는 완전한 소멸을 성취합니다.

33. 두 개의 기억할 만한 게송

닙바나의 두 가지 요소에 대하여 두 게송이 여시어에 나옵니다.

> Duve imā cakkhumatā pakāsitā, Nibbānadhātu anissitena tādinā; Ekā hi dhātu idha diññhadhammikā, Saupādisesā bhavaneññisaṇkhayā. Anupādisesā pana samparāyikā, Yamhi nirujjhanti bhavāni sabbaso. Ye

etadannāya padaṃ asaṇkhkataṃ, Vimuññaciññā bhavaneññisaṇkhayā; Te dhammasārādhigamā khaye rāte, Pahamsu te sabbabhavāni tādino.

갈애 때문에 생긴 사견에 의지하지 않고, 즐겁거나 불쾌한 대상들에 대한 완전한 평온과 지혜의 눈을 닦으신 붓다께서는 분명하게 닙바나의 두 가지 요소들을 보여주셨습니다. 하나는 존재의 토대는 남아있지만 오염들은 지멸된 유여열반(saupādisesa nibbāna)으로 그것은 지금 여기에서 아주 명확합니다. 이것은 존재의 끈을 끊어버린 것을 의미합니다. 무여열반(anupādisesa nibbāna)은 반열반 이후에서만이 명확하게 됩니다. 이 요소에서 존재의 소멸은 완성됩니다. 도의 마음에 의해서 이 두 가지 요소들을 형성되지 않은 것으로 혹은 만들어지지 아니한 것으로 앎으로서 아라한들은 존재(becoming)에 시달리는 중생들의 세계에서 벗어납니다. 담마의 정수를 깨닫고, 좋거나 나쁜 모든 대상들에 대한 마음의 평온을 얻게 되면 그들은 상카라들의 소멸을 기뻐합니다.

무여열반(anupādisesa nibbāna)은 평화로운 상태에 머묾(거주)이라고 하였습니다. 이것은 비유적인 표현입니다. 왜냐하면 닙바나는 장소가 있는 것이 아니기 때문입니다. 그것은 원인도 아니고 결과도 아닙니다. 주석서들에 유여열반(saupādisesa nibbāna)은 어떠한 위치나 원인 혹은 결과가 아니고 탐욕(rāga)의 소멸과 탐욕 없음이라고 하였습니다. 마음의 대상인 닙바나를 향하여 기우는 도(道)와 과(果)는 원인이고 두 가지 요소들에서 오염들의 지멸은 결과라고 하는 주장은 전혀 타당하지 않습니다. 또한 도와 과의 평화로움은 일반적인 닙바나이고 지금 고찰하고 있는 두 요소들은 특별한 닙바나라고 이해할 수도 있겠지만 그 둘 모두는 닙바나의 특징인 고요함(santi)을 가지고 있다는 것으로 하나입니다.

닙바나는 시간을 초월한 것입니다. 그래서 오염이 지멸되는 순간에, 닙바나가 일어나는 바로 그 순간에 닙바나를 향하여 도의 마음이 기우느냐, 즉 도의 마음이 현재로 기우느냐 아니면 아라한의 반열반 후의 무더기들이 소멸되는 미래의 닙바나를 기대하는 쪽으로 기우느냐 하는 질문도 역시 부적절합니다. 닙바나는 시간의 개념을 초월한 것(kālavimutti)이기 때문입니다. 탐욕과 성냄과 어리석음을 일으키는 잠재성향(anusayas)은 범부들에게 많이 일어납니다. 이것들은 조건들이 충족되면 일어납니다. 하지만 닙바나는 과거나 현재 혹은 미래에 할당할 수가 없습니다. 왜냐하면 시간을 초월한 것이기 때문입니다. 지멸이라는 현상도 생각해 보십시오. 그것은 일어남(happening)도 아니고 일어나는 것(arising)도 아닙니다. '일어났다 혹은 일어난다 혹은 일어날 것이다'라고 말할 수가 없습니다. 시간과는 관련이 없습니다. 엄격한 관점에서는 '지멸이 완성되었다'라고 말하지 않습니다. 이것은 도의 마음이 일어나는 순간에 옵니다. 오염이 멈추는 순간에 무더기들은 일어날 기회를 잃습니다. 이것이 바로 시간이라는 개념을 초월한 현상(kālavimutti)이라는 의미입니다.

그러므로 도의 마음이 현재로 기우는지 아니면 미래로 기우는지 묻는 것은 쓸모가 없습니다. 일어남(upāda), 머묾(thiti), 사라짐(bhaṅga)이라는 윤회가 계속되는 동안에 가장 훌륭한 것(法)은 선정을 닦아 도(道)와 과(果)를 얻는 것입니다. 이러한 세 개의 심찰라가 완전무결하게 사라질 때 닙바나는 실현됩니다. 이것이 마지막 단계입니다. 과(果)를 얻어 닙바나를 대상으로 하는 명상에서 나왔을 때[312] 그 기쁨이 어떠한지 다음의 문장을 살펴보기 바랍니다.

Susukhaṃ vata nibbānaṃ,

312) 과선정-역주-

sammāsaṃ-buddha desitañ;
Asokaṃ virajaṃ, khemaṃ
Yattha dukkhaṃ nirujjhati.

최고의 행복은 닙바나,
정등각자께서 보여 주셨네
근심도 없고, 오염으로부터 벗어난 고요함,
괴로움이 소멸된 곳

그러므로 아라한들은 모든 물질과 정신 그리고 상카라들의 소멸이라는 무여열반의 행복으로 마음이 기웁니다. 괴로움의 윤회로부터 벗어났으므로 그들에게 새로운 존재의 일어남은 없습니다. 닙바나에 대한 이 법문을 존경심을 가지고 주의 깊게 들은 모든 사람들이 빠른 시간 안에 닙바나를 얻게 되기를 기원합니다. 사두! 사두! 사두!

제3편. 열반에 관한 붓다의 응송과 바른 수행313)

지금까지 닙바나의 두 요소에 대하여 설명하였습니다. 지금부터는 바히야다루찌리야(Bāhiyadāruciriya)가 반열반에 들었을 때 붓다께서 읊으신 응송의 내용을 설명하겠습니다.

34. 응송(The Hymn)

Yattha āpo ca pathavī, tejo vāyo na gādhati;
Na taññha sukkā jotanti, adicco nappakāsati;
Na taññha candimā bhāti, tamo taññha ba vijjati.
Yadā ca aññanā vedli, muni monena brāhmano;
Atha rūpa arūpa ca, sukhadukkhā pamuccati.

거기에는 물도, 땅도, 불도, 바람도 발붙일 곳 없고
거기에는 밝게 빛나는 별도, 태양의 광휘도 없고
거기에는 달의 빛남도, 어둠도 존재하지 않는다.
괴로움의 고통이 없는, 지혜로운 수행승 브라흐마나는
그때 물질과 정신, 행복과 괴로움으로부터 벗어났다.

지수화풍(地水火風)이라는 사대요소에 의지하여 일어난 형상과 소리와 같은 감각적인 대상 물질은 취착의 원인이 됩니다. 사대요소들이 소멸되면 물질은 존재할 수가 없습니다. 소멸해 버립니다. 닙바나에 물질은 없습니다. 물질이 없다면 빛이나 어둠도 있을 수 없습니다. 저는 반

313) 1964년 9월 29일 행하신 법문이다.-역주-

복해 닙바나에는 어느 곳에서도 발붙일 토대를 찾을 수 없다고 강조해 왔습니다. 왜냐하면 정신과 물질의 일어남이 끝난 곳에서 (장소)를 찾는 것은 불가능하기 때문입니다. 닙바나란 거주처 없음을 아는 것이라고 설명하는 경이 있습니다. 다른 경에 의하면 이 한길 몸뚱아리 속에서 네 가지 진리는 드러난다고 설합니다. 하지만 아비담마에 의하면 닙바나는 몸과는 관계가 없습니다. 나중에 안과 밖의 토대(āyatanas)를 설명할 때 다시 이야기를 하겠습니다. 물질은 물질들의 세계에 속하고 정신은 물질이 없는 세계에 속합니다. 하지만 반열반은 정신과 물질의 지배로부터 벗어나게 합니다. 그래서 바히야다루찌리야의 반열반을 괴로움의 윤회로부터의 벗어난 것이라 한 것입니다.

35. 바히야 다루찌리야의 이야기

부처님 재세시에 바히야(Bāhiya)라는 상인이 무역을 하기 위하여 칠대양을 누비고 다녔습니다. 어느 해 번창해오던 그의 사업은 그만 마지막에 배가 난파되었습니다. 모든 사람들이 물에 빠져 죽었지만 바히야만 홀로 살아남아 숫빠라까 해변까지 헤엄을 쳤습니다. 그 과정에 그는 입고 있던 모든 옷을 잃어버리게 됩니다. 뭍에 도착한 그는 나뭇잎을 엮어서 허리에 둘렀습니다. 묘지에서 그릇을 하나 구해 마을로 음식을 구하러 돌아다녔습니다. 나뭇잎으로 허리에 걸친 옷을 보고는 사람들은 그를 아라한이라 생각해서 음식과 옷을 공양합니다. 하지만 바히야는 옷을 제대로 입으면 사람들이 자기를 아라한이라고 생각을 하지 않을 것을 우려하여 그 풀 옷만을 입고 돌아 다녔습니다. 그러자 사람들은 그를 계속해서 아라한이라 믿게 되었고 그의 명성은 널리 퍼지게 되었습니다. 그러다보니 바히야는 자신도 아라한이라고 믿는 지경에 이르게 됩니다. 그때 범천에 머물던 아나함인 범천이 바히야의 일을 알게 됩니다. 그는 지상으로 내려와 바히야에게 가서는 당신은 담마를 닦지도 않았고 공양을 받을만한 아라한도 아니라고 말을 합니다.

"바히야여!" 범천이 말합니다. "당신은 가섭불 시대에 담마를 닦은 일곱 수행자 가운데 한명이었습니다. 나는 그 가운데 가장 연장자로 지금은 범천에 태어난 아나함입니다. 그 당시 당신은 담마에 대한 믿음이 아주 강해서 아라한이 음식을 당신에게 주면 혹시라도 당신의 수행에 방해가 될까 두려워하여 그것을 거절하였습니다. 그런데 지금 당신은 남을 속여서 얻은 풍족함을 기뻐합니다. 당신은 아라한이 아니고, 아라한의 성품도 갖추지 못하였습니다."

이 소리를 들은 바히야는 분개하여 어디에 아라한이 있는지 말해 달라고 합니다. 그러자 범천은 진정한 아라한은 사왓띠의 제따와나 수도원에 머물고 계신다고 알려주었습니다. 알려 준대로 바히야는 그곳으로 갔는데 마침 붓다께서는 읍내에 탁발을 나가셔서 만날 수가 없었습니다. 그는 즉시 읍내로 붓다를 찾아 나섰는데 만나자마자 가르침을 청합니다. 하지만 붓다는 아직 시기와 상황이 적절하지 않다는 것을 이유로 거절합니다. 그렇지만 바히야는 물러나지 않고 세 번씩이나 다시 가르침을 청합니다. 그러자 마침내 붓다는 바히야 경에 나오는 가르침을 설합니다.

36. 볼 때에는 단지 보기만 하라

> 바히야야, 그렇다면 그대는 이와 같이 배워야 한다. 볼 때는 보여질 뿐인 것으로 들을 때에는 들려질 뿐인 것으로 접촉할 때는 접촉할 뿐이며 (알 때에는) 알아질 뿐인 것으로 알아야 한다. 바히야야, 그대는 이와 같이 닦아야한다.314)

---

314) Tasmātiha te Bāhiya evaṃ sikkhitabbaṃ, "diṭṭhe diṭṭhamattaṃ bhavissati,

이것은 위빳사나의 방법으로 '볼 때에는 단지 보여질 뿐(diṭṭhe diṭṭhamattaṃ)'입니다. 6가지 대상들이 출입하는 감각토대는 여섯 가지의 문(六門)들입니다. 우리가 대상을 볼 때에는 단지 보는 것에 그치지 않습니다. 마음을 지켜보면 단지 대상을 보기만 하지 않고 부수적인 마음들이 일어납니다. 예를 들면 보이는 것의 모습이나 형태에 마음을 두고 그것이 바람직한 것인지 아니면 싫은 것인지를 저울질합니다. 그리고 그 대상의 성품에 따라 즐겁거나 괴로운 느낌이 일어납니다. 물론 즐거운 것이라면 그는 즐겁고 흉한 것이라면 당황함은 물론 혐오감이 일어나 화를 내게 됩니다. 심지어 무덤덤하다고 하여도 사실은 자아의식(ego untity)이 일어나서 '내가 그것을 본다'라고 생각합니다. 그리고 그 '나'가 그에게는 영원한 것으로 느껴집니다. 만약 단지 그것을 보기만 한다면 그리고 그것을 보는 주체의 성품을 되새기지 않고 단지 보여진 대상을 알아차리기만 한다면, 보고 있다는 사실을 알아차리기만 한다면, 바로 이것이 단지 보기만 한다는 의미입니다.

하지만 사물을 볼 때에 멈추는 것은 쉬운 일이 아닙니다. 만약 보고 있음을 알아차리는데 실패한다면 당신은 자아라는 인식을 피할 수가 없습니다. 즉 보는 대상이 내가 좋아하는 것인지 아닌지 하는 생각이 일어남을 피할 수가 없습니다. 만약 보이는 대상을 좋아한다면 갈망이 일어나게 될 것이고, 그렇지 않다면 혐오감이 일어날 것입니다. 심지어 보이는 사람에 상관없이 무덤덤하더라도 이미 마음에는 '사람'이라는 생각이 일어났으며 그 '사람'은 영원하다는 인식이 일어났습니다. 자아라는 실체에 대한 개념을 부수기는 이렇게 어렵습니다. 이것을 부수려한다면 오로지 보여지는 형상으로만 아는 통찰명상을 해야 합니다.

---

sute sutamattaṃ bhavissati, mute mutamattaṃ bhavissati, viññāte viññātaṃattaṃ bhavissati" ti; evañhi te Bāhiya sikkhitabbaṃ.

통찰명상을 하지는 않고 재가자가 소리가 들릴 때 들리는 순간에, 냄새를 맡을 때 냄새를 맡는 순간에, 맛을 볼 때에 맛을 보는 순간에 그리고 감촉을 느낄 때 바로 그 감촉을 느끼는 순간에 멈추는 것은 불가능합니다. 가장 힘든 일은 어떤 생각을 하고 있을 때 생각을 멈추는 것입니다. 그래서 현상들을 일어나는 대로 계속해서 알아차리라고 한 것입니다. 수행의 초기에는 보고, 듣는 등의 모든 현상들을 알아차림하는 것은 거의 불가능합니다. 그래서 명상수행을 할 때에 특별한 현상을 가지고 시작합니다. 사념처에 따르면 발을 옮길 때에는 발을 옮기고 있음을 알아야 한다고 하였습니다. 이것은 움직이는 현상을 지켜보는 것입니다. 바람(vāyo)의 요소가 작용하는 것을 지켜보는 것입니다. 서 있을 때에는 서 있다는 것을 알아차리고, 앉을 때에는 앉는다는 것을 알아차립니다. 이렇게 움직이는 동안에 몸에서 어떤 감촉이 느껴질 수 있습니다. 그러면 그것을 알아차림합니다.

저는 명상 주제로 배의 일어남과 사라짐을 지켜보라고 이야기 하였습니다. 배의 일어남과 꺼짐을 지켜볼 때 당신의 마음은 방황할 것입니다. 이것저것이 머리에 떠오릅니다. 그러면 그 생각을 하고 있음을 알아차리십시오. 때로 명상을 할 때 피곤함이나 더위 그리고 거북함이나 고통이 느껴집니다. 이러한 감각들도 역시 알아차리십시오. 피곤하면 자세를 바꾸세요. 이때 편안함을 위하여 취하는 모든 움직임을 알아차리세요. 명상 중에 이상한 소리가 들리면 들리는 대로 알아차려야 합니다. 간략히 말하면 당신의 몸과 마음, 느껴지는 감각들을 모두 알아차려야만 합니다. 만약 특별히 알아차릴만한 것이 없다면 처음과 같이 배에 마음을 집중합니다. 집중이 무르익으면 눈의 알음알이는 일어나자마자 사라진다는 것을 보게 됩니다. 마찬가지로 듣고, 냄새를 맡고, 맛보고, 접촉하고 생각하는 모든 현상들도 마찬가지입니다. 듣는 행위를 알아차림을 하면 그

소리와 그 소리에 대한 인식은 사라집니다. 아픔을 알아차리면 고통스러운 느낌과 괴로움이 사라집니다. 보이면 형상이라고 마음을 챙기며 집중하세요. 그러면 눈의 알음알이, 알아차리고 있다는 것과 (그것을) 아는 것이 사라집니다. 그러면 일어난 것은 사라진다는 지혜가 생깁니다. 눈의 알음알이라는 현상은 무상한 것입니다. 그러한 현상들의 성품은 덧없다고 하는 지혜가 무상의 수관에 대한 지혜(aniccānupassanā ñāṇa)입니다.

일어난 것은 단지 사라져야만 한다는 사실로 만족해서는 아니됩니다. 이 현상들은 결국 괴로움(dukkha)입니다. 이것이 괴로움임을 깨닫는 지혜가 고의 수관에 대한 지혜(dukkhānupassanā ñāṇa)입니다. 현상들은 단지 그것들 스스로 발생하는 현상에 불과하다는 확신이 생기면 이러한 현상들의 성품에는 실체가 없다고 깨닫는 지혜(anattānupassanā ñāṇa)가 생깁니다. 바히야는 지은 바라밀이 충분하였으므로 붓다께서 가르치신 내용을 듣고 통찰력이 생겼습니다. 그는 어떤 대상을 보았을 때 단지 보여진 것으로 알아차림 하였습니다. 일어난 현상들을 그대로 지켜보니 그의 마음에는 그가 보고 있다는 사실 이외에는 아무 마음도 일어나지 않았습니다. 그러한 현상들을 지켜보며 "내가 본다. 이것을 보는 것은 나의 자아이다"와 같은 생각을 하지 않았습니다. '내 마음이 자아'라는 개념은 물론 취착, 이기적인 자만심 그리고 사견으로부터 자유롭게 되었을 때 드디어 그는 벗어났습니다. 붓다는 계속 설합니다.

바히야야! 네가 보는 순간에 취착하지 않으면
너는 이 세상도 다른 세상도 아니다.
이 '존재 없음(無有)'으로 괴로움의 윤회는 끝이 난다.315)

---

315) Tato tvaṃ bāhiya nevidha na huraṃ na ubhayamantarena, esevanto dukkhassa.

취착, 이기적 자만과 사견이 소멸된 자에게 모든 오염은 끝이 납니다. 오염이 없으면 존재 그 자체는 현재에 있던 미래에 있던 소멸되었다고 말합니다. 존재 없음이란 무여열반인 괴로움의 종식을 의미합니다. 우다나의 주석서들에 보다 자세한 설명이 나옵니다. 여섯 쌍의 감각토대들이 있습니다. 이름하여 눈, 귀, 코, 혀, 몸 그리고 마노라는 내부의 감각기관과 형상, 소리, 냄새, 맛, 감촉, 법이라는 외부의 감각기관의 대상들이 그것입니다. 통찰명상을 통해 취착 등과 같은 오염으로부터 벗어나면 안과 밖의 감각토대 모두로부터도 벗어납니다. 당신 혹은 당신의 자아는 마노의 문(의문), 감각기관의 대상과 알음알이에서 더 이상 거주하지 못합니다. **이러한 감각토대들의 작용이 멈춤(休止, 끝남) 그 자체가 닙바나입니다.**

이것은 명상 수행자들의 실제적인 경험과 일치합니다. 위빳사나 명상의 초기단계에서는 정신과 물질의 일어남과 사라짐을 알아차리기 위하여 의문, 감각기관의 대상과 알음알이에 마음을 기울여야만 합니다. 수행자는 언제나 무더기들의 일어남과 사라짐에 마음을 챙겨야합니다. 통찰지가 무르익으면, 그의 마음은 마치 그랬던 것처럼 듣고, 보고, 냄새를 맡고, 맛보고, 접촉하고 생각하는 모든 현상의 지멸로 흘러듭니다. 수행자가 모든 현상의 지멸을 보았다고 한다면 닙바나를 본 것입니다.

37. 바히야 아라한 되다

바히야는 붓다의 가르침을 듣는 동안에 아라한이 됩니다. 붓다께서 법문을 마치고 하시던 탁발을 계속하시려고 자리에서 일어서실 때 바히야는 계를 받고자 결심합니다. 그래서 그는 스님들이 입는 가사로 바꿔 입으려고 다른 사람들이 버린 천을 찾으러 나갑니다. 하지만 불행하게도 도중에 새끼를 낳으려는 암소 뿔에 받혀 죽습니다. 붓다께서 수도원에 돌아와서 아라한인 바히야의 시신을 봅니다. 그는 여법하게 화장을 하고 탑을 세워 그를 기념하도록 제자들에게 명합니다. 수도원에 있던 한 수행승이 바히야는 어디에 태어났느냐고 질문합니다. 붓다께서는 죽기 전에 이미 바히야는 아라한이 되어서 사대요소가 존재하지 않는 반열반에 들었다고 합니다.

주석서에 의하면 바히야는 과거의 어느 생에서 여자였던 암소의 뿔에 받혀 죽었다고 합니다. 어느 때 그는 그녀의 소지품을 강탈하고 겁탈을 했습니다. 원한을 품은 그녀가 복수를 맹세하였고 태어날 때마다 그를 죽이기 위한 노력을 멈추지 않았습니다. 그는 여러 생에서 그녀의 손에 죽습니다. 이렇게 그가 행한 악행은 그림자처럼 그를 따라다녔고 그는 악처에 매번 떨어져 말할 수 없는 고통을 맛보아야만 하였습니다. 이 모든 것은 그가 지은 악업의 과보였으니 붓다를 만나 아라한이 되지 못하였다면 그는 자기의 잘못된 행위로 인하여 계속해서 괴로움을 받아야 하였을 것입니다. 하지만 지금은 비록 소뿔에 받쳐 죽었지만 무더기들의 일어남이 없는 닙바나를 얻어 모든 괴로움은 소멸되었습니다. 그러므로 붓다는 그의 죽음을 승리자의 죽음이라 한 것입니다. 그는 붓다의 제자 가운데 가장 빠른 시간 안에 초월적인 힘을 얻는데 있어 제일이라고 인정받습니다.

38. 눈과 형상에 대한 인식

육처 상응(salāyatana saṃyutta)에 나옵니다

그러므로 비구들이여, 그러한 형태로써 **감각토대**들을 알아야만 한다. 거기는 **눈**도 소멸되고 **형상**에 대한 인식도 소멸된다.

그러한 형태로써 **토대들**을 알아야만 한다.316)317)

붓다께서는 감각기관과 감각기관의 대상, 이 한 쌍의 토대(āyatana)의 지멸에 대하여 이렇게 설하였습니다. 이것이 바로 눈의 알음알이라는 현상을 명상하여 닙바나를 실현하는 방법입니다. 수행자가 배의 일어남과 꺼짐 혹은 앉거나 서거나 혹은 보고, 듣는 등의 육체적인 움직임을 지켜보는 수행을 해 나간다면 이 과정이 사라지는 것을 보게 될 것입니다. 그렇다면 무너짐의 지혜(bhaṅga ñāṇa)를 얻게 된 것입니다. 보고 있는 주체의 관점에서 보면 '이것이 나' 혹은 '나는 존재한다'와 같은 말을 절대로 할 수 없습니다. 그리고 보여지는 대상의 관점에서 보면 '이것은 물건이다. 이것은 사람이다'와 같은 것은 없습니다. 그래서 수행자는 취착할 만한 가치가 있는 어떠한 것도 발견하지 못합니다. 이렇게 마음과 몸과 정신적 상카라들의 상태에 마음을 챙겨 명상을 하면 상카라에 대한 평온의 지혜(saṇkhāruppekkhā ñāṇa)를 얻게 됩니다. 마침내는 모든 무더기들의 지멸(cessation)을 보게 됩니다. 이 단계에 도달하면 심지어 당신은 당신의 몸에 있는 모든 물질들이 사라진 것으로 느낄 수도 있습니다. 이것이 바로 눈의 감성(눈 반투명깔라빠-역자)의 기능이 멈춤을 의미하는 "Cakkhu ca nirujjhati,"라고 말한 이유입니다. 좀 더 명상을 계속하다 보면 눈의 알음알이와 관련된 모든 현상들, 즉 형상(대상)과 마음 그리고 인식이 사라져버려 존재하지 않음을 보게 될 것입니다. 이것이 바로 형상에 대한 인식이 지멸된다(rūpasaññā ca nirujjhati)는 뜻입니다. 지금까지의 설명은 모두 감각토대와 그 대상의 지멸에 관한 설명

316) 이 번역은 빠알리어를 역자가 직역한 것입니다. 한편 원서의 번역은 다음과 같습니다. "오 비구들이여! 형상을 인식하는 눈과 눈에 의하여 지각되는 형상이 함께 소멸되는 닙바나로 마음이 기울도록 마음(mind-base)의 지혜를 닦아야만 한다. 이 (형상에 대한 인식의 기원)의 지멸이 곧 닙바나이다."-역주-

317) Tasmātiha bhikkhave se āyatane veditabbe; Yaññhā cakkhu ca nirujjhati, rūpasaññā ca nirujjhati, se āyata-ne veditabbe. -역주-

이었습니다. 이 안팎의 토대들의 소멸을 보았다면 닙바나를 보았다고 말할 수 있을 것입니다.

39. 귀와 소리에 대한 인식

거기에서는 귀의 감성도 소멸되고, 소리에 대한 인식도 소멸된다.
그러한 형태로써 토대들을 알아야만 한다.318)

상카라에 대한 평온의 지혜가 무르익은 단계에서 어떤 소리가 들리면, 그것을 알아차리자마자 정신과 물질의 상카라들의 무더기들이 사라지는 것을 보게 됩니다. 이 단계에서 당신은 귀의 감성과 함께 온몸이 같이 사라지는 것을 느낍니다. 그것은 마치 그 감각기관의 대상(소리-역자)을 듣지 않았다면 그 소리를 인식하지 못하는 것과 같습니다.

40. 코와 냄새에 대한 인식

거기에서는 코의 감성도 사라지고, 냄새에 대한 인식도 사라진다.
그러한 형태로써 토대들을 알아야 한다.319)

상카라에 대한 평온의 지혜를 닦을 때 냄새가 나게 되면 그것을 알아차리게 될 것입니다. 이렇게 명상을 계속해 나가면 정신과 물질 그리고

---

318) Yattha sotañca nirujjhati, saddasaññā ca nirujjhati, se āyatane veditabbe.을 역자가 직역한 것이다. 영문판의 번역은 다음과 같다. "닙바나는 귀의 감성도 멈추고 소리에 대한 인식도 사라져버린 것이다. 소리와 관련된 감각기관과 그 감각기관의 대상이라는 **토대들의 이 지멸이** 닙바나라고 알아야 한다." -역주-

319) Yattha ghānañca nirujjhati, gandhasaññā ca nirujjhati, se āyatane veditabbe.를 역자가 직역한 것이다. 한편 영문판의 번역은 다음과 같다. "닙바나는 코의 감성이 멈춰버리고, 냄새에 대한 인식도 사라진다. 냄새와 관계된 감각기관과 그 대상인 토대들(āyatanas)의 지멸이 닙바나라고 알아야 한다." -역주-

정신적 상카라들의 지멸을 보게 되는 단계에 도달할 것입니다. 그것을 알아차리면 비문인식의 전 과정이 모두 함께 사라진 것처럼 보입니다.

41. 혀와 맛에 대한 인식

거기에서는 혀의 감성도 사라지고, 맛에 대한 인식도 사라진다.
그러한 형태로써 토대들을 알아야만 한다.320)[정명번역]

상카라에 대한 평온의 지혜가 개발되면 명상수행자는 먹고 있는 음식의 맛을 알아차리게 됩니다. 여기에서 정신과 물질 그리고 정신적 상카라들이 어떻게 지멸되는지를 깨닫는 단계로 나아갑니다. 주석서들에는 흰죽의 맛에 대한 명상을 하다가 아라한이 되는 사례가 셀 수도 없이 나옵니다. 맛에 마음을 챙겨서 그들은 정신과 물질 그리고 정신적 상카라들의 무더기들의 사라짐을 보게 된 것입니다.

42. 몸과 감촉에 대한 인식

거기에서는 몸의 감성도 사라지고, 감촉에 대한 인식도 사라진다.
그런 형태로 토대들을 알아야만 한다.321)

---

320) Yattha jivhā ca nirujjhati, rasasaññā ca nirujjhati, se āyatane veditabbe.를 역자가 직역한 것이다. 한편 영문판의 번역은 다음과 같다. "닙바나에서 감촉을 느끼는 몸이 사라진다. 그리고 그렇게 접촉에 대한 인식도 사라진다. 몸의 감성토대와 몸으로 느끼는 감촉이라는 토대의 지멸이 닙바나라고 알아야 한다."-역주-

321) Yattha kāyo ca nirujjhati, phoññhabbasaññā ca nirujjhati, se āyatane veditabbe.를 역자가 직역한 것이다. 영문판의 번역은 다음과 같다. "닙바나에서 감촉을 느끼는 몸이 사라진다. 그리고 그렇게 접촉에 대한 인식도 사라진다. 몸의 감성토대와 몸으로 느끼는 감촉이라는 밖의 토대의 지멸을 닙바나라고 알아야 한다."-역주-

수행을 할 때 수행자는 몸에서 일어나는 감촉을 언제나 알아차려야 합니다. 몸에서 일어나는 감촉에 대한 마음챙김을 통해 상카라에 대한 평온의 지혜가 개발되면 마음과 물질 그리고 정신적 형성들(상카라)과 그 현상을 알아차림하는 행위가 전부 사라지는 것을 보게 됩니다.

43. 마음과 생각에 대한 인식

거기에서는 마음도 사라지고, 법에 대한 인식도 사라진다.
그런 형태로써 토대들도 알아야만 한다.[322)]

이것이 마음의 인식을 통해 닙바나를 보는 것입니다. 어쩌면 이것이 가장 빈번한 것일 수 있습니다. 수행자가 현상들의 일어남과 사라짐을 알아차림으로써 상카라에 대한 평온의 지혜가 무르익으면 거친 대상들이 사라지고 미세한 대상들이 나타납니다. 여기서 수행자는 자신의 온몸이 사라지고(vanishes) 오로지 인식만이 남아있다고 생각하게 됩니다. 배의 일어남과 꺼짐을 알아차릴 때 그 일어남과 꺼짐이 사라지고는 오로지 일어남과 꺼짐만을 지각하고 있는 상태만을 알아차리게 됩니다. 이 마음에 집중하면 물질과 정신적 상카라들은 소멸됩니다. 이 소멸이 닙바나입니다.

44. 토대들의 지멸이 닙바나

요약하면 토대들의 지멸이 닙바나입니다. Pañcattaya경의 주석서에 의하면 **닙바나는 6쌍의 토대(āyatana)들의 부재(不在, negation)**라고 하였

322) Yattha mana ca nirujjhati, dhammāsaññā ca nirujjhati, se āyatane veditabbe. 를 역자가 직역한 것이다. 한편 영문판의 번역은 다음과 같다. "닙바나는 마음과 생각에 대한 인식 모두가 사라진다. 의계와 마음의 대상 토대 두 가지 모두의 소멸을 닙바나라고 알아야 한다."-역주-

습니다. 아난다는 '여섯 감각토대를 의미하는 여섯 감각기관의 지멸(cessation), 즉 그것들의 기능의 멈춤이 닙바나'라고 붓다께서 말씀하셨다고 확인해 주었습니다. 안의 감각토대들인 눈, 귀, 코, 혀, 몸 그리고 마노(의계)에 의지하여 자아의식의 개념이 일어납니다.[323] 그래서 그때 '이것이 그것이다. 이것이 사람이다, 이것은 남자이다, 이것은 여자이다' 라고 말합니다. 이러한 자아에 대한 생각이 사라지면 늙음과 죽음에 연결되어 있는 괴로움은 끝이 나고 평화로움(peace)이 깃듭니다. 형상, 소리, 냄새, 맛, 감촉과 생각들이라는 밖의 토대들의 지멸은 단지 괴로움의 소멸에 따라오는 것입니다. 하지만 그것들은 안의 토대들에 따라다니는 것으로(안의 토대들이) 소멸될 때에만 그것들은 소멸됩니다. 이러한 안팎의 토대들의 소멸(Negation)이 닙바나입니다.[324]

45. 닙바나에 마음을 고정하기

밀린다빵하(Milinda Pañhā)에 닙바나로 향하는 마음에 대한 설명이 있습니다.

> 수행자는 일어나는 흐름 너머에 있는 일어남 없음의 상태에 자꾸만 반복해서 마음을 고정시킨다. 오 왕이시여! 만약 바른 방법으로 수행하여 일어남 없음의 상태에 그렇게 도달하였다면 그는 닙바나를 보았다고 말할 수 있을 것입니다.[325]

323) ego-entity
324) Negation of these pairs of āyatanas is Nibbāna
325) Tassa taṃ cittaṃ aparāparaṃ manasikāroto pavattaṃ smatikkhamitvā appavattaṃ okkamati, appavattamanuppañño mahārāja sammāpatipanno nibbānaṃ sacchikarotīti vuccati.

명상하는 수행자가 현상들의 일어남과 사라짐을 지켜볼 때, 현상들의 무너짐을 알아차리게 됨에 따라 그에게는 혐오하는 마음이 일어나 그것들을 포기하고 싫어하는 마음이 일어나기 시작합니다. 일어나서는 사라지는 정신과 물질은 끝도 없이 계속해서 흐르는 강물과 같이 흘러갑니다. 이 흐름에 집중하게 되면 그는 단지 그것을 자동적으로 인식하게만 됩니다. 수행자는 이렇게 인식하는 단계를 벗어나지 않습니다. 시간이 흐르면 수행자는 이러한 사항에 무덤덤해집니다. 왜냐하면 이제 그는 상카라에 대한 평온의 지혜를 얻었기 때문입니다. 이 현상에 좀 더 집중을 하면 지각하는 마음과 그 지각하는 마음의 대상이 모두 함께 지멸이 되는 것을 보게 됩니다. 이것이 일어남에서 일어남 없음으로의 변화입니다. 이제 내가 설명한 닙바나가 무엇인지 알 수 있을 것입니다. 일어남은 상카라이고 일어남 없음이 닙바나입니다.

46. 바른 수행방법

나가세나 존자는 밀린다 왕에게 여기서 설명한 대로 바르게 닦아야만 한다고 조언합니다. 닙바나를 갈망하는 자는 누구든지 우선 **계의 청정**을 닦아야만 합니다. 적어도 재가자들은 오계를 지키고 행위와 관련된 생계의 청정(ājivaññhamaka sila)을 닦아야 합니다. (이것은 정어, 정업 그리고 정명과 관련이 있다. 정어는 거짓말, 욕설 그리고 실없는 말을 하지 않는 것이다. 바른 행위인 정업은 살생, 도둑질, 잘못된 성행위를 하지 않는 것이다. 바른 생계인 정명은 바른 생계수단으로 살아감을 의미한다.) **이렇게 하면서 마음청정(citta visuddhi)을 이루기 위하여 선정(jhāna)을 닦아야 합니다.** 만약 바라밀이 있다면 그는 초선정, 이선정, 삼선정 그리고 단계적으로 사선정을 닦을 수 있을 것입니다. 단계적으로 선정을 닦아나감에 따라 장애들(nivaraṇa)은 제거됩니다. 수행을 할 때 감각적 욕망, 성냄, 해태와 혼침, 들뜸과 후회 그리고 의심이라는 장애를 만납니다. **선정을 닦은 후에는 통찰명상(위빳사나)**을 해야 합니다.

수행자가 본삼매를 원치 않을지라도 수행자는 근접삼매(upacāra samādhi)까지는 닦아야 합니다. 근접삼매까지 할 수 없다면 사대요소 혹은 18가지 구체적인 물질, 혹은 12가지의 안과 밖의 감성토대들, 혹은 다섯 가지 무더기들, 혹은 적어도 정신(nāma)과 물질(rūpa)이라는 두 가지 측면에 마음을 집중하는 것으로 수행을 시작해야만 합니다. 대념처경에 따라 수행자는 지수화풍이라는 사대요소, 느낌, 마음 등에 집중해야 합니다. 경에 '나아갈 때에는 나아간다는 것을 알라'고 합니다. 이런 식으로 서있을 때에는 서 있다는 것을 그리고 앉을 때에는 앉아 있다는 것을 알아차려야 합니다. 그러면 마음은 방황하지 않을 것입니다. 언제나 그랬던 것처럼 자연스럽게 될 것입니다. 모든 장애들이 제거되었을 때 마음청정이 이루어진 것이라고 알아야 합니다. 이 단계를 위빳사나 찰라삼매라고 하는데 순간적으로 확립된 마음챙김의 일종입니다. 근접삼매에 해당하는 정도의 집중력입니다. 간단히 말해 마음청정이란 '불선한 행위와 오염들로 마음이 방해받지 않는 상태'를 의미합니다.

마음청정을 이룬 수행자는 무상하고(anicca) 괴로움이며(dukkha) 무아(anatta)라고 하는 세 가지 특상을 가지고 있는 정신(nāma)과 물질(rūpa)의 일어남과 사라짐을 알아차립니다. '물질은 영원하지 않다. 느낌은 영원하지 않다.' 등으로 명상합니다. 그때 이러한 모든 정신과 물질에 대하여 싫증이 나고 혐오스럽다고 하는 마음이 일어납니다. 거짓 없이 수행자가 정신과 물질 그리고 정신적인 상카라들에 초연해졌다면 그것들에 대한 갈애는 없을 것입니다. 삶에 싫증이 나게 되면 그것에 대한 혐오스러움이 생기고 모든 욕망을 포기하고는 마침내 해탈하게 됩니다.

무애해도에 명상 수행자가 거쳐야만 하는 통찰지의 여러 단계가 나옵니다. 하지만 통찰명상을 싫어하고 다른 이들에게도 권하는 것을 싫어하는 자들은 그러한 상태에 결코 도달하지 못할 것입니다. 그들은 '이제 업의 형성들은 고통이라는 것을 알았다. 명상수행은 쓸데가 없고 필요하지 않다.'고 말합니다. '만약 괴로움에 집중한다면 당신은 괴로움에 직면하게 될 것이다. 흘러 가는대로 마음을 놓아둔다면 그것으로 족하다. 그것에 힘들게 마음을 챙길 필요가 없다.'고 말합니다. 이러한 말은 붓다의 가르침을 부정하는 것입니다. 이렇게 말하는 사람들은 정말로 무엇을 알까 싶습니다. 상카라들이 괴로움이라는 그들의 지혜는 피상적입니다. 그들은 궁극적 실재의 수준까지로 깊이 들어갈 수가 없습니다. 만약 그들이 진정으로 괴로움이 무엇인지 깨닫는다면 그것에 대하여 혐오하는 마음이 일어날 것입니다. 그렇다면 그들은 그것으로부터 분명히 달아나려 할 것입니다. 그들은 괴로움이 무엇인지 안다고 주장하지만 실제로 정신과 물질이 괴로움임을 느끼지 못합니다. 그들의 마음속에는 그것에 대한 싫증이 일어날 수가 없습니다. 그래서 조건지어진 현상들에 혐오감을 느낄 수가 없습니다. 그것들을 포기하고자 하는 마음이 일어나지 않습니다. 사실 그들은 그것들을 껴안고 인정하고 싶어 합니다.

47. 혐오감

무너지는 것들은 혐오스럽다고 아는 지혜가 역겨움을 관찰하는 지혜(nibbidā ñāṇa)입니다. 이 혐오스러움이라는 어감을 주석서에서는 그물로 물고기를 잡는 어부에 비유하여 묘사합니다. 어부가 물고기가 잡혔다고 생각하고는 그물을 건져 올립니다. 그런데 목에 세 가지 마크가 선명한 뱀이 올라옵니다. 그는 큰 실수를 했다고 깨닫고는 혐오스럽다는 생각과 독사를 싫어하는 마음이 일어납니다. 그물을 머리 위로 집어 올려 세 번 빙빙 돌리다가 온 힘을 다해 던져버립니다. 정신과 물질의 무더기를 좋아하는 사람들은 마치 바로 손으로 뱀을 움켜쥔 어부와 똑같습니다. 그가 잡은 것이 실제는 무엇인지 알기 전에는 기쁨에 넘칩니다. 하지만 목의 주위에 표시가 있는 세 가지 표식을 가진 뱀을 보고는 소스라치게 놀랍니다. 수행자가 무더기들의 일어남과 사라짐을 알아차림을 해나가다 보면, 그것은 무상하고 고통이며 무아라고 하는 세 가지 표상을 알아차리게 됩니다.

그리고 명상의 대상들을 무상하고 고통이며 무아라고 수관하게 되면 모든 조건지어진 것들은 위험한 것이며 혐오스럽다는 것을 깨닫게 됩니다. 범부들은 자신의 무더기들인 몸을 바로 뱀을 보는 것과 같이 여길 수가 없습니다. 싫어하는 짐승과 비슷한 것이라도 머리로 이해한 지식만으로는 자신의 몸을 혐오스럽다고 여기기에는 충분하지 않습니다. 이론적으로도 괴로움의 실재에 관한 믿음을 가져야만 합니다. 수행자가 정신과 물질의 진정한 성품을 꿰뚫어 보게 되면 그것들을 싫어하게 되고 취착하는 모든 것은 쓸모가 없고 하찮은 것이라고 여기게 됩니다. 마침내 무더기들의 일어남과 사라짐에 대하여 무덤덤하게 되는 상카라에 대한 지혜에 도달합니다. 이때가 되면 모든 상카라들을 마음의 평온을 유지하며 볼 수 있게 됩니다. 처음에는 마음을 평온하게 만들어야 합니다. 이 단계의 지혜를 얻기 위해서는 처음부터 특별한 노력을 기울여야만 하지만 끊임없이 수행을 계속해가다 보면 조건지어진 현상들의 일어남과 사라짐을 보게 될 때 마음은 자연스럽게 평온해 집니다. 이 지혜를 얻으면 현상들에 대하여 마음은 즉시 평온하게 됩니다.

그것들이 좋아할 만한 것이든 혹은 아니든 간에 그것들 때문에 영향을 받지 않습니다. 즐거운 대상들이 나타날 때에도 취착하는 마음은 일어나지 않습니다. 싫어하는 대상들이 나타날 때에도 당혹스러워 하지 않습니다. 이제 당신은 아라한들처럼 냉철합니다. 이 수행의 단계에서 방황하는 마음이 일어날 수도 있겠지만 경험이 쌓여감에 따라 주제에서 달

아나는 마음을 물리치고 명상주제에 머물게 됩니다. 바른 통찰명상의 방법을 따른다면 당신은 상카라에 대한 평온의 지혜에서 성스러운 사성제의 실현을 준비하는 수순의 지혜(anuloma ñāṇa)로 넘어갑니다. 일어남의 저편에 있는 일어남 없음을 얻기 위하여 일어남의 상태를 버리게 되면 고요함(peace)을 경험합니다. 닙바나는 바르지 않은 눈으로는 볼 수가 없습니다. 바른 수행을 계속해 나가면 모든 현상들의 지멸이라고 하는 닙바나를 마음으로 볼 수가 있습니다.

존경심을 가지고 주의 깊게 법문을 들은 인연으로 여러분이 의문(마음의 문)과 감각기관의 대상들 그리고 알음알이 때문에 야기된 모든 괴로움을 지멸시킬 수 있는 명상을 바르게 닦아갈 수 있게 되기를! 여섯 쌍의 감각토대들이라는 족쇄로부터 벗어나 계속되는 정신과 물질의 흐름이 영원히 소멸해버린 궁극적인 단계를 경험하게 되기를 바랍니다. 사두! 사두! 사두!

제4편. 닙바나 알고 보기[326)]

탐욕과 성냄의 소멸인 닙바나는 오염의 정반대입니다. 모든 정신적 혹은 업의 형성들의 종식을 뜻하는 상카라의 소멸(saṇkhāra-nirodho)이 곧 닙바나입니다. 그러므로 닙바나는 상카라의 정반대가 된다고 하는 것입니다. 닙바나가 무엇인가를 설명할 때에 오염(kilseā)과 상카라, 정신적 형성들을 같이 설명하는 것이 좋습니다. 이것에 대하여 오늘 설명하겠습니다.

48. 존경스러운 마음으로 주의를 기울여라

붓다께서 사와띠의 제따와나 수도원에 계실 때 당신이 거주하시는 응향각에서 제자들에게 저녁 무렵에 닙바나에 대한 법문을 하시곤 하였습니다. 이 이야기를 하고자 합니다. 수행승들은 붓다의 담마를 듣는 동안에 귀를 열고 하나도 놓치지 않겠다는 진지한 마음으로 마음을 챙기며 오로지 그 주제에만 집중하려고 노력하였습니다. 저도 여러분들에게 그 수행승들이 붓다의 가르침을 존경심을 가지고 듣는 것처럼 이 담마를 듣기를 원합니다.

49. 주의 깊은 여자 정령

어느 때 붓다께서 가르침을 주고 계셨을 때, 한 여자 약카(정령)가 자식과 함께 음식을 구하기 위하여 수도원 주의를 배회하고 있었습니다. 비록 약카는 신분상 천인(天人)으로 분류되기는 하지만 신분은 매우 낮

326) 1964年 10月6日 법문입니다.-역주-

습니다. 적정한 거주처도 없습니다. 그들은 결코 필요한 옷이나 음식을 구하지 못합니다. 그 정령의 이름은 뿌납바수마따(Punabbasumātā)로 웃따라(Uttarā)라는 딸과 뿌납바수(Punabbasu)라는 아들과 함께 다녔습니다. 그녀가 수도원의 정문에 도착했을 때에는 아주 고요하였습니다. 그녀는 아마도 안에 들어가면 먹을 것을 얻을 수 있을 것으로 생각하였습니다. 공양간으로 가는 도중에 붓다의 가르침을 듣고 있는 수행승들과 재가자들을 보고는 함께 그들도 법문을 들었습니다. 붓다께서는 감미로운 목소리로 법을 설하셨고 그녀는 완전하게 빠져들어 법문을 들었습니다. 하지만 그녀의 자식들은 배가 고파 입을 다물고 있을 수가 없었습니다. "엄마! 밥줘!" 그들은 울부짖었습니다. "오! 내 새끼, 저 인간과 천신의 위대한 스승께서 법문을 하시는 동안만은 제발 조용히 있거라! 지금 괴로움의 모든 사슬을 끊어 버리는 닙바나를 설하시고 계신데 내 마음속에도 닙바나에 대한 사랑과 헌신이 크게 자라나고 있구나."

닙바나는 괴로움의 소멸이므로 근심과 고통으로 괴로워하는 자는 닙바나를 갈망하게 되어 있습니다. 이것은 자연스러운 일입니다. 사람이 아주 건강할 때에는 약에 대하여 관심도 없고 건강의 소중함을 생각하지 않습니다. 하지만 늙고 병이 들면 건강이 소중하다는 것을 알게 됩니다. 병이 낫기를 바라는 간절한 마음에서 자신의 병을 치유할 수 있는 처방을 이야기할 때에는 존경스러운 마음으로 주의를 기울여 그 처방을 듣습니다. 마찬가지로 뿌납바수마따도 닙바나에 대한 붓다의 가르침을 그렇게 들었습니다. 그녀는 바로 그 순간에 극심한 배고픔으로 인한 고통과 어려움에 빠져 자신과 아이들을 위해 음식을 구걸해야만 하였습니다. 이 욕계의 세계에서 그녀는 보살핌이 필요한 자식들을 보살펴야 하지만 말할 수 없는 고통과 괴로움에 빠졌던 그녀는 닙바나를 갈구하였습니다. 그녀는 자식들에게 사랑한다고 말하지만 모성애보다도 닙바나에 대한 관심과 헌신이 더 컸습니다.

아들에 대한 사랑은 세속적인 길이다.
남편을 사랑하는 것은 세속적인 길이다.
하지만 나는 그들을 사랑하는 것보다
담마의 길을 더 사랑한다.327)

아들과 남편에 대한 사랑은 괴로움으로부터 자신을 구해낼 수가 없습니다. 오로지 담마를 들음으로써 괴로움의 윤회에서 벗어날 수 있습니다. 믿음이 독실한 어머니들은 존경심을 가지고 주의 깊게 담마를 듣지만 아이들이 울게 되면 당황합니다. 하지만 이 약카의 아이들은 유순하고 고분고분하게 말을 잘 들었습니다. 어머니의 질책을 받은 후에 아이들은 붓다의 설법을 존경심을 가지고 들었습니다. 붓다는 그 어머니와 아이들이 담마를 들은 후에 수다원이 될 것이라는 사실을 아셨습니다. 그래서 붓다는 사성제를 설하였고 결국은 뿌납바수마따와 그녀의 아들은 수다원이 되었습니다. 그녀가 수다원이 되었을 때 그녀의 삶은 완전하게 바뀌었습니다. 그녀는 즉시 품위가 있는 아름다운 옷을 잘 갖춰 입고 공양을 잘 받는 천인으로 바뀌었습니다. 그녀의 딸인 웃따라(Uttarā)는 어머니가 지은 공덕의 과보를 잘 보았지만 담마를 이해하기에는 너무 어렸습니다.

50. 닙바나의 성품에 대하여

빠알리경 우다나(udāna, 自說經)에 붓다는 닙바나의 환희로운 성품을 노래합니다. 이 게송은 닙바나 상응(nibbāna patisaṃyutta udāna)입니다.

327) Piyo loke sako puñño, Piyo loke sako pati, Tato piyatarā mayhaṃ, Assa dhamassa magganā.

비구들이여, 이러한 세계가 있는데
거기에는 땅도 없고, 물도 없고, 불도 없고, 바람도 없다.
공무변처도 없고
식무변처도 없고
무소유처도 없고
비상비비상처도 없다.
이 세상도 없고, 저 세상도 없다.
달도 태양도 모두 없다.

비구들이여, 거기에는 오는 것도 없고
가는 것도 없고, 머무는 것도 없고
죽음도 없고, 일어남도 없다고
나는 말한다.
그것은 의처(依處)를 여의고 전생(轉生)을 여의고, 대상을 여윈다.
이것이야 말로 괴로움의 종식이다.[328]

51. 닙바나는 실재한다

닙바나는 정신과 물질 그리고 정신적 상카라들의 지멸인데 그렇다면 아무 것도 아님을 의미하므로 닙바나는 쓸모가 없다는 소리를 종종 들었습니다. 그러나 닙바나는 명백한 실재입니다. 도과와 반조의 지혜는 상카라인 정신과 물질들의 활동의 지멸이라는 실재로 기웁니다. 닙바나는

328) Atthi bhikkhave tadāyatanaṃ; yattha neva pathavī na āpo, na tejo, na vāyo, na ākāsānañcāyatanaṃ, na viññāṇañcāyatanaṃ, na ākincaññāyatanaṃ. na nevasāññānasaññayatanaṃ; nāyaṃ loko na para loko; na ubho candimasūtiyā; tatrāpāhaṃ bhikkave neva āgattim vadāmi, na gatim, na thitiṃ, na cutiṃ, na upapattiṃ; appatiṭṭhaṃ appavattaṃ anāramman mevetaṃ; esevanto dukkhassa.

마음의 대상입니다. 붓다들과 아라한들 그리고 성자들은 닙바나라는 실재는 정말로 존재한다고 증명합니다.

토론을 위하여 모든 오염과 업 그리고 과보가 소멸된 닙바나가 없다고 합시다. 그러면 아무도 이 우주에서 평화를 발견할 수는 없을 것입니다. 닙바나가 없다면 (마음의) 오염은 우리의 삶을 황폐화시킬 것입니다. 오염 때문에 괴로움인 새로운 무더기들을 일으키는 조건들을 만들어가게 될 것입니다. 오로지 도과만이 오염과 괴로움의 윤회를 종식시킬 수 있습니다. 이러한 괴로움의 소멸은 실재합니다. 붓다와 아라한들은 실제로 이 진리를 실현하였습니다. 그들은 반열반 후에 그들의 모든 괴로움은 끝이 납니다.

52. 닙바나에는 근본요소(사대)가 없다

닙바나에는 욕계의 인간과 천신들 혹은 색계의 범천 등이 느낄 수 있는 딱딱함 혹은 땅의 요소도 없고, 흐름 혹은 물의 요소도 없고, 불의 요소 혹은 온도도 없고 바람의 요소 혹은 움직임도 없습니다. 딱딱함에서 인간과 천신 그리고 범천들은 모양이나 형태를 추정합니다. 지멸이란 어떠한 덩어리(mass)를 가지고 있는 모습이나 형태의 종식을 의미합니다. 덩어리(mass)가 없다면 흐름의 요소, 온도 에너지와 움직이는 힘의 요소도 없습니다.

53. 닙바나에 물질은 없다

사대요소가 없으므로 일어나는 물질이 있을 수 없습니다. 사대요소에서 파생된 눈(감성물질)과 눈의 대상(형상), 귀(감성물질)와 귀의 대상(소리) 등과 같은 물질도 존재할 수 없습니다. 그러므로 눈의 알음알이,

귀의 알음알이 등과 같은 현상도 없습니다. 즉 욕계에서 일어나는 욕계의 알음알이 그리고 색계에서 일어나는 색계의 알음알이와 같은 현상도 없습니다. 생각해보십시오. 눈이 없다면 볼 수가 없습니다. 귀가 없다면 들을 수 없습니다. 코가 없다면 냄새를 맡을 수 없습니다. 혀가 없다면 맛을 볼 수가 없습니다. 몸이 없다면 감촉을 느낄 수 없습니다. 감성물질들은 감각의 토대들입니다. 감성물질들이란 알음알이의 토대를 형성하는 다섯 감각기관들을 말합니다.[329] 감각기관이 없으면 알음알이는 일어날 수가 없습니다. 범천의 세계에는 눈의 감성(cakkhu pasāda)과 귀의 감성(sota pasāda)만이 있고, 코의 감성(ghāna pasāda), 혀의 감성(jivhā pasāda)과 몸의 감성물질(kāya pasāda)은 존재하지 않습니다. 범천들은 코나 혀가 외형적으로는 남아 있을 수도 있습니다. 그들의 몸은 거대하지만 냄새를 맡을 수 없고, 무슨 맛인지 모르며 몸의 감촉을 느낄 수가 없습니다. 그러나 인간이든 천신이든 범천들이든 모든 살아있는 유정들에게는 심장토대(hadaya vatthu)라고 하는 마음의 토대가 있습니다. 그래서 삼계에서는 이러한 생각을 할 수 있고, 지혜가 일어날 수 있으며 선정(jhāna)에 들 수 있습니다.

54. 물질에 의지하여 일어나는 마음은 없다

닙바나에는 근본요소(사대요소)들이 없으므로, 물질(rūpa)이 없습니다. 혹은 사대요소에서 파생되는 물질들이 존재하지 않습니다. 물질들이 없으므로 욕계의 마음(citta)이나 초선정의 마음과 같은 색계의 마음(알음알이)이 없습니다. 시간 관계상 마음(citta)만을 이야기하였는데 내가 마음을 언급할 때에는 언제나 이 마음과 함께하는 마음부수(cetasika)도 함께한다는 사실을 기억해야 합니다. 그렇다면 닙바나에는 물질에 의존하지 않는 무색계의 마음(arupāvacara citta)은 존재할 수 있는가? 아니

329) 다섯 가지 반투명 깔라빠를 말한다. -역주-

면 존재할 수 없는가?와 같은 질문을 할 수 있습니다.

55. 닙바나에는 무색계의 마음도 없다

경에는 역시 공무변처(ākāsānañcāyatana)의 알음알이든 식무변처(viññānañcāyatana)의 알음알이든 무소유처(akiñcaññāyatana)의 알음알이든 비상비비상처(nevasaññānāsaññyatana)의 알음알이든 닙바나에는 무색계(arūpāvacara)의 알음알이도 존재하지 않는다고 명확히 밝히고 있습니다. 공무변처에 과보의 마음(vipāka citta)과 마음부수(cetasika)가 나타나 재생연결이 시작됩니다. 일반적으로 재생연결과 죽음의 마음 사이에 존재하는 시간을 살아가는 동안의 유익한 마음이나 해로운 마음들과 함께하는 마음부수도 함께 일어납니다. 법에 따라서 바르게 수행을 충분히 하게 되면 범부들은 유학(有學, sekkha)의 경지에 올라갈 수 있습니다. 이 유학(sekkha)들이 공무변처에 다시 태어나면 아라한이 됩니다. 이 경우에는 오로지 유익하고 단지 작용만 하는 마음(kiriya)이 함께하는 마음부수와 같이 일어납니다. 여기에 물질은 존재하지 않습니다. 오로지 정신인 마음과 마음부수들의 흐름만 존재할 뿐입니다. 이 세계의 모든 현상들은 정신뿐입니다. 이렇게 정신만 있는 중생들에게 음식이나 옷 혹은 거주처는 필요가 없어 보입니다. 하지만 예술가나 화가들은 이 세계와 다른 무색계를 묘사할 때에는 궁전이나 맨션 같은 곳에 살고 있는 중생으로 묘사하는 것이 일반적입니다. 그러나 닙바나에는 정신도 없고 물질도 없기 때문에 이런 것들이 필요가 없습니다.

오늘날 불교도가 아닌 사람들의 관심은 주로 공간인데 공간이란 물질적인 개념입니다. 그러므로 그들은 물질이 없는 공무변처라는 세계에 사는 중생이라는 개념을 받아들이기 힘들 것이지만 붓다께서는 '본삼매의 마음과 마음부수와 같은 심리적 상태를 포함한 정신이 있는 세계'와 '이런 정신과 마음이 전혀 없는 세계'가 있음을 명확히 하셨습니다. 당신은 무더기들의 일어남과 사라짐을 식별하는 명상을 상카라에 대한 평온의 지혜까지 닦기를 원할 수 있습니다. 이 단계에 도달하면 자신의 몸이 사라지고 오로지 허공에 떠돌아다니는 의식의 흐름만이 있음을 경험하게 됩니다. 지혜가 깊어지면 이 의식의 흐름은 더욱 명확해지고 또렷해집니다. 엄격히 말해 이 위빳사나의 통찰지는 공무변처의 선정은 아니지만 공무변처의 선정과 유사합니다. 앞에서 말한 것처럼 닙바나에는 식무변처의 마음이나 마음부수, 무소유처의 마음이나 마음부수, 비상비비상처의 마음이나 마음부수도 없다고 하였습니다. 중생들이 거주할 수 있는 가장 높은 세계에는 인식이 아주 미세해서 인식도 아니고 인식 아님도 아닌 그런 중간단계의 인식이 있는 세계가 있습니다. 감각접촉, 느낌, 마음과 마음부수들도 마찬가지입니다. 그러나 닙바나에는 이런 미세한 마음마저도 완전하게 존재하지 않습니다. 담마에 대한 믿음이 없는 자들과 본삼매(jhāna or samāpaññi)를 증득하지 못한 자들은 위와 같은 중생계가 있다는 가르침들을 무시합니다. 하지만 이런 회의론자들도 붓다의 가르침에 따라 통찰명상을 닦아야 합니다. 수행을 하면 그들도 비상비비상처의 선정을 얻게 될 것입니다. 그리고 수행을 계속해 나간다면 무색계 선정의 상태와 그러한 상태들마저도 필요가 없는 닙바나와의 차이를 이해하게 될 것입니다. 실제로 체험도 해보지 않고 선정이나 닙바나를 부정하는 것은 무익한 일입니다.

56. 닙바나에는 마음과 물질 모두 없다

닙바나에는 욕계나 색계에서 일어날 수 있는 마음과 마음부수 혹은 정신과 같은 것이 없습니다. 닙바나에는 당연히 31존재계에 속하는 정신과 물질이 완전하게 존재하지 않습니다. 하지만 어떤 이들은 붓다와 붓다의 제자인 아라한들의 반열반 이후에 대한 이상한 가정을 하기를 좋아합니다. 그들은 닙바나에 들 때 특별한 종류의 정신과 물질을 얻는다고 가정합니다. 그러한 터무니없는 생각은 자아(atta)에 대한 관념에서 벗어나지 못한 자들이기에 그럴 것입니다. 이러한 가설에 대하여 한 큰 스님께서는 닙바나에 만약 그러한 종류의 정신과 물질이 있다면 닙바나에도 특별한 나이 듦과 병듦 그리고 특별한 죽음을 초래하는 특별한 종류의 태어남이 있어야만 한다고 말씀하셨습니다. 그렇다면 특별한 늙음과 병듦 그리고 죽음 때문에 특별한 근심과 비탄, 고통과 절망이 일어나야 할 것입니다. 닙바나를 이러한 것이라고 주장한다면 그것은 닙바나를 넘어서는 것으로 부적절합니다. 그리고 특별한 존재가 있다고 가정하는 것이므로 부적절합니다. 지멸은 '아무 것도 없는' '공(空)'입니다. (Extinction points to nothing but nothingness) 정신과 물질이 없는 닙바나는 이 세상에도 저 세상에도 귀속될 수가 없습니다.

57. 닙바나는 모든 세상의 저편에

경에 'Nayaṃ loko, na paroloko'라는 말이 나오는데 이 말은 '이 세상도 아니고 저 세상도 아니다'라는 의미입니다. 물질이 없다면 어둠이라는 개념이 있을 수가 없습니다. 그리고 어둠이라는 개념이 없다면 빛이라는 개념도 있을 수 없습니다. 그러므로 닙바나에는 태양도 없고 달도 없습니다. 새로운 무더기들의 일어남이 없으면 어둠이나 빛은 있을 수가 없습니다. 그렇다 하더라도 악처의 중생들이 인간들의 세상으로 오고 혹은 인간 세상의 중생들이 천신들의 세계로 가는 것과 같이 유정들이 닙바나의 세계로 가는 것은 가능한 일인지 의문이 들 것입니다. 하지만 닙바나에 그러한 옴(來)은 없습니다. 닙바나의 증득을 묘사할 때 붓다와 아라한들이 닙바나에 '든다' 혹은 무여열반(anupādisesa)에 '든다'고 합니다. 이 말은 새로운 무더기들의 도착을 의미하는 것이 아니라 존재를 일으키는 **정신과 물질의 흐름이 끊어졌음**을 의미합니다. 이것은 완전한 무더기들의 소멸(extinction)입니다. 이 절멸(絶滅)을 무여열반이라고 합니다. 이것은 어떤 하나의 존재계로 도착할 수 있는 장소의 개념이 아닙니다. 그러므로 닙바나로부터 다른 존재계로 가거나 이동하는 자는 아무도 없습니다. 선업을 지은 중생들은 이 인간세계에서 천신의 세계로 **떠납니다**. 그리고 선업을 지은 천신들도 다시 사람의 몸을 받아 지구에 **내려올** 수도 있습니다. 해로운 업을 지은 자들은 악처로 **가기가** 쉬울 것입니다. 하지만 닙바나에는 이러한 오고(來, coming) 감(往, going)이 없습니다.

58. 닙바나의 성품

닙바나는 덩어리(mass, 크기, 부피, 질량)가 없다

종종 붓다와 아라한들은 살아있는 인격체로서 닙바나에 거주할 수가 있는가와 같은 질문을 받습니다. 그러나 닙바나는 크기(mass)가 없습니다. 닙바나는 어떤 특별한 정신이나 물질로 만들어진 것이 아니므로 사람들이 올라갈 수 있는 산처럼 보이거나 하늘과 같은 개념인 천계를 가로질러 갈 수도 없으며, 땅과 같이 딱딱해서 딛고 서있을 수도 없습니다.

닙바나는 不死이며 태어남을 여윔이다

31개의 존재계에 태어난 중생들은 죽습니다. 그리고 죽어서는 다시 태어납니다. 닙바나는 불사(不死)이며 태어남 없음(無生)입니다. 천신과 범천들의 세계에서 태어남이란 갑작스러운 나타남(화생)을 의미하고 죽으면 갑자기 사라집니다. 닙바나는 모든 무더기들의 지멸(cessation, 止滅)로 이 지멸에 그러한 나타남이나 사라짐은 없습니다.

닙바나는 거주처가 없다

닙바나가 머무는 곳(장소)은 없습니다. 그러므로 어떤 위치라는 것이 있어서 찾을 수 있는 것이 아닙니다. 여기도 아니고 저기도 아니며 천상에 있는 것도 아닙니다. 정신(nāma)이 닙바나를 포함한다는 말이 있지만 이것은 문맥상의 (은유적) 표현일 뿐 닙바나는 마음도 아니고 마음부수도 아닙니다. 그래서 마음의 일어남(upāda), 머묾(thiti), 무너짐(bhaṅga)이라는 세 가지 측면이 닙바나에는 존재하지 않습니다. 상징적으로 표현한다면 닙바나는 이 한 길의 몸뚱이 안에 있습니다.

정신·물질의 일어남 없다

이 몸에 있는 정신과 물질은 끊임없이 흘러갑니다. 마치 강물과 같이 끊임없이 흘러갑니다. 조건지어진 현상들의 일어남과 사라짐에 대한 지혜를 얻은 수행자는 지금 일어난 정신·물질은 바로 다음 순간에 사라짐을 봅니다. 수행자가 상카라에 대한 평온의 지혜를 닦다가 문득 정신과 물질의 모든 흐름이 멈추는(stop) 것을 봅니다. 이것이 소멸(extinction)입니다.

닙바나에는 감관의 대상들이 없다

정신과 물질, 마음부수들이 없다면 감각기관의 대상들이 있을 수가 없고 감각기관의 대상들이 없다면 그것으로 인한 정신적 상카라들은 일어나지 않습니다.

닙바나는 괴로움의 종식이다

닙바나에는 근본요소(사대요소)들도 없고 정신이나 물질도 없으며 모든 것의 소멸입니다(cease). 이 소멸(cessation)은 영원한 평화로움입니다. 이것은 모든 괴로움의 종식입니다.

59. 로히땃싸경(A4:45)

닙바나는 어떠한 장소에 있는 것이 아니지만 굳이 상징적으로 표현한다면 아라한의 한 길 몸뚱이 속에 거주한다고 말할 수 있습니다. 이러한 표현은 상응부의 로히땃싸경과 앙굿따라 니까야에 근거합니다. 붓다께서 한때 사왓티의 제따와나 수도원에 거주하고 계셨을 때입니다. 그때 로히땃싸라는 신의 아들이 다가와 "세존이시여, 참으로 태어남도 없고 늙음도 없고 죽음도 없고 떨어짐도 없고 생겨남도 없는 그런 세상의 끝[330]을 발로 걸어가서 알고, 보고, 도달할 수가 있습니까?"라고 질문합니다.

60. 그대는 세상의 끝으로 걸어서 갈 수 없다

붓다께서는 이 질문에 답합니다.

> 도반이여, 참으로 태어남도 없고 늙음도 없고
> 죽음도 없고 떨어짐도 없고 생겨남도 없는 그런 세상의 끝을 발로 걸어가서 알고 보고 도달할 수 있다고 나는 말하지 않는다.[331]

로히땃싸는 이 말을 듣고 아주 기뻐하였습니다. 한때 과거의 생에서 그는 걸어서 세상의 끝에 도달하고자 시도하였던 적이 있었습니다. 그는 자기의 빠른 발로 걸어서 하나의 행성에서 다른 행성으로 백여 년을 찾

---

330) "여기서 세상(LOKA)이란 형성된 세상(saṅkhara loka), 즉 오취온(五取蘊)을 말씀하신 것이다."(AA.iii.87)
"형성된 세상의 끝에 대해서 말씀하신 것은 그 다음의 진리들(즉 집성제(集聖諦), 멸성제(滅聖諦), 도성제(道聖諦))을 밝히기 위해서이다. 형성된 세상의 끝이 참으로 열반이기 때문이다.(AAT.ii.275) – 앙굿따라니까야2, 대림스님옮김, 초불. p.150 각주 173)-역주-

331) Yutta kho āvuso na jāyati, na jīyati, na mīyati, na cavati, na upappajjati; nāhaṃ taṃ gamanena lokassa antaṃ ñāteyyaṃ daṭṭheyuṃ patteya yanti vadāmi.

아다녔습니다. 하지만 이러한 혹독한 노력에도 불구하고 찾을 수가 없었던 것입니다. 그는 세상의 끝을 찾아다니다가 죽어서 그가 지나왔던 멀고도 광활한 우주에 막강한 힘을 가진 수행자로 다시 태어났습니다. 그렇지만 그가 도달하고자 하였던 세상의 끝은 물질적인 우주였습니다. 그러나 붓다께서 그에게 주신 답에 나오는 세상의 끝은 끝도 없이 흐르는 정신·물질이라는 괴로움의 윤회의 종식이었습니다. 이러한 윤회의 종식은 오로지 세상의 끝에 도달할 수 있을 때만이 가능합니다.

61. 세상의 끝이 괴로움의 종식

붓다는 계속해서 말합니다.

> 도반이여, 그러나 나는 세상의 끝에 도달하지 않고서는 괴로움을 끝낸다고 말하지도 않는다.[332] 도반이여, 나는 인식과 마음을 더불은 이 한 길 몸뚱이 안에서 세상과 세상의 일어남과 세상의 소멸과 세상의 소멸로 인도하는 도닦음을 천명하노라.[333][334]

---

332) 세상의 끝, 즉 형성된 세상의 끝, 오취온의 끝에 이르지 않고서는 결코 윤회의 괴로움의 끝이란 없다는 뜻이다. 전게서, p.152. 각주 174) -역주-

333) '세상'이란 괴로움의 진리(苦諦, dukkhasacca)이다. '세상의 일어남'이란 일어남의 진리(集諦, samudayasacca)이다. '세상의 소멸'이란 소멸의 진리(滅諦, nirodhasacca)이다. '세상의 소멸로 인도하는 도닦음'이란 도의 진리(道諦, maggasacca)이다. 세존께서는 '도반이여, 나는 이러한 네 가지 진리(四諦)를 풀이나 나무등걸 등에서 천명하지 않는다. 네 가지 근본물질(四大)로 이루어진 바로 이 몸에서 천명한다.'라고 말씀하시는 것이다.(AA.iii.88~89) 전게서pp.152 각주 175) -역주-

334) Na kho panāhaṃ āvuso apatvā lokassa antaṃ dukkhassa antakiriyaṃ vadāmi; api ca khvāhaṃ āvuso imasmimyeva vyāmamaññe kaḷevare sosaññimhi samanake lokañca pañña-pemi lokasaṃ-udayañca lokanirodhañca lokanirodhagāminiñca patipadaṃ.

붓다께서 말씀하신 세상(세계)은 괴로움을 말합니다. 통찰지를 통해 세상의 끝을 얻는데 실패한 자는 괴로움이 소멸된 상태를 얻을 수가 없습니다. 물질과 정신의 흐름으로 조건지어진 온 세상은 닙바나의 반대편에 있는 괴로움의 세계입니다.

62. 몸 안에 있는 네 가지 성스러운 진리

이 한 길의 몸속에서 세상은 드러납니다. 그것은 모두 괴로움 그래서 그것은 괴로움의 진리입니다. 몸 안에서 괴로움의 원인을 발견할 수 있습니다. 그래서 그것은 괴로움의 일어남이라는 진리를 우리에게 가르쳤습니다. 몸 안에서 우리는 괴로움으로부터의 해탈을 찾을 수가 있습니다. 그래서 몸은 우리에게 괴로움의 소멸이라는 진리를 보여줍니다. 그리고 이 소멸은 몸 안에서 실현될 수 있습니다. 그러므로 그것은 괴로움의 소멸로 이르는 길을 보여줍니다. 그러므로 이러한 모든 네 가지 성스러운 진리는 이 세상에 속한 중생들의 몸에서 발견할 수 있습니다. 당신은 닙바나가 어디에 있는지 찾을 수가 없습니다. 반열반에 들기 전까지는 아라한들도 무더기들이라는 짐을 지고 날라야 합니다. 반열반 이후에 무더기들도 멈춥니다. 그래서 아라한의 몸 안에서 '이 소멸은 실현된다.'고 말할 수 있습니다. 그러므로 관습적인 표현으로 닙바나는 무더기들인 우리의 몸 안에 있다고 말한 것입니다. 그렇지만 아비담마에 따르면 닙바나는 우리의 몸하고는 무관한 것입니다. 바로 이것이 자설경(Udāna)에서 '디디고 설 만한 장소가 없다(appatiṭṭhaṃ)'라고 한 이유입니다.

63. 우리 안에 있는 우주

괴로움의 진리는 다섯 가지 취착하는 무더기들(upādānakkhandhā)인 오취온이 본래부터 가지고 있는 괴로움입니다. 이것들은 다섯 감성의 문으로 들어오는 대상들을 반영하는 감각토대들에서 일어납니다. 사물을 볼 때에 눈의 토대가 안문을 통해 형상이라는 이미지를 받아들입니다. 토대와 대상이 부딪치는 감각접촉 때문에 대상을 본다는 지각이 일어납니다. 이러한 눈의 알음알이라는 현상은 아주 명백합니다. 당신은 눈이 있고 눈으로 보고 있음을 압니다. 그래서 당신은 그것들을 완전하게 소유하고 있다고 믿습니다. '보는 자'라고 하는 당신이 존재합니다. 보는 대상은 명확합니다. 그리고 그것은 당신의 마음을 기쁘게 합니다. 소리를 듣고 냄새를 맡는 등 나머지 현상들도 마찬가지라고 생각하세요. 그러한 감각적 대상들에 취착을 하고 있는지도 모르는 사이에 일어납니다. 누군가를 보게 되면 당신은 그 여자나 남자를 당신이 좋아할만한 어떤 외모를 갖춘 존재로 인식합니다. 그래서 보는 즉시 취착하는 마음이 일어납니다. 당신의 눈과 대상은 형상이나 물질에 취착하는 무더기(upādānakhandhā)를 형성합니다.

무엇인가를 보게 되면 일어나고 있는 알음알이를 알아야만 합니다. '느낌에 취착하는 알음알이의 무더기(vinñānupādānakkhandhā)'가 일어나고 있다고 알아야 합니다. 대상을 보는 순간에 감각적인 즐거움이나 다른 것이 일어납니다. 그것이 느낌(vedanā)입니다. 이제 취착하는 느낌의 무더기(vedanupādānakkhandhā)가 일어납니다. 일반적으로 당신은 보고 있다는 사실을 알아차립니다. 그래서 미래에 다시 그것을 떠올릴 수 있습니다. 당신에게 인식(saññā)이 일어난 것입니다. 이제 인식에 취착하는 무더기(saññupādānakkhandhā)가 일어납니다. 그때 어떤 유익하거나 해로운 의도가 마음속에 떠오릅니다. 느낌과 인식의 영역 이외의 취착하게 되는 그러한 정신적 상태들을 상카라라고 하는데 이제 정신적 상카라에 취착하는 무더기인 '상카라에 취착하는 무더기(saṇkhārupādānākkhandhā)'가 일어납니다. 이렇게 보고 듣는 등의 행위에서 다섯 가지에 취착하는 모든 무더기들이 일어났습니다. 이러한 무더기들은 언제나 우리 안에서 일어나지만 그것들은 순간적이어서 그것들의 일어남을 알아차리기는 어렵습니다. 거의 그러한 현상들이 일어나는 순간을 포착하지 못합니다. 하지만 마음챙김을 통해 혹은 통찰명상을 통해 이 취착하는 무더기들의 일어남과 사라짐의 끊임없는 흐름을 아주 만족스럽지 않은 것으로 알아차릴 수 있습니다. 그리고 만족스럽지 않음은 괴로움(dukkha) 자체라고 압니다.

이러한 다섯 가지에 취착하는 무더기들이 이 세상을 형성합니다. 우리에게 그것들은 괴로움이라는 진리로 드러납니다. 범부들은 어떤 것이 보이면 그것이 단지 눈의 알음알이라고 알아차리지 못합니다. 그래서 눈의 알음알이를 즐길만한 것으로 받아들입니다. 괴로움인 것을 즐거움인 행복이라 받아들이는 것입니다. 그래서 즐거움을 찾아다닙니다. 이러한 갈애가 자라나 취착이 됩니다. 자신의 욕망을 충족시켜 주기위하여 노력을 하는 과정에, 취착의 갈증을 풀기 위하여 업-상카라들이 일어납니다. 이제 상카라들이 활동을 시작합니다. 상카라라는 업 때문에 죽어가는 사람의 의문인식과정을 통해 업(kamma), 업의 표상(kamma-nimitta), 태어날 곳의 표상(gati-nimitta) 가운데 하나가 나타납니다. 취착 때문에 우리의 마음은 이러한 대상들로 기울어집니다. 이것이 마치 물에 빠져죽는 사람과 같습니다. 물에 빠진 사람은 자기 주변에 있는 것은 무엇이든지 움켜쥡니다. 마음에 나타나는 그 대상(ārammana)을 움켜쥐는 것입니다. 이때 죽음의 마음이 일어나면 자신의 무더기들을 뒤로 한 채 떠납니다. 이 마음은 과거 속으로 사라지지만 죽음의 순간에 떠오른 그 대상에 대한 취착은 그 대상을 금생의 재생연결식의 대상이 되도록 영향을 미칩니다. 이렇게 새로운 생은 시작됩니다.

금생의 그 마음은 전생의 마음과 연결되어 있습니다. 그래서 재생연결식(paṭisandhi citta)이라 한 것입니다. 이 마음은 전생의 정신적 내용을 계승하였습니다. 마음이 일어나면 그와 함께하는 마음부수도 같이 일어납니다. 그리고 그 마음에 의지하는 물질도 일어납니다. 만약 갈애 때문에 이러한 정신과 물질을 끊어버릴 수 없다면 생을 통해 무한하게 정신·물질은 일어납니다. 그러므로 갈애는 이 세상을 일으키는 원인이 됩니다. 그리고 이 세상은 괴로움의 덩어리이므로 갈애는 모든 괴로움의 원인이라는 진리가 됩니다. 눈의 알음알이, 귀의 알음알이, 코의 알음알이, 혀의 알음알이 그리고 몸의 알음알이는 모두 괴로움의 요인들입니다. 이것들 때문에 괴로움의 원인인 갈애가 일어납니다. 이 일어남(samudaya) 때문에 우리는 보고 싶어 하고, 듣고 싶어 하며, 맛보고 싶어 하고, 냄새를 맡고 싶어 하고 감촉을 느끼고 싶어 합니다. 그래서 다시 괴로움이 일어납니다. 이러한 것들이 바로 괴로움의 진리이고 괴로움의 원인(괴로움의 일어남)이라는 진리입니다.

64. 사대요소명상

감각토대와 대상이 부딪치는 감각접촉이 일어나면 알음알이가 일어납니다. 우선 네 가지 근본물질인 사대요소, 즉 땅의 요소(딱딱함), 물의 요소(흐름), 불의 요소(뜨거움), 바람의 요소(움직이는 힘=pushing) 때문에 일어나는 알음알이에 집중합니다. 대념처경에 '나아갈 때에는 나아가고 있다고 안다'라는 말이 있습니다. 이것은 움직임의 요소를 알아차리라는 가르침입니다. 이 움직임은 감각접촉을 통해 알음알이를 일으킵니다. 앉아 있을 때에는 앉아 있다고 압니다. 앉는 행위에 의하여 일어나는 육체적인 긴장감을 알아차리는 것입니다. 당신이 의도한 자세와 관련해서 일어나는 다른 육체적인 것이나 정신적인 현상들을 알아차립니다. 예를 들면 앉으려고 하는 것을 알아차렸다면 당신의 발이 각각 닿는 것, 당신의 손이 서로 교차되는 것, 입고 있는 옷이 몸을 감싸는 것 등등을 알아차립니다. 그것들을 마음챙겨 지켜보면 감각토대와 대상이 서로 부딪쳐서 일어나는 물질의 성품을 깨닫게 될 것입니다.

65. 쉽게 시작할 수 있는 명상법

젊은 사람이나 나이 든 사람이나 모두 명상을 할 수 있습니다. 그래서 우리는 배의 일어남과 꺼짐을 알아차림하는 것으로부터 통찰명상을 하라고 권합니다. 숨을 들이쉴 때에는 배가 일어나고 내쉴 때에는 배가 꺼집니다. 배의 일어남과 꺼지는 움직임을 알아차리게 되면 그것은 움직임이라는 바람의 요소(vāyo)의 특징이라고 인식하게 될 것입니다. 이것을 알아차립니다. 당신은 현상의 성품에 대한 지적인 이해를 가지고 배의 일어남과 사라짐에 마음을 집중합니다. 두 개의 연속되는 움직임 사이에는 틈이 없습니다. 마음을 배가 일어나기 시작하는 순간부터 그것이 끝날 때까지 고정시킵니다. 그리고 꺼지기 시작하는 순간부터 시작하여 완전하게 꺼질 때까지 따라가며 집중합니다. 이렇게 하는 동안 숨을 들이쉰 다음이나 내쉰 다음에 틈이 있는 경우에는 만약 앉아서 명상을 한다면 앉아있다고 마음을 챙겨야 합니다.

때로는 생각이 떠오를 것입니다. 어떤 것을 생각할지도 모릅니다. 혹은 이것저것 의도할 수도 있습니다. 그러한 모든 생각들을 알아차리십시오. 명상주제에서 벗어나 마음은 계속해서 달아날 것입니다. 그러나 마음을 꽉 붙잡아서 달아나게 두지 마십시오. 계속해서 망상이 들면 그 생각하고 있음을 알아차리고 다시 배의 움직임으로 돌아와 다시 알아차림을 시작하십시오. 때때로 당신은 어떤 느낌을 특히 대부분 불쾌한 느낌을 경험하게 될 것입니다. 왜냐하면 앉아서 명상을 하기 때문에 덥거나 고통스럽고 몸이 경직되고 피곤함을 느끼기 때문입니다. 그런 경우에도 그 피곤함과 고통을 알아차려야 합니다. 느낌이 사라지면 다시 배의 일어남과 꺼짐에 주의를 집중합니다. 간단히 말해 배의 움직임을 알아차리십시오. 몸의 움직임과 마음에서 일어나는 것들을 알아차리십시오. 이렇게 하면 마음이 게을러 명상주제를 놓치는 틈이 생길 수가 없습니다. 만약 떠오르는 특별한 대상이 없다면 계속해서 배가 부풀어 올라 팽팽해지는 것과 꺼질 때의 이완과 흐물흐물한 것들을 알아차리십시오.

집중력이 개발됨에 따라 수많은 조각으로 구성된 각각의 근육들의 움직임을 지각하게 될 것입니다. 이 각각의 움직임을 현상들이라 하는데 각각의 현상들은 일어나서는 사라지게 됩니다. 각각의 현상들의 이어지는 나타남 혹은 사라짐을 곧 알 수 있게 됩니다. 이렇게 마음의 대상을 지켜봅니다. 하지만 주체인 아는 마음도 역시 마음의 대상처럼 일어나서는 곧바로 아주 빠르게 계속해서 사라져갑니다. 지켜보는 힘이 순간순간 점점 날카로워지고 예리해지면 현상들의 모든 부분들이 일어나서는 사라지는 것을 지각하게 됩니다. 마치 각각의 부분들은 서로 떨어져서 각자의 길을 가는 것처럼 보입니다. 아는 마음과 그 마음의 대상은 마치 사라짐을 위하여 있는 것처럼 사라지기 위하여 일어납니다. 그래서 그것들은 '일시적인 것'이라는 생각이 떠오릅니다. 그것들은 영원한 흐름입니다. 일어나 사라지는 것은 그것들의 본성입니다. 그러한 무상함은 아주 만족스럽지 못합니다. 만족스럽지 못한 것은 괴로움이지요. 이제 당신은 괴로움의 진리라는 지혜를 얻었습니다. 이 깨달음은 무명(avijjā)을 날려버립니다. 그러므로 마음의 대상에 대한 갈애(taṅhā)가 일어나지 않게 됩니다. 갈애가 없으면 취착(upādāna)은 일어날 수 없습니다.

취착이 없으면 대상에 대한 욕망을 충족시켜 주기 위한 의도적 활동들이 일어날 수가 없습니다. 즉 업을 지을 수 없다는 의미입니다. 업-상카라가 일어나지 않는다면, 즉 업-상카라가 소멸되면 재생연결식은 일어날 수가 없습니다. 그래서 새로운 태어남은 없게 됩니다. 즉 새로운 무더기(khandhās)들은 더 이상 없다는 것입니다. 이것이 괴로움의 소멸입니다. 괴로움의 원인의 소멸입니다. 이 지멸을 인식하는 그 특별한 순간에 당신은 닙바나를 깨닫습니다. 이것은 오로지 한 심찰라이지만 가장 존귀한 순간입니다. 그 현상을 알아차리고 알기 때문에 궁극적으로 지멸을 이해하게 됩니다. 그 현상을 알아차리고 아는 것이 괴로움의 소멸로 이끄는 도(道)라는 세간적(lokiya) 진리가 실현되는 순간입니다. 그래서 네 가지 성스러운 진리는 명상하는 수행자의 한 길 몸속에 있다고 말한 것입니다. 다섯 무더기들에 대한 상카라에 대한 평온의 지혜를 얻게 되면 수행자는 명상에 몰입하게 되고 수행자는 감촉과 인식 그리고 몸의 사라짐(cessation)을 경험합니다. 그러므로 문헌에 이르기를

> 닙바나에서 이 몸은 감각과 감각 토대(āyatanas)들과 함께 사라진다. 수행자는 이러한 지멸(止滅, cessation)을 보아야 한다. 이것이 성스러운 도를 통한 열반적정(닙바나의 安隱)의 실현이다.

그러므로 주석서들에

> 이 한 길 몸속에서 괴로움의 진리, 괴로움의 일어남이라는 진리, 괴로움의 소멸이라는 진리 그리고 성스러운 팔정도라는 진리를 발견할 수 있습니다. 그래서 몸은 우주(세계)입니다. 도반이여, 나는 사성제의 실재가 풀이나 나무와 같은 무생물에 있다고 말하지 않습니다. 나는 사대요소로 이뤄진 이 몸에 있다고 말합니다.

괴로움의 진리는 모든 곳에서 증명할 수 있지만 괴로움의 일어남에 관한 진리는 마음의 오염들을 제거할 수 없는 모든 범부들의 성품으로부터 찾을 수 있습니다. 도를 통하기 전에 우리는 자신의 몸을 꿰뚫어 봄으로써 그 원인을 찾을 수 있습니다. 원인의 소멸이라는 진리는 관습적

으로 말해 몇몇의 오염과 무더기들이 남아 있더라도 성자들에서 발견됩니다. 그렇지만 아라한은 오염들이 완전하게 소멸되었기 때문에 소멸은 성취되었다고 말합니다. 성스러운 팔정도의 진리는 도과를 이룬 아라한에게서 발견할 수 있습니다. 이 말은 열반·적정이란 오로지 물질·정신(nāma·rūpa) 그리고 마음부수들이 완전하게 소멸(extinction)되었을 때 가능하다는 의미입니다.

66. 괴로움과 원인(갈애)은 개념화를 통해 일어난다

앞에서 눈과 귀와 코 등의 감각토대들이 형상과 소리와 냄새 등과의 상호작용을 통하여 어떻게 취착하는 무더기가 일어나는지를 보여주었습니다. 이제 나는 마음과 마음의 대상간의 상호작용에 대하여 이야기하겠습니다. 일반적인 말로 취착하는 무더기들을 일어나게 만드는 개념화에 대한 이야기입니다. 이러한 개념화에 대한 반조는 괴로움과 괴로움의 원인에 대한 진리를 드러내 줄 것입니다. 마음을 통해 마음의 토대가 어디에 놓여 있는지를 알 것입니다. 정확하게 말하면 그것은 당신의 심장토대에 있습니다. 마음으로 보려고 하세요. 개념화 과정, 사고의 과정, 의도하는 과정, 욕망의 과정 등은 이러한 세 가지 요인들에 의지하여 일어납니다. 만약 이 과정의 진정한 본성을 알아차리지 못한다면 당신의 몸과 마음토대가 당신 자신이라고 믿게 됩니다. '여기 내가 있다.'라고 당신 자신에게 이야기 합니다. '이 몸은 나의 것이다. 생각하는 것이 나이다. 이것은 내 생각이다. 나는 마음의 대상이다 혹은 그는 마음의 대상이다.' 위와 같은 생각이 머릿속에 떠오릅니다. 하지만 머릿속에서 일어난 생각이나 무슨 생각인지 알려고 노력하는 것은 모두 취착하는 무더기들(upādānakkhandhā)입니다. 이러한 무더기들은 모두 괴로움입니다. 이제 당신은 괴로움의 진리를 보게 될 것입니다. 이러한 취착하는 무더기들은 다음과 같이 구분할 수 있습니다.

ㅡ. 개념화가 시작되는 순간에 마음토대와 마음이 의지하고 있는 몸이 작동하기 시작합니다. 그것들은 물질에 취착하는 무더기들을 이룹니다.

ㅡ. 그때 생각이 일어납니다. 모든 사고와 생각은 취착하는 알음알이의 무더기들(viññānupādānakkhandhā)을 이룹니다.

ㅡ. 그때 느낌이 일어납니다. 일반적으로 즐거움과 괴로움을 느낍니다. 그것들은 취착하는 느낌의 무더기들(vedanupādānakkhandhā)을 이룹니다.

ㅡ. 그때 마음의 대상을 알아차리는 인식이 일어납니다. 그것들은 취착하는 인식의 무더기들(saññupadānakkhandhā)을 이룹니다.

ㅡ. 그때 정신적 상카라들이 일어납니다. 그것들은 정신적 상카라에 취착하는 무더기들(saṇkhārupādānakkhandhā)을 이룹니다.

마지막 언급한 의도를 만들어내는 무더기들은 눈에 잘 띕니다. 어느 곳에서나 그것들을 발견할 수 있습니다. 보고 듣는 등의 행위를 통해 알음알이가 전개되면 사고와 감정들의 형태로 정신적 상카라가 일어납니다. 이것이 즐거운 느낌에 대한 갈망과 취착이 일어나는 과정입니다. 어떤 것을 보고 혹은 어떤 것을 들을 때 좋고 나쁨을 식별합니다. 유익한 것인지 해로운 것인지를 식별합니다. 그것을 즐거운 것이라 판단되면 친근함이 일어나고 좋아하지 않는 것이면 화가 나고, 혐오스럽고 불쾌함이 마음에 일어납니다. 이것 때문에 이기적인 자만심이 자라나 잘못된 사견을 갖게 됩니다. 그때 의심, 질투, 후회와 들뜸이 일어나 당신을 괴롭힙니다. 그러나 한편으로 만약 감각기관에 나타난 대상들을 현명하게 사유하면 믿음과 보시, 마음챙김과 관대함, 친절함과 같은 유익한 마음을 낼 수도 있습니다. 유익한 것이든 그렇지 않은 것이든 이러한 모든 경향들은 상카라들의 무더기들입니다. 앉거나 서거나 혹은 가거나 말을 하고자 할 때에는 이 상카라가 일어납니다. 만약 의도가 유익한 것이라면 유익한 업을 짓고 그렇지 않다면 불선한 업입니다. 이러한 취착하는 상카라들의 무더기들의 세계가 바로 이 세계입니다. 여기는 괴로움의 세계(苦海)입니다.

명상수행을 통해 통찰지가 그러한 궁극적 실재들을 괴로움이라고 꿰뚫지 아니하면 그러한 생각과 사고는 즐거운 느낌을 갖도록 왜곡시킵니다. 그래서 괴로움인 것을 좀 더 갖게 되기를 갈망하게 됩니다. 그들은 자아라는 존재를 생각할 때에 기쁨을 느낍니다. 자신의 번영과 고통을 행복이라고 잘못 받아들입니다. 이런 식으로 마음속에 취착이 자라납니다. 그리고 자신의 욕망을 충족시켜 주기위한 모든 노력을 경주합니다. 욕망에 대한 갈증을 덜어주기 위하여 살생이나 도둑질 혹은 강도 혹은 사기 혹은 모든 범죄를 저지릅니다. 한편으로는 자신들의 미래의 생 혹은 존재의 윤회에서 좋은 공덕을 지어야 한다는 생각에 유익한 행위를 하기도 합니다. 업-상카라들이 자신들이 지은 공덕행이나 공덕이 되지 않는 행위에 따라 일어납니다. 그러다가 죽음의 순간이 오면 업, 업의 표상 혹은 태어날 곳의 표상이 감각기관의 대상으로 나타납니다. 쉽게 말하면 그들의 마음속에 떠오르는 것에 의존해서 다음생의 새로운 몸을 받는 재생연결식이 일어납니다. 태어나서는 새로운 감각토대와 감각기관의 대상들의 상호작용으로 인하여 갈애와 취착을 일으키고 똑같은 괴로움의 윤회가 반복됩니다.

갈애와 취착 그리고 업과 존재 모두를 연결하는 끈은 다름 아닌 괴로움의 진리입니다. 조건지어진 현상들인 이 끈을 평온의 지혜로 끊을 때만이 닙바나의 평화로움이 깃들게 됩니다. 그래서 붓다는 이렇게 설합니다. "마음 그리고 이 마음과 함께하는 인식이 멈추는 곳에 모든 감각토대들(āyatana)의 지멸이 있다. 수행자는 명상을 통해 이것을 알아야만 한다." 이 지멸이 닙바나입니다. 경에 마나(mana)라는 용어가 나오는데 이 뜻을 알아야 합니다. 이 말은 바왕가(bhavaṇga)와 아는 마음(avajjana) 두 가지 모두를 지칭할 때 사용합니다. 바왕가는 반 잠이 들어 꿈을 꿀 때에 일어나는 마음의 상태입니다. 이것은 마음의 지멸을 알아차리기 위하여 지켜보아야만 하는 마음(avajjana)과 같이 중요하지는 않습니다. 경에 담마산냐(dhamma sañña)라는 용어가 나옵니다. 이 말은 감각적 대상에 대한 인식이라는 의미인데 쉽게 말해 일반적으로 우리가 마음이라고 합니다.

그래서 나는 단순하게 이 아는 것을 마음(citta)이라고 설명합니다. 대상을 취하는 마음의 지멸 혹은 마음의 소멸을 성취해야만 한다고 말하고 싶습니다. 마음이란 일반적으로 '대상을 아는 것'이며 '감지하는 것'이 마음입니다. 마음에는 일어남-머묾-사라짐이라는 세 가지 심찰라가 있습니다. 이것들의 멈춤이 곧 모든 상카라들의 완전한 소멸(annihilation)입니다. 모든 상카라들의 완전한 소멸, 거기에 닙바나가 있습니다. 이 담마는 오로지 통찰명상을 통해서만이 실현됩니다. 마음이 닙바나로 기울면, 도과의 마음이 실현될 때, 모든 형태의 알음알이들은 멈춥니다.

67. 세상의 끝에서 닙바나의 보기

이 법문의 세 번째 파트에서 눈의 알음알이를 알아차리면 눈의 토대와 형상에 대한 인식이 사라진다고 하였습니다. 귀의 알음알이를 알아차리면 귀의 토대와 소리에 대한 인식이 사라진다고 하였습니다. 코의 알음알이를 알아차리면 코의 토대와 냄새에 대한 인식이 사라진다고 하였습니다. 혀의 알음알이를 알아차리면 혀의 토대와 맛에 대한 인식이 사라진다고 하였습니다. 몸의 알음알이를 알아차리면 몸의 토대와 감촉에 대한 인식이 사라진다고 하였습니다. 생각을 알아차림하다 보면 그 마음과 생각에 대한 인식이 사라진다고 하였습니다.

육문에서 시각, 청각, 후각, 미각, 촉각 그리고 정신적 인식들의 사라짐 혹은 지멸을 아는 것은 괴로움의 원인의 소멸이라는 진리의 실현을 의미합니다. 이 지멸에 대한 발견은 단지 생각이나 상상으로 실현될 수 없습니다. 오로지 실질적인 정신과 물질을 꿰뚫는 명상을 평온의 지혜까지 닦아나갈 때만이 얻어집니다. 진정으로 이것을 깨달았을 때 모든 조건지어진 현상들은 괴로움이라는 확신을 얻게 됩니다. 또한 괴로움에 대한 갈애는 그 자체가 괴로움이라는 결론에 도달합니다. 갈애하지 않게 되면 더 이상의 새로운 존재는 일어날 수 없습니다. 붓다께서 깨달음을 얻었을 때 '갈애를 정복한 승리자의 만족스러운 말'이라는 이 게송(udāna)을 읊으셨습니다.

수없는 생을 윤회하면서
집짓는 자를 찾으려고 방황하였네.
괴로움은 거듭 거듭 태어나는 것
집짓는 자여, 나는 너를 보았네.
그대 다시는 집을 짓지 못하리.
너의 모든 골재는 무너졌고 서까래 흩어졌기 때문이로다.
마음은 조건지어지지 않음을 얻었고
갈애의 부서짐을 성취하였네.[335)]

335) Anekajāti saṃsāraṃ, sandhāvissaṃ anibbisaṃ Gahakāraṃ gavesanto, dukkhā jati punapunaṃ. Gahakāraka dithosi, puna gehaṃ na kāhasi, Sabbā te Phāsukā bhaggā, gahakūtaṃ visaṇkhataṃ. Visankhāragataṃ, cittaṃ, taṇhānaṃ khayamajjhagā.

여기서 집짓는 자는 말할 필요도 없이 갈애입니다. 윤회 속에서 무더기들의 집을 짓는 갈애. 그렇게 갈애는 만나게 될 모든 불행과 괴로움 가운데 가장 큰 괴로움인 태어남(jāti)을 일으킵니다. 만약 집짓는 자를 발견하지 못하였다면 그는 계속해서 집을 지을 것입니다. 비록 악처에 떨어질 수 있는 경향이 없다고 하여도 갈애는 거기에 집을 짓고 당신을 잡아 가려고 할 것입니다. 만약 바른 깨달음의 지혜를 얻는데 실패한다면 당신은 결코 그를 발견하지 못할 것입니다. 붓다께서 이 지혜를 깨닫기 전에는 돌고 도는 무수한 윤회를 반복해야만 한다고 하였습니다.

미얀마에서 불자라면 탑이나 불상 앞에서 예배를 드릴 때 이 우다나의 두 게송을 전통적으로 외웁니다. 또한 그 의식을 하면서 재가자가 12연기를 순관하고 역관으로 외우는 것은 일반적입니다. 이 법은 붓다께서 깨달음을 얻은 지 칠일이 되는 날 명상하셨습니다. 이 정화의식은 미얀마에서 아네까자띵(anekazatin)이라고 합니다. 이것은 태국이나 스리랑카에서는 유행하지 않습니다.

68. 토대 없음

중요한 것은 닙바나에는 토대(foothold)가 없다는 것입니다. 닙바나에는 장소(location)가 없습니다. 닙바나는 이 한 길의 몸 안에 있다는 이야기는 은유적 표현일 뿐이라고 여러 번 반복하여 강조하였습니다. 의심할 여지없이 괴로움의 진리(dukkha saccā) 그리고 일어남의 진리(samudaya saccā)는 실제적으로 어떤 개인이 직접 통찰하는 것입니다. 도의 진리(magga saccā)는 통찰명상을 하는 수행자 안에 잠재되어 있습니다. 괴로움의 소멸에 대한 진리(nirodha saccā)란 닙바나 그 자체를 의미하는 것으로 도과로 마음이 기울어진 성자의 몸 안에 있습니다. 그러므로 그것은 아라한의 몸에서 언제나 나타난다고 말할 수 있습니다. 그렇다고 이 말이 진짜로 닙바나가 성자(聖者)의 몸속에 유물론적인 관점에서 존재하고 있다는 말이 아닙니다 성자들의 마음속에서 모든 오염들이 제거되었습니다. 이 소멸이 이뤄진 장소를 말하는 것은 단지 상징적인 표현일 뿐입니다. 이것에 대한 설명이 청정도론에 나옵니다. 닙바나에 장소는 없다. 하지만 오염들이 소멸되었다고 말할 때에는 오염들이 위치하고 있던 곳이 설명되어져야만 한다. 그래서 이 장소를 비유적으로 말한 것이다.

일반적으로 눈은 사랑스럽습니다. 그리고 이러한 사랑스러운 눈에 관한 갈애는 소멸되었다라고 말할 때 당신은 실질적으로 그러한 소멸이 일어난 장소를 찾아낼 수 없습니다. 그러므로 단지 닙바나가 일어난(위치하고 있는) 곳을 비유적으로만 이야기할 수 있는 것입니다. 아비담마에도 이것에 관한 설명이 있습니다. 닙바나는 몸과는 전혀 관련이 없다고 명확하게 설명합니다. 닙바나는 몸(bahiddha)과는 관계가 없이 성취되는 것입니다. 그러므로 닙바나에는 거처(residence)가 없고, 거주(머묾, abode)가 없고, 위치(장소, location)가 없습니다.

닙바나에 관한 이 법문을 존경심을 가지고 잘 들은 인연으로 여러분들은 통찰명상을 닦아서 괴로움의 진리를 발견하고 괴로움의 종식인 닙바나를 증득하기를 바랍니다. 사두! 사두! 사두!

제5편. 닙바나의 수승함과 신통력[336)]

지금까지 오염들 때문에 일어난 모든 업-상카라들이 지멸한 상태인 닙바나는 더 이상 새로운 무더기들을 일으킬 수 없음을 주제로 하여 네 시간에 걸쳐 법문을 하였는데 이어서 하겠습니다.

69. 갈애의 소멸

와나(vāna)라는 것은 닙바나에서 파생된 말로 욕계의 존재(慾有, kāmabhava), 색계의 존재(色有, rūpabhava), 무색계의 존재(無色, 有 arūpabhava)를 갈망한다는 뜻입니다. 이것은 감각기관의 대상과 관계된 생각 모두를 즐거움이라고 취합니다. 이것은 하나의 대상에서 다른 대상으로 정기적이나 비정기적으로 혹은 순서에 따라 혹은 역순으로 달라붙습니다. 마치 천을 짜는 직조기의 북과 같습니다. 사실 이 말의 원래 의미는 왕복한다는 뜻입니다. 과거·현재·미래의 존재는 인간의 상상력이 미칠 수 있는 대로 고르지 못한 패턴의 직물을 짜는 것과 같습니다.

닙바나의 목표는 갈애와 집착으로부터 벗어나는 것입니다. 문헌에 '갈애로부터 벗어난 것이 닙바나(Vānato nikkhantanti nibbānaṃ)'라 하였습니다. 다른 주석서에는 '닙바나에 갈애는 없다(naṭṭhi vanaṃ etthati nibbānaṃ)'고 하였습니다. 이러한 모든 문헌들에서 닙바나에는 갈애가 없다는 것을 보여줍니다. 탐욕이나 섹스를 탐닉하는 감각적 갈애는 구분되어야 합니다. 이것은 눈, 귀 등과 같은 감각기관에 기인한 감각적인 즐거움을 사랑하는 것입니다. 다섯 가지 감각적 즐거움이 없으면 지루해

336) 1964年 10月 14日 하신 법문입니다. -역주-

합니다. 물질의 세계에 대한 갈애는 색계의 존재 혹은 무색계의 존재를 좋아합니다. 갈애에 사로잡히면 '존재'는 병이라는 사실을 깨닫지 못합니다. 그래서 존재가 없는 닙바나를 좋아하지 않습니다. 사람들은 닙바나를 갈구하지만 모든 것이 변하고 현재의 상태로는 돌아올 수 없는 닙바나에 들라고 하면 아래와 같은 이야기처럼 머뭇거립니다.

70. 생각 좀 해보겠습니다

한 재가자가 부처님의 성상(聖像) 앞에서 닙바나에 빨리 들게 되기를 기원하고 있었습니다. 이 사람의 기도를 자주 듣게 된 어떤 짓궂은 사람이 성상 뒤에 숨어서 천둥과 같은 소리로 "이제 그대의 기도는 충분하다. 내가 오늘 너를 닙바나에 들도록 해주겠다." 그러자 기도를 하던 사람이 "좋습니다. 훌륭합니다. 그러나 잠시 아내를 만나고 오겠습니다." 이렇게 말한 후 집에 돌아온 그는 아내에게 이 이야기를 하자 "당신은 참으로 운이 좋은 사람이군요. 망설이지 말고 빨리 가보세요."라고 격려합니다. 그러자 순진한 신자는 "나 없이 그대 홀로 집안일을 돌 볼 수 있겠소?"라고 하자 "제 걱정은 하지 말고 그만 가보세요."라고 합니다. 그러자 "당신은 비록 그렇다하더라도 나는 좀 더 생각을 해보아야겠소." 라고 했답니다. 이 이야기가 실제로 있었던 이야기인지는 모르겠지만 현실적인 이야기입니다.

71. 닙바나를 위한 공덕 짓기를 싫어함

비록 통찰명상을 하더라도 공덕을 같이 지어야 닙바나에 보다 가까이 갈 수 있습니다. 하지만 대부분 거의 그렇게 하지를 않습니다. 일반적으로 한 명의 신자에게 명상을 하도록 하려면 엄청난 노력을 기울여야합니다. 빔비사라 왕의 아내인 케마 왕비의 경우를 생각해 보십시오. 비록 왕은 신자가 되었지만 왕비는 결코 붓다를 찾아뵙지 아니하였습니다. 그래서 그녀를 수도원에 데려가려 아주 많은 꾀를 내어야 하였습니다. 그러나 그녀는 (과거의 공덕 때문에) 붓다를 뵙고 담마를 듣는 순간에 아라한이 되었습니다. 또 아나타삔디까(Anāthapindika)의 아들인 깔라(Kāla)의 이야기도 있습니다. 미얀마식으로 하면 마웅 깔라(Maung Kāla)라 부릅니다.

72. 마웅깔라 이야기

백만장자인 아나따삔디까(Anāthapindika)가 라자가하(Rājagaha)에서 무역을 하고 있을 때 붓다에 관한 소문을 들었습니다. 그는 붓다를 방문해 담마를 듣고는 즉시 수다원(sotāpanna)이 되었고 사왓티에 있는 집으로 위대한 스승을 초대하였습니다. 그는 만 냥의 은으로 제따 왕자의 동산을 샀습니다. 수도원을 짓는데 만 냥의 은이 소요된 것입니다. 그리고 헌주의식을 하는데 만 냥의 은이 더 필요하였습니다. 그는 그 수도원을 붓다에게 보시하고 붓다의 제자가 됩니다. 그 후 매일 그는 500명의 수행승들에게 공양을 올렸습니다. 본인도 지계일을 지키고 가족들에게도 그렇게 하라고 권유하였습니다. 그는 수도원을 보시한 대시주(kyaungdagā)가 되었지만 그의 아들인 마웅 깔라는 붓다의 담마(法)에 관심이 없었습니다.

그가 붓다와 담마에 귀의하지 않는 데에는 나름의 충분한 이유가 있었습니다. 그 당시의 사람들은 외도인 뿌라나 깟사빠의 가르침을 따랐습니다. 또한 여러 정령을 숭배하였습니다. 어떤 이들은 범천을 신으로 숭배하였습니다. 붓다를 만나지 아니하였다면 아나타삔디까도 다양한 종교적 종파에 가입하였을 것입니다. 마웅 깔라 역시도 외도의 추종자였습니다. 그러니 종교를 바꾸는 것은 그에게는 편치 않은 일이었던 것입니다.

아버지는 아들의 행복을 생각했습니다. '내 아들은 붓다를 알지 못한다. 그는 법과 승단을 이해하지 못한다. 그래서 붓다가 계신 수도원에 갈 생각이 없다. 그는 담마를 들으려고 하지도 않고, 수행승들을 돌보아주기를 싫어한다. 만약 이렇게 외도로서 죽는다면 그는 무간지옥에 떨어질 것이다. 붓다의 제자인 내 자식이 그렇게 되는 것은 문제가 있다. 내가 살아있는 동안에 아들이 무간지옥에 떨어진다면 최악일 것이다. 사람들은 돈 때문에 마음이 변하니 돈을 주어서라도 수도원에 보내야겠다.' 이렇게 생각한 백만장자는 아들에게 수도원에 가기만 한다면 나머지 수백만의 은을 주겠다고 제안합니다.

아들은 제안을 받아들였지만 담마를 들을 마음이 없었기에 마웅 깔라는 수도원에 도착해서는 잠을 푹 잘 만한 구석으로 갔습니다. 아버지는 아들이 지계일을 지켰다고 믿었기에 돌아온 아들을 잘 먹였습니다. 마웅 깔라는 언제나 돈이 먼저였습니다. 그래서 돈을 먼저 받은 후에 밥을 먹었습니다. 그래서 장자는 다음부터는 담마를 들은 내용을 아버지에게 일러주면 은화 1000냥을 주겠다고 합니다. 그래서 마웅 깔라는 수도원에 가서 붓다의 가르침을 주의 깊게 들었습니다. 스승은 그를 잘 알았습니다. 그래서 기억하기 어려운 법문을 의도적으로 몇 가지를 하였습니다. 아버지와의 약속은 붓다의 가르침 가운데 단 하나의 문구라도 기억해서 다시 말씀드려야 하는 것이므로 이번에는 이해하기 위하여 주의를 다해 들었습니다.

그런데 법을 이해하게 되자 그는 믿음이 생겼습니다. 이러한 심리적 변화를 아시고 붓다는 그가 잘 이해할 수 있는 법문을 하였습니다. 과거에 지은 바라밀(pārami)이 있었기에 마웅 깔라는 즉시 수다원이 되었습니다. 수다원이 되자 그는 붓다의 담마에 대한 확고한 믿음이 생겼습니다. 모든 의심과 사견은 제거되었습니다. 그 특별한 날 그는 일찍 집에 오지 않고 대신에 붓다와 제자들이 있는 사원에 머물렀습니다. 스님들이 장자의 집에 탁발을 하러갈 때 그도 따라갔습니다. 하지만 집이 가까워지자 아버지가 자신에게 부처님 앞에서 은화 1,000냥을 주실까봐 걱정이 되었습니다. 그는 돈 때문에 수도원 갔다는 사실이 밝혀지는 것을 원치 않았기 때문입니다. 부끄럽다는 생각에 휩싸였습니다.

부끄러움에 몸을 둘 바를 몰랐습니다. 그러나 아무 일 없는 것처럼 붓다와 수행승들의 뒤에서 공양을 받았습니다. 자신이 아버지의 눈에 띄지 않도록 주의를 기울였습니다. 그렇지만 아나타삔디까는 아들을 보자 약속하였던 돈을 주면서 이것은 지계일을 지키고 법문을 들은 것에 대한 보상이라고 말했습니다. 그는 아주 수치스러웠고 그 돈을 받으려 하지 않았습니다. 아버지는 부처님에게 모든 사실을 말씀드리고 탐욕에 사로잡혔던 과거와는 달리 오늘은 아들이 행복해 보이는 특별한 날이라고 말했습니다. 그때 붓다께서 "장자여, 이제 당신의 아들은 이 나라의 왕이나 천인 혹은 범천보다도 귀한 수다원이 되었습니다."라고 알려 줍니다.

73. 전륜성왕보다 수승한 예류자

대부분의 사람들은 왕이 되기를 좋아합니다. 비록 그가 어느 집단의 수장이라 하더라도 그렇지요. 왕국은 왕자가 통치하는 공국보다도 좋고 좀 더 큰 왕국은 더더욱 좋을 것입니다. 황제는 힘이 없는 왕보다도 더욱 강력합니다. 군주가 전 대륙을 지배하는 것은 훨씬 강력합니다. 만약 네 개의 전 대륙을 통치하는 전륜성왕(cakkavatti)이라면 이 이상 말할 것이 없습니다. 권위의 상징인 매력적인 바퀴를 굴리며 덕의 아우라(aura)를 빛내면 모든 군주들과 왕들은 그에게 절을 할 것입니다. 그가 지닌 덕성스러움 때문에 모든 그의 신하들은 풍족하고, 단결하며 올바르게 살아갈 것입니다. 그러나 만인의 제왕이 즐기는 호화스러운 삶은 수다원(sotāpanna)이 얻은 적정(寂靜)한 상태와 비교한다면 무의미해서 빛을 잃습니다.

제왕의 행복은 그가 살아있는 동안만 지속됩니다. 만약 그가 세상을 왕의 덕으로 다스린다면 그는 죽어 천상에 태어날 수도 있지만 아무도 그가 닙바나에 들 것인지 사악처에 떨어질 것인지를 확실하게 말할 수 없습니다. 하지만 수다원이 된다면 악처로 떨어지는 모든 미래의 문들은 닫히게 될 것입니다. 그는 천상에 나게 될 것이며 오로지 일곱 번의 생만을 더 받고 아라한이 되어 반열반 이후에는 모든 괴로움의 윤회가 완벽하게 끝이 날 것입니다. 그러므로 붓다는 마웅 깔라(Maung Kāla)의 삶이 만인의 군주의 삶보다도 훌륭하다고 칭찬하신 것입니다.

74. 천인이나 범천보다도 훌륭하다

수다원은 천인이나 범천보다도 고귀합니다. 여섯 천상계 가운데 사대왕천(Catumahārajika)은 가장 아래에 있습니다. 심지어 거기에서도 천인들은 오랫동안 감각적 즐거움을 즐깁니다. 사대왕천의 하루는 인간의 50년에 해당하는데 그 천인들의 수명은 500천상 년으로 인간세계로 환산한다면 9백만 년에 해당합니다. 인간의 수명은 100세이므로 사대왕천의 수명은 인간보다 9만 배가 긴 것입니다. 그들은 수명만이 아니라 모습도 아름답습니다. 그들은 우리가 누리는 행복보다도 더욱 큰 행복을 즐깁니다.

도리천(Tāvatimsā)의 천인들은 사대왕천의 천인들보다도 훌륭합니다. 그들의 수명은 훨씬 길어 인간세로 따지면 3천6백만 년을 삽니다. 야마천(Yāma)의 수명은 도리천의 4배이므로 1억4천4백만 년인데 인간세로 계산하는 것은 위의 방법과 같습니다. 도솔천(Tusitās)은 5억7천6백만 년, 화락천(Nimmānarati)은 23억4백만 년이고 타화자재천(Paranimmitavassavati)은 92억1천6백만 년입니다. 그들의 수명이 얼마나 길든지 간에 그들은 죽어서 사악처에서 벗어나지 못하며 어느 시기에 인간으로 다시 태어나더라도 악한 벗들을 사귀게 되어 악행을 저지릅니다. 그렇게 비범한 그들도 닙바나를 얻지 않는 한 존재의 윤회로부터 벗어날 수가 없습니다. 병이 들고 죽게 마련입니다.

그러나 수다원은 사악처에 떨어지지 않고 닙바나를 얻기 전까지 단지 일곱 번의 생만을 더 받습니다. 범천(Brahmās)은 위의 천신들보다도 훨씬 고귀하고 훌륭하게 살아갑니다. 그들은 다섯 감각적 쾌락에 빠지지 않습니다. 그들 역시 평화로움을 즐깁니다. 그들의 수명은 세상의 1/3 싸이클(겁)부터 8만4천 싸이클(겁)까지 지속되지만 범천들이 죽으면 다시 욕계로 떨어집니다. 욕계에서 불운하게도 우연히 악을 행하고는 다시 악처로 떨어집니다. 그들 역시 욕계에 돌아와서 늙음과 죽음과 같은 괴로움의 윤회를 받게 되었지만 수다원은 기다리는 악처도 없고 일곱 번의 생 이후에는 영원한 닙바나에 들게 됩니다.

75. 범천의 왕보다도 수승하다

범천의 왕이 범부처럼 담마에 기울어지지 않는다면 그는 사악처로부터 벗어날 수 없고 괴로움의 윤회로부터 달아날 수가 없습니다. 수다원은 그러한 것들에 대한 두려움이 없고 닙바나에 들기 전까지 오로지 일곱 번의 생만을 받은 뒤에는 모든 괴로움이 소멸된 닙바나에 들게 됩니다. 내가 마웅깔라의 이야기를 통해 이야기하고자 하는 것은 첫째로 비록 그가 수다원이 되기 위해 필요한 바라밀을 아주 오랜 기간 갖추고 있었다고 하더라도 그는 담마를 잘 들어야만 하였다는 사실과 둘째는 갈애와 닙바나는 상극이라는 사실입니다. 갈애에 휩싸인 사람은 닙바나로 안내하는 어떠한 가르침도 들으려고 하지 않습니다. 또한 나는 일단 닙바나를 증득한 수다원이 되면 고통과 괴로움을 받아야만 하는 생은 최대 일곱 생을 넘지 않는다는 사실을 다시 한 번 일깨워주고자 합니다. 수다원의 마지막은 모든 오염들을 소멸시키는 것이 될 것입니다.

76. 욕계의 중생은 범천의 삶을 싫어하다

욕계의 중생은 이성의 쾌락을 원합니다. 범천은 성(性)이 없으므로 이성과 관련된 감각적 쾌락에 대한 욕망이 일어나지 않습니다. 그들은 그 상태로 아주 행복합니다. 하지만 이성을 좋아하는 욕계중생은 사랑이 없는 범천의 세계를 좋아하지 않습니다. 그는 그 감각적 쾌락이 없는 것을 고통(dukkha)이라고 생각합니다. 범천들(Brahmas)은 먹지 않고 삽니다. 음식이 필요가 없기 때문에 이와 관련한 욕망이 일어날 수 없습니다. 매일 먹을 필요가 없으므로 관련된 많은 골칫거리들도 없습니다. 그래서 이것 자체가 행복이어야 하지만 관능적인 존재들은 맛으로 인한 즐거움을 더 좋아합니다. 그러한 즐거움이 없다면 그것은 그들에게 고통입니다. 감각접촉이 없으면 접촉으로 인한 쾌락을 즐길 수가 없습니다. 하지만 범천의 상태도 접촉으로 인한 욕망이 없으므로 역시 행복합니다. 이러한 성품으로 색계의 선정에 든 자들은 행복을 느끼지만 언제나 감각적 쾌락을 갈구하는 자들에게 그러한 세계는 아주 끔찍합니다. 그러한 관능적 존재들에게 행복이란 없습니다.

77. 색계중생들은 형상이나 몸이 없는 것을 싫어함

무색계에는 마음과 의도와 같은 정신(nāmas)만이 존재합니다. 무색계에는 공무변처(ākāsānañcāyatana), 식무변처(viññanañcāyatana), 무소유처(ākāsānañcāyatana), 비상비비상처(nevasaññānāsaññāyatana)가 있

습니다. 무색계 선정에 자유로운 자들은 물질이 완전하게 존재하지 않는 이러한 네 개의 세계 가운데 어느 곳이라도 갈 수 있습니다. 그들은 물질적 괴로움이 없는 정신세계에서 삽니다. 감각적 욕망(kāma)과 물질에 대한 갈애가 있는 자들은 무색계에 다시 태어나는 것을 좋아하지 않습니다. 하지만 무색계에 살고 있는 자들은 자신들의 정신적 조건에 아주 행복하지만 그들은 막다른 곳에 있습니다. 그들은 붓다의 출현도 모르고 붓다의 깨달음도 알지 못합니다. 물질적인 몸이 없으므로 감각기관도 없습니다. 그래서 가르침을 들을 수도 없습니다. 그래서 그들에게 담마를 가르칠 수 있는 붓다는 없습니다. 그들은 20, 40, 60 혹은 84겁 동안이나 오래 살지만 죽어서는 욕계에 다시 태어날 수도 있습니다. 우리의 보살에게 알라라(ālāra)와 우다까(Udaka)는 첫 번째로 수행법을 가르쳤습니다. 하지만 그들은 붓다께서 깨달음을 얻었을 때 이미 죽어 무색계에 태어났으므로 담마의 빛을 보는 소중한 기회를 잃었습니다. 무색계는 해탈의 도로부터 멀어진 8종류의 존재에 포함됩니다. 만약 범부가 무색계 가운데 하나에 태어난다면 그는 확실하게 도(道)를 놓치게 될 것입니다. 하지만 수다원(sotāpanna)이나 사다함(sakadāgāmi) 혹은 아나함(anāgāmi)이 그곳으로 태어난다면 위빳사나를 닦은 공덕으로 거기서 닙바나를 얻어 아라한이 될 수 있습니다.

78. 닙바나에 갈애가 붙어있을 자리는 없음

무더기들의 완전한 소멸인 무여열반은 어떠한 형태의 갈애와도 같지가 않습니다. 욕계에 대한 갈애, 색계에 대한 갈애 그리고 무색계에 대한 갈애와 같은 것이 없습니다. 무더기들과 상카라들은 무익하다는 진리에 대한 확신이 없는 대다수의 사람들은 아무런 존재의 토대도 남김이 없는 닙바나를 좋아하지 않습니다. 지난번에 나는 '아무런 느낌도 없는 닙바나에 무슨 행복이 있겠어?'라고 불평을 하는 깔루다이(Kāludāyi)의 이야기를 한 적이 있습니다. 그에게 닙바나란 느낌이 없는 괴로움 덩어리입니다. 무더기들과 상카라들에 취착하는 믿음이 없는 자들은 모든 주검들의 최후가 닙바나라고 여기므로 닙바나에 냉소적입니다. 나는 이미 닙바나에는 갈애가 발붙일 곳이 없다고 이야기하였습니다. 하나의 게송을 더 말해 보겠습니다.

> naṭṭhi vānametasmim adhigateti nibbānaṃ
> 닙바나를 얻으면 갈애는 존재 밖으로 사라진다.

79. 괴로움의 소멸이라는 성스러운 진리

초전법륜경에 나오는 괴로움의 소멸에 관한 성스러운 진리는 다음과 같다.

> 그리고 비구들이여, 괴로움의 소멸이란 무엇인가?
> 그것은 바로 갈애의 사라짐, 갈애의 소멸이다.
> 갈애의 포기, 갈애의 놓아버림이다.
> 갈애로부터 벗어남이며 갈애로부터 초연함이다.
> 그래서 비구들이여,
> 이것을 괴로움의 소멸에 관한 성스러운 진리라고 말한다.337)

여기서 갈애는 아라한이 얻은 도를 얻으면 완전하게 소멸됩니다. 갈애가 소멸되면 업의 일어남은 없습니다. 그리고 결과적으로 새로운 존재는 없습니다. 정신(nāma)도 없고 물질(rūpa)도 없습니다. 무더기들

---

337) Katamañca bhikkhave dukkhanirāodho ariyasaccaṃ? Yo tassāyeva taṅhāya asesavirganirodho cago paṭinissaggo mutti anālayo. Ayaṃ vaccati bhikkhave dukkhanirodho ariyasaccaṃ.

(khandhā)은 없습니다. 붓다께서 깨달음을 얻으시고 50일이 되던 날 붓다는 너무 미세하여 쉽게 알 수가 없는 닙바나의 정수에 관하여 명상하였습니다.

> 닙바나는 모든 상카라들이 끝난 곳에 있다. 존재의 모든 토대들이 포기된 곳에 있다. 모든 욕망이 소멸된 곳, 모든 오염들이 소진된 곳 그리고 괴로움의 무더기들이 끝이 난 곳에 존재한다고 확인되었다.338)

80. 네 가지 취착

취착(upadhi)은 존재의 토대입니다. 취착은 즐거움과 고통 혹은 행복과 슬픔의 토대인 몸을 만드는 원인입니다. 여기에는 감각적 욕망에 대한 취착(kāmupadhi), 무더기들에 대한 취착(khandhupadhi), 오염에 대한 취착(kilesupadhi)과 업 지음에 대한 취착(abhisaṇkhārūpadhi) 네 가지가 있습니다. 감각적 욕망에 대한 취착(kāmupadhi)에는 다섯 가지 감각적 쾌락(五慾樂)이 있습니다. 이것들은 질병과 슬픔의 원인이지만 범부들은 그것을 행복과 기쁨을 준다고 생각한다.

무더기들에 대한 취착(Khandhupadhi)은 괴로움을 가져오는 다섯 무더기들과 관련이 있습니다. 그렇지만 범부들이 그것들은 행복의 원천이라고 말합니다. 그들에게 아름다운 광경이나 형상, 듣기 좋은 소리, 달콤한 향과 맛좋은 음식, 부드러운 감촉을 경험하는 것과 기분이 좋은 생각들은 모두 그들에게 즐거움이지만 아라한에게 이러한 것들은 모두 괴로움입니다. 쾌락에 대한 욕구를 충족시키는 것만이 우리가 살아가는 이유인

---

338) Idampi kho thānaṃ duddasaṃ, yadidaṃ sabbasaṇkhārasamatho sabbūpadhipatinissaggo taṅhākhayo vīrāgo nirodho nibbānaṃ.

가요? 매일같이 일을 하면서 때로는 만약을 위해 벌어들인 것을 모아두는데 힘을 기울입니다. 우리는 원하는 욕망을 충족시키려고 하다가 지옥에 갑니다. 때로는 친구들이나 형제자매들과의 싸움으로 종종 좌절합니다. 때로는 재산에 대한 소유욕 때문에 부모·자식 간에 불화가 생깁니다. 사람들은 이렇게 유산 때문에 법정에 섭니다. 이러한 모든 괴로운 인생의 드라마들의 뿌리를 알고 보면 다섯 가지 즐거움에 대한 취착입니다.

모든 괴로움은 정신·물질(nāma·rūpa)에서 유래합니다. 이러한 무더기들의 일어남이 없다면 이것은 괴로움의 종식입니다. 그러므로 무더기들을 무더기들에 대한 취착(khandhupadhi)이라 하는 것입니다. 탐욕(lobha)과 성냄(dosa) 그리고 어리석음(moha)은 기본이 되는 오염들입니다. 그것들은 언제나 모든 윤회에서 괴로움을 만듭니다. 모든 세상에서 살아 움직입니다. 천신이거나 인간이거나 축생이거나 아귀이거나 혹은 지옥이냐에 상관이 없습니다. 그것들은 괴로움을 일어나게 만드는 토대를 형성하므로 오염에 대한 취착(kilesupadhi)이라고 합니다. 유익하고 해로운 업을 짓는 것을 업지음(abhisaṅkhāra)이라 합니다. 보시와 지계 그리고 수행을 하면 천상에 태어납니다. 그때 천인이나 범천이 되어서 우리의 행복이 전형적인 행복이라고 생각할 수 있습니다. 사람들은 유익한 업의 과보를 즐기면서 자신들은 지금 행복을 즐기고 있다고 생각합니다. 하지만 아라한들은 그런 중생들을 괴로움에 빠지게 될 존재로 봅니다. 왜냐하면 자신이 지은 선업이 다하면 자신들이 지은 업(abhisaṅkhāra) 때문에 다음 목적지인 악처에 태어나게 될 것이기 때문입니다. 그러므로 업의 상카라들(kamma-formations)을 업지음에 대한 취착(abhisaṇkhārūpadhi)이라고 합니다. 닙바나에는 모든 이러한 네 가지 취착 혹은 존재의 토대가 완전하게 소멸됩니다.

81. 께왓따경에서 설명하는 소멸

12연기에 무명이 소멸되면 상카라가 소멸되고 상카라가 소멸되면 재생연결과정을 일으키고 새로운 존재를 일으키는 알음알이가 소멸된다고 하였습니다. 그러므로 주석서들에서는 닙바나와 같은 말로 소멸 혹은 자유라는 용어를 사용합니다. 하지만 여기서는 닙바나는 갈애의 소멸 혹은 갈애로부터의 자유 혹은 탐욕으로부터의 자유라는 말로 충분합니다. 지금부터 장부 계온품(Silakkhadha)의 께왓따(Kevaṭṭa)경을 설명하겠습니다.

Viññāṇaṃ anidassanaṃ, anantaṃ sabbatopabhaṃ; Ettha āpo ca pathavī, tejo vāyo na gādhati. Ettha dīghañca rassañca, aṇuṃ thūlaṃ subhasubhaṃ; Ettha nāmañca rūpañca, asesaṃ uparujjhati; Viññāṇassa nirodhena, etthetaṃ uparujjhatī'ti[339)]

[열반은]알음알이로는 볼 수가 없고[340)]
헤아릴 수도 없으며, 모든 곳으로부터 빛이 난다.[341)]

---

339) 이 빠알리의 번역은 원어의 의미를 그대로 직역하였다. 한편 각묵스님(디가 니까야1, pp.558~pp.559)은 주석서를 참고하여 의역을 하고 그 이유를 각주에서 설명하였다. 이것과 본문의 마하시 사야도의 설명 그리고 역자의 직역을 비교해 가며 읽으면 도움이 될 것이다. -역주-

340) Viññāṇaṃ은 주석서에서 '알아져야 하는 것이라고 해서 윈냐나라고 한다. 이것은 열반의 [다른] 이름이다(tattha viññātabbanti viññāṇaṃ nibbānassetaṃ nāmaṃ).'(DA.ii.393)라고 설명한다. 여기에 대해 복주서는 다음과 같이 더 분명하게 밝히고 있다. '알아져야 하는 것이란 특별하게 알아져야 하는 것이다. 최상의 지혜인 성스러운 도의 지혜(ariyamaggañāṇa)로 바로 눈앞에서 알아져야 한다는 뜻이다. 그래서 '이것은 열반의 [다른] 이름이다.'라고 하였다.'(DAT.i.512) 즉 여기서 윈냐나는 일반적으로 알음알이라고 옮기는 윈냐나가 아니라 도의 지혜로 특별하게 알아져야 하는 것, 즉 '열반'으로 이해하여야 한다는 것이다. 그래서 각묵스님은 이것은 '[열반이라는] 특별한 경지'라고 의역하였다. 디가니까야1, 각묵스님 옮김, 초불, pp.558 각주 592) -역주-

> 여기에는342) 물과 땅과 불과 바람이 발붙일 토대가 없다. 여기서 길고 짧고 미세하고 크고 아름답고 더러운 것과 정신과 물질은 남김이 없이 소멸한다. 알음알이가 소멸하면343) 여기에서 소멸한다.

정말로 육안(肉眼)으로는 닙바나를 볼 수 없습니다. 오로지 도의 지혜

---

341) '모든 곳으로부터 [도달하게 되는] 성소의 계단을 가졌다.'로 각묵스님은 번역하고 그 이유를 다음과 같이 다음과 같이 설명한다. : sabbatopabhaṃ에서 pabhā는 일반적으로 '빛, 광명'의 뜻을 가졌다. 그래서 '모든 곳에서 빛이 난다.'라고 옮길 수도 있다. 그러나 석연치 않다. 주석서에서는 여기서 pabhā를 papā(물)이라고 설명한다. 그래서 물을 가진 것이라고 해석해서 '성소(聖所)의 계단(tittha)'이라고 간주한다. 그리고 sabbatopabhaṃ을 '모든 곳에서 이러한 성소의 계단을 가진 것(sabbato pabham assā ti, 바후워르히 합성어)'으로 풀이해서 열반을 수식하는 형용사로 간주한다. 그래서 다음과 같이 덧붙이고 있다. '열반이라는 큰 바다에 들어가고자 하는(otaritukāmā) 자들을 위해서 성소의 계단(tittha)이 있다. 성소의 계단이 없다는 것은 옳지 않다. 그와 마찬가지로 38가지 명상주제들 가운데 어떤 특정한 입구를 통해서 열반에 들어가고자 하나니 그것이 바로 성소의 계단이다. 열반에 이르는 성소의 계단이 없다는 것은 옳지 않다.'(DA.ii.393) 즉 여기서 38가지 명상주제는 성소의 계단이요 열반은 이러한 계단을 가졌다고 설명하는 것이다. 한편 명상주제는 '청정도론'에서는 40가지로 정리되어 설명되어 있는데 주석서에서는 여기서처럼 38가지로 언급이 되기도 한다. 이것은 해탈도론이 38가지 명상주제를 언급하고 있는 것과 무관하지 않다. 전게서, pp.558~559. 각주 593) -역주-

342) '여기서(ettha)'란 '이 열반에서'라는 말이다.(DAT.i.513) 전게서 p.559. 각주 594) -역주-

343) 주석서에서는 '여기서 알음알이란 [아라한의] 마지막(carimaka) 알음알이와 업을 짓는(abhisaṅkhāra) 알음알이이다.'(DA.ii.393~394)라고 설명한다. 복주서에서는 '[아라한의] 마지막 마음이란 아라한의 죽음의 마음(cuticitta)과 동의어이고, 업을 짓는 알음알이란 것도 유여열반이라는 표현을 사용하여 [궁극적으로는] 무여열반을 말하는데 여기에 이르러 [알음알이가 소멸하면] 정신과 물질이 남김이 없이 소멸하기 때문이다.'(DAT.i.513)라고 덧붙이고 있다.' 달리 말하자면 여기서는 무여열반과 유여열반 둘 다를 뜻한다는 말이다. 첫째 무여열반의 측면에서, 아라한의 마지막 마음인 죽음의 마음이 멸하면 당연히 정신과 물질(名色)은 완전히 소멸한다. 둘째 유여열반의 측면에서, 업을 짓는 마음이 소멸하면 아라한의 단지 작용만 하는 마음만 일어나는데 이렇게 되면 시작점을 모르는 윤회가 금생으로서 끝이 나기 때문에 정신과 물질이 여기서 완전히 소멸한다는 뜻이다. 전게서, P.559. 각주 595 -역주-

혹은 지혜의 눈을 통해서만이 볼 수 있습니다. 그러므로 다른 것과 비교할 수가 없습니다. 시작도 알 수 없고 끝도 알 수 없습니다. 그리고 일어남도 알 수 없고 사라짐도 알 수 없습니다. 여기서 닙바나가 일어나고 저기에서 닙바나가 멸한다고 말할 수 없습니다. 땅의 요소의 일어남 혹은 그 현상의 끝남을 발견할 수 없다면 상카라들의 완전한 소멸이라고 말할 수 있겠습니까? 닙바나는 오염되지 않은 청정함입니다. 갈애와 탐욕, 성냄과 어리석음은 함께하는 마음과 마음부수인 정신을 오염시킵니다. 유익한 업도 오염시킵니다.

하지만 닙바나에는 그러한 오염이 일어날 수가 없습니다. 그러므로 닙바나의 청정을 표현하기 위하여 밝고 깨끗하다고 말합니다. 이러한 상징적 언어 때문에 닙바나는 빛이라고 하는 말이 나왔습니다. 하지만 빛은 감각토대와 대상과의 접촉에서 만들어진 결과이며 물질입니다. 그러나 닙바나에는 물질이 없습니다. 닙바나가 빛이라는 표현은 그래서 붓다의 가르침에 어긋납니다.

위의 경에서 '모든 것으로부터 빛이 난다(sabbatopabhaṃ)'는 말은 수행(kammatthāna)을 통해 도달 가능한 목적지가 닙바나임을 강조하는 말입니다. 청정도론과 아비담마에 의하면 40가지 명상주제가 있습니다. 주석서에는 빛의 까시나(āloka kasina)와 허공의 까시나(ākāsa kasina)를 제외한 38가지만 나옵니다. 문자적으로 까시나는 전체 그리고 완전함을 의미합니다. 까시나(표상)는 수행자의 개념화된 이미지로써 빛인데 이 빛은 제한 없이 완전하게 모든 곳으로 확장할 수 있습니다. 혹은 다른 말로 어떤 개념을 상상하는 명상의 수단이 됩니다. 그러므로 빛의 까시나는 일반적으로 '빛이라는 도구' 그리고 허공의 까시나는 '허공이라는 도구'라는 말입니다. 이러한 명상 대상들 가운데 하나를 취하여 닦아 나가면 닙바나는 실현할 수 있다는 말입니다. 만약 바다에 가고 싶다면 해변으로 가야만 합니다. 호수에서 목욕을 하고 싶다면 호수 주변의 어느 한 곳으로 가야만 물에 들어갈 수 있습니다. 마찬가지로 닙바나에 들기를 원한다면 앞에 나온 38가지 수행주제 가운데 어떤 것을 가지고도 할 수 있습니다. 하지만 이러한 사마타만으로는 목적지에 도달할 수 없습니다. 사마타를 닦은 후에는 통찰명상(위빳사나)을 닦아야 합니다. 위빳사나만으로 도과를 실현하고 닙바나에 대한 갈망이 커지면 (출세간 과선정-역자)선정에 들 수 있습니다.

옛날에 한 젊은 수행승이 이를 닦을 나뭇가지를 찾으려고 사미와 함께 숲에 들어갔습니다. 사미는 길에서 시체를 발견합니다. 그는 자리에 앉아 즉시 그 시체에 대한 명상을 통해 초선정을 얻었습니다. 그는 무더기들의 일어남과 사라짐에 관한 명상을 통해 도과의 두 번째, 세 번째 단계를 얻기 위하여 하나하나씩 다시 명상을 시작합니다. 그는 사선정을 얻은 후 아라한 도를 얻으려고 정진하고 있었는데, 그 선배스님이 부르는 소리를 들었습니다. 그는 선정에서 나와서 그 시체를 보여주었습니다. 그 스님도 즉시 아나함의 단계까지 명상을 해나갔습니다. 이 수행승과 사미는 위빳사나에 아주 능숙하였던 것으로 보입니다. 그러니까 아나함이 되었겠지요. 이렇게 38가지 명상주제 가운데 어느 것을 통해서도 도과를 얻을 수 있음을 이 경은 보여줍니다.

82. 기적에 대하여

지금부터 붓다께서 왜 께왓따(Kevaṭṭa)경을 가르치셨는지 그 이유를 설명하겠습니다. 어느 때 께왓따는 부처님께 와서는 수행승들이 신통력과 기적을 행하도록(pātihāriya) 허락을 구하였습니다. “이 나란다 시는 부유하고 번창하여 사람들은 세존께 귀의하고 있습니다. 하지만 수행자들에게 2주에 한 번이나 한 달에 한번 신통의 기적(pātihāriya)을 행하라고 하신다면 그들의 믿음은 더욱 증장할 것입니다."라고 께왓따가 말하지만 부처님은 거절합니다. 그럼에도 께왓따는 신통력을 보이면 신자들의 붓다에 대한 신심이 더욱 커질 것이라며 세 번이나 거듭 청합니다. 이에 붓다는 신통력을 보여줄 때 예상되는 문제를 보시고 다음과 같이 '세 가지 신통에 대한 법문'을 하셨습니다.

83. 신통력

기적은 보다 높은 염력에 대한 지혜(iddhividha abhiññā)를 가지고 많은 형태와 모습들을 창출해 낼 수 있습니다. 경에 이르기를 '하나가 여럿으로 나투기도 하고, 여럿이 하나가 되기도 합니다. 나타났다 사라졌다 하고, 벽이나 담이나 산을 아무런 장애가 없이 통과하기를 마치 허공처럼 합니다. 땅에서도 떠올랐다 잠겼다 하기를 물속에서처럼 합니다. 물위에서 빠지지 않고 걸어가기를 땅위에서 하듯이 합니다. 가부좌한 채 허공을 날아가기를 날개달린 새처럼 합니다. 저 막강하고 위력적인 태양과 달을 손으로 만져 쓰다듬기도 하며, 심지어는 저 멀리 범천의 세상까지도 몸의 자유자재함을 발한다.' 하였습니다. 부처님께서 앙굴리말라가 쫓아올 때 작은 땅을 아주 넓게 펼치셨고, 조그만 돌로 언덕을 만들어 그 살인자를 기진맥진하게 만들었습니다. 부처님은 걸어가지만 자기는 아주 먼 거리를 달려야만 하였기 때문입니다. 마침내 그가 외쳤습니다. "스님, 나도 섰으니 그만 멈추시오!" 그러자 부처님은 "앙굴리말라여! 나는 서있는데 달리고 있는 것은 그대가 아닌가?"라고 하셨습니다. 앙굴리말라는 이 말을 듣고 혼란스러웠습니다. 사실 그는 지금까지 다른 길을 돌고 돈 것이었습니다. 앙굴리말라가 그것이 무슨 소리냐고 하자 "앙굴리말라여! 나는 오염들을 버려서 존재의 윤회를 끝을 내었다. 그러나 그대는 아직 오염을 뒤따르니 윤회의 소용돌이 속에서 돌고 도는 것이다." 앙굴리말라는 그 말을 듣는 즉시 지혜의 빛을 보았고 붓다의 교단에 들어가고 싶다고 합니다. 부처님은 "오라! 비구여!"라고 하시며 승낙을 하시는 그 살인자는 비구가 되었습니다. 여기서 가까운 것을 멀리 있는 것으로 보이게 한 것은 불가사의한 신통(iddhi) 가운데 하나입니다. 마하목갈라나는 구두쇠 꼬시야(Kosiya)를 교화시키기 위하여 초능력으로 라자가하의 삭까라(Sakkara) 마을로부터 제따와나 수도원까지 그와 그의 부인을 데려왔습니다. 그는 수도원의 정문을 그 부유한 자의 저택 앞으로 가져오는 기적을 행하였습니다. 이 경우는 멀리 있는 것을 가까이 나투는 능력이 됩니다.

84. 마법의 힘

이러한 기적은 신앙심을 고취시키는 데 의심할 여지도 없이 효과가 클 것입니다. 하지만 믿음이 없는 자들은 "간다라(Gandhāra) 지방에는 신기한 모습과 이미지를 나투는 마술사들이 있습니다. 당신의 스승도 간다라와 비슷한 마술에 능통하군요."라고 말하며 믿지 않을 수 있었습니다. 사실 붓다는 실제로 께왓따에게 그렇게 질문합니다. 그러자 께왓따도 이런 가능성을 받아들입니다. 이것은 좋은 가르침이 아닙니다. 그러한 신통력을 나투는 것은 다른 어려움을 겪게 만듭니다. 만약 그러한 신통력을 보고 마음으로부터 우러나서 어떤 이가 비구에게 보시를 하였다면 이것은 바른 생계(sammā ajiva sila)라는 계를 어기는 것이 됩니다. 만약 신통을 허락한다면 신자들은 기적을 보여주지 않는 수행자보다는 기적을 행할 수 있는 자에게 더 기울어지게 될 것입니다. 이 경우 기적을 행하는 자의 계는 약해지고 깨어지게 될 것입니다. 이것은 해로운 것입니다. 그리고 어떤 수행자는 아라한이 되었지만 기적을 행하지 못할 수도 있습니다. 그러면 재가자의 믿음과 헌신이 약해질 것입니다. 이것은 교법(sāsanā)의 번영에 좋지 않은 영향을 끼칠 것입니다. 만약 그렇다면 신통을 행한 수행승은 책임을 져야 할 것이며 해로운 행위를 하게 된 것이니 결국 이것은 그에게 좋은 일이 아닐 것입니다. 삔돌라라는 법납이 높은 비구가 마하 목갈라나의 제안으로 전단향으로 만든 발우를 손에 넣는 기적을 행하였을 때 부처님은 승가에 그러한 기적을 일으키는 것을 금지하셨습니다.

85. 타심통

타심통(cetopariya abhiññā)은 다른 사람의 마음을 아는 지혜입니다. 다른 이의 마음을 아는 것 자체가 기적이지요. 어느 때 부처님께서 우루웰라 깟사빠(Uruvela Kassapa)가 우두머리로 있던 이교도들을 개종시킨 적이 있습니다. 그 이교도의 수장이 어느 날 부처님을 축제에 초대합니다. 그렇지만 부처님은 그 약속한 축제일에 참석하지 않고 다른 날 방문합니다. 그 이유를 묻자 "그 축제에 나를 초대한 당신의 의도가 바르지 않았기에 오지 않는 것이 좋다고 생각하였소. 만약 내가 신통을 보였다면 더욱 많은 사람들이 나에게 왔을 것이오."라고 답합니다. 그러자 깟사빠는 부처님이 다른 사람의 마음을 읽을 수 있는 가장 강한 분이라고 생각이 들자 부처님에 대한 믿음이 생겼습니다. 부처님은 타심통으로 그를 교화한 것입니다.

부처님께서 릿차위(Lacchavi) 부족의 한 수행승인 수낙캇따(Sunakkhatta)와 함께 웃따라까(Uttaraka)마을로 탁발을 나간 적이 있습니다. 수낙캇따는 도중에 개의 행동을 흉내 내는 이교도 꼬락캇띠야(Korakkhattiya)를 보았습니다. 수낙캇따도 전생에서 그와 같은 수행을 하였으므로 그를 보자 친근감이 들었습니다. 이때 부처님은 그를 불러 다음과 같이 질책하였다. "그대가 불교수행자라니 참으로 놀랍구나." 이렇게 깔보는 듯한 말씀을 듣자 속에서 은근히 반항심이 올라와 그 이유를 여쭈었습니다. "수낙캇따여! 너의 마음속에는 개의 흉내를 내는 자를 존경하고 있구나. 개처럼 먹는 이교도를 존경하는 것은 잘못된 일이다." 라고 호되게 꾸짖습니다. 이것도 타심통으로 제자들을 질책하시는 경우입니다. 이러한 타심통은 경외하는 마음을 일으키고 신자로 하여금 보다 깊은 믿음을 일으킬 수도 있습니다. 하지만 손실도 있습니다. '믿음이 있는 자들은 찬탄을 하겠지만 의심하는 자들은 이 사람은 마니까 주문(manika mantra)에 능한 사람들이 사용하는 마술을 부렸다고 생각할 것이다.'라고 부처님은 말씀하셨습니다. 이 말씀은 비방을 받을만한 어떠한 원인도 제공하지 말라는 뜻입니다. 비난을 들을 원인을 제공하지 말라는 의미에도 신통(patihāriya)을 금지한 것입니다.

86. 율법의 힘

담마를 전파하는데 붓다는 신통력보다는 당신의 교법의 힘에 더욱 의지하였습니다. 제자들을 가르칠 때에도 언제나 바르게 사유하도록 하였습니다. 붓다는 현상들을 알아차리고 지켜보라고 항상 강조합니다. 그의 가르침은 선을 행하고 악을 멀리하라는 것입니다. 가르치는 방법은 완벽합니다. 이 가르침에 따라 수행하는 자는 누구라도 도과를 실현할 때까지 지계와 마음챙김 그리고 지혜에 능숙하게 됩니다. 신통력은 남을 설득시키는 유력한 수단이지만 붓다의 가르침에서 가장 중요한 마음의 오염을 소멸시킬 수는 없습니다. 붓다는 네 가지 근본 요소들의 소멸을 구하는 한 수행자의 이야기를 들려주었습니다.

87. 소멸은 어디에서 일어나는가?

한 수행자가 지수화풍이라는 네 가지 근본요소들이 하나도 남김이 없이 완전하게 소멸되는 곳을 알기 원하였습니다. 그는 염력을 사용하는 신통력(iddhivida abhiññā)이 있었습니다. 그는 신통력으로 욕계의 여섯 하늘에 가서 답을 구하였습니다. 그러자 사천왕천, 도리천, 야마천, 도솔천, 화락천, 타화자재천에 있는 모든 천인들은 위대한 범천을 찾아가 물어보라고 합니다.

그래서 위대한 범천을 찾아간 그는 사대요소가 소멸되는 곳이 어디인지를 물었습니다. "오 수행승이여! 나는 위대하다. 나는 전능하다. 나를 능가하는 자는 없다. 나는 모든 것을 본다. 나의 의지대로 모든 것은 만들어진다. 나는 세상의 주인이다. 나는 지구와 모든 거주자들을 창조하였다. 나는 창조주이다. 나는 현재 태어나는 모든 중생들의 아버지이다. 그리고 미래에 태어나게 될 모든 중생들의 아버지이다."

범망경(Brahmajāla)에는 이렇게 창조에 관한 내용이 나오는데 이에 따르면 태초에 어느 범천이 범천(Brahmās)의 세계에 태어났습니다. 그때 그는 혼자였습니다. 외롭고 우울해지자 그는 친구가 있으면 좋겠다고 생각하였습니다. 이때 지구에서 선정을 닦아 선정을 얻은 몇몇 사람들이 위대한 범천의 세계에 태어났습니다. 새로 태어난 천인들은 그 범천보다 강력하지 못하였습니다. 그래서 그는 자신의 원에 따라 이들이 태어난 것이라고 생각합니다. 세월이 흘러 새로 태어난 이들이 죽습니다. 하지만 그 범천은 여전히 살아있습니다. 그러자 다른 범천들이 그를 창조주라고 생각하기 시작했습니다.

하지만 위에 나온 수행자는 대범천(Brahmā)이 진짜로 우주를 창조하였는지 그렇지 않은지를 묻지는 않고 다만 사대요소들의 끝을 만날 수 있는 곳이 어디인지만 알고 싶어 하였습니다. 그래서 그는 질문을 계속합니다. 그러나 대범천은 자신이 창조주라는 말만을 반복합니다. 그래도 끈질기게 계속 질문을 하자 자기는 그것에 대하여 모른다고 진실을 말할 수밖에 없었습니다. 대범천은 다른 이들이 자신의 무지를 알게 되는 것을 원치 않았습니다. 왜냐하면 전지전능하다는 자신의 명성이 땅에 떨어지는 것을 원치 않았기 때문이었습니다. "오 수행승이여! 나는 요소들의 소멸에 대하여 아는 것이 없다. 그대는 나를 잘못 찾아왔다. 그러나 당신이 붓다를 만난다면 답을 얻게 될 것이다. 그러니 붓다를 찾아가라!" 라고 말합니다.

수행승은 곧바로 붓다를 찾아가 묻습니다. "세존이시여! 사대요소들이 어떠한 찌꺼기도 남기지 않고 소멸되는 곳은 어디입니까?" 붓다는 그 수행승을 바다에 떠있는 배 위에 앉아있던 새가 육지를 찾아 날아가는 비유를 듭니다. 새는 육지를 찾지 못하면 배로 다시 돌아옵니다. "그대는 그 질문을 멈춰서는 안 된다."고 붓다가 말했습니다. "그대의 질문은 마치 사대 요소들의 소멸이 일어나는 곳이 몸 밖의 어떤 특별한 장소가 있다는 것처럼 들린다. 그러나 그러한 곳은 없다. 그대는 지수화풍이라는 사대요소가 발붙일 토대를 잃는 곳이 어디인지를 물어야만 한다. 어디에서 그것들의 존재가 사라지는지 질문해야 한다. 마찬가지로 길고 짧음, 크고 작음, 선과 악은 어디에서 발붙일 곳을 잃게 되는지 물어야 한다. 또한 정신과 물질은 어디에서 어떠한 흔적도 남기지 않고 완전하게 소멸되는지 물어야 한다. 이렇게 묻는다면 답을 얻게 될 것이다."

그리고는 앞에서 설명하였던 "viññānaṃ anidassanaṃ, anantaṃ sabbatopabhaṃ,"으로 시작하는 게송(gāthā)을 읊으셨습니다. 닙바나에는 정신과 물질 그리고 사대요소가 발붙일 곳이 없습니다. 그러므로 닙바나에 그것들은 존재하지 않습니다. 지금까지 나는 갈애(taṅhā)의 세계로부터 해탈하기 시작하는 순간부터 모든 상카라들의 소멸에 이르기까지 닙바나의 속성에 대하여 말해야 하는 것은 모두 설명하였다고 생각합니다.

닙바나에 대한 이 법문을 존경심을 가지고 주의를 기울여 듣는 모든 이들이 모든 갈애를 버리고 모든 상카라들이 소멸된 닙바나로 인도하는 도과를 얻게 되기를 바랍니다.

사두! 사두! 사두!

제6편. 마하빠자빠띠의 생애를 통해 본 닙바나의 성품344)

오늘 보름을 맞아 많은 대중들이 모였습니다. 그래서 이에 적합한 설법을 하고자 합니다. 미얀마에서 대부분의 불자들은 마하 빠자빠띠 고따미 장로니의 삶과 죽음을 알고 있습니다. 오늘은 그녀의 생애를 통해 닙바나의 성품을 밝혀보겠습니다.

닙바나는 오염, 업, 과보와 정신·물질이라는 무더기들의 소멸입니다. 이것에 대해서는 여러 번 이야기하였으므로 이해할 것이라 생각합니다. 그러나 닙바나는 소멸이라고 하니까 그것은 '아무것도 아님=notingness'을 뜻한다고 생각하기 쉽습니다. 사실 닙바나는 궁극적 실제(眞諦)입니다. 그 실재를 부정하면 오염, 업, 과보와 무더기들만 남게 될 것이라는 것과 아무도 윤회에서 벗어나지 못할 것입니다. 이 윤회에서 우리는 실제로 벗어날 수 있습니다. 중도를 부지런히 닦으면 됩니다. 아라한들은 죽음의 마음이 일어난 직후에 반열반에 듭니다. 이것이 바로 닙바나의 행복을 실질적으로 얻은 증거입니다. 암은 약이 없기 때문에 치유할 수 없다고 생각합니다. 하지만 다른 많은 병들은 치유가 가능합니다. 그러한 치유가 사실인 것처럼 오염에 물든 것을 완벽하게 치유하는 것도 사실입니다. 치유가 되는 즉시 닙바나의 행복을 얻게 됩니다.

88. 닙바나의 평화로움은 진짜

닙바나의 평화로움은 진짜라는 것을 붓다는 다음과 같이 보여줍니다.

344) 1964年 10月 21日 하신 법문입니다.-역주-

> **비구들이여, 태어난 것이 아니고, 되어진 것이 아니며, 만들어진 것이 아니고, 형성되지 아니한 것이 있다. 비구들이여, 태어난 것이 아니고, 되어진 것이 아니며, 만들어진 것이 아니고, 형성되지 아니한 것이 없다면, 이 세상에서 태어나고, 되어지고, 만들어지고, 형성되는 것으로부터의 여읨은 알려질 수 없을 것이다. 그러나 정말로 비구들이여, 태어난 것이 아니고, 되어진 것이 아니며, 만들어진 것이 아니고, 형성되지 아니한 것이 있다. 그러므로 태어나고, 되어지고, 만들어지고, 형성되는 것으로부터의 여읨이 알려진다.**

지금부터 마하 빠자빠띠 고따미(Mahā Pajāpati Gotami) 장로니가 성취한 괴로움의 윤회를 끝낸 그녀의 무여열반에 관한 이야기를 하겠습니다.

89. 마하 빠자빠띠 고따미(Mahā Pajāpati Gotamā)

붓다의 어머니는 마하 마야(Kapilavatthu) 데위(devi)였습니다. 그녀의 동생이 마하 빠자빠띠 고따미입니다. 둘은 까삘라왓투(Kapilavatthu) 근처에 있는 데와닷하 안자나(Devadaha Añjana) 왕의 딸들이었습니다. 까삘라왓투의 숫도다나(Suddhodana) 왕은 이 두 자매와 결혼했습니다. 왕실의 점성술사는 두 왕비의 아들들이 전륜성왕이 될 것이라고 예언하였습니다.

고대인들의 평균수명은 100세였다고 합니다. 인생을 설명하기 위하여 이 100년을 셋으로 나누고 다시 그 기간을 셋으로 나눌 수 있습니다. 붓다의 어머니가 아들을 낳은 것은 두 번째 구간의 마지막 시기로 내가 계산해보니 마하 마야는 아들 싯다르타를 56세에 낳았습니다. 오늘날의 기준으로 보면 불가능한 일이지만 그 당시의 수명을 고려한다면 이 나이는 타당해 보입니다. 나중에 붓다가 되는 왕자를 낳은 지 7일 만에 친어머니는 죽어 뚜시따(Tusitā) 하늘에 태어납니다. 마하 빠자빠띠 고따미(Mahā Pajāpati Gotami)는 마야부인의 동생으로 54세였고 난다 왕자를 낳았습니다. 그녀는 자신의 아들과 언니의 아들을 모두 길렀지만 친아들은 유모가 키우고 언니의 아들에게는 직접 젖을 먹여 키웠습니다. 그것 때문에 미얀마 불자들은 부처님은 양모에게 큰 빚을 졌다고 말합니다.

싯다르타 왕자는 16살이 되자 데와다하(Devadaha) 지역의 숩빠붓다(Suppabuddha) 국왕의 딸인 야소다라(Yasodharā) 공주와 결혼합니다. 왕족으로 온갖 부유함 속에서 생활에 역정을 느끼게 될 때까지 온갖 삶을 즐겼습니다. 29세가 되자 속세를 버리고 출가하며 6년간 고행을 하였지만 진리와 깨달음을 얻지 못해서 고행을 그만두었습니다. 그리고는 중도(majjhimapatipadā)를 닦아 35세가 되던 해의 5월경, 까손(Kason)의 보름날 깨달음을 얻었습니다.

붓다가 된 후 그는 안거(Wāso) 보름날(약 7월경)에 녹야원(Isipatana)의 오비구를 찾아가서는 초전법륜경(Dhammacakkapavattana sutta)을 설합니다. 그 가운데 꼰단냐(Kondañña)는 법을 듣는 바로 그 날 수다원이 되고 다른 이는 각자 2일차, 3일차, 4일차, 그리고 5일차에 각각 수다원이 됩니다. 안거의 하현 5일째 되던 날 붓다는 무아의 특징경(Anatta Lakkhana sutta)을 가르치고 다섯 명 모두는 아라한이 됩니다. 첫 번째 안거 때 야사(Yasa)를 우두머리로 하는 55명의 수행승들이 아라한이 됩니다. 첫 번째 수행기간이 끝날 무렵 붓다의 주위에는 모두 60명의 아라한들이 모이게 되었고 그들은 담마를 전하러 전국으로 흩어지게 됩니다. 붓다 자신도 우루웰라 깟사빠(Uruvela Kassapa)의 제자였던 1,000명을 수행자로 교화시킵니다. 그들 모두는 아라한들이 되었고 붓다와 함께 라자가하(Rājagaha)로 함께 갑니다.

첫 번째 환영 집회 때 빔비사라왕과 그의 부하들 110,000명이 모였는데 이때 붓다는 성스러운 네 가지 진리를 가르쳤습니다. 깨달음을 얻은 왕은 라자가하(Rājagaha)와 깃자꾸따(Gijjhakuta) 언덕 근처에 담마를 가르치며 거주할 수 있도록 웰루와나(Veluvana) 수도원을 지어서 그 깨친 이들을 머물도록 하였습니다. 숫도다나 왕은 이 소식을 듣고 1,000명의 부하들을 거느리고 있는 10명의 대신들을 아드님이신 붓다에게 보내 까삘라왓투(Kapilavatthu)로 돌아오시라는 사자를 보냅니다. 하지만 이 사자들은 붓다의 가르침 아래 모두 계를 받아 돌아온 사람이 아무도 없었습니다. 그러자 왕은 마지막으로 깔루다이(Kāludāyi)에게 여름의 아름다움을 60개의 문장으로 지어 붓다에게 읽어주라고 또 사신을 보냅니다. 일반적으로 여름은 여행하기가 가장 좋은 계절이었기 때문입니다. 나는 이 가운데 헌신에 관한 구절로 암송될 수 있는 문장을 여러분께 들려드리겠습니다.

나뭇잎을 떨구었던 나무들이
이제는 다시 무수한 잎들로 숲이 온통 물들었네.
위대한 분이시여,
이제 당신은 고향으로 돌아올 시간이 되었습니다.
계절은 춥지도 않고 덥지도 않습니다.
푸른 풀의 양탄자로 뒤덮인 초원은 기근이 없이 풍요롭습니다.
이제 위대한 성자께서는 고향으로 돌아오실 시간입니다.

그래서 5월의 첫 번째 하현에 붓다는 까삘라왓투(Kapilavatthu)까지 60요자나(yojana)의 거리를 라자가하(Rājagaha)에서부터 하루에 1요자나씩 이동하였습니다. 모든 친척들은 그를 환영하였고 붓다를 니그로다라마(Nigrodhārāma) 수도원으로 모셨습니다. 사끼얀 부족의 사람들은 자존심이 세다고 합니다. 붓다는 나이 겨우 36세, 그래서 붓다보다 나이가 든 친척들은 붓다에게 경의를 표하려고 하지 않았습니다. 그들은 대신에 동생이나 아들, 조카들 그리고 손자들을 붓다에게 보내 경배하도록 하고 자신들은 가지 않았습니다. 그러자 붓다는 사끼얀(Sākiyan) 부족에게 붓다의 덕을 보여주기 위하여 신통력으로 커다란 회랑을 만들고는 자신이 거기에 나투어 몸에서 불과 물을 동시에 뿜어내는 쌍신변의 신통을 보입니다. 이것을 본 숫도다나 왕이 아들인 붓다에게 절을 하자 다른 모든 사람들도 따라서 절을 하였습니다.

90. 수다원이 된 숫도다나왕과 고따미 왕비

다음날 아침 붓다는 2만 명의 수행승들과 함께 까삘라왓투에 탁발을 하러 돌아다녔습니다. 야소다라(Yasodharā)가 창문으로 이것을 보고 왕자가 구걸을 하러 돌아다니는 것은 왕자의 근엄을 떨어뜨리는 일이라고 왕에게 보고합니다. 숫도다나는 부끄러움을 느껴서 붓다에게 달려가 항의를 합니다. "왜 시내를 돌아다니며 걸식을 해서 나를 부끄럽게 만드십니까? 제가 당신과 2만 명의 수행자들을 대접할 수 없다고 생각합니까?" 그러자 붓다는 어떤 사람이 자신의 집에서 음식 공양을 올리겠다고 청한 사람이 없을 경우에 탁발을 하는 것은 모든 부처님들께서 하신 수행이라고 하시면서 게송을 읊습니다.

> 수행자는 탁발을 해야 한다는 원칙을 결코 소홀히 해서
> 는 안 된다. 수행자는 탁발을 훌륭하게 그리고 성스럽게
> 여겨야 한다. 이렇게 닦는 자는 이 세상뿐만이 아니라
> 다른 세상에서도 잠을 잘 이룰 수 있다.

이 게송의 의미에 마음을 기울인 왕은 담마의 빛을 보았습니다. 이것

을 듣고 부왕이 수다원(sotāpanna)이 된 것입니다. 주석서들에서는 붓다가 소유하신 덕성의 성스러움에 관한 생각을 할 때 희열(piti)이 일어났다고 합니다. 일어나서는 사라지는 이 희열이라는 현상의 무상한 성품에 관한 통찰지를 얻었을 것이라는 것입니다. 오늘날에는 하루 종일 명상을 하여도 삼매를 얻기에 충분하지 않습니다. 적어도 일주일은 필요합니다. 혹은 정신과 물질의 성품을 깨닫는 데에도 일주일은 걸릴 것입니다. 그렇지만 숫도다나왕은 아주 오랜 옛날부터 깨달음에 필요한 바라밀을 닦아 왔기 때문에 담마의 실현은 순간적이었습니다. 그래서 붓다에게 요구되는 성직자로서의 행위를 알게 되었을 때 그리고 음식을 달라고 말로 요구하지 않고 그냥 문 앞에 서있는 것만으로도 보시를 받는 분이 된다는 사실을 알게 되었을 때 붓다에 대한 그의 마음은 부드러워졌습니다. 그래서 왕의 마음에 희열이 일어났던 것입니다. 그는 그 희열에 관하여 명상하였고 일어남과 사라짐의 성품을 깨달았습니다. 그는 즉시 통찰지가 생겼고 수다원이 되었습니다. 왕은 붓다의 발우를 받아 들고는 모든 수행승들을 궁전으로 초청하여 대공양을 올립니다. 그때 붓다는 양모인 마하빠자빠띠 고따미 앞에서 한 번 더 수행승의 덕을 찬탄하는데 그녀도 그때 수다원이 됩니다.

91. 사촌 난다와 아들 라훌라

다음날 왕은 자신과 마하빠자빠띠 고따미(Mahā Pajāpati Gotami) 사이에서 태어난 왕자인 난다를 섭정으로 임명하기 전에 붓다와 제자들에게 공양을 올리고 싶다고 청합니다. 공양을 마치자 붓다는 당신의 발우를 사촌인 난다의 손에 들려주고는 수도원으로 돌아갑니다. 그러자 난다도 할 수 없이 붓다를 따라가는데 이 모습을 본 약혼녀 자나빠다깔랴니(Janapadakalyāṇi)는 "어서 돌아오세요."라고 간청을 합니다. 수도원에 도착하자 붓다는 그에게 출가를 하지 않겠냐고 물어봅니다. 그는 깨달은 분에 대한 경외심과 존경하는 마음 때문에 내키지는 않지만 그만 승낙을 하고 말았습니다. 내키지도 않은 계도 받았습니다.

그렇게 한 주가 지나자 붓다의 아들인 라훌라(Rāhula)가 어머니의 명을 받아 아버지의 유산을 받기 위하여 수도원에 왔습니다. 하지만 붓다는 사리뿟따에게 말하여 그에게 계를 주게 합니다. 라훌라는 이렇게 최초의 사미(sāmaṇera)가 되었습니다. 얼마의 시간이 흐른 뒤에 붓다는 숫도다나에게 마하 담마빨라 자따까(Mahā Dhammapālā Jātaka)에 대한 설법을 하였고 왕은 이때 아나함(anāgāmi)이 됩니다. 까삘라왓투를 떠나며 붓다는 거주처를 말라 왕국의 아누삐야 니가마(Anupiya Nigama) 마을로 옮겨 그곳에 머물 때 사끼야(Sākiyas) 족의 왕인 밧디야(Bhaddiya)와 왕자들인 아누룻다(Anuruddha), 아난다(Ānandā), 바구(Bagu), 키밀라(Kimila) 그리고 데와닷타(Devadattha)가 이발사인 우빨리(UPāli)를 대동하고 붓다를 찾아와 계를 달라고 청합니다. 그 첫 번째 집중수행에서 밧디야는 아라한이 되었고 아누룻다는 천안(devacakkhu ñāṇa)을 얻었습니다. 그리고 아난다는 수다원이 됩니다. 데와닷타도 그때 역시 신통(iddhividha abhiññā)을 얻었습니다.

92. 아라한인 숫도다나의 반열반

붓다는 아누삐야 니가마에서 다시 라자가하로 이어지는 두 번째 집중수행을 하기 위하여 자리를 옮깁니다. 웨살리에 있는 마하와나(Mahāvana)의 꾸따가라살라 수도원에서 5번째 집중수행을 하고 있을 때 까삘라왓투(Kapilavaññhu)에 있는 숫도다나 왕이 죽는데 그는 죽기 전에 담마에 대한 명상으로 도과를 성취하여 아라한이 된 후에 죽었습니다. 그는 반열반에 들었습니다. 붓다는 아버지의 장례식에 참석합니다.

93. 교단에 여자를 받아들이다

숫도다나 왕의 반열반 후에 왕비인 마하빠자빠띠 고따미는 붓다에게 여자도 종단에 들어올 수 있도록 허락해 달라고 세 번 청하였는데 세 번 모두 거절당합니다. 이 이야기는 장로니게(Theri Gāthā)의 주석서에 나옵니다. 다른 버전으로는 까삘라왓투에서 첫 번째 집중수행기간 동안에 허락을 구하였다고 합니다. 하지만 주석서들이 보다 신뢰할 만한 이야기는 다음과 같습니다.

붓다가 아버지의 장례식에 참석하고 까삘라왓투에서 돌아와 웨살리의 꾸따가라살라 수도원에 거주하고 계실 때, 로히니(Rohini) 강물의 사용에 관한 논란의 싸움을 피하여 사끼야와 꼴리야 부족의 500명의 왕자들이 붓다에게 와서 계를 달라고 하였습니다. 그들은 교단의 일원이 되는 것을 정식으로 승낙을 받습니다. 그러자 남편이 없어진 아내들은 삶에 싫증이 나게 되었고 그녀들 모두가 비구니가 되고자 고따미에게 찾아가 여자들도 출가할 수 있게 해달고 부처님에게 부탁을 좀 해보라고 요청을 합니다. 그러자 마하빠자빠띠와 그 500명의 공주들은 머리를 깎고 노란색 가사를 입고는 웨살리까지 51요자나에 이르는 거리를 두 달에 걸쳐 찾아왔습니다. 드디어 그곳에 도착한 그녀들의 발은 모두 물집이 잡혔습니다. 수도원으로 찾아간 마하빠자빠띠 고따미는 만약에 그녀들이 계를 받지 못한다면 머리를 깎고 노란 가사를 입은 여자들이 낯선 이국땅에서 버려질 것을 생각하니 서러움이 치밀어 올라 그만 흐느껴 울고 말았습니다.

94. 아난다의 면담

아난다가 이러한 모든 것을 보았습니다. 그는 붓다의 양모에게 자기가 허락을 구해 보겠으니 기다리라고 말합니다. 붓다는 허락하지 않았습니다. 그때 아난다는 "세존이시여! 세존의 가르침을 받아 담마(法)에 머물며 살아간다면 여자들도 성스러운 네 가지 도과를 얻을 수 있습니까?"라고 질문합니다. 붓다는 그들도 할 수 있다고 인정합니다. 그러자 "세존이시여! 만약 그렇다면 교단(sāsanā)의 비구니로 계를 청하는 그들을 허락하소서!"라고 아난다는 다시 청합니다. "마하빠자빠띠는 세존을 돌보고 키우시려고 위대한 헌신을 하신 분입니다. 자신의 젖을 먹여서 말입니다." 한편 과거 생에 머무셨던 부처님들의 교단에서도 여자들이 비구니 계를 받는 것은 흔한 일이었습니다. 하지만 붓다는 여자들이 계를 받는 것을 쉽게 허락하지 않았습니다. 왜냐하면 교단에 여자들을 받아들이면 가르침과 계율을 엄격하게 적용하는데 어려움이 따를 것을 예상하셨기 때문이었습니다.

95. 허락을 득하다

드디어 붓다는 계를 주었습니다. "만약 아난다여, 마하 빠자빠띠가 엄격한 비구니 8경계를 지키겠다고 한다면 이것으로 그녀에게 계를 준 것으로 하라." 그래서 그녀들이 엄격한 팔경계를 받아들임으로써 계를 받았지만 다른 이들은 수계절차(kammavāca)의 규정에 따라 즉 대중스님들의 결의에 따라 계를 받았습니다. 즉 그 이후의 수계는 비구니들이 일차 결의를 한 다음에 비구스님들의 이차 결의로 결정되도록 한 것입니다. 이후로 그녀는 고따미 장로니라는 법명으로 불리게 되었으며 붓다의 가르침으로 곧 아라한이 됩니다. 아라한들은 모든 오염들, 업들을 버림에 따라, 심지어는 유익한 업이라 할지라도 효력이 없습니다. 그래서 어떠한 과보도 만들지 않고 새로운 존재, 새로운 업을 짓지 않습니다. 그러므로 그것들의 일어남이 멈추게 되는 것입니다. 이러한 사실 때문에 아라한들은 공덕이 되는 유익한 업을 스스로 부정한다고 말하게 되는데 이 말은 유익한 행위를 부정한다는 의미가 아니라 업 때문에 일어나야만 하는 업의 과보가 없음을 강조한 것으로 알아야 합니다. 아라한들은 붓다와 상가에 예배하고, 선정에 들며 통찰명상을 닦는 것과 같은 공덕이 되는 의무들을 행하지만 이러한 선행은 업의 과보를 맺지 않습니다. 마하빠자빠띠가 비구니가 되었을 때 아마도 나이가 94살이었고 붓다는 약 40세였습니다. 교전 기간 중에 남편들의 보살핌을 받을 수 없게 된 마하빠자빠띠의 추종자들인 공주들은 그때 교단에 들어와 나중에 사끼야 족의 왕자였던 난다까(Nandaka) 장로로부터 법문을 듣고 모두 아라한이 됩니다.

96. 고따미 장로니의 반열반

고따미 장로니는 26년간을 비구니로 살았는데 나이가 120살이었고, 부처님은 66세였습니다. 그때 그녀는 500비구니들과 함께 붓다께서 잠시 머무시던 꾸따가라살라(Kutāgārasāla)수도원에서 멀지 않은 곳의 수도원에 있었습니다. 어느 날 그녀는 과선정에 들었는데 그때 모든 삶(āyusaṇkhāra)을 정리할 때가 되었음을 알았습니다. 나이가 60이나 70세가 된 그녀의 제자들도 스승과 같은 생각으로 이제는 떠나야 할 시간이 되었다고 생각했습니다. 그래서 붓다를 찾아가 자신들이 반열반에 들 것을 허락받고자 하였습니다. 이 소식을 접한 고따미의 제자들은 주저앉아 슬피 웁니다. 고따미는 다음과 같은 말로 그들을 진정시킵니다.

울지 말아라! 딸들아!
기뻐해야만 하는 날이 왔다.
오! 딸들아!
나는 오랫동안 닙바나를 갈망해 왔다.
오늘 나의 열망은 실현된다.

이제 나에게 만족과 희열의 북소리를 울릴 시간이 다가왔다.
우는 것은 소용이 없다.345)

여자가 사랑하는 사람을 잃을 때 우는 것은 자연스러운 일입니다. 죽음은 우리에게 낯설지 않습니다. 중요한 것은 죽은 후에 악처에 떨어지지 않는 것입니다. 생을 마감하는 정산을 할 때 유익한 업이 부족하다면 정말로 슬픔을 겪게 될 것이지만 유익한 업이 쌓여 죽음의 순간 마음이 순수하고 비난받을 수 없는 마음이라면 이러한 죽음은 함께 기뻐해야만 하는 좋은 이유가 됩니다. 이런 죽음은 단지 묵은 집에서 새 집으로 이사를 하는 것과 같습니다. 약 일천 겁 전에 빠두뭇따라 붓다께서 깨달음을 얻었을 때, 고따미 장로니는 어느 왕국의 대신의 딸로 태어났습니다. 어느 날 연등불께서 주재하시는 종교의식에 참석하였을 때 어떤 나이 많은 비구니가 남겨두고 떠난 어린 보살이 왔었습니다.

그때 죽은 비구니가 그녀를 어려서부터 보살펴주고 키워준 것을 보고 큰 감명을 받았습니다. 빠두뭇따라 붓다는 당신이 보신 교단의 모든 비구니 가운데 그녀가 가장 나이가 많은 연장자(etadagga)라고 선언합니다. 그 당시 고따미 장로니는 붓다의 어머니의 역할을 한 것을 고귀한 삶이라고 생각하였습니다. 그래서 미래의 어느 생에 보살의 양모로 다시 태어나기를 원하고 소원을 빌었습니다. 그리고 그녀의 소원은 마침내 고따마 붓다 시대에 이뤄집니다. 이제 마지막이 가까워졌습니다. 고따미 장로니는 흐느껴 우는 자들에게 "오! 딸들아! 만약 진정으로 나를 사랑한다면 붓다의 가르침이 오래 지속되도록 담마에 머물라. 붓다께서는 우리를 교단에 받아들이셨고 나는 이 은혜로움에 행복하다. 나는 여러분들도 행복하리라 믿는다. 그렇다면 행복하게 담마를 닦아라!"

---

345) Ruditena alaṃ puññā, hāsakalo yamajjavo. Cirappabhuti yaṃ mayhaṃ, pAtthitaṃ ajja sijjhate ānandabherikālo-yaṃ, kim vo assuhi puññikā.

붓다에 대한 그녀의 찬탄

그렇게 신자들을 위로한 그녀는 붓다에게 다음과 같은 말로 경의를 표합니다. "세존이시여! 나는 사람들에게 당신의 어머니로 알려졌습니다. 하지만 법으로 보면 당신은 정말 나의 아버지이십니다. 당신의 가르침으로 나는 성자가 되었습니다. 나는 당신을 젖을 먹여 키웠습니다. 당신은 나를 담마라는 우유로 키웠습니다. 그러나 당신이 배가 고플 때 나는 당신에게 젖을 먹여 배고픔을 달랬지만 당신의 담마는 갈애(taṅhā)로 인한 배고픔을 영원히 눌렀습니다." 그리고 다음과 같은 게송을 읊습니다.

> 한 나라의 어머니인 왕비는 되기가 쉽다. 하지만 붓다의 어머니가 되는 것은 정말 어렵다. 오 붓다시여! 괴로움의 종결자! 용기가 있는 분! 세상의 지배자! 오 왕이시여, 이제 이 몸을 버리고 닙바나에 듦을 허락하소서! 오! 아드님이시여! 제가 경배할 수 있도록 당신의 성스럽고, 연꽃처럼 부드러운, 무릎과 발을 펴서, 바퀴의 표식이 있는 발을 내미소서![346]

행복을 가져오는 세 가지 게송

그녀는 이렇게 붓다에게 절을 하고 귀의하는 자들에게 행운이 있으라는 세 가지 게송을 읊었습니다.

> 모든 인류의 왕이시여! 당신이 담마를 설하실 때에 당신의 목소리는 북소리처럼 울려 퍼집니다. 몸에서 이러한 소

---

346) Raññо mātā mahesiti, sulabhaṃ nāma miññhinaṃ. Buddhamātāti yaṃ nāmaṃ, etaṃ paramadullab-haṃ. Parinibbātu micchāmi vihāyemaṃ kalevaram; Anujanahi me vira, dukkhantakara nāyaka. Cakkan-kusadha jakinne pāde; kamalakomate; Pasārehi panāhaṃ te, karissaṃ puttauññame.

리를 만들어내는 입술을 본 사람들은 행운이 있고 상서롭습니다.347)

덕을 갖추신 분! 당신의 발, 가지런한 발가락, 붉은 발톱과 긴 뒤꿈치에 경배하기 위하여 두 손을 모아 절을 하는 사람들은 행운이 있고 상서롭습니다.348)

모든 사람들 가운데 가장 고귀한 분! 당신의 달콤한 목소리를 듣는 행운이 있는 상서로운 사람들은 마음속에 희열이 일어나고, 실패는 사라지며 풍요로움을 누립니다.349)

이 게송(gāthā)에는 비록 자신은 이번이 붓다를 직접 뵙고, 귀의하고 담마를 듣는 것이 마지막일지라도 남아있는 자들은 붓다와 함께하고 붓다를 존경하고 그의 가르침을 계속 듣게 되는 행운이 있기를 바라는 고따미의 마음이 담겨 있습니다. 지금 여러분은 이 법문을 통해 붓다의 말씀을 듣고 있으니 기뻐해야 합니다. 하지만 붓다의 가르침을 직접 들을 수 있었던 과거의 사람들은 더욱 큰 행운아임이 틀림없습니다. 왜냐하면 붓다의 음성을 들을 수 있었던 것과 담마의 이익을 취할 수 있었던 것은 두 배의 축복이기 때문입니다. 그렇지만 붓다께서 제자들에게 가르쳤던 것을 지금 알고 이해하는 기회가 있다는 것은 진정으로 기뻐해야 합니다. 만약 통찰지를 얻어 도과를 실현한다면 적어도 수다원이 될 수 있습니다. 만약 사다함(sakadāgami)이 된다면 혹은 아나함(anāgāmi) 혹은

347) **Nadato parisāyaṃ te, vāditabbapahārino; Ye te dakkhanti vadanaṃ, dhaṭṭā tenarapungava.**

348) **Dighanguli tambanakhe, sube ayatapanhike. Ye pāde panamissanti, tepi dhaṭṭā gunandhara.**

349) Madhurāni pahaññhāni, dosagghāni hitāni ca. Ye te vākyāni sossyanti, tepi dhaññā naruññaṃ ca?

아라한(Arahant)이 된다면 더욱 좋을 것입니다. 그래서 현대인들은 붓다 재세시의 제자들처럼 똑같은 행운과 상서로움을 경험한다는 것에 스스로 위안이 될 것입니다. 위 게송에 붓다의 목소리는 감미롭다고 하였는데 문헌에는 까라웨이크(karaweik) 새소리와 아주 똑같다고 하였습니다. 한편 시리담마소까(Siridhammāsoka)의 왕비인 아산디밋따(Asandhimittā)는 이 새소리를 듣자 붓다의 목소리가 떠올랐고 마음속에서 희열이 올라왔는데 그것을 지켜보고는 수다원이 되었다고 합니다.

이 게송에서도 붓다의 목소리는 듣는 이들의 마음을 기쁘게 한다고 하였습니다. 어느 때 홍수로 밀밭이 망쳐져서 크게 낙심한 농부가 있었습니다. 붓다는 연민의 마음을 가지고 그에게 다가가서 까마(Kāma)경을 가르쳤습니다. 이에 그 농부는 물론 아내까지도 가슴으로부터 기쁨이 일어나서 마침내 둘 모두 수다원 도를 얻었다고 합니다.

한편 아버지인 빔비사라(Bimbisāra) 왕을 살해한 아자따삿뚜(Ajātasattu)는 마음이 아주 괴로웠습니다. 그래서 붓다는 그에게 집이 없는 생활의 즐거움에 대한 사문과경(Sāmaññaphala)을 가르쳤고 왕은 다시 마음의 평온을 찾았습니다. 마지막으로 이 게송은 붓다의 말씀이나 가르침은 성냄 등과 같은 모든 결점을 없애버린다고 말합니다. 붓다의 말씀을 듣는 사람은 자신의 잘못된 행위를 깨달아 해로운 행위를 하지 않도록 마음을 고쳐먹을 수 있게 됩니다.

붓다의 가르침에 마음을 챙기면 모든 해로운 업을 씻어 버리는 통찰명상을 닦게 됩니다. 땀바다티까(Tambadāthika)는 살인자였지만 사리뿟따의 설법을 듣고 통찰명상에 마음이 기울어지게 됩니다. 그는 죽어서 뚜시따(Tusitā) 천신으로 다시 태어났습니다. 앙굴리말라(Aṅgulimāla)는 땀바다티까(Tambadāthika)보다 더욱 흉악범으로 더 많은 사람을 죽였지만 붓다의 가르침을 듣고 수행을 하여 아라한이 되었습니다. 붓다의 가르침은 삶을 윤택하게 만듭니다. 담마를 닦으면 사후에서뿐만이 아니라 지금 여기에서 공덕을 얻을 수 있습니다. 만약 평소에도 통찰명상을 꾸준하게 닦아 나가면 도를 성취할 수 있습니다.

승가에 대한 귀의

고따미 장로니는 손자인 라훌라(Rāhulā), 아들인 난다(Nanda) 그리고 조카인 아난다(Ānandā)가 속한 승가에 가서 승가를 존경하는 두 개의 게송을 읊습니다.

> 나의 아들과 손자여! 나는 독사의 출몰과 같이, 모든 질병들의 토대인, 괴로움의 집인, 늙음과 죽음의 영역인, 오염과 더러움의 찌꺼기인, 홀로는 결코 서지 못하고 다른 것들에 언제나 의지해야만 하는 이 몸, 송장에 싫증이 났다. 나는 기꺼이 이 괴로움을 끝내고자 한다. 내 소원이 이뤄지도록 허락하라.350)

이 몸은 네 가지 근본 요소인 땅(pathavī), 물(āpo), 불(tejo) 그리고 바람(vāyo)의 요소로 이루어져 있는데 땅의 요소는 물질의 딱딱함 혹은 부드러움입니다. 이 몸에 있는 머리털, 손발톱, 이빨, 피부, 살, 힘줄, 심장, 폐, 간, 위, 큰창자, 작은창자, 뇌 등의 20가지 다양한 기관들이 여기에 해당합니다. 물의 요소는 고름, 담즙, 피, 땀, 굳기름, 눈물, 오줌 등과 같은 12가지이고 불의 요소는 네 가지 뜨거움의 종류, 바람의 요소는 들숨을 포함하는 여섯 종류가 있습니다. 모든 살아있는 유정들에게는 이러

---

350) āsīvisālayasame, rogāvāse kaḷevare; Nibbindā dukkhasanghāṭe, jarāmaraṇagocare. Nānākali malākinne, parāyatte nirīhake; tena nibbātumicchāmi, anumaññatha puttakā.

한 요소들은 괴로움과 고통의 원천입니다. 왜냐하면 사대의 균형이 깨지면 병과 죽음이라는 결과를 낳게 되기 때문입니다. 그러므로 그것들은 독사들과 같습니다. 그래서 이 몸은 애쓸 필요도 없이 모든 근심의 토대입니다. 고따미 장로니는 이 늙음과 질병 그리고 죽음의 영역에서 떠나기를 원한다고 말하고 있습니다. 32부분으로 구성된 우리 몸(koññhāsa)은 언제든지 사람들이 싫어하는 오물과 같은 병에 걸리기 마련이지만 이러한 육체적인 질병보다 마음의 불순함에 더욱 신경을 써야 합니다. 해로운 업은 해로운 과보를 맺습니다.

아라한은 그러한 것들을 걱정하지 않아도 됩니다. 하지만 우리들에게 정신적 상카라들은 보편적으로 일어남으로 오물의 더러움이 우리를 물들게 하는 것처럼 오염들이 일어나는 것에 마음을 챙겨야 합니다. 우리는 "이 몸은 나의 것이다"라고 말하지만 정말 우리의 것입니까? 현자들은 이 몸이란 80종류의 벌레들이 기생하고 있는 장소임에 틀림없다고 합니다. 사실 우리 몸은 그들이 살고 있는 벌레들의 집입니다. 파리, 모기와 같은 곤충들과 벌레들이 우리 몸을 지금 이 순간에도 파먹고 있습니다. 그러므로 우리 몸은 언제나 다른 것들에 공헌하고 있다고 말하는 것입니다. 인간의 몸은 자신의 건강과 안녕을 위해 스스로 홀로 유지될 수 없습니다. 병에 걸리면 이것이 아주 명확하게 보입니다. 스스로 치유될 수 없으므로 이 몸이 자신이라고 생각하는 당신은 의사를 불러야 합니다. 자신만의 노력으로 홀로 유지될 수 없습니다. 우리의 안녕을 언제나 밖의 요인들에 의지합니다.

고따미 아난다를 위로하다

고따미 장로니가 승가와 고별을 고할 때 난다와 라훌라는 이미 아라한이 되어서 늙은 어머니와 할머니의 반열반에 마음이 움직이지 않았습니다. 하지만 아난다는 유학(sekha)으로 아직 도를 닦고 있는 수행자였습니다. 아난다는 주저앉아 흐느껴 웁니다.

> 오! 고따미 장로니가 최고의 평화로움인 닙바나에 든다.
> 붓다께서도 곧 타들어간 심지의 불꽃과 같이 역시 꺼져 사라질 것이다.[351)]

아난다는 다문제일(多聞第一)이었으므로 고따미 장로니는 다음과 같은 말로 위로합니다.

> 바다처럼 깊고 넓은 지혜를 가진 아난다여!
> 그리고 스스로 붓다를 돌보기를 자청한 아난다여!
> 함께 기뻐해야 할 이 상황에 슬퍼하지 말아라!
> 나는 너도 갖고 있는 닙바나를 안식처로 취한다.
> 모든 너의 도움으로 나는 닙바나를 얻을 수 있었다.
> 아난다, 내 아들아! 우리를 위하여 그대가 올린 간청 덕분으로
> 붓다께서는 여자들도 비구니계를 받도록 허락하셨다.
> 우울해 하지 말라. 그대의 위대한 노력은 충분히 보상을 받을 것이다.
> 오! 아난다여! 이교도들의 수행법으로는 닙바나를 볼 수가 없었다.
> 이제 일곱 살 어린 소녀도 그것을 알게 되었다.[352)]

---

351) Hā santim Gotami yāti, numa Buddhopi nibbutim; Gocchati na cireneva, aggiriva nirindhano.

352) Suta sāgaragambhīra, Buddhopaṭṭhāna tappara; Na Yuttaṃ socitum putta, hāsakāle upaṭṭhite; tayā me saranaṃ putta, nibbānaṃ tamupāgataṃ. Tayā tāta samijjhiṭṭho, pabbajjaṃ anujāni no; Mā putta vimano hohi, saphalo te parissamo. Yaṃ na diṭṭhaṃ purāṇehi, titthikācariyehipi Taṃ padaṃ sukumārihi, saññavassāhi veditaṃ.

이렇게 고따미 장로니는 여자들도 교단에 들어올 수 있도록 붓다의 허락을 얻어낸 아난다를 칭찬합니다. 재가자로서는 그녀와 그녀의 추종자들은 아라한이 되기 어려웠을 것입니다. 하지만 아난다 덕택에 그들은 이제 아라한이 되었습니다. 무엇보다도 붓다의 사후에도 많은 비구니들이 도를 실현하기 위한 담마를 닦을 기회를 얻게 된 것입니다.

붓다께서 깨달음을 얻기 이전에는 신통을 가진 사라방가(Sarabhaṅga), 알라라(ālāra), 우다까(Udaka)와 같은 고행자들이 있었지만 그들은 닙바나를 알지 못하였습니다. 하지만 이제는 여신자도 교단에 들어오는 것을 허락받아 심지어 일곱 살 어린 소녀도 닙바나와 가깝게 되었습니다. 그러므로 아난다는 그의 삶에서 기뻐해도 좋은 위대한 업적을 이룬 것입니다.

고따미 장로니가 보여준 기적

반열반이 가까워지자 붓다는 고따미 장로니에게 신통을 보이라고 청합니다.

> 고따미여! 어리석은 자들은 여자들도 담마의 빛을 얻을 수 있는지 의심합니다. 이러한 의심을 없애기 위하여 당신의 신통력을 보여주세요.353)

붓다의 가르침에도 불구하고 이교도들은 자신들만의 삶을 영위하고 있었습니다. 그들은 여자들이 선정과 신통을 닦거나 도를 실현할 수 있는 명상을 거부하였습니다. 그들을 교화하기 위하여 붓다는 고따미 장로니에게 신통력(pātihāriya)을 보여주라고 한 것입니다. 원래 붓다는 비구

---

353) Thinaṃ dhammābhisamaye, ye bālā vimatim gatā; tesaṃ diṭṭhippahānathaṃ; iddhim dossehi Gotami.

와 비구니들이 마법을 쓴다고 하는 악의적인 비판을 받지 않도록 하기 위해서 신통을 금지시켰습니다. 하지만 지금은 고따미의 죽음을 통해 그러한 비판이 의미가 없다는 것을 보여주기 위하여 마지막 인사를 행하고 있는 것입니다. 고따미 장로니는 기적을 행합니다. 그녀는 분신술로 여럿으로 나투었고, 여럿이 다시 하나가 되었습니다. 즉 자기와 닮은 사람들을 여럿 만들어 보여준 다음에 그 수를 줄여 다시 하나로 돌아오는 것이었습니다. 그녀는 공중으로 날아올라 땅으로 급강하를 하였고 자신의 모습과 형태를 다양하게 변화시켰으며 특히 왕궁의 시중들을 거느린 전륜성왕의 모습으로도 변신하였습니다. 이러한 그녀의 신통력은 신자들의 믿음을 강화시켰고 믿음이 없는 자들의 마음을 얻게 됩니다.

마지막 부탁

붓다의 지시로 기적을 보인 고따미 장로니는 마지막 부탁을 합니다.

> 오 위대한 이시여! 이제 제 나이가 120세가 되었습니다.
> 이러한 기적은 충분하오니 이제 모든 괴로움의 소멸인
> 닙바나에 들게 하소서![354)]

붓다는 침묵으로써 승낙하였습니다. 그러자 고따미 장로니와 500명의 비구니들은 수도원으로 떠났고 붓다는 정문까지 그들의 마지막 여정을 배웅합니다. 정문에서 그들은 붓다에게 마지막 경의를 표합니다.

반열반

고따미 장로니를 따르는 모든 비구니들은 각자의 처소를 마다하고 수행자가 앉는 자세로 무릎을 꿇고 앉았습니다. 여자 신자들은 울면서 그

---

354) Sā visavassasatikā, jatiyāhan mahāmune; Alameññā-vatā vira, nibbāyissāmi nāyaka.

녀들을 둘러쌌습니다. 고따미가 그중 한 명을 불러 다정스럽게 머리를 쓰다듬으며 모든 장로니들 가운데에서 가장 연장자인 그녀가 다음과 같이 조언을 합니다.

> 울지 마라, 오! 나의 딸들아!
> 오염의 유혹에 그렇게 넘어가서는 안 된다.
> 마음과 물질의 모든 상카라들은 무상하다.
> 우리는 그것들이 머무는 순간만큼만 같이 머문다.
> 오래지 않아 우리는 그것들을 내주어야 한다.
> 지속되는 것은 아무 것도 없다.[355)]

신자들을 위로하며 집으로 돌려보낸 후 고따미 장로니는 명상을 시작합니다. 그녀는 순서에 따라 초선정, 이선정, 삼선정, 그리고 사선정에 듭니다. 그리고 다시 역순으로 초선까지 내려와서는 다시 그 과정을 초선부터 반복합니다. 그리고 다시 사선정을 얻었을 때 그녀의 모든 무더기들은 마치 불꽃이 꺼지는 것처럼 기름과 심지 모두가 완전하게 타들어간 것처럼 소멸되었습니다. 그녀와 함께한 500명의 비구니들도 역시 같은 방법으로 닙바나에 듭니다. 고따미 장로니의 유해는 화장을 하였고, 아난다가 뼈와 재를 작은 상자에 담아서 붓다에게 전달하였습니다. 붓다는 상자를 들고 다음과 같이 양모에게 존경을 표합니다. "그녀의 죽음은 큰 나뭇가지가 떨어져나간 것과 같다. 그녀는 윤회의 바다를 건넜다. 모든 오염들이 끝났으므로 모든 괴로움은 소멸되었다. 그녀는 모든 비구니들 가운데 지혜 제일이었으며, 다섯 가지 신통이 있었고, 번뇌가 소멸된 지혜(āsavakkhaya ñāṇa)에 있어 최고였다. 완벽한 비구니였다."

---

355) Alaṃ puññā visadena, mārapāsānuvaññinā; Aniccaṃ saṇkhataṃ sobbaṃ, viyogantaṃ calācalaṃ

97. 닙바나에 대한 찬탄

붓다는 다음의 두 게송을 읊었다.

> 해머를 휘두르면 불꽃이 어디로 튈지 모르는 것처럼
> 감각적 욕망의 흐름을 극복해서 굳건하게 고요함과 평화로움에 머무는 아라한의 목적지를 알 길은 없다.
> 대장장이가 모루 위를 해머로 내리치면 불꽃은 찰라적으로 생멸한다.
> 그것들이 어디로 갔는지는 알 수가 없다.356)

아라한은 감각적 욕망과 같은 오염들의 폭류를 극복합니다. 감각적 대상들에 취착하지 않으면 업, 업의 표상과 태어날 곳의 표상이 일어나지 않습니다. 통찰명상을 닦을 때 반열반(parinibbāna)과 연결된 죽음의 마음은 정신(nāma)과 물질(rūpa)을 버립니다. 닙바나의 평화로움이 실현됨과 동시에 그 흐름은 멈춥니다. 모든 형성하는 활동들은 움직이지 않고 멈추게 됩니다. 그래서 아라한들이 31개의 존재계 가운데 어디로 가는지 알 방법이 없습니다. 이처럼 튀는 불꽃은 무상하고 사실이 아닙니다. 그러므로 실체가 없습니다. 마찬가지로 반열반 이전의 생의 토대로 만들어진 정신과 물질들은 무상하고 사실이 아니며 실체가 없습니다.

자아라는 실체가 있다는 생각에 취착하는 사람들은 아라한이라는 개체(실체)가 공(空)으로 돌아간다고 생각하지만 우선 기억해야만 하는 것은 실체로써의 개체는 없다는 것입니다. 우리가 흔히 개인이라고 하는

---

356) Ayoghanahatasseva, jalato jātavedassa; anupubbupasantassa, yathā na ñayate gati. Evaṃsammā vimuññānaṃ, kāmabandhoghatārinaṃ; paññāpetum gati naṭṭhi, paññānaṃ acalaṃ sukhaṃ.

것은 무더기들의 일어남과 사라짐이라는 현상의 표현 이외는 아무 것도 아닙니다. 이 현상에 의지하여 취착이 일어납니다. 하지만 괴로움의 덩어리일 뿐입니다. 계를 지키고, 선정을 닦고 명상을 바르게 한다면 고따미 장로니가 이야기한 것과 같은 정신·물질에 대한 피로함이 일어날 것입니다. 그때가 되면 정신과 물질에 대한 취착은 완전하게 끊어지게 됩니다. 그래서 아라한들의 죽음의 마음 이후에 모든 존재의 토대는 소멸되는 것입니다.

이것은 아무 것도 아님(nothingness)이 아니고 괴로움의 윤회의 완전한 지멸이라는 실재(眞諦)입니다. 괴로움이 소멸될 때 새로운 존재는 일어나지 않습니다. 늙음, 질병 , 죽음 그리고 모든 종류의 절망과 고통은 모두 함께 사라집니다. 혹자는 늙음과 질병 그리고 죽음이 없는 하늘나라가 그것보다는 훨씬 좋은 것이 아니냐고 질문할 수도 있지만 이것은 아주 허무한 이상주의에 불과합니다. 이러한 종류의 하늘은 오로지 상상 속에서만 존재합니다. 일어난 것은 무엇이든 사라집니다. 지금 이 순간에도 천신과 범천들의 거주처인 하늘나라에서는 일어나 바로 사라지는 정신과 물질들의 끊임없는 흐름이 계속되고 있습니다. 그들이 지은 업이 다하면 그곳에서 그들도 역시 죽습니다. 오로지 괴로움의 성스러운 진리라는 정신과 물질이 소멸되는 순간을 경험해야만 진정한 행복을 맛볼 수 있습니다. 도과를 통해 괴로움의 원인인 갈애는 소멸됩니다. 오로지 갈애가 소멸될 때에만 무더기들은 죽음의 마음 이후에 다시는 일어나지 않고 끊어지게 될 것입니다. 무더기들이 지멸하는 순간 무여열반(anupādisesa nibbāna)은 성취됩니다.

98. 붓다의 간곡한 권유

고따미 장로니의 이야기가 나오는 아빠다나(apādāna) 빠알리에는 붓다가 제자들을 위하여 간곡하게 권유하는 우요자나라는 게송(uyyojana gāthā)이 있습니다.

> 해탈을 하려면 사념처의 영역을 너의 섬으로 삼아라.
> 칠각지를 닦으면 모든 괴로움의 소멸인 도과를 성취한다.[357]

신념처(kāyānupassanā)는 몸에 대한 명상이고, 수념처(vedanānupassanā)는 느낌, 심념처(cittānupassanā)는 마음, 그리고 법념처(dhammānupassanā)는 법에 관한 명상입니다. 붓다는 제자들에게 대념처경에 나오는 대로 명상하라고 합니다. 이것이 바로 살아가는 동안에 자신을 섬으로 삼으라는 것입니다. 이 사념처를 닦는 것은 닙바나로 인도하는 깨달음의 조건인 칠각지를 완성하는 것과 같습니다.

마지막으로 이 법문을 존경심을 가지고 주의 깊게 들은 분들을 위하여 축원을 하겠습니다. 칠각지의 실현으로 안내하는 사념처를 닦아 유익한 생각과 행을 지은 인연으로 여러분 모두가 하루빨리 열반을 성취하게 되기를! 사두! 사두! 사두!

---

357) Añña dipā tato hotha, Satipaṭṭhāna gocarā; Bhavetvā sañña bojjhaṅge, sukkhassantaṃ karissatha.

초기불교 열반이란 무엇인가?

초 판 1 쇄 2014년 5월 6일
개정판1쇄 2018년 7월 18일
지 은 이 경전과 그 주석서 · 아비담마 · 레디 사야도 · 마하시 사야도
편 역 자 정명스님
펴 낸 이 한효정
펴 낸 곳 도서출판 푸른향기
디 자 인 화목

출판등록 2004년 9월 16일 제 320-2004-54호
주 소 서울 영등포구 선유로 43가길 24, 104-1002 (07210)
이 메 일 prunbook@naver.com
전화번호 02-2671-5663
팩 스 02-2671-5662
홈페이지 prunbook.com | facebook.com/prunbook | instagram.com/prunbook

ISBN 978-89-6782-080-0 03220

값 25,000원

이 도서의 국립중앙도서관 출판예정도서목록(CIP)은 서지정보유통지원시스템 홈페이지(http://seoji.nl.go.kr)와 국가자료공동목록시스템(http://www.nl.go.kr/kolisnet)에서 이용하실 수 있습니다.
CIP제어번호 : CIP2018020421